I0049838

CODE
DE LA MARTINIQUE

NOUVELLE ÉDITION

CONTINUÉE

PAR M. AUBERT-ARMAND

CONSEILLER A LA COUR ROYALE

TOME VII

CONTENANT LES ACTES LÉGISLATIFS DE LA COLONIE

DE 1819 A 1823 INCLUSIVEMENT

FORT-DE-FRANCE

IMPRIMERIE DU GOUVERNEMENT

1872

CODE

DE LA MARTINIQUE

TOME VII

1819 A 1823 INCLUSIVEMENT

4736

8° F 2994

CODE

DE LA MARTINIQUE

NOUVELLE ÉDITION

CONTINUÉE

PAR M. AUBERT-ARMAND

CONSEILLER A LA COUR ROYALE

BIBLIOTHÈQUE NATIONALE
R.F.
IMPRIMÉS

TOME VII

CONTENANT LES ACTES LÉGISLATIFS DE LA COLONIE

DE 1819 A 1823 INCLUSIVEMENT

FORT-DE-FRANCE

IMPRIMERIE DU GOUVERNEMENT

1872

TABLE CHRONOLOGIQUE.

NOTA. Dans le cas où, à la suite du sommaire d'un acte, il ne se trouve, dans le corps de l'ouvrage, que l'indication de la collection contenant cet acte, cette indication a été reproduite dans la présente table.

Un astérisque (*) indique les actes insérés par extrait.

BIBLIOTHÈQUE

DATES DES ACTES.	TITRES ET ANALYSES DES ACTES.	PAGES.
1821. 16 janvier..	Ordre du gouverneur administrateur pour le curage du canal d'enceinte de la ville du Fort-Royal........................	239
20 janvier..	Arrêté du gouverneur administrateur qui fixe à 4,000 francs par an le traitement du secrétaire du comité consultatif de la Martinique.........................	240
21 janvier..	Homologation par le gouverneur administrateur d'une délibération de la paroisse du Gros-Morne portant qu'il sera fait un emprunt de 15,000 livres coloniales, pour subvenir à la réédification de son église et aux réparations du presbytère.......... Voir Arch. de la direction de l'intérieur. Reg. 3, f° 179.	240
3 février..	Ordonnance du roi portant prorogation jusqu'au 1er juillet 1821 de la prime accordée aux bâtiments français qui rapportent des cotons d'Amérique d'ailleurs que des ports de l'Union............... Voir *Annales maritimes*, 1821, 1re partie, p. 175.	240
3 février..	Ordre du gouverneur administrateur qui affecte un fonds de 18,000 francs à la construction d'un pont en bois, avec culées en maçonnerie, sur la rivière Lézarde, au gué Kerfili...............	240
5 février..	Arrêté du gouverneur administrateur portant nomination d'une commission de propriétaires sucriers chargée d'examiner la question de l'utilité d'appliquer les machines à vapeur aux moulins à sucre..	241
7 février..	Dépêche ministérielle au gouverneur administrateur portant envoi d'une note et de dessins relatifs à la fabrication et au perfectionnement des chaudières à sucre....	241
15 février..	Ordonnance du gouverneur administrateur qui admet à la consommation des farines	

DATES DES ACTES.	TITRES ET ANALYSES DES ACTES.	PAGES.
	et intendants des ports concernant les hautes payes journalières de rengagements dans les corps royal d'artillerie de la marine..............................	312
1821. 5 décemb.	* Décision ministérielle portant que le premier secrétaire du gouverneur de la colonie fera désormais partie du personnel administratif..............................	316
12 décemb.	* Circulaire ministérielle portant que désormais les délégations consenties par les officiers ou employés des colonies seront faites en sommes *brutes*..............	317
19 décemb.	Homologation par le gouverneur administrateur de conventions notariées passées entre plusieurs propriétaires actionnaires du canal du Carbet et un entrepreneur, pour la construction de divers canaux destinés à conduire l'eau chez eux, au Quartier-Monsieur et au Morne-d'Orange.....	317
21 décemb.	Ordre du gouverneur administrateur portant suppression de l'emploi de secrétaire de la police à Saint-Pierre............. Voir Arch. de l'ordonnateur. Ord. et déc., 1821, n° 94.	317
25 décemb.	Ordonnance du gouverneur administrateur portant règlement des impositions de la Martinique pour l'année 1822...........	318
31 décemb.	Règlement du gouverneur administrateur pour la délivrance du luminaire aux corps de garde, batteries et autres postes......	318
	Mémoire sur la fièvre jaune, par le docteur *Repey*, chirurgien de la marine......... Voir *Annales maritimes*, 1821, 2e partie, p. 122.	319
1822. 3 janvier..	Dépêche ministérielle adressée au gouverneur administrateur, au sujet de l'indemnité de logement réclamée par des officiers en congé de convalescence.............	319

DATES DES ACTES.	TITRES ET ANALYSES DES ACTES.	PAGES.
1822. 7 janvier..	* Ordonnance du roi qui, en même temps qu'elle fixe à 18,000 francs le traitement du procureur du roi de la ville de Saint-Pierre, prescrit la perception, au profit du trésor de la colonie, des épices attribuées à cet officier...........................	319
7 janvier..	Ordonnance royale portant nomination des députés de la Martinique, de la Guadeloupe, etc........................... Voir *Annales maritimes.*	320
17 janvier..	Dépêche ministérielle au gouverneur sur l'illégalité des déportations extrajudiciaires par lui ordonnées...............	320
8 janvier..	Note sur un essai tenté à Bourbon pour l'amélioration des cotonniers par le moyen de la greffe........................... Voir *Annales maritimes,* 1822, 2e partie, t. 2, p. 459.	321
8 février...	Dépêche ministérielle au gouverneur administrateur sur la question de savoir quels encouragements seraient convenables pour favoriser à la Martinique l'accroissement de la culture du coton.................	321
18 février..	Décision du gouverneur administrateur qui, rapportant celle du 9 janvier 1821, organise et règle de nouveau le service des cure-môles et gabares affectés au curage du canal d'enceinte et aux transports des vases.............................	322
20 février..	Ordonnance du roi qui réduit à 30 francs, à partir de septembre 1822, la prime de 40 francs précédemment accordée par quintal métrique de morue de pêche française importée directement des lieux de pêche aux colonies françaises...........	324
3 mars....	* Loi relative à la police sanitaire.........	325
15 mars....	Instruction réglementaire du ministre pour	

DATES DES ACTES.	TITRES ET ANALYSES DES ACTES.	PAGES.
	sans qu'il lui en soit fait aucune imputation.. Voir *Annales maritimes*, 1re partie, 1822, p. 521.	373
1822. 1er septemb.	* Homologation par le gouverneur administrateur d'une délibération de la paroisse du Gros-Morne, relative à un impôt à établir pour subvenir à l'entretien du curé et aux réparations du presbytère et du cimetière........................	373
4 septemb.	Ordre du gouverneur administrateur qui affecte un fonds de 30,000 francs à la construction d'un pont en pierre d'une seule arche sur la rivière du Fort, à Saint-Pierre, près l'habitation Pécoul......... Arch. du gouvernement. Ord. et déc., n° 956.	374
7 septemb.	Arrêt de la cour royale portant création d'une commission, prise dans son sein, chargée d'examiner le *Code de la Martinique* et d'en proposer la simplification..	374
13 septemb.	Instructions ministérielles sur le cumul de la solde ou pension de retraite avec un traitement d'activité........................	375
21 septemb.	Ordonnance du gouverneur administrateur portant qu'à l'avenir l'adjudication des fermes de l'encan, du pesage, jaugeage, etc., sera faite par l'administration de la marine........................	378
22 septemb.	Ordonnance du gouverneur administrateur sur la police des auberges, cabarets, cafés et autres lieux publics................	379
24 septemb.	Règlement provisoire du gouverneur administrateur portant que les épices attribuées à l'office du procureur du roi, à Saint-Pierre, seront désormais perçues au profit de la caisse royale........................	386
25 septemb.	Ordonnance du roi ayant pour objet de fa-	

DATES DES ACTES.	TITRES ET ANALYSES DES ACTES.	PAGES.
1822. 23 octobre..	Décision du gouverneur administrateur qui met en régie jusqu'à la fin de l'année les places d'encanteur de Fort-Royal et de Saint-Pierre........................	400
24 octobre..	Décision du gouverneur administrateur qui autorise la transcription, aux frais du gouvernement, des registres dits *d'enregistrement* du dépôt public du greffe de la cour royale........................	401
25 octobre..	Ordonnance du roi portant que désormais le corps des officiers de vaisseau sera désigné sous le titre de *corps royal de la marine*. Voir *Annales maritimes*, t. 15, 1822, p. 600.	403
29 octobre..	Dépêche ministérielle portant qu'au cas où il restera des vivres en excédant aux besoins de la station navale, ils doivent être appliqués à la subsistance des rationnaires....	403
31 obtobre..	Ordonnance du gouverneur administrateur concernant la formation des dénombrements et recensements ainsi que les déclarations relatives aux maisons pour l'année 1823........................	403
13 novemb.	*Ordonnance du roi portant organisation d'un corps royal d'artillerie et d'un corps d'infanterie de la marine destinés au service des ports de France et des colonies..	404
16 novemb.	Arrêt définitif de la cour royale dans l'affaire dite *révolte du Carbet*................	405
24 novemb.	Ordre du gouverneur administrateur pour la construction d'un bureau ambulant des douanes sur la place Bertin, à Saint-Pierre.	405
29 novemb.	Ordonnance du gouverneur et administrateur concernant l'ancien et le nouveau cimetière de la paroisse du Mouillage (Saint-Pierre)........................	405
6 décemb.	Arrêté du gouverneur administrateur con-	

DATES DES ACTES.	TITRES ET ANALYSES DES ACTES.	PAGES.
1822. 28 décemb.	Ordonnance du gouverneur administrateur portant nouvelle organisation du personnel du service des douanes..........	413
31 décemb.	Décision du gouverneur administrateur concernant l'emploi des fonds de secours et de remonte alloués, d'après les ordonnances et dispositions ministérielles, à la gendarmerie royale de la Martinique....	413
31 décemb.	Ordonnance du gouverneur administrateur portant suppression de l'emploi d'inspecteur de police des campagnes........ Voir Arch. du gouvernement. Ord. et déc.	415
31 décemb.	Décision du gouverneur administrateur ordonnant l'adoption, à compter du 1er janvier 1823, d'une nouvelle classification des recettes et dépenses de la caisse royale...	415
	Note sur la bière en usage à Terre-Neuve et obtenue de la décoction d'un sapin de ce pays, de l'espèce nommée *Spruce*....... Voir *Annales maritimes*, 1823, 2e partie, t. 2, p. 235.	415
	Note sur une espèce de sangsue indigène à Terre-Neuve, et qu'il peut être utile d'embarquer sur les vaisseaux du roi ultérieurement destinés pour les Antilles.... Voir *Annales maritimes*, 1822, 2e partie, t. 2, p. 561.	415
	Mémoire sur la fièvre jaune observée aux Antilles et sur les vaisseaux du roi, considérée principalement sous le rapport de sa transmission, par M. Kéraudren, inspecteur général du service de santé de la marine............................ Voir *Annales maritimes*, 2e partie, t. 1, p. 417.	416
1823. 1er janvier..	Décision du gouverneur administrateur portant que les sept brigades à pied de la gen-	

DATES DES ACTES	TITRES ET ANALYSES DES ACTES.	PAGES.
1823. 24 février..	Ordonnance du gouverneur administrateur qui, à raison de la disette imminente de vivres, accorde une faveur temporaire à l'introduction des farineux.............	428
25 février..	Circulaire ministérielle au gouverneur administrateur portant instructions et envoi de modèles pour la confection d'un travail annuel de statistique.................	430
1er mars....	Mise en activité du bateau à vapeur *le Comte-Donzelot*, établi pour les communications entre les villes de Saint-Pierre et de Fort-Royal...............................	432
10 mars....	Circulaire du ministre aux commandants et administrateurs généraux de la marine, contenant instructions sur l'exécution du nouveau règlement du 5 février précédent, relatif aux rations des marins........... Voir *Annales maritimes*, 1823, p. 310.	432
25 mars....	Circulaire ministérielle relative au mode d'évaluation des cessions, faites à des particuliers ou à des navires du commerce, d'objets existants soit dans les magasins de la marine, soit à bord des bâtiments du roi..................................	432
25 mars....	Dépêche ministérielle portant instructions sur l'exécution d'une circulaire du même jour relative au mode d'évaluation des cessions faites à des particuliers ou à des navires du commerce d'objets existant soit dans les magasins de la colonie, soit à bord des bâtiments du roi	434
28 mars....	Lettre du gouverneur administrateur aux tribunaux portant retrait de l'autorisation à eux donnée, en 1819, d'étendre les délais de l'article 1244 du code civil...........	435
28 mars....	Lettre du ministre au gouverneur administrateur contenant envoi d'une ordonnance royale récente sur les rations des marins, d'une circulaire ministérielle y relative,	

DATES DES ACTES.	TITRES ET ANALYSES DES ACTES.	PAGES.
	et de quelques observations sur leur exécution	436
1823. 5 avril....	Dépêche ministérielle concernant le pouvoir discrétionnaire confié au gouverneur en matière de presse et de censure	438
9 avril....	Décision du roi qui prolonge le délai accordé par l'arrêté du 15 floréal an XI, art. 10, aux héritiers d'un pensionnaire de l'État décédé hors de France, pour fournir son acte de décès à l'appui de leur demande en payement du décompte d'arrérages dus	439
12 avril....	Arrêté du gouverneur administrateur ordonnant d'urgence la confection d'un chemin dans les hauteurs de la ville de Saint-Pierre, avec embranchement vers le Fonds-Saint-Denis, le Canari-Cassé et le Champ-Flore	439
	Voir Inspection. Reg. 11, n° 453.	
18 avril....	Circulaire ministérielle sur la prolongation, dans certains cas, du délai ordinaire accordé pour la production, en temps utile, des actes de décès des pensionnaires de la marine	440
20 avril....	Circulaire ministérielle indicative des règles générales et spéciales propres à assurer le maintien de l'ordre dans la comptabilité du service *gens de mer*	441
23 avril....	Décision du gouverneur administrateur qui met à la disposition du génie une somme de 40,000 francs pour la réparation et la mise en état de défense des batteries de côte défendant l'entrée de la rade de Fort-Royal, la baie de Saint-Pierre et les ports de l'île	445
	Voir Bureau des approvisionnements. Ord. et déc., 1823.	
24 avril....	Ordonnance du gouverneur administrateur qui, à raison des besoins urgents de la colonie, permet l'introduction des farines	

DATES DES ACTES.	TITRES ET ANALYSES DES ACTES.	PAGES.
	étrangères, jusqu'à concurrence de 5,500 barils	446
1823. 30 avril ...	Ordonnance du roi qui rend applicables aux indemnités dont jouissent les employés réformés les dispositions de l'ordonnance du 27 août 1817, qui déclare les pensions sur fonds de retenues incessibles et insaisissables	447
	Voir *Annales maritimes*, 1823, 1re partie, page 361. — *Bulletin des lois*, 7e série, nº 606, tome XVI, page 419.	
12 mai.....	Extrait de l'ordonnance locale sur les impositions de 1823, en ce qui touche le droit d'excédant imposé aux bâtiments étrangers	447
12 mai.....	Ordonnance du gouverneur administrateur portant règlement des impositions de la Martinique pour l'année 1823	447
15 mai.....	Circulaire ministérielle au gouverneur administrateur prescrivant la publication de divers procédés pour la destruction des pucerons et autres insectes nuisibles aux arbres	448
21 mai.....	Arrêté du gouverneur et administrateur déterminant le supplément de traitement à allouer aux prêtres desservant à la fois plusieurs paroisses	448
23 mai.....	Arrêté du gouverneur administrateur portant diverses dispositions relatives à l'enlèvement des carcasses de bâtiments qui embarrassent le port de la ville de Saint-Pierre	449
24 mai.....	Arrêté du gouverneur administrateur qui ordonne l'établissement de sémaphores sur divers points de la colonie	450
26 mai.....	Circulaire ministérielle au gouverneur administrateur, explicative des préférences à	

DATES DES ACTES.	TITRES ET ANALYSES DES ACTES.	PAGES.
1823. 29 novemb.	Dépêche ministérielle prescrivant le versement immédiat, après la vente, des produits des bris et naufrages dans la caisse des gens de mer. Voir *Annales marit.*, 1837, 1re partie, p. 1105.	531
4 décemb.	Dépêche ministérielle au gouverneur administrateur relative au recrutement des compagnies de gendarmerie employées dans les colonies	531
5 décemb.	Avis du comité consultatif de la Martinique relativement au service du bateau à vapeur de la colonie	534
9 décemb.	Dépêche ministérielle annonçant l'envoi à la Martinique de deux ingénieurs hydrographes pour y faire des relèvements	534
10 décemb.	Décision du gouverneur administrateur qui accorde des vacations aux sous-officiers et soldats du train des équipages militaires, lorsqu'un service de route les oblige à découcher	534
13 décemb.	Arrêté du gouverneur administrateur déterminant les formalités à remplir en matière de saisies-arrêts ou oppositions ès mains du trésorier de la colonie	535
17 décemb.	Ordonnance du roi qui étend aux déserteurs des armées navales l'amnistie accordée à ceux de l'armée de terre par l'ordonnance du 3 décembre 1823	537
18 décemb.	Extrait de l'ordonnance locale sur les impositions de 1824, en ce qui touche le privilége du trésor sur les maisons imposées et les esclaves capités	537
18 décemb.	Ordonnance du gouverneur administrateur portant règlement des impositions de la Martinique pour l'année 1824	539

CODE
DE LA MARTINIQUE.

N° 2011. — *Arrêté du gouverneur administrateur portant création d'une commission chargée de régler, d'administrer et de surveiller tout ce qui concerne le spectacle de Saint-Pierre.* (Extrait.)

5 janvier 1819.

Le tout conformément à l'arrêté du 31 décembre 1818. Cette commission sera composée de trois membres, qui se réuniront au commissaire municipal et au contrôleur colonial.

Arch. de la direction de l'intérieur. Reg. 1, f° 68.

N° 2012. — *Règlement du gouverneur administrateur pour l'ordre, le service, la discipline intérieure de la maison d'éducation des jeunes demoiselles, à Saint-Pierre.*

13 janvier 1819.

Le gouverneur administrateur, etc.,

S'étant pénétré de la nécessité de prononcer sur une organisation nouvelle de la maison royale d'éducation établie à la Martinique,

Après en avoir délibéré en conseil de gouvernement et d'administration, a ordonné et ordonne, pour être exécuté provisoirement, et sauf l'approbation de Sa Majesté, ce qui suit :

TITRE Ier.

Du nombre d'élèves et des conditions de leur admission.

Art. 1er. Le nombre des élèves est fixé à cent cinquante.

Art. 2. Aussitôt que le nombre des élèves sera de cinquante, il sera donné deux places gratuites à titre de bourses, au choix et à la nomination du gouvernement.

Il y en aura quatre aussitôt que le nombre sera de cent, et six lorsqu'il sera de cent cinquante.

Art. 3. Le prix de la pension est fixé à douze cents francs, payable par trimestre et d'avance.

Art. 4. Toute élève devra, pour être reçue dans la maison :

1° Être âgée de six à treize ans accomplis, sauf les cas extraordinaires, pour lesquels il faudra l'autorisation du gouvernement ;

2° Avoir eu la petite vérole ou avoir été vaccinée ;

3° Produire un certificat de médecin, constatant qu'elle n'est point affectée de maladies chroniques ou contagieuses.

Art. 5. Les parents pourront s'abonner avec la maison pour le blanchissage et le racommodage du linge de l'élève, si mieux ils n'aiment le faire blanchir et racommoder chez eux.

L'abonnement est fixé à dix francs par mois.

Le blanchissage du linge des élèves abonnées devra être fait aux soins de la dame directrice, à prix fait ou à la journée, par des femmes du dehors, qui pourront user des eaux et bassins de la maison.

Quant au racommodage pour les besoins courants, il pourra être un objet d'abonnement entre la maison et l'hospice.

Art. 6. Les maîtres d'agrément, choisis par le conseil d'administration, seront payés par la maison. Les leçons seront pour les parents un objet d'abonnement fixé à trente francs par mois de douze cachets.

Art. 7. La maison fournira à chaque élève un lit garni et d'ailleurs les objets nécessaires à l'enseignement, tels que plumes, encre, papier, crayons, livres, cartes de géographie. Elle aura, pour le service commun, un piano, une harpe, des solféges ou autres cahiers de musique, et d'ailleurs tous objets qui seraient utiles à l'instruction journalière.

Art. 8. Le médecin attaché à la maison donnera des soins gratuits aux élèves, dans le cas d'indisposition ou de maladie légère seulement.

Les cas de maladie grave seront aux frais des parents ;

Et lorsqu'ils voudront faire traiter leurs enfants par des medecins à leur choix, ils auront la faculté de les retirer de la maison royale pour les faire soigner jusqu'au moment de leur rétablissement.

Art. 9. Le trousseau des pensionnaires devra se borner en tout au nécessaire simple et modeste, et se composer toutefois de manière à ce qu'il y ait entre elles uniformité d'habillement à l'extérieur ; cet objet sera réglé par nous sur la proposition du conseil d'administration.

Art. 10. Chaque élève aura (le premier jeudi de chaque mois, après la messe) un jour de congé, pour sortir de la maison et y rentrer à sept heures précises du soir. Les élèves seront accompagnées, tant pour la sortie que pour la rentrée, d'une personne de confiance, préposée à cet effet par les parents.

Art. 11. Si des permis de sortie extraordinaire devenaient nécessaires, la demande en serait faite au directeur de l'intérieur.

Au cas d'absence, et dans une nécessité pressante seulement, la permission pourra être accordée par la directrice et le membre du conseil d'administration du mois, qui en rendra compte au directeur de l'intérieur.

Art. 12. Les parents des pensionnaires non résidants à Saint-Pierre devront y avoir un correspondant connu de la directrice, pour qu'elle puisse au besoin communiquer facilement avec lui. Ce correspondant s'engagera, pour les parents, au payement de la pension et des abonnements. Il sera tenu un livre particulier pour en recevoir les soumissions.

Art. 13. Toutes lettres adressées à la diréctrice de la maison royale devront être affranchies. Toutes celles adressées aux élèves par leurs parents devront être sous le couvert de la directrice.

TITRE II.

De l'éducation et de l'instruction des élèves.

Art. 14. La religion sera la base de l'enseignement.

Art. 15. Les élèves entendront la messe tous les jours et, les dimanches et les fêtes, elles chanteront les vêpres dans la chapelle de la maison.

Art. 16. Les objets d'enseignement seront la lecture, l'écriture, le calcul, les éléments de la grammaire raisonnée, la géograghie, la mythologie, l'histoire, la chronologie et une notion de la sphère.

Elles seront au surplus exercées à tous les ouvrages manuels, tels que la couture, la broderie et autres convenables à leur sexe, et dirigées vers les soins qu'une mère de famille doit connaître.

TITRE III.

Des dames de la maison et du service domestique.

Art. 17. La maison sera administrée par une dame laïque, directrice, qui sera nommée par nous.

Ses fonctions s'étendront à tous les détails, sous les rapports de la religion, des mœurs de l'enseignement, de la surveillance, de l'ordre, de la correspondance, de la santé, de la propreté, du service domestique, de l'économie, des dépenses, de la comptabilité et tous autres qui tiennent à la conduite d'un pensionnat.

Elle aura sous ses ordres un nombre suffisant d'institutrices et de surveillantes.

Le conseil d'administration proposera sur le nombre et le choix, et nous nous réservons de prononcer.

La dame directrice devra contracter un engagement de six années, et les dames institutrices et surveillantes, un de quatre années, d'après les formes et conditions établies ou à établir.

Néanmoins, pour des cas majeurs et imprévus, il sera statué par nous sur la proposition du conseil d'administration.

Art. 18. La dame directrice aura de plus sous ses ordres une dépositaire ou ménagère porteuse de clés, ainsi qu'une lingère, qui pourra être attachée au besoin au service de l'infirmerie; l'une et l'autre seront prises parmi les orphelines de l'hospice.

Le service domestique se fera par un nombre suffisant de servantes appartenant à la maison, et jusque-là par une addition de femmes à loyer choisies par la directrice.

La directrice fera les diverses propositions indiquées par cet article au conseil d'administration, qui devra approuver les choix qu'elle aura faits.

TITRE IV.

Du régime intérieur, de la police et de la discipline.

Art. 19. La dame directrice et les dames sous ses ordres s'entendront pour porter un costume uniforme.

Art. 20. Elles mangeront à la même table que les élèves et sans distinction d'aliments.

Art. 21. Les femmes de charge attachées à la maison mangeront ensemble à une table séparée.

Art. 22. Les servantes devront être nourries de la desserte de la table commune.

Art. 23. La dame directrice et les dames sous ses ordres devront sentir la nécessité de leur présence assidue et de tous les instants auprès des élèves qui leur sont confiées; leur absence momentanée ne peut être permise que pour des objets urgents et pour des cas particuliers et très-rares.

La dame directrice se fera suppléer alors par une des autres dames à son choix, et quant à la sortie de ces dernières, elle n'aura lieu que sur la permission de ladite dame directrice.

Toutes ces sorties devront être connues du membre du conseil d'administration du mois, et celui-ci en informera le directeur de l'intérieur.

Art. 24 La dame directrice ainsi que les institutrices et surveillantes ne pourront recevoir de visites qu'au parloir.

Art. 25. Les élèves auront un parloir particulier qui ne s'ouvrira que les dimanches, les jours de fête et les jeudis, en présence d'une des dames de la maison, pendant le temps de la récréation.

Ne seront admis au parloir que les pères, les mères, les parents ou les personnes envoyées par eux, ou leurs représentants.

Les pères et les mères seuls pourront entretenir leurs enfants hors la présence de la dame surveillante.

Art. 26. L'intérieur de la maison est fermé à toutes personnes étrangères. Sont seuls exceptés les membres du conseil d'administration et ceux qui y ont des droits par la nature de leurs fonctions.

Art. 27. La messe se dira tous les jours à sept heures ; ce sera, pour les jours ordinaires, une messe basse.

Le conseil d'administration s'occupera de solemniser la messe des dimanches et jours de fêtes.

A cinq heures et demie, le lever, la sortie du dortoir, la prière, la lecture de l'évangile, une instruction religieuse et morale, jusqu'à l'heure de la messe, sous l'inspection de la directrice.

Après la messe, le déjeuner et la récréation jusqu'à huit heures De huit à une heure de l'après-midi, répartition du temps par la directrice pour les différentes parties de l'enseignement.

A une heure, le dîner et ensuite récréation, toujours surveillée, jusqu'à trois heures.

De trois à cinq, la lecture et les ouvrages d'aiguille ; les maîtres extérieurs donneront leurs leçons de danse, dessin ou musique dans les parloirs, en présence d'une ou plusieurs surveillantes.

A sept heures, le souper, une lecture pieuse, la prière et le coucher, surveillés par la directrice.

Les jours de dimanche ou fête, après la messe, déjeuner et récréation, pendant laquelle bain, répétition de musique, dessin, correspondance des élèves jusqu'à midi.

De midi à l'heure du dîner, lecture de l'évangile, de l'épître et une instruction pieuse.

Après le dîner, vêpres et récréation jusqu'au souper.

Les jours de congé seront assimilés, quant à la répartition du temps, aux dimanches et fêtes.

TITRE V.

De la chapelle de la maison.

Art. 28. Elle est mise sous la surveillance du curé de la paroisse pour la partie spirituelle; quant au reste, sous celle du conseil d'administration.

Le vice-préfet apostolique, avec notre agrément, nommera l'aumônier. Celui-ci desservira en même temps l'hospice et la communauté, et recevra, sur les fonds de la maison, un traitement annuel et fixe de mille francs, indépendamment de ce qui lui est alloué d'ailleurs comme vicaire de la paroisse.

TITRE VI.

Du conseil d'administration et des dépenses en général.

Art. 29. Ce conseil, conformément à son organisation établie par l'article 12 de l'ordonnance de ce jour, sera composé du sénéchal, du procureur du roi, du curé et du commissaire-commandant de la paroisse, du médecin du roi, de deux pères de famille notables, au choix du gouvernement, et de l'aumônier, qui fera fonctions de secrétaire ayant voix délibérative.

Il sera présidé par le sénéchal, ou à son défaut, par le procureur du roi, et en leur absence par le doyen d'âge.

Ce conseil sera compétent à cinq membres.

Art. 30. Ce conseil inspectera tous les détails d'instruction, de police et d'administration intérieure. Il vérifiera les recettes et les dépenses, et nous proposera les réformes ou changements qui lui paraîtront convenables.

Art. 31. Les traitements sont fixés, savoir :

La dame directrice.........	2,400f 00	2,800f 00
Et pour frais de bureau.....	400 00	
Chaque institutrice..................		1,800 00
Chaque surveillante..................		1,200 00
Chaque orpheline attachée au service...		300 00

Il leur est accordé en outre, dans la proportion de leurs traitements, le dixième de l'excédant net des recettes annuelles sur les dépenses.

Art. 32. Le médecin du roi attaché aux hôpitaux de la ville de Saint-Pierre sera celui de la maison. Il fera sa visite d'inspection une fois par semaine, et plus souvent, lorsqu'il en sera besoin, au cas de rhumes ou autres légères indispositions, tant des élèves que des institutrices et des domestiques. Il traitera les esclaves de la maison dans tous les cas de maladie.

Il lui est alloué à titre d'honoraires et pour la fourniture de ses remèdes, hors les cas extraordinaires prévus ci-après, une somme de huit cents francs par an.

Au cas de maladie grave des élèves ou des institutrices, s'il est appelé, il fournira son compte particulier à la charge de la malade.

Art. 33. Il a été reconnu que la dépense de la maison royale d'éducation, tous chapitres compris et calculés à raison de cinquante élèves, s'est élevée en 1817, par jour et pour une tête, à 6[l] 13[s] 2[d], ou trois francs soixante-neuf centimes.

La dame directrice devra apporter tous les soins à ce qu'elle n'excède pas 4[l] 17[s] 1[d], ou deux francs soixante-quinze centimes.

Elle obtiendra ce résultat par l'économie facile à apporter dans la dépense de l'éclairage, jusqu'ici élevée beaucoup trop haut;

Par la diminution faite sur la dépense du personnel;

Par la suppression de la dépense du blanchissage et du racommodage du linge des élèves, dorénavant l'objet d'un abonnement particulier avec les parents;

Par les suppressions successives sur le salaire des domestiques;

Enfin, par l'économie bien entendue qu'elle devra étendre à tous les chapitres de dépenses, notamment à celui des débours casuels, qui a reçu trop d'extension. On y trouve des frais de voyage, des frais de canot, d'imprimerie, d'abonnement de gazettes, des comptes de pharmacie ou de chirurgie, etc. A l'avenir ces articles ne devront point entrer en ligne de compte, à moins que la dame directrice n'ait une autorisation spéciale du conseil d'administration.

TITRE VII.

De la comptabilité.

Art. 34. La dame directrice tiendra plusieurs registres :

L'un sera destiné comme *matricule* à l'enregistrement des noms et prénoms, âge et lieu de naissance de chacune des dames et autres composant le personnel de la maison, comme à l'enregistrement des élèves admises à la pension.

Le second devra présenter un compte ouvert, pour chaque nom, en recette comme en dépense, des payements par quartier, et des abonnements.

Les comptes s'ouvriront également pour les fournisseurs de la maison et conventions à forfait, si lieu y a.

Art. 35. Un autre registre, *livre de caisse,* portera, sans enregistrement et en bref, les comptes ouverts tenus au premier registre, et d'ailleurs toutes recettes et dépenses qui s'effectueront, de quelque nature qu'elles soient.

La recette se divisera, savoir :

1° Pension des élèves ;

2° Abonnement pour blanchissage et racommodage ;

3° Abonnement pour maîtres d'agrément ;

4° Primes payées par les pensionnats particuliers, lorsqu'ils auront lieu.

La dépense aura sept divisions :

1° Personnel, pour traitement, honoraires et abonnement ;

2° Nourriture ;

3° Éclairage ;

4° Blanchissage et racommodage ;

5° Classes, dortoirs et réfectoirs ;

6° Gages et salaires ;

7° Débours casuels.

Art. 36. La dame directrice fera seule l'office de receveur et de payeur pour la maison : elle donnera et recevra toutes quittances, ouvrira et réglera tous marchés et tous comptes pour la dépense journalière.

Sur les autres dépenses elle déférera au conseil d'administration.

Art. 37. La dépositaire ou ménagère, porteuse de clés, tiendra un registre qui sera divisé en deux parties.

Elle inscrira sur l'une toutes les provisions qui entreront dans la maison, et sur l'autre tout ce qu'elle délivrera pour le service courant, par jour, par semaine et par mois. Ce registre sera tenu sous l'inspection journalière de la dame directrice.

Art. 38. Les différents registres ou livres de la maison seront soumis à l'examen du conseil d'administration et du membre de service, toutes les fois que la dame de service en sera requise.

A chaque séance de mois du conseil d'administration, elle lui fera connaître, par un état sommaire certifié, la situation et les mouvements de la maison.

Art. 39. Tous les mois les comptes seront examinés et arrêtés par le conseil d'administration, et tous les ans le compte général sera rendu par la directrice, vu, vérifié et arrêté par le conseil d'administration en présence du contrôleur, pour nous être transmis.

Art. 40. Les fonds excédants serviront à acquitter les avances remboursables, et lorsque cet objet aura été effectué, ils seront appliqués à l'amélioration de l'établissement.

Art. 41. L'ordonnateur de la colonie est chargé de tenir la main à l'exécution du présent règlement.

Prions Messieurs du conseil supérieur, etc.

Mandons, etc.

Donné au Fort-Royal, le 13 janvier 1819.

Signé DONZELOT.

Et plus bas: GUILLAUME, *secrét.*

Inspection. Reg. 6, n° 53, et Direct. de l'intérieur. Reg. 1, f° 88, v°.

N° 2013. — *Dépêche ministérielle relative aux traites du trésor royal envoyées pour le service des colonies et aux moyens d'en rendre la négociation plus avantageuse.*

13 janvier 1819.

Monsieur le Baron, je crois utile d'appeler votre attention concernant la négociation des traites sur le trésor royal, et d'entrer avec vous dans quelques détails au sujet des dispositions à faire pour que ces traites soient placées, sinon toujours avec avantage, du moins sans perte pour le gouvernement.

Pour parvenir à ce but, il est essentiel d'abord que les émissions de traites soient multipliées et divisées autant que possible, afin que vous n'ayez pas à négocier simultanément des sommes trop considérables qui excèdent les besoins du commerce et des colons.

Un des moyens qui semblent ensuite dans le cas d'être employés avec succès, c'est la publicité de l'émission des traites par l'administration, afin que tous les habitants soient informés qu'ils peuvent user de cette voie pour faire des remises en France.

Peut-être conviendrait-il d'adopter, pour le placement, le mode d'adjudication par soumissions cachetées, lesquelles seraient ouvertes à jour fixe par le commissaire ordonnateur, assisté du payeur de la colonie et en présence du contrôleur. Ces soumissions auraient pour objet de faire connaître le taux auquel le soumissionnaire s'engagerait à prendre les traites pour une somme qu'il indiquerait, et l'administration, après avoir examiné si les conditions offertes sont de nature à être acceptées, déterminerait alors quel serait le montant de la somme qui serait négociée et en ferait la répartition entre les soumissionnaires qui auraient offert la condition la meilleure pour le trésor.

Je vous recommande de m'instruire de ce que vous aurez fait à ce sujet, comme de toute autre disposition que vous croiriez utile d'adopter pour favoriser la négociation tant des traites du caissier du trésor royal sur lui-même, que des ministères pour l'émission desquelles vous auriez autorisation.

Recevez, etc.

Le Ministre de la marine et des colonies,

Signé Baron PORTAL.

Inspection. Reg. 6, n° 627.

N° 2014. — *Ordonnance du gouverneur et administrateur portant que les rhums et tafias des colonies étrangères ne seront plus admis à la Martinique qu'en entrepôt réel pour exportation à l'étranger.*

21 janvier 1819.

Le Gouverneur, etc.,

Vu les ordres de Son Excellence le Ministre secrétaire d'État de la marine et des colonies;

Après en avoir délibéré en conseil de gouvernement et d'administration, a ordonné et ordonne, pour être exécuté provisoirement, sauf l'approbation de Sa Majesté, ce qui suit :

Art. 1er. A dater du 1er avril 1819, les rhums et tafias des colonies étrangères ne seront plus admis qu'en entrepôt réel dans les ports de la Martinique, pour être exportés à l'étranger par bâtiments français ou par bâtiments étrangers.

Art. 2. L'ordonnateur de la colonie est chargé de l'exécution de la présente ordonnance.

Mandons, etc.

Donné au Fort-Royal, le 21 janvier 1819.

Signé DONZELOT.

Journal de la Mart., 1819, n° 20. Enregistré au conseil supérieur, 2 mars 1819.

N° 2015. — *Décision du gouverneur administrateur qui assimile les gardes du génie et les conducteurs des ponts et chaussées aux sous-lieutenants pour le traitement dans les hôpitaux de la marine.* (Extrait.)

25 janvier 1819.

....

Bien que je ne connaisse aucun article des règlements d'après lequel on puisse se fixer à cet égard, les observations de M. Garin, sur la nature des fonctions des employés du génie militaire et du génie des ponts et chaussées, me font penser (c'est aussi votre opinion) que ces employés doivent être distingués des soldats dans le traitement aux hôpitaux du gouvernement et, par conséquent, peuvent être assimilés aux sous-lieutenants, ayant surtout à peu près la même solde; j'ai donc décidé provisoirement que les conducteurs des travaux des ponts et chaussées, de même que les gardes du génie, seraient traités à l'avenir comme sous-lieutenants dans les hôpitaux de la marine à la Martinique.

Je vous invite, Monsieur l'Ordonnateur, à donner des ordres à cet égard et pour que cette décision soit étendue à M. L'Héritier.

Agréez, etc.

Signé DONZELOT.

Arch. de l'hôpital. Ord. et déc. Liasse 1819.

N° 2016. — *Dépêche ministérielle adressée au contrôleur colonial et portant instructions sur les fonctions, droits et devoirs de sa place.*

27 janvier 1819.

Monsieur, lorsque la présente lettre vous parviendra, vous aurez pris connaissance des documents officiels déposés au contrôle de la Martinique, qui déterminent la nature et l'objet des attributions de la place que vous occupez, notamment de l'arrêté ministériel du 10 septembre 1817 et de la lettre de mon prédécesseur du même jour, numérotée 5.

Appelé par votre place à faire partie des conseils de gouvernement et d'administration, dans le cas où il s'agirait de déroger momentanément dans la colonie à la législation en matières d'importations et d'exportations, vous n'aurez pas manqué de fixer votre attention particulière sur les lois et règlements concernant le commerce de la Martinique avec la métropole, et les relations qu'il est permis d'entretenir avec l'étranger.

Je dois vous dire que vos prédécesseurs ne se sont pas tous

montrés pénétrés des vrais principes qui devraient régler leur conduite en pareille matière, et que des opinions tout à fait opposées à ce qu'elles devaient être se font même remarquer dans leur correspondance, à cet égard.

Pour vous prémunir contre une semblable erreur, il vous aura suffi de vous pénétrer de l'esprit des instructions données, à diverses époques, aux administrateurs de la Martinique, et qui sont insérées au code de cette île. Vous n'aurez pas consulté avec moins de fruit la dépêche ministérielle du 13 novembre 1784 (insérée par extrait seulement au même code, mais en entier dans celui de Saint-Domingue, dont je vous adresse ici un exemplaire pour le contrôle), et vous aurez trouvé aussi d'utiles développements dans la teneur d'un document d'une date plus récente, transmis, avec une dépêche du 4 septembre 1817, à M. le baron Donzelot, qui a été chargé de faire enregistrer le tout au bureau du contrôle.

Les explications qui résultent de ces diverses pièces vous auront fait reconnaître que le principal ou, pour mieux dire, l'unique objet de l'institution des colonies est de procurer la plus grande extension possible au commerce national; et que si, dans l'intérêt de l'existence de ces établissements, il a été jugé nécessaire de déroger, pour certains articles, au régime exclusif qui devrait en être la première et constante loi, du moins ne doit-on outrepasser que dans le cas d'une urgente nécessité, et avec une grande circonspection, les limites qui ont été posées par l'arrêt du 30 août 1784.

Il appartient au contrôleur de faire sur ces objets les représentations que, dans l'intérêt du commerce de la métropole, il jugerait nécessaires, et de les consigner dans les procès-verbaux des délibérations des conseils de gouvernement et d'administration, comme dans votre correspondance particulière avec le gouverneur et administrateur. Vous êtes incapable de perdre de vue que ces représentations ne doivent jamais avoir lieu qu'avec sagesse, mesure et discernement; vous savez d'ailleurs que, en toute affaire, au chef de la colonie est réservé le droit de procéder à l'exécution, quel que soit le nombre des opinions contraires à la sienne.

Vous avez à adresser au département, chaque trimestre, un compte raisonné de vos opérations. La forme et la matière de ce compte sont indiquées dans les dépêches qui ont été écrites à votre prédécesseur les 31 janvier 1817, n° 2, et 10 septembre de la même année, n° 5.

Vous aurez de plus à transmettre au ministre de la marine, tous les mois et plus souvent si le cas le requiert, un double en forme des procès-verbaux des délibérations du conseil de gouvernement et d'administration. Je vous recommande d'être très-exact à réclamer et à envoyer ces procès-verbaux.

Ces attributions et celles qui résultent des anciennes ordonnances vous mettent en position de justifier, par vos services, le choix que le roi a fait de vous pour exercer à la Martinique les fonctions de contrôleur colonial. Je ne doute pas que vous ne réunissiez tous vos soins et tous vos efforts pour remplir, à cet égard, l'attente du gouvernement.

Recevez, etc.

Le Ministre de la marine et des colonies,

Signé Baron PORTAL

Inspection. Reg. 6, n° 113.

N° 2017. — *Dépêche ministérielle relative au régime alimentaire des malades dans les hôpitaux des colonies.*

27 janvier 1819.

Nota. Voir une lettre du colonel de la légion de la Guadeloupe et une note du médecin inspecteur du service de santé de la marine jointes à cette dépêche.

Toutes deux tendent à obtenir quelques améliorations dans ce régime.

Arch. de l'ordonnateur. Dep. 1819, n° 18.

N° 2018. — *Décision du gouverneur administrateur portant fixation de la quotité du droit à percevoir sur les salaisons provenant d'Amérique.*

28 janvier 1819.

Il m'a été adressé, Monsieur l'Ordonnateur, une réclamation contre la quotité du droit fixé pour le baril de salaison d'Amérique, calculé sur le pied de 200 livres par baril, tandis que ce baril ne pèse que 180 livres.

J'ai fait prendre des informations sur l'objet de cette réclamation. Il résulte des renseignemens recueillis à cet égard que lesdits barils de salaison provenant de l'Amérique ne contiennent effectivement, pour l'ordinaire, que 180 livres de viande de bœuf ou de porc salé.

Il serait évidemment contre la justice de continuer à exiger pour le baril de salaison la quotité du droit contre laquelle on réclame. Toutefois, en réduisant cette quotité, nous ne devons point négliger les intérêts du trésor.

J'ai donc décidé qu'à l'avenir le droit de 3 fr. 15 cent. par quintal établi sur les salaisons venant de l'étranger, serait calculé à raison de 180 livres le baril pour celles provenant d'Amérique, sauf à procéder, toutes les fois qu'il en sera introduit, aux vérifications d'usage, pour s'assurer si les barils n'ont point éprouvé de changement dans leur capacité, auquel cas la quotité du droit serait établie à raison du poids réel du baril.

Je vous invite à faire part de cette décision à M. le directeur des douanes, afin qu'il donne des ordres en conséquence aux préposés dans les divers ports de la colonie.

Agréez, etc.

Signé DONZELOT.

Arch. des douanes. Ord. et déc. Liasse n° 1.

N° 2019. — *Décision du gouverneur administrateur portant concession à un particulier d'un terrain ou* basse *sis au Marin, à la condition d'y construire un quai.*

31 janvier 1819.

Au nom du Roi,

Le gouverneur et administrateur pour le Roi de la colonie de la Martinique,

Vu la requête du sieur Jean Roy, négociant au Marin, en demande de la concession d'une *basse* souvent à sec, sur laquelle le pétitionnaire désire faire construire un quai, qu'il expose devoir être d'une grande utilité publique autant que particulière;

Vu l'avis du commissaire commandant la paroisse sur la communication qui lui a été donnée de ladite demande, par apostille du 28 août dernier,

Décide :

Art. 1er. Le terrain désigné dans ladite requête annexée et formant la *basse* qui y est décrite est et demeure définitivement concédé au sieur Jean Roy, à la charge d'y construire le *quai* projeté par lui, et d'en laisser la jouissance au public, tant dans l'intérêt du commerce que dans celui du service du Roi.

Art. 2. Cette construction s'exécutera sous les yeux du commandant de la paroisse, et l'étendue qu'elle devra avoir sera constatée par un procès-verbal dans lequel il interviendra ainsi que le grand voyer, et qui sera ensuite déposé au greffe de la sénéchaussée du Fort-Royal.

Art. 3. Le quai projeté devra avoir été commencé dans un an de ce jour, à peine de nullité de la présente décision, qui sera enregistrée au secrétariat des archives du gouvernement et au greffe de la sénéchaussée du Fort-Royal.

Donné au Fort-Royal, le 31 janvier 1819.

Signé DONZELOT.

Arch. de la direction de l'intérieur. Reg. 1, f° 83 v°.

N° 2020. — *Décision du gouverneur administrateur portant nomination d'une commission pour procéder au travail préparatoire sur le système monétaire de la colonie.*

29 janvier 1819.

Nota. Une dépêche ministérielle du 11 août suivant, n° 227, prescrit au gouvernement de soumettre à un examen approfondi la question de l'abolition ou du maintien d'une computation spéciale propre à la Martinique.

Arch. du gouvernement. Ord. et déc., n° 213.

N° 2021. — *Décision du gouverneur administrateur portant que les rations de vivres en nature accordées aux officiers militaires, d'administration et de santé, seront remplacées par une indemnité en argent à raison de* 1 franc *par ration.*

31 janvier 1819.

Inspection. Reg. 5.

N° 2022. — *Avis officiel du directeur de l'intérieur qui met sous la sauvegarde du public un certain nombre de petits vautours de la Trinidad, amenés à la Martinique pour la destruction des serpents.*

3 février 1819.

Journal de la Mart., 1819, n° 13.

N° 2023. — *Dépêche ministérielle au gouverneur administrateur prescrivant l'examen de la question de l'introduction aux colonies occidentales de l'usage des bateaux à vapeur.*

3 février 1819.

Nota. Une notice est jointe. Elle présente ce système comme bien préférable à la navigation à la voile pour :

1° Le transport des sucres envoyés à Saint-Pierre par les quartiers de toute la côte sous le vent;

2° Le transport des sirops, cafés, cotons et autres denrées coloniales qui ont la même destination;

3° Le transport des subsistances et approvisionnements qui sont acquis en retour des denrées susénoncées et envoyées de Saint-Pierre dans chacun des quartiers de la côte sous le vent;

4° Le service de la baie du Fort-Royal, où sont situés les embarcadères de six quartiers fertiles et populeux;

5° Et enfin la communication journalière entre Saint-Pierre et le Fort-Royal.

Arch. du gouvernement. Dép. ministérielles, n° 59.

N° 2024. — *Dépêche ministérielle au gouverneur et administrateur, relative à l'exercice de la profession de notaire dans la colonie et à l'organisation du notariat.*

10 février 1819.

Voir, annexés, deux mémoires traitant à fond ce double sujet, produits, l'un par quatre notaires à la Martinique, l'autre par un magistrat de la métropole.

Ils s'accordent à demander l'application à la Martinique de la loi du 11 ventôse an XI, sur l'organisation du notariat, et de l'arrêté du 2 nivôse suivant, sur l'institution des chambres de discipline.

Le ministre demande un travail fait en conseil de gouvernement et d'administration et indique l'ouvrage de Fleurigon, vol. 4, pages 295 à 310, comme utile à consulter.

Arch. du gouvernement. Dép. ministérielles, n° 50.

N° 2025. — *Ordonnance du gouverneur administrateur portant maintien et réorganisation de la maison royale d'éducation des jeunes demoiselles, à Saint-Pierre.*

15 février 1819.

Le gouverneur et administrateur, etc., vu les lettres patentes du Roi du 3 mars 1750, portant permission aux religieuses du tiers ordre de Saint-Dominique de prendre des filles pensionnaires pour y être, par elles, élevées, formées et instruites de la manière prescrite par les articles 6 et 7 ce concernant;

Vu l'arrêté colonial en date du 1er août 1815, portant le rétablissement du pensionnat sous le titre de *Maison royale d'éducation*, mise, par les motifs qui y sont énoncés, sous la direction des dames laïques;

Vu le rapport de la commission établie pour la vérification des comptes de ladite maison, et pour constater sa position actuelle; ledit rapport en date du 6 août dernier;

Pénétré, ainsi que ses prédécesseurs, de l'importance d'un tel établissement et de son utilité dans la colonie, et après en avoir délibéré en conseil de gouvernement et d'administration, a ordonné et ordonne, pour être exécuté provisoirement, sauf l'approbation de Sa Majesté, ce qui suit:

Art. 1er. Le pensionnat tenu ci-devant par les religieuses du tiers ordre de Saint-Dominique, rétabli par ordonnance du 20 mars 1816, sous le titre de *Maison royale d'éducation pour les jeunes personnes de la colonie*, et confié à des dames laïques, est maintenu provisoirement, au même nom et ainsi qu'il est établi par ladite ordonnance, sauf les modifications qu'il a été jugé convenable d'apporter à son régime, et ce jusqu'à ce qu'il plaise à Sa Majesté de manifester sa volonté à cet égard.

Art. 2. Une dame laïque, choisie et nommée par nous, aura, sous le titre de directrice, l'administration de ladite maison ou pensionnat royal. Ses fonctions lui seront marquées par le règlement que nous avons établi pour assurer le régime de l'établissement.

Art. 3. La dame directrice aura l'initiative du choix des maîtresses de classes, des surveillantes et des professeurs d'arts d'agrément; mais elle ne pourra les employer qu'après que les unes et les autres auront été agréées par nous, sur l'avis du conseil d'administration établi par l'article 12. La dame directrice désignera les fonctions de chacune de ses collaboratrices; leur nombre sera fixé.

Art. 4. Le médecin du Roi, à Saint-Pierre, sera chargé du

service de santé de la maison : il jouira d'un traitement particulier aux frais de l'établissement.

Dans tous les cas, il traitera toutes les maladies des élèves. Le traitement des indispositions légères sera gratuit, celui des maladies graves sera aux frais des parents ;

Et dans le cas où les parents voudront les faire traiter par des médecins à leur choix, ils auront la faculté de retirer leurs enfants de la maison royale, pour les faire soigner jusqu'au moment de leur rétablissement.

Art. 5. La maison royale pourra admettre des élèves provenant des colonies voisines ; mais dans le cas où le nombre des pensionnaires serait complet, toute préférence serait donnée aux jeunes personnes de la Martinique pour les places qui deviendraient vacantes.

Art. 6. Il ne sera reçu à la maison royale ni demi-pensionnaires ni externes.

Art. 7. Les pensionnaires seront formées aux bonnes mœurs, élevées selon les principes de la religion catholique, apostolique et romaine, et instruites sous tous les rapports d'une manière conforme à leur sexe.

Art. 8. Un prospectus qui sera publié fera connaître les conditions auxquelles les pensionnaires seront, à l'avenir, reçues dans cette maison.

Art. 9. Le règlement statuant sur la discipline de ladite maison sera, en outre, joint au présent arrêté.

Art. 10. Exemptons les esclaves domestiques qui appartiendront à l'établissement du droit de capitation, corvées, même pour les chemins, et de toutes autres charges publiques.

Art. 11. Nous fixerons, au surplus, les règles et la forme de la comptabilité particulière à cette maison, ainsi que le traitement dont jouira la dame directrice et chacune des autres personnes qui y seront attachées.

Art. 12. Il y sera établi un conseil d'administration qui aura droit d'inspection sur tous les détails d'instruction, de police et d'administration intérieure.

Il sera composé du sénéchal et du procureur du roi de la sénéchaussée de Saint-Pierre, du curé et du commissaire commandant de la paroisse, de la directrice, du médecin du roi, de deux pères de famille notables, au choix du gouvernement, et de l'aumônier, qui fera fonctions de secrétaire, ayant voix délibérative.

Il sera présidé par le sénéchal, ou, à son défaut, par le procureur du roi, et, en leur absence, par le doyen d'âge.

Ce conseil sera toujours compétent au nombre de cinq membres.

L'ordonnateur, le directeur de l'intérieur, le commissaire municipal et le contrôleur colonial assisteront de droit à toutes les séances de ce conseil, toutes les fois qu'ils le jugeront convenable.

Ce conseil s'assemblera d'obligation une fois par mois, du 1er au 5, dans une des salles de la maison, et devra nommer un de ses membres, pour, une fois par semaine, examiner l'état des choses et en rendre compte au conseil suivant, qui, quand il y aura lieu, en fera son rapport au directeur de l'intérieur.

Si le vœu du conseil d'administration est que le membre nommé pour le mois soit continué, il pourra l'être de mois en mois, et ainsi pour tout le temps qu'il croira pouvoir renouveler cette preuve de zèle sans nuire à ses intérêts particuliers ou à ses occupations journalières.

Art. 13. Le pensionnat ou maison royale exigeant protection immédiate et spéciale du gouvernement, à compter de ce jour, il ne sera plus accordé d'autorisation pour de nouveaux établissements particuliers de ce genre; et quant à ceux existant à Saint-Pierre, ils payeront annuellement et par semestre, à compter du 1er juillet prochain, une prime de *trois cents francs* en faveur du pensionnat royal, pour chaque pensionnaire dite *en toute pension*; les demi-pensionnaires et les externes seront exemptes de toute prime.

Le gouvernement se réserve en outre de fixer, à compter du 1er janvier 1820, le nombre de ces pensionnats particuliers qui seront dans le cas d'être conservés à Saint-Pierre, et de déterminer à quelles conditions ils pourront l'être, comme de former, s'il y a lieu, une seconde maison d'éducation au Fort-Royal.

Le conseil d'administration du pensionnat ou maison royale de Saint-Pierre sera chargé d'opérer la rentrée exacte et fidèle de la prime à payer par les pensionnats particuliers.

Art. 14. Nous imposons d'ailleurs à la maison royale d'éducation, aussitôt que le nombre de ses élèves sera de cinquante, l'obligation d'entretenir et élever, à l'instar des pensionnaires, gratuitement et à titre de boursières, deux jeunes personnes qui seront par nous nommées et choisies dans les familles pauvres et recommandables. Le nombre de boursières sera porté à quatre, aussitôt que celui des élèves sera de cent; il sera de six lorsque le nombre des élèves sera de cent cinquante.

Les boursières devront être spécialement dirigées et formées aux fonctions d'institutrices, pour le cas où elles auraient la capacité et la volonté de le devenir un jour.

Art. 15. Les dames employées dans cette maison formeront l'engagement de s'y consacrer entièrement, savoir : la dame directrice, pendant six années ; les auxiliaires et surveillantes, pendant quatre années, d'après les formes établies ou à établir.

Art. 16. Il est entendu qu'indépendamment des dispositions particulières énoncées dans le cours de cet arrêté, le préfet ou vice-préfet apostolique et le procureur général conserveront toujours à l'égard de cet établissement la surveillance générale dévolue de droit à leur ministère respectif sur toutes les institutions de ce genre.

Art. 17. L'ordonnateur de la colonie est chargé de tenir la main à l'exécution de la présente ordonnance.

Prions MM. du conseil supérieur, etc.

Mandons, etc.

Donné au Fort-Royal, le 13 février 1819.

Signé DONZELOT.

Et plus bas : GUILLAUME, *secrét.*

Inspection. Reg. 6, n° 52. — Enregistré au conseil supérieur, 4 mars 1819.

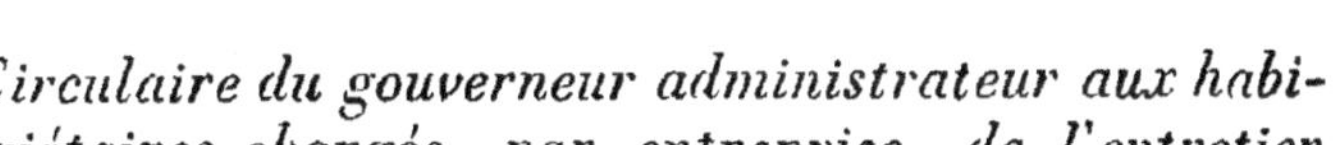

N° 2026. — *Circulaire du gouverneur administrateur aux habitants propriétaires chargés, par entreprise, de l'entretien des chemins royaux.*

15 février 1819.

Je vous préviens, Monsieur, que j'ai ordonné qu'il vous soit payé un trimestre de votre abonnement pour l'entretien de la portion de la route royale dont vous êtes chargé.

Des mesures sont égalcment prises pour assurer le payement de tout ce qui vous sera dû à la fin de juin prochain, s'il est reconnu que vous ayez parfaitement rempli les conditions de votre entreprise.

Dans le cas contraire, les payements seront suspendus jusqu'à ce que vous ayez rempli vos engagements.

J'ai eu plusieurs fois l'occasion de remarquer avec quelle négligence se fait l'entretien des routes de la colonie ; j'ai vu presque partout les entrepreneurs se contenter de rabattre les sillons d'ornières au lieu de combler celles-ci avec du tuf, des cailloux roulés, du gros sable, des décombres qui se trouvent également à pied d'œuvre. Dans quelques endroits, au lieu de recreuser les fossés pour donner un écoulement facile aux eaux et se procurer des terres pour le remblai des bernes, on déblaye celles-ci pour recharger la chaussée, d'où résulte la détérioration des profils générateurs et, par conséquent, la destruction des routes par les eaux pluviales.

J'ai observé aussi que l'on ne se piquait pas de conserver les alignements primitifs et que des portions droites devenaient bientôt tortueuses, soit par l'empiétement des clôtures et halliers, soit par le défaut de soin dans le curage des fossés.

Il est notoire enfin que les cassis, aqueducs et chevrons d'écoulement sont presque tous en dégradation ou engorgés.

J'ai prescrit à MM. les ingénieurs de ne délivrer à l'avenir de certificats de payement qu'après s'être bien assurés que les routes en question étaient remises dans l'état où elles se trouvaient au moment de la passation du marché; et je me propose d'examiner par moi-même la nature des réparations qui y sont exécutées.

Agréez, etc. Signé DONZELOT.

Arch. de la direction de l'intérieur. Reg. 4, f° 7.

N° 2027. — *Décision du gouverneur administrateur portant résiliation du bail à ferme de l'encan de Fort-Royal et nomination d'un encanteur d'office.* (Extrait).

19 février 1819.

Il est démontré que le produit des ventes n'a pu dédommager l'encanteur fermier de ses peines et soins.

A l'avenir, pour lui tenir lieu de vacations, frais de magasin et tous autres, il lui sera accordé la moitié des émoluments et droits accordés à cet emploi; l'autre moitié sera versée dans la caisse royale.

Il est assujeti à un cautionnement en immeubles de 30,000 livres, ou 16,666 fr. 66 cent.

Inspection. Reg. 5.

N° 2028. — *Arrêté du gouverneur et administrateur portant que les maisons, terrains, etc. attenant à l'arsenal de la marine au Fort-Royal seront achetés pour le compte du gouvernement.* 20 février 1819.

Nota. Pour lesdits terrains et autres propriétés servir à l'isolement et à l'agrandissement de cet arsenal.

Arch. du gouvernement. Ord. et déc., n° 554.

N° 2029. — *Décision du gouverneur administrateur portant tarif provisoire des vacations et frais de conduite à allouer aux officiers des divers services.* 27 février 1819.

Le Gouverneur et administrateur, etc.,

Ayant à statuer sur les allocations pour vacations et frais de conduite dans la colonie,

Décide provisoirement ce qui suit :

Art. 1er. A compter du 1er avril 1819, le tarif ci-après, basé sur celui du 29 pluviôse an IX (5 mars 1801), avec moitié en sus, sera le seul suivi dans la colonie :

	TARIF du 29 pluviose an IX.	MOITIÉ en sus.	TOTAL.
Commissaire ordonnateur	12f 00	6f 00	18f 00
Contrôleur			15 00
Capitaine de vaisseau Commissaire Officier de santé en chef Ingénieur de vaisseau de 1re classe	10 00	5 00	15 00
Capitaine de frégate Ingénieur de vaisseau de 2e classe Garde-magasin Officier de santé en second	8 00	4 00	12 00
Lieutenant de vaisseau Sous-commissaire Sous-ingénieur de 1re classe Officier de santé de 1re classe	7 00	3 50	10 50
Enseigne de vaisseau Sous-ingénieur de 2e classe Commis principaux Chirurgiens et pharmaciens de 2e classe	5 50	2 75	8 25
Aspirants ou élèves Commis de la marine Chirurgiens et pharmaciens de 3e classe Maîtres de toutes professions	4 00	2 00	6 00
Premier maître chargé à bord ——— commis aux vivres	3 00	1 50	4 50
Maréchaux des logis, brigadiers et gendarmes maritimes	//	//	5 00

Les assimilations de grades du service militaire de terre pour l'allocation des vacations sont établies de la manière suivante :

Colonel, comme capitaine de vaisseau ;

Lieutenant-colonel et chef de bataillon, comme capitaine de frégate ;

Capitaine, comme lieutenant de vaisseau ;

Lieutenant, comme enseigne de vaisseau ;

Sous-lieutenant comme aspirant ou élève.

Art. 2. Il ne pourra être accordé de vacations aux individus compris dans le tarif ci-contre que sur un ordre visé soit par par nous, soit par l'ordonnateur.

En conséquence, tous les chefs de corps ou officiers sans troupes dans le cas de donner des ordres pour un service urgent auront à se conformer à cette disposition.

Art. 3. Les officiers et autres employés qui recevront des ordres pour le service seront indemnisés des frais de conduite en leur fournissant, suivant le besoin ou la destination, un canot de poste ou un cheval de selle.

Art. 4. Les fonctionnaires qui, d'après les décisions du ministre, ont des frais de tournée, ne sont pas susceptibles de recevoir des vacations.

Art. 5. L'ordonnateur de la colonie est chargé de l'exécution de la présente décision, qui sera enregistrée au contrôle.

Donné au Fort-Royal (Martinique), le 27 février 1819.

Signé DONZELOT.

Inspection. Reg. 5, n° 1111.

N° 2030. — *Ordonnance du gouverneur administrateur portant règlement des impositions de la Martinique pour l'année* 1819.

1er mars 1819.

Elles sont divisées comme suit :

TITRE PREMIER.

Impositions royales pour les dépenses générales de la colonie.

Section 1re. Impositions et contributions directes.

Section 2e. Contributions indirectes et droits de douane.

TITRE II.

Impositions particulières pour les dépenses locales ou municipales.

Section 1re. Impositions sur les denrées de la colonie, vendues au détail pour la consommation intérieure.

Section 2e. Droits d'octroi sur divers comestibles de première nécessité à leur exportation de la colonie.

Section 3e. Droits d'octroi et de consommation sur divers articles importés dans la colonie.

Section 4e. Taxe pour le remboursement des nègres justiciés

Section 5e. Impositions particulières relatives aux chemins

Section 6e. Droits sur les canots de poste, pirogues, gros-bois et bâtiments faisant le transport et le cabotage de la colonie

Section 7e. Impositions particulières sur les villes pour leurs dépenses particulières.

Section 8e. Droit de consommation sur le tabac au petit détail.

Gazette de la Mart. et Arch. du gouvernement. — Enregistré au conseil supérieur, 4 mars 1819.

N° 2031. — *Ordonnance du gouverneur administrateur pour la construction d'un quai le long de la rade dite des* Flamands *à Fort-Royal*. (Extrait.)

1er mars 1819.

Cette construction sera faite par adjudication.

Il sera pourvu à la dépense par une contribution sur :

1° Les propriétaires riverains ;

2° Les négociants est marchands ayant magasin ou boutique en ville ;

3° Les gros-bois et caboteurs.

Nota. Voir l'ordonnance du gouverneur administrateur, du 2 mars 1819, portant règlement de la répartition de la dépense entre les contribuables désignés par l'ordonnance précédente.

Arch. du directeur de l'intérieur. Collection d'ord. et déc., etc. Reg. 1, 1819 — Inspection. Ord. et déc. Reg. 6, n° 110. — Enregistré au conseil supérieur, 4 mars 1819.

N° 2032. — *Extrait de l'ordonnance locale sur les impositions de* 1819, *en ce qui touche la police des cabrouets roulant sur les chemins royaux*.

1er mars 1819.

Art. 31. Les cabrouets roulant sur les portions de nouveaux chemins royaux déjà données à l'entreprise devront avoir de jantes de six à sept pouces de large; et en attendant que les roues à petites jantes, qui sont dans le cas d'endommager les routes, aient été changées, les propriétaires de cabrouets de ce genre, conformément aux décisions précédentes, payeront annuellement à l'entrepreneur chargé de l'entretien des chemins six centimes (deux sols six deniers) par toise de chemin royal que chacun de leurs cabrouets parcourra sur la route confectionnée.

Arch. du gouvernement.

Nº 2033. — *Ordonnance du gouverneur administrateur portant règlement d'une contribution pour subvenir aux dépenses de construction d'un quai le long de la rade dite des* Flamands, *Fort-Royal* (1).

2 mars 1819.

Le gouverneur et administrateur, etc.,

Ayant, par une ordonnance du premier de ce mois, déterminé la construction du quai de la rade des Flamands, demandé par le commerce du Fort-Royal, au nom des habitants de cette ville, il reste à établir la répartition des frais à supporter par les divers propriétaires ,dans la proportion des avantages qui résultent pour eux de cette opération, ainsi que ladite répartition a été proposée par les commissaires nommés à cet effet;

En conséquence, après en avoir délibéré en conseil de gouvernement et d'administration, a ordonné et ordonne, pour être exécuté provisoirement, sauf l'approbation de Sa Majesté, ce qui suit:

Art. 1er. Les propriétaires des maisons et terrains sis au bord de mer supporteront ensemble et proportionnellement une somme qui ne sera pas moindre de 20 francs, et qui n'excèdera pas 30 francs, par toise superficielle de terrain acquis; ladite somme devant être suivant la situation des lieux et devant s'élever approximativement à la somme de 45,072 francs;

Plus 20 francs par pied de façade, s'élevant à 27,057 fr. 72 cent.

Art. 2. Les négociants et marchands non propriétaires du bord de mer, mais ayant magasins ou boutiques dans l'intérieur

---

(1) Voir Arch. du gouvernement. Ord. et déc., 10 avril 1819, nº 245, une décision du gouverneur et administrateur qui arrête définitivement le contrôle de répartition du coût du quai des *Flamands* et nomme les commissaires chargés d'en surveiller l'exécution.

de la ville, supporteront ensemble et proportionnellement une autre portion de 11,925 francs.

Art. 3. Toutes les maisons de la ville du Fort-Royal, celles déjà désignées comprises, payeront un tiers en sus de l'imposition royale fixée par les ordonnances d'impositions sur les maisons pour les années 1819 et 1820, et contribueront ainsi, par évaluation, pour une somme de 32,807 fr. 67 cent.

Art. 4. Le quai dont il s'agit devant être d'une grande utilité aux canots dits gros-bois et autres caboteurs qui communiquent avec la ville du Fort-Royal, ces deux genres d'embarcations constribueront à sa construction, savoir :

Les canots dits gros-bois feront, dans l'espace de six mois à dater du jour où les travaux auront commencé, douze voyages de roches à plein chargement;

Les caboteurs par deux voyages seulement fournis dans le même espace de temps, et également à plein chargement.

Cette fourniture, qui sera vérifiée et constatée, est évaluée à une somme de 13,039 francs.

Art. 5. Les propriétaires de canots dits gros-bois et caboteurs, désignés dans l'article précédent, seront responsables de la fourniture imposée auxdites embarcations; toutefois il leur sera loisible de se racheter de ladite livraison en nature en payant, en argent, 3 fr. 25 cent. par tonneau.

Art. 6. Pour le montant de cette contribution il sera dressé des rôles nominatifs et proportionnés, qui seront arrêtés par nous pour être annexés à la présente ordonnance.

Ladite contribution doit être acquittée en entier dans l'espace de dix-huit mois, à compter de ce jour et en quatre parties égales payables à trois, six, douze et dix-huit mois, dans les mains et sur la quittance du préposé du trésorier municipal au Fort-Royal.

Les fonds provenant de ces contributions seront mis dans la caisse en réserve, ne seront point confondus avec les revenus municipaux et ne pourront, sous aucun prétexte, être employés à d'autres objets qu'aux dépenses de la construction dudit quai.

Il sera tenu de l'emploi de ces fonds une comptabilité particulière, dans les mêmes formes que les recettes et dépenses municipales.

Seront les délinquants poursuivis par toutes les voies de droit, comme dans le cas de deniers royaux.

Art. 7. L'Ordonnateur de la colonie est chargé de tenir la main à l'exécution de la présente ordonnance.

Prions Messieurs du conseil supérieur, etc.
Mandons, etc.
Donné au Fort-Royal, le 2 mars 1819.

Signé DONZELOT.
Et plus bas : GUILLAUME, *secrét.*

Enregistré au conseil supérieur, 4 mars 1819. — Inspection. Reg. 6, n° 115.

N° 2034.— *Décision du gouverneur administrateur qui proroge jusqu'au* 15 *avril* 1819 *le délai accordé pour l'étampe à feu à appliquer sur les barriques de sucre.*

5 mars 1819.

Nota. Le délai était fixé au 1er mars, mais les commissaires du commerce remontrent, dans une requête, l'impossibilité où ils ont été d'obéir dans le temps fixé par la rareté des ouvriers capables de faire des étampes, et la perte qu'ils éprouveront s'ils arrêtent leurs envois.

N° 2035.— *Ordre du jour du gouverneur administrateur portant suppression des rations de vivres* en nature *accordées aux officiers des troupes, sans troupes, d'administration et de santé.* (Extrait.)

5 mars 1819.

Elles sont remplacées par une indemnité en argent, à raison d'un franc par ration, payable comme la solde.

Bureau des approvisionnements. Ord. et déc. Liasse 1819.

N° 2036. — *Circulaire ministérielle apportant diverses modifications à l'instruction du* 6 *octobre* 1817, *en ce qui concerne l'inventaire estimatif.*

9 mars 1819.

Arch. de l'ordonnateur et du gouvernement. Dép. 1819.

N° 2037. — *Prospectus de la maison royale d'éducation établie à Saint-Pierre par ordonnances locales des* 20 *mars* 1816 *et* 13 *février* 1819.

10 mars 1819.

Nota. Ce prospectus a été fait et dressé, d'ordre du gouverneur administrateur, par le directeur de l'intérieur, pour êtr imprimé et rendu public.

Arch. de la direction de l'intérieur. Reg. 1, f° 95.

N° 2038. — *Dépêche ministérielle au Gouverneur administra teur, déterminant les formalités que doivent remplir ceux qu veulent se faire naturaliser.*

10 mars 1819

Monsieur le Baron, la loi du 22 frimaire an VIII, art. 3, l sénatus-consulte du 19 février 1818, le décret du 17 mar 1809 et la loi du 14 octobre 1814 font connaître les formalité que doivent remplir ceux qui veulent se faire naturaliser, et l marche qu'ils ont à suivre pour y arriver. Ils doivent produir à l'appui de leur demande :

1° Un extrait, dûment certifié, de la déclaration qu'ils on faite, devant l'autorité municipale du lieu de leur résidence, d l'intention où ils sont de se fixer dans l'étendue du territoir français ;

2° Leur acte de naissance ;

3° Les pièces qui peuvent justifier les titres qu'ils ont devenir Français.

Il est alors statué sur leur demande, d'après la nature de renseignements qu'on a pu se procurer sur leur conduite, leur principes et leurs moyens d'existence, sur les services qu'il peuvent avoir rendus à l'État, ou les établissements qu'ils on apportés dans son sein.

Je vous recommande d'avoir soin de donner connaissance tout impétrant des dispositions du titre VI des lettres patente du mois d'octobre 1727, qui interdisent formellement aux étran gers, même naturalisés, tout commerce dans les colonies.

Les lettres de déclaration de naturalité devant être scellées ceux qui les obtiennent sont tenus de s'adresser à un référendair près la commission du sceau, pour s'en faire délivrer les expédi tions. Vous voudrez bien en prévenir les parties intéressées.

Recevez, etc.

Le Ministre de la marine et des colonies,

Signé Baron PORTAL.

Arch. du gouvernement. Dép. ministérielles, n° 79.

N° 2039. — *Décision du gouverneur administrateur qui met à la charge des capitaines de navires marchands le prix de la chaux vive employée à l'inhumation des marins de leur bord décédés dans les hôpitaux de la colonie* (1).

19 mars 1819.

Le Gouverneur, etc.,

Considérant que, par notre décision du 13 octobre 1818, il a été ordonné de jeter dans chaque fosse d'individu mort aux hôpitaux du Fort-Royal et de Saint-Pierre un demi-baril de chaux vive, et qu'il est juste que la dépense qui résulte de cette mesure de salubrité ne soit à la charge du gouvernement que pour les individus entretenus aux frais du roi dans lesdits hôpitaux,

D'après le rapport de l'ordonnateur,

Décide ce qui suit :

Art. 1er. Les capitaines des navires du commerce payeront le demi-baril de chaux vive employé à l'inhumation des marins de leur bord qui seront morts dans les hôpitaux du Fort-Royal et de Saint-Pierre au prix de 7 fr. 50 cent., suivant le marché passé avec l'administration par l'entrepreneur desdits hôpitaux.

Art. 2. L'ordonnateur de la colonie tiendra la main à l'exécution de la présente décision, qui sera enregistrée au contrôle de la marine.

Donné au Fort-Royal, le 19 mars 1819.

Signé DONZELOT.

Arch. du gouvernement. Ord. et déc., n° 234.

N° 2040. — *Décision du gouverneur administrateur portant création d'une commission pour l'établissement des prix de base pour la perception des droits sur les denrées coloniales* (2).

25 mars 1819.

Le Gouverneur, etc.,

Voulant pourvoir à la nomination des membres de la commission établie par l'article 18 de l'ordonnance d'impositions pour l'année 1819, à l'effet de proposer le tarif des prix de base à éta-

---

(1) Voir l'ordonnauce locale du 13 octobre 1818, n°

(2) Cette décision a été renouvelée, pour 1820, le 30 mars 1820, Arch. du gouvernement, Ord. et déc., n° 401, et, pour 1821, le 18 octobre 1820, Arch. du gouvernement, Ord. et déc., n° 535.

blir par trimestre pour la perception des droits sur les denrées coloniales.

Décide ce qui suit :

Art. 1er. Cette commission, pour l'année 1819, est composée de la manière ci-après :

Le directeur des douanes ;

Le contrôleur colonial ou son représentant ;

Les commissaires du commerce ;

Un négociant commissionnaire ;

Un capitaine de navire marchand.

Art. 2. Elle se réunira à l'hôtel des douanes, à Saint-Pierre, sous la présidence du directeur des douanes, dans les trois jours qui précéderont le trimestre.

Art. 3. Le président nous adressera de suite le résultat de ses délibérations, d'après lequel le tarif des prix de base du trimestre sera arrêté par nous conformément à l'ordonnance.

Art. 4. L'Ordonnateur de la colonie est chargé de tenir la main à l'exécution de la présente décision, qui sera enregistrée au contrôle.

Donné à la Martinique, le 25 mars 1819.

Signé DONZELOT.

Arch. des douanes. Ord. et déc. Liasse n° 1.

N° 2041. — *Dépêche ministérielle portant autorisation d'acquitter le fret ou de faire chargement sur les navires du roi des objets d'histoire naturelle envoyés ou échangés entre le muséum et ses correspondants.*

26 mars 1819.

Monsieur le Baron, Messieurs les professeurs administrateurs du muséum d'histoire naturelle m'ont informé qu'il existait dans la colonie que vous administerez des correspondants du muséum, et que cet établissement serait dans le cas de leur envoyer et de recevoir d'eux, de temps à autre, divers envois, soit de semences de végétaux, soit d'autres objets d'histoire naturelle.

Ces échanges mutuels ne peuvent qu'être utiles aux progrès de la science et à ceux de l'économie rurale de la France et de ses colonies, et mon intention est de les favoriser.

Les administrateurs de la marine aux ports du Havre, de Bordeaux et de Nantes sont chargés, en conséquence, de faire parvenir à leur destination, par les occasions les plus promptes et les plus sûres, les objets qui seront expédiés outre-mer par le muséum. Je vous prie de donner des ordres pour que ceux qui arriveront soient remis exactement aux personnes à qui ils seront destinés, et en cas de départ ou d'empêchement de celles-ci, à tout autre habitant qui soit dans le cas d'en tirer un parti utile.

Je vous autorise, en outre, à faire acquitter sur les fonds de la colonie le fret des envois qui auront eu lieu ainsi par des navires du commerce.

Quant aux objets que les divers correspondants du muséum auraient à envoyer à cet établissement, vous voudrez bien les faire charger sur les bâtiments du Roi qui effectueront leur retour en France, en invitant les commandants à ne rien négliger pour la conservation des plants et des graines et en général de tout ce qui composera chaque envoi.

Je vous recommande de m'informer exactement des dispositions que vous aurez été dans le cas de faire et des frais auxquels elles auront pu donner lieu.

Recevez, etc.

Le Ministre de la marine et des colonies,

Signé Baron PORTAL.

Arch. de l'ordonnateur. Dép. minist. 1819, n° 28.

Nota. Voir une autre dépêche du 21 juin 1820 sur le même objet.

N° 2042. — *Décision du gouverneur administrateur portant nomination d'un particulier, par suite de démission du titulaire, à l'emploi d'encanteur d'office au Fort-Royal.*

5 avril 1819.

Nota. Il lui est alloué pour tout salaire ou indemnité la moitié des droits et émoluments accordés à son office; l'autre moitié applicable à la caisse royale.

Il est tenu de fournir un cautionnement en immeubles de 30,000 livres coloniales.

Arch. du gouvernement. Ord. et déc., n° 239.

N° 2043. — *Dépêche ministérielle portant notification du tableau du personnel de l'administration de la marine et du contrôle, à la Martinique.* (Extrait.)

7 avril 1819.

NOMBRE.	GRADE OU EMPLOI.	TRAITEMENT.	TOTAL de la dépense.
1	Commissaire principal ordonnateur.	15,000f 00	15,000f 00
1	Commissaire de 2e classe, contrôleur.	7,500 00	7,500 00
3	Commissaires de 2e classe..........	6,000 00	18,000 00
3	Sous-commissaires................	3,600 00	10,800 00
1	Garde-magasin..................	4,500 00	4,500 00
1	Sous-garde-magasin...............	3,000 00	3,000 00
7	Commis principaux................	2,700 00	18,900 00
5	Commis de 1re classe..............	2,250 00	11,250 00
5	Commis de 2e classe...............	1,800 00	9,000 00
27			97,950 00
Frais d'écrivains auxiliaires.......... Suppléments de traitement aux officiers d'administration chargés du service dans diverses résidences, et au commis principal chargé du contrôle à Saint-Pierre.			25,000 00
	Total................		122,950 00

Paris, le 7 avril 1819.

Le Ministre secrétaire d'État de marine et des colonies,

Signé PORTAL.

Inspection. Reg. 6.

N° 2044. — *Ordre du gouverneur administrateur qui affecte un fonds de 5,000 francs à l'élargissement du boulevard pratiqué derrière les casernes, à Saint-Pierre.*

7 avril 1819.

Arch. du gouvernement. Ord. et déc., n° 240.

N° 2045. — *Ordre du gouverneur administrateur qui affecte un fonds de 10,000 francs au remblai et au nivellement du terrain situé entre les casernes et le quai de la rivière, à Saint-Pierre.*

7 avril 1819.

Nota. Une portion de ce terrain a été convertie en chaussée.

Arch. du gouvernement.

N° 2046. — *Homologation, par le gouverneur administrateur, d'une délibération de la paroisse des Trois-Ilets portant concession à prix d'argent, à des particuliers, de portions de terrain dans son cimetière.*

14 avril 1819.

Nota. Ces concessions sont ainsi formulées : N... devra payer à la fabrique la somme de 1,000 livres coloniales, *pour prix du droit à lui accordé d'ériger une tombe sur les cendres de son père*... L'étendue du terrain concédé n'est pas spécifiée.

Arch. de la direction de l'intérieur. Reg. 1, f° 84.

N° 2047. — *Circulaire ministérielle au gouverneur et administrateur, prescrivant l'envoi, chaque année, avant la fin de juillet, au plus tard, d'inventaires estimatifs et de comptes d'opérations pour l'année écoulée.*

15 avril 1819.

Arch. du gouvernement. Dép. ministérielles, n° 157.

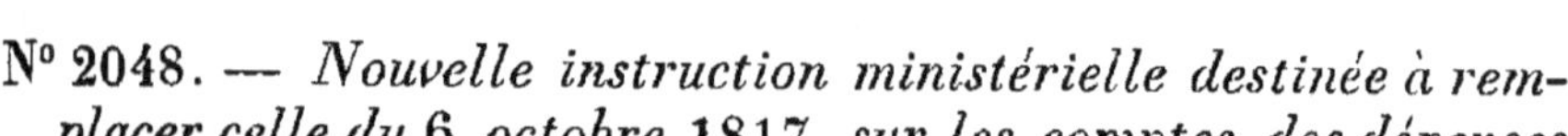

N° 2048. — *Nouvelle instruction ministérielle destinée à remplacer celle du 6 octobre 1817, sur les comptes des dépenses en matière et main-d'œuvre.*

15 avril 1819.

Arch. du gouvernement. Dép. ministérielles, n° 157, annexe.

N° 2049. — *Dépêche ministérielle au gouverneur administrateur prescrivant le dressement d'inventaires estimatifs des meubles, effets de toute nature et immeubles appartenant au roi dans la colonie.*

15 avril 1819.

Nota. Cette pièce ne s'est pas retrouvée. Son existence résulte d'une décision locale du 22 décembre 1819, qui nomme une commission pour l'estimation des immeubles, et d'une lettre y annexée.

Arch. du gouvernement. Ord. et déc., n° 359, annexe.

N° 2050. — *Ordonnance du gouverneur administrateur portant injonction aux greffiers et notaires de remettre dans un délai préfix des doubles minutes destinées au dépôt de Versailles.*

20 avril 1819.

Le gouverneur, etc.,

Considérant que d'après un édit du mois de juin 1776, remis en vigueur par divers arrêtés du gouvernement local, les greffiers et notaires chargés de la rédaction des actes civils et judiciaires sont tenus de remettre, tous les ans, les doubles minutes de ces actes aux archives du gouvernement, pour être ensuite envoyées au dépôt de Versailles;

Attendu que la plupart de ces fonctionnaires, malgré les demandes reitérées qui leur ont été faites de ces minutes, n'en ont point encore fait la remise,

Ordonne ce qui suit :

Art. 1er. Les greffiers et notaires qui n'ont point encore fourni les doubles minutes de leurs actes, conformément à l'édit de 1776, seront tenus de les déposer aux archives du Gouvernement au Fort-Royal, où elles devront être toutes réunies pour le 31 décembre de la présente année.

Art. 2. Le délai ci-dessus mentionné est de toute rigueur. Les greffiers et notaires qui n'auraient point envoyé leurs doubles minutes à l'époque fixée seront, à la diligence du procureur général, suspendus de leurs fonctions jusqu'à ce qu'ils aient satisfait à ce qui est prescrit, et imposés à une amende de 300 francs pour chaque mois de retard, comme il est dit à l'article 4 de l'arrêté local du 20 pluviôse an XI (9 février 1803).

Art. 3. L'Ordonnateur de la colonie est chargé de surveiller l'exécution de la présente ordonnance, qui sera insérée dans les journaux et enregistrée, etc.

Donné au Fort-Royal, le 20 avril 1819.

Signé DONZELOT.

Journal de la Mart., année 1819, n° 33. — Enregistré au conseil supérieur, 4 mai 1819.

N° 2051. — *Ordonnance du gouverneur administrateur qui prescrit la transcription, aux frais du gouvernement, de minutes de greffiers et de notaires détruites par le coup de vent d'octobre* 1817.

20 avril 1819.

Le Gouverneur, etc.,

Vu l'édit du mois de juin 1776, concernant le dépôt des chartes des colonies à Versailles;

Vu l'arrêté local, sous la date du 23 frimaire an XIII, et relatif au même objet;

Vu les diverses dépêches ministérielles qui font connaître les lacunes qui existent au dépôt à Versailles, lesquelles doivent être remplies le plus promptement possible;

Considérant qu'une très-grande quantité d'actes remis au greffe de l'intendance à Saint-Pierre, après la dernière reprise de possession, ont été entièrement détruits par les coups de vent qui se sont succédé depuis 1813, et notamment par celui du 21 octobre 1817, et que c'est naturellement le gouvernement qui doit en supporter les frais de transcription, comme aussi de ceux des fonctionnaires décédés, absents ou démissionnaires;

Considérant, en outre, que les frais de trancription des actes des notaires et greffiers décédés qui avaient négligé de remplir leurs obligations ne doivent point être à la charge du gouvernement, et qu'il est juste, au contraire, qu'ils soient supportés par les héritiers desdits fonctionnaires, puisque ceux-ci, pendant leur exercice, ont reçu des parties intéressées la rétribution que les articles 11 et 13 de l'édit de 1776 les autorisent à exiger pour la double minute destinée pour le dépôt de Versailles,

Ordonne ce qui suit :

Art. 1er. Les minutes des actes judiciaires et notariés déposées aux greffes du conseil supérieur et des sénéchaussées du Fort-Royal et de Saint-Pierre, et qui n'ont pu être envoyées au dépôt de Versailles, par le décès, la démission ou l'absence des fonctionnaires chargés de les rédiger, seront transcrites aux frais du gouvernement, sauf le remboursement dont il est fait mention à l'article 7, et remises, dans le plus bref délai possible, au secrétariat des archives au Fort-Royal.

Seront également transcrites, aux frais du gouvernement, les minutes qui ont été détruites par le coup de vent du 21 octobre 1817.

Art. 2. Pour l'exécution des dispositions de l'article précédent, les greffiers et les notaires s'entendront avec le secrétaire archiviste du gouvernement, qui leur fera connaître le nombre d'actes dont la transcription doit avoir lieu.

Art. 3. Ces actes seront transcrits sur papier à la tellière, en écriture courante et seront payés à raison d'un franc vingt-cinq centimes par rôle, le rôle contenant deux pages de vingt-quatre lignes, et la ligne quinze syllabes au moins.

Art. 4. Les greffiers ou notaires toucheront le montant du prix de leur travail sur états arrêtés par eux, visés par M. le sénéchal, et appuyés des récépissés délivrés par le secrétaire archiviste du gouvernement, pour les pièces qui lui auront été remises.

Ces états seront vérifiés et ordonnancés par l'Ordonnateur de la colonie.

Art. 5. Les frais de transcription des actes dont il s'agit seront payés sur les fonds affectés aux dépenses imprévues, chapitre VII du budget royal, exercice 1819.

Art. 6. L'indemnité d'un franc vingt-cinq centimes n'aura lieu que pour les travaux antérieurs à la nomination des greffiers actuels, et pour les minutes provenant des démissionnaires ou décédés.

La même indemnité d'un franc vingt-cinq centimes sera accordée pour les doubles minutes qui avaient été remises au greffe de l'intendance après la dernière reprise de possession de la colonie, et qui ont été détruites par le coup de vent du 21 octobre 1817.

Art. 7. Tout ex-greffier et notaire démissionnaire, existant dans la colonie, qui a négligé, dans le temps, de remplir ses obligations concernant les doubles minutes de son greffe ou de son étude, sera tenu au remboursement des sommes que coûtera au trésor public la transcription des doubles minutes.

Le même mesure atteint les héritiers des greffiers ou notaires qui, avant leur décès, ne se sont point conformés aux dispositions de l'édit de 1776.

Art. 8. L'Ordonnateur de la colonie est chargé de surveiller l'exécution de la présente ordonnance, qui sera insérée dans les journaux et enregistrée, etc.

Donné au Fort-Royal, le 20 avril 1819.

Signé DONZELOT

Journal de la Mart., 1819, n° 35.—Enregistré au conseil supérieur, 4 mai 1819.

N° 2052. — *Lettre du gouverneur administrateur à l'ordonnateur, portant invitation de rappeler aux chefs de détails, commis et écrivains de l'administration, que la plus entière discrétion leur est ordonnée dans le service.*

26 avril 1819.

J'ai acquis la certitude, Monsieur l'Ordonnateur, que, dans les bureaux de l'administration, on a manqué plusieurs fois à la discrétion, qui est un des premiers devoirs des employés. Vous partagerez, je n'en doute pas, le déplaisir que j'ai éprouvé en apprenant que des dispositions ordonnées ont été répandues dans le public avant même leur exécution.

Je vous prie de rappeler et de faire rappeler par MM. les chefs de détails, à tous les commis et écrivains des administrations, que la confiance qui leur est accordée ne repose que sur la discrétion entière qu'on attend d'eux, et que lorsqu'ils abusent de cette confiance, ils s'exposent à un renvoi mérité.

Je vous invite à faire lire la présente dans les bureaux et à me signaler à l'avenir, sans ménagement, ceux qui négligeraient les avertissements qui leur sont donnés.

Je ne doute pas que cet avertissement suffira pour que je n'aie plus aucun motif de mécontentement à cet égard.

Agréez, etc.

Signé DONZELOT.

Arch. de la direction de l'intérieur. Reg. 4, f° 7 v°.

N° 2053. — *Dépêche ministérielle au gouverneur administrateur annonçant l'envoi et décrivant l'usage d'un instrument propre à essayer l'opération de l'incision annulaire sur les cafiers.*

28 avril 1819.

Monsieur le Baron, il paraît constaté que le cafier reçoit quelquefois, en raison de l'humidité des lieux où il se trouve, une séve trop abondante, qui nuit par son exubérance à la qualité du fruit et qui empêche ou qui rend imparfaite l'opération de la fécondation.

On m'a indiqué comme pouvant remédier à cet inconvénient l'application aux cafiers d'un procédé que l'on emploie avec succès en Europe dans la culture de la vigne.

Ce procédé consiste à enlever, au moyen d'un instrument, un anneau d'écorce compris entre deux incisions circulaires faites à une ligne de distance l'une de l'autre. L'interception momentanée de la séve produite par cette opération suffit pour prévenir la coulure et avancer la maturité du fruit.

Je désire que vous vous assuriez par des expériences des effets que produirait sur le cafier une telle incision, et dans cette vue, je vous envoie, avec la présente lettre, cinq instruments propres à l'opérer.

Vous ferez exécuter les essais par les soins du directeur du jardin botanique, et vous ne négligerez d'ailleurs pas de réclamer le concours et l'expérience des colons dont le zèle et les connaissances en agriculture vous seront connus. Vous voudrez bien me rendre compte ensuite du résultat des dispositions qui auront été faites.

Recevez, etc.

Le Ministre de la marine et des colonies,

Signé Baron PORTAL.

Arch. du gouvernement. Dép. ministérielles, n° 117.

N° 2054. — *Ordre du gouverneur administrateur pour la levée du plan de la ville de Saint-Pierre et de ses environs.*

Avril 1819.

Le Gouverneur administrateur, etc.,

Considérant qu'il n'existe aucun plan de la ville de Saint-Pierre ni de ses environs,

Ordonne ce qui suit :

Art. 1er. Le plan de la ville de Saint-Pierre et de ses environs sera levé dans les limites, bases et échelles qui seront déterminées par l'ingénieur en chef.

Art. 2. Cette opération sera faite par un arpenteur géomètre dont la capacité aura été reconnue par l'ingénieur en chef, et il sera passé avec lui un marché ou forfait, contenant les clauses, conditions et prix pour l'exécution de ce travail.

Le marché sera soumis à notre approbation, et le montant de la dépense sera acquitté sur le budget municipal de l'exercice 1819, chapitre des dépenses de la ville de Saint-Pierre (1).

Art. 3. Le lever dudit plan sera fait sous l'inspection de l'ingénieur chargé du service de l'arrondissement de Saint-Pierre.

(1) Ce plan achevé, une copie a été envoyée au ministre, qui l'a remise au dépôt de la marine, en mars 1821. Comme il était sur une très-grande échelle, le ministre en a fait faire une réduction.

Art. 4. L'Ordonnateur de la colonie et l'ingénieur en chef seront chargés, chacun en ce qui le concerne, de l'exécution du présent ordre, qui sera enregistré au contrôle.

Signé DONZELOT.

Inspection. Reg. 6, nº 45.

Nº 2055. — *Dépêche ministérielle d'envoi au gouverneur d'une note de l'inspecteur général du service de santé, relative à la conservation du vaccin et à l'établissement de salles de vaccination aux colonies.* (Extrait.)

5 mai 1819.

Cette note pose en fait :

Qu'il est difficile de fournir du vaccin aux navires du commerce avant leur départ de France ;

Que le virus transmis d'Europe aux Antilles se détériore souvent dans le trajet ;

Que, pour que les officiers de santé en chef des colonies aient toujours du vaccin à leur disposition et puissent propager et entretenir la vaccine, il n'est pas de mesure plus efficace que l'établissement d'une salle de vaccination gratuite, où les enfants seraient envoyés par leurs familles ou par les habitants.

Là, l'humeur vaccinale serait recueillie et conservée pour être ensuite répandue dans les quartiers.

Par ce moyen on subviendrait à l'irrégularité des envois de virus, en même temps qu'à la détérioration par le trajet, ou à la déperdition de qualité par le temps, du virus qui serait envoyé.

Nota. Ce document est resté joint à la dépêche.

Arch. du gouvernement. Dép. ministérielles, nº 126.

Nº 2056. — *Circulaire ministérielle aux consuls de France en pays étrangers, portant que les navires français vendus en France à des étrangers seront munis de congés dans la forme ordinaire.*

11 mai 1819.

Annales maritimes, 1820, partie officielle, p. 490.

Nº 2057. — *Marché passé entre l'administration de la colonie et le sieur Blanchet, entrepreneur, pour le service des hôpitaux, à compter de janvier* 1820 *jusqu'en décembre* 1823.

14 mai 1819.

Nota. Ce marché, sauf quelques modifications à apporter aux articles 13 et 17, a été approuvé par le ministre, suivant dépêche du 11 novembre 1819.

Arch. de l'hôpital. — Dép. 1819.

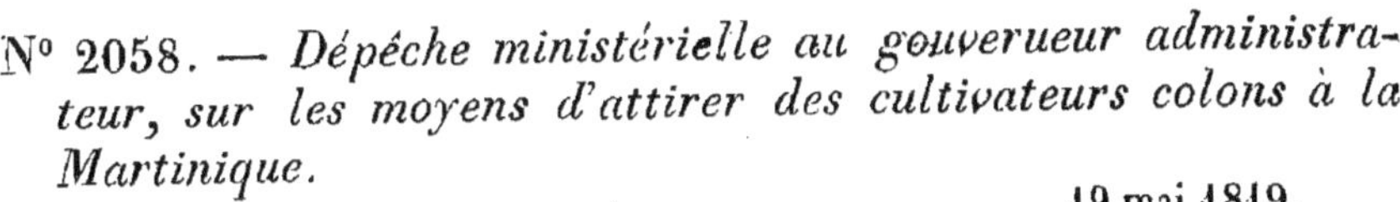

N° 2058. — *Dépêche ministérielle au gouverneur administrateur, sur les moyens d'attirer des cultivateurs colons à la Martinique.*

19 mai 1819.

Monsieur le Baron, j'ai à vous remercier de l'envoi que vous m'avez fait par votre lettre du 19 janvier dernier, n° 32, de l'ordonnance du roi d'Espagne tendant à attirer des colons étrangers à Cuba, et des règlements publiés par les gouverneur et intendant de cette île pour assurer l'exécution de ladite ordonnance.

L'objet de ces dispositions est d'une haute importance, et rien ne serait plus désirable que de réussir à accroître, de la même manière, la population utile des possessions françaises au delà des mers.

Je recevrai, avec un extrême intérêt, les propositions que vous croiriez pouvoir me faire à ce sujet en ce qui concerne la Martinique.

Je prévois, d'après votre correspondance précédente, que le système que vous jugerez préférable sera celui d'une introduction graduelle et partielle de cultivateurs blancs qui entreraient, au fur et à mesure de leur arrivée, sur les établissements de culture déjà et depuis longtemps en pleine activité, et y seraient employés à la part. Cette sorte d'encadrement aurait le double avantage de laisser agir l'intérêt particulier sans intervention du gouvernement et, surtout, sans dépense pour le trésor royal; Mais il faudrait que les possesseurs d'habitations à la Martinique eussent en France des correspondants qu'ils chargeraient, ainsi que l'a fait M. Sinson Sainville, de choisir et d'engager le nombre de cultivateurs qu'ils pourraient employer sur leurs terres.

Le gouvernement de Sa Majesté favoriserait et faciliterait ces immigrations. Le département de la marine ferait, sur les fonds de la dotation annuelle de la Martinique, l'avance des frais de passage, dont le remboursement serait opéré par vous dans les termes que vous auriez jugé convenable de fixer.

Recevez, etc.

Le Ministre de la marine et des colonies,
Signé PORTAL.

Arch. du gouvernement.

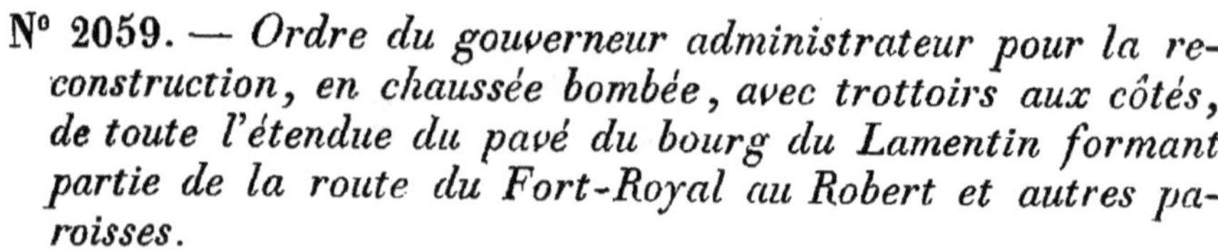

N° 2059. — *Ordre du gouverneur administrateur pour la reconstruction, en chaussée bombée, avec trottoirs aux côtés, de toute l'étendue du pavé du bourg du Lamentin formant partie de la route du Fort-Royal au Robert et autres paroisses.*

25 mai 1819.

Nota. Les portions de trottoirs correspondantes aux façades de maisons seront à la charge des propriétaires riverains.

Arch. du gouvernement. Ord. et déc., n° 505.

N° 2060. — *Dépêche ministérielle annonçant l'abonnement au* Journal militaire, *pris au nom de chacun des conseils d'administration des corps ou détachements qui s'administrent eux-mêmes aux colonies.*

26 mai 1819.

Nota. Le prix de chaque exemplaire est de 15 francs par an.

Arch. de l'Ordonnateur. — Dép. ministérielles, 1819, n° 50.

N° 2061. — *Décision du gouverneur administrateur, relative aux journées de malades envoyés et entretenus aux eaux thermales des Pitons.* (Extrait.)

30 mai 1819.

L'article 39 du marché des hôpitaux pour l'année 1818, ainsi conçu :

« En attendant qu'il en soit autrement ordonné, les malades « que les officiers de santé en chef jugeront utile et nécessaire « d'envoyer aux eaux des Pitons, y seront logés et traités, « soignés et nourris aux frais de l'entrepreneur, à la charge par

« le gouvernement de lui payer, par journée de séjour, 6 francs « pour les soldats et marins, et 12 francs pour les officiers, « sous la condition que l'entrepreneur y entretiendra un servant « de quatre en quatre hommes, »

Recevra son exécution pour le restant de l'année 1819.

Signé DONZELOT.

Arch. du gouvernement. Ord. et déc., n° 270.

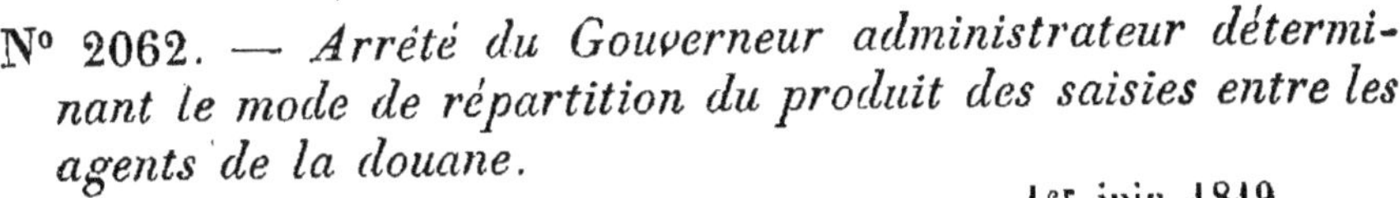

N° 2062. — *Arrêté du Gouverneur administrateur déterminant le mode de répartition du produit des saisies entre les agents de la douane.*

1er juin 1819.

NOTA. Abrogé par l'article 33 de l'ordonnance locale du 19 octobre 1819.

Arch. de l'ordonnateur. Ord. et déc. 1819.

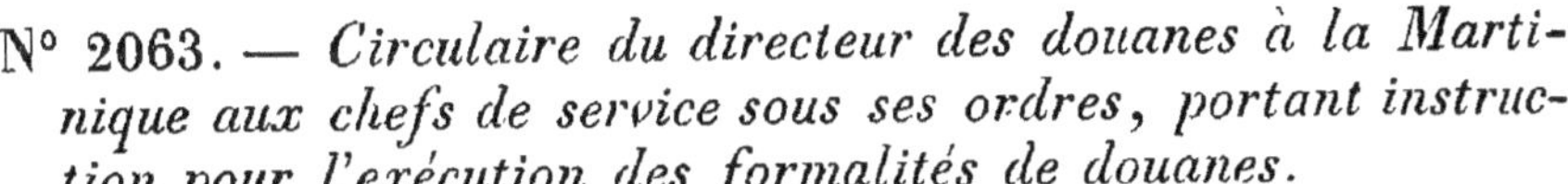

N° 2063. — *Circulaire du directeur des douanes à la Martinique aux chefs de service sous ses ordres, portant instruction pour l'exécution des formalités de douanes.*

5 juin 1819.

L'exécution des formalités de douanes n'exclut point, Messieurs, les égards et les procédés d'honnêteté vis-à-vis du public. J'ai recommandé souvent et je recommande de nouveau aux employés des bureaux et brigades d'allier dans leurs fonctions la politesse avec la fermeté. Il est dans le caractère de ma place et dans mon caractère particulier de pratiquer ces principes. Je me persuade donc que chacun s'en pénétrera et concourra ainsi à établir la considération dont je suis jaloux de voir ici les douanes environnées comme elles le sont en France.

S'il arrivait que, malgré la plus grande décence dans le service, quelques personnes se portassent à violer la consigne des douanes et à outrager les officiers et préposés sous mes ordres, alors la conduite réservée de ces derniers ne ferait que mettre davantage la raison de leur côté et ajouter aux torts des délinquants. Il m'en serait référé aussitôt, et je ferais procéder juridiquement sur les faits, en vertu des procès-verbaux qui seraient dressés selon le vœu de l'article 5 de l'ordonnance organique des douanes, du 30 juin 1818. J'aime à croire que ces cas seront très-rares, et que le public n'oubliera point que les douanes ne font qu'exécuter les ordonnances, et que c'est manquer au gouvernement d'attaquer ses agents. Ainsi, dans l'intérieur et hors des bureaux de douanes, le public honnête trouvera toujours réciprocité d'égards.

La plupart des communications des divers points de la colonie a lieu par mer, tant pour le commerce que pour les habitants; je suis très-porté à les favoriser dans le sens qui s'attache à l'esprit des ordonnances. La bonne foi, l'éducation et le rang des personnes sont des garanties contre les intentions de fraude, et j'invite MM. les officiers et préposés des douanes à accorder à ces garanties autant de crédit que leur en inspirera leur sagacité. Ainsi, lorsque des personnes ou des familles recommandables feront le trajet de leurs habitations, et n'auront à bord des canots et gros-bois que des malles d'effets à usage ou des objets de ménage, il sera aussi prompt que facile de le reconnaître et d'en permettre le libre embarquement ou débarquement, fût-ce même, dans ce cas, avant le lever ou après le coucher du soleil; car de semblables trajets se font ordinairement de manière à éviter les chaleurs du jour.

Mais à l'égard des marchandises transportées dans les canots et gros-bois, la vérification en est formellement prescrite, et elles ne sauraient être débarquées avant le lever ou après le coucher du soleil, sans qu'il y eût contavention emportant la confiscation.

Les douanes sont la protection du commerce honnête qui se conforme aux ordonnances et règlements. Le but des douanes n'est point d'apporter de la gêne et des obstacles aux opérations commerciales, mais de veiller à la conservation des droits du trésor royal et de prévenir les importations prohibées.

J'ai, etc.

Signé DE ROMAND.

Journal de la Mart., 1819, nº 47.

Nº 2064. — *Décision du gouverneur administrateur qui étend aux écrivains auxiliaires de la marine et à d'autres salariés la conversion en argent des rations accordées en nature.*

8 juin 1819.

Inspection. Voir décision du 31 janvier 1819, nº 2021.

N° 2065. — *Dépêche ministérielle au Gouverneur administrateur, portant envoi de notes sur la formation de viviers pour la naturalisation des goramis.*

16 juin 1819.

Nota. 1. Ces notes, bonnes à consulter pour toute espèce de viviers, sont jointes à la dépêche.

2. Par décision du 16 septembre 1819, un vivier a été construit au jardin des plantes, à Saint-Pierre, pour la multiplication des goramis.

Arch. du gouvernement. Dép. ministérielles, n° 165.

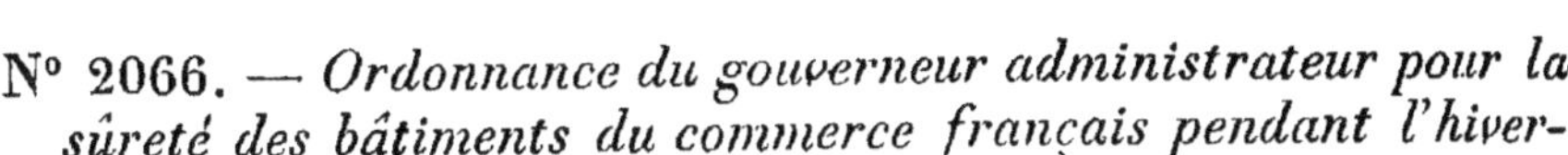

N° 2066. — *Ordonnance du gouverneur administrateur pour la sûreté des bâtiments du commerce français pendant l'hivernage.*

18 juin 1819.

Nota. Elle n'est que la reproduction de celle du 25 juin 1818.

Journal de la Mart., 1819, n° 52. — Enregistré au conseil supérieur, 5 juillet 1819.

N° 2067. — *Circulaire ministérielle contenant diverses dispositions relatives au payement des traitements des membres de la Légion d'honneur et à ses formes comptables.* (Extrait.)

26 juin 1819.

Le principe admis en 1816 reste maintenu et la caisse des invalides ne fera point d'avances

Le trésorier général des invalides sera chargé de recevoir à Paris le traitement annuel des membres de la Légion.

Pour cet effet, chacun des légionnaires devra, dans les premier jours de janvier de chaque année, vous remettre un certificat de vie conforme au modèle n° 1 (1).

Vous m'adresserez par un seul envoi ces pièces, accompagnées d'un état en *double expédition* conforme au modèle n° 2 annexé à la présente.

Lorsqu'au moyen de ces pièces le trésorier général aura réalisé les traitements échus, il en portera le montant au crédit du trésorier de la colonie.

(1) Il est encore joint à la circulaire.

Sur l'avis que je vous en donnerai, vous ferez payer à chaque membre la somme indiquée sur le double de l'état que je vous renverrai.

Vous prescrirez au trésorier des invalides d'ouvrir dans ses écritures et dans ses bordereaux un compte spécial sous le titre de *traitement des membres de la Légion d'honneur;* il portera au débit de ce compte les payements effectués par lui, lesquels seront considérés comme fonds adressés en France.

Il suffira, pour cette partie de la comptabilité, que chaque membre émarge au moment du payement l'état dont il vient d'être fait mention; cette pièce restera entre les mains du comptable et opérera sa décharge.

Vous voudrez bien faire enregistrer la présente au contrôle et en prescrire l'exécution.

Recevez, etc.

Le Ministre de la marine et des colonies,

Signé Baron PORTAL.

Arch. du gouvernement. Dép. ministérielles, n° 765.

MODÈLE N° 2.

État nominatif des membres de la Légion d'honneur employés ou résidants dans la colonie de... et dont les certificats de vie sont ci-joints.

ÉMARGEMENT 1	NOMS. 2	PRÉNOMS. 3	GRADES. 4	ARRÉRAGES échus. 5	MONTANT. 6	OBSERVATIONS.

NOTA. La première colonne sera laissée en blanc, et les cinquième et sixième seront remplies à Paris.

N° 2068. — *Homologation par le gouverneur administrateur d'une délibération de la paroisse du François, relative à la rectification du chemin public traversant cette paroisse.* (Extrait.)

28 juin 1819.

Le chemin tracé par M. Saint-Léger, de l'habitation Trésin jusqu'aux limites du François, au Lamentin, est abandonné. Le chemin, désormais, prendra au pont de pierre pour suivre l'ancienne route jusqu'à l'habitation Trianon, appartenant à M. Grenonville, continuera jusqu'à la barrière de l'habitation Bellegarde, aboutira au chemin de l'habitation Sainville et ira rejoindre dans le haut de ladite habitation le tracé fait par M. Saint-Léger, qui sera suivi jusqu'aux limites de la paroisse.

Arch. de la direction de l'intérieur. Reg. 1, f° 117 r°.

N° 2069. — *Décision du gouverneur administrateur qui accorde au commerce, à raison de ses pertes, des facilités pour l'acquittement des droits de douanes.*

29 juin 1819.

Nous, etc.,

Vu les requêtes qui nous ont été adressées par MM. les commissaires du commerce et les négociants de la ville de Saint-Pierre, en date des 10 avril et 27 juin 1819, par lesquelles ils représentent que les pertes énormes éprouvées sur les chargements les mettent dans la plus grande gène, et que, par la rareté du numéraire dans la colonie, il leur devient impossible de se procurer immédiatement la somme qui leur est nécessaire pour l'acquittement des droits de douanes pour les bâtiments qu'ils expédient;

Considérant que, pour ces causes, ils sollicitent du gouvernement un délai d'un, deux et trois mois, pour l'acquittement des droits de douanes, s'obligeant à fournir telle garantie qui sera jugée nécessaire pour assurer le payement des effets de commerce qu'ils proposent de donner en payement desdits droits;

Considérant que la rareté du numéraire se fait effectivement sentir chaque jour davantage dans la colonie, et qu'il est bien reconnu qu'il n'y en a pas en circulation une quantité suffisante pour les transactions commerciales qui se font sur l'une et l'autre place du Fort-Royal et de Saint-Pierre ;

Prenant en considération la réclamation de MM. les commissaires du commerce et les négociants, et ayant égard à la position où ils se trouvent,

Avons décidé et décidons ce qui suit :

Art. 1er. Le trésorier de la colonie est autorisé à recevoir, en payement des droits de douanes, des effets de commerce à un et deux mois, en raison de la somme à laquelle se monteront les droits à payer, savoir :

Pour les droits de 1,000 à 5,000 francs, un mois ;

Pour les droits de 5,000 et au-dessus, deux mois.

Quant aux droits au-dessous de 1,000 francs, ils seront acquittés en numéraire.

Art. 2. Lorsque le trésorier de la colonie se trouvera dans le cas de recevoir des effets de commerce, ainsi qu'il est expliqué article 1er, il sera tenu d'exiger, en outre de la signature du négociant devant payer les droits, deux autres signatures à son choix, pour garantie des effets qu'il recevra.

Art. 3. Le trésorier demeurera responsable de chacun desdits effets qui, étant échus, non payés, n'auraient pas été protestés dans les vingt-quatre heures qui suivront l'échéance ; ainsi tout effet qui aura été protesté devra être remis à l'avocat du domaine, qui sera chargé d'en suivre la rentrée comme deniers royaux.

Art. 4. Le payement d'un effet protesté devra être immédiatement demandé aux personnes qui auront donné leur signature pour garantie de l'effet ; à défaut de payement, elles seront toutes poursuivies, étant solidairement responsables.

Art. 5. Toutes les signatures qui auront été protestées, soit celle du négociant qui aura souscrit l'effet, soit celles données pour garantie, n'auront plus la faveur d'être admises au trésor, pour les effets de commerce que le trésorier est autorisé à recevoir, conformément à l'article 1er, pour droits de douanes.

Art. 6. La présente décision sera exécutée jusqu'à ce qu'il en soit autrement ordonné.

Art. 7. L'ordonnateur de la colonie est chargé de surveiller l'exécution de la présente décision, qui sera enregistrée au contrôle et affichée au trésor.

Donné à Saint-Pierre, le 29 juin 1819.

Signé DONZELOT.

Inspection. Reg. 6, n° 217.

N° 2070. — *Dépêche ministérielle sur le renvoi immédiat en France des acquits-à-caution des approvisionnements envoyés dans les colonies pour le service du roi.*

30 juin 1819.

Monsieur le Baron, la remise en France des acquits-à-caution des munitions, vivres et marchandises qui sont expédiés aux colonies pour le service du roi éprouve souvent des retards, et l'administration de la marine se trouve ainsi exposée de la part des agents des douanes à des réclamations auxquelles, dans l'état actuel des choses, elle ne peut satisfaire qu'après le retour des navires chargeurs, qui souvent ne reviennent point immédiatement en France ou débarquent dans un port différent de celui d'où ils sont d'abord partis.

Afin d'éviter les réclamations et quelquefois même les poursuites qui résultent de cet état de choses, vous voudrez bien pourvoir à ce que désormais les acquits-à-caution des approvisionnements qui seront expédiés de France à la Martinique, pour le service du roi, soient adressés directement, par les occasions les plus prochaines, à l'administration de la marine dans les ports d'où les envois auront été faits, après que lesdits acquits-à-caution, dont il sera délivré des reçus aux capitaines des navires, auront été dûment déchargés par l'administration coloniale.

Vous voudrez bien m'accuser réception de la présente circulaire, qui devra être enregistrée au contrôle.

Recevez, etc.

Le Ministre de la marine et des colonies,
Signé Baron PORTAL.

Arch. de l'ordonnateur. Dép. ministérielles, 1819, n° 45.

N° 2071. — *Dépêche ministérielle au gouverneur administrateur, au sujet des mesures à prendre pour la conservation des bois et forêts à la Martinique, et pour la naturalisation du bois noir de l'Inde.*

30 juin 1819.

Monsieur le Baron, divers renseignements parvenus au département font connaître que des abus très-préjudiciables existent dans quelques-unes de nos colonies, par suite de l'inexécution des ordonnances des 18 mai 1712, 3 août 1722 et 16 novembre 1767, qui prescrivent des mesures relatives; 1° au mode à suivre pour les défrichements; 2° à la conservation des bois sur les habitations, sur les bords des rivières et de la mer; 3° aux plantations et semis à faire pour rétablir les réserves.

On assure que des défrichements se sont faits sans aucune règle et dans le seul but d'exploiter les bois sur des terrains qui ensuite restent incultes;

Que des habitants envoient leurs esclaves faire des coupes sur les propriétés d'autrui et s'approvisionnent même sur les réserves du gouvernement ;

Que d'autres favorisent les incendies des forêts sans prendre les précautions nécessaires pour empêcher la communication du feu ;

Qu'on se livre à l'exploitation des bois debout sans aucune autorisation préalable et qu'aucune plantation n'est faite pour entretenir et conserver les réserves ou pour garnir les routes et chemins ;

Qu'enfin les propriétaires ne se conforment point aux dispositions relatives à la conservation des arbres que leur espèce et leur dimension rendent propres aux constructions, et que les recépages ordonnés pour la reproduction sont entièrement négligés.

Vous êtes à portée de vérifier jusqu'à quel point ces indications peuvent être fondées, en ce qui touche l'île de la Martinique ; mais vous reconnaîtrez, dans tous les cas, et déjà sans doute vous avez eu lieu de reconnaître combien il est important de prendre des mesures pour prévenir la destruction des bois qui y existent.

Il s'agit moins encore de ménager les ressources de la colonie en combustible et pour les constructions de tout genre, que de protéger les récoltes contre la violence des ouragans et d'entretenir les pluies et la fraîcheur nécessaires tant à la salubrité de l'air qu'au renouvellement des eaux des rivières.

Parmi les moyens propres à procurer promptement des résultats avantageux, je recommande à votre attention particulière la naturalisation du *bois noir* de l'Inde, dont il vous été apporté des plants et graines par la flûte du roi *le Golo*, avec des notes détaillées sur les propriétés et sur la culture de cet arbre.

Vous trouverez ici l'extrait d'une lettre qui m'a été écrite par M. de Villaret-Joyeuse, le 18 juin, au sujet de la naturalisation du bois noir (1). Vous y verrez que son introduction aux Antilles peut être considérée comme un véritable bienfait pour nos colonies, et ce sera pour nous un motif d'user de toute votre influence pour que des plantations en soient faites sur plusieurs points à la fois, et notamment dans les lieux qui souffrent de la sécheresse.

Je désire au surplus que vous vous fassiez remettre par les

---

(1) Cette lettre, fort intéressante et décisive, est annexée à la dépêche ministérielle.

habitants les plus éclairés de la colonie des mémoires sur la question : « Quelles sont les dispositions à adopter pour la « conservation des bois existants et pour l'exécution des planta- « tions et semis qui seront reconnus nécessaires, à l'effet de « rétablir les réserves dans la proportion où elles doivent être « et de garnir les chemins et les bords des rivières? » et que vous fassiez discuter ensuite la matière en conseil de gouvernement et d'administration.

Vous trouverez, probablement, presque toutes les indications nécessaires à cet égard, soit dans les anciennes ordonnances, soit dans les lois et règlements en vigueur en France, qui sont relatés au 3e volume du code administratif de Fleurigeon, pages 11 à 55.

Vous aurez ensuite à me transmettre, avec les mémoires qui vous auront été fournis, la copie des procès-verbaux des délibérations du conseil.

Recevez, etc.

Le Ministre de la marine et des colonies,

Signé Baron PORTAL.

Arch. du gouvernement. Dép. ministérielle n° 176.

N° 2072. — *Arrêté du gouverneur administrateur pour la confection, par souscription, d'un nouveau chemin descendant des hauteurs du morne d'Orange vers la ville de Saint-Pierre.*

2 juillet 1819.

Le Gouverneur et administrateur pour le roi, etc.,

Vu la pétition à nous présentée par plusieurs habitants de la paroisse du Mouillage, tant de la campagne que de la ville, en demande de l'ouverture d'un chemin qui donne l'avantage d'une communication facile avec les hauteurs du morne d'Orange, en descendant vers la rue Toraille par les derrières de la ville, au moyen d'une jonction avec le boulevard projeté;

Vu le plan annexé et le devis de M. Baduel, ingénieur en chef des ponts et chaussés;

Considérant que le projet de remplacer de cette manière un ancien chemin presque impraticable est avantageux, non-seulement sous le rapport d'agrément et de commodité, mais plus particulièrement sous celui de l'utilité agricole et commerciale, en raison de la facilité qui en résultera pour les transports de toutes les habitations de cette partie et notamment de deux grandes manufactures coloniales,

Arrête :

Art. 1er. Le nouveau chemin, tracé des hauteurs du morne d'Orange en descendant vers la rue Toraille par les derrières de la ville, sera exécuté conformément au plan et au devis annexé.

Art. 2. Il sera pourvu, par souscription, aux frais de l'ouverture et de la confection dudit chemin, ainsi que des ouvrages de maçonnerie auxquels il donnera lieu, portés à 45,000 fr. par le devis précité.

Art. 3. Le gouvernement souscrit pour une somme de 10,000 fr

Art. 4. Le reste de la souscription devra être rempli par les habitants et autres particuliers qui désireront concourir à l'accomplissement d'un but aussi avantageux à la ville qu'à la campagne environnante.

Art. 5. Les fonds de ladite souscription seront versés au fur et à mesure dans la caisse du trésorier de la colonie.

Art. 6. Dès que la souscription sera remplie, l'ordre sera donné de commencer les travaux.

Art. 7. Lorsque les travaux seront terminés, il sera dressé un compte spécial des recettes et dépenses auxquelles l'opération aura donné lieu.

Art. 8. Si dans le cours de l'opération il s'élève des réclamations particulières qui donnent lieu à quelques justes indemnités, elles seront établies conformément à ce que les lois indiquent dans les cas de ce genre.

L'Ordonnateur, le Directeur de l'intérieur et le trésorier de la colonie sont chargés en ce qui les concerne de l'exécution du présent arrêté, qui sera enregistré au secrétariat des archives du gouvernement.

Donné à Saint-Pierre, le 2 juillet 1819.

Signé DONZELOT.

Et plus bas : GUILLAUME, *secrét.*

Arch. de la Direction de l'intérieur, reg. 3e, fo 194.

N° 2073. — *Ordonnance du gouverneur administrateur portant que le cimetière de la paroisse du Mouillage, à Saint-Pierre, sera transféré au haut de la rue de la Madeleine.* (Extrait).

8 juillet 1819.

Les travaux nécessaires seront donnés à l'entreprise.

La dépense, y compris les achats de terrains, est mise à la charge de la caisse municipale, sauf une somme de 10,000 francs, qui sera fournie par la paroisse.

Les travaux seront exécutés sous la direction du capitaine du génie.

L'ancien cimetière devra être abandonné.

Inspection. Ord. et déc. Reg. 6, n° 238.

N° 2074. — *Dépêche ministérielle au gouverneur administrateur, sur l'exploitation de la cochenille et la culture de la touloumane, à tenter à la Martinique.*

14 juillet 1819.

Monsieur le baron, la cochenille dite sylvestre et le nopal (espèce de raquette sur laquelle vit cet insecte) existent à Marie-Galante et y réussissent de manière à faire espérer que ce genre d'exploitation ne tardera pas à devenir profitable pour le commerce français.

Si vous jugez qu'ils pussent être introduits utilement à la Martinique, vous pourriez, dans le cas où la colonie ne posséderait pas déjà l'insecte et la plante dont il s'agit, vous entendre, pour vous procurer l'un et l'autre, avec M. le Gouverneur et administrateur de la Guadeloupe, où plusieurs plants de nopal portant la cochenille ont été, depuis peu, transplantés dans le jardin du gouvernement, à la Basse-Terre.

Il paraît que le nopal réussit dans les terres ruinées et dans celles que leur stérilité force de laisser en friche. La culture à la Martinique pourrait mettre en valeur plusieurs parties de l'île qui sont aujourd'hui sans rapport; on y emploierait les noirs que leur faiblesse rend peu susceptibles de se livrer aux travaux des cultures ordinaires, tels que les viellards, les femmes et les enfants, ou même encore des blancs, que les colons appelleraient dans l'île et qui trouveraient dans cette occupation, analogue à leurs moyens physiques, un travail en quelque sorte d'acclimatement.

Je vous prie de m'informer de la suite que vous aurez cru devoir donner à ces indications. J'ai prévenu M. le comte de Lardenoy des demandes que vous pourrez lui faire à cet égard. Je l'ai chargé en même temps de vous faire parvenir une plante qui a été récemment introduite à la Guadeloupe et qu'on y cultive avec succès. C'est la touloumane ou ghignara, *canna coccinea*. Elle sert à la nourriture des nègres et des blancs, et sa racine fournit une fécule qui produit un aliment salutaire et convenable surtout aux estomacs faibles et aux enfants. M. de Lardenoy me la désigne comme plus légère et plus nutritive que la *maranta arundinacea* de la Barbade. Lorsque des plants de ce végétal vous seront parvenus, je vous prie de vouloir bien m'en donner avis, et de me faire connaître le résultat des soins que vous aurez pris pour le naturaliser à la Martinique.

Recevez, etc.

Le Ministre de la marine et des colonies,
Signé HYDE DE NEUVILLE.

Arch. du gouvernement. Dép. ministérielles, n° 194.

N° 2075. — *Dépêche ministérielle au gouverneur administateur portant autorisation de pourvoir aux frais de transcription de l'arriéré des doubles minutes des actes de notaires et de l'état civil et des arrêts et jugements destinés au dépôt de Versailles*. (Extrait.)

14 juillet 1819.

Je reconnais qu'il ne serait pas juste d'imposer, soit aux greffiers actuels de divers tribunaux, soit aux notaires, l'obligation de pourvoir eux-mêmes aux dépenses qu'exigera la transcription des documents dont leurs prédécesseurs n'ont pas retenu de doubles minutes aux frais des parties. En conséquence, comme l'ordre public et l'intérêt des familles exigent que les collections des papiers qui sont destinés à être placés au dépôt soient complétées sans retard, j'ai décidé qu'il serait subvenu par les caisses coloniales à tous frais à ce nécessaires, sauf le remboursement à exiger des ex-greffiers ou notaires démissionnaires, ou des héritiers des greffiers et notaires décédés, de ceux de ces frais qui seraient occasionnés par le fait de l'absence des doubles minutes, soit que ces officiers publics en aient reçu le prix, soit qu'ils aient négligé de le percevoir.

La partie de ces frais qui sera faite d'ici à la fin de 1819 devra être imputée sur les fonds réservés dans le budget de la Martinique pour les dépenses imprévues de ladite année; l'autre partie sera payée au moyen des fonds qui seront réservés à cette fin dans le budget de 1820.

L'intention du Roi étant qu'on exécute, sans aucun retard, l'édit de 1776, en ce qui concerne la transmission au dépôt de

Versailles des divers papiers qui doivent être réunis dans cet établissement, je vous autorise à pourvoir aux frais extraordinaires de transcription qu'il faudrait également faire pour parvenir à compléter au plus tôt les collections des actes de l'état civil et autres documents spécifiés dans l'édit de 1776.

Recevez, etc.

Le Ministre de la marine et des colonies,

Signé PORTAL.

Arch. du gouvernement. Dép. ministérielles, n° 193.

N° 2076. — *Loi relative aux servitudes imposées à la propriété pour le service de l'État.*

Collection de Duvergier, vol. 22, p. 285.

N° 2077. — *Dépêche ministérielle portant que la recette des vivres expédiés de France par bâtiments du commerce, pour le service du Roi, devra être faite en présence des capitaines, qui devront signer au procès-verbal.*

27 juillet 1819.

Monsieur le gouverneur, en me rendant compte du retour à Bordeaux du navire *le Courrier de la Martinique*, qui a porté des vivres à la division des îles du Vent, M. le commissaire général de la marine en ce port m'informe que, lors de la recette de ces vivres dans la colonie (le 24 décembre dernier), il a été reconnu un déficit de 4,695 litres de vin, attribué au mauvais état de plusieurs barriques; et cette considération m'a porté à ne pas en faire supporter la valeur aux armateurs.

Cependant, il est à remarquer que la Martinique est la seule colonie où les procès-verbaux constatent des déchets assez considérables sur les denrées qui y sont transportées par les navires du commerce, et, jusqu'ici, il a été possible d'en attribuer la cause à leur déchargement à Saint-Pierre et à leur trajet sur les bateaux du pays jusqu'au Fort-Royal, où les capitaines n'étaient plus responsables des chargements.

D'après les observations que m'avez fait l'honneur de m'adresser à ce sujet, sous le timbre *Colonies*, le 4 janvier dernier, j'ai prescrit que les envois de vivres seraient dirigés désormais sur le Fort-Royal; et cette mesure diminuera, sans doute, l'effet de ces déficits; mais je vous prie néanmoins de vouloir bien donner des ordres pour que les capitaines soient présents lors du déchargement de leurs navires au Fort-Royal, et que les procès-verbaux de recette soient signés par eux, afin que, dans les cas où les cargaisons auraient éprouvé des déchets qui excéderaient ceux alloués ordinairement pour les traversées des colonies, l'administration de la marine fût en mesure de retenir aux armateurs, conformément aux termes de leur traité, le montant de la valeur de ces excédants.

Recevez, etc.

Le Ministre de la marine et des colonies,

Signé PORTAL.

Arch. de l'ordonnateur. Dép. ministérielles, 1819, n° 114.

N° 2078. — *Circulaire ministérielle contenant instructions sur les règles et formes comptables à suivre en matière de règlement et de payement des pensions, demi-soldes et secours de la marine.*

31 juillet 1819.

Monsieur, le payement des pensionnaires, la formation des états en demande d'ordonnances et les usages qui se sont introduits dans le mode des propositions ont fait remarquer diverses irrégularités, dont j'ai jugé à propos de faire la matière de la circulaire que je vous adresse.

Je commence par les états de propositions.

L'article 128 du règlement du 17 juillet 1816 porte que ces états doivent être adressés par les syndics des gens de mer une fois par an, et terminés avant le 1er octobre, et l'article suivant prescrit l'envoi de ce travail au ministère avant la fin de décembre. Cependant ces dispositions ne sont pas généralement observées. Comme il importe plus que jamais d'y tenir la main, attendu que les nouvelles concessions doivent être subordonnées aux extinctions annuelles, ainsi qu'aux ressources générales de la caisse des invalides, vous voudrez bien donner les ordres nécessaires pour que, sauf les circonstances accidentelles qui pourraient justifier une proposition immédiate, les administrateurs des ports de votre arrondissement ne fassent qu'un seul travail de proposition par année, et pour qu'il me soit adressé dans le dernier trimestre de l'année, et au plus tard dans le mois de décembre. Je serais forcé de renvoyer à l'année suivante tout travail qui ne me serait pas parvenu avant le premier janvier ; et je désire que l'on ne me mette pas dans la nécessité d'ordonner cet ajournement, qui porterait sur une classe malheureuse, à laquelle nous devons toute notre sollicitude.

Je vois que dans un grand nombre de quartiers, on forme le montant de la paye au service indiqué sur les états de propositions par le calcul de trente journées de travail pour les ouvriers et autres journaliers. Je dois vous faire remarquer que cette base de fixation est fausse et qu'elle jette dans l'embarars les bureaux chargés de l'examen des états. La demi-solde devant être réglée sur la paye effective par mois, on ne peut compter pour les ouvriers et pour tous ceux qui sont payés à la journée que vingt-quatre jours de travail, conformément à la circulaire du 6 mars 1792, portant que « les gardiens, ouvriers et autres, employés « momentanément et sans être entretenus, doivent être consi- « dérés comme journaliers et leur paye calculée par jour, à raison « de vingt-quatre jours par mois, pour servir de base à la fixation « de leur traitement ; » ainsi, 1 fr. 50 cent. par jour ne donnent que trente-six francs par mois, et non 45 francs comme l'indiquent ordinairement les propositions.

Il est nécessaire aussi que les états fassent connaître l'époque précise à laquelle les individus ont commencé à servir, soit à la mer, soit à terre, afin qu'on s'assure des services admissibles d'après l'âge fixé par les règlements.

Je passe aux redressements et aux indications que comportent les formes suivies ou à suivre dans les payements.

Je signale d'abord l'habitude que plusieurs ports ont contractée de faire payer, sans avoir préalablement demandé l'autorisation ministérielle, le supplément de 2 ou 3 francs par mois qui est dû aux demi-soldiers et à leurs veuves pour chaque enfant au-dessous de l'âge de dix ou seize ans.

Pour faire cesser un état de choses contraire au bon ordre et qui souvent donne lieu à des retranchements, vous voudrez bien faire connaître qu'à l'avenir il ne doit plus être payé de traitement d'enfant, s'il n'a été accordé par une décision expressément notifiée, et que je ferais rejeter des états en demande d'ordonnances tout traitement de cette nature dont je n'aurais pas autorisé le payement.

Les états de revue doivent relater exactement la date de la naissance des enfants, pour la facilité des vérifications.

Quant aux autres allocations, soit à titre de demi-soldes, pensions ou soldes de retraite, soit à titre de gratifications ou de secours, aucune ne doit être mise en payement sans un ordre ministériel expédié sous le timbre de la 4e direction, bureau des invalides, lors même que la notification en aurait été faite par les autres directions du ministère.

Les concessions annuelles sont payables par trimestre ou par semestre, sans toutefois que cette disposition générale exclue la facilité accordée aux pensionnaires nécessiteux qui demandent à recevoir par mois; mais vous ne devez pas perdre de vue que les payements, quel qu'en soit le terme, ne doivent jamais porter que sur des sommes acquises, et que l'administration deviendrait responsable des avances qu'elle aurait indûment autorisées, à quelque titre et pour quelque motif que ce fût.

Aux termes de l'article 9 de l'arrêté du 15 floréal an XI, rappelé dans le règlement du 17 juillet 1816, article 135, toute pension dont les arrérages n'auront pas été réclamés pendant trois années consécutives, à dater du dernier payement, est censée éteinte, et elle ne peut être rétablie que par une décision ministérielle.

Suivant l'article 10 du même arrêté, les héritiers et ayants cause des pensionnaires qui ne fournissent pas l'extrait mortuaire de leur auteur dans le délai de six mois, à compter de son décès, sont déchus de tous droits aux arrérages alors dus.

Je vous fais observer que les dispositions de ces deux articles sont applicables aux gratifications et secours.

Il me paraît convenable de vous rappeler l'arrêté du 7 thermidor an X, qui déclare les pensions insaisissables et incessibles, et d'après lequel conséquemment les créanciers ne peuvent former opposition, ni les pensionnaires vendre ou engager leur titre.

Ces prohibitions toutefois n'empêchent pas d'avoir égard aux arrangements consentis du plein gré des titulaires pour l'acquittement de leurs dettes, ainsi qu'aux délégations qu'ils font en faveur de leurs familles; et même, sur ce dernier objet, une décision non abrogée du gouvernement, du 2 février 1808, maintient les réserves établies par une autre décision du 11 janvier précédent, qui détermine des retenues au profit des familles délaissées par leurs chefs; mais ces retenues ne peuvent être exercées qu'en vertu d'une autorisation ministérielle, qui en détermine la quotité.

Quant aux autres créanciers, ils n'ont de droits réservés que sur les décomptes après décès.

Les pensions sont encore passibles de trois espèces de reprises:

1° Pour trop payé sur la même pension ou sur le traitement d'activité ;

2° Pour journées d'hôpital ;

3° Pour impositions dues au trésor royal.

Ces reprises s'opèrent, en cas de concurrence, non pas au centime le franc, mais dans l'ordre de priorité qui vient d'être indiqué ; après quoi arrivent à leur tour les familles, s'il y a retenue pour leur compte, et les créanciers, s'il s'agit d'arrérages d'un pensionnaire décédé.

Les mêmes règles sont établies au département de la guerre.

Enfin, je vous fais remarquer que, d'après l'arrêté du 11 fructidor an XI, le droit à la pension se perd par l'acceptation non autorisée de fonctions ou de pensions au compte d'un gouvernement étranger, et par la condamnation à des peines afflictives ou infamantes, jusqu'à réhabilitation.

Ces peines sont définies par le code criminel.

L'emprisonnement simple, pour dette ou pour toute autre cause qui n'a point un caractère infamant ou afflictif, n'est considéré que comme une peine correctionnelle, et n'emporte pas la privation de la pension : on pourra donc continuer de la payer dans ce dernier cas.

Mais à l'égard des autres motifs de privation, afin d'éviter toute fausse mesure, les ports devront toujours soumettre la reprise des payements à l'autorisation ministérielle, lors même qu'il ne se serait pas écoulé trois ans depuis la cessation.

Voici maintenant les formes relatives aux états de revue des pensionnaires et autres pièces à l'appui du payement ; quoique déjà prescrites pour la plupart, j'ai cru devoir les rappeler ici, afin de prévenir de nouvelles omissions :

Les états des demi-soldiers doivent être divisés en trois sections, chacune établie par ordre de sommes, savoir :

Invalides marins ;

Invalides non marins ;

Invalides militaires.

Sont compris dans la première division les officiers, officiers mariniers, matelots, novices et mousses, et généralement tout individu qui a obtenu sa demi-solde comme marin ;

Dans la deuxième tous les ouvriers ;

Dans la troisième les militaires et sous-officiers de tous grades.

Un numéro d'ordre doit être porté à côté du nom de chaque pensionnaire, de manière que le dernier numéro fasse connaître le nombre des individus compris dans chaque état.

La colonne qui présente la quotité du traitement par mois sera additionnée avec le plus grand soin, et le total multiplié par douze pour donner le montant annuel.

Les états de revue des pensions et soldes de retraite doivent être divisés en deux parties.

La première comprend, par ordre de sommes, les pensions de veuves et toutes les pensions civiles.

La seconde, toutes les soldes de retraite également par ordre de sommes.

Un numéro d'ordre est aussi affecté à chaque partie, qui sera additionnée séparément.

On doit porter dans les états de revue tous les demi-soldiers et pensionnaires, présents comme absents, ces derniers seulement pour mémoire, et pendant trois années, en faisant successivement connaître sur chaque état l'époque et autant que possible les motifs de l'absence; ceux qui reparaîtront avant l'expiration des trois ans seront rappelés pour les arrérages échus.

Les commissaires des classes constateront sur chaque état de revue que les pensionnaires n'ont aucune autre pension, ni aucun traitement d'activité incompatible avec leur pension. Ceux des pensionnaires qui ne se présentent pas à la revue doivent produire des certificats de vie contenant la même déclaration.

Aux termes des ordonnances des 7 décembre 1816 et 27 août 1817, aucun pensionnaire ne peut être payé en pays étranger qu'avec l'autorisation du roi, et sous la déduction d'un tiers de la pension accordée.

Suivant l'ordonnance du 5 juin 1816, les individus étrangers ou nés dans des pays détachés du territoire français, par les traités de 1814 et 1815, ne peuvent toucher leurs pensions sans avoir préalablement obtenu des lettres de naturalisation; mais il est des cas où l'exemption de cette formalité peut être proposée par les ports.

Chaque demi-soldier ou pensionnaire nouvellement admis doit être compris à son ordre de somme dans le plus prochain état de revue avec une apostille qui relate la date de son admission.

Lorsqu'un demi-soldier ou pensionnaire obtiendra un supplément ou une augmentation, en le classant dans l'ordre où cette nouvelle concession le reporte, on indiquera le motif et la date de la décision ou de l'ordonnance qui aura accordé l'augmentation, afin de faciliter les vérifications.

Tout demi-soldier et pensionnaire venant d'un autre port ou

de l'intérieur ne doit être compris dans les états de revue que d'après un ordre ministériel et sur un certificat qui constate le jour où il a cessé d'être payé dans le lieu d'où il sort. Le port en fera mention à son article sur les états de revue, afin de prévenir les doubles emplois et mettre le bureau central en état de suivre les mouvements des demi-soldiers et des pensionnaires.

Tout demi-soldier ou pensionnaire sortant d'un port pour aller jouir ailleurs de son traitement doit continuer, pour un semestre seulement, à être employé pour mémoire sur les états de revue, avec indication du lieu où il a annoncé vouloir fixer sa résidence.

Tout demi-soldier ou pensionnaire remis en activité de service continuera d'être compris pour mémoire dans les états de revues, avec indication de l'époque à laquelle il a cessé d'être payé de sa pension.

En cas de décès, le bureau des classes doit en être prévenu, afin qu'il puisse en faire l'annotation sur les états.

Il serait superflu de laisser subsister au delà de six mois, sur ces états, les noms des pensionnaires décédés dont les décomptes n'auraient pas été expédiés à leurs héritiers.

Les noms, prénoms et qualités des pensionnaires doivent être exactement conformes à leurs brevets.

Il me reste à vous parler du décompte d'hôpital, pour les pensionnaires qui y sont admis.

Une circulaire en date du 11 mai dernier, timbrée deuxième direction, vous a fait connaître les dispositions que j'ai adoptées relativement aux officiers et autres entretenus en retraite qui demandent à être traités dans les hôpitaux.

Vous avez vu que l'admission doit être restreinte au seul cas de maladies graves, et lorsque le réclamant est reconnu hors d'état de se procurer chez lui les soins nécessaires;

Que la retenue à faire sur la pension de ceux qui seront admis dans les hôpitaux maritimes est de 1 fr. 95 cent. par jour pour tous les officiers indistinctement au-dessus du grade d'enseigne de vaisseau, ou pour les entretenus ayant ce rang, et qu'elle est réglée pour tous les autres pensionnaires d'un rang inférieur selon la classe à laquelle ils appartiennent, d'après les fixations du tarif annexé au décret du 15 pluviôse an XIII, relatif aux retenues sur la solde des individus en activité pendant leur séjour à l'hôpital;

Que, lorsque la solde de retraite du pensionnaire est insuffisante, il doit l'abandonner en entier, sauf 3 francs par mois pour menus besoins ;

Que le montant des retenues de cette nature doit être versé à la caisse des gens de mer, pour être tenu à la disposition du service des hôpitaux ;

Qu'enfin, à l'égard des pensionnaires admis dans les hôpitaux militaires de Bourbonnes et de Barréges, la retenue doit être de 1 fr. 95 cent. pour les officiers indistinctement, et 1 fr. 20 cent. pour les malades de toutes les autres classes, si la quotité de leur solde de retraite le permet ; dans le cas contraire, cette retenue doit être égale à leur pension.

J'ajoute ici que, pour ces derniers, le montant des retenues sera versé sur récépissé chez le receveur particulier ;

Et qu'en général les pensionnaires qui seront admis aux hôpitaux devront figurer dans les états de revue de payement pour la somme intégrale du semestre ou du trimestre de leur pension, avec indication du montant de la retenue d'hôpital et de ce qui leur aura été payé directement.

Veuillez bien donner connaissance, dans les quartiers de votre arrondissement, des dispositions de la présente dépêche, dont vous m'accuserez réception, et qui sera enregistrée au bureau du contrôle.

Recevez, etc.

Le Ministre de la marine et des colonies,

Signé Baron PORTAL.

Inspection. Reg. 6, n° 386.

N° 2079. — *Ordonnance du gouverneur administrateur portant création d'une commission chargée de la rédaction d'un projet de règlement général sur les chemins de la colonie* (1).

Le Gouverneur, etc., 1er août 1819.

Considérant que les diverses ordonnances éparses dans le code et les décisions particulières données depuis à l'égard des chemins se sont multipliées de manière à nuire à leur exécution, par la difficulté de les avoir toutes à la fois sous les yeux ;

Considérant qu'il est facile d'obvier à cet inconvénient par

---

(1) Des instructions sont jointes. Les bases, les divisions du projet de règlement demandé sont indiquées.

une rédaction où se trouveraient réunies toutes les disposition à suivre sur cette partie importante de l'administration intérieur de la colonie,

Ordonne ce qui suit :

Art. 1er Il sera établi au Fort-Royal une commission chargé de la rédaction d'un projet de règlement général sur les chemin de la colonie.

Art. 2. Ce travail comprendra toutes les dispositions forman la législation coloniale à l'égard des chemins, celles suivies à l'égard de leur exécution, et indiquera, s'il y a lieu, les nouvelle mesures à prendre pour en assurer le maintien, et surtout pou faciliter aux commandants de paroisses les moyens de se fair obéir, en atteignant d'une manière sûre et prompte les délinquants.

Art. 3. Il sera à cet effet, à la diligence du directeur de l'intérieur, mis à la disposition de la commission tous les renseignements existants relatifs aux chemins, et tous ceux ultérieur qu'elle pourrait désigner.

Signé DONZELOT.

Arch. du gouvernement. Ord. et déc., no 272.

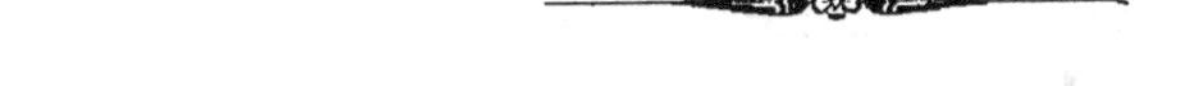

N° 2080. — *Ordonnance du Roi concernant les chirurgiens qu s'embarquent sur les navires du commerce et la visite de coffres de médicaments et des caisses d'instruments de chirurgie dont ces navires doivent être pourvus.*

4 août 1819.

Collect. de Duvergier, 1819, 1re part., p. 330.

Nota. Voir Circulaire ministérielle au sujet de cette ordonnance, à la date du 27 suivant, mêmes collection et volume, p. 345.

N° 2081. — *Ordonnance du Roi contenant des modifications au tarif des douanes.* (Extrait.)

PRIMES A LA SORTIE.

Sucres.

Art. 3. La prime de sortie des sucres raffinés sera portée de 90 à 100 francs pour les pains entiers de 16 kilogrammes et au-dessous, et de 60 à 80 pour ceux au-dessus de 6 kilogrammes et pour le sucre candi.

Annales maritimes, 1819, 1re part., p. 353.

N° 2082. — *Dépêche ministérielle au gouverneur administrateur prescrivant l'exacte remise de livrets de solde aux salariés du gouvernement quittant la colonie.* (Extrait.)

11 août 1819.

Je vous prie de vouloir bien donner des ordres pour que l'administration de la colonie ait soin de remettre toujours des livrets aux salariés revenant en France, lors même que ces derniers négligeraient de les réclamer. La circulaire ministérielle en date du 3 janvier 1818, à laquelle je me refère en tant que de besoin, explique suffisamment la nécessité et l'utilité de cette mesure.

Recevez, etc.

Le Ministre de la marine et des colonies,
Signé Baron PORTAL.

Arch. du gouvernement. Dép. ministérielles, n° 221.

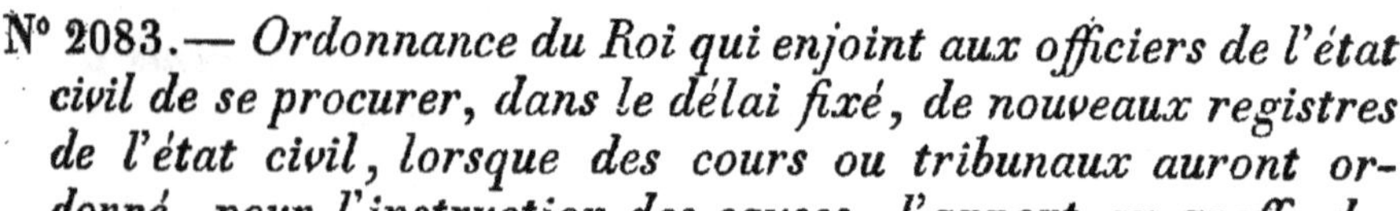

N° 2083.— *Ordonnance du Roi qui enjoint aux officiers de l'état civil de se procurer, dans le délai fixé, de nouveaux registres de l'état civil, lorsque des cours ou tribunaux auront ordonné, pour l'instruction des causes, l'apport au greffe des registres courants* (1).

18 août 1819.

Louis, etc.

L'apport des registres courants de l'état civil aux greffes des cours et tribunaux pour l'instruction des causes qui y sont portées ne permettant pas d'y inscrire les actes à la conservation desquels ils sont consacrés, il est nécessaire dans ce cas de pourvoir à leur remplacement, de manière que l'état civil puisse toujours être fidèlement et régulièrement constaté.

A ces causes,

---

(1) Voir dépêche ministérielle du 7 août 1827, portant envoi de ce manuel ici.

Sur le rapport de notre garde des sceaux, ministre secrétaire d'État au département de la justice;

Notre conseil d'État entendu,

Nous avons ordonné et ordonnons ce qui suit :

Art. 1er. Lorsque des cours ou tribunaux auront ordonné l'apport au greffe des registres courants de l'état civil, les officiers de l'état civil, sur la signification qui leur en sera faite, se procureront dans la quinzaine, au plus tard, de nouveaux registres.

Art. 2. Aussitôt qu'ils en seront munis, ils clôront et arrêteront les registres dont l'apport aura été ordonné, et ils mentionneront la cause pour laquelle ils sont clos avant la fin de l'année.

Art. 3. Les cours et tribunaux comprendront les frais des nouveaux registres dans la liquidation des frais et dépens auxquels doit être condamnée la partie qui succombe.

Art. 4. En cas d'insolvabilité du condamné, la dépense faite pour ces nouveaux registres sera remboursée par la régie du domaine et de l'enregistrement.

Art. 5. Notre garde des sceaux, ministre secrétaire d'État au département de la justice, et nos ministres secrétaires d'État de l'intérieur et des finances sont chargés, chacun en ce qui le concerne, de l'exécution de la présente ordonnance.

Manuel de Lemolt.

N° 2084. — *Ordre du gouverneur et administrateur pour la mise en geôle de tous marins trouvés aux cabarets après huit heures du soir, et réglant le taux et l'emploi des primes accordées pour leur arrestation.*

19 août 1819.

Le Gouverneur, etc.,

Vu le rapport de l'Ordonnateur de la colonie, en date du 24 de ce mois, concernant les arrestations des marins du commerce et de l'État faites jusqu'à ce jour par les gendarmes maritimes dans les villes ou à bord des bâtiments;

Attendu que jusqu'à présent la prime n'a point été déterminée officiellement, et que, par suite des difficultés qu'éprouvent les gendarmes maritimes à en obtenir le montant, il en résulte que les arrestations sont négligées; que dès lors des matelots passent une partie des nuits dans les cabarets, s'enivrent, couchent dehors et tombent malades en raison des excès qu'ils commettent;

Considérant que non-seulement la tranquillité publique est

troublée par ceux de ces marins qui se mettent dans des cas semblables, notamment pendant l'hivernage, mais encore que ces débauches les conduisent souvent à des actes de désobéissance envers leurs capitaines, qui ne peuvent plus maintenir la discipline à bord, ce qui occasionne ensuite des désertions;

Voulant parvenir par des moyens sûrs à faire rentrer dans l'ordre ceux qui s'en écarteraient,

A ordonné et ordonne ce qui suit :

Art. 1er. Tous marins, tant des bâtiments du commerce que ceux de l'État, qui seront trouvés à boire dans les cabarets ou cafés après huit heures du soir, seront arrêtés et conduits à la geôle.

Art. 2. Deux gendarmes maritimes feront tous les soirs, à huit heures, leur ronde dans les villes du Fort-Royal et de Saint-Pierre, pour s'assurer s'il n'y a point de marins dans lesdits cafés ou cabarets.

Art. 3. Le maréchal des logis et brigadier des gendarmes feront la déclaration des marins arrêtés aux commissaires aux classes, en indiquant les noms, prénoms, âge et lieu de naissance de chacun de ceux arrêtés, ainsi que le nom du capitaine et du bâtiment auquel ils appartiendront.

Art. 4. Pour tenir lieu d'indemnité aux gendarmes des arrestations qu'ils feront, il leur sera alloué, savoir :

Cinq francs par marin, tant pour ceux du commerce que pour ceux de l'État, arrêté après huit heures dans les cabarets;

Cinq francs également pour ceux du commerce arrêtés à bord, d'après l'ordre du commissaire aux classes.

Les frais de prise seront supportés par les marins arrêtés et payés au concierge de la geôle par les capitaines des bâtiments, qui en feront la retenue sur la solde desdits marins.

Art. 5. Il sera formé une masse du produit de ces arrestations, qui sera partagée par égale portion entre les maréchaux des logis, brigadiers et gendarmes maritimes.

Le port de Saint-Pierre partagera seul le produit de ses arrestations; il en sera de même de celui du Fort-Royal.

Art. 6. Les maréchaux des logis ou brigadiers tiendront registre des prises qui auront été faites; tous les trois mois, il sera dressé un état, arrêté par eux et visé par l'Ordonnateur, qui en ordonnera la répartition.

Art. 7. La présente décision n'empêchera point les archers de police de se conformer à ce qui est prescrit par les ordonnances, pour la police des villes et celle des cabarets, et la même prime leur sera allouée pour les marins qu'ils arrêteraient dans les cas prévus ci-dessus.

Art. 8. L'Ordonnateur de la colonie est chargé de l'exécution du présent ordre.

Donné à Saint-Pierre, le 19 août 1819.

Signé DONZELOT.

Journal de la Mart., 1819, n° 68.

N° 2085. — *Dépêche ministérielle au gouverneur administrateur, lui recommandant de naturaliser et de propager la patate* Paul *ou* jaune, *apportée de Bourbon à la Martinique.*

26 août 1819.

Monsieur le Baron, parmi les végétaux qui ont été apportés de Bourbon à la Martinique par la flûte du roi *le Golo*, il en est un qui, par la nature et l'abondance de son produit, se recommande à votre attention : c'est une variété de la patate, appelée patate *Paul* ou patate *Junot*.

Elle est désignée sous le nom de patate *jaune* dans le catalogue, qui m'a été remis par M. de Mackau, des objets qui ont été déposés à la Martinique. Les caisses n°s 1, 2, 3 et 4 en contenaient chacune deux tiges, et il y avait de plus, parmi la collection des semences, un sac de tubercules de cette espèce.

D'après les renseignements qui m'ont été donnés, il paraît que le produit de la patate *Paul* est très-considérable. Un arpent de terre a dernièrement rapporté à Bourbon 44 milliers pesant de patates, et on assure que la récolte ordinaire de cette plante est à peu près dans la même proportion à l'île Maurice.

Je vous invite à ne rien négliger pour la naturaliser et la propager à la Martinique, et à me rendre compte du résultat des soins qui auront été pris à cet effet.

Recevez, etc.

Le Ministre de la marine et des colonies,

Signé Baron PORTAL.

Arch. du gouvernement. Dép. ministérielles, n° 234.

N° 2086. — *Circulaire du ministre de la guerre autorisant*

la reprise des engagements volontaires devant les officiers de l'état civil, pour les troupes des colonies.

1er septembre 1819.

Messieurs, j'ai l'honneur de vous prévenir que Sa Majesté vient d'autoriser la reprise des engagements volontaires pour les troupes des colonies, et qu'elle a décidé :

1° Que ces engagements seraient reçus pour six ans ;

2° Que les hommes qui n'ont pas encore servi, de même que les anciens militaires, pourraient s'engager jusqu'à 40 ans révolus, s'ils ont la taille fixée pour l'infanterie de ligne (1 mètre 570 millimètres).

Les officiers de l'état civil recevront du reste les engagements pour les troupes des colonies suivant les formes et sous les conditions prescrites par l'instruction du 20 mai 1818, approuvée par le Roi ; et ces engagements sont ouverts, jusqu'à nouvel ordre, dans toutes les communes du royaume, savoir :

1° Pour les bataillons de la Martinique ;

2° Pour les bataillons de la Guadeloupe ;

3° Pour les bataillons du Sénégal ;

4° Pour les troupes des colonies (sans spécification de bataillon).

Il ne pourra être fait de spécification de bataillon, dans les actes d'engagement, que pour ceux des trois colonies ci-dessus désignées.

Les hommes qui demanderont à s'engager pour les colonies ne seront point tenus, jusqu'à nouvel ordre, de se pourvoir du certificat portant que l'effectif du corps permet de les recevoir.

Les jeunes gens de la classe de 1818 auxquels la circulaire du 19 juillet dernier, n° 40, accorde la faculté de contracter des engagements volontaires jusqu'au 15 octobre prochain seront, de même que tout français libre de service militaire admis à s'engager pour les troupes des colonies.

Les officiers de gendarmerie chargés, aux termes de l'article 7 de l'instruction du 20 mars 1818, de délivrer des certificats d'acceptation, n'admettront aucun sujet qui ne serait pas propre au service militaire.

Les hommes qui auront contracté des engagements volontaires pour les bataillons de la Martinique, ou pour ceux de la Guadeloupe, ou pour celui du Sénégal, ou pour les troupes des colonies, sans spécification de bataillon, seront tous dirigés sur l'île de Ré.

MM. les préfets sont invités à donner une grande publicité aux dispositions de cette lettre, et à faire connaître, dans les avis qu'ils adresseront à cet effet à leurs administrés, que les troupes des colonies jouissent, d'après les règlements, des avantages suivants :

Les sous-officiers et soldats reçoivent, aux termes de l'arrêté du 14 mai 1802 (24 floréal an XIX), avant leur embarquement, une avance d'un mois de solde s'ils vont au Sénégal, et de deux mois de solde s'ils sont dirigés sur les colonies d'Amérique.

Cette avance leur est définitivement acquise, dès l'instant de leur débarquement, quelle qu'ait été la durée de la traversée. Arrivés à leur destination, le pain et la viande, ainsi qu'une ration de vin ou de rhum par jour, leur sont fournis, indépendamment de la solde journalière qu'ils touchent intégralement.

Je vous prie, Messieurs, de prendre, chacun en ce qui vous concerne, les mesures convenables pour assurer l'exécution des dispositions de cette lettre.

J'ai l'honneur d'être, etc.

Journal militaire, 1819, 2e sem., p. 112.

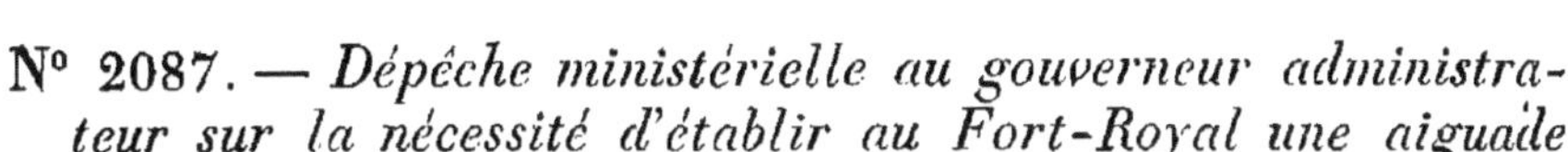

N° 2087. — *Dépêche ministérielle au gouverneur administrateur sur la nécessité d'établir au Fort-Royal une aiguade pour le service de la marine.*

1er septembre 1819.

Nota. Cet établissement avait été signalé au ministre comme de la plus grande importance par le contre-amiral Duperré, commandant la station navale des Antilles.

Arch. du gouvernement. Dép. ministérielles, n° 250.

N° 2088. — *Dépêche ministérielle au gouverneur administrateur relative au prochain envoi de cure-môle, coffres flottants et au détachement d'ouvriers qui doit aller monter ces machines.*

1er septembre 1819.

Nota. Ce détachement est composé de 23 charpentiers, 6 perceurs, 11 calfats, en tout 40 hommes. Ces ouvriers jouiront pendant leur séjour aux colonies de la solde et de la ration de bord et en outre de la solde accordée aux ouvriers dans les ports de France.

Arch. du gouvernement. Dép. ministérielles, n° 246.

N° 2089. — *Décision du gouverneur administrateur portant qu'un vivier sera construit au jardin des plantes pour la multiplication des goramis importés dans la colonie.*

16 septembre 1819.

Nota. Ce vivier aura d'étendue 75^{m}00 sur 40^{m}00, et de profondeur 2^{m}20.

Inspection. Reg. 6.

N° 2090. — *Ordonnance du gouverneur administrateur qui, eu égard aux besoins de la colonie et à l'absence de numéraire, permet l'exportation à l'étranger de* 3,000 *barriques de sucre.*

20 septembre 1819.

Le gouverneur, etc.,

Prenant en considération les réclamations qui nous ont été adressées par les habitants des différentes paroisses de la colonie et aussi celles du commerce, sur la difficulté qu'ils éprouvent pour le payement des cargaisons de bois et comestibles de première nécessité, importées par les bâtiments étrangers ou français venant de l'étranger, attendu la rareté du numéraire et l'impossibilité de payer la totalité de ces cargaisons en sirops et tafias;

Voulant, autant que possible, parer aux inconvénients qui en pourraient résulter, surtout dans la saison de l'hivernage, pour les approvisionnements de la colonie en bois, planches, merrains, morue et autres denrées ou marchandises permises par l'arrêt du 30 août 1784;

Après en avoir délibéré en conseil de gouvernement et d'administration,

A ordonné et ordonne, pour être exécuté provisoirement, sauf l'approbation de Sa Majesté, ce qui suit:

Art. 1er. Il sera accordé des permis d'exportation de *sucre brut* à l'étranger, jusqu'à la concurrence de 3,000 barriques ou 3,000,000 de livres poids de marc; ces permis ne seront délivrés par nous que pour parvenir au payement des cargaisons de bois, denrées et marchandises dont l'introduction est permise par l'arrêt du 30 août 1784 et ordonnances locales, dont l'importation serait effectuée dans la colonie.

Art. 2. Le négociant ou capitaine qui aura introduit ou acheté une cargaison de ce genre nous adressera une pétition à l'appui de laquelle il joindra :

1° Un bordereau signé de la quantité et de la valeur des sirops, tafias, rhums et autres marchandises, et de celle des sucres bruts dont il demandera la sortie ;

2° Un certificat de la douane constatant l'espèce et la valeur de la cargaison, telle qu'elle sera portée sur le registre d'entrée.

Art. 3. Moitié de cette valeur, de laquelle seront déduits les droits d'entrée et de sortie, sera prise en sirop, tafia, rhum ou marchandises diverses, et l'autre pourra être accordée en sucre brut, d'après l'exposé qui nous aura été fait.

Art. 4. Il est bien entendu que les seuls bâtiments étrangers qui auront fait l'importation de bois et comestibles spécifiés en l'article 1er pourront jouir de cette facilité, et que ceux qui ne prendraient pas la moitié en sirops, tafias ou marchandises diverses, n'y seraient pas admis.

Art. 5. Les sucres bruts dont l'exportation à l'étranger aura été accordée ne pourront être embarqués qu'après vérification de la qualité et du poids. La qualité du sucre brut sera reconnue, au moment de l'embarquement, par un vérificateur de la douane, assisté du contrôleur aux visites, et, autant que faire se pourra, par deux capitaines du commerce français.

Toute fausse déclaration de poids, de qualité et de valeur, tant des denrées ou marchandises exportées par moitié de la cargaison d'entrée que du sucre brut pour la seconde moitié, donnera lieu à leur saisie.

L'embarquement sans permis de la douane, soit desdites denrées ou marchandises, soit des sucres bruts, et la différence de qualité et quantité desdits sucres reconnue à bord du bâtiment, donnera lieu à la saisie desdits sucres bruts, ainsi qu'à celle de l'entier chargement et du navire.

Art. 6. Pourront les bâtiments français armés, soit en France, soit dans la colonie, être admis à concourir à l'exportation des 3,000 barriques de sucre, à charge par les capitaines, armateurs et consignataires de se conformer aux dispositions voulues par les articles précédents. Ils feront de plus à la douane une soumission qui sera cautionnée, et par laquelle ils s'engageront à importer à la Martinique, dans le délai de quatre mois à dater du jour de la soumission, des bois, comestibles et marchandises dont l'introduction est permise, pour la contre-valeur du chargement opéré en sucres bruts, sirops, tafias, rhums et autres marchandises diverses, dans la proportion établie par l'article 3. Et après l'expiration dudit délai de quatre mois, à moins d'empêchement par force majeure légalement constatée, ils seront poursuivis à la diligence du directeur des douanes, tel qu'il est d'usage pour les acquits-à-caution non rapportés, et condamnés à payer une amende égale au dixième de la valeur des sucres bruts qu'ils auront exportés. Moitié de ladite amende sera versée au trésor, et l'autre moitié sera dévolue à l'administration des douanes.

Art. 7. Les bâtiments français qui exporteront ainsi des sucres bruts payeront, en outre des droits coloniaux à la charge du vendeur, établis par l'ordonnance du 1er mars de la présente année, un droit de sortie de quatre pour cent, sur la valeur calculée d'après les prix de base qui sont établis chaque trimestre.

Les bâtiments étrangers payeront dans le même cas, et d'après les mêmes bases, un droit de six pour cent.

Il n'est rien innové quant aux droits de sortie à acquitter pour les sirops, rhums, tafias et autres marchandises.

Art. 8. Cette facilité, accordée en raison des circonstances particulières où se trouve la colonie, par rapport à son numéraire, et en raison de l'exportation qui en est faite, met aussi dans l'obligation de chercher quelques moyens d'empêcher cette exportation. Les bâtiments étrangers qui ne profiteraient pas de cette facilité et ne prendraient pas, en retour de leurs cargaisons de comestibles et autres objets permis par l'arrêt du 30 août 1784 et ordonnances locales, une valeur égale à celle de l'importation, savoir en sirops, tafias, marchandises diverses ou sucres bruts, tel qu'il a été réglé plus haut, payeront sur cette valeur et sur l'excédant supposé exporté en numéraire, lorsqu'elle ne sera pas au-dessous de 1,000 francs, un droit de 12 p. 0/0.

Art. 9. Ce droit sera établi sur la valeur de la cargaison importée, les droits d'entrée et ceux de sortie sur la quantité de denrées ou marchandises chargées déduits, ainsi que les dépenses du navire régulièrement constatées pour réparations seulement.

Art. 10. La perception de ce droit ne s'étendra pas aux bâtiments étrangers qui font le petit cabotage des îles voisines, depuis Tabago jusqu'à Saint-Christophe, et ne sera mise en vigueur qu'envers les bâtiments qui feront leur entrée en douane après que le présent ordre y aura été reçu, et il continuera jusqu'à ce que la facilité de l'exportation des sucres soit retirée.

Art. 11. L'ordonnateur de la colonie est chargé de l'exécution de la présente ordonnance.

Mandons, etc.,

Donné au Fort-Royal, le 20 septembre 1819.

Signé DONZELOT.

Journal de la Mart., 1819, n° 79. — Enregistré au conseil supérieur, 2 novembre 1819.

N° 2091. — *Ordonnance du roi relative aux traitements à allouer aux officiers militaires, sous-officiers et soldats, et aux officiers et employés civils dans les colonies.*

22 septembre 1819.

Louis, etc.,

Sur le rapport de notre ministre secrétaire d'État au département de la marine et des colonies,

Nous avons ordonné et ordonnons ce qui suit :

Art. 1er. Les officiers généraux, officiers supérieurs et autres officiers de toutes armes, ainsi que les gardes du génie et de l'artillerie, employés dans les colonies, y jouiront du traitement d'activité qui est alloué à leurs grades en France, et d'un supplément qui est fixé, savoir :

A la moitié en sus du traitement d'Europe, pour les officiers du grade de chef de bataillon ou d'escadron et des grades supérieurs;

Aux trois quarts en sus du traitement d'Europe, pour les officiers du grade de capitaine;

A une somme égale au traitement d'Europe, pour les officiers des grades de lieutenant et de sous-lieutenant, et pour les gardes du génie et de l'artillerie.

Le supplément dont il s'agit sera dû depuis et non compris le jour du débarquement dans les colonies, jusques et non compris le jour de l'embarquement aux colonies.

Art. 2. Lesdits officiers et employés recevront aux colonies, lorsqu'ils ne seront point logés dans les bâtiments appartenant à l'État ou loués par l'administration, une indemnité de logement qui est fixée, pour chaque grade, à une somme double de celle qui lui est attribuée par les tarifs en France.

Dans le cas où, étant logés aux frais du roi, ils ne seraient pas meublés, ils recevraient, à titre d'indemnité d'ameublement, le tiers de l'indemnité totale à laquelle ils auraient eu droit pour le logement et l'ameublement dans la colonie, en vertu du paragraphe qui précède.

Art. 3. Les officiers d'état-major général, officiers supérieurs et autres employés dans les colonies, qui, en temps de paix, ont droit en France, d'après les règlements, à une ou plusieurs rations de fourrages, recevront en argent une indemnité représentative de ces rations : cette indemnité sera fixée provisoirement pour la première année par les administrateurs de chaque colonie, d'après le prix moyen des fourrages dans les diverses saisons; après quoi elle sera définitivement fixée par le gouvernement, sur la proposition du ministre secrétaire d'État de la marine et des colonies.

En cas de guerre dans la colonie, le gouverneur ou commandant pour le Roi accordera, provisoirement et sauf l'approbation du gouvernement, le nombre de rations de fourrages, soit au vert, soit au sec, qu'il jugera nécessaire.

N'auront point droit aux fourrages, ni à l'indemnité représentative en argent, les officiers généraux et supérieurs employés en qualité de gouverneur et administrateur, commandant et administrateur ou commandant militaire, ces officiers recevant des traitements qui sont réglés spécialement à raison de leurs fonctions.

Art. 4. L'indemnité accordée aux commandants des corps pour frais de représentation sera payée aux colonies sur le pied du double de la somme allouée en France.

Art. 5. Le traitement extraordinaire qui est alloué aux directeurs du génie et de l'artillerie pour frais de bureau et de tournées, la gratification de première mise qui est due aux sous-officiers promus officiers, après cinq années de services consécutifs dans le même corps, seront payés dans les colonies avec l'augmentation de moitié en sus.

Art. 6. Les sous-officiers et soldats de toutes armes employés aux colonies jouiront de la solde qui est accordée aux sous-officiers et soldats en station en France par le décret du 30 décembre 1810, pour ce qui concerne l'armée de terre, et par l'ordonnance du 21 février 1816, pour ce qui concerne l'artillerie de marine. Il leur sera délivré, en outre, et sans aucune retenue, une ration par jour, composée de sept hectogrammes trente-quatre centièmes (24 onces) de pain frais, ou six hectogrammes douze centièmes

(20 onces) de farine, ou, à défaut, de cinq hectogrammes cinquante centièmes (18 onces) de biscuit, et de deux hectogrammes quarante-quatre centièmes (8 onces) de bœuf salé ou frais, ou un hectogramme quatre-vingt-quatre centièmes (6 onces) de porc salé ou frais.

Dans le cas où ces comestibles manqueraient dans la colonie, il y serait suppléé par les denrées du pays.

Art. 7. Les officiers et commis entretenus de l'administration de la marine, les officiers de santé entretenus du même département, les ingénieurs et conducteurs des ponts et chaussées, jouiront aux colonies, en sus de leur traitement d'activité d'Europe, d'un supplément réglé dans la proportion qui a été fixée par l'article 1er pour les grades de l'armée correspondants aux grades dont ces officiers et employés seront pourvus.

Ils recevront également, dans les cas prévus par l'article 2, l'indemnité, soit de logement, soit d'ameublement, qui est allouée par ledit article aux officiers et employés de l'armée auxquels ils seront assimilés par leurs grades.

Les dispositions des deux paragraphes qui précèdent seront appliquées à tous officiers et employés civils, non désignés auxdits paragraphes, dont les appointements sont réglés à raison de leurs grades et non à raison de fonctions spéciales.

Art. 8. Sont abrogées toutes dispositions contraires à la présente ordonnance, laquelle sera exécutoire dans chaque colonie à compter du premier jour du mois pendant lequel elle y sera parvenue.

Art. 9. Notre Ministre de la marine est chargé de l'exécution de la présente ordonnance.

Donné à Paris, le 22 septembre 1819.

Signé LOUIS.

Et par le Roi :

Le Ministre secrétaire d'État de la marine et des colonies,

Bon PORTAL.

N° 2092. — *Circulaire ministérielle portant envoi de l'ordonnance royale du 22 septembre précédent, relative aux traitements des officiers militaires, sous-officiers et soldats et des employés civils dans les colonies.* (Extrait.)

29 septembre 1819.

En se portant à ces augmentations de dépenses dans un moment où la situation des finances commande toutes économies possibles, Sa Majesté, en même temps qu'elle a voulu assurer à ceux qui la servent au delà des mers les moyens d'exister convenablement, m'a commandé très-expressément d'interdire de la manière la plus formelle toute allocation non autorisée explicitement par l'ordonnance du 22 septembre 1819, ou par décisions spéciales du gouvernement. Les dépenses qui résulteraient de toute disposition contraire, et qui ne pourraient être reprises sur les salariés, resteraient forcément à la charge des fonctionnaires qui les auraient ordonnées.

Le Ministre de la marine et des colonies,

Signé PORTAL.

Arch. du bureau des revues. Ord. et déc., 1820.

N° 2093. — *Ordonnance du gouverneur administrateur qui autorise des particuliers à établir un bac public à l'embouchure de la rivière du Galion pour servir au passage du Robert à la Trinité.* (Extrait.)

Art. 1er. Les frères Coppens, propriétaires de l'habitation Fond-Galion, sont autorisés à faire construire et rétablir un bac à l'embouchure de la rivière Galion, pour le passage des voyageurs et animaux.

Art. 2. Ce bac devra avoir 24 pieds de longueur et 11 pieds 6 pouces de largeur, de manière à passer au moins quatre chevaux à la fois avec leurs cavaliers et domestiques. Ce bac aura des garde-fous sur les côtés et des bancs pour la commodité des voyageurs.

Art. 3. Le droit de péage est fixé comme suit; savoir :

Chaque cavalier avec son cheval payera cinquante centimes, ou un escalin et un tempé, ci.................. 1 esc. et 1 t.

Un nègre avec un cheval ou mulet, un escalin ou quatre tempés, ci.................. 1 ou 4

Les voyageurs à pied, blancs, libres et esclaves, pour chaque personne, un tempé, ci... 0 1

Les voyageurs militaires, les ordonnances envoyées par les commandants de paroisse, seront exemptés de payer aucun droit de péage.

Art. 4. Au moyen de ce droit, que les frères Coppens sont

autorisés à percevoir, ils seront tenus d'entretenir constamment en bon état ledit bac avec ses apparaux et bateliers.

Donné au Fort-Royal, le 1er octobre 1819.

Signé DONZELOT.

Arch. du gouvernement. Ord. et déc., n° 287.

N° 2094. — *Arrêté du gouverneur administrateur portant création de deux commissions, l'une à Fort-Royal, l'autre à Saint-Pierre, chargées d'examiner sous quelles modifications le code de commerce pourrait être appliqué à la Martinique.*

3 octobre 1819.

Art. 1er. Il sera formé, dans chacune des villes du Fort-Royal et de Saint-Pierre, une commission composée de magistrats, jurisconsultes et négociants, chargée d'examiner sous quelles modifications, en raison des localités, il conviendrait d'appliquer à la Martinique le code de commerce en vigueur dans la métropole.

Les membres de chaque commission, après avoir discuté en commun, autant qu'il sera nécessaire, les diverses parties de la question générale qui leur est soumise, rédigeront un rapport contenant le résultat de leurs délibérations et de leurs opinions, lequel nous sera adressé pour être transmis à S. Exc. le Ministre de la marine et des colonies.

Art. 2. Sont nommés membres de ces commissions, etc.

Donné à Fort-Royal (Martinique), le 3 octobre 1819.

Signé DONZELOT.

Arch. du gouvernement. Ord. et déc., n° 290.

N° 2095. — *Dépêche ministérielle portant instruction sur les formes à suivre pour la réception du numéraire envoyé par le trésor royal aux colonies.* (Extrait.)

5 octobre 1819.

. . . .

Lorsqu'un envoi de fonds est parvenu dans la colonie, les préposés à la vérification doivent, avant d'ouvrir les barils ou caisses qui contiennent les sacs, constater d'abord l'état et le poids respectifs des barils ou caisses. Le résultat de cette vérification est consigné au procès-verbal.

Ensuite, lorsque les sacs ont été retirés des barils ou caisses, on doit, avant de compter les espèces, commencer par constater séparément l'état de chacun des sacs et s'assurer surtout s'ils ont bien le poids indiqué par l'étiquette qui les accompagne. Le procès-verbal doit aussi faire mention de cette vérification.

Le principal objet de ce procès-verbal est surtout de constater l'identité de poids et ainsi de mettre à portée (en rapprochant cet acte du procès-verbal dressé en France à l'embarquement des espèces) de reconnaître d'où proviendraient les erreurs.

Vous ne pouvez donc trop recommander, Monsieur, aux personnes par vous commises à la réception des fonds, de mettre le soin le plus attentif à remplir scrupuleusement toutes les formalités ci-dessus rappelées et à les insérer exactement au procès-verbal, car c'est de l'entier accomplissement de ces formalités que dépend le succès du recours éventuel sur le trésor.

....

Recevez, etc.

Le Ministre de la marine et des colonies,
Signé Baron PORTAL.

Inspection. Reg. 10, nº 14.

Nº 2096. — *Lettre du gouverneur administrateur aux imprimeurs du gouvernement au sujet d'un* blanc *par eux laissé dans le journal de la Martinique.*

6 octobre 1819.

J'ai vu avec beaucoup de surprise, Messieurs, que, pour la seconde fois, vous avez laissé du blanc dans votre journal (feuille du 1er de ce mois); et ce qui m'a d'autant plus surpris, et ce que j'ai dû regarder comme très-inconcevable, c'est que vous ayez mis, en tête de ce blanc, le titre d'un article lorsque vous n'aviez pas l'intention de l'insérer, ce que je suppose, puisqu'il était en votre pouvoir de le faire, et que vous y étiez même obligé lorsque M. le Directeur de l'intérieur vous avait fait le renvoi de cet article avec les modifications dont il l'avait jugé susceptible, d'après les instructions que je lui ai données en ce qui concerne la censure des journaux, surtout dans ce qui a rapport à l'insertion des articles tirés des gazettes étrangères. J'ai donc vu avec beaucoup de déplaisir, et de mécontentement même, votre conduite dans cette circonstance ; je ne doute point que, pour peu que vous vouliez y réfléchir, vous ne disconviendrez pas qu'elle a été très-légère, car je ne puis vous supposer de mauvaises intentions ; toutefois, je dois vous prévenir que si vous laissiez encore du blanc dans votre journal, je me verrais forcé avec regret d'en ordonner la suppression. J'espère donc que je n'aurai point le désagrément d'en venir à cette extrémité.

Au surplus, le motif du manque de matériaux ne peut être admis comme excuse pour le blanc de votre journal ; car, lors même que l'arrivée des journaux de France éprouverait de l'interruption, vous pourriez trouver dans les feuilles antérieures des articles à prendre, quand même ils seraient insignifiants ; les gazettes étrangères, que l'on reçoit ici d'ailleurs plus régulièrement, pourront vous fournir aussi des articles, en ayant soin d'émarger ceux que vous jugeriez propres à insérer, pour soumettre d'avance les uns et les autres à la censure, afin de vous conserver toujours de quoi remplir votre feuille aux époques périodiques. Je vous engage à suivre cette marche, et je suis persuadé que vous ne vous mettrez plus dans le cas de recevoir de reproches sur le sujet qui fait l'objet de cette lettre.

Agréez, etc.

Signé DONZELOT.

Arch. de la direction de l'intérieur. Reg. 1, f° 121.

N° 2097. — *Dépêche ministérielle au gouverneur administrateur sur la question de savoir si le mode d'éclairage au gaz hydrogène pourrait être adopté aux colonies.*

6 octobre 1819.

Monsieur le Comte, vous m'avez demandé des instructions sur l'éclairage par le gaz hydrogène du charbon de terre, dans l'intention, si ce mode d'éclairage était plus économique que celui qu'on obtient par l'huile, d'en faire jouir la ville de Saint-Pierre.

Il résulte des documents qui m'ont été procurés sur cet objet par le département de l'intérieur que l'éclairage au gaz hydrogène, qui a réussi en Angleterre à cause du bas prix du charbon de terre et du prix élevé des huiles à brûler, ne pourrait être adopté avec avantage en France, où le prix du charbon de terre est au contraire tellement haut que l'ancien éclairage y est de moitié plus économique.

Ces motifs, d'après lesquels il paraît qu'on a renoncé en France à l'éclairage par le gaz hydrogène, donnent lieu de reconnaître que ce nouveau procédé ne pourrait pas être introduit avec succès dans nos colonies.

S'il arrivait que, par l'effet de nouvelles combinaisons, le procédé dont il s'agit devînt par la suite avantageux à employer à la Martinique, j'aurai soin de vous adresser à cet égard les documents nécessaires.

Recevez, etc.

Le Ministre de la marine et des colonies,

Signé PORTAL.

Arch. du gouvernement. Dép. ministérielles, n° 280.

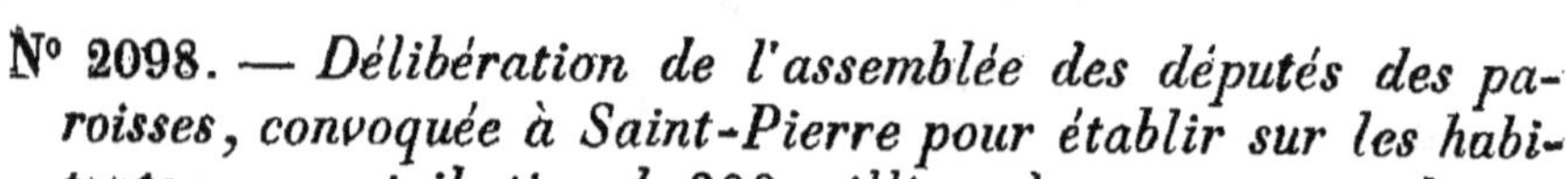

N° 2098. — *Délibération de l'assemblée des députés des paroisses, convoquée à Saint-Pierre pour établir sur les habitants une contribution de 300 milliers de sucre pour subvenir aux frais d'un député extraordinaire de la colonie.*

11 octobre 1819.

Séance du lundi 11 octobre 1819.

L'assemblée a arrêté qu'il serait établi sur les habitants qu'elle représente une contribution de 300 milliers de sucre, pour mettre à la disposition de son député, d'après la proportion établie dans le tableau ci-bas.

Attendu qu'il n'a pas été possible d'évaluer les revenus des habitants caféiers, potiers et autres, il a été stipulé qu'on s'en rapporterait à l'évaluation qu'ils en feront eux-mêmes, pour contribuer aux frais du voyage du député extraordinaire.

Les denrées qui seront envoyées de chacune des paroisses à l'effet ci-dessus seront adressées, dans le plus court délai possible, à M. Louis Eyma, à Saint-Pierre, chargé par l'assemblée de les recevoir.

Il a été aussi convenu qu'une copie de cet arrêté serait immédiatement envoyée à M. le Gouverneur par le président de ladite assemblée, pour le supplier d'y donner son assentiment et force d'imposition en écrivant en conséquence à MM. les commissaires des paroisses.

Arch. de la direction de l'intérieur. Reg. 1, f° 122.

PAROISSES.	PRODUITS de chaque paroisse	DENRÉES à fournir par paroisse.
1 Le Fort-Royal	1,420,000f	10,650f
2 Le Lamentin	6,140,000	46,050
3 Trou-au-Chat	845,000	6,340
4 Rivière-Saléc	655,000	4,910
5 Trois-Ilets	900,000	6,750
6 Anses-d'Arlets	230,000	1,730
7 Diamant	980,000	7,350
8 Sainte-Luce	440,000	3,300
9 Rivière-Pilote	1,000,000	7,500
10 Le Marin	570,000	4,280
11 Le Vauclin	3,370,000	24,280
12 François	3,630,000	27,130
13 Robert	2,910,000	21,830
14 Trinité	2,510,000	18,930
15 Sainte-Marie	3,090,000	23,180
16 Marigot	1,500,000	11,250
17 Grand'Anse	2,180,000	16,350
18 Basse-Pointe	3,050,000	22,880
19 Macouba	1,450,000	10,880
20 Le Prêcheur	420,000	3,150
21 Le Fort Saint-Pierre	2,245,000	17,840
22 Le Mouillage	522,000	3,920
23 Carbet	2,050,000	15,380
24 Case-Pilote	1,255,000	9,420
25 Le Gros-Morne	330,000	2,480
26 Saint-Esprit	1,080,000	8,100
27 Sainte-Anne	3,130,000	24,080
	47,902,000	359,840

N° 2099. — *Dépêche ministérielle au gouverneur administrateur, portant envoi de modèles de formules pour la rédaction des actes de l'état civil.*

13 octobre 1819.

Nota. Ces formules sont encore jointes à la dépêche.

Voir la dépêche ministérielle du 6 août 1827.

Arch. du gouvernement. Dép. ministérielles, n° 289.

N° 2100. — *Ordonnance du gouverneur administrateur portant règlement sur les transactions et sur le mode de répartition du produit des saisies en matière de douane* (1).

19 octobre 1819.

Le Gouverneur administrateur, etc.,

Considérant que s'il importe à l'intérêt public de réprimer sévèrement les fraudeurs, il est aussi de l'équité de ne pas appliquer rigoureusement les peines de la fraude à ceux auxquels on ne peut reprocher qu'une erreur ou l'ignorance des règlements ;

Vu l'article 16 du règlement du conseil d'État du roi, du 30 août 1784, qui attribue aux douanes le produit des amendes et confiscations en matière de contravention ;

Désirant, par des dispositions analogues à l'arrêté précité, déterminer un mode fixe de répartition des saisies ;

D'après les propositions du directeur des douanes, et sur le rapport de l'ordonnateur de la colonie ;

Après en avoir délibéré en conseil de gouvernement et d'administration,

A ORDONNÉ et ORDONNE ce qui suit, pour être exécuté provisoirement, sauf l'approbation de Sa Majesté :

SECTION Ire.

TRANSACTIONS EN MATIÈRE DE DOUANE.

Art. 1er. Lorsque d'un commun accord, la douane et les individus saisis, ou leurs fondés de pouvoirs, voudront prévenir ou arrêter les suites d'un procès et s'en remettre à une décision administrative, il y aura lieu alors, ainsi que cela se pratique en France, de transiger avant, pendant ou après un jugement. Le directeur des douanes exigera que les transactions soient par écrit, et il est autorisé à les accepter provisoirement, sauf notre approbation, dans les formes voulues, et nous soumettant immédiatement, par l'intermédiaire de l'Ordonnateur, les transactions ainsi que toutes les pièces originales à l'appui.

Toutes instances en justice cesseront d'avoir cours, sur la notification de notre approbation définitive des transactions. Ces mêmes instances demeureront suspendues du moment où sera passé à la douane acte provisoire de la transaction.

---

(1) Voir cette ordonnance, avec un modèle d'état de répartition à la suite. — Arch. de la direction de l'intérieur Reg. 4, f° 8.

SECTION II.

VENTES DES SAISIES.

Art. 2. Les marchandises étrangères prohibées saisies, et dont la confiscation aura été prononcée définitivement, pourront être vendues pour la consommation, mais à la charge de l'acquittement du droit spécial déterminé par l'ordonnance des impositions de chaque année, sur les marchandises d'espèces prohibées, importées par circonstance de force majeure.

Si l'objet saisi est du rhum non déclaré et soustrait à l'entrepôt, il ne pourra de même être vendu pour la consommation que moyennant l'acquit du droit établi par la même ordonnance.

Les marchandises de nature permise seront soumises aux droits fixés par l'ordonnance des impositions de chaque année.

Art. 3. La douane étant habile à disposer des objets saisis confisqués, puisqu'ils deviennent sa propriété, d'après l'arrêt du 30 août 1784, pourra, selon les usages de la métropole et dans le but d'éviter des frais et de faibles estimations qui lèsent les parts du trésor et des employés, procéder elle-même à la vente desdits objets, sous l'autorité du directeur ou de son délégué, et en présence du contrôleur colonial.

Cette disposition aura son effet en tant qu'il ne s'agira pas de navires et cargaisons confisqués par jugements des tribunaux, lesquels objets seront, dans ce cas, vendus à l'encan dans les formes ordinaires.

Art. 4. Bien que les objets saisis ne puissent être vendus qu'après que la confiscation en a été acquise à la douane par jugement ou décision, cependant les marchandises détériorées ou sujettes à des avaries, ou dont la garde entraînerait trop de frais en pure perte, pourront, moyennant un certificat d'expertise, être provisoirement vendues, pour le produit en être affecté à qui de droit, selon la terminaison de l'affaire.

SECTION III.

RÉPARTITION DES SAISIES.

Art. 5. Conformément à notre décision du 28 octobre 1818, qui attribue un droit de six pour cent à la caisse de réserve du trésor sur toutes les saisies et amendes à répartir aux employés des douanes, ce droit sera perçu sur le montant net de chaque saisie et amende, après que tous les frais qu'elle aura occasionnés et qui n'auront pu être remboursés par la partie saisie auront été déduits.

Néanmoins, lorsque le produit net d'une saisie n'excédera pas la somme de cent francs, la retenue de six pour cent au bénéfice de la caisse de réserve du trésor ne sera pas opérée.

Dans le même cas, les états de répartition seront, comme en France, validés par la seule signature du directeur, sans qu'il soit besoin des autres formalités prescrites par l'article 30 du présent règlement.

Il en sera de même pour les répartitions dont la somme à répartir, toute déduction faite, ne s'élevant pas au-dessus de 24 francs, pourra être distribuée aux saisissants, purement et simplement, sans qu'il y ait lieu de former le quart des chefs et celui des non-saisissants.

Art. 6. Le prélèvement de six pour cent fait, lorsqu'il y aura lieu, s'il y a un indicateur, il jouira du tiers qui lui est accordé par l'article 16 de l'arrêt du conseil d'État du roi, du 30 août 1784.

Art. 7. Ce tiers ne lui sera compté que sur la quittance de l'employé auquel il aura donné l'avis, et qu'autant qu'il se sera fait connaître au directeur.

Lorsque cependant il se trouvera à une trop grande distance, il suffira qu'il se fasse connaître par l'intermédiaire d'un employé supérieur ou d'un chef de bureau.

Art. 8. Il sera reconnu deux espèces d'indicateurs : l'un à l'avis duquel la saisie sera entièrement due, et l'autre qui, n'ayant donné que des indices vagues, aura laissé presque tout à faire à la sagacité des employés.

Le premier jouira du tiers du produit net. On conviendra avec le second d'une rétribution proportionnée à l'utilité de l'avis qu'on en reçoit; mais il ne devra jamais figurer dans l'état de répartition sous la dénomination d'indicateur : la rétribution qui lui sera accordée sera prélevée sur le produit avant la distribution des parts, et elle se désignera par cette expression : *Indemnité convenue et allouée à l'indicateur*.

Art. 9. Nul préposé ne pourra prétendre à la part d'indicateur; cependant lorsqu'il aura donné l'avis de la fraude et qu'il sera étranger à l'arrondissement dans lequel la saisie se sera effectuée, il sera admis au partage comme saisissant, mais pour une part seulement, quelque soit son grade.

Art. 10. Le tiers accordé à l'indicateur étant déduit, il sera prélevé sur le restant une vingtième au bénéfice de la caisse particulière de secours des douanes.

Il sera établi un registre coté et parafé, lequel servira à l'enregistrement des recettes et des dépenses de cette caisse, dont le but est d'avoir quelques fonds disponibles pour des frais de service extraordinaire, secours et gratifications.

Le directeur déterminera les cas où il conviendrait d'allouer sur cette caisse quelque indemnité aux canotiers et autres individus qui auraient prêté aide à faire des saisies ou rendu quelques services pour la surveillance des douanes.

Art. 11. Moitié du produit net définitif à répartir appartiendra, comme en France, aux saisissants; l'autre moitié sera partagée en deux parties égales, dont une pour les chefs et l'autre pour les employés et préposés non saisissants.

Mais lorsqu'il s'agira d'amendes prononcées pour faits de rébellion et injures, elles ne seront réparties qu'entre les préposés ou autres personnes qui les auront éprouvées, et l'employé poursuivant y participera pour un dixième.

Lorsque, par les circonstances ou le lieu de la saisie, le nombre des non-saisissants sera tel que la portion revenant à chacun s'élèvera au-dessus de la moitié d'une part de chef, on réunira l'excédant de cette moitié à la part des chefs.

Quand il n'existera pas de non-saisissants, la totalité du quart sera reversible à la part des chefs. Cette disposition s'appliquera également aux saisies faites par les felouques des douanes.

Les employés du bureau central de la direction résidant à Saint-Pierre ont droit à figurer parmi les non-saisissants de l'arrondissement de Saint-Pierre; mais comme ils participent au travail général des saisies dans l'étendue de la direction, il est juste de leur assigner une portion dans le quart des non-saisissants des autres arrondissements. Il sera donc sur ce quart prélevé à leur profit une somme égale aux cinq centimes par franc du produit net définitif à répartir. A défaut de non-saisissants, on déduira cette retenue de la totalité du quart à cumuler avec la masse des chefs.

Le partage des sommes de non-saisissants entre les employés de bureaux et les chefs et préposés des brigades aura lieu, selon les grades, dans les proportions établies à l'article 16.

Art. 12. La part dévolue aux chefs sera répartie en cinq parts et un quart, savoir : 1° quatre parts et demie ainsi qu'il suit : une au directeur, une à l'inspecteur, une au sous-inspecteur, une au receveur principal ou particulier aux déclarations, et un quart de part à l'employé chargé du contentieux ; 2° la cinquième part appartiendra moitié au directeur, comme chargé des poursuites, et l'autre moitié au détenteur du dépôt, c'est-à-dire au directeur ou à l'inspecteur du Fort-Royal, ou au chef de la Trinité, ou à celui du Marin, selon que la saisie aura lieu dans l'un de ces arrondissements.

Art. 13. La demi-part dévolue au directeur comme chargé des poursuites et celle accordée au détenteur du dépôt devront, comme ayant une affectation distinctive, relative au travail et à la responsabilité, rester toujours intégralement dans le chapitre du quart des chefs. C'est pourquoi les chefs qui seront rétribués comme saisissants n'auront pas à rapporter les demi-parts ci-dessus à la masse des saisissants, mais seulement, leurs parts de chefs, comme il est dit ci-après.

Art. 14. Les parts de chefs ou d'employés non saisissants sont déterminées par l'arrondissement confié à leur surveillance : ainsi le directeur a part dans les saisies opérées dans toute l'étendue de la colonie, les inspecteurs et sous-inspecteurs dans leur division, et les autres chefs et employés dans les limites de leur arrondissement.

Art. 15. L'employé de quelque grade qu'il soit, qui, n'étant pas saisissant, aura été le rédacteur du procès-verbal, le signera en cette qualité, et jouira d'une demi-part de saisissant; s'il est à la fois intervenant et rédacteur, il aura part et demie.

Art. 16. Les chefs des douanes qui assisteront à une saisie, ou aux ordres desquels elle sera due, ou qui indiqueront le domicile qui recèle la fraude, auront chacun deux parts de saisissants; les autres employés, chacun une part et demie, les brigadiers, une part et un quart, et chaque préposé, une part.

Lorsqu'il n'y aura pas d'employé supérieur parmi les saisissants, les employés des bureaux qui auront concouru à la saisie partageront également entre eux.

Mais si la saisie est faite par des employés et préposés, chacun des employés aura part et demie, et le brigadier et les préposés les parts fixées ci-dessus.

Art. 17. Dans le seul cas où le chef de bureau de la direction sera saisissant, il lui sera attribué les deux parts de ce chef. Le commis principal saisissant aura part et demie.

Art. 18. Les chefs qui, par leurs ordres directs, auront coopéré aux saisies, seront rétribués comme saisissants; ils rapporteront dans ce cas leurs parts de chefs à la masse des saisissants.

Si par le nombre des saisissants, il est plus avantageux de s'en tenir à la portion dévolue à chaque grade, on pourra opter.

Il en sera de même des autres employés qui, bien qu'absents

au moment de la saisie, y auront concouru par la nature du service qu'ils auront exécuté. La liste de ces employés sera arrêtée par le directeur, d'après les circonstances de la saisie, et annexée aux procès-verbaux; les intervenants aux rapports auront demi-part de saisissant.

Art. 19. Les employés détachés d'un bureau à un autre auront dans ce dernier les mêmes droits aux saisies que s'ils en faisaient partie; toutefois, ils conservent la qualité de non-saisissant dans le bureau auquel ils appartiennent, si à l'époque où une saisie y aura été opérée, il n'en a pas été fait une également au bureau du détachement. Ils seront alors libres d'opter entre l'une ou l'autre saisie, selon l'avantage qui résultera de leurs droits relatifs à chaque affaire.

Art. 20. Les surnuméraires étant des employés, quoique non appointés, seront traités comme les employés ordinaires lorsqu'ils se trouveront saisissants; mais étant non-saisissants, ils ne seront rétribués que d'une demi-part.

Art. 21. Les employés et préposés qui, bien que coopérant à une saisie, auront cherché à l'empêcher par des manœuvres propres à favoriser la fraude et à détruire l'effet du rapport, seront privés de leurs parts, qui viendront en accroissement de celles des autres saisissants.

Art. 22. Lorsqu'une affaire aura pris naissance sous la gestion d'un directeur, et qu'elle n'aura été terminée que sous celle de son successeur, alors la part affectée à cette place se divisera entre eux par portions égales; cependant, cette division n'aura lieu que dans les cas où l'affaire ne serait terminée que par jugement ou décision provoqués l'une ou l'autre par le directeur qui succédera; mais lorsque la répartition s'opérera en vertu d'un jugement ou d'une décision intervenue avant l'entrée en exercice du nouveau directeur, celui-ci n'aura aucune part à ce produit.

Art. 23. L'inspecteur et les autres chefs en exercice le jour de la saisie, quoiqu'ils reçoivent leur changement avant que l'affaire soit terminée, n'en auront pas moins droit à la totalité de la part affectée à leurs grades : la différence, à cet égard, entre le directeur et les autres chefs, provient de ce que ces derniers ne seront admis au partage qu'en raison du travail que procure la saisie, et nullement à raison des soins que nécessite la suite de l'affaire.

Art. 24. Les chefs dont l'intérim sera exercé par des employés du même grade ou d'un grade inférieur n'auront droit qu'à la moitié des parts des saisies revenant aux intérimaires. Ceux-ci jouiront, en outre, des parts relatives à leur grade effectif, à l'exception des parts attribuées au directeur, comme chargé des poursuites, et au chef chargé du dépôt, lesquelles étant particulièrement affectées aux peines qu'ils se donnent, deviendront, en entier, le partage de l'intérimaire qui en aura été chargé.

Art. 25. Les détachements de troupes de terre ou de mer ou de la milice qui auront été requis de prêter main-forte jouiront d'une indemnité égale à une part et demie de saisissant.

Dans le cas où, par rencontre fortuite, des militaires ou autres personnes feront des saisies, concurremment avec les employés des douanes, il y aura un partage égal.

Les sommes revenant aux détachements des troupes de terre et de mer seront comptées, sur émargement, aux conseils d'administration ou aux commandants, lesquels en feront la répartition à qui de droit.

Art. 26. Lorsqu'une contravention de douane se trouvera découverte et une saisie effectuée sans le concours des employés, soit par des militaires ou marins, soit par toutes autres personnes étrangères à l'administration des douanes, le procès-verbal devra être rédigé à la requête et remis aux poursuites du directeur des douanes de la colonie, spécialement chargé de la répression du délit.

Le dépôt des objets saisis sera fait à l'un des bureaux de douanes le plus voisin.

La moitié du produit net à répartir appartiendra aux saisissants, et l'autre moitié sera partagée entre les chefs et non-saisissants des douanes, d'après les dispositions du présent règlement.

Art. 27. Le produit des prises faites en mer par les felouques attachées à la douane sera réparti de la même manière que les saisies faites sur terre, à l'exception cependant que les employés et préposés désignés comme non-saisissants ne pourront prétendre à rien dans les répartitions, à moins que, lors de la saisie, il ne se soit trouvé à bord des employés et préposés, lesquels, ayant part de saisissants, donneront droit aux autres au quart accordé aux non-saisissants.

Art. 28. Le patron ou commandant de la felouque qui aura fait la saisie jouira des deux parts accordées aux chefs saisissants, lorsqu'il ne se trouvera pas à bord des vérificateurs ou autres employés, dans lequel cas il n'aurait que la part et demie qui est attribuée à ces employés; chaque matelot aura une part, et le mousse demi-part.

Art. 29. Il sera dressé par le directeur des douanes, pour

chaque saisie, un état de répartition d'après les bases du présent règlement, lequel état sera conforme au modèle imprimé ci-joint; ce modèle sera applicable à toutes les saisies anciennes dont la mise en répartition n'aurait pas encore eu lieu.

Art. 30. Les états de répartition seront arrêtés par le directeur des douanes, visés par l'ordonnateur et approuvés par le gouverneur et administrateur pour le roi.

Art. 31. Les parts non réclamées, par cause de congé, démission ou décès, seront provisoirement versées à la caisse de secours des douanes, pour être subséquemment retirées par qui de droit, ou pour devenir acquises à cette caisse, après le délai de prescription de trois ans.

Seront dévolues en propriété à ladite caisse de secours les parts des employés et préposés révoqués, convaincus de prévarication dans leurs devoirs.

Art. 32. La répartition du produit des condamnations provenant soit de déficit d'entrepôt, soit de non-rapport de certificat de décharge des acquits-à-caution, réclamant comme en France un mode particulier, sera ultérieurement l'objet d'une décision spéciale, lorsque l'expérience aura démontré ce qu'il convient le mieux de fixer pour cette partie du service dans les douanes coloniales.

Art. 33. L'ordonnateur de la colonie est chargé de l'exécution de la présente ordonnance, au moyen de laquelle notre décision du 1er juillet 1818 et le règlement du 1er juin 1819 demeurent comme non avenus.

Prions Messieurs du conseil supérieur, etc.

Mandons, etc.

Donné au Fort-Royal, le 19 octobre 1819.

Signé DONZELOT.

Et plus bas : GUILLAUME, *secrét.*

Arch. de l'ordonnateur. Ord. et déc., 1819, n° 297. — Enregistré au conseil supérieur, 2 novembre 1819.

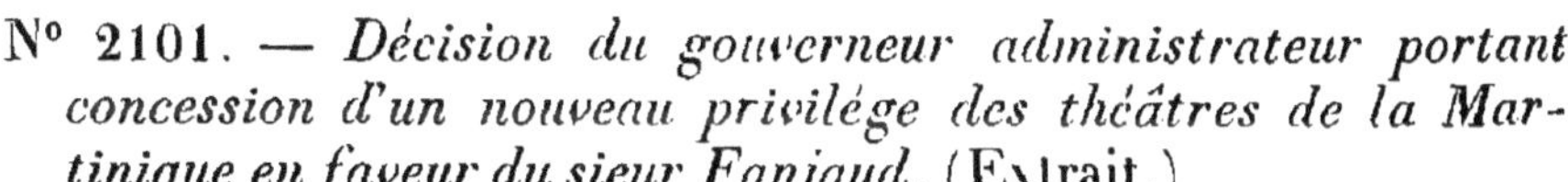

N° 2101. — *Décision du gouverneur administrateur portant concession d'un nouveau privilége des théâtres de la Martinique en faveur du sieur Fanjaud.* (Extrait.)

20 octobre 1819.

Ce privilége est accordé pour trois ans au sieur Fanjaud,

sous le titre de chargé d'affaires d'une société d'artistes dramatiques, formée tant de ceux déjà dans la colonie que de ceux qui y seront appelés.

Le chargé d'affaires et la société seront placés sous la surveillance de la commission administrative créée par arrêté local du 31 décembre 1818, et soumis à toutes les conditions de la présente décision.

Leur engagement avec la direction théâtrale de la Guadeloupe est approuvé. Les artistes des deux troupes alterneront par trimestre d'une colonie à l'autre.

Il sera fait bon inventaire du matériel. Les sociétaires seront tenus de l'entretenir à leurs frais pendant la durée du privilége et de le rendre en bon état à son expiration.

Tous traitements, gages, salaires d'artistes, portiers, buralistes, machinistes, lampistes et autres employés, seront à la charge des sociétaires.

Le caissier, bien que nommé et soldé par la société, lui sera étranger; il devra fournir un cautionnement de 6,000 francs en immeubles. Il n'acquittera les dépenses que sur bons signés du chargé d'affaires et des deux commissaires.

Le quinzième des recettes quelconques sera, sur états visés, versé par le caissier dans la caisse municipale.

Les fonds à provenir de ce prélèvement seront employés à compléter les décorations ou à d'autres dépenses utiles à l'établissement.

Quatre loges sont réservées au gouvernement : les deux loges d'avant-scène, et les deux réunies du conseil supérieur et du ministère public, pour lesquelles il sera payé par représentation 120 francs.

La société se soumet à donner annuellement une grande représentation au profit des pauvres, le dimanche après la Saint-Louis.

Tout spectacle de curiosité ou autres qui viendraient lui faire concurrence dans la colonie lui devront le cinquième brut de leurs recettes.

Elle aura le droit de s'assembler pour ses intérêts, mais elle devra appeler à ses réunions le commissaire municipal et le contrôleur colonial.

Le chargé d'affaires demeurera responsable du matériel sur inventaire estimatif. Il devra fournir bonne caution du montant dudit inventaire, plus un huitième en sus.

Les dispositions du présent privilége s'appliquent aux représentations qui pourront être données à Fort-Royal lorsqu'il s'y trouvera un local convenable.

L'ordonnateur est chargé de l'exécution de la présente décision.

Arch. de la direction de l'intérieur. Reg. 2, f° 40.

N° 2102. — *Ordonnance du roi relative aux avances à payer aux troupes qui s'embarquent pour aller tenir garnison aux colonies* (1).

20 octobre 1819.

LOUIS, ETC.,

Sur le rapport de notre ministre secrétaire d'État de la marine et des colonies, concerté avec le ministre secrétaire d'État de la guerre,

NOUS AVONS ORDONNÉ et ORDONNONS ce qui suit :

Art. 1er. Les avances qui seront payées, soit pour la solde, soit pour la masse d'entretien, aux officiers, sous-officiers et soldats qui s'embarquent pour aller tenir garnison dans les colonies, seront :

D'un mois pour les établissements d'Afrique situés en deçà du cap de Bonne-Espérance ;

De deux mois pour les colonies d'Amérique ;

De trois mois pour les colonies situées au delà du cap de Bonne-Espérance.

Art. 2. Ces avances, pour les officiers, sous-officiers et soldats de l'armée de terre, seront payées sur les fonds du département de la guerre.

Art. 3. A l'arrivée des troupes au lieu de leur destination, la portion desdites avances qui excédera le temps de la traversée sera précomptée aux officiers sur leurs appointements courants, et aux sous-officiers et soldats à raison du quart pour chacun des quatre mois qui suivront leur débarquement dans la colonie.

Art. 4. Lorsque la durée de la traversée aura excédé le temps pour lequel il aura été payé des avances, il sera tenu compte aux officiers de leur solde, aux sous-officiers et soldats de leur solde et masse d'entretien, pour cet excédant.

Art. 5. Il n'est dû, pour le temps de leur traversée, aux troupes qui s'embarquent pour les colonies, ni indemnités de fourrage et de logement, ni masse de ferrage.

---

(1) Cette ordonnance a été notifiée à la Martinique par dépêche ministérielle du 15 décembre 1819. — Arch. du gouvernement, n° 343.

Art. 6. Toutes dispositions contraires à la présente ordonnance sont et demeurent annulées.

Art. 7. Notre ministre secrétaire d'État de la guerre et notre ministre secrétaire d'État de la marine et des colonies sont chargés, chacun en ce qui le concerne, de l'exécution de la présente ordonnance.

Signé LOUIS.

Par le Roi :

Le Ministre de la marine et des colonies,

Signé Baron PORTAL..

Annales maritimes, 1819, p. 424.

N° 2103. — *Ordonnance du gouverneur administrateur relativement à l'établissement et à l'administration de l'hospice des filles et femmes pauvres, orphelins, orphelines et enfants trouvés* (1).

20 octobre 1819.

Vu l'ordonnance du gouvernement colonial du 15 avril 1741 et les lettres patentes du roi du 3 mars 1750, sur l'établissement et l'administration d'un hospice de charité dans la ville de Saint-Pierre, chez les dames ci-devant religieuses dominicaines, en faveur des orphelins et orphelines pauvres, ou enfants trouvés, et des femmes pauvres et filles malades ;

Vu l'arrêté consulaire du 2 juillet, la décision du préfet colonial du 16 novembre et l'ordonnance du gouvernement du 22 décembre 1802, ainsi que le budget arrêté le 12 janvier et la décision de M. l'intendant Dubuc, du 20 avril 1815, qui fixe à 756 francs le traitement annuel des filles de l'hospice au-dessus de quinze ans, à 432 francs celui des jeunes enfants du sexe jusqu'à cet âge, et à 324 celui des garçons ;

Vu l'ordonnance du gouvernement du 1er avril 1815, qui, sur la demande des dames religieuses et à leur défaut, les remplace par une nouvelle direction de dames laïques ;

Considérant que d'autres circonstances ont amené un nouvel ordre de choses et nécessité des changements dans cet établissement, qui, d'ailleurs, n'a jamais été soumis à des règlements fixes et à une surveillance telle qu'il est nécessaire d'y pourvoir, tant

(1) Approuvée dans toutes ses dispositions par dépêche ministérielle du 24 décembre 1819. — Arch. du gouvernement, n° 398.

pour l'amélioration d'une institution aussi précieuse dans son but que sous les rapports de l'économie dans son administration;

Considérant encore que cet établissement, dénué de toute dotation, ne saurait se soutenir s'il était réduit à la charité publique ou au travail des jeunes personnes qui y sont admises, et qu'il n'existe réellement que par les bienfaits et les secours considérables du gouvernement, qui doit être fixé tant sur la quotité que sur l'application de cette dépense;

Après en avoir délibéré en conseil du gouvernement et d'administration,

A ORDONNÉ et ORDONNE, pour être exécuté provisoirement, sauf l'approbation de Sa Majesté, ce qui suit :

Art. 1er. L'hospice établi dans l'enclos des dames ci-devant religieuses dominicaines, à Saint-Pierre, conserve la dénomination d'hospice de charité des filles et femmes pauvres de la Martinique, orphelins et orphelines pauvres et enfants trouvés.

Art. 2. Cet hospice reçoit une dotation annuelle proportionnée à ses besoins, qui sera prise sur les fonds généraux de la colonie et versée dans la caisse municipale; le montant en sera établi, chaque année au budget, en raison du nombre croissant ou diminuant d'individus admis à l'hospice.

Ladite dotation, les travaux d'aiguille, ou autres travaux manuels par entreprise, sous les ordres et la surveillance de la directrice, ainsi que les secours de la charité, lorsqu'elle n'est point individuelle dans sa destination, forment les moyens d'existence et les fonds d'entretien, ou la caisse de cet établissement.

Il sera fait, tous les ans, dans la première quinzaine du carême, une quête générale dans toutes les paroisses de la colonie, au profit de l'hospice : cette quête sera faite chez les particuliers par le curé de la paroisse. Les legs pieux ou donations en faveur de l'hospice seront reçus, sauf l'approbation du gouvernement.

Il sera, d'ailleurs, placé un tronc particulier et distinctif, pour cet établissement, dans toutes les paroisses de l'île, aux frais des fabriques et sous la surveillance des curés et marguilliers, qui en feront arriver le produit à sa destination.

Les esclaves et les personnes attachés à l'hospice, dans son intérieur, sont, au surplus, exempts de toutes taxes et contributions quelconques; et, jusqu'à ce que les économies de la maison permettent qu'on laisse à sa charge la réparation, l'entretien et les augmentations dans les bâtiments, la dépense en sera faite aux frais de la caisse municipale, sur les ordres du gouvernement.

Art. 3. Les traitements sont fixés, savoir :

La dame directrice 1,660f 00

Une sous-directrice 1,600 00

Et une collaboratrice 1,200 00

Sont maintenues dans leurs fonctions de directrice, de sous-directrice et de collaboratrice, MMmes Andaule et Duchateau et Mlle Andaule.

Mme la supérieure des dames dominicaines conserve la haute surveillance intérieure, et la directrice, ainsi que ses subordonnés, n'oublieront point le respect et la déférence dus à son âge et à son expérience.

Art. 4. Le médecin du roi, à Saint-Pierre, est celui de l'hospice, et lui donne des soins, aux termes des lettres patentes. Il fera sa visite d'inspection une fois par semaine, et plus souvent lorsqu'il en sera besoin, tant des pensionnaires de l'hospice que des directrices et des domestiques.

Il veillera surtout à ce que les enfants admis dans l'hospice soient vaccinés et bien traités en état de santé.

Il lui est alloué, sur la caisse municipale, à titre d'honoraires, et pour la fourniture de ses remèdes, hors les cas extraordinaires, une somme de neuf cents francs par an.

Au cas de maladie grave, soit des institutrices, soit des pensionnaires de l'hospice, il fournira le compte particulier de ses remèdes, à la charge de la caisse municipale.

Art. 5. L'aumônier de la maison royale d'éducation est également celui de l'hospice, et reçoit cinq cents francs par an, à titre de supplément, payés également par la caisse municipale.

Art. 6. Le conseil d'administration créé auprès de la maison royale d'éducation, dans le même enclos, par l'ordonnance coloniale du 13 février dernier, est attaché à l'hospice comme conseil de direction, sous les modifications qui suivent.

Le gouverneur de la colonie est président né du conseil, après lui, l'ordonnateur, et ensuite le directeur de l'intérieur, lorsqu'ils sont présents aux séances.

Ce conseil inspecte les recettes et dépenses et tous les détails d'instruction, de police et d'administration intérieure.

Il est composé du sénéchal et du procureur du roi de la sénéchaussée de Saint-Pierre, du curé, du commissaire commandant et du trésorier du bureau de charité de la paroisse, de l'aumônier, de la directrice, du médecin du roi et du commissaire municipal, qui fera les fonctions de secrétaire, ayant voix délibérative.

En l'absence du gouverneur, de l'ordonnateur et du directeur de l'intérieur, le conseil est présidé par le sénéchal, à son défaut par le procureur du roi, et en leur absence par le doyen d'âge.

Le procureur général, le supérieur ecclésiastique et le contrôleur colonial assistent de droit à toutes les séances du conseil, toutes les fois qu'ils le jugent convenable.

Le conseil s'assemble d'obligation une fois par mois, du 1er au 5, dans une des salles de la maison. Il nomme un de ses membres pour, une fois par semaine, examiner l'état des choses et en rendre compte au conseil suivant, qui, s'il y a lieu, en fait son rapport au directeur de l'intérieur.

Le président convoque extraordinairement, lorsque le cas l'exige.

L'inspecteur nommé pour le mois peut être continué de mois en mois, si le vœu du conseil le réclame et que ses occupations permettent cette preuve de zèle et de charité.

Art. 7. Le conseil propose au gouvernement tous les plans et règlements intérieurs, ainsi que les augmentations et réformes qu'il croit utiles à l'établissement.

Il vérifie et arrête les comptes annuels des recettes et dépenses.

Il constate, tous les trois mois, la situation de la caisse, et il en rend compte au directeur de l'intérieur.

Dans le courant du mois d'octobre de chaque année, il établit, par aperçu, le budget des recettes et dépenses de l'année suivante.

La sanction du gouvernement rend exécutoires les délibérations du conseil.

Art. 8. Aussitôt après son installation le conseil dressera l'état nominatif des orphelines et enfants trouvés existant dans l'hospice et hors l'hospice; il énoncera, aussi exactement que possible, leur âge, leur famille, le lieu de leur naissance, les motifs qui les ont fait admettre, et les raisons d'exclusion, s'il en est pour aucune d'elles. Il fera dresser un état exact des lieux, ainsi que des esclaves et du mobilier dépendant de l'établissement, par récolement de l'état annexé au procès-verbal d'installation du 17 août 1815, en constatant les changements que le temps, l'usage et d'autres dispositions peuvent avoir amenés; il y joindra les observations qu'il croirait utiles.

Le tout nous sera renvoyé pour qu'il soit statué ce qu'il appartiendra.

Pour l'exécution de cet article, il sera tenu deux registres matricules paraphés par le sénéchal, l'un pour les orphelins et orphelines, et l'autre pour les enfants trouvés des deux sexes. Le modèle de ces registres sera donné à l'établissement.

Art. 9. Les orphelins et orphelines ne pourront être admis, savoir : les orphelins après l'âge de douze ans, et les orphelines, après celui de quinze, à moins de cas extraordinaires, sur lesquels nous nous réservons de donner des décisions spéciales.

Art. 10. Il est entendu que les garçons devront toujours être placés hors de l'hospice.

Dès qu'ils seront en état d'être mis en apprentissage, ils seront de préférence placés chez les habitants pour y apprendre le métier d'économe; et, à défaut de pouvoir être assez promptement placés ainsi, ils seront dirigés vers les métiers ou professions les plus analogues aux détails d'une habitation, tels que ceux de pharmacien, distillateur, charron, forgeron, charpentier, maçon, etc.

Ceux néanmoins qui voudraient être marins seront admis, comme mousses, dans les vaisseaux du roi. Ils pourront recevoir un dernier bienfait, à titre de trousseau : le maximum en est fixé à 200 francs.

Art. 11. A l'avenir, les garçons qui atteindront l'âge de seize ans, et les filles qui atteindront celui de vingt et un, cesseront d'être à la charge de l'établissement. Les portes de l'hospice seront ouvertes aux filles qui atteindront cet âge, et elles recevront, s'il y a lieu, sur la délibération du conseil d'administration, un dernier bienfait en argent, pour les aider dans les premiers moments de leur sortie : le maximum en est fixé à 300 francs; il leur sera fourni en outre un trousseau en nature, dont le maximum sera fixé à 150 francs.

Quant aux personnes qui ont atteint cet âge et qui existent présentement dans l'hospice, le gouvernement se réserve de prononcer ultérieurement sur leur sort.

A l'égard des garçons qui atteindront l'âge où ils devront cesser d'être à charge à l'hospice, ils resteront naturellement dans le lieu où ils auront été mis en apprentissage, si le temps n'en est pas expiré. On continuera, au surplus, à ne rien négliger pour les consacrer au métier d'économe, et pour inviter les habitants à les employer chez eux.

Si l'habitant ou autre chez qui ces jeunes gens seront placés avait à se plaindre de leur inconduite, il les adressera au commissaire commandant de la paroisse, qui les enverra à la prison de la milice, au Fort-Royal, où ils seront tenus provisoirement, jusqu'à ce que le lieutenant général gouverneur ait prononcé à leur égard.

Si les plaintes sont d'une nature grave, ils seront dans le cas d'être envoyés en France à la disposition du ministre de la marine et des colonies.

Art. 12. Dans le cas d'héritage, donations, legs, ou d'autres moyens assez considérables pour les mettre à même de vivre, les orphelins, orphelines ou enfants trouvés dont l'existence serait ainsi assurée cesseraient immédiatement, quel que fût leur âge, d'être à la charge de l'hospice.

Art. 13. L'enfant trouvé au bureau est admis, de droit, aux secours de l'hospice, lorsque la couleur d'enfant blanc et son âge, autant qu'il sera possible, auront été constatés, dans les formes d'usage, par procès-verbal gratuit du médecin du roi et du chirurgien aux rapports de la sénéchaussée, en présence du procureur du roi, de la directrice et de l'inspecteur de service auprès de la maison.

Il en sera rendu compte au conseil, qui constatera l'admission, en mentionnera les circonstances, et fera son rapport au directeur de l'intérieur.

Les autres enfants trouvés ou orphelins ne seront admis qu'après délibération du conseil, sanctionnée par le gouverneur.

Art. 14. Il sera accordé des permissions de sortie, par le gouvernement, de l'avis du conseil, à celles des orphelines ou enfants trouvés que réclameraient des personnes notables du sexe qui voudraient en prendre la charge entière. La sortie est définitive pour celles qui ont atteint l'âge de 13 ans et au-dessus.

Art. 15. Les filles reçues à l'hospice sont élevées dans la religion de l'État; elles apprennent à lire et à écrire, les premiers éléments de la grammaire francaise, les quatre règles de l'arithmétique, à coudre, à broder, à blanchir et à repasser le linge fin.

Art. 16. De l'avis du conseil et sous notre approbation, il sera loisible à la directrice de recevoir des pensionnaires payantes, et qui, du moment de leur admission, seront élevées et traitées, en tout, de la même manière que les enfants de l'hospice. Le prix de ces pensions est fixé à 500 francs pour celles au-dessous de 12 ans et à 800 au-dessus de cet âge. Cette comptabilité rentre dans celle de la maison, sous la déduction d'un dixième en faveur de la directrice, qui s'appliquera moitié de ce dixième et partagera l'autre moitié aux deux autres dames. Elles pourront se faire aider, auprès de ces enfants, par les pensionnés et les esclaves de la maison.

Art. 17. Le payement de la dotation se fera par trimestre sur la quittance de la directrice.

Art. 18. Dans le cas où le gouvernement trouverait utile d'admettre à des secours particuliers une ou plusieurs femmes ou filles malades, dans le bâtiment qui leur était primitivement dsstiné, il sera pourvu particulièrement à cette dépense par une décision spéciale; mais les soins, tant de la directrice que du médecin et de l'aumônier, leur seront fournis comme pour les autres personnes attachées à l'établissement.

Art. 19. La présente ordonnance sera mise provisoirement à exécution dès le 1er janvier 1820.

Art. 20. L'ordonnateur de la colonie est chargé de tenir la main à son exécution.

Prions MM. du conseil supérieur, etc.;

Mandons, etc.

Donné au Fort-Royal, le 20 octobre 1819.

Signé DONZELOT.

Enregistré au conseil supérieur, 6 novembre 1819.

N° 2104. — *Arrêté du gouverneur administrateur homologatif d'une délibération des habitants de la colonie portant établissement d'une contribution de* 300,000 *livres de sucre pour subvenir aux frais d'un député extraordinaire envoyé en France.*

23 octobre 1819.

Nota. Une ordonnance locale du 31 juillet 1822, n° 920 (archives du gouvernement), met en recouvrement l'arriéré de cette contribution.

Direction de l'intérieur. Ord. et déc. Reg. 1, f° 122.

N° 2105. — *Homologation par le gouverneur administrateur de la délibération des députés des paroisses du* 11 *précédent, portant établissement d'une contribution en sucre pour subvenir aux frais d'un député extraordinaire de la colonie.*

23 octobre 1819.

Vu la délibération, en date du 11 octobre 1819, de l'assemblée des députés des diverses paroisses de la colonie, réunis, en vertu de nos ordres, à l'hôtel du gouvernement à Saint-Pierre, portant qu'il sera établi sur les habitants qu'elle représente une contribution de trois cents milliers de sucre, qui seront m à la disposition du député extraordinaire nommé par elle poi subvenir aux frais de la mission, et portant, en outre, que poi le même objet on s'en rapportera à l'évaluation que les habitan caféiers, potiers et autres feront eux-mêmes de ce qu'ils auroi à payer;

Ladite délibération suivie de la répartition générale pa paroisse;

Considérant ladite assemblée comme assemblée paroissiale sous le rapport de la contribution par paroisse qui y est votée

Avons homologué et homologuons ladite délibération pou ressortir son plein et entier effet;

En conséquence, ordonnons que chaque paroisse dénommée l'état de répartition générale se réunira aux formes ordinaires sous le plus court délai, à la diligence du commissaire comman dant, pour établir sur les divers contribuables la répartitioi particulière qui lui est assignée. Le membre qui aura représent sa paroisse à la délibération précitée assistera nécessairement celle de cette même paroisse où ladite répartition particulièr sera établie.

Chacune desdites répartitions particulières, n'étant qu'un suite de la répartition générale, sera considérée comme homo loguée d'après la présente homologation et aura de suite soı effet dans les formes usitées, l'exécution de cette mesure n devant éprouver aucun délai.

Seront les présentes enregistrées au secrétariat des archives du gouvernement, à la direction de l'intérieur, ainsi que su les registres des délibérations des paroisses et partout où besoi sera.

Donné au Fort-Royal, le 23 octobre 1819.

Signé DONZELOT.

Et plus bas : GUILLAUME, *secrét.*

Arch. de la direction de l'intérieur. Reg. 1, f° 122.

N° 2106. — *Dépêche ministérielle au gouverneur administrateur portant envoi de documents sur un projet d'exploration hydrographique de la côte orientale de la Martinique.*

27 octobre 1819.

Nota. Ces documents sont :

1° Un travail dû à M. Moreau de Jonnès, intitulé : *Mémoire sur l'utilité d'une exploration hydrographique de la côte orientale de la Martinique.* L'auteur y soutient que des exemples non moins funestes que multipliés ont prouvé qu'à l'atterrage de la Martinique les bâtiments d'Europe ont été jusqu'à présent exposés soit à faire naufrage, soit à être pris par l'ennemi lorsqu'ils se sont approchés de la côte orientale de cette île;

2° Un rapport sur ce mémoire, adressé par le directeur général du dépôt de la marine au ministre de ce département.

Le rapporteur pense que la reconnaissance dont il s'agit est plus essentielle à la défense de l'île qu'elle ne serait utile à la navigation en général, mais qu'envisagée sous ce seul point de vue elle n'en est pas moins indispensable.

Arch. du gouvernement. Dép. ministérielles, n° 302.

N° 2107.— *Dépêche ministérielle au gouverneur administrateur prescrivant l'envoi immédiat, pour le règlement des primes d'assurances, du procès-verbal de recette du numéraire expédié par le trésor royal aux colonies.*

27 octobre 1819.

Monsieur le Comte, la chambre d'assurances de Bordeaux s'est plainte de ce que le payement des primes d'assurances des envois de numéraire que le gouvernement fait dans les colonies par la voie du commerce éprouve des retards, qui ont pour cause le défaut de preuve de la remise des fonds aux administrations coloniales.

Afin d'éviter de tels retards, dont l'effet serait de rendre plus onéreuses les conditions auxquelles le département de la marine peut traiter avec les assureurs, vous voudrez bien, aussitôt après l'arrivée à la Martinique des navires du commerce qui seront chargés de numéraire pour le service colonial, adresser, par duplicata, à l'administrateur en chef de la marine dans le port d'où l'envoi aura été fait une expédition du procès-verbal de recette du numéraire expédié.

La présente circulaire devra être enregistrée au bureau du contrôle colonial.

Recevez, etc.

Le Ministre de la marine et des colonies,

Signé Baron PORTAL.

Arch. du gouvernement. Dép. ministérielles, n° 299.

N° 2108. — *Instructions ministérielles sur le mode de régularisation des avances que se font réciproquement le service* métropole *et le service* colonies.

28 octobre 1819.

Art. 1er. Le *service métropole* (1) et le *service colonies* continueront à se faire réciproquement des avances dans les établissements d'outre-mer.

Ces opérations s'établiront sur deux principes :

Le premier, que les demandes faites au compte du *service métropole*, dans les colonies, n'excéderont jamais les besoins les plus urgents ;

Le second, qu'il sera pris les dispositions nécessaires pour rendre au service prêteur, dans le plus court délai possible, le montant de ses avances.

Art. 2. Sont réputées dépenses à la charge du *service métropole* toutes celles qui auraient lieu à l'occasion des bâtiments de la flotte, en station, en mission ou en relâche dans les colonies.

Quant aux bâtiments affectés au service des colonies proprement dit, tels que les gardes-côtes, les embarcations du port, les pataches de la douane, les avisos employés aux communications des colonies entre elles, et tous autres d'une destination analogue, il est entendu que leurs dépenses seront supportées en entier par les établissements coloniaux eux-mêmes.

Art. 3. A l'avenir, les états-majors et les équipages des *bâtiments destinés, en temps de paix, à tenir station dans les colonies* recevront dans les ports de France d'où ils seront expédiés les avances déterminées ci-après, savoir :

Station d'Afrique ou d'Amérique :

Quatre mois d'avances de solde et supplément ;

Six mois d'avances de traitement de table, dont deux sur le pied d'Europe et quatre sur celui des colonies.

Station de Bourbon :

Cinq mois d'avances de solde et supplément ;

Six mois d'avances de traitement de table, dont trois mois sur le pied d'Europe et trois sur celui des colonies.

---

(1) L'expression générale de service métropole, employée dans le cours des présentes instructions, ne doit s'entendre que des diverses parties et de l'ensemble *du service de la marine*. Elle ne s'applique nullement à la guerre ni à tout autre département du ministère.

Station des mers de l'Inde :

Huit mois d'avances de solde et supplément ;

Dix mois d'avances de traitement de table, dont quatre mois sur le pied d'Europe et six sur celui des colonies.

Les bâtiments destinés à faire campagne dans les colonies, mais non à y stationner, continueront à recevoir, avant leur départ, les avances dont le détail suit :

Afrique ou Amérique :

Trois mois d'avances en solde et traitement de table.

Bourbon :

Quatre mois, *idem*.

Inde :

Six mois, *idem*.

Art. 4. Au moyen de cette augmentation, il ne devra plus être payé dans les colonies aucun à-compte sur la solde et les suppléments, sauf le cas où il serait nécessaire de reporter au complet ou d'approprier au climat les effets d'habillement, d'équipement et de couchage.

Si les états-majors éprouvent des besoins sous le rapport du traitement de table, il pourra être payé par forme d'à-compte :

Au bout du dixième mois de campagne, un mois ;

Et après l'année révolue, deux autres mois,

De manière que le traitement de table arriéré n'excède pas trois mois.

Art. 5. Dans les deux cas exceptionnels prévus par l'article 4 ci-dessus, l'administration des colonies apostillera soigneusement, sur les rôles d'équipage, les sommes payées à titre d'à-compte, et les commis aux revues veilleront, sous leur responsabilité, à ce que cette disposition d'ordre ne soit jamais omise.

Les payements faits, il sera dressé en double expédition, par lesdits commis aux revues, un état conforme au *modèle n° 1*, pour être envoyé, *le plus tôt qu'il sera possible*, au port d'armement.

Art. 6. Il est quelquefois arrivé que des hommes restés aux hôpitaux, détachés ou définitivement débarqués, ont reçu dans les colonies des à-compte sur leur solde, après le départ des bâtiments auxquels ils appartenaient : de cette manière, lesdits payements n'ayant pas été apostillés sur les rôles de bord, le bureau des armements n'a pu y avoir égard en réglant les décomptes au retour de la campagne, et il en est résulté de doubles emplois.

Pour obvier à ce défaut d'ordre, les dispositions ci-aprés devront être exactement suivies à l'avenir.

L'administration des colonies s'abstiendra d'expédier aucun à-compte aux hommes demeurés aux hôpitaux, détachés ou débarqués, à moins qu'il n'y ait nécessité absolue, et que ce ne soit dans le cours des trois mois qui suivront le départ du bâtiment.

Lorsqu'il aura été expédié des à-compte, l'administration de la colonie transmettra, sous le plus bref délai, au port d'armement, un état conforme au *modèle ci-joint n° 2*.

De leur côté, les ports, en décomptant les rôles au retour de la campagne, auront soin de suspendre la remise des articles revenant aux hommes demeurés aux hôpitaux, détachés ou débarqués, jusqu'à ce que l'on ait constaté les à-compte que lesdits gens de mer auraient pu recevoir dans les colonies, après le départ des bâtiments auxquels ils appartenaient.

Art. 7. En principe, et sauf les exceptions prescrites par le Ministre, l'inventaire des bâtiments du Roi destinés à tenir station sera porté au grand complet lors du départ : ils recevront ensuite, par les occasions de la flotte et du commerce, les objets de rechange et de remplacement dont ils pourraient avoir besoin en approvisionnements et vivres de campagne.

Les commandants des bâtiments stationnaires feront passer tous les mois, s'il est possible, ou du moins à des intervalles aussi rapprochés que le permettront les circonetances de la navigation, l'état de leur situation et l'aperçu de leurs besoins.

Art. 8. En cas de retard ou d'insuffisance dans les envois de la métropole, en cas de perte, d'avaries et autres résultats accidentels des événements de mer, les commandants des bâtiments du Roi pourront recourir au *service colonies*, et les agents de ce service seront tenus de déférer à leur demandes en tout ce qui dépendra d'eux.

Ces demandes, établies sur le pied de l'absolu nécessaire, et jamais au delà, seront présentées suivant le *modèle n°* 3.

Art. 9. Les objets de fournitures proviendront ou des magasins du *service colonies*, ou d'achats spéciaux.

Dans le premier cas, ils ne seront point livrés au taux courant du pays ; ils seront cédés au prix coûtant, par réciprocité de ce qui s'observe envers le *service colonies* dans les ports du royaume.

Dans le second cas, l'administration coloniale traitera aux meilleures conditions possibles ; et suivant ce qui est de règle et d'usage pour le *service métropole*, elle passera, pour tout achat au-dessus de 400 francs, des marchés en bonne forme, qui seront rapportés à l'appui des comptes en demande de remboursement.

Art. 10. Chaque bâtiment devant compter à part de toutes les dépenses dont il a été l'objet durant le cours d'une campagne, les pièces relatives aux fournitures faites pour la flotte ne pourront être ni sommaires ni collectives : elles seront établies avec détail par bâtiment, par chapitre et par exercice.

Les modèles joints ici sous les nos 4, 5, 6, 7, 8, 9, 10, 11, et le bordereau n° 12 qui les résume, serviront de règle à cet égard.

Art. 11. La comptabilité des dépenses remboursables par la métropole sera, dans chaque colonie, dressée et cloturée par trimestre.

En conséquence, les agents appelés à concourir à cette partie du service se borneront à recueillir tous les éléments de ladite comptabilité au fur et à mesure de l'expédition des pièces; mais ils ne feront point de payements journaliers.

Ce n'est que dans les dix premiers jours qui suivront le trimestre écoulé que, toutes les pièces étant réunies et la dépense supportée par chapitre, il sera avisé aux moyens d'en payer le montant.

Afin de ne laisser ni doutes ni lacunes, il sera transmis des états trimestriels *pour néant* lorsque les colonies n'auront point fait d'avances à la charge de la métropole.

Art. 12. Les dépenses faites dans les colonies pour le compte du *service métropole* seront acquittées de la manière suivante :

Les vendeurs seront payés en numéraire, lorsque l'état des caisses coloniales le permettra sans nuire au service local, dont ces caisses sont chargées par priorité.

Dans le cas contraire, les vendeurs recevront, au pair, des traites tirées comme il sera expliqué ci-après.

Art. 13. Pour être remboursé de ses avances, ou payé des portions de créance qui lui appartiendraient à titre direct, le *service colonies* émettra, si ses besoins l'exigent, des traites à l'ordre du trésorier, qui seront négociées sur la place; s'il en est autrement, l'administration se bornera à faire l'envoi pur et simple au Ministre des pièces justificatives; et, sur le vu de ces pièces, les chapitres débiteurs s'acquitteront envers le chapitre XI.

Art. 14. Au moyen des dispositions ci-dessus prescrites, les trésoriers ne devront plus passer de traites à l'ordre du payeur principal des ministères, ainsi qu'ils y avaient été autorisés par les règlements financiers précédemment notifiés.

Art. 15. Lorsqu'en exécution des articles 12 et 13 ci-dessus le mode de payement par nature et par quotité de valeur aura été réglé, l'administration de la colonie en donnera connaissance au comptable.

S'il y a lieu à émettre des traites, cet agent en préparera de suite toutes les expéditions; après quoi le travail sera présenté (toujours en son ensemble, et jamais par fractions) à la signature de l'ordonnateur, du contrôleur et du gouverneur et administrateur pour le Roi.

S'il a été résolu de ne point faire de tirage, l'avis en sera donné de même au comptable, pour l'ordre des écritures, et l'on ne s'occupera plus que de la régularisation et de l'envoi des pièces justificatives destinées à procurer le remboursement en France.

Art. 16. Les traites ne seront point tirées à date fixe, mais bien à un temps de vue ainsi gradué : trois mois pour l'Afrique et l'Amérique; cinq mois pour les établissements au delà du cap de Bonne-Espérance.

Néanmoins, ce terme pourra être abrégé d'un mois, lorsque l'envoi des pièces justificatives au ministère aura lieu en même temps que la remise de la traite aux créanciers.

Art. 17. Il sera affecté aux traites une série de numéros par exercice, laquelle ne devra éprouver aucune transposition ni lacune pendant le cours de l'année.

Les traites seront libellées d'après le *modèle* joint ici sous le n° 13, et tirées par 1re, 2e et 3e.

Art. 18. D'après les principes de la comptabilité du département, les pièces justificatives doivent être rattachées aux ordonnances. C'est sur ordonnances que les traites se payent; conséquemment il en résulte la nécessité de combiner les coupons de telle sorte qu'ils cadrent avec lesdites pièces justificatives, comme dans l'exemple ci-après.

Soient quatre pièces de dépense relatives au chapitre 111, et ainsi cotées :

La première à	1,500f 00
La deuxième à	2,400 00
La troisième à	4,200 00
La quatrième à	500 00
En tout	8,600 00

Pour le remboursement de ladite somme de 8,600 francs, il pourra être expédié :

Ou une seule traite de cette valeur,

Ou bien quatre traites égales au montant partiel de chaque pièce justificative,

Ou bien enfin des traites cumulant le montant exact de deux ou trois desdites pièces.

Mais, dans aucun cas, on ne pourra morceler le montant d'une pièce justificative pour en faire l'objet de plusieurs traites, ni pour le répartir additionnellement entre des traites relatives à d'autres dépenses.

Art. 19. Les pièces de dépense et les traites seront classées et timbrées, non pas d'après le bordereau particulier du *service colonies*, mais bien suivant le bordereau général du département, dont un exemplaire accompagne les présentes instructions.

Art. 20. Les traites ne seront point expédiées pour le brut, elles seront expédiées pour le net.

Les 3 pour 100 revenant à la caisse des invalides, sur les dépenses faites pour le *service métropole*, ne seront plus versés à ladite caisse, dans les colonies; ils seront acquittés à Paris, sur le bordereau récapitulatif conforme au *modèle ci-joint n° 14*, qui présentera l'ensemble du tirage fait pendant le trimestre.

Quant à la retenue proportionnelle exercée sur celles de ces mêmes dépenses qui en sont passibles, il en sera fait raison au trésor royal sur le vu des pièces justificatives ; au moyen de quoi le trésorier colonial n'aura plus à se charger en recette, comme de fonds venus de France, du produit de ladite retenue.

Art. 21. Le deuxième paragraphe de l'article ci-dessus n'est point applicable aux vivres, à cause du régime particulier sous lequel ce chapitre se trouve placé.

D'après l'ordre établi, le trésor prélève la retenue sur le crédit de ce chapitre, à mesure qu'il verse des fonds à l'administration des subsistances. Ainsi, ces fonds sont libérés de toute prestation ultérieure envers la caisse des invalides.

Cependant, comme les fournisseurs ne doivent pas moins supporter les 3 pour 100 de retenue sur cet article que sur les autres, leur créance sera réduite dans cette proportion, et la traite à leur expédier basée sur le restant net.

Mais le produit de la défalcation n'entrera point dans le montant du bordereau récapitulatif mentionné en l'article 20 ci-dessus; il y figurera seulement *pour mémoire*.

Art. 22. Le tirage des traites ne pourra être étendu, pour

quelque motif et sous quelque prétexte que ce soit, au delà du remboursement des dépenses à la charge du *service métropole.*

Les agents signataires seront personnellement et solidairement responsables de la valeur de toute traite qui ne serait pas motivée pour cet objet spécial, sans préjudice des peines dont ils pourraient être passibles comme fonctionnaires, pour le fait de cette infraction.

Art 23. Les porteurs de traites ne seront pas tenus d'en faire le dépôt dans les bureaux du ministère de la marine ; il leur sera facultatif de ne s'en dessaisir que pour la présentation au *visa* du Ministre, et de les reprendre immédiatement après pour les négocier ou en disposer selon leurs convenances particulières. Toutefois les derniers propriétaires auront attention de rapporter les traites au moins *quinze jours* avant l'échéance, cet intervalle étant nécessaire pour l'ordonnancement.

Art. 24. S'il arrive que, dans la même colonie et pendant le même trimestre, un des chapitres du *service métropole* ait, d'une part, reçu des avances, et que, d'une autre part, il ait fait des cessions au *service colonies*, les pièces justificatives de ces deux opérations seront toutes classées au dossier dudit chapitre, et il y sera joint un résumé présentant le reste à sa charge.

C'est d'après ce résumé, et toute compensation faite, que sera fixée la quotité de la traite à expédier pour solde.

Art. 25. Hors de l'hypothèse prévue par l'article ci-dessus, l'administration des colonies veillera à ce que chacun des chapitres du *service métropole* purge intégralement son compte débiteur; et nulle compensation ne pourra s'établir entre le crédit de tel chapitre et le débit de tel autre, sur ce fondement que tous les deux font partie du *service métropole.*

Art. 26. Toutes les pièces de dépense, demandes, marchés, états de livraison et autres documents relatifs à la justification des tirages seront dressés en triple expédition.

Les deux premières devront être transmises au Ministre par des bâtiments différents; la troisième sera remise à chaque commis aux revues, pour rester à l'appui de sa comptabilité.

Art. 27. Les pièces justificatives seront expédiées par les premiers bâtiments de la flotte ou du commerce qui partiront après la clôture de la comptabilité trimestrielle et l'émission des traites.

L'exactitude, en ce qui touche cet envoi, est très-particulièrement recommandée au zèle des administrateurs des colonies : ils ne perdront pas de vue que toute négligence de leur part pourrait conduire à imputer provisoirement le payement des traites sur la propre dotation de l'établissement tireur.

Art. 28. Aussitôt que les pièces parviendront au ministère, les bureaux en feront un premier examen, et elles seront communiquées aux ports, dans le double but de recueillir leur avis et de leur faire prendre note des résultats dont ils auront à faire compter les bâtiments débiteurs.

Les commissions chargées d'examiner les comptes des bâtiments désarmés s'arrêteront particulièrement sur les dépenses faites aux colonies; elles vérifieront si l'on s'est tenu, pour ces dépenses, dans les limites de l'*absolu nécessaire*, ainsi qu'il est prescrit par les articles 1er, 8 et autres des présentes. Le résultat de cette discussion devra être expressément mentionné au procès-verbal; et, pour que le Ministre en ait connaissance, il lui sera transmis, sous le timbre de la 4e *direction*, extrait du procès-verbal, en ce qui concerne ce point essentiel.

Art. 29. Les pièces justificatives qui se trouveraient entachées d'irrégularités ne seront point annulées, afin de ne point rompre l'accord entre les traites, les payements déjà effectués et lesdites pièces justificatives; mais elles recevront en marge, ou par annexe, les annotations nécessaires pour faire connaître la faute, et les moyens pris à l'effet d'en opérer le redressement.

Art. 30. A l'égard des vivres, approvisionnements, munitions et autres objets de leurs inventaires que les bâtiments du Roi pourraient être conduits à verser dans les colonies, il en sera dressé, par duplicata, des états conformes au *modèle n°* 15.

Art. 31. La production de ces états sera nécessaire pour opérer, en faveur des commis aux revues et des commis comptables des vivres, la décharge des objets qu'ils déclareraient avoir été versés aux colonies.

Le Ministre recevra des ports de désarmement une expédition desdites pièces, afin de faire procéder aux virements nécessaires.

Art. 32. Les cessions faites par le *service métropole* au *service colonies*, soit dans les ports du royaume en Europe, soit dans les établissements d'outre-mer, ne donneront lieu à aucun remboursement en argent ou en traites.

Il en sera fait raison à chaque chapitre, ou par des compensations sur les avances coloniales, ainsi qu'il est expliqué à l'article 24, ou par des virements de crédit qui s'opéreront à Paris.

Art. 33. Si le *service métropole* juge à propos de former, dans les établissements d'outre-mer, des magasins de précaution pour les besoins de la flotte, ces dépôts ne cesseront point d'être réputés la propriété dudit service.

En conséquence, les fournitures extraites de ces magasins pour les bâtiments du Roi ne seront point classées parmi celles à rembourser.

Art. 34. Si, déterminé par l'urgence, le *service colonies* puise pour lui-même dans les magasins de précaution du *service métropole*, il sera chargé en recette de la valeur des objets dont il aurait disposé.

Il en sera de même, lorsque, sur sa demande et vu l'urgence, les bâtiments du Roi lui auront fait cession de quelques articles.

Mais ces deux cas sont les seuls où le *service colonies* pourra être chargé en recette.

Dans tous les autres, comme les versements de matières auront eu pour but uniquement l'utilité du *service métropole*, le *service colonies* n'aura d'obligations à remplir que celles de dépositaire.

Art. 35. Les versements et les extractions de matières qui s'établiront des magasins de précaution du *service métropole* aux bâtiments du Roi, et réciproquement, ne figureront point dans le compte financier des deux services.

Seulement, et ainsi que le principe en a déjà été consacré par la circulaire du 13 novembre 1818, sous le timbre *subsistances*, l'administration coloniale aura soin de disposer un compte d'ordre faisant connaître les mouvements et la situation desdits magasins de précaution du *service métropole*.

Ce compte, dressé par trimestre, et transmis en même temps que les autres pièces mentionnées dans les présentes instructions, sera conforme au *modèle n° 16*.

Paris, le 28 octobre 1819.

Le Ministre de la marine et des colonies,

Signé Baron PORTAL.

Annales maritimes, 1820, p. 171.

Voir aux *Annales maritimes*, vol. 1820, une suite de 16 états *modèles*; pour l'exécution des dispositions ci-dessus.

NOTA. Une dépêche ministérielle du 21 juillet 1826 (archives de l'ordonnateur, collection des dépêches, 1826, n° 146), modifie l'article 13 des instructions ci-dessus, en ce sens que les fonctions de payeur principal des dépenses des ministères, ainsi que celles de payeur général de la marine, ayant été supprimées, c'est sur le payeur des dépenses centrales de la marine que les traites devront être tirées.

N° 2109. — *Ordonnance du Gouverneur administrateur concernant la formation des dénombrement et recensement, ainsi que les déclarations relatives aux maisons pour l'année* 1820.

28 octobre 1819.

NOTA. Reproduction textuelle de celle du 1er décembre 1818.

Journal Mart., n° 90.

N° 2110. — *Ordonnance royale sur la composition, l'avancement, les appointements et l'uniforme du corps de la marine.*

31 octobre 1819.

Annales maritimes de 1819, p. 383.

N° 2111. — *Ordonnance du Gouverneur administrateur portant règlement des impositions de la Martinique pour l'année* 1820.

1er novembre 1819.

NOTA. 1° Nonobstant l'état de gêne où se trouve la colonie, les embarras sans cesse croissants du commerce et de l'agriculture, rien ne peut être changé aux impositions ordinaires (préambule).

En conséquence, les impositions de l'année précédente sont renouvelées.

Gazette Mart. et Archives du gouvernement. — Enregistré au conseil supérieur, 6 novembre 1819.

N° 2112. — *Circulaire ministérielle indicative des formalités à remplir pour constater le déficit trouvé sur les sommes en numéraire envoyées par le trésor royal aux colonies.*

5 novembre 1819.

MONSIEUR,

Un envoi de fonds ayant été fait par le trésor royal dans une de nos colonies, on a reconnu, lors de la vérification, que le montant de la somme effective était inférieur à celui dont il avait été donné avis. Les agents préposés à cette vérification ont constaté le déficit par un procès-verbal que j'ai transmis à M. le

Ministre des finances, en l'invitant à vouloir bien faire remplacer la différence. Mais le Ministre objecte qu'il ne lui est pas possible d'autoriser ce remboursement, par la raison que la preuve du déficit n'a pas été établie avec la régularité désirable.

Il me fait connaître à cette occasion la manière dont il est procédé aux envois de fonds dans les caisses dépendantes du trésor.

Lorsque les espèces sont mises en sacs, on attache à chacun de ces sacs une étiquette qui en indique la contenance et le poids, et qui est signée par le garçon de comptoir qui a compté les espèces et formé le sac. Cette règle est scrupuleusement observée par les garçons de caisse du trésor. Ainsi il eût été nécessaire, continue M. le baron Louis, qu'avant de compter les espèces les préposés à leur vérification s'assurassent d'abord de l'état des sacs et reconnussent s'ils avaient bien le poids indiqué par l'étiquette. Ils devaient faire mention de l'erreur dans le procès-verbal et joindre à celui-ci l'étiquette même, en y indiquant le poids et la somme réellement reconnus. Cette erreur ainsi matériellement constatée, le trésor eût pu la faire supporter par les garçons de comptoir confectionnaires des sacs. Mais l'absence de cette formalité essentielle (l'identité du poids) rend incomplète la justification du déficit, et ne permet pas de connaître ceux qui ont concouru à la confection des sacs.

De ces explications il résulte, Monsieur, que les formalités à remplir, lorsqu'il s'agit de prouver l'existence d'un déficit, ne se bornent pas seulement à dresser le procès-verbal constatant la vérification des espèces, mais qu'il est de nécessité absolue de renvoyer, jointes à ce procès-verbal, les étiquettes mêmes des sacs, après y avoir annoté les différences reconnues, afin que le trésor puisse les opposer aux agents confectionnaires desdits sacs, qui répondent des erreurs. Comme le succès des démarches que je pourrais avoir à faire, s'il y avait lieu à réclamer des remboursements de cette nature, tient essentiellement aux formalités ci-dessus indiquées, je vous invite à donner des ordres pour que désormais elles soient strictement observées.

Vous voudrez bien faire enregistrer la présente au contrôle, et m'en accuser réception.

Recevez, etc.

Le Ministre de la marine et des colonies,

Signé PORTAL.

Inspection. Reg. 6, n° 491.

N° 2113. — *Dépêche ministérielle portant que la masse d'entretien des troupes aux colonies doit toujours être payée à l'effectif et non au complet.*

5 novembre 1819.

Monsieur le Comte,

Par votre dépêche du 23 août dernier, n° 388, vous me faites connaître que les conseils d'administration des bataillons de la Martinique, en s'appuyant sur les dispositions de l'article 152 d'un règlement provisoire du 2 février 1818, arrêté par le Ministre de la guerre et inséré au *Journal militaire*, ont demandé à être payés de la masse d'entretien sur le pied du complet, en sous-officiers et soldats, au lieu de l'être, comme l'avait prescrit la circulaire de l'un de mes prédécesseurs, en date du 28 décembre 1816, n° 79, sur le pied de l'effectif.

Les règlements et actes quelconques relatifs à l'administration des troupes qui sont insérés au *Journal militaire* ne sont exécutoires aux colonies qu'autant qu'ils ne sont point en opposition avec les ordres spéciaux à ces établisssements émanés du ministère de la marine.

Les dispositions de la circulaire du 28 décembre 1816, citée plus haut, pour le payement de la masse d'entretien à l'effectif doivent être maintenues, et je ne puis qu'approuver les ordres que vous avez donnés à cet effet.

Recevez, etc.

Le Ministre de la marine et des colonies,

Signé Baron PORTAL.

Arch. de l'ordonnateur. Dép. ministérielle, 1819, n° 88.

N° 2114. — *Arrêté du Gouverneur administrateur qui remet en vigueur l'arrêté colonial du* 25 *janvier* 1806 *relatif à la comptabilité du jardin des plantes.*

9 novembre 1819.

Nota. Cet arrêté se trouve à la suite d'un compte rendu de la gestion du directeur de ce jardin, pour les années 1815 à 1818.

Inspection. Ord. et déc. Reg. 6, n° 411.

N° 2115. — *Décision du Gouverneur administrateur qui continue la franchise à l'entrée des canelle, girofle et indigo de provenance étrangère, mais les assujettit à un droit de 10 francs par quintal à la sortie.*

16 novembre 1819.

Inspection. Ord. et Déc. Reg. 10, n° 488.

N° 2116. — *Ordonnance du Gouverneur administrateur pour la répression de l'embauchage et enlèvement d'esclaves* (1).

17 novembre 1819.

Vu la remontrance présentée par M. le Procureur général du conseil supérieur de cette colonie sur la non-existence d'une loi répressive de l'embauchage et enlèvement d'esclaves;

Considérant que les tentatives d'enlèvement d'esclaves ont été répétées déjà plusieurs fois et que quelques-unes ont eu leur exécution;

Considérant qu'il peut résulter pour la colonie les plus grands inconvénients du silence des lois sur cet objet;

Considérant enfin qu'il est urgent de prévenir ce genre de délit par la crainte d'une peine capitale;

Après en avoir délibéré en conseil de gouvernement et d'administration, a ordonné et ordonne, pour être exécuté provisoirement, sauf l'approbation de Sa Majesté, ce qui suit :

Art. 1er. Tout individu qui aura connaissance d'un projet d'enlèvement de canots ou de pirogues, pour marronnage à l'extérieur, ou d'un projet quelconque d'embauchage et enlèvement, est tenu de le dénoncer au procureur du Roi ou au commandant de la paroisse, et, dans ce dernier cas, celui-ci sera tenu d'en donner avis immédiatement au procureur du Roi de l'arrondissement.

Art. 2. Le crime d'enlèvement de canots ou de pirogues pour marronnage à l'extérieur, ou d'embauchage et enlèvement d'esclaves, sera puni, savoir :

Contre les chefs de complots, de la peine de mort; contre les complices, de la peine des galères perpétuelles. La tentative de

(1) Voir l'arrêté du gouverneur concernant le même objet, en date du 8 juillet 1827. (Note de M. Chastellux.)

ce crime, qu'elle soit accompagnée ou non d'actes extérieurs tendant à l'enlèvement d'un canot ou pirogue, sera punie, savoir :

Contre les chefs du complot, de la peine des galères à perpétuité;

Contre les complices, de telle autre peine que les tribunaux arbitreront, telle que le carcan, l'emprisonnement ou le fouet.

Ne sera prononcée aucune peine contre les complices qui, avant l'exécution, auront dénoncé le crime et fait connaître les coupables.

Art. 3. Renouvelons, d'ailleurs, les anciens règlements relatifs au congé dont doit être pourvu tout esclave pour être autorisé à sortir de l'île.

Art. 4. En conséquence, il est très-expressément défendu à tous navigateurs et maîtres de bateaux, pirogues et autres, expédiés pour une autre colonie, d'embarquer sur leur bord aucun esclave, même de l'aveu des maîtres desdits esclaves, sans être munis de notre permission par écrit (exception faite des esclaves matelots inscrits sur les rôles d'équipages), à peine contre lesdits navigateurs, maîtres de bateaux et autres, de 1,000 francs d'amende pour chaque tête d'esclave qu'ils auront embarqué et passé sans permission, applicables, moitié aux dénonciateurs et moitié aux bureaux de charité; et de six mois de prison, sauf à y être détenus jusqu'au payement de ladite amende après les six mois.

Art. 5. Les maîtres qui auraient fait embarquer, ou qui auraient autorisé l'embarquement de leurs esclaves pour une autre colonie, sans notre permission, seront condamnés à une amende qui ne pourra être moindre de la valeur des esclaves qu'ils auront fait embarquer, laquelle amende sera applicable conformément à l'article précédent.

Art. 6. Les visiteurs de la douane s'assureront en conséquence, par une recherche exacte au moment de l'expédition des bâtiments allant à l'extérieur, du nombre d'esclaves qu'ils auront à leur bord et de la régularité des permissions exhibées pour eux; et il sera tenu rigoureusement la main à ce que, conformément aux règlements, les bâtiments partants soient toujours à la voile avant le coucher du soleil.

Art. 7. Hors les cas particuliers réservés au gouvernement, et ceux prévus par la déclaration du Roi du 9 août 1777, relative aux mesures à observer pour le retour dans les colonies des noirs et autres gens de couleur qui ont accompagné leurs maîtres en France, il ne sera donné, à l'avenir, aucune permission pour embarquement d'un ou plusieurs esclaves pour le dehors, quelle que soit la destination du bâtiment, qu'au préalable il n'ait été fourni au greffe de la sénéchaussée du ressort un cautionnement de 500 francs, pour garantie du retour de l'esclave dans la colonie à laquelle il appartient.

Art. 8. La caution ne sera déchargée que lorsque le propriétaire de l'esclave justifiera de son retour, en représentant au procureur du Roi le certificat du commissaire aux classes attestant son débarquement.

Art. 9. N'entendons, néanmoins, empêcher tout propriétaire ayant des biens dans une autre colonie française d'envoyer des esclaves de l'une à l'autre de ses habitations, moyennant la preuve qu'il sera tenu de rapporter du débarquement desdits esclaves dans la colonie indiquée.

Prions MM. du conseil supérieur, mandons aux officiers des sénéchaussées de faire enregistrer la présente ordonnance, qui sera lue, publiée et affichée partout où besoin sera.

Signé DONZELOT.

Nota. Cette ordonnance n'a pas été enregistrée aux greffes des tribunaux, mais seulement au secrétariat du gouvernement, et quoique la minute existe aux archives, rien n'annonce qu'elle ait été promulguée; il ne paraît pas au surplus qu'elle ait jamais été mise à exécution.

Arch. du gouvernement. Collection Chastellux.

N° 2117. — *Ordonnance du Roi concernant l'envoi d'un commissaire de justice à la Martinique et déterminant ses travaux et attributions.*

22 novembre 1819.

Louis, etc.

Sur le rapport de notre Ministre secrétaire d'État de la marine et des colonies,

Nous avons ordonné et ordonnons ce qui suit :

Art. 1er. Il sera envoyé le plus tôt qu'il sera possible, à la Martinique, un commissaire de justice spécialement chargé de la confection, pour ce qui concerne cette colonie, des travaux mentionnés aux articles 5, 6 et 7 de notre ordonnance d'aujourd'hui, touchant l'administration de la justice dans les possessions françaises au delà des mers.

Art. 2. Pour éclairer et faciliter les travaux préparatoires qui lui sont confiés, le commissaire de justice, de concert avec le Gouverneur et administrateur pour le Roi, réunira auprès de lui, dans des conférences dont il sera tenu procès-verbal, les magistrats et les autres fonctionnaires, les jurisconsultes, les habitants, les négociants, dont les lumières et l'expérience lui paraîtront pouvoir être le plus utilement consultées sur chaque matière.

Sa Majesté se fera mettre sous les yeux les noms des personnes qui auront été appelées à ces conférences, ainsi que les services qu'elles y auront rendus.

Les procès-verbaux seront signés par chacun de ceux qui auront pris part à la discussion.

Il sera pourvu à leur rédaction de la manière qui sera réglée par le commissaire de justice, d'accord avec le gouverneur et administrateur pour le Roi.

Art. 3. Le séjour du commissaire de justice à la Martinique sera d'une année, durant laquelle il aura, dans les cours et tribunaux de l'île, toutes les fois qu'il le jugera convenable, une séance d'inspection et de communication.

Aucun des renseignements et explications qu'il croirait du bien de notre service de demander aux présidents, rapporteurs, greffiers, ainsi qu'à nos procureurs et à leurs substituts, ne pourra lui être refusé.

Il siégera, à la cour royale, dans un fauteuil immédiatement à la droite de celui du Gouverneur et administrateur pour le Roi. Dans les tribunaux inférieurs, il occupera le fauteuil du président, qui siégera à sa droite.

Il jouira d'ailleurs, en toutes autres circonstances, dans la colonie, des honneurs et préséances dont jouissait en dernier lieu l'intendant.

Art. 4. Les greffiers judiciaires, les bureaux d'hypothèques, les livres et caisses des curateurs aux biens vacans, les dépôts d'actes des notaires et autres officiers ministériels, les greffes des officiers de l'état civil, les prisons et les registres qui y sont tenus, seront soumis à son inspection et lui seront ouverts pour qu'il l'y exerce.

Art. 5. Il recevra, outre les frais de route de Paris au port d'embarquement, et, lors de son retour en France, du port de débarquement à Paris, une indemnité pécuniaire qui est fixée à

36,000 francs pour tout le temps de sa mission, et qui sera payable sur la dotation de la Martinique.

Art. 6. Le sieur baron de la Mardelle est nommé commissaire de justice à la Martinique.

Art. 7. Il se conformera aux instructions qui lui seront données par notre Ministre secrétaire d'État au département de la marine et des colonies, lequel est chargé de pourvoir à l'exécution de la présente ordonnance.

Donné à Paris, le 22 novembre 1819.

Signé LOUIS.

Et par le Roi :

Le Ministre de la marine et des colonies,
Signé Baron PORTAL.

Enregistré à la cour royale, 7 mars 1820. — *Annales maritimes,* 1820, n° 88.

N° 2118. — *Ordonnance du Roi concernant l'organisation judiciaire et les procédures en matière de commerce étranger, de traite des noirs et de naufrages et prises aux colonies* (1).

22 novembre 1819.

Louis, etc.

Vu les arrêtés du gouvernement, des 29 prairial an x (12 juin 1802), 12 vendémiaire an xi (4 octobre 1802), et 14 ventôse suivant (5 mars 1803);

Le premier relatif à l'administration de la justice dans les colonies françaises;

Le second touchant les formes à observer, dans ces établissements, pour l'instruction et le jugement des contraventions aux lois sur le commerce étranger;

Le troisième prescrivant (article 1er) l'exécution dans les colonies de l'arrêté du 17 floréal an ix (7 mai 1801), qui fixe les attributions des officiers d'administration de la marine, quant aux naufrages et aux prises, et maintient d'ailleurs (article 2) les deux arrêtés des 29 prairial an x (18 juin 1802) et 12 vendémiaire an xi (4 octobre 1802), dans tout ce à quoi il n'est pas dérogé par son article 1er;

---

(1) La dépêche ministérielle d'envoi est du 5 décembre 1819, n° 333 (archives du gouvernement); elle recommande de pourvoir à l'enregistrement, au besoin, et à l'exécution des dispositions des actes législatifs rappelés par l'ordonnance et qu'elle maintient.

Vu encore les ordres qui ont été donnés, depuis 1802, aux administrateurs des colonies, pour la publication, dans lesdites possessions, de diverses parties du nouveau code français, en tout ce que comporteraient les localités, ensemble les dispositions provisoirement exécutoires qui ont été prises en conséquence par ladite administration;

Et attendu la nécessité de compléter, le plus tôt que faire se pourra, ce qui a été commencé à cet égard;

Sur le rapport de notre Ministre secrétaire d'État de la marine et des colonies,

Nous avons ordonné et ordonnons ce qui suit :

Art. 1er. Les cours et tribunaux qui, depuis 1814, ont été rétablis dans les colonies françaises, sous les titres de conseils supérieurs, de sénéchaussées, amirautés et juridictions royales, prendront la dénomination, savoir : les conseils supérieurs, de cours royales, et les sénéchaussées, amirautés et juridictions royales, de tribunaux de première instance, sans que, de ce changement de dénomination, on puisse en inférer aucun quant aux formes de procéder, lois, règlements, tarifs, présentement observés dans ces cours et tribunaux, ni quant à leur organisation, ressort et compétence actuels, si ce n'est en ce qui sera dit ci-après.

Art. 2. A la Martinique, à la Guadeloupe et dépendances, dans les établissements français de l'Inde et à Cayenne, les contraventions aux lois et règlements concernant le commerce étranger, et les contraventions qui leur sont assimilées, quant aux poursuites, par notre ordonnance royale du 8 janvier 1817 et par la loi du 15 avril 1818, concernant, l'une et l'autre, les infractions à l'abolition du trafic connu sous le nom de *traite des noirs*, seront instruites et jugées conformément aux dispositions de l'arrêté consulaire du 12 vendémiaire an XI (4 octobre 1802) ci-dessus relaté, sous la seule modification que, dans la commission spéciale d'appel instituée par l'article 3 dudit arrêté, le capitaine général sera remplacé par le gouverneur ou commandant et administrateur, le préfet colonial par l'ordonnateur de la marine ou par l'officier d'administration qui en fait les fonctions, le commissaire de justice ou le grand juge par le procureur général.

Art. 3. Seront mises à exécution, dans tous ceux de nos établissements coloniaux où elles ne seraient pas maintenant en vigueur, les dispositions de l'article 1er de l'arrêté du 14 ventôse an XI (5 mars 1803), relatif aux attributions des officiers d'administration de la marine, en ce qui concerne les naufrages et les prises.

Art. 4. Voulons, en conformité du droit public des Français, qu'à dater du jour de l'enregistrement de la présente ordonnance dans nos colonies, tous les arrêts et jugements soient motivés, et qu'à partir du même jour la peine de la confiscation des biens des condamnés soit abolie dans ceux de ces établissements où elle subsisterait encore.

Art. 5. Seront, au surplus, repris et complétés, sous le moindre délai possible, les travaux commencés relativement à la mise en vigueur, dans nos possessions au delà des mers, des dispositions des nouveaux codes français, sous les modifications que peuvent exiger les circonstances propres à ces établissements.

Art. 6. Une organisation judiciaire, aussi rapprochée que le permettra la différence des localités de l'organisation judiciaire existant dans la métropole, sera établie, le plus tôt que faire se pourra, dans celles de nos colonies où cette partie des nouvelles institutions de la France n'aurait pas encore été introduite, et serait susceptible de l'être avec avantage.

Art. 7. Les travaux nécessaires pour ladite organisation, et ceux qui sont mentionnés en l'article 5 ci-dessus, seront d'abord rédigés, savoir : à la Martinique, par un commissaire de justice que nous y envoyons à cet effet, et, dans nos autres colonies, par le chef du ministère public.

Ils devront, d'ailleurs, être consultativement discutés sur les lieux, en conformité de ce qui sera prescrit, soit par nous-même, soit par notre Ministre secrétaire d'État au département de la marine et des colonies, à qui ils seront transmis pour être portés sous nos yeux, et être statué comme il appartiendra.

Art. 8. Notre Ministre secrétaire d'État de la marine et des colonies est chargé de l'exécution de la présente ordonnance.

Donné à Paris, le 22 novembre 1819.

Signé LOUIS.

Et par le Roi :

Le Ministre de la marine et des colonies,

Signé Baron PORTAL.

Annales maritimes, 1820, p. 164. — Enregistré au conseil supérieur, 10 février 1820.

N° 2119. — *Ordonnance du roi portant établissement dans les colonies françaises de comités consultatifs d'agriculture et de commerce* (1).

22 novembre 1819.

Louis, etc.

Vu l'arrêté du gouvernement, du 23 ventôse an XI (14 mars 1803), qui établit des chambres d'agriculture dans plusieurs colonies françaises;

Vu aussi notre ordonnance du 13 novembre 1816, concernant la formation d'un comité consultatif d'agriculture et de commerce à l'île de Bourbon,

Considérant les avantages de ces institutions, et voulant en faire jouir, sous diverses modifications réglementaires, celles des possessions nationales au delà des mers dont la situation actuelle le comporte;

Sur le rapport de notre Ministre secrétaire d'État de la marine et des colonies,

Nous avons ordonné et ordonnons ce qui suit :

Art. 1er. A la Martinique, à la Guadeloupe, à Bourbon et à Cayenne, il sera formé un comité consultatif dont les membres seront, pour les trois premières colonies, au nombre de neuf, et pour la Guyane française, au nombre de cinq.

Art. 2. Chaque année, après que le gouverneur ou le commandant et administrateur pour le Roi aura provisoirement arrêté en conseil de gouvernement et d'administration, pour l'exercice suivant, sur les propositions de l'ordonnateur ou de l'officier d'administration qui en fait les fonctions :

1° La quotité des contributions publiques;

2° Le projet de budget des recettes et dépenses du service intérieur ou municipal,

Et avant que ledit gouverneur ou commandant et adminis-

---

(1) NOTA. Voir : 1° Une dépêche ministérielle d'envoi du 5 décembre 1819, n° 334 (archives du gouvernement);

2° Une ordonnance royale du 4 octobre 1820 portant nomination des membres du comité de la Martinique, tous propriétaires, domiciliés en cette île;

3° Le 2 janvier 1821, ordonnance du gouverneur portant que le comité consultatif sera constitué le 10 suivant (archives du gouvernement, n° 552);

4° Un arrêté local du 20 janvier 1821 qui alloue au secrétaire de ce comité une somme annuelle de 4,000 francs, tant pour son traitement que pour frais de bureau;

5° Une ordonnance locale du 1er avril 1822, n° 847 (archives du gouvernement), qui convoque le comité consultatif pour la candidature à la place de député de la colonie.

trateur rende, également en conseil, l'ordonnance exécutoire de l'imposition et arrête finalement le projet de budget des recettes et dépenses intérieures ou municipales,

Le comité consultatif émettra son avis :

1° Sur l'assiette et la répartition des contributions publiques ;

2° Sur le budget des recettes et dépenses du service intérieur ou municipal.

Une expédition des avis donnés par le comité consultatif demeurera annexée à la minute de l'ordonnance annuelle d'imposition et à celle du budget du service intérieur ou municipal.

Art. 3. Les autres attributions du comité consultatif seront de recevoir, avant qu'il soit arrêté par le gouverneur ou commandant et administrateur en conseil, la communication du dernier compte annuel des recettes et dépenses du service intérieur ou municipal ;

D'entendre le compte moral (rédigé par l'ordonnateur ou l'officier d'administration qui en fait les fonctions) de la situation de la colonie, notamment en ce qui concerne les recettes et dépenses, soit générales, soit intérieures ou municipales ;

De faire ses observations sur lesdits comptes, tant matériel que moral, desquelles observations il sera joint des copies à ces mêmes comptes ;

D'examiner tous les projets et documents relatifs à des objets d'utilité publique qui lui seront renvoyés par nos gouverneurs ou commandants et administrateurs en chef, soit de leur propre mouvement, soit par ordre de notre Ministre secrétaire d'État de la marine et des colonies, et d'émettre leur opinion motivée sur chacun desdits projets et documents.

Pourra le comité consultatif de chaque colonie correspondre avec le député qu'elle aura à Paris, ainsi qu'il sera dit ci-après, et avec notre Ministre secrétaire d'État au département de la marine et des colonies.

Art. 4. Chaque comité consultatif se réunira nécessairement une fois par an, sur la convocation du premier chef de la colonie, et à l'époque qui aura été par lui indiquée.

Cette session n'excédera pas quinze jours, à moins que le gouverneur ou commandant et administrateur pour le Roi ne juge à propos de la proroger.

Pourront, d'ailleurs, nos Gouverneurs commandants et administrateurs en chef convoquer extraordinairement, s'ils le jugent nécessaire, le comité consultatif pour un temps limité.

Toutes convocations ou prorogations de sessions du comité

seront faites par ordonnance rendue en conseil de gouvernement et d'administration.

Art. 5. Les comités consultatifs ne pourront délibérer qu'au nombre, tout au moins, de sept membres pour la Martinique, la Guadeloupe et Bourbon, et qu'au nombre de cinq pour Cayenne.

Ils ne s'occuperont d'aucun objet autre que ceux qui sont prévus par la présente ordonnance.

Toute correspondance autre que celles qui leur sont permises par le dernier paragraphe de l'article 3 leur est interdite.

Les opinions, soit collectives, soit individuelles, qui auront été émises dans leur sein ne devront point être imprimées.

Prohibons expressément toutes réunions des comités consultatifs formées ou prolongées sans la convocation ou au delà du terme de la convocation des gouverneurs ou commandants et administrateurs en chef.

Art. 6. S'il arrivait que les comités consultatifs vinssent à s'écarter des principes et des bornes de leur institution, nos gouverneurs, commandants et administrateurs en chef en prononceraient la séparation immédiate, à la charge par eux d'en délibérer préalablement en conseil spécial de gouvernement, et d'en rendre compte, sans délai, à notre Ministre secrétaire d'État de la marine et des colonies, qui prendrait nos ordres afin qu'il y fût pourvu.

La séparation ainsi prononcée ne portera préjudice aux poursuites et aux peines qu'auraient encourues les membres du comité, à raison des écarts auxquels ils se seraient livrés et des dommages qui en seraient résultés.

Art. 7. Dans aucun cas, le cours des affaires qui auront été déférées aux comités consultatifs ne pourra être arrêté, à défaut d'avis donnés par lesdits comités avant la fin de leurs sessions ordinaires ou extraordinaires, sur les objets qui auraient été offerts à leur délibération.

Il serait, alors, par nos gouverneurs ou commandants et administrateurs en chef, procédé à l'exécution, si besoin est, après en avoir préalablement délibéré en conseil de gouvernement et d'administration.

Art. 8. Auront nos gouverneurs ou commandants et admitrateurs en chef la faculté de présider les comités consultatifs toutes les fois qu'ils le jugeront convenable.

Ils pourront également s'y faire accompagner et assister, à la Martinique et à la Guadeloupe, par l'ordonnateur; à Bourbon et à Cayenne, par le commissaire de marine chargé des détails du service administratif.

Au besoin, ils s'y feront représenter, savoir : dans les deux premières colonies, par le commandant militaire assisté de l'ordonnateur, ou par l'ordonnateur seul ; et dans les deux autres colonies, par l'officier supérieur qui tient, au conseil de gouvernement et d'administration, la place de commandant militaire, assisté du commissaire de marine chargé des détails du service administratif, ou par un commissaire de marine seul.

Sera d'ailleurs exécuté par chacun des comités consultatifs ce qui est dit dans l'article 9 de l'arrêté du 23 ventôse an XI, au sujet de la présidence du doyen d'âge, et sur le choix par chaque chambre d'agriculture d'un secrétaire pris hors de son sein.

Art. 9. Tout ce qui aura été proposé et délibéré dans le comité consultatif sera consigné dans les procès-verbaux, dont, à la fin de chaque session et par les soins du doyen d'âge, une ampliation sera remise au gouverneur ou commandant et administrateur en chef de la colonie, et une autre sera envoyée directement à notre Ministre secrétaire d'État de la marine et des colonies.

Art. 10. Pour la composition des comités consultatifs, il sera formé par nos gouverneurs ou commandants et administrateurs en chef, à la Martinique, à la Guadeloupe et à Cayenne, dans les vingt jours au plus qui suivront la réception de la présente ordonnance, une liste des Français propriétaires ou fils de propriétaires d'habitations ou de maisons, ayant vingt-cinq ans accomplis et trois ans au moins de résidence dans la colonie, laquelle offrira un nombre triple de celui qui a été réglé pour chaque comité.

Ils adresseront cette liste, par l'occasion la plus prochaine, à notre Ministre secrétaire d'État de la marine, qui la mettra sous nos yeux, afin que nous nommions parmi les candidats les membres du comité, au nombre marqué pour chacune des trois colonies par l'article 1er, et les suppléants au nombre de cinq pour la Martinique, cinq pour la Guadeloupe et deux pour Cayenne.

Les neuf membres du comité consultatif de Bourbon et ses suppléants, au nombre de cinq, seront, pour cette fois, nommés par nous d'après la liste double qui a été transmise par notre commandant et administrateur en chef au Ministre secrétaire d'État de la marine, en conformité de notre ordonnance du 13 novembre 1816, qui, au moyen de la présente, est rapportée.

Art. 11. Les membres des comités consultatifs et leurs suppléants seront, cette fois, nommés pour trois ans, avant l'expiration desquels il sera statué sur le renouvellement.

En cas de mort, démission, maladie ou autre empêchement des membres titulaires, les suppléants entreront en fonctions ou siégeront temporairement dans l'ordre de leur nomination, et, à leur défaut, il sera pourvu à leur remplacement de la même manière qu'à la première formation desdits comités.

Art. 12. Le service des comités consultatifs sera gratuit, sauf les frais de leur secrétariat, au règlement et à l'acquittement desquels il sera pourvu par nos gouverneurs, commandants et administrateurs en chef, selon ce que prescrivait, pour les chambres d'agriculture, l'article 10 de l'arrêté du 23 ventôse an XI.

Art. 13. Le député pris hors de son sein, à l'élection duquel chaque chambre d'agriculture devait procéder, sauf l'approbation du gouvernement, suivant l'article 11 de l'arrêté du 23 ventôse an XI, sera nommé par nous pour chaque colonie, sur une liste de trois candidats formée par le comité consultatif, au scrutin secret et à la pluralité absolue des suffrages de ses membres, envoyée par nos gouverneurs, commandants et administrateurs en chef à notre Ministre secrétaire d'État de la marine pour nous être présentée, et pour que nous nommions celui des trois candidats que nous jugerons à propos de préférer.

Art. 14. Les députés nommés en conformité de l'article précédent seront en exercice pendant trois ans, avant la fin desquels il sera statué sur le renouvellement.

A cette modification près, les dispositions de l'article 12 et celles des articles 13 et 14 de l'arrêté du 23 ventôse, concernant la rééligibilité indéfinie des députés des chambres d'agriculture sous le consentement du gouvernement, sur leur réunion au conseil près le Ministre secrétaire d'État de la marine et des colonies, et enfin sur la quotité et l'imputation de leur traitement, sont applicables aux députés des comités consultatifs.

Art. 15. Notre Ministre secrétaire d'État de la marine et des colonies est chargé de l'exécution de la présente ordonnance.

Donné à Paris, le 22 novembre 1819.

Signé LOUIS.

Et par le Roi :

Le Ministre de la marine et des colonies,

Signé Baron PORTAL.

Enregistré au conseil supérieur, le 10 février 1820. — *Annales maritimes*, 1820, p. 158.

N° 2120. — *Décision du gouverneur administrateur portant qu'il sera délivré de la viande fraîche, pendant huit jours, aux équipages des bâtiments du Roi et aux troupes venant de France.*

Le Gouverneur, etc.,

Vu les décisions locales prises le 12 octobre 1814 par les commissaires du Roi chargés de reprendre possession de l'île Martinique, et le 12 décembre suivant par M. Dubuc, intendant; la première, pour accorder trois repas de viande fraîche par semaine aux équipages des bâtiments du Roi; la seconde, deux repas seulement;

Attendu que depuis ces époques il s'est souvent présenté des cas qui ont déterminé les administrateurs en chef à faire délivrer 8, 10, 15 et quelquefois 30 jours consécutifs de viande fraîche, suivant les fatigues qu'avaient éprouvées les équipages, soit dans des traversées longues de France ici, soit dans les croisières et missions que les bâtiments de S. M. ont été dans le cas de faire et remplir dans les mers de cet archipel;

Considérant que les marins, en arrivant dans la colonie, ont généralement des travaux de bord fort pénibles à exécuter, notamment ceux relatifs au débarquement des munitions navales et autres objets, et que ce n'est qu'en leur fournissant des rafraîchissements, dès leur arrivée, que l'on peut prévenir beaucoup de maladies parmi eux,

Décide ce qui suit:

Il sera délivré de la viande fraîche, en rations déterminées par les règlements, pendant huit jours consécutifs à l'équipage de tout bâtiment du Roi venant des ports de France.

La même distribution sera également faite pendant huit jours aux équipages des bâtiments de S. M. arrivant de tout autre lieu, lorsqu'il aura été constaté que ledit bâtiment est resté au moins un mois à la mer.

Art. 2. Les officiers, sous-officiers et soldats, venant de France pour être incorporés dans les bataillons ou autres corps formant la garnison de la Martinique, recevront aussi de la viande fraîche pendant huit jours, lors de leur arrivée.

Art. 3. L'état-major et les convalescents de chaque bâtiment, après que le nombre de ces derniers aura été légalement constaté, continueront à recevoir tous les jours, au mouillage, une ration de viande fraîche, ainsi que cela s'est pratiqué jusqu'à ce jour.

Art. 4. Il n'est, en aucune manière, dérogé aux distributions réglées par la décision du 12 décembre 1814, citée plus haut.

Art. 5. L'ordonnateur de la colonie est chargé de l'exécution de la présente décision, qui sera enregistrée au contrôle.

Donné au Fort-Royal, le 24 novembre 1819.

Signé DONZELOT.

Inspection. Reg. 6, n° 438.

N° 2121. — *Décision du gouverneur administrateur portant tarif provisoire des indemnités à allouer pour traitement de table aux individus voyageant d'une colonie à une autre sur des bâtiments de Sa Majesté.*

25 novembre 1819.

Ayant à statuer sur les indemnités à allouer pour le traitement de table des passagers embarqués sur les bâtiments du Roi pour se rendre d'une colonie à une autre ;

Attendu que l'arrêté provisoire pris à ce sujet par M. l'intendant de la Martinique, le 16 août 1816, n'établit pas d'une manière assez détaillée l'indemnité à payer pour ces sortes de passagers ;

Voulant d'ailleurs régler, d'une manière plus économique et plus en rapport avec les prix accordés par les règlements pour le retour des colonies en Europe celui fixé par jour par le susdit arrêté pour les frais de passage, d'une colonie à une autre, des officiers ou autres assimilés voyageant avec autorisation légale ;

Vu le rapport de l'ordonnateur de la colonie,

Nous avons décidé et décidons ce qui suit :

Art. 1er. A compter du 1er décembre prochain, l'indemnité allouée pour frais de passage d'une colonie à une autre de l'Amérique des officiers généraux, supérieurs et autres, ou assimilés, sera réglée et payée conformément au tarif ci-après détaillé, savoir :

A la table du commandant.

Pour un général ou officier ayant ce rang, par jour. 20f 00
Pour tous officiers supérieurs, par jour............ 12 00

A la table de l'état-major.

Pour tous passagers, quel que soit leur grade, par jour. 3 75

A la table des élèves de la marine.

Pour tous passagers admis à cette table............ 1 50

Sur un bâtiment n'ayant qu'une table.

Pour tous passagers, quel que soit leur grade, par jour. 9 00

Les domestiques recevront la ration.

Art. 2. L'ordonnateur de la colonie est chargé de l'exécution de la présente décision, qui sera enregistrée au contrôle.

Donné au Fort-Royal, le 25 novembre 1819.

Signé DONZELOT.

Arch. du bureau des revues.

N° 2122. — *Dépêche ministérielle au gouverneur administrateur portant envoi d'un rapport de M. Thouin, professeur de culture au muséum d'histoire naturelle, sur la greffe du cafier.*

26 novembre 1819.

Nota. Je vous invite, dit le Ministre, à ne rien négliger pour propager dans la colonie la connaissance et l'usage des méthodes qui y sont indiquées.

Signé PORTAL.

Ce rapport, en date du 28 octobre 1819, a été publié avec diverses modifications en avril 1820.

Arch. du gouvernement. Dép. ministérielles, n° 326.

N° 2123. — *Dépêche ministérielle relative aux frais de conduite et de rapatriement des marins des navires du commerce naufragés, et frais de recherche, geôlage, etc., faits contre les marins des mêmes bâtiments en général.*

30 novembre 1819.

Annales maritimes, 1835, 1re partie, p. 7.

N° 2124. — *Ordonnance du Gouverneur administrateur qui nomme une commission pour examiner les nouvelles réclamations des boulangers du Fort-Royal et de Saint-Pierre.*

30 novembre 1819.

Nous, etc.,

Vu la nouvelle réclamation qui nous a été présentée le 20 novembre courant par les syndics des boulangers des villes du Fort-Royal et de Saint-Pierre, au sujet du tort qu'ils prétendent leur être fait par les dispositions de l'ordonnance du 3 décembre 1818 portant tarif du poids du pain et du prix fixe de sept sols six deniers (argent des colonies),

Ordonnons ce qui suit :

Art. 1er. Il sera formé une commission chargée d'examiner la réclamations des boulangers, ainsi que le tarif de l'ordonnance précitée, et de nous proposer, s'il y a lieu, après l'expérienee dont il va être parlé, les changements qu'il conviendrait en toute justice de faire audit tarif.

Elle appellera devant elle les syndics des boulangers de Saint-Pierre et du Fort-Royal pour entendre le développement des motifs de leur réclamation.

Art. 2. La commission désignera un ou deux membres tirés de son sein qui feront procéder, par un boulanger indiqué, en leur présence et aussi en celle des syndics des boulangers, à la manipulation d'un nombre donné de barils de farine, afin de connaître les produits obtenus en pain.

On ajoutera, *au prorata*, toutes les dépenses de manutention, loyer de maison, etc., à l'effet d'arriver au point convenable pour être fixé sur l'objet qui est le but des travaux de la commission, qui pourra, si elle le juge convenable, faire répéter cette expérience.

Art. 3. La commission nous adressera ensuite, dans un rapport, le résultat des opinions de ses membres et ses propositions sur les modifications à apporter à l'ordonnance du 3 décembre 1818.

Donné au Fort-Royal (Martinique), le 30 novembre 1819.

Signé DONZELOT.

Arch. du gouvernement. Ord. et déc., n° 326.

N° 2125. — *Dépêche ministérielle au Gouverneur administrateur annonçant qu'il peut lui être adressé du Sénégal plusieurs couples de l'animal appelé* ichneumon *ou* rat de Pharaon.

8 novembre 1819.

(Extrait.) Il pourrait être introduit avec avantage dans nos colonies et spécialement à la Martinique, en ce qu'il servirait à y détruire ou au moins à diminuer beaucoup les serpents et les rats ordinaires.

Arch. du gouvernement. Dép. ministérielles, n° 338.

N° 2126. — *Ordonnance du gouverneur administrateur portant création de deux comités de vaccine à la Martinique* (1).

15 décembre 1819.

Nous, etc.,

Considérant que les avantages de la vaccine se trouvent universellement constatés ; que les expériences faites dans la colonie ont suffisamment prouvé son efficacité, et que si dans certains cas son application n'a pas eu de succès, il faut l'attribuer à la mauvaise qualité du vaccin et à la négligence des personnes qui ont été chargées de l'employer ;

Attendu que l'intention du Roi est d'assurer de plus en plus à ses possessions des Antilles le bienfait de ce précieux préservatif et d'honorer par des récompenses publiques ceux qui consacrent leurs soins à un objet aussi intéressant pour l'humanité, lorsque le succès aura couronné leur louable persévérance ;

Vu les dispositions des dépêches ministérielles qui nous ont été adressées à cet égard ;

Avons ordonné et ordonnons ce qui suit :

Art. 1er. Il sera formé à la Martinique deux comités de vaccine, dont l'un sera établi au Fort-Royal, l'autre à Saint-Pierre.

Art. 2. Les comités se composeront :

1° Des membres du conseil de santé ;

2° D'un nombre d'adjoints choisis parmi les fonctionnaires publics, les ecclésiastiques et les gens de l'art domiciliés, ou autres habitants de la colonie.

Art. 3. Cette formation aura lieu de la manière suivante :

Au Fort-Royal :

MM. le médecin en chef de la marine, président ;
Le chirurgien en chef de la marine ;
Le pharmacien de la marine ;
Le curé de la paroisse ;
Un médecin civil ;
Un membre du bureau de bienfaisance.

A Saint-Pierre :

MM. le médecin du Roi, président ;
Le chirurgien du Roi ;

---

(1) Ces deux comités ont été installés, le 12 janvier 1820, par l'ordonnateur de la colonie, le premier au presbytère du Fort-Royal, et le second à l'hôpital de Saint-Pierre. (*Almanach de la Mart.* pour 1826.)

Le pharmacien du Roi;
Le curé de la paroisse du Mouillage;
Un médecin civil;
Un membre du bureau de bienfaisance.

Le commissaire ou l'administrateur de la marine chargé de la police de l'hôpital, soit au Fort-Royal, soit à Saint-Pierre, aura droit de séance dans les comités respectifs, comme dans le conseil de santé.

Le Directeur de l'intérieur y assistera également lorsqu'il le désirera.

Art. 4. Les comités s'assembleront une fois par mois pour s'occuper de tout ce qui pourra être utile à l'objet de l'institution et contribuer à ses progrès. Ils correspondront entre eux à cet effet.

Art. 5. Les médecins et chirurgiens jurés des diverses paroisses de la colonie, suivant l'arrondissement de chaque sénéchaussée, correspondront avec les comités sur tous les objets qui pourront intéresser l'institution.

Art. 6. Les comités feront en sorte de conserver toujours du vaccin dans la colonie; mais le cas arrivant où il y aurait lieu de craindre qu'il vînt à manquer totalement, ils nous en préviendront à l'avance en nous indiquant autant que possible celle des îles de cet archipel où ils croiront qu'on peut s'en procurer, afin d'y envoyer des sujets pour être vaccinés de bras à bras ou demander du virus.

Art. 7. Les médecins et chirurgiens jurés des diverses paroisses adresseront tous les trois mois au comité de leur arrondissement :

1° L'état sommaire des individus qui auront été vaccinés dans le courant du trimestre;

2° Les observations qu'ils jugeront convenable de faire sur la vaccine.

Ces envois périodiques n'excluent pas la correspondance journalière qui aurait pour but de faire connaître aux comités les cas particuliers qui auraient été remarqués.

Les comités nous adresseront à la fin de chaque semestre, à compter du 1er juillet prochain pour le premier semestre de 1820, un rapport sur leurs opérations, lequel contiendra les observations qu'ils auront été dans le cas de faire et les propositions qu'ils jugeront nécessaires. A ce rapport sera joint l'état sommaire des individus qui auront été vaccinés dans le courant de chaque semestre, en distinguant les paroisses.

Art. 8. Les rapports nous indiqueront les médecins, chirurgiens ou autres personnes dont le zèle aura le plus contribué à propager la pratique de la vaccine, et qui se seront distingués par les succès les plus remarquables à cet égard, afin de nous mettre à même de les faire connaître à S. Exc. le Ministre de la marine et des colonies.

Art. 9. L'Ordonnateur de la colonie est chargé de l'installation des comités et de tenir la main à l'exécution du présent ordre, qui sera enregistré au secrétariat des archives du gouvernement et partout où besoin sera.

Donné au Fort-Royal, le 15 décembre 1819.

Signé DONZELOT.

Journal de la Mart., 1819, nº 101.

Nº 2127.— *Dépêche ministérielle au gouverneur administrateur portant que le supplément de solde accordé par l'ordonnance royale du* 10 *novembre* 1819 *n'est point dû aux lieutenants et sous-lieutenants d'infanterie et de cavalerie de ligne en garnison aux colonies.*

15 décembre 1819.

Monsieur le Comte, d'après une ordonnance qui a été rendue le 10 novembre dernier, sur le rapport de M. le maréchal Gouvion Saint-Cyr, alors ministre de la guerre, et qui est insérée au *Moniteur* du 11 et dans le *Bulletin des lois*, les lieutenants et sous-lieutenants d'infanterie et de cavalerie de ligne doivent recevoir en France, à partir du 1er janvier 1820, un supplément de solde de 200 francs par an, pour le temps de leur présence au corps, et ce indépendamment de la *solde de grade* réglée par les tarifs de la solde en France.

Il ne vous aura sans doute point échappé que cette disposition, d'après les termes mêmes de l'ordonnance que je viens de citer, n'était point applicable aux lieutenants et sous-lieutenants d'infanterie employés aux colonies.

En effet, le supplément de 200 francs alloué par l'ordonnance du 10 novembre ne fait point partie de la solde de grade. En France même, il n'est dû que pour le temps de présence au corps. Les lieutenants et sous-lieutenants à l'hôpital ou en congé de semestre n'en jouiront point, quoique, dans ces deux positions, ils soient considérés comme étant en activité de service.

Or, aux colonies, ce supplément est remplacé par le supplément beaucoup plus fort qui résulte de l'ordonnance du 22 septembre 1819, dont je vous ai donné connaissance par ma circulaire du 29.

J'ajouterai que la proportion établie par l'article 1er de l'ordonnance du 22 septembre, entre le supplément alloué dans les colonies pour chaque grade, a été calculée d'après la différence qui existait alors entre les traitements d'Europe des mêmes grades, et que cette proportion ne pourrait être maintenue si le supplément accordé par l'ordonnance du 10 novembre aux lieutenants et sous-lieutenants d'infanterie et de cavalerie de ligne employés en France devait leur être payé aux colonies, parce qu'il n'existerait plus une différence suffisante entre le traitement colonial des lieutenants de 1re classe, qui devrait être alors de 2,900 francs, et celui des capitaines de 3e classe qui est de 3,150 francs.

Ainsi, c'est la solde primitive, telle qu'elle est réglée par les tarifs d'Europe, et sans avoir égard à l'allocation prononcée par l'ordonnance du 10 novembre 1819, qui doit être payée dans les colonies aux lieutenants et sous-lieutenants d'infanterie et de cavalerie de ligne, en y ajoutant le supplément fixé par l'article 1er de l'ordonnance du 22 septembre 1819 pour le séjour dans ces établissements.

Vous ferez enregistrer au contrôle la présente dépêche dont les dispositions ont été concertées avec le département de la guerre.

Recevez, etc.

Le Ministre de la marine et des colonies,

Signé Baron PORTAL.

Arch. du gouvernement. Dép. ministérielles, n° 344.

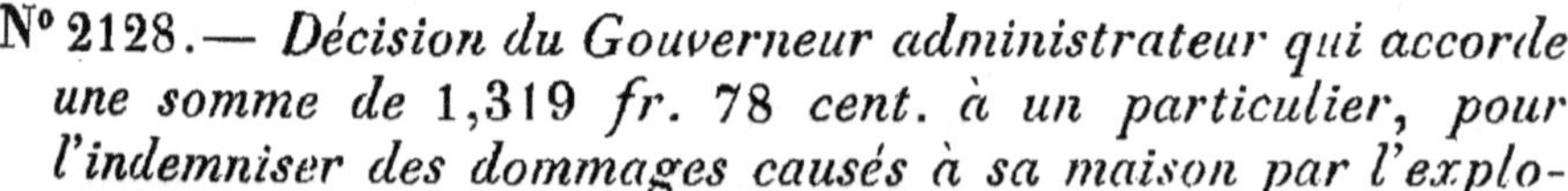

N° 2128.— *Décision du Gouverneur administrateur qui accorde une somme de 1,319 fr. 78 cent. à un particulier, pour l'indemniser des dommages causés à sa maison par l'explosion d'une mine.*

15 décembre 1819.

Nota. La maison sise rue Levassor, à Saint-Pierre. La mine pratiquée pour les travaux du gouvernement, le long de la rivière.

Arch. de la direction de l'intérieur. Reg. 2, f° 4.

9.

N° 2129. — *Dépêche ministérielle au Gouverneur administrateur annonçant l'envoi de deux gabares du Roi pour le relèvement des carcasses coulées dans le port de Fort-Royal.*

15 décembre 1819.

Nota. Il est en outre alloué au budget de 1820 une somme de 175,000 francs pour solde des travaux relatifs au curage et au service des ports.

Arch. du gouvernement. Dép. ministérielles, n° 346.

N° 2130. — *Ordonnance du Roi qui établit une commission spéciale pour donner son avis sur les actions à intenter en matière de contravention aux lois prohibitives de la traite des noirs.* (Extrait.)

22 décembre 1819.

Art. 1er. Il y aura, près notre Ministre secrétaire d'État de la marine et des colonies, une commission spéciale, chargée de donner son avis motivé concernant toutes actions judiciaires que le département de la marine et des colonies aurait à intenter, à suivre ou à soutenir, en France, dans l'intérêt de l'administration publique, en matière de contravention aux dispositions prohibitives du trafic connu sous le nom de *traite des noirs.*

Collect. de Duvergier, vol. 22, p. 413.

N° 2131. — *Décision du Gouverneur administrateur qui fixe à deux francs l'indemnité représentative de la ration de fourrage.*

28 décembre 1819.

Nota. Ainsi fixée, d'après le prix moyen du pays, aux termes de l'article 3 de l'ordonnance du Roi du 22 septembre 1819.

Inspection. Reg. 6.

N° 2132. — *Dépêche ministérielle au Gouverneur administrateur portant envoi d'un catalogue de plantes exotiques cultivées à l'île Maurice.*

29 décembre 1819.

Nota. 1° Les végétaux compris dans cette nomenclature ont

été désignés au Ministre par les professeurs du jardin du Roi comme susceptibles d'être introduits avec avantage à la Martinique;

2° Cette pièce est encore jointe à la dépêche. A la suite du catalogue on remarque diverses indications, notamment en ce qui concerne la préparation et l'emballage des végétaux, soit en nature, soit en graines ou en racines. Ces indications données comme renseignements à consulter dans le cas où il serait fait, de la Martinique, quelque expédition analogue.

Arch. du gouvernement. Dép. ministérielles, n° 361.

N° 2133. — *Décision du Gouverneur administrateur portant suppression de l'indemnité en argent substituée aux rations de vivres en nature accordées aux officiers militaires et aux officiers et employés civils de divers services.*

31 décembre 1819.

Nous, etc.,

Vu l'ordonnance du Roi du 22 septembre 1819, déterminant les améliorations au traitement des officiers des troupes, officiers et commis d'administration de la marine, officiers de santé et autres dans les colonies;

Vu la dépêche ministérielle pour l'exécution de ladite ordonnance;

Considérant que toute allocation non autorisée expressément par cette ordonnance, ou par des décisions spéciales du gouvernement du Roi, est formellement interdite,

Avons ordonné et ordonnons ce qui suit :

Art. 1er. L'indemnité de rations de vivres qui avait été accordée aux officiers des troupes, aux officiers, commis et commis auxiliaires de l'administration de la marine, aux officiers de santé, aux employés du génie et des ponts et chaussées, est supprimée à compter du 1er janvier 1820.

Art. 2. L'Ordonnateur est chargé de l'exécution de la présente décision, qui sera enregistrée au contrôle.

Donné au Fort-Royal, le 31 décembre 1819.

Signé DONZELOT.

Inspection. Reg. 6, n° 494.

N° 2134. — *Ordonnance du Gouverneur administrateur portant suppression de la caisse de réserve.*

31 décembre 1819.

Le Gouverneur administrateur, etc.,

A ordonné et ordonne ce qui suit :

Art. 1er. La caisse dite *de réserve* est supprimée, à dater du 1er janvier 1820. Le produit du tonnage, connu précédemment sous le nom de *fée*, qui formait la recette de la caisse de réserve, sera versé, à dater de la même époque, dans la caisse royale.

Art. 2. Lorsque toutes les dépenses portées aux budgets particuliers de la caisse de réserve, pour les exercices 1818 et 1819, auront été acquittées, il sera dressé procès-verbal de la situation des recettes et dépenses de cette caisse pendant lesdits exercices, pour le restant en caisse être versé et employé d'après les dispositions ultérieures que nous prescrirons.

Alors le trésorier établira par exercice son compte de gestion des dépenses et recettes de ladite caisse, afin d'être examiné, vérifié et arrêté par une commission, et envoyé à S. Exc. le Ministre de la marine et des colonies, avec le procès-verbal de reconnaissance de la susdite caisse, qui sera établi dans les formes prescrites par les règlements.

Art. 3. L'Ordonnateur et le trésorier de la colonie sont chargés, chacun en ce qui le concerne, de l'exécution de la présente ordonnance, qui sera enregistrée au contrôle.

Donné au Fort-Royal, le 31 décembre 1819, sous le sceau de nos armes et le contre-seing du secrétaire archiviste du gouvernement.

Signé DONZELOT.

Et plus bas : GUILLAUME, *secrét.*

Inspection. Reg. 6, n° 587.

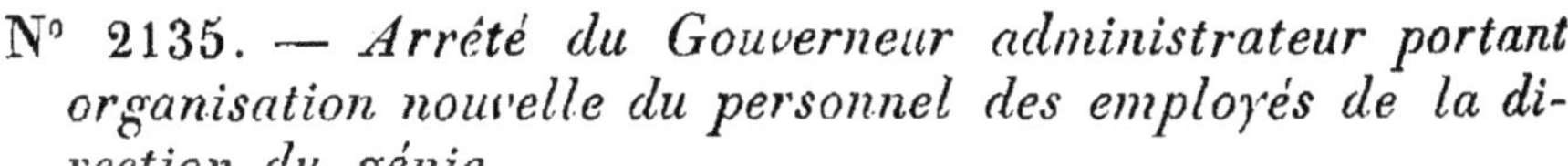

N° 2135. — *Arrêté du Gouverneur administrateur portant organisation nouvelle du personnel des employés de la direction du génie.*

31 décembre 1819.

Le Gouverneur et administrateur pour le Roi,

Attendu que la réunion des services du génie militaire et des ponts et chaussées, à laquelle ont donné lieu la mort de M. Baduel, ingénieur en chef, et celle de M. Bédigié, ingénieur ordinaire, rend nécessaire une organisation nouvelle du personnel de la direction du génie dans la colonie, en ce qui concerne les employés;

Avons arrêté et arrêtons provisoirement, sauf l'approbation de S. Exc. le Ministre de la marine et des colonies, ce qui suit :

Art. 1er. A dater du 1er janvier 1820, le personnel des employés de la direction du génie, sera composé de :

1 garde-adjudant ou de 1re classe, pour l'arrondissement du Fort-Royal;

1 *idem*, pour l'arrondissement de Saint-Pierre;

1 *idem*, pour les routes et les travaux de l'intérieur;

1 dessinateur de la direction;

1 secrétaire *idem;*

1 secrétaire dessinateur de l'arrondissement de Saint-Pierre.

Art. 2. Les trois gardes du génie de 1re classe jouiront des appointements et indemnités qui leur sont alloués par les ordonnances et règlements, et les trois autres employés, des appointements fixes de deux mille six cents francs par an.

Art. 3. L'Ordonnateur est chargé de l'exécution du présent arrêté, qui sera enregistré au contrôle.

Donné au Fort-Royal (Martinique), le 31 décembre 1819.

Signé DONZELOT.

Inspection. Reg. 7, n° 41.

N° 2136. — *Décision du Gouverneur administrateur qui maintient la distribution de rhum faite aux soldats pour être mêlé à l'eau commune leur servant de boisson.*

31 décembre 1819.

Le Gouverneur, etc.,

Considérant que l'expérience a prouvé que la boisson de l'eau pure à la Martinique pouvait être très-préjudiciable à la santé du soldat, et qu'elle a besoin d'être corrigée, soit par du vinaigre, soit par du rhum,

A décidé et décide ce qui suit :

Art. 1er. Il continuera d'être distribué aux troupes, jusqu'à ce qu'il en soit autrement ordonné, un seizième de litre de rhum, par jour et par homme, pour être mélangé avec l'eau servant de boisson.

Art. 2. L'Ordonnateur de la colonie est chargé de l'exécution de la présente décision, qui sera enregistrée au contrôle.

Signé DONZELOT.

Inspection. Reg. 6, n° 495.

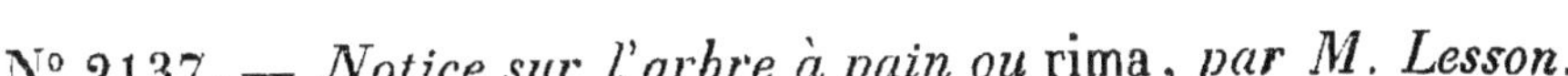

N° 2137. — *Notice sur l'arbre à pain ou* rima, *par M. Lesson.*

Nota. Cet arbre y est décrit et considéré dans ses détails botaniques et dans sa synonymie. Puis, après avoir examiné les ressources et l'utilité alimentaire du rima, l'auteur trace son histoire, indique ses propriétés *médicales* et les règles de la culture.

Annales maritimes, 1819, 2e partie, p. 901.

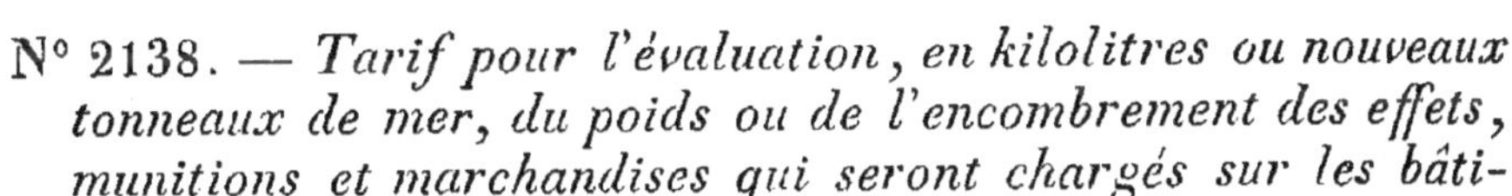

N° 2138. — *Tarif pour l'évaluation, en kilolitres ou nouveaux tonneaux de mer, du poids ou de l'encombrement des effets, munitions et marchandises qui seront chargés sur les bâtiments du commerce affrétés pour le service de la marine.*

Annales maritimes, 1819, 1re partie, p. 133.

N° 2139. — *Manuel complet de taxidermie, ou art d'empailler et de conserver les animaux, à l'usage des marins, par M. Lesson, et inséré tout entier aux* Annales maritimes.

Voir ce recueil, 1819, 2e partie, p. 47, 55, 208, 304, 597, 686, 807.

N° 2140. — *Mémoire sur la culture des terres propres aux diverses productions coloniales et plus particulièrement sur les instruments et les procédés employés dans la fabrication du sucre.*

Nota. Ces documents, recueillis en 1819 par ordre du gouvernement, font suite au rapport fait en 1816 sur les procédés nouveaux employés par M. Eyma, habitant de la Martinique, et publié aux *Annales maritimes*, 1816, 2e partie, p. 235.

Annales maritimes, 1821, 2e partie, p. 222.

N° 2141. — *Arrêté du Gouverneur administrateur sur les rafraîchissements à distribuer aux équipages des bâtiments du Roi durant leur séjour et lors de leur départ.*

1er janvier 1820.

Le Gouverneur, etc.,

Vu l'arrêté du directoire exécutif sur le service de santé de la marine, en date du 7 vendémiaire an VIII (29 septembre 1799);

Vu l'arrêté de M. l'indendant Dubuc, en date du 23 novembre 1816, ayant pour objet de fixer le rafraîchissement de santé à délivrer aux équipages des bâtiments de Sa Majesté, d'après lequel, en considération de la rareté et de la cherté des citrons dans la colonie, l'usage du café et du sucre est substitué à celui du citron, qui, aux termes de l'article 141 de l'arrêté du directoire exécutif, devait être délivré auxdits équipages;

Considérant que rien n'a été statué sur le nombre de jours de rafraîchissement auxquels auraient droit les équipages des bâtiments du Roi, partant pour France, soit lorsqu'ils doivent faire échelle dans quelque île de l'archipel ou tout autre port des parages chauds, soit lorsqu'ils se rendent en France ou aux États-Unis d'Amérique directement, et voulant y pourvoir par un nouvel arrêté qui règle, pour tous les cas, la nature et la quantité des rafraîchissements qui devront être délivrés aux bâtiments de Sa Majesté à la Martinique,

Arrête ce qui suit, provisoirement et sauf l'approbation de S. Exc. le Ministre de la marine et des colonies:

Art. 1er. Il sera délivré chaque jour en rafraîchissement aux équipages des bâtiments du Roi:

1° Pour 100 rationnaires, deux litres cinquante centilitres de rhum et un kilogramme de sucre;

2° Pour douze rationnaires (en remplacement de citron), vingt-cinq décagrammes de café et trente-sept décagrammes et demi de sucre.

Art. 2. Tout bâtiment partant de la Martinique recevra dix jours de rafraîchissement, dans les proportions ci-dessus, s'il se rend directement en France ou aux États-Unis, et trente jours des mêmes rafraîchissements, s'il doit faire échelle dans quelque port des parages chauds.

Art. 3. L'Ordonnateur de la colonie est chargé de l'exécution du présent arrêté, qui sera enregistré au contrôle.

Donné au Fort-Royal, le 1er janvier 1820.

Signé DONZELOT.

Inspection. Reg. 6, n° 516.

N° 2142. — *Dépêche ministérielle au gouverneur, concernant un travail dont il a annoncé s'occuper sur la législation de la colonie, avec demande de renseignements relatifs à cette législation.*

5 janvier 1820.

Monsieur le Comte, en répondant le 7 décembre dernier, sous le n° 651, à une dépêche de mon prédécesseur du 22 juillet précédent, numérotée 188, où sont rappelées les demandes de renseignements concernant la législation de la Martinique qui ont été précédemment faites, vous énoncez que vous vous occupez de réunir ces renseignements et que vous avez dessein de faire reviser ce travail par une commission *ad hoc*, qui, après mûr examen, vous proposerait, pour m'être soumises, toutes les modifications et augmentations qui seraient jugées indispensables.

Je ne puis que vous témoigner ma satisfaction de ces dispositions.

Vous ajoutez, quant aux renseignements demandés, que les actes de législation qui ont été rendus, soit sous l'administration française, soit pendant l'occupation anglaise, se trouvant tous consignés dans le Code de la Martinique depuis 1790 jusqu'au 25 novembre 1813, il n'y aurait à me transmettre que ceux desdits actes qui auraient besoin d'être revêtus de la sanction royale.

Les demandes qui ont été adressées à l'administration de la Martinique, par dépêches collectives des 27 décembre 1816, numérotée 77, et 8 mai 1817, n° 37, et qui vous ont été renouvelées les 20 novembre 1817, 17 juin et 22 juillet 1818 (lettres n°s 154, 148 et 188), ont pour objet de procurer au département :

1° Un état indicatif des lois, ordonnances, décrets et généralement de tous les actes émanés de la métropole qui, depuis 1790 jusqu'à la date où ledit état sera formé, auront été enregistrés aux greffes des tribunaux de la colonie ;

2° Un état des lois, ordonnances, décrets, etc., émanés également de la métropole, qui, dans le même laps de temps, auraient été exécutés à la Martinique sans enregistrement préalable aux greffes des tribunaux ;

3° Un état indicatif des ordonnances locales ou règlements locaux qui ont été publiés et enregistrés aux mêmes époques;

4° Et un état des ordonnances locales ou autres actes locaux qui auraient été mis à exécution, quoique non enregistrés aux greffes des tribunaux.

Ces documents sont indispensables à mon département pour le mettre à portée de répondre aux nombreuses demandes de renseignements qui lui sont adressées à ce sujet, notamment par la cour de cassation, et le Code de la Martinique ne peut y suppléer qu'incomplétement. Au reste, ainsi que vous le faisait remarquer la dépêche du 17 juin 1818, relatée plus haut, la partie de ce travail qui doit être faite par les greffiers des tribunaux de la colonie ne peut souffrir aucun retard; et le ministère public doit veiller à ce que vos ordres pour la confection des états dont il s'agit soient ponctuellement exécutés.

Les autres documents, c'est-à-dire les relevés des actes qui auraient été exécutés sans enregistrement préalable, seront probablement de peu d'étendue.

Je reviens à la révision générale dont vous vous occupez dans la vue de parvenir à coordonner entre elles les dispositions insérées au Code de la Martinique; c'est une entreprise aussi honorable qu'importante et dont les résultats seront reçus ici avec un grand intérêt.

Recevez, etc.

Le Ministre de la marine et des colonies,

Signé Baron PORTAL.

Arch. du gouvernement. Dép. ministérielles, n° 2.

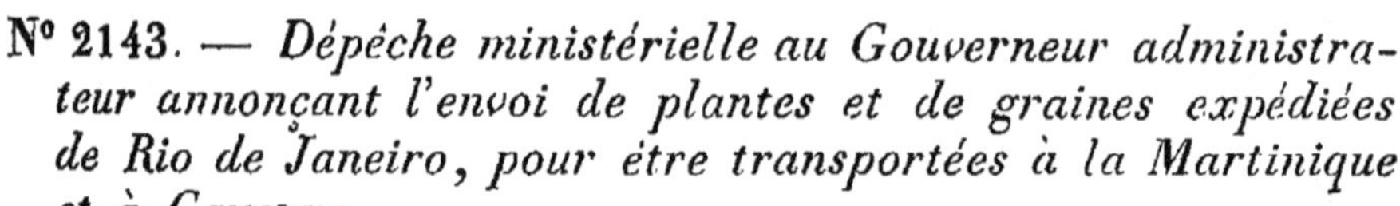

N° 2143. — *Dépêche ministérielle au Gouverneur administrateur annonçant l'envoi de plantes et de graines expédiées de Rio de Janeiro, pour être transportées à la Martinique et à Cayenne.*

5 janvier 1820.

Nota. 1° Toutes ces plantes provenant du jardin botanique du roi du Brésil;

2° La liste en est encore annexée à la dépêche.

Arch. du gouvernement. Dép. ministérielles, n° 3.

N° 2144. — *Circulaire ministérielle ordonnant de faire insérer dans les journaux, notamment dans les feuilles du commerce, l'annonce des objets sauvetés, afin d'en provoquer et faciliter la réclamation.*

15 janvier 1820.

Monsieur,

L'ordonnance de 1681, titre des naufrages, avait prescrit des formes pour la publication des sauvetages; mais ces dispositions sont depuis longtemps tombées en désuétude, et il résulte du défaut de publicité que les effets ne sont pas réclamés, ou le sont tardivement par les propriétaires ou assureurs qui ne sont point informés des lieux où le sauvetage s'est opéré.

Il convient, dans l'intérêt moral de l'administration, autant qu'il importe, dans l'intérêt matériel des absents, de remettre en vigueur des mesures qui avaient l'avantage de provoquer ou d'accélérer le recouvrement des objets réclamables.

Mais, pour arriver aujourd'hui au même résultat, on doit employer des moyens plus particulièrement appropriés à l'état actuel des relations : une insertion dans les journaux est le mode qui atteindra le mieux le but que je me propose.

Vous voudrez bien, en conséquence, donner des ordres aux commissaires des classes de votre arrondissement pour que le sauvetage des objets appartenant à des propriétaires inconnus soit, aussitôt qu'il s'effectue, annoncé par les journaux, et spécialement par ceux du commerce, dans les arrondissements où il paraît des feuilles de cette espèce. En transmettant vos instructions à ces administrateurs, vous leur recommanderez de rédiger les avis dans une forme très-sommaire, tant pour diminuer les frais d'insertion que parce qu'une simple indication doit suffire aux renseignements dont les intéressés auraient besoin.

Cette disposition, qui tend à fournir un nouveau témoignage des soins constants de l'administration maritime pour parvenir à la remise des objets sauvés, ne peut manquer d'être appréciée par le commerce, et la faible dépense dont les frais de sauvetage se trouveront augmentés ne saurait trouver de contradicteurs, même parmi les propriétaires pour qui la mesure serait devenue surabondante.

Vous m'accuserez réception de cette dépêche et vous la ferez enregistrer au contrôle.

Recevez, etc.

Le Ministre de la marine et des colonies,

Signé Baron PORTAL.

Inspection. Reg. 9, nº 386.

N° 2145. — *Dépêche ministérielle au Gouverneur administrateur au sujet de l'introduction recommandée, à la Martinique, d'une plante alimentaire nommée* alstrœmeria.

19 janvier 1820.

Monsieur le Comte, par une lettre du 9 septembre dernier, vous m'avez rendu compte des soins que vous avez pris, en exécution d'une dépêche de mon prédécesseur, du 7 octobre 1818, pour procurer à la Martinique la plante alimentaire appelée *alstrœmeria edulis*, et vous m'avez informé qu'il a été introduit, sous ce nom, dans la colonie un végétal qui s'est trouvé n'être autre chose que la *maranta arundinacea* désignée dans le pays sous le nom de moussache des Barbades.

D'après les explications qui m'ont été données sur ce que vous m'avez mandé à cet égard, il paraîtrait que la plante qui vous a été apportée ne serait pas celle dont la recherche avait été recommandée; on assure que les *alstrœmeria* sont de la famille des *marcessoïdes* et que les *maranta* appartiennent à celle des *balisiers*.

Il paraîtrait aussi que l'on s'est trompé dans les renseignements qui vous ont été fournis relativement à cette dernière espèce. La moussache des Barbades, qu'on énonce avoir été introduite dans la colonie par les Anglais sous le nom d'*arrowroot*, serait bien une variété de *maranta*, mais non pas celle dite *arundinacea*. On croit celle-ci indigène de la Martinique, où elle est connue sous le nom d'*envers*.

Vous jugerez sans doute convenable, d'après cette explication, de faire de nouvelles démarches pour vous procurer l'*alstrœmeria edulis*. Je n'attache point à la naturalisation de cette plante à la Martinique une importance qui serait hors de proportion avec les avantages qu'elle peut offrir; mais il suffit qu'elle puisse ajouter à la quantité ou à la variété des ressources alimentaires de la colonie, pour que l'on doive considérer comme utile de l'y introduire.

Je vous prie de me donner avis du résultat des nouvelles recherches que vous aurez ordonné de faire.

Recevez, etc.

Le Ministre de la marine et des colonies,

Signé PORTAL.

Arch. du gouvernement. Dép. ministérielles, n° 12.

N° 2146. — *Homologation par le Gouverneur administrateur d'une délibération de l'assemblée des actionnaires du bateau à vapeur à établir à la Martinique, portant création d'un comité pour diriger et administrer l'entreprise.*

21 janvier 1820.

NOTA. Ce comité est chargé notamment de recevoir le montant des souscriptions et les revenus du bateau.

Arch. de la direction de l'intérieur. Reg. 2, f° 5.

N° 2147. — *Circulaire du Gouverneur administrateur aux commissaires commandants des paroisses sur les réparations et l'entretien des chemins publics.*

27 janvier 1820.

Dès le 6 mars dernier, Monsieur le Commissaire commandant, frappé du mauvais état des chemins de la colonie, je vous ai donné, par une circulaire de cette date (1), les instructions les plus détaillées sur les dispositions à faire pour remédier au moins provisoirement aux graves inconvénients résultant du désordre qui s'était introduit dans toutes les parties de la voirie coloniale, et j'avais lieu de croire que les mesures indiquées avaient suffisamment pourvu à ce que tous les genres de communication, quelque imparfaits qu'ils fussent, devinssent au moins praticables, et à ce que, sur aucun point, il n'existât d'obstruction à la voie publique.

Mon attente à cet égard a été bien trompée, et loin de recevoir des améliorations, les routes, à quelques exceptions près, sont dans un état de dégradation plus déplorable, s'il est possible, qu'à l'époque où j'ai porté votre attention sur le mal dont je voulais arrêter les progrès.

Je n'ai jamais douté de l'empressement de MM. les commissaires commandants à seconder mes vues, mais je n'ignore pas qu'au lieu de zèle et d'activité de la part des contribuables à des opérations si essentielles pour eux-mêmes, on n'a trouvé, chez plusieurs d'entre eux, que de la mauvaise volonté ou de l'insouciance. Ce dernier vice surtout, malheureusement trop commun, paralyse à chaque pas les opérations les plus utiles. Un des résultats les plus fâcheux de cette coupable incurie

---

(1) Voir cette circulaire, même source, f° 84.

est de laisser retomber tout le fardeau des charges publiques sur l'obéissance et le zèle; il est temps de faire cesser un abus aussi préjudiciable à la chose publique et aussi incompatible avec tous les principes d'ordre et de justice.

Je vais donc vous retracer les divers points de ma circulaire du 6 mars sur lesquels je désire que vous reportiez votre attention en ce moment, cette circulaire étant destinée à servir de base à toutes vos dispositions en ce genre jusqu'à l'époque où l'organisation générale de cette partie du service, dont je m'occupe, puisse être terminée.

Vous voudrez bien, en conséquence, vous entendre avec un membre du comité des chemins pour faire, le plus tôt possible, la visite générale des routes de votre paroisse (à moins que vous ne l'ayez déjà faite depuis le commencement de l'année), et immédiatement après vous ferez un commandement général pour les travaux des chemins royaux, soit qu'ils doivent être dirigés sur les anciens, soit sur les nouveaux; c'est-à-dire, pour travailler sur les nouveaux aux divers points où ils sont déjà d'un usage habituel sans avoir été confectionnés, et sur les anciens partout où l'on s'est vu forcé d'en continuer l'usage pour n'avoir pu être encore remplacés par les nouveaux.

Il est bien entendu par là qu'à l'égard de la portion des nouveaux chemins qui n'a pas été jugée praticable jusqu'à ce jour, les travaux doivent encore être, pour le moment, suspendus comme par le passé, et que toutes vos vues présentes doivent, jusqu'à nouvel ordre, se porter sur les portions des chemins dont on a été obligé de continuer provisoirement à se servir jusqu'à l'époque actuelle.

Il est bien entendu aussi que les contribuables aux chemins auront la faculté de s'acquitter de la portion de travaux à leur charge en les faisant faire à prix d'argent par des entrepreneurs, soit en louant des travailleurs ou par tous autres modes qui leur conviendront, pourvu qu'ils atteignent d'une manière satisfaisante le but de l'ordre qui aura été donné.

Dans les endroits où les chemins sont coupés par des ravines ou des creux assez profonds pour être un obstacle au passage des cabrouets, vous ferez établir, selon les moyens que les localités pourront vous fournir, des ponts provisoires assez solides pour qu'ils puissent durer jusqu'à l'époque où l'on pourra leur substituer, soit des coffres à mort, soit des ponts en pierre.

En un mot, vous ferez tout ce que la connaissance des localités vous suggérera pour rendre la voie publique praticable de nuit comme de jour.

Le comité des chemins, toujours composé comme précédemment du commandant de la paroisse et des autres membres choisis par lui, continuera à régler les corvées générales ou les tâches particulières. Il tiendra la main à ce que le nombre de nègres à fournir par chacun soit positivement en raison des forces de son atelier. Il écoutera les raisons des contribuables, décidera sur les plaintes ou réclamations qui pourraient être faites, de manière à ce qu'aucun habitant ne soit lésé ni ne lèse les autres dans la fourniture des nègres qui aura été définitivement arrêtée; il fera remettre, à chaque commandement de corvée, aux commissaires des chemins, la liste des nègres à fournir pour les travaux de cette corvée, et fera aussi passer une copie de cette liste aux officiers de milice qui seront de service pour ladite corvée

Le comité se réunira toutes les fois qu'il le jugera à propos, mais au moins une fois tous les quinze jours, et veillera, comme par le passé, sur tout ce qui est relatif à l'établissement des chemins.

Vous ne perdrez pas de vue que les diverses dispositions qui précèdent, dictées par une nécessité impérieuse, ne sont dans le cas de rien faire préjuger sur les opérations futures qui auront lieu à l'égard des chemins, et qui seront l'objet d'un plan régulier et uniforme dont l'exécution sera ordonnée aussitôt que les circonstances le permettront.

Il vous sera facile aussi de sentir qu'une lettre destinée à vingt-sept paroisses de la colonie ne peut contenir les dispositions précises à adapter à chacune d'elles, et qu'il n'est question ici que de mesures générales qui ne préjudicient en rien aux dispositions particulières qui auraient pu avoir été établies précédemment ou qui seraient encore en activité dans quelques paroisses en raison des localités; tout ce qui sera dans le cas d'avancer les travaux arrive nécessairement au but que l'on doit avoir en vue, celui de faire cesser le plus promptement possible les inconvénients de l'obstruction des routes et du danger qui en résulte pour le public.

Telles étaient, Monsieur le Commissaire commandant, les instructions que je vous donnais l'année dernière et telles sont celles que je vous renouvelle encore aujourd'hui.

Il est entendu qu'à ces dispositions générales doivent se rattacher toutes celles coercitives destinées à en assurer l'exécution, telles que les indiquent les lois et règlements sur cette matière, que mon intention est d'appliquer à l'avenir contre les délinquants dans toute leur sévérité.

Vous préviendrez en conséquence tous contrevenants que, s'ils sont encore en état de désobéissance quinze jours après avoir reçu vos ordres, ils seront, conformément aux ordonnances, condamnés à l'amende d'une piastre pour chaque toise de chemin royal à laquelle ils n'auront pas travaillé ou fait travailler, et qu'en outre, s'il y a lieu, le chemin sera remis à l'entrepreneur pour être fait à leurs dépens, le gouvernement en faisant l'avance, ce qui sera effectué sur votre proposition.

Le remboursement de ces amendes et frais sera immédiatement assuré par tous les moyens d'usage dans les cas où il s'agit de deniers royaux.

Dans les quartiers où le travail des chemins se fait en masse et non par portion, les amendes et frais seront imposés par chaque tête de nègre commandée et non fournie.

A l'expiration du délai, et après l'avoir constaté, vous dresserez conformément au modèle ci-joint procès-verbal de délinquants (sauf les cas où vous reconnaîtrez vous-même des motifs de force majeure, ou autres motifs réels de retard), que vous me ferez passer pour être revêtu de l'arrêté par lequel j'établirai, d'après les règlements, les peines qu'ils auront encourues ainsi qu'elles viennent d'être indiquées.

J'en ferai en même temps former des rôles qui seront mis immédiatement en perception par toutes les voies de rigueur. Ceux qui se trouveront enfin frappés par cette exécution des ordonnances, devenue trop nécessaire, ne pourront imputer qu'à eux-mêmes les mesures auxquelles ils auront forcé le gouvernement.

Je ne perds pas de vue les premiers délinquants qui m'ont été désignés; en outre que leurs noms restent déposés aux archives du gouvernement comme indication suffisante du parti à prendre à leur égard en cas de récidive, ils seront joints dès ce moment aux rôles qui seront dans le cas d'être dressés des délinquants nouveaux.

Vous voudrez bien m'accuser réception de cette lettre, dont je recommande les détails à votre zèle et à votre attachement pour vos devoirs, devenus à l'égard de cette partie importante du service plus impérieux que jamais.

Recevez, etc.

Signé DONZELOT.

Arch. de la direction de l'intérieur. Reg. 3, f° 85.

Nota. Voir, même source, f° 86 v°, le modèle du procès-verbal à dresser pour constater les contraventions, et, f°s 87 et suivant, une circulaire du même jour accompagnée de modèles d'états à remplir pour rendre compte de l'état des routes.

N° 2148. — *Lettre du Ministre de la justice au Ministre de la marine portant que la grâce accordée en matière pénale n'emporte jamais la remise des frais de la procédure.* (Extrait.)

22 janvier 1820.

Attendu que cette partie de la condamnation n'est pas considérée comme une peine, les condamnés ne peuvent être affranchis du payement des frais que pour cause d'indigence, et l'examen de ce motif appartient au Ministre des finances.

Annales maritimes.

N° 2149. — *Dépêche ministérielle au gouverneur administrateur portant que le service des fortifications et celui des constructions civiles et hydrauliques seront réunis sous la direction des officiers du génie militaire.*

2 février 1820.

Nota. 1° Ainsi qu'ils l'étaient avant l'arrivée à la Martinique d'ingénieurs des ponts et chaussées, en 1817;

2° Cette disposition prise sur la proposition du gouverneur, qui, à l'occasion de la mort de deux ingénieurs, avait pris la décision du 20 octobre 1818 (voir Code de la Martinique, vol. VI, page 575, n° 1964) et exprimé au Ministre l'opinion que le service des constructions civiles pouvait être de nouveau réuni à celui des constructions militaires.

Arch. du gouvernement. Dép. ministérielles, n° 29.

N° 2150. — *Avis officiel de l'intendant aux armateurs et capitaines du commerce portant que le prix des journées d'hôpital est maintenu au taux réglé par la dépêche ministérielle du 25 décembre* 1817.

3 février 1820.

Nota. Savoir : à 4 fr. 05 cent. pour les marins et soldats, et à 10 fr. 80 cent. pour les officiers tant du commerce que de l'État.

L'entrepreneur avait, d'une part, réclamé une augmentation auprès du gouvernement, et, de l'autre, s'était permis de faire avec divers capitaines de bâtiments marchands des conventions écrites qui avaient pour but de leur faire payer la journée de simple marin 5 fr. 40 cent.

Journal de la Mart., 1820, n° 12.

N° 2151. — *Circulaire du Ministre de la guerre portant que jusqu'à nouvel ordre les engagements volontaires pour les troupes des colonies ne doivent plus être reçus que sur l'autorisation spéciale du Ministre.* (Extrait.)

5 février 1820.

La situation actuelle du dépôt provisoire des colonies ne permettant pas d'augmentation.

Journal militaire, 1820, 1er semestre, p. 66.

N° 2152. — *Dépêche ministérielle annonçant au gouverneur administrateur la prochaine arrivée à la Martinique d'un chimiste chargé d'y faire connaître le procédé* Desrosne *pour la fabrication du sucre.*

9 février 1820.

Nota. A cette dépêche très-explicative est joint un extrait du procès-verbal de la séance de la commission ministérielle d'agriculture coloniale, 7 janvier 1820.

Il contient : 1° l'examen des expériences ayant pour objet l'amélioration de la fabrication du sucre ; 2° le résumé des expériences faites sur le vesou ; 3° les résultats des divers essais pratiqués ; 4° et enfin l'avis de la commission, qui est, au principal, que les expériences soient répétées dans les colonies, en grand, comparativement aux anciennes méthodes, sur des matières provenant de sols différents, et devant une commission chargée de tout constater.

Arch. du gouvernement. Dép. ministérielles, n° 38.

N° 2153. — *Dépêche ministérielle au gouverneur administra-*

teur annonçant l'envoi à la Martinique de plusieurs espèces d'animaux propres à détruire les reptiles et les rats.

9 février 1820.

Monsieur le comte, j'ai l'honneur de vous adresser ici la copie d'une lettre de MM. les professeurs administrateurs du muséum d'histoire naturelle, contenant la désignation de plusieurs espèces d'animaux dont l'instinct pourrait être employé avec succès à la destruction des reptiles et des rats (1).

M. le commandant et administrateur au Sénégal a reçu l'ordre de vous faire parvenir une certaine quantité d'individus de l'ichneumon, qui se trouve sur la côte occidentale d'Afrique et surtout dans la presqu'île du cap Vert. Je vous invite à faire prendre pour leur naturalisation à la Martinique les soins qui sont indiqués par MM. les professeurs.

J'écris de plus à Monsieur le consul général et chargé d'affaires au Brésil, pour que les deux espèces d'oiseaux appelés *cariama* et *couricara*, ainsi que le lézard d'eau nommé *sauve-garde*, vous soient envoyés lorsqu'il se trouvera une occasion favorable pour le transport.

J'ai chargé aussi M. de Laussat de vous adresser quelques couples du *jaboin*.

Il a été recommandé à M. le consul général au Brésil et à MM. les administrateurs du Sénégal et de la Guyane française de joindre à leurs envois les renseignements qu'ils pourraient se procurer sur les habitudes naturelles des espèces et sur les moyens de les acclimater à la Martinique.

Vous voudrez bien m'informer du résultat qu'auront eu ces dispositions.

Recevez, etc.

Le Ministre de la marine et des colonies,

Signé PORTAL.

Arch. du gouvernement. Dép. ministérielles, n° 37.

N° 2154. — *Dépêche ministérielle au Gouverneur et administrateur, au sujet de l'introduction à la Martinique de cultivateurs des îles Canaries* (1).

16 février 1820.

Monsieur le comte, je vous adresse, ici, l'extrait d'une lettre

---

(1) Elle est annexée à la dépêche ministérielle.

(1) En 1826 une balandre espagnole venant de Lancerote, l'une des îles

de l'agent français à Sainte-Croix de Ténériffe, contenant divers renseignements sur la nature et sur le mode des cultures aux îles Canaries. Il en résulte que dans tout cet archipel les travaux agricoles sont exécutés à peu près uniquement par les blancs et qu'il serait possible, en offrant à ceux-ci des avantages, de les déterminer à aller s'établir dans nos colonies.

L'exécution d'un tel projet me semble, dans la circonstance présente, offrir d'autant plus d'avantages qu'elle aurait pour effet d'introduire dans la colonie des hommes déjà habitués aux travaux de la culture sous une température peu différente de celle des Antilles.

Je vous invite à sonder à cet égard les habitants, et, si leurs dispositions étaient favorables à cette introduction, à vous occuper d'un plan d'exécution qui serait concerté avec ceux d'entre eux à qui la chose conviendrait. Le choix et la direction des moyens à employer pourraient être confiés, par eux, à un comité peu nombreux, lequel chargerait de leur exécution un agent qui se rendrait soit directement, soit indirectement, mais toujours secrètement, aux Canaries.

Sur l'avis que vous m'en donneriez, je recommanderais à l'agent consulaire à Sainte-Croix de diriger et de seconder ce fondé de pouvoirs. Vous pourriez d'ailleurs, *si toutefois vous le jugiez absolument indispensable* au succès de l'immigration, avancer (sous toutes garanties) aux colons qui voudraient se livrer à l'entreprise dont il s'agit la somme que vous croiriez nécessaire pour couvrir les frais de transport.

Je n'ai pas besoin de vous dire que, dans tout état de cause, l'opération dont il s'agit doit être faite uniquement dans l'intérêt des colons et par leurs soins; et il ne vous échappera pas qu'elle exige, de la part de leurs agents, la plus grande circonspection. Les immigrants pourraient, si l'on éprouvait des difficultés pour leur départ, paraître se destiner pour l'île de Cuba ou pour celle de Porto-Rico.

Recevez, etc.

Le Ministre de la marine et des colonies,

Signé Baron PORTAL.

Arch. du gouvernement. Dép. ministérielles, n° 53.

Canaries, a amené à la Martinique une grande quantité d'émigrants canariens. L'épreuve a été peu satisfaisante, et on les a laissés partir pour Porto-Rico.

N° 2155. — *Décision du gouverneur administrateur qui accorde à l'officier de santé du bataillon de la Martinique en garnison à Fort-Royal une ration de fourrage pour la nourriture de son cheval.* (Extrait.)

18 février 1820.

Cet officier devant avoir un cheval pour se transporter journellement en divers lieux et notamment au fort Bourbon, ce qui lui occasionne une dépense à laquelle sa solde ne peut suffire.

Arch. de l'ordonnateur. Ord. et déc., 1820.

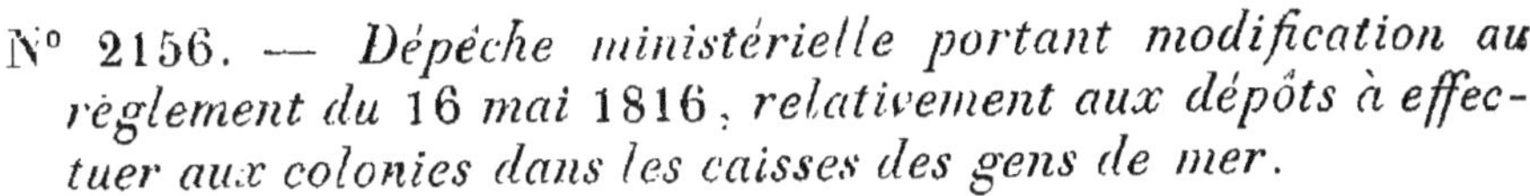

N° 2156. — *Dépêche ministérielle portant modification au règlement du* 16 *mai* 1816, *relativement aux dépôts à effectuer aux colonies dans les caisses des gens de mer.*

19 février 1820, n° 211.

Monsieur, il résulte des dispositions prescrites par le règlement ministériel du 16 mai 1816 que les dépôts effectués dans les caisses des gens de mer ne doivent passer au service *invalides* qu'après le délai de deux ans, à l'exception des produits des bris et naufrages, pour lesquels le terme est seulement d'un an et un jour.

Mais j'ai eu lieu de reconnaître fréquemment les inconvénients de ce mode, qui prolonge même jusqu'à vingt-sept mois l'attente des intéressés, parce que la remise des dépôts en France ne s'effectue qu'après le passage au service *invalides*, dont le restant en caisse n'est adressé qu'à la fin de chaque trimestre.

Le retard forcé qu'éprouvent les réclamants résidant en France est d'autant plus fâcheux que les demandes de remboursement qui me sont adressées étant, pour la plupart, appuyées de certificats délivrés par les administrateurs des colonies faisant connaître la date et l'importance du dépôt, le créancier ne voit rien qui puisse arrêter son payement et ne conçoit pas que d'autres pièces justificatives soient nécessaires pour régulariser la dépense.

Il n'y a donc de dépôts dont la durée soit sans préjudice pour les parties que ceux qui doivent être remboursés dans les colonies; il est même indispensable d'attendre pour la remise de ceux-ci à l'expiration des délais fixés.

Mais à l'égard de tous les autres dépôts reçus pendant le cours de chaque trimestre et dont il sera reconnu que le remboursement ne peut être effectué qu'en France, la remise devra en être faite à Paris, aux mêmes époques et dans les mêmes valeurs que les *excédants* du service *invalides*; il en sera fait dépense au service gens de mer, sous le titre de *remises faites en France*.

Il sera adressé à l'appui de la remise de ces dépôts, et par trimestre, un état conforme au modèle ci-joint, avec les pièces justificatives de la recette.

Les pièces concernant les produits de successions seront :

1° L'acte de décès,

2° L'inventaire des effets, argent, etc., appartenant aux décédés ;

3° Le compte du produit de chaque succession.

On portera sur l'état indiqué tous les renseignements propres à mettre l'administration centrale à portée d'effectuer avec sécurité le remboursement des produits.

Vous voudrez bien faire enregistrer la présente au contrôle, comme modification du règlement précité de 1816, en ce qui concerne les époques de remises, à Paris, des dépôts remboursables en France.

Recevez, etc.

Le Ministre de la marine et des colonies,

Signé Baron PORTAL.

Inspection. Reg. 7, n° 51.

MODÈLE.

COLONIE

Modèle joint à la circulaire ministérielle du 19 février 1820.

ANNÉE 18

TRIMESTRE.

INVALIDES DE LA MARINE.

SERVICE DES GENS DE MER.

État des dépôts effectués pendant le trimestre 18 *et dont le montant est adressé en France.*

NOMS ET PRÉNOMS.	GRADES.	LIEUX DE NAISSANCE ou de domicile.	BATIMENTS SUR LESQUELS ils étaient embarqués ou lieux où ils étaient employés.	ÉPOQUES DES DÉCÈS ou du départ de la colonie.	MOTIFS DES DÉPÔTS.	MONTANT.	NOMBRE et INDICATION SUCCINCTE des pièces justificatives.
					Total....		

Arrêté le présent état à la somme de

A le 18

Vu et vérifié :

Le

chargé de l'administration de la caisse des invalides,

N° 2157. — *Dépêche ministérielle au gouverneur administrateur portant envoi d'un mémoire et de livres sur l'économie rurale* (1).

1er mars 1820.

Monsieur le Comte, M. Thouin membre de l'institut de France et professeur de culture au muséum d'histoire naturelle, m'a fait parvenir, sur l'économie rurale de nos colonies d'Amérique, notamment de la Guyane française, un mémoire dont vous trouverez ici copie.

Ce travail présente, dans un ordre méthodique, la désignation des diverses substances végétales dont la production peut être avantageuse à nos colonies, et il contient des notions intéressantes sur l'histoire naturelle des espèces, leurs propriétés et leur culture.

Les vues qui y sont indiquées m'ont paru recommandables par le but d'utilité qu'elles offrent. Il est à regretter qu'à raison des difficultés et des dépenses que quelques-unes entraîneraient, elles ne soient pas toutes susceptibles d'être mises à exécution. J'ai voulu néanmoins vous donner connaissance de toutes, parce que j'ai lieu de présumer que les colons à qui vous communiquerez cet écrit trouveront dans les instructions de détail qu'il renferme des renseignements propres à les diriger avec fruit dans leurs travaux.

Je vous l'adresse à titre *instructif* et à titre *consultatif;* j'y ai fait inscrire diverses observations et prescriptions.

Je vous prie de m'accuser la réception du présent envoi et de me rendre compte du résultat des dispositions que vous aurez prises pour atteindre le but d'utilité en vue duquel il vous est fait.

Recevez, etc.

Le Ministre de la marine et des colonies,

Signé Baron PORTAL.

Arch. du gouvernement. Dép. ministérielles, n° 60.

---

(1) On ne reproduit pas ici la partie de la dépêche qui n'est que le catalogue des livres envoyés. Déjà un envoi de livres du même genre avait été fait vers cette époque. Voir dépêche ministérielle du 19 mai 1819, n° 139. Arch. du gouvernement.

Le mémoire, travail aussi remarquable pour la rédaction qu'important par son objet, est encore annexé à la dépêche ministérielle.

N° 2158. — *Dépêche ministérielle au gouverneur administrateur, au sujet des promesses de récompense par lesquelles les colonies devraient encourager la recherche d'un procédé efficace pour la destruction des rats.* (Extrait.)

8 mars 1820.

Le ministre propose une cotisation générale réalisable par une addition aux contributions de la Martinique et de la Guadeloupe, et demande le programme de cette récompense, à savoir : la quotité de la somme offerte, les époques de payement, les garanties qui l'assureront et en outre les conditions et les formalités d'après lesquelles sera constatée, dans l'une et dans l'autre colonie, l'efficacité des moyens de destruction qui auront été indiqués.

Arch. du gouvernement. Dép. ministerielles, n° 72.

N° 2159. — *Ordonnance du gouverneur administrateur interprétative du règlement local du* 19 *octobre* 1819, *sur les répartitions des saisies en matière de douanes.*

13 mars 1820.

Le Gouverneur, etc.,

Considérant que le règlement local du 19 octobre 1819, sur les répartitions de saisies en matière de douanes, n'a pu porter aucune atteinte aux droits des bâtiments de Sa Majesté sur les saisies qu'ils peuvent faire, droits consacrés par l'article 16 de l'arrêt du conseil d'État du Roi du 30 août 1784, ainsi conçu :

« Le produit des amendes et confiscations prononcées sera attribué en totalité aux commis des bureaux de S. M. qui auront fait ou provoqué la saisie.

« A l'égard des navires qui auront été pris en fraude par les vaisseaux et bâtiments gardes-côtes de S. M., la totalité appartiendra aux commandants, états-majors et équipages preneurs, à la seule déduction des frais de justice, du dixième de l'amiral et de six deniers pour livre au profit des invalides de la marine.

« Lorsqu'il y aura des dénonciateurs, un tiers du même produit sera prélevé à leur profit. »

Considérant que l'article 26 du règlement du 19 octobre 1819 n'est point applicable aux saisies faites par les bâtiments du Roi;

Attendu néanmoins que l'interprétation trop étendue de cet article a déjà donné lieu à des difficultés entre la station navale et la direction des douanes, au sujet des saisies faites par les bâtiments du Roi ;

Voulant prévenir le retour de ces difficultés et de toutes autres semblables qui pourraient naître à l'avenir à la même source,

A ordonné et ordonne pour être exécuté provisoirement, sauf l'approbation de S. M., ce qui suit :

Art. 1er. Les officiers et employés de la direction des douanes de la colonie n'ont aucun droit dans le produit des saisies faites par les bâtiments de S. M., lequel produit se répartit suivant les dispositions de l'article 16 ci-dessus relaté de l'arrêt du 30 août 1784.

Art. 2. Toutes les fois que des navires, marchandises ou autres objets auront été saisis en fraude par un bâtiment du Roi, il sera dressé procès-verbal en due forme, par qui de droit, et visé par le capitaine du bâtiment, de la saisie des navires, cargaisons ou autres objets. Ce procès-verbal sera immédiatement adressé au commissaire ordonnateur, ou, en son absence, à l'officier d'administration le remplaçant, pour être transmis, dans les formes d'usage, au procureur du roi du tribunal de première instance, pour, à sa diligence, être procédé par le tribunal à la saisie desdits navires et de leur chargement, conformément à l'article 9 de l'arrêt du 30 août 1784.

Art. 3. Le jugement du tribunal prononçant la confiscation ordonnera le dépôt du produit dans la caisse des invalides. Copie de ce jugement sera adressée par le procureur du roi à l'ordonnateur de la colonie, qui fera procéder, conformément aux ordonnances, à la vente, liquidation et répartition des objets confisqués.

Sera la présente ordonnance enregistrée aux greffes de la cour royale, des tribunaux de première instance et partout où besoin sera.

Donné au Fort-Royal, le 13 mars 1820.

Signé DONZELOT.

Inspection. Reg. 7, n° 18.

N° 2160. — *Décision du gouverneur administrateur pour la reconstruction d'un pont servant à la communication des habitations* la Guigneraie, de la Grange *et* Dubuc de Ramville *avec le bourg du Robert.*

18 mars 1820.

Nota. La dépense, estimée par devis à 867 francs, sera supportée, savoir, moitié par Mme de Ramville, et l'autre moit à parties égales par Mme de la Grange et M. de la Guignerai

---

N° 2161. — *Ordonnance du Roi qui réserve aux filles d membres de la Légion d'honneur les places gratuites dans l maison royale de Saint-Denis* (1).

20 mars 1820.

Louis, etc.

Ayant été informé des différentes réclamations qui ont ét faites sur l'admission à place gratuite des filles de chevaliers d Saint-Louis dans la maison royale de Saint-Denis et ses deu succursales;

De l'avis de notre conseil des ministres,

Nous avons ordonné et ordonnons ce qui suit :

Art. 1er. Toutes les places gratuites dans la maison royale d Saint-Denis et ses deux succursales seront exclusivement ré servées pour les filles des membres de notre ordre royal de l Légion d'honneur.

Art. 2. Les filles, sœurs, nièces ou cousines des membres d nos ordres royaux de la Légion d'honneur et de Saint-Lou continueront d'obtenir des places d'élèves pensionnaires, payar 1,000 francs par année, dans la maison royale de Saint-Deni

Art. 3. Les dispositions des statuts, règlements et ordonnance contraires à la présente sont révoquées.

Art. 4. Notre président du conseil des ministres et notr grand chancelier de l'ordre royal de la Légion d'honneur sor chargés de l'exécution de la présente ordonnance.

Donné à Paris, le 20 mars 1820.

Signé LOUIS.

Et par le Roi :

Le Président du conseil des Ministre

RICHELIEU.

Arch. de l'ordonnateur. Dép., 1820, n° 38.

N° 2162. — *Ordonnance du Roi qui approuve la formation*

---

(1) Jusque-là, et en vertu de l'ordonnance royale du 2 septembre 1816, ces plac avaient été accordées indistinctement aux filles des membres de la Légion d'hor neur et aux filles des chevaliers de Saint-Louis. — Notifiée par dépêche mini térielle du 19 avril 1820, n° 105. Arch. du gouvernement.

la Martinique d'une brigade du train et détermine le traitement dû aux hommes qui la composent (1).

Louis, etc., 23 mars 1820.

Sur le rapport de notre Ministre secrétaire d'État de la marine et des colonies,

Nous avons ordonné et ordonnons ce qui suit :

Art. 1er. La formation à la Martinique d'une brigade destinée à pourvoir aux transports qui sont à effectuer par terre, dans cette colonie, pour le compte du gouvernement, est et demeure approuvée.

Art. 2. Ce corps prendra la dénomination de brigade du train des équipages militaires de la Martinique.

Art. 3. Il sera placé immédiatement sous les ordres du directeur de l'artillerie, et sa force en hommes, en mulets ou chevaux et en voitures, sera fixée, suivant les besoins du service, par notre ministre secrétaire d'État de la marine et des colonies.

Art. 4. Les militaires qui feront partie de la brigade dont il s'agit seront traités, quant à la solde et aux vivres, conformément à notre ordonnance du 22 septembre 1819, relative aux traitements à allouer aux troupes de l'armée de terre dans les colonies. Ils recevront la même masse d'entretien que les autres troupes employées à la Martinique ; les autres masses, y compris celle de harnachement, seront réglées provisoirement sur les lieux, sauf l'approbation du gouvernement.

Art. 5. Notre ministre secrétaire d'État de la marine et des colonies et notre ministre secrétaire d'État de la guerre sont chargés de l'exécution de la présente ordonnance, chacun en ce qui le concerne.

Donné en notre château des Tuileries, le 23e jour du mois de mars de l'an de grâce 1820, et de notre règne le 25e.

Signé LOUIS.

Pour copie conforme :

Le Ministre de la marine et des colonies,

Signé Baron PORTAL.

Inspection, Reg. 1er, no 181.

---

(1) La lettre ministérielle d'envoi approuve les dispositions des arrêtés locaux des 28 mars et 31 décembre 1818, et indique qu'au cas de guerre il y aurait lieu d'augmenter le cadre de cette brigade et de la partager en deux divisions distinctes, l'une attachée à l'artillerie, l'autre aux divers services. (Arch. de l'inspection. Ord. et décision, vol. 7, nos 181 et 182.

N° 2163. — *Décision du gouverneur administrateur portant qu'à compter du 1er janvier 1820 l'habitation domaniale du fonds Saint-Jacques aura cessé d'être affermée, et sera régie au compte de l'administration coloniale.*

22 mars 1820.

Inspection. Reg. 7, nos 19 et 27.

N° 2164. — *Dépêche ministérielle au gouverneur administrateur portant envoi de graines d'indigo à essayer à la Martinique.*

29 mars 1820.

Monsieur le Comte, je vous adresse ici des échantillons de graines de trois espèces d'indigo qui sont cultivées à la côte de Coromandel, au Bengale et dans les environs de Bénarès. Cette dernière variété est connue dans le pays sous le nom *d'indigo des hauts*.

L'espèce qui croît sur la côte de Coromandel se coupe deux ou trois fois dans l'année, et la plante ne s'emploie qu'après qu'on l'a fait sécher.

La variété dite *des hauts* et celle que l'on cultive au Bengale ne se coupent qu'une ou deux fois par an, et l'on emploie la plante verte.

Je vous prie de faire faire des semis de ces graines au jardin botanique et de veiller à ce qu'il soit donné à ces essais de culture tous les soins propres à assurer la naturalisation des diverses espèces d'indigo. Vous voudrez bien me donner ultérieurement connaissance des résultats (1).

Recevez, etc.

Le Ministre de la marine et des colonies,

Signé PORTAL.

Arch. du gouvernement. Dép. ministérielles, n° 80.

N° 2165. — *Circulaire ministérielle portant que les adminis-*

(1) Ils ont été nuls : le jardinier botaniste a déclaré qu'il n'existait dans le jardin des plantes aucun terrain propre à les cultiver avec espoir de succès. Remises dès lors à un habitant du Lamentin, celui-ci a fait connaître au gouverneur que ses essais n'avaient pas réussi.

trateurs des colonies doivent s'interdire toute concession de grâces dont la distribution est réservée au Roi seul.

30 mars 1820.

Le Roi, Monsieur, s'est, par diverses considérations, porté dernièrement à approuver quelques nominations qui avaient été faites aux colonies, à titre provisoire et sauf l'autorisation de Sa Majesté, dans les ordres de Saint-Louis et de la Légion d'honneur.

Mais le Roi m'a commandé, à cette occasion, de réitérer en son nom à Messieurs les administrateurs de ses colonies l'ordre formel de s'interdire toute concession de grâces dont la distribution est réservée à Sa Majesté seule.

C'est pour remplir les intentions du Roi à cet égard que je vous adresse la présente circulaire.

Recevez, etc.

Le Ministre de la marine et des colonies,

Signé Baron PORTAL.

Feuille de la Guyane française, 1820, n° 300.

N° 2166. — *Instruction ministérielle réglementaire sur la tenue et l'apurement de la comptabilité des vivres à bord des vaisseaux et autres bâtiments du Roi.*

4 avril 1820.

Annales maritimes, 1820, 1re partie, p. 259.

N° 2167. — *Circulaire ministérielle portant instructions pour l'exécution des règlements concernant les magistrats honoraires.*

5 avril 1820.

Monsieur le Procureur général,

La nature et l'étendue des prérogatives des magistrats qui ont cessé d'être en activité et auxquels le Roi a accordé le titre d'honoraires ont donné lieu à des interprétations différentes. Il est trop essentiel, dans une matière aussi grave, de s'attacher aux règles et de les entendre sainement, pour que je me dispense de vous donner des instructions propres à fixer l'incertitude, à dissiper les doutes, à faire exécuter d'une manière uniforme les dispositions des règlements.

Toute notre législation dans cette partie se trouve écrite dans l'article 3 du décret du 8 octobre 1807 et dans l'article 77 du décret du 6 juillet 1810.

Le premier porte : « Les officiers de nos cours et tribunaux en retraite conserveront leur titre, leur rang et leurs préro-« gatives honorifiques, sans néanmoins pouvoir exercer leurs « fonctions ; ils continueront d'être portés sur les tableaux et « d'assister aux cérémonies publiques. »

Le second est ainsi conçu :

« Après trente années d'exercice, les présidents et conseillers « de la cour impériale qui auront bien mérité dans l'exercice « de leurs fonctions pourront se retirer avec le titre de pré-« sident ou de conseiller honoraire, lorsque nous leur aurons « fait expédier nos lettres pour ce nécessaires. Ils continueront de « jouir des honneurs et des prérogatives attachés à leur état : ils « pourront assister, avec voix délibérative, aux assemblées des « chambres et aux audiences solennelles. »

Il y a donc deux classes de magistrats honoraires : les uns conservant leur titre, leur rang, mais ils n'exercent aucunes fonctions ; les autres ont droit d'assister, avec voix délibérative, aux assemblées des chambres et aux audiences solennelles.

Pour bien les distinguer il faut faire attention d'abord qu'il ne peut exister pour les tribunaux inférieurs que des magistrats honoraires qui n'exercent aucunes fonctions. L'article 77 du décret du 6 juillet 1810 ne s'applique qu'aux magistrats des cours royales ; ce n'est qu'à eux qu'il accorde le privilége de pouvoir, quoique admis à la retraite, concourir à certaines délibérations en quittant le siége dont ils ont fait partie ; jamais les membres des tribunaux de première instance ne peuvent prétendre à une pareille prérogative.

Remarquez que cette distinction ne présente rien qui puisse affaiblir la juste considération qui est due aux membres des tribunaux inférieurs qui remplissent bien leurs fonctions. Le but de l'article 77 du décret du 6 juillet a été de ne pas priver les cours de magistrats distingués, qui, parce qu'ils fléchissent sous le poids d'un travail de tous les jours, n'ont point perdu pour cela leurs lumières et leur expérience ; or on n'a pu supposer que les vertus et les talents d'un magistrat attaché à un tribunal inférieur y resteraient oubliés pendant trente ans ; on a dû croire, et l'expérience le démontre chaque jour, qu'un tel magistrat serait placé dans une cour souveraine.

S'il n'y a que deux classes de magistrats honoraires, dont les uns ont voix délibérative dans certains cas, et les autres ne peuvent jamais l'avoir, il faut dire que tous ceux qui n'appartiennent pas à la première classe font nécessairement partie de la seconde; il suffit donc de faire voir quels magistrats honoraires peuvent prétendre aux priviléges établis par le décret de juillet 1810 pour indiquer ceux qui n'y ont point de droit.

L'article 77 exige d'abord que le magistrat qui se retire ait trente années de service.

Il veut ensuite que la retraite du magistrat soit volontaire : « pourront se retirer, » dit l'article.

Il résulte de là que les membres des cours qui n'ont point été compris dans les nouvelles institutions que le Roi a données ne peuvent pas prétendre aux prérogatives énoncées dans l'article 77 précité, quand même le titre d'honoraire leur aurait été accordé, soit par l'ordonnance portant institution des magistrats de la cour à laquelle ils appartiennent, soit par une ordonnance particulière, quand même ils auraient réellement trente années de service. Leurs droits sont réglés par l'article 3 du décret du 2 octobre 1807, qui est relatif aux magistrats qui, forcés à se retirer pour une cause quelconque, n'ont cependant pas démérité, et auxquels la justice veut qu'on laisse la possession extérieure de leur état. Le titre d'*honoraire* que le Roi a accordé aux membres des cours qu'il n'a point maintenus dans leurs fonctions n'a eu d'autre objet que d'adoucir ce que leur retraite forcée pouvait avoir eu de pénible pour eux. Il n'est donc pas possible de l'assimiler, pour ses effets, au titre d'honoraire dont parle l'article 77 du décret du 6 juillet : ce dernier est une récompense; il est une conséquence, il fait partie du système établi par ce décret pour entretenir une louable et salutaire émulation parmi les magistrats.

Il n'y a donc que des membres des cours qui peuvent, en sollicitant et obtenant leur retraite après trente années de service, réclamer les droits énoncés dans l'article 77 du décret du 6 juillet; mais l'exercice de ces droits est lui-même soumis à une condition : le magistrat qui veut en jouir doit obtenir des lettres du Roi qui l'y autorisent : « lorsque nous leur aurons fait expédier nos lettres pour ce nécessaires, » porte l'article précité; or, il ne faut pas confondre avec ces lettres une ordonnance qui confère le titre d'honoraire, quand même elle ajouterait : « pour en jouir avec les droits et prérogatives qui y sont attachés. »

Il est facile de s'en convaincre.

Les droits dont parle l'article 77 ne sont pas inévitablement acquis au magistrat qui se retire volontairement après trente années de service; le Roi peut ne les point accorder; ces droits d'ailleurs diffèrent de ceux dont parle l'article 3 du décret du 2 octobre 1807 : pour obtenir ces derniers il suffit de n'avoir point démérité; et c'est tout ce que reconnaît une ordonnance qui accorde le titre d'honoraire. Il n'en est pas de même des prérogatives énoncées dans l'article 77; le droit qu'elles donnent de prendre part à certaines délibérations est soumis à des conditions dont l'accomplissement doit être prouvé : il ne faut pas que les parties qui attaquent ou défendent un arrêt auquel a concouru un magistrat honoraire aient à rechercher si sa retraite fut volontaire, s'il avait réellement trente années de service; il ne faut pas que de tels faits puissent devenir litigieux; il faut au contraire que la preuve en repose dans l'acte même qui confère au magistrat le droit de juger. Il faut donc des lettres qui visent la nature et la durée des services du magistrat honoraire. Aussi l'article 77 du décret du 6 juillet 1810 porte-t-il : « lorsque nous leur aurons fait expédier nos lettres à ce nécessaires. »

Il résulte de tout ce que je viens de vous dire, Monsieur le Procureur général : 1° que les membres honoraires des tribunaux inférieurs ne peuvent avoir d'autres prérogatives que celles dont parle l'article 3 du décret du 2 octobre 1807;

2° Que le titre de président ou de conseiller honoraire d'une cour de justice, conféré par une ordonnance royale à un magistrat qui ne s'est point retiré volontairement et qui a moins de trente ans d'exercice, n'a d'autre objet, en l'assimilant aux officiers de magistrature dont il est parlé en l'article 3 du décret du 2 octobre 1807, que d'adoucir ce que sa retraite forcée peut avoir de pénible pour lui;

3° Que ce titre, conféré par une ordonnance royale à un magistrat qui se retire volontairement, même après trente ans d'exercice, ne lui donne point d'autres droits que ceux qui sont énoncés dans l'article qui vient d'être cité;

4° Enfin que ce titre, avec les prérogatives qui y sont attachées par l'article 77 du règlement du 6 juillet 1810, est une récompense qui ne peut être conférée que par lettres du Roi à ce nécessaires; mais que cette récompense, qui ne peut être demandée que par des magistrats qui se retirent volontairement après trente ans d'exercice, est facultative de la part du Roi et ne leur est point inévitablement acquise.

Ainsi les magistrats honoraires de votre cour qui ont bien mérité dans l'exercice de leurs fonctions, et qui croiront devoir réclamer les droits et prérogatives dont parle l'article 77 du règlement du 6 juillet 1810, devront se pourvoir au ministère de la justice pour obtenir du Roi les lettres à ce nécessaires. Ils devront joindre à leur demande la preuve qu'ils ont trente années de service et qu'ils ont eux-mêmes sollicité leur retraite.

Vous voudrez bien communiquer ces instructions aux premier président et président de votre cour, aux présidents des tribunaux de première instance et à vos substituts près ces tribunaux, pour qu'ils en surveillent avec vous, chacun en ce qui le concerne, l'exécution, et fassent cesser les abus qui auraient pu s'introduire.

Recevez, etc.

Le Ministre de la justice,
Signé Comte PORTALIS.

Pour copie conforme :
Le Directeur de l'administration des colonies,
Signé Baron CROUZEILHES.

Enregistré à la cour royale, 23 septembre 1824. — Greffe de la cour royale. Reg. 18.

N° 2168. — *Dépêche ministérielle portant modification aux règlements spéciaux des* 16 *mai* 1816 *et* 17 *juillet suivant, relativement aux versements trimestriels à faire par la caisse des gens de mer dans la caisse coloniale.*

8 avril 1820, n° 491.

Monsieur, il résulte des dispositions prescrites par l'article 11 du règlement spécial du 16 mai 1816 et par l'article 116 de celui du 17 juillet suivant qu'il doit être fait, à la fin de chaque trimestre, versement dans la caisse coloniale, contre récépissés du trésorier, des excédants provenant de la caisse des invalides et envoi en France de ces récépissés, pour être remboursés sur les fonds de la dotation de la colonie.

L'impossibilité où l'on s'est trouvé d'apprécier l'importance de ces versements afin d'en réserver en France le montant sur la dotation de l'exercice auquel on en a fait l'application dans la colonie ne permet pas de maintenir ce mode plus longtemps.

J'ai décidé, en conséquence, qu'à compter de l'exercice 1820 ces récépissés seraient remplacés par des traites du caissier général du trésor royal sur lui-même.

Ces valeurs devront m'être adressées avec les pièces du trimestre auxquelles elles se rattachent.

Vous voudrez bien m'accuser réception de cette dépêche, que vous ferez enregistrer au contrôle, et en faire remettre copie au trésorier des invalides.

Recevez, etc.

Le Ministre de la marine et des colonies,

Signé Baron PORTAL.

Inspection. Reg. 7, n° 117.

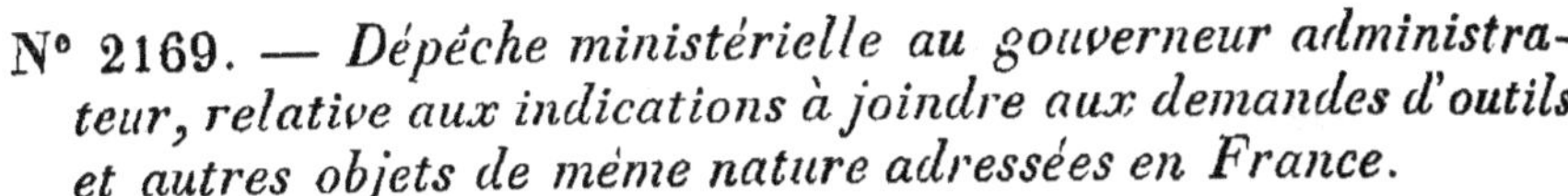

N° 2169. — *Dépêche ministérielle au gouverneur administrateur, relative aux indications à joindre aux demandes d'outils et autres objets de même nature adressées en France.*

19 avril 1820.

Monsieur le Comte, l'envoi des outils qui sont demandés en France pour l'approvisionnement des colonies éprouve quelquefois des difficultés résultantes de l'incertitude où l'on se trouve au sujet des dimensions et de la forme de ces objets.

Afin de prévenir tous embarras de ce genre, vous voudrez bien donner des ordres pour que les états de demandes d'outils que vous aurez à m'adresser indiquent avec exactitude leurs proportions, poids et qualités. Il sera même utile d'envoyer en même temps que les demandes des modèles, des devis, ou tout au moins des dessins de ceux desdits outils qui auraient besoin de plus de précision dans leurs formes et dimensions.

De semblables précautions devront être prises pour tous les autres articles d'approvisionnement qui en seront jugés susceptibles.

Recevez, etc.

Le Ministre de la marine et des colonies,

Signé Baron PORTAL.

P. S. Vous trouverez ci-jointe une copie du marché qui a été passé par mon département pour la fourniture des limes et carreaux d'acier. Je vous prie de donner des ordres pour que l'on se conforme, dans les demandes de ces objets que l'on aurait à faire en France, aux désignations qui sont employées dans ledit marché (1).

Arch. du gouvernement. Dép. ministérielles, n° 103.

(1) Ce marché est encore joint à la dépêche.

N° 2170. — *Ordonnance du Gouverneur administrateur qui retire des attributions du capitaine de port, à Fort-Royal, les détails de la direction des constructions navales, pour les confier à un sous-ingénieur de la marine.*

21 avril 1820.

Motif de cette mesure. Les abus, les dilapidations reprochés par la voix publique aux ouvriers maîtres du port de Fort-Royal. (Rapport à la suite de la décision.)

Inspection. Reg. 7, n° 70.

N° 2171. — *Dépêche ministérielle aux consuls de France en pays étrangers, sur la rédaction des ordres d'embarquement délivrés pour le renvoi en France des marins débarqués, congédiés, naufragés ou disgraciés.*

25 avril 1820.

Monsieur, une dépêche ministérielle du 12 mai 1817, que je vous invite à revoir, rappelle les dispositions réglementaires qui doivent être observées pour faire rentrer des pays étrangers en France les gens de mer débarqués ou congédiés des navires du commerce, ainsi que ceux naufragés ou disgraciés.

Les uns et les autres doivent, autant que possible, être embarqués en remplacement, par les soins des consuls; mais, dans le cas contraire, leur embarquement à titre de *passagers*, objet, pour les premiers, d'une convention entre les capitaines, détermine, à l'égard des marins disgraciés, l'allocation aux armateurs d'une indemnité fixée à 50 centimes (par homme et par jour) par l'ordonnance du 3 mars 1781, et que la dépêche précitée a élevée à 80 centimes.

Cette indemnité, représentative du prix de la ration, est payée par le gouvernement, *sans acception de grade,* pour chacun des marins renvoyés par les consuls.

Mais l'application qui en a été faite au passage d'officiers du commerce a donné lieu, dans quelques ports, à des difficultés de la part des armateurs, qui ont réclamé une somme beaucoup plus considérable, en représentant que ces passagers, d'après leur qualité, avaient été nourris à la table du capitaine.

Ces difficultés eussent été prévenues si les ordres d'embarquement, au lieu d'énoncer seulement que « le prix du passage « serait payé au port d'arrivée en France, conformément aux

« réglements, » avaient relaté expressément la dépêche ministérielle du 12 mai 1817, et le taux de l'indemnité qu'elle alloue.

Il importe donc que cette citation soit présentée désormais par les ordres d'embarquement qui seront délivrés pour le rapatriement de marins disgraciés ou naufragés, quel que soit leur grade; et les capitaines qui recevront, à ce titre, à leur bord, des officiers du commerce devront en outre être prévenus que l'admission de ces officiers à leur table ne peut être que l'objet d'un arrangement particulier, sans que cette circonstance, à laquelle le gouvernement demeure étranger, puisse faire excéder la fixation de l'indemnité qu'il accorde, et qui, au surplus, ne reste définitivement à sa charge que jusqu'à concurrence de la somme non couverte par le produit du sauvetage, ainsi qu'il résulte du principe consacré par l'article 7 de l'arrêté du 5 germinal an XII (26 mars 1804).

Sous ce dernier rapport, les consuls doivent avoir le soin de fournir au ministère de la marine tous les renseignements propres à faciliter les remboursements qu'il peut y avoir lieu de poursuivre ultérieurement auprès des armateurs des bâtiments naufragés.

Vous voudrez bien, Monsieur, vous conformer, à l'occasion, aux instructions contenues dans la présente dépêche.

Recevez, etc.

Signé Baron PORTAL.

Bureau des classes à Saint-Pierre.

N° 2172. — *Publication par le gouverneur administrateur d'une instruction sur la greffe du caféier.*

25 avril 1820.

M. le gouverneur s'empresse de faire publier l'instruction suivante, sur la greffe du caféier, qui lui a été adressée par Son Excellence le Ministre de la marine et des colonies :

Instruction sur la greffe du caféier, par M. Thouin, membre de l'institut royal de France, professeur de culture au muséum d'histoire naturelle.

On peut greffer le caféier avec quelque apparence de succès sur plusieurs sujets appartenant à la famille des rubiacées, et particulièrement sur ceux dont les nombreuses espèces font partie du genre café. Aublet, dans son *Histoire des plantes de la Guyane française*, donne la description et la figure de trois de ces espèces :

La première est le *Coffea guianensis*, vol. Ier, p. 150, pl. 57, vol. III ;

La deuxième, le *Coffea paniculata*, vol. Ier, p. 152, pl. 57, vol. III ;

La troisième, le *Coffea occidentalis*, Linn. *Spec. plant.*

Depuis Aublet, M. le baron de Humboldt a découvert, dans l'Amérique méridionale, trois nouvelles espèces de café qu'il décrit, et dont une est figurée dans son *Nova genera et species plantarum*, ce sont :

1° Le *Coffea spicata*, fascicule 12, p. 371, pl. 285 ;
2° Le *Coffea lorifolia*, *idem*, p. 372 ;
3° Le *Coffea oleifolia*, *idem*, p. 372.

Ainsi voilà six espèces de caféiers sur lesquelles on peut greffer, avec plus au moins de succès, celui du commerce ; mais il serait beaucoup plus sûr de se servir de ce dernier lui-même pour greffer les individus de même espèce obtenus de semis et reconnus en tout de meilleure qualité. Pour connaître et apprécier les diverses propriétés de ces individus, il faut les étudier pendant plusieurs années ; c'est ce que nous faisons en Europe pour obtenir de nouvelles variétés d'arbres fruitiers dont nous fixons la durée de la jouissance au moyen de la greffe. Celle que nous employons le plus ordinairement est celle en écusson, parce que les yeux ou gemma de nos arbres sont enveloppés d'écailles qui les mettent à l'abri du contact de l'air ; mais, sous la zone torride, je ne présume pas qu'on puisse se servir de cette espèce de greffe, attendu que les gemma des arbres de ce climat, et notamment ceux du caféier, n'étant pas écailleux, ils seraient bientôt annulés par la vive chaleur. La greffe par approche nous a paru la plus sûre pour remplir cette destination, et c'est celle que nous avons fait lithographier.

Elle consiste à planter dans de petits paniers ou mannequins, lors de la saison des pluies, de jeunes plants de café venus de semences, et de douze à dix-huit pouces de haut ; à les placer, jusqu'à leur parfaite reprise, dans une position ombragée, d'où on les transportera, avec leurs mannequins, dans le voisinage des pieds de caféier qui auront été reconnus les plus rustiques, les plus productifs, et dont le café sera le plus délicat.

Ces derniers doivent être plantés en quinconce, à deux ou trois mètres de distances les uns des autres, et rabattus ou coupés à trois ou quatre pouces au-dessous du niveau de la terre, pour les obliger à pousser un grand nombre de bourgeons du voisinage du collet de leurs racines. Ce sont ces bourgeons qu'on greffera, lorsqu'ils auront atteint la longueur d'un pied ou quinze pouces, sur les sujets plantés dans les mannequins, qui seront disposés autour de ces mères-plantes, et enterrés, pour ne pas souffrir de la sécheresse.

Il est beaucoup de manières de pratiquer cette greffe; mais nous nous contenterons d'indiquer les deux principales, qui nous paraissent devoir remplir le but qu'on se propose sans exiger des opérations trop minutieuses et hors de la portée de cultivateurs encore peu adroits dans l'art de greffer. La première consiste à rapprocher la tige du sujet ou de l'arbuste en mannequin d'une des branches de la mère-plante, à faire deux incisions longitudinales en regard l'une de l'autre, et de même dimension, la première sur le sujet, la seconde sur la branche; à réunir ensuite les deux parties opérées, de manière que leurs plaies se recouvrent exactement l'une par l'autre; à les ligaturer solidement ensemble, et à les enduire enfin d'un mélange de terre argileuse et de bouse de vache en consistance de terre à modeler, que l'on couvrira de mousse. Il est bon de retrancher la sommité du sujet, pour ôter à la séve le canal direct dans lequel elle avait coutume de se porter, et de la forcer ainsi à alimenter la branche greffée.

La seconde manière de faire cette greffe consiste, comme dans la précédente, à rapprocher le sujet de la branche à greffer; à couper la tête du premier de trois à huit pouces de haut; à faire une entaille triangulaire sur l'aire de cette coupe, et à tailler triangulairement la partie de la branche qu'on voudra greffer, de manière que cette partie remplace exactement l'entaille pratiquée sur la tête du sujet; on ligature ensuite les parties pour qu'elles ne se disjoignent pas; on met un emplâtre semblable à celui que l'on a employé pour la première greffe, et l'on redresse verticalement, au moyen d'un tuteur, le rameau qui doit remplacer la tête du jeune arbre. Si cette opération est faite avec intelligence, les greffes reprennent dans le cours de la même année. Lorsqu'on s'est assuré que les parties sont jointes et bien soudées, on sépare les rameaux de la mère-plante, on coupe la tête au sujet de la première greffe, et l'opération est terminée.

Les jeunes arbres ainsi greffés, après avoir passé un ou deux ans en pépinière pour y prendre de la force, doivent être plantés à demeure à leur destination. Ce moyen est excellent pour multiplier les arbres fruitiers qui ne se propagent pas avec toutes leurs qualités par le moyen des semences, tels que les orangers, les anones, les corossols, les sapotilles, les manguiers, les mangoustans, les litchis et autres. Il n'est pas douteux qu'on ne puisse multiplier de la même manière les bonnes variétés d'arbres à épiceries provenus de semences.

Journal de la Mart., 1820, n° 33, et *Annales maritimes*, 1820, 2e partie, p. 166.

N° 2173. — *Dépêche ministérielle annonçant l'envoi à la Martinique d'une compagnie de sapeurs ouvriers, composée ainsi qu'il suit.* (Extrait.)

26 avril 1820.

1 Capitaine en second,
1 Lieutenant,
1 Sergent-major,
4 Sergents,
1 Fourrier,
8 Caporaux,
2 Tambours,
200 Sapeurs, dont 20 Maçons, 15 Tailleurs de pierre, 20 Mineurs, 10 Charpentiers et Menuisiers, 15 Forgerons, taillandiers et serruriers, 120 Terrassiers.
——
218 Hommes en tout.

Nota. Une ordonnance du Roi du 18 août 1819 (voir *Bulletin des lois* n° 303), a assimilé la solde des officiers et sous-officiers de cette compagnie à celle des grades correspondants dans les mineurs.

Annales maritimes.

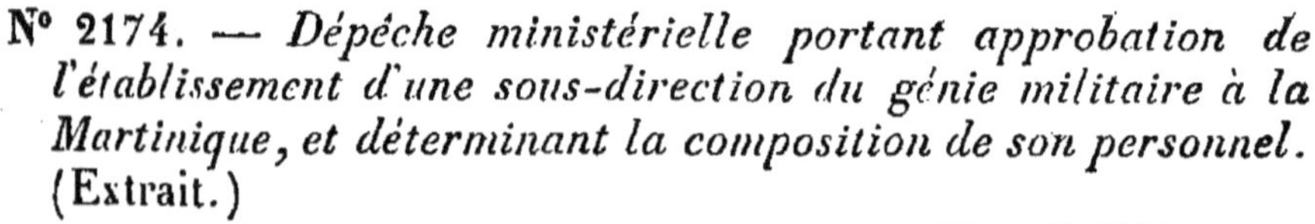

N° 2174. — *Dépêche ministérielle portant approbation de l'établissement d'une sous-direction du génie militaire à la Martinique, et déterminant la composition de son personnel.* (Extrait.)

26 avril 1820.

1 Chef de bataillon sous-directeur,
1 Capitaine chargé du service à Saint-Pierre,
1 *Idem* de l'arrondissement de Fort-Royal,
1 Lieutenant de sapeurs,
6 Employés, dont 2 Surveillants de travaux, 2 Gardes dessinateurs, 2 Écrivains.
——
10

Inspection. Reg. 7, n° 189.

N° 2175. — *Dépêche ministérielle au gouverneur administrateur au sujet de l'emploi de la solde accordée aux troupes dans les colonies par l'ordonnance du 22 septembre 1819.*

26 avril 1820.

Monsieur le Comte, par ma circulaire du 29 septembre dernier, n° 273, portant envoi de l'ordonnance royale du 22 du même mois sur les traitements civils et militaires aux colonies, je vous ai engagé à examiner et à me faire connaître comment la solde qui a été accordée par ladite ordonnance aux troupes en garnison à la Martinique devait être distribuée entre la masse d'ordinaire, celle de linge et chaussure et les deniers de poche, pour tourner au plus grand avantage du soldat; je vous ai invité, en même temps, à me rendre compte de ce qui s'est pratiqué jusqu'à présent à cet égard.

J'apprends qu'à Cayenne et à la Guadeloupe l'emploi des 45 centimes qui forment la solde du fusilier a été réglé provisoirement ainsi qu'il suit :

	A A CAYENNE.	A LA GUADELOUPE
Pour la masse d'ordinaire.........	0f 25	0f 20
Pour la masse de linge et chaussure.	0 15	0 15
Pour les deniers de poche........	0 05	0 10
Totaux.......	0 45	0 45

L'administration de Cayenne a pensé que les effets qui sont à la charge de la masse de linge et chaussure, n'étant payés dans la colonie qu'aux prix de la métropole, d'où on les fait venir, 50 pour 100 en sus, ce qui est passé en France pour cette masse devait amplement suffire au surcroît de dépense occasionné par les frais de transport et par la plus grande consommation de linge que nécessite la chaleur du climat.

Elle a jugé ensuite que le surplus de l'augmentation de la solde devait porter en entier sur la masse d'ordinaire, afin que le soldat pût trouver dans une nourriture plus abondante et plus fortifiante un bien-être journalier qui l'attacherait à son état et qui, en contribuant à entretenir sa santé, le mettrait à même de rendre au gouvernement autant de service que l'on doit en attendre. Dans le conseil que M. le commandant et administrateur de la Guyane a tenu relativement à l'objet dont il s'agit, il avait été proposé de porter à 20 centimes la masse de linge et chaussure ; il a été observé qu'à ce taux les fonds de cette dernière masse dépasseraient les besoins, et que l'excédant du complet de ladite masse, devant être remis au soldat, viendrait réellement en augmentation de ses deniers de poche, disposition qui aurait beaucoup d'inconvénients, tant sous le rapport de la discipline que sous celui de la santé des militaires. Le conseil a été, en conséquence, unanimement d'avis d'adopter la répartition indiquée plus haut.

Les motifs qui ont déterminé la fixation proposée par l'administration de la Guadeloupe ne me sont pas encore connus. M. le comte de Lardenoy m'a seulement informé qu'en laissant 10 centimes pour les deniers de poche, le soldat était tenu d'acheter sur ces 10 centimes le savon employé au blanchissage dont les militaires sont eux-mêmes chargés.

Cette disposition est contraire à l'arrêté du 8 floréal an VIII, qui dit (titre 5, article 7) que les frais du blanchissage seront à la charge de l'ordinaire du soldat. J'en fais l'observation à M. le comte de Lardenoy en l'invitant à examiner s'il ne serait point préférable de se conformer, en ce point, aux règlements existants, en réduisant les deniers de poche à 5 centimes et portant la masse d'ordinaire à 25 centimes comme à Cayenne.

Au surplus, je me suis réservé de faire connaître ma décision définitive à MM. le comte de Lardenoy et Laussat quand j'aurai réuni les documents que j'attends des diverses colonies sur cette matière. Mais il m'a paru qu'il pourrait ne pas vous être inutile de savoir comment on a agi à Cayenne et à la Guadeloupe relativement à l'objet dont je viens de vous entretenir.

Recevez, etc.

Le Ministre de la marine et des colonies,

Signé PORTAL.

Arch. du gouvernement. Dép. ministérielles, n° 120.

N° 2176. — *Ordonnance du gouverneur administrateur relative aux rations en nature ou en argent à délivrer aux miliciens de garde dans les bourgs de la colonie.* (Extrait.)

3 mai 1820.

Art. 1er. L'indemnité pour ration de vivres aux miliciens de garde, dans tous les bourgs de la colonie où ces rations ne seront pas délivrées en nature, est fixée à 90 centimes, brut, par jour.

Signé DONZELOT.

Bureau des revues. Ord. et déc., 1820.

N° 2177. — *Marché passé entre l'administration et un entrepreneur pour l'éclairage des villes de Fort-Royal et de Saint-Pierre.* (Extrait.)

4 mai 1820.

Il est passé pour neuf années.

Il sera fourni et mis en place par l'entrepreneur et à ses frais :

Pour la ville de Fort-Royal (qui paraît n'avoir encore aucun matériel d'éclairage), 65 reverbères conformes au modèle désigné, dont 50 à quatre becs, 10 à trois, et 5 à deux becs ;

Et pour la ville de Saint-Pierre, 22 reverbères qui manquent à son éclairage.

Le nombre de reverbères reconnu nécessaire pour cette dernière ville est de 189.

Il sera payé à l'entrepreneur, par an, pour chaque reverbère, sans avoir égard au nombre de becs, la somme de 215 fr. 60 cent.

Nota. Voir les modifications apportées à ce marché par un nouvel acte entre les mêmes parties, à la date du 15 mai 1826. (Mêmes archives. Reg. 4, f° 91.)

Direction de l'intérieur. Ord. et déc. Reg. 2, f° 11.

N° 2178. — *Lettre du ministre aux administrateurs des colonies en faveur de l'institution connue sous le nom de Congrégation du séminaire du Saint-Esprit.* (Extrait.)

17 mai 1820.

Il s'agit, dit le ministre, de donner de la consistance à cette institution qui, chargée autrefois de diverses missions aux colonies, a laissé partout d'honorables souvenirs.

Déjà quelques personnes de France et des colonies se sont empressées de concourir aux frais du nouvel établissement ; je vous invite à appeler aussi, sur ses besoins, les dons des âmes pieuses de la colonie que vous administrez.

Non-seulement la maison du séminaire du Saint-Esprit est destinée à fournir des élèves spécialement consacrés à l'exercice du culte dans nos possessions d'outre-mer, mais elle deviendra encore un lieu de retraite pour les ecclésiastiques qui, rappelés des colonies dans la métropole par l'âge ou par les infirmités, se trouveraient dénués de ressources.

Jusqu'à ce que la congrégation puisse fournir aux besoins des colonies, il sera pourvu aux vacances qui surviendront à l'aide de prêtres tirés des divers diocèses; mais ces ecclésiastiques ne seront envoyés à leurs destinations qu'après avoir passé un certain temps au séminaire du Saint-Esprit.

Annales maritimes, 1820, p. 477.

N° 2179. — *Décision du gouverneur administrateur qui fixe à un mètre soixante-dix centimètres de longueur sur un mètre quatre centimètres de largeur la quantité de toile à allouer pour chaque pantalon de soldat.*

22 mai 1820.

Bureau des approvisionnements. Ord. et déc., 1820.

N° 2180. — *Dépêche ministérielle au gouverneur administrateur portant communication d'un rapport scientifique sur l'application du procédé de la section corticale du giroflier.*

24 mai 1820.

Nota. 1° Les instruments déjà envoyés pour l'incision annulaire des caféiers peut servir à cette expérience.

2° Le rapport dont il s'agit, dû aux professeurs du musée d'histoire naturelle, manque aux archives.

Arch. du gouvernement. Dép. ministér., n° 151.

N° 2181. — *Arrêté du gouverneur administrateur portant concession à un particulier demeurant au haut de la rue*

Pesset, à Saint-Pierre, de deux pouces d'eau à prendre sur l'habitation domaniale du Trouvaillant.

28 mai 1820.

Au nom du Roi,

Le Gouverneur et administrateur, etc.,

Vu la pétition de la dame veuve Lafargue de Sainte-Luce, tendant à obtenir une décision sur l'issue à donner au canal établi en conséquence d'une décision précédente sur la sucrerie dite *Trouvaillant*, pour conduire les eaux sur la terre dépendante de cette manufacture et nommée l'*Habitation du Morne-Mirail;*

Vu les propositions du sieur Ariès, propriétaire d'une maison et terrain situés au haut de la rue Pesset, en la ville de Saint-Pierre, et attenant à l'habitation du Trouvaillant, lesdites propositions faites d'accord avec la dame veuve Lafargue de Sainte-Luce, locataire de l'habitation du Trouvaillant, qui expose que les opérations projetées sont dans l'intérêt de la propriété domaniale et qu'elles éviteront une grande dépense qu'une autre direction donnée aux eaux entraînerait;

Considérant d'ailleurs que ces eaux ainsi amenées dans la rue Pesset offriront la facilité d'y établir dans la suite, si on le juge à propos, une fontaine utile à ce quartier,

A arrêté et arrête ce qui suit:

Art. 1er. Le sieur Ariès prendra l'eau sur l'habitation du Trouvaillant, à la concurrence de deux pouces d'eau, dont il a besoin chez lui.

Cette quantité d'eau lui appartiendra en toute propriété et lui sera garantie tant à lui qu'à ses héritiers, à toute perpétuité.

Art. 2. Le canal conduisant cette eau sera fait entièrement aux frais du sieur Ariès.

Il est entendu que, par le moyen de ce canal, il se charge de conduire les eaux prises sur le terrain du Trouvaillant jusqu'au canal de la rue Pesset, ou jusqu'à celui du Morne-Mirail, où elles se dégorgeront comme les autres ruisseaux de la ville; le tout en attendant la fontaine qui pourra s'établir au haut de la rue Pesset, lors de la confection du boulevard.

Art. 3. Lorsque le gouvernement aura pris l'eau qui lui sera nécessaire, s'il restait un excédant des deux pouces d'eau concédés à M. Ariès, il jouira provisoirement de cet excédant, tant que le gouvernement ne le réclamera pas pour des objets d'utilité publique ou pour en disposer en faveur des particuliers, droit qu'il se réserve expressément.

Art. 4. La confection du canal étant terminée, son entretien sera entièrement à la charge du sieur Ariès.

Il est bien entendu que, pour cet objet, il lui sera toujours loisible d'envoyer des ouvriers toutes les fois qu'il le jugera convenable sur l'habitation du Trouvaillant, soit pour la visite dudit canal, soit pour les réparations qu'il pourra exiger.

Art. 5. Si le gouvernement a besoin de faire passer dans le canal précité un volume d'eau excédant les deux pouces concédés, il en sera le maître et en disposera comme il lui paraîtra convenable.

Le sieur Ariès ne pourra conséquemment mettre obstacle à ce qu'il soit fait sur sa propriété tous les travaux utiles que pourrait nécessiter par la suite la disposition de cette eau.

Art. 6. Il sera envoyé sur les lieux un ingénieur qui se concertera avec le sieur Ariès pour convenir des points par où devra passer le canal, afin de ne craindre, dans aucun cas, de gêner les travaux nécessaires à la confection du boulevard.

Art. 7. L'Ordonnateur de la colonie est chargé de l'exécution du présent arrêté, qui sera enregistré au contrôle, à la direction de l'intérieur et partout où besoin sera.

Donné à Saint-Pierre, le 28 mai 1820.

Signé DONZELOT.

Arch. de la direction de l'intérieur. Reg. 2, f° 18.

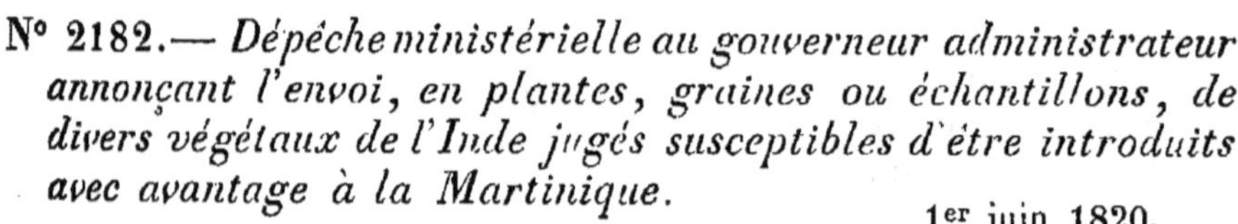

N° 2182. — *Dépêche ministérielle au gouverneur administrateur annonçant l'envoi, en plantes, graines ou échantillons, de divers végétaux de l'Inde jugés susceptibles d'être introduits avec avantage à la Martinique.*

1er juin 1820.

Nota. Les soins nécessaires à leurs naturalisation et propagation sont prescrits.

Arch. du gouvernement. Dép. ministérielle, n° 158.

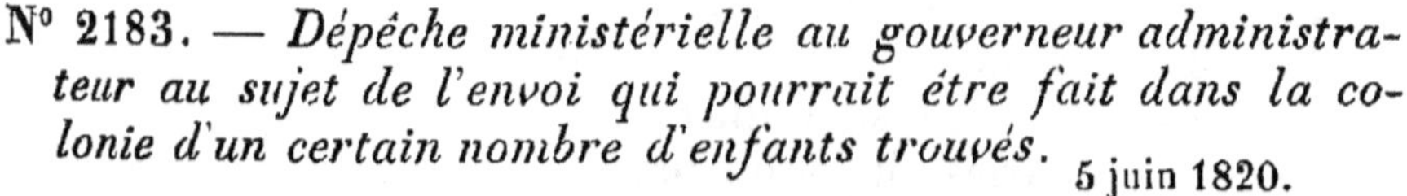

N° 2183. — *Dépêche ministérielle au gouverneur administrateur au sujet de l'envoi qui pourrait être fait dans la colonie d'un certain nombre d'enfants trouvés.*

5 juin 1820.

Monsieur le Comte, aux termes d'un décret du 19 janvier 1811, inséré au *Bulletin des lois*, n° 326, 4e série, et qui n'a point été rapporté, les enfants mâles, trouvés ou abandonnés qui ont été élevés dans les hospices, doivent, lorsqu'ils ont atteint l'âge de douze ans, être mis à la disposition de mon département.

Je vous prie d'examiner s'il ne serait pas possible de recevoir un certain nombre de ces enfants à la Martinique, soit pour y être attachés aux habitations ou ateliers du Roi, soit pour être placés chez des colons, où ils seraient élevés dans la pratique des travaux agricoles ou bien dans celle de quelque profession mécanique.

L'article 18 du décret cité plus haut, et dont je joins ici un extrait, garantit au maître les services gratuits de l'apprenti jusqu'à l'âge de 25 ans. Cette disposition présente aux habitants qui se chargeraient de quelques-uns de ces orphelins des avantages assurés, et il est à croire que plusieurs d'entre eux s'empresseront, dans leur intérêt, de seconder sur ce point les vues du gouvernement qui tendent à l'accroissement dans nos colonies de la population blanche active et industrieuse.

Je vous engage à conférer à ce sujet avec ceux de MM. les propriétaires qui par leur position se trouvent le plus à portée de profiter des facilités qui seraient offertes, et dont l'exemple en même temps peut avoir le plus d'influence (1). Vous voudrez bien, lorsque vous vous serez assuré de leurs dispositions, m'en rendre compte et, s'il y a lieu, me désigner le nombre des enfants qu'il y aurait à faire passer en conséquence dans la colonie.

Il serait à désirer que MM. les colons consentissent à rembourser à l'administration, dans un temps convenu, par payements successifs, s'ils le demandent, mais d'une manière certaine, les frais fort modiques qu'occasionneraient au département le passage et le premier équipement des enfants qui leur seraient confiés.

Vous exerceriez de droit, sur les orphelins qui seraient placés chez les habitants, la surveillance que la loi attribue en France aux administrateurs des hospices. Vous m'adresseriez, sous forme d'arrêté ou d'ordonnance, le projet des dispositions que vous jugeriez nécessaire, pour l'exécution dans la colonie de la mesure dont je viens de vous entretenir.

Recevez, etc,

Le Ministre de la marine et des colonies,

Signé Baron PORTAL.

Arch. du gouvernement. Dép. ministérielles, n° 100.

---

(1) Le gouverneur a en effet communiqué la dépêche à neuf habitants propriétaires, choisis parmi les plus considérables. Tous, dans leur réponse écrite, ont examiné la question et conclu au rejet de la proposition ministérielle. Ces pièces sont encore jointes à la dépêche.

N° 2184. — *Extrait de la loi sur les douanes, de cette date, en ce qui touche les primes d'exportation.*

7 juin 1820.

Art. 4. La prime de sortie des sucres de canne raffinés sera portée de quatre-vingt-dix à cent dix francs pour les pains entiers de six kilogrammes et au-dessous, et de soixante à quatre-vingts francs pour ceux au-dessus de six kilogrammes et pour le sucre candi.

Art. 5. Conformément à la loi du 10 mars 1819, il sera accordé pour l'exportation des acides nitrique et sulfurique une prime qui sera réglée de la manière suivante :

Pour les premiers... 53f 00 par 100 kilogrammes net;
Pour les seconds.... 3 50 *idem.*

Pour obtenir ces primes, les acides devront être expédiés directement des fabriques françaises sur l'un des bureaux désignés en l'ordonnance du 23 septembre 1818, relative aux cotons, et ce, avec des certificats d'origine confirmés par les autorités locales.

Art. 6. Il sera accordé pour l'exportation, et aux conditions déjà établies à l'égard du sucre, une prime de douze francs par cent kilogrammes net de mélasse ou résidu du sucre de canne.

Art. 7. Il sera accordé pour la sortie des meubles neufs en acajou massif, à titre de remboursement de droit d'entrée, une prime de *trente-cinq francs par* cent kilogrammes.

Cette prime s'étendra aux feuilles de placage.

Art. 8. Trois mois après la mise à exécution de la présente loi, il sera accordé à la sortie des tissus de laine une prime, savoir (1) :

Pour les draps que, par le dépôt des factures accompagnées d'échantillons, on établira valoir plus de 25 fr. le mètre...	90f 00	par 100 kilogr.
——— dont le prix ne sera pas déclaré.......	56 25	
Pour toutes les autres étoffes de pure laine....................	22 50	
Pour les étoffes mélangées de laine et d'autres matières..............	45 00	

Art. 9. Le droit du sel employé à la salaison des viandes de

(1) Voyez ordonnance du 28 août 1820.

bœuf et de porc exportées par mer sera remboursé d'après un taux moyen que le gouvernement déterminera pour chaque espèce de salaison (2).

Les dispositions de l'article 55 de la loi du 24 avril 1806 restent applicables aux sels employés aux salaisons de la marine royale.

Art. 10. Les primes d'exportation, sauf celles des sucres et des mélasses, s'appliqueront aux objets expédiés pour les colonies.

Collection de Duvergier, t. 23, p. 7.

N° 2185. — *Extrait de la loi sur les douanes, du 7 juin 1820, en ce qui touche les droits d'entrée des rhums et tabacs.*

DROITS DE DOUANES A L'ENTRÉE.

Rhums et tafias des colonies françaises..........................				Le droit actuel sera augmenté d'un 10e pour chaque degré excédant 22 degrés.	
Tabacs.	en feuilles.	pour la régie.	par navires français. — des pays hors d'Europe......	*exempts*	par 100 kil.
			par navires français. — des entrepôts..	5f 00	par 100 kil.
			par navires étrangers ou par terre............	10 00	par 100 kil.
		pour compte particulier......		*prohibé.*	
	fabriqués, *prohibition maintenue*, sauf les petites provisions de tabac de santé ou d'habitude, qui payeront, savoir :				
	Tabac ordinaire.....			10f 00	par kil., et seulement jusqu'à concurrence de 10 kil.
	Tabac de Séville, de Porto-Rico, etc...			15 00	par kil., et seulement jusqu'à concurrence de 10 kil.
	Cigares de la Havane et des Indes......			40 00	pour 1,000 en nombre et seulement jusqu'à concurrence de 2,000.

Annales maritimes, 1820, p. 309.

N° 2186. — *Circulaire ministérielle prescrivant de joindre des connaissements et des factures appréciés aux envois de munitions ou objets quelconques expédiés des colonies en France pour compte du gouvernement.*

8 juin 1820.

Monsieur le Comte, toutes les fois que des munitions ou objets quelconques sont expédiés des colonies en France, pour le compte du gouvernement, il est indispensable d'y joindre des

(2) Voyez ordonnance du 22 juin 1820.

connaissements et des factures appréciés, qui en fassent connaître la valeur, et au pied desquels on mentionnera tous frais de transport et accessoires, en y ajoutant le coût du fret, si l'envoi s'opère par navire du commerce.

Je vous prie de vouloir bien pourvoir à ce que cette formalité soit exactement remplie à l'avenir pour tous les envois qui pourront être effectués de la Martinique dans les ports de France.

Recevez, etc.

Signé Baron PORTAL.

Arch. de l'ordonnateur. Dép., 1820, n° 51.

N° 2187. — *Dépêche ministérielle au gouverneur administrateur relative aux navires étrangers qui seraient dans le cas d'obtenir des francisations aux colonies.*

9 juin 1820.

Monsieur le Comte, vous avez été informé par une dépêche de mon prédécesseur du 19 novembre 1818, n° 319, qu'il devait être pris, en ce qui concerne les francisations aux colonies, des dispositions définitives dès lors retardées par l'attente où l'on est de divers changements qui se préparent dans la législation de la métropole sur la matière.

Ces changements paraissant être encore ajournés, j'ai arrêté, après m'être concerté avec M. le conseiller d'État directeur général des douanes, que les navires étrangers achetés par des colons et qui se trouvaient dans un des cas où les lois des 21 septembre 1793 et 24 vendémiaire an II, dont vous trouverez ici des extraits, permettent de franciser ces sortes de bâtiments, pourront être expédiés, sous acte de francisation provisoire, pour la métropole, et que les cargaisons y seront admises au privilége colonial, et les navires seront susceptibles d'être pourvus d'actes de francisation définitive des titres produits pour obtenir la nationalité (1).

---

(1) Par autre dépêche du même jour, n° 164, archives du gouvernement, le ministre, répondant à une question du gouverneur, explique que : s'il est interdit d'accorder des francisations pour des bâtiments destinés à faire le cabotage des Antilles ou de la Côte-Ferme espagnole, ou des ports des États-Unis, ou des possessions brésiliennes, il ne peut y avoir aucune difficulté à accorder des papiers de bord aux bâtiments de toutes dimensions qui seraient construits à la Martinique.

Dans l'estimation qui sera faite des réparations qu'auront reçues, dans la colonie, les bâtiments étrangers dont on demande la francisation, les experts auront soin d'écarter la valeur des cordages, ancres, voiles, canots, chaloupes et autres objets qui ne sont point inhérents au corps du navire ; c'est ce que le procès-verbal d'estimation devra mentionner explicitement.

Je vous prie de m'accuser la réception de la présente dépêche, qui sera enregistrée au bureau du contrôle.

Le Ministre,

Signé Baron PORTAL.

P. S. Il ne vous échappera pas que les pièces justificatives des réparations faites dans la colonie aux navires étrangers seront soumises ici, par l'administration générale des douanes, à un examen rigoureux, et qu'il est essentiel que ces pièces offrent, par conséquence, beaucoup de régularité et un détail suffisant de la nature des dépenses effectuées.

Arch. du gouvernement. Dép. ministérielles, n° 163.

N° 2188. — *Décision du gouverneur administrateur portant renouvellement de celle du 29 juin 1819, qui accorde des facilités au commerce pour l'acquittement des droits de douanes.*

10 juin 1820.

Louis, etc.,

Vu notre décision du 29 juin 1819, rendue sur la requête de MM. les commissaires du commerce et des négociants des villes du Fort-Royal et de Saint-Pierre, qui accorde au commerce un délai d'un ou de deux mois pour payer au trésor les sommes dues pour l'acquittement des droits de douanes des bâtiments qu'il expédie,

Vu le motivé de cette décision dont les circonstances nous portent à continuer les dispositions, à cause du manque de numéraire qui augmente chaque jour la gêne du commerce ;

Considérant que s'il est juste d'accorder au commerce les facilités qu'il réclame, il l'est également d'assurer au trésor la rentrée des sommes qui lui sont dues aux échéances fixes ;

Considérant que c'est à l'administration à assurer la rentrée desdits fonds ; que les fonctions du trésorier, d'après l'ordre de la comptabilité, se bornent à faire recette des fonds qui sont versés dans la caisse, d'après les diligences de l'administration ;

que d'après notre décision du 29 juin 1819, le trésorier était obligé de faire recette des valeurs dont le recouvrement faisait peser sur lui une responsabilité dont il doit être dégagé ;

Vu les représentations du trésorier et le rapport de l'ordonnateur,

Avons décidé et décidons ce qui suit :

Art. 1er. Le directeur des douanes est autorisé à délivrer les expéditions des bâtiments du commerce, français et étrangers, en acceptant des négociants reconnus et domiciliés dans un des ports de la colonie, et lorsqu'ils le demanderont, pour les droits qui seront dus, des obligations ou effets par lesquels on s'engagera à payer au trésor de la colonie le montant de ces droits.

Ces effets ou obligations, en outre de la signature du négociant expéditionnaire, devront être garantis par deux autres signataires au choix du directeur des douanes et du contrôleur ; et ces trois signataires seront solidairement responsables des payements.

Les effets ou obligations seront à un ou deux mois, en raison de la somme à laquelle monteront lesdits droits, savoir :

Pour les droits de 1,000 à 5,000 francs, un mois ;

Pour ceux de 5,000 francs et au-dessus, deux mois ;

Les droits au-dessous de 1,000 francs seront acquittés en numéraire au trésor.

Art. 2. Les liquidations des droits délivrées par la douane seront vérifiées au contrôle, comme par le passé, et on y enregistrera lesdits effets ou obligations, aux fins qu'il connaisse les échéances auxquelles les effets seront exigibles.

Le contrôleur fera sur les signataires des effets telles observations qu'il croira justes, dans l'intérêt du gouvernement, au directeur des douanes, et, en cas de différend, il en sera référé à notre décision.

Art. 3. Lorsqu'un effet sera échu, il sera adressé par le directeur des douanes au contrôle colonial, avec la liquidation sur laquelle la recette doit être faite au trésor.

Art. 4. Le contrôleur colonial préviendra les parties des payements qu'elles doivent effectuer, et, sous le délai de trois jours, commenceront à ses diligences les poursuites de rigueur, qui doivent être faites par la voie de l'avocat du domaine, chargé de les exercer, comme s'agissant de deniers royaux.

Art. 5. Le trésorier de la colonie se chargera en recette, d'après la liquidation, des sommes qui lui seront ainsi versées et en fournira son récépissé.

Art. 6. Les négociants qui ne seraient pas exacts à payer les effets consentis pour des droits aux époques de faveur qui leur auront été accordées ne seront plus admis à en obtenir de pareilles à l'avenir.

Le contrôleur et le directeur des douanes sont chargés de veiller à l'exécution de cette disposition.

Art. 7. Au moyen des dispositions ci-dessus notre décision du 29 juin 1819 est rapportée, et la présente cessera d'avoir son effet ou sera renouvelée, si besoin est, le 1er janvier 1821.

Art. 8. L'ordonnateur de la colonie est chargé de surveiller l'exécution de la présente décision, qui sera enregistrée au contrôle et affichée dans les bureaux du contrôle, de la direction des douanes et du trésor.

Donné à Saint-Pierre, le 10 juin 1820.

Signé DONZELOT.

Inspection. Reg. 7, n° 149.

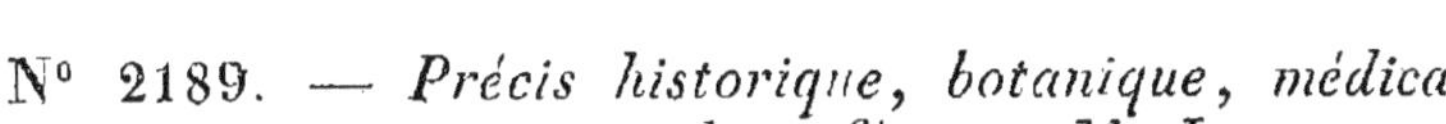

N° 2189. — *Précis historique, botanique, médical et agronomique sur le café, par M. Lesson.*

12 juillet 1820.

Annales maritimes, 1820, 2e partie, p. 842.

N° 2190. — *Ordonnance du Roi qui impose aux veuves de militaires résidant en pays étrangers la retenue d'un tiers sur leurs pensions.*

13 juillet 1820.

Annales maritimes, 1820, 1re partie, p. 382.

N° 2191. — *Circulaire ministérielle portant examen et solution de questions sur les formalités à observer pour la remise des effets naufragés.*

17 juin 1820.

Monsieur, la mainlevée donnée pour les effets provenant de sauvetage, soit aux assureurs lorsque le délaissement en a été fait par les chargeurs, soit aux correspondants des uns ou des autres, a fait élever des questions qu'il m'a paru important de résoudre, afin de ne pas retarder la remise de ces effets, et, en même temps, pour tracer dans tous les ports une marche uniforme.

On demande :

1° Quelles sont les pièces que l'administrateur de la marine doit exiger, lorsque la réclamation de mainlevée est présentée par les assureurs en lieu et place des chargeurs ;

2° Si les lettres produites par le correspondant, ou des assureurs ou des chargeurs, peuvent être considérées comme un pouvoir suffisant, tel que le qualifie l'article 25 de l'ordonnance de 1681, au titre *Naufrages*.

L'article 385 du code de commerce donne la solution de la première question ; cet article porte que, le délaissement signifié et accepté, ou jugé valable, les effets assurés appartiennent à l'assureur à partir de l'époque du délaissement. D'où il résulte que, l'assureur devenant propriétaire de la chose par le fait du délaissement que le chargeur lui signifie, l'administrateur, pour être en règle à l'égard du chargeur qui lui est indiqué par le connaissement, doit exiger de l'assureur la justification de l'abandon qui lui est fait ; il aura donc à se faire produire, outre le connaissement, la signification du délaissement comme la preuve la plus régulière de la substitution ; toutefois, à défaut de signification, il suffira de l'endos du connaissement par le chargeur à l'ordre de l'assureur.

La seconde question se résout par des principes analogues.

Si l'on prend rigoureusement à la lettre l'article cité de l'ordonnance de 1681, on ne pourra, d'après les formes administratives, considérer comme pouvoir suffisant que le pouvoir spécial et régulier produit par un tiers agissant soit pour le chargeur, dans le cas de non-assurance, soit pour l'assureur dans le cas contraire.

Mais il faut aussi avoir égard aux modifications que les circonstances, l'usage et les lois nouvelles, ont introduites dans cette partie de la législation.

Il est généralement reconnu aujourd'hui qu'en matière de commerce la correspondance fait foi ; les tribunaux de commerce font journellement l'application de ce principe, et il serait hors de toute convenance qu'en ce point l'administration se montrât plus rigoureuse que les tribunaux. L'article 1985 du code civil vient d'ailleurs à l'appui de cette doctrine, en admettant comme mandat valable le pouvoir donné même par lettre.

Ainsi, les pouvoirs résultant de la correspondance commerciale doivent être regardés comme suffisants et remplissant le vœu de l'article 25 de l'ordonnance de 1681.

Et, pour que les idées soient bien fixées à cet égard, il doit être entendu que le correspondant du chargeur pourra se faire reconnaître comme mandataire par la production des lettres qui le désigneraient en cette qualité, sans qu'il soit nécessaire qu'elles portent commission expresse et spéciale pour suivre les intérêts relatifs à l'événement de naufrage qui ne s'y trouverait pas énoncé.

Enfin, ce que j'ai dit, en traitant la première question, de l'endos du connaissement par le chargeur, comme suppléant, pour l'assureur, la signification du délaissement, s'applique aussi à la question des pouvoirs, c'est-à-dire qu'à défaut de correspondance, cet endos sera admis pour procuration donnée au réclamant qui présentera ce titre à lui transmis ou par le chargeur ou par l'assureur.

Au surplus, si l'administratien éprouvait des doutes sur l'authenticité des pièces fournies, elle exigerait que les signatures fussent légalisées.

En suivant ces diverses dispositions, dont le but est d'assurer au commerce toutes les facilités qu'il est juste de lui procurer, on ne doit pas cependant perdre de vue les mesures de hiérarchie administrative établies dans l'intérêt des parties et dans les convenances du service: ainsi, l'autorisation de l'administration supérieure est toujours nécessaire pour la remise des sauvetages, mais cette autorisation ne doit jamais comporter que de courts délais, et, en s'appliquant à les abréger autant que le permettront les localités, on évitera les réclamations qu'ils pourraient faire naître.

Je remarque, du reste, que la plupart des difficultés qui s'élèvent avec les réclamations sont la suite de malentendus qu'on doit à l'intervention officieuse de non-autorité. Il importe donc que les commissaires des classes se concertent entre eux pour se mettre en rapport direct avec les interessés ou leurs agents reconnus.

Quant aux pièces justificatives des réclamations, je n'ai sans doute pas besoin de dire qu'au lieu d'être seulement exhibées et rendues, elles devront rester entre les mains de l'administrateur des classes, soit en original, soit en copies dûment certifiées, afin de servir au besoin de garantie à sa responsabilité.

Vous voudrez bien faire enregistrer cette dépêche au contrôle et en donner connaissance à tous les administrateurs des quartiers de votre arrondissement, pour qu'elle serve de règle, dans la remise des effets sauvés, tant aux chargeurs qu'aux assureurs.

Le Ministre de la marine et des colonies,
Signé Baron PORTAL.

Inspection et *Annales maritimes*, 1835, p. 10.

Nº 2192. — *Ordonnance du gouverneur administrateur pour la fixation périodique du poids du pain et la réduction du nombre des boulangers.*

19 juin 1820.

Nous, etc.

Vu les nouvelles réclamations qui nous ont été présentées par les boulangers des villes de Fort-Royal et de Saint-Pierre, sur les dispositions de l'ordonnance du 3 décembre 1818, portant tarif du poids du pain et du prix fixe de sept sous dix deniers, argent des colonies;

Vu le rapport définitif de la commission établie par notre ordonnance du 30 novembre dernier;

Considérant que, complétement éclairée par les boulangers de la ville de Saint-Pierre, au nombre de 10, y compris leur syndic, lesquels ont été entendus sur tous les détails quelconques relatifs aux dépenses de manipulation, dépenses personnelles, loyers de maisons, profits, et généralement sur ce qui a rapport aux frais annuels à prélever légitimement pour l'établissement de chaque boulangerie, ladite commission a adopté un terme moyen de fixation de ces frais;

Considérant qu'il est résulté de ces bases une échelle progressive et un nouveau tarif qu'elle a jugé devoir concilier les intérêts du public et ceux des boulangers, à l'égard desquels il n'a été statué, en cette occasion, que sur les renseignements fournis par eux-mêmes;

Considérant encore que ledit rapport constate l'utilité de prolonger la durée de chaque ordonnance de police relative à la taxe, et de l'établir de quinzaine à autre, au lieu de la fixer par semaine, comme précédemment,

Avons ordonné et ordonnons ce qui suit :

Art. 1er. Sera le poids du pain fixé tous les quinze jours, par l'ordonnance de police d'usage, conformément au tarif ci-après, adopté par ladite commission.

Art. 2. Les commissaires du commerce de Saint-Pierre se

réuniront tous les quinze jours, pour certifier et faire parvenir au président du tribunal de police de ladite ville le prix des différentes qualités de farine marchande sur la place.

Art. 3. Le terme moyen de ces différents prix sera le prix fixe auquel s'appliquera le tarif adopté.

Le mélange des farines devant se faire dans la proportion de deux tiers en première qualité et d'un tiers en qualité inférieure, le terme moyen précité sera le tiers du prix moyen de deux barils de farine de première qualité et d'un baril de seconde qualité.

Art. 4. Le nombre des boulangers sera limité, à l'avenir, tant pour les villes du Fort-Royal et de Saint-Pierre que pour les bourgs de la colonie, d'après les bases qui nous seront proposées par le tribunal de police de chaque juridiction.

Art. 5. Cette disposition sera l'objet d'un règlement particulier.

Art. 6. Néanmoins les réductions qui pourront en résulter ne s'opéreront que lorsqu'elles seront amenées par des retraites ou décès. Les boulangers actuellement existants conserveront en conséquence leurs commissions, tant qu'ils ne donneront pas lieu à des plaintes contre eux, ou qu'ils n'auront point encouru des condamnations pour contraventions aux ordonnances.

Art. 7. Seront tenus les boulangers d'afficher dans leurs boulangeries la présente ordonnance. Elle sera, en outre, adressée aux commissaires du commerce.

Art. 8. Sera la présente ordonnance enregistrée au secrétariat des archives du gouvernement, aux greffes des tribunaux de police, et partout où besoin sera.

Donné à Saint-Pierre (Martinique), le 19 juin 1820.

Signé DONZELOT.

Journal de la Mart., 1820, n° 50.

TARIF.

Le prix moyen de la farine, supputé par les taxateurs comme il a été dit, étant de :	Le poids du pain sera de :
9 gourdes à 10	12 onces à 11 1/2
10 —— 11	11 —— 10 1/2
11 —— 12	10 —— 9 1/2

12 ——	13	9 ——	8 1/2
13 ——	14	8 1/2 —	8
14 ——	15	8 ——	7 1/2
15 ——	16	7 1/2 —	7
16 ——	17	7 ——	6 1/2
17 ——	19	6 1/2 —	6
19 ——	21	6 ——	5 1/2
21 ——	23	5 1/2 —	5
23 ——	26	5 ——	4 1/2
26 ——	29	4 1/2 —	4
29 ——	»	4 ——	»

Arrêté pour être exécuté conformément à l'ordonnance de ce jour.

Saint-Pierre (Martinique), le 19 juin 1820.

Signé DONZELOT.

N° 2193. — *Autorisation donnée par le gouverneur à un négociant français de conserver, à ses risques et périls, un navire sur la rade de Saint-Pierre pendant une partie de la saison d'hivernage.*

24 juin 1820.

Nota. Voir une autorisation semblable, 12 juillet 1820, arch. du gouvernement, ord. et déc. n° 446.

Arch. du gouvernement. Ord. et déc., n° 438.

N° 2194. — *Ordre du gouverneur administrateur portant tarif des salaires dus aux ouvriers marins fournis par la station pour travaux divers.*

25 juin 1820.

L'ordonnateur de la colonie nous ayant rendu compte des motifs pour lesquels les dispositions mises en marge du tableau comparatif, faisant suite à notre décision du 29 mai 1818 concernant les ouvriers employés dans le port du Fort-Royal, n'avaient pas reçu leur pleine et entière exécution pour les ouvriers marins appartenant à la station;

Considérant que ces dispositions sont susceptibles de quelques modifications, d'après les instructions de S. Exc. le ministre de la marine et des colonies à M. le contre-amiral baron Duperré, commandant la station navale des Antilles, dont il nous a été donné connaissance;

Étant nécessaire de fixer le prix de la journée à accorder auxdits ouvriers marins dans les différentes circonstances où ils peuvent être employés, soit en rade pour d'autres bâtiments de la station, soit dans le port *pour les mêmes services*, soit enfin pour constructions ou radoubs étrangers à la station;

Après en avoir conféré avec M. le baron Duperré, contre-amiral, commandant la station navale des Antilles, et avec l'ordonnateur de la colonie,

Avons ordonné et ordonnons ce qui suit :

Art. 1er. Les ouvriers marins fournis par la station, employés à des travaux et réparations sur les bâtiments du Roi, même ceux sur lesquels ils sont embarqués, qui devraient être exécutés par les ouvriers du port, sous la surveillance des divers directeurs, soit que ces ouvrages s'exécutent à bord, sur les quais ou dans le port, recevront un salaire extraordinaire.

Art. 2. Ce salaire est établi sur le pied du quart de la journée des ouvriers domiciliés et employés dans le port du Fort-Royal, fixé par le tarif du 29 mai 1818.

A compter du 1er juillet 1820, le prix de ce quart est fixé ainsi qu'il suit :

	PRIX DE LA JOURNÉE des ouvriers du port.	MONTANT DU QUART pour les ouvriers de la station.
Chefs ouvriers ou premiers maîtres d'un bâtiment	7f 60	1f 90
OUVRIERS :		
De 1re classe ou officiers mariniers de profession	5 60	1 40
De 2e classe : matelots ou ouvriers de professions	4 60	1 15
De 3e classe : novices de professions ou matelots de corvée	3 60	0 90
De 4e classe : novices de corvée	3 10	0 75

Art. 3. Pour que le payement de ces journées puisse être effectué régulièrement, les bâtiments de la station, comme ceux de relâche ou de passage, qui auront besoin d'ouvriers marins pour des ouvrages ou réparations et du ressort de la direction

des constructions, en feront la demande par écrit au commandant de la station, qui déterminera s'il pourra, ou non, être prêté des ouvriers de la rade à cette direction. La demande devra désigner le genre et l'espèce de travail.

Le même commandant fixera le nombre et la classe de chaque espèce d'ouvriers que chaque bâtiment pourra prêter pour l'exécution du travail; si le travail a lieu à bord, le commis aux vivres du bâtiment où les ouvriers auront été employés en établira l'état nominatif, indiquant les bâtiments d'où ils proviennent et le nombre de journées revenant à chacun.

Cet état, certifié par lui, visé par l'officier chargé du détail et le commandant du bâtiment, sera remis avec la demande primitive à l'ordonnateur, qui fera expédier la dépense par l'officier d'administration chargé du détail des chantiers et ateliers, pour être comprises dans les dépenses du bâtiment remboursables par la métropole, conformément au modèle n° 5 de l'instruction ministérielle du 28 octobre 1819.

Art. 4. Les ouvriers marins des bâtiments de la station qui travailleront à terre ou dans le port à des travaux étrangers à la station, dont la dépense serait à la charge de la colonie, seront payés conformément au tarif du 29 mai 1818 :

Les ouvriers de 1re classe, 3 francs par jour;

Ceux de 2e classe, 2 francs *idem;*

Les manœuvres, 1 fr. 80 cent. *idem.*

Art. 5. L'ordonnateur de la colonie est chargé de l'exécution du présent ordre, qui sera enregistré au contrôle et dont expédition sera adressée au commandant de la station pour en être donné connaissance aux capitaines des bâtiments du Roi, et copie transmise par lui à l'officier qui devra prendre le commandement de la station en son absence.

Donné à Saint-Pierre, le 25 juin 1820.

Signé DONZELOT.

Inspection. Reg. 7, n° 349.

N° 2195. — *Ordre du gouverneur administrateur pour la construction de ponts et ponceaux, etc., sur une portion de la route du Lamentin au François, par le morne Pitault.*

25 juin 1820.

NOTA. Ces travaux estimés 12,272 francs.

Arch. du gouvernement. Ord. et déc., n° 440.

N° 2196. — *Ordre du gouverneur administrateur pour l'entreprise, partie aux frais de l'État et partie aux frais de la commune, du relèvement de la chaussée Mahault et de la construction d'un pont à l'extrémité de cette chaussée, près du bourg du Lamentin.*

25 juin 1820.

NOTA. Ces travaux estimés ensemble 26,000 francs environ.

Arch. du gouvernement. Ord. et déc., n° 439.

N° 2197. — *Ordonnance du gouverneur administrateur qui détermine pour l'année* 1820 *la durée de l'hivernage pour les bâtiments du commerce français.*

26 juin 1820.

NOTA. Elle n'est que la reproduction de celle du 25 juin 1818.

Journal de la Mart., 1820, n° 51.

N° 2198. — *Circulaire ministérielle portant recommandation de ne permettre l'exercice du saint ministère qu'aux prêtres munis de titres légaux.* (Extrait.)

28 juin 1820.

Le Ministre, après y avoir rappelé les dispositions de la circulaire du 17 mai précédent et l'espoir qu'il fonde sur le séminaire du Saint-Esprit, ajoute :

« Je vous recommande au surplus de veiller à ce que les « sujets qui se présenteraient à la Martinique pour y être em- « ployés ne soient admis à exercer le saint ministère qu'autant « qu'ils auraient été directement envoyés par mon département, « ou du moins qu'ils seraient pourvus de lettres démissoriales « signées d'un archevêque ou évêque du royaume, dûment léga- « lisées et revêtues de mon visa.

« *Le Ministre de la marine et des colonies,*

« Signé Baron PORTAL. »

Arch. de l'ordonnateur. Dép. 1820, n° 60.

N° 2199. — *Circulaire ministérielle portant solution de diverses questions concernant le sauvetage des bâtiments naufragés.*

30 juin 1820.

Monsieur, un échouement arrivé au Conquet a donné lieu à des questions générales sur lesquelles j'ai été consulté. Comme les circonstances particulières à cet échouement peuvent se reproduire sur d'autres points du littoral, il m'a paru nécessaire de généraliser les directions que j'avais données, afin que tous les ports opèrent uniformément dans les cas semblables.

Je vais en conséquence vous faire connaître les questions qui m'ont été soumises et les réponses par lesquelles je les ai résolues.

PREMIÈRE QUESTION.

Le devoir de l'administration de la marine d'intervenir en l'absence des propriétaires dans les sauvetages se borne-t-il aux bâtiments complétement naufragés, et ne s'étend-il pas à tous les cas où l'avarie notable de la marchandise exige sa mise à terre et sa bonification?

Et alors n'y a-t-il point, par le fait, interruption de voyage et lieu à réduction de fret?

SOLUTION.

Pour que l'intervention administrative soit légale, il n'est pas nécessaire que le bâtiment soit en état de bris et de démolition. Quand un bâtiment submergé ou démarré se jette à la côte, l'administration de la marine peut et doit intervenir dans l'intérêt des absents, et subsidiairement dans l'intérêt de l'ordre et de la tranquillité publique. Mais ce serait passer le but que de se croire obligé à se mêler de tous les cas où l'avarie notable de la marchandise exige sa mise à terre et sa bonification.

Si le bâtiment n'est pas à la côte, s'il est parvenu à se mettre en sûreté soit dans un port, soit dans un havre ou dans une rade, il est clair que, quel que soit l'état de sa cargaison, l'administration n'a pas à s'en occuper; c'est au capitaine à prendre alors, sous la surveillance du tribunal de commerce et sous la responsabilité dont il est passible solidairement avec ses armateurs, telles dispositions qu'il juge convenables pour le débarquement et la bonification de sa cargaison.

Quant aux discussions sur le fret, l'administration n'ayant à en connaître dans aucun cas possible, la question secondaire est sans objet; ces discussions sont de la compétence du tribunal de commmerce.

DEUXIÈME QUESTION.

Sur quelle base doit se faire la répartition des frais généraux et communs de sauvetage?

SOLUTION.

La répartition doit avoir lieu au marc le franc de la valeur des objets sauvés, ainsi que l'usage le consacre, et par la raison que toute autre base ouvrirait la porte à l'arbitraire.

Il est à observer, en effet, que l'encombrement ou le volume des objets ne peut pas être pris pour règle, attendu que ce n'est pas là ce qui détermine la difficulté du sauvetage et par conséquent les frais qui en résultent. La cause tient le plus souvent à l'emplacement à bord, combiné avec les circonstances de la localité et les accidents particuliers à chaque naufrage.

D'ailleurs, comme tout se fait simultanément, on ne pourrait attribuer à chaque objet sa part précise dans les travaux et les dépenses du sauvetage, et c'est un motif de plus pour s'en tenir au mode de répartition calculé sur la valeur des objets.

Mais il est entendu que, lorsque des épaves sont sauvées isolément et après coup, leur dépense doit faire article à part.

Si donc, dans le naufrage d'un bâtiment chargé de liquides, les trois quarts de la cargaison sont mis en lieu de sûreté, à raison de 20 francs de frais par futaille, et que, sauvé sur d'autres points, comme la chose arrive souvent, le dernier quart occasionne 30 ou 40 francs de frais par futaille, il n'y a pas lieu d'en faire un total, et chaque propriétaire doit alors subir le résultat de l'événement qui lui est personnel.

Cette distinction généralement observée rentre dans l'esprit de l'article 404 du code de commerce.

TROISIÈME QUESTION.

Si c'est la valeur des marchandises sauvées qui doit être prise pour base, comment en sera établie l'estimation? Par qui seront nommés et assermentés les experts qui la feront.

SOLUTION.

Quand il n'y a pas vente, l'estimation doit être faite par des experts assermentés dont la désignation appartient aux tribunaux de commerce.

Là où il n'existe point de tribunal de commerce, c'est au juge de paix qu'appartient la nomination des experts, par analogie aux dispositions de l'article 414 du code de commerce, qui leur confère ce droit, au défaut de tribunaux de commerce, lorsqu'il y a à estimer la valeur des marchandises jetées et à faire entre les propriétaires la répartition des pertes et dommages causés par le jet.

QUATRIÈME QUESTION.

Quand doit avoir lieu l'estimation? sera-ce avant ou après la bonification?

SOLUTION.

L'estimation des objets sauvés doit avoir lieu lors du règlement des frais de sauvetage, en ayant égard aux effets de la bonification future, dans le petit nombre de cas où ce résultat est probable.

CINQUIÈME QUESTION.

Qui fera la répartition des frais généraux et communs de sauvetage?

SOLUTION.

Le commissaire aux classes.

Il ne m'est jamais revenu que cette opération, faite par un agent désintéressé dans la cause, comme l'est celui-ci, ait donné lieu à des difficultés; mais, pour tout prévoir, s'il s'en élevait, les parties devraient être renvoyées, comme s'agissant de contestations de particuliers à particuliers, par-devant le tribunal de commerce, qui statuerait sur l'objet du débat; d'après le prononcé et le remboursement des frais, l'administration donnerait mainlevée générale.

Sur de nouvelles observations qui m'ont été présentées à ce sujet, je crois devoir ajouter qu'il pourrait aussi arriver le cas où tous les intéressés du naufrage ne seraient pas représentés lors de la répartition des frais, et où les parties non représentées viendraient à contester la répartition, après que mainlevée aurait été donnée aux intéressés présents qui auraient acquitté leur quote-part des frais.

Dans cette hypothèse, si le tribunal de commerce venait à rectifier le travail du commissaire des classes, il en résulterait un accroissement de frais à la charge des intéressés présents, auxquels l'administration aurait donné mainlevée; pour prévenir alors les embarras qui naîtraient de la difficulté d'exercer sur ceux-ci une reprise sans autre titre que le jugement définitif, l'administration ne devra accorder mainlevée aux intéressés présents qu'après avoir fait souscrire à chacun d'eux l'obligation expresse, en cas de changements ultérieurs faits à la répartition par le tribunal de commerce, de verser dans la caisse des invalides, sur la simple production du jugement et à la première demande, l'excédant de frais dont la quote-part se trouvera grevée. Je laisse aux chefs de service à juger les cas où il pourra même devenir nécessaire d'exiger que l'obligation personnelle des intéressés présents recouvre la garantie subsidiaire d'une caution.

Vous voudrez bien m'accuser réception de la présente dépêche, qui devra être transmise aux commissaires des classes dépendant de votre arrondissement et enregistrée au contrôle.

Le Ministre de la marine et des colonies,
Signé Baron PORTAL.

Inspection. Reg. 9, n° 392.

N° 3000. — *Ordonnance du gouverneur administrateur pour la construction d'un bac au passage du Marigot, paroisse du Diamant.* (Extrait.)

6 juillet 1820.

Ce bac aura 5 mètres 30 centimètres de longueur sur 2 mètres 60 centimètres de largeur. Son entretien et son service sont mis à la charge de la commune.

Si le produit de péage suffit à l'entretien annuel, il pourra être affermé.

Arch. du gouvernement. Ord. et déc., n° 444.

N° 3001. — *Tarif des traitements et indemnités accessoires à payer aux commandants et adjudants de place à la Martinique et à la Guadeloupe* (1).

14 juillet 1820.

A chacun des commandants de place du Fort-Royal et de Saint-Pierre, à la Martinique, de la Basse-Terre et de la Pointe-à-Pitre, à la Guadeloupe.	Traitement par assimilation à un lieutenant du roi de 3e classe, en France,	sur le pied d'Europe....	4,000f00	6,000f00
		supplément colonial conformément à l'art. 1er de l'ordonnance du 22 septembre 1819...	2,000 00	
	Indemnité de logement et d'ameublement (2),	sur le pied d'Europe....	800 00	1,600 00
		supplément colonial conformément à l'art. 2 de l'ordonnance du 22 septembre 1819	800 00	
	Frais de représentation et de bureau....................			1,500 00
	Frais de secrétaire..			400 00
			Total.........	9,500 00

---

(1) Approuvé par le roi, par décision du même jour.

(2) S'il est logé en nature aux frais du roi, il ne pourra prétendre qu'à l'indemnité d'ameublement.

A chacun des adjudants du Fort-Royal et de Saint-Pierre, à la Martinique, et de la Basse-Terre à la Guadeloupe.	Traitement d'adjudant de 1re classe, assimilé à un capitaine (1),	sur le pied d'Europe.... 1,800f 00 supplément colonial conformément à l'art. 1er de l'ordonnance du 22 septembre 1819... 1,350 00	3,150f 00
	Indemnité de logement et d'ameublement (2),	sur le pied d'Europe.... 216 00 supplément colonial conformément à l'art. 2 de l'ordonnance du 22 septembre 1819........ 216 00	432 00
		Total.........	3,582 00

Signé Baron PORTAL.

Inspection. Reg. 7, n° 387.

N° 3002. — *Ordonnance du gouverneur administrateur portant création de deux bureaux de commerce à la Martinique* (3).

17 juillet 1820.

Le gouverneur et administrateur, etc.,

D'après les ordres de Son Excellence le ministre de la marine et des colonies, et après en avoir délibéré en conseil de gouvernement et d'administration,

A ordonné et ordonne, pour être exécuté provisoirement, sauf l'approbation de Sa Majesté, ce qui suit :

Art. 1er. Il sera établi à la Martinique deux bureaux de commerce, dont un dans la ville de Saint-Pierre et un dans celle du Fort-Royal.

Art. 2. Le bureau de Saint-Pierre sera composé de sept membres, y compris un président et un vice-président; celui du Fort-Royal de cinq membres, y compris de même le président et le vice-président.

Art. 3. Cette composition sera établie comme suit; savoir :

A Saint-Pierre :

Trois membres pour le commerce de France, et trois pour le commerce de la colonie;

---

(1) Les titulaires actuels des emplois d'adjudant de place à la Martinique et à la Guadeloupe, dont le traitement a été réglé à 3,600 francs par décisions spéciales du roi antérieures à la présente, continueront à en jouir; mais en cas de mutations, leurs successeurs ne pourront prétendre qu'au traitement qui est fixé ici.

(2) Si le logement est fourni en nature aux frais du roi, l'adjudant de place ne pourra prétendre qu'à l'indemnité d'ameublement.

(3) Trois ordonnances locales des 19, 20 et 22 suivant ont mis ces bureaux en activité. Voir archives du gouvernement, 1822. Ordonnances et décisions.

Au Fort-Royal :

Deux membres pour le commerce de France, et deux pour le commerce de la colonie. Ces membres seront :

A Saint-Pierre :

Pour le commerce de France, trois négociants faisant le commerce de la métropole ;

Pour le commerce de la colonie, trois négociants commissionnaires ;

Au Fort-Royal :

Pour le commerce de France, deux négociants du commerce de la métropole ;

Pour le commerce de la colonie, deux négociants commissionnaires.

Art. 4. En toute occasion où les bureaux auraient à s'occuper de matières dont la discussion serait susceptible d'être éclairée par l'avis des capitaines du commerce de France, ils pourront, à cet effet, appeler dans leur sein le nombre de ces capitaines qu'ils jugeront convenable.

Art. 5. Des capitaines du commerce pourront être également désignés par le gouverneur et administrateur pour le Roi, pour assister les bureaux dans l'examen des questions qui seront dans le cas de leur être soumises par le gouvernement, lorsqu'elles se trouveront de nature à donner lieu à cette disposition.

Art. 6. Nul ne pourra être reçu membre des bureaux s'il n'a fait le commerce en France ou dans les colonies françaises, en personne, au moins pendant cinq ans.

Art. 7. L'ordonnateur est président né des bureaux.

Art. 8. Il n'assiste cependant aux séances qu'autant qu'il le juge convenable.

Art. 9. La présidence ordinaire s'exerce par un vice-président choisi parmi les membres composant les bureaux ; son élection se fait tous les ans.

Art. 10. A cet effet, une liste formée par les bureaux, et composée de trois candidats pour Saint-Pierre et deux pour le Fort-Royal, est présentée au gouverneur et administrateur pour le Roi, qui choisit l'un d'eux pour l'année.

Art. 11. Le vice-président peut être continué, de son consentement, avec l'approbation du gouverneur et administrateur pour le Roi.

Art. 12. Les bureaux choisissent hors de leur sein un secrétaire dont le traitement sera proposé dans l'état indiqué par l'article 22.

Art. 13. Les membres des bureaux sont renouvelés par moitié tous les ans. Les membres sortant peuvent être réélus.

Art. 14. Les bureaux se réunissent sur la convocation du président ou du vice-président, toutes les fois qu'ils le jugent convenable.

Cette réunion est d'obligation une fois par mois.

Art. 15. Deux membres nommés par les bureaux sont destinés à être en exercice pour suivre, avec l'assistance du secrétaire, les affaires courantes dans l'intervalle de ces réunions.

Art. 16. Le remplacement de ces membres a lieu par moitié tous les trois mois, et chaque membre sortant peut être continué en exercice, de son consentement.

Art. 17. Les fonctions attribuées aux bureaux sont comme suit :

Ils présentent des vues sur les moyens d'améliorer la situation du commerce.

Ils font connaître au gouvernement les causes qui en arrêtent les progrès.

Ils indiquent les ressources qu'on peut se procurer.

Ils surveillent l'exécution des travaux publics dont le commerce aurait fait les frais, en totalité ou en partie, et l'exécution des lois, ordonnances et arrêtés concernant la contrebande.

Ils fournissent les *parères* requis par le gouvernement, les tribunaux ou en toute autre occasion où ils pourraient être nécessaires.

Ils déterminent le cours du change, des marchandises ou denrées de toutes espèces, des assurances, du fret ou nolis.

Ils donnent leur avis sur les cas d'urgence ou circonstances de force majeure où il deviendrait indispensable d'accorder des permis de débarquement à la consommation, pour des objets dont l'introduction n'est pas ordinairement permise.

Ils fournissent, à Saint-Pierre, quatre membres à la commission établie annuellement, d'après l'ordonnance sur les impositions, pour régler par trimestre le tarif des prix de base destiné à servir à la perception des droits sur les denrées coloniales à leur sortie.

Ils font tenir registre de tous les négociants ou marchands établis soit dans la juridiction de Saint-Pierre, soit dans celle du Fort-Royal, et, à cet effet, toutes personnes faisant des affaires commerciales devront présenter leurs noms audit enregistrement, après six mois de résidence.

Ils remplacent enfin, sous tous les rapports, l'ancienne institution des commissaires de commerce, dont toutes les fonctions leur sont dévolues.

Art. 18. Les commissaires de commerce qui devaient rester en exercice jusqu'au mois de décembre prochain sont, pour la présente année, membres des bureaux. Ils ne sortiront qu'à la première moitié sortant, et ils pourront, comme les autres membres de cette moitié, être réélus, conformément à l'article 13.

Art. 19. La première formation des bureaux aura lieu de la manière suivante :

Les commissaires de commerce actuellement en exercice à Saint-Pierre et au Fort-Royal se réuniront pour former, à Saint-Pierre, une liste de neuf candidats, dont cinq pour le commerce de France et quatre pour le commerce de la colonie ; savoir :

Pour le commerce de France, cinq négociants du commerce de la métropole ;

Pour le commerce de la colonie, quatre négociants commissionnaires, auxquels le gouvernement ajoutera les commissaires de commerce existants pour faire partie de ladite liste et la porter au nombre de douze, dont moitié pour le commerce de France et moitié pour celui de la colonie.

Cette liste sera de huit pour le bureau du Fort-Royal.

Le gouverneur et administrateur pour le Roi choisira, parmi les douze candidats de Saint-Pierre, les six membres, y compris les commissaires de commerce indiqués dans l'article 18, destinés à compléter la formation établie par l'article 3. Il désignera en même temps, parmi lesdits candidats, quatre suppléants, dont deux pour le commerce de la métropole et deux négociants commissionnaires.

Des dispositions proportionnées seront suivies pour le bureau du Fort-Royal.

Art. 20. Pendant la première année qui suivra la formation des bureaux, le sort indiquera quels sont les membres qui doivent sortir.

Les remplacements se feront par les bureaux à la pluralité absolue des suffrages, et au moyen de la présentation qui sera faite au gouverneur et administrateur pour le Roi de six candidats, parmi lesquels il en choisira trois.

Dans ces remplacements sont compris tant les séries sortant

annuellement que les remplacements partiels que présenteraient des cas fortuits ou toute autre cause qui obligerait un membre à sortir d'exercice avant le temps révolu.

Art. 21. Les élections de membres, après avoir été soumises dans les formes précitées à l'approbation provisoire du gouverneur et administrateur pour le Roi, seront par lui transmises à S. Exc. le Ministre de la marine et des colonies, pour être approuvées définitivement.

Art. 22. Les bureaux présenteront chaque année, au gouverneur et administrateur pour le Roi, l'état de leurs dépenses projetées, et proposeront en même temps les moyens de les acquitter.

Art. 23. Les bureaux correspondent directement avec le gouverneur et administrateur pour le Roi.

Art. 24. Les membres des bureaux prennent rang dans les cérémonies publiques après ceux des tribunaux de première instance (ou de commerce).

Art. 25. L'Ordonnateur de la colonie est chargé de l'exécution de la présente ordonnance, qui sera enregistrée, etc.

Donné à Saint-Pierre, le 17 juillet 1820.

Signé DONZELOT.

Journal de la Mart., 1820, n° 60.

N° 3003. — *Circulaire du gouverneur administrateur aux commissaires commandants des paroisses, sur les moyens d'augmenter le nombre des ecclésiastiques dans la colonie.*

18 juillet 1820.

Depuis longtemps, Monsieur le Commissaire commandant, le gouvernement de cette colonie s'occupe avec persévérance d'obtenir des dispositions qui soient dans le cas d'augmenter à la Martinique le nombre beaucoup trop insuffisant des ecclésiastiques qui y exercent le saint ministère.

A cette insuffisance du nombre se joignait la difficulté de trouver dans tous l'instruction et l'uniformité de doctrine et de principes nécessaires.

Dans la vue d'améliorer cet état de choses, sur lequel il parvenait au ministère des réclamations semblables de toutes les possessions françaises, Son Excellence le Ministre de la marine et des colonies cherchait les moyens de donner de la consistance à l'institution connue sous le nom de Congrégation du séminaire du Saint-Esprit, qui, chargée autrefois de diverses missions aux colonies, a laissé partout d'honorables souvenirs de son zèle et de ses travaux.

Déjà, par une ordonnance du 3 février 1816, le Roi avait rétabli cette congrégation que dirige le respectable abbé Bertout, et avait prescrit sa réintégration dans la maison qu'elle occupait anciennement à Paris.

La pénurie des fonds a longtemps retardé l'exécution de cette disposition; mais par une de ses dernières depèches le ministre m'informe qu'enfin, sur des propositions concertées entre celui de l'intérieur et lui, le Roi a autorisé l'acquisition de cet immeuble au nom de la congrégation, qui en reste propriétaire, et Sa Majesté a ordonné que le prix en serait payé moitié par le département de l'intérieur et moitié par celui de la marine, pour laquelle il devra être prélevé un contingent sur les fonds de chaque colonie.

Une observation bien intéressante que me fait le Ministre, c'est que la maison du séminaire du Saint-Esprit est destinée non-seulement à former des élèves spécialement consacrés à l'exercice du culte dans nos possessions d'outre-mer, mais à devenir encore un lieu de retraite pour les ecclésiastiques qui, rappelés des colonies dans la métropole par l'âge ou par des infirmités, se trouveraient dénués de ressources.

Jusqu'à ce que la congrégation soit en état de suffire, par des sujets sortis de son sein, à tous les besoins du service du culte catholique dans nos établissements des deux Indes, il sera pourvu aux vacances qui surviendront à l'aide de prêtres tirés des divers diocèses; mais ces ecclésiastiques ne seront envoyés à leur destination qu'après avoir passé un certain temps au séminaire du Saint-Esprit.

La maison dont l'achat vient d'être fait étant occupée par l'école normale, en vertu d'un bail qui ne finit que dans cinq ans, M. l'abbé Bertout a formé un établissement provisoire pour le temps qui doit s'écouler jusqu'à l'expiration du bail ou jusqu'à ce que l'école normale soit placée dans un autre local.

Mais le Ministre observe avec raison que c'est beaucoup, si, au moyen des fonds dont le département de l'intérieur et de la marine peuvent disposer en faveur de cet établissement, et en y joignant le produit des loyers du bâtiment acquis, le séminaire actuel peut recevoir même une vingtaine d'élèves; et ce sont cent élèves qu'il faudrait entretenir constamment, pour être en mesure de fournir à nos possessions d'outre-mer les prêtres qu'y réclame l'intérêt religieux et colonial.

Il serait donc à craindre qu'on ne recueillît que beaucoup trop lentement les fruits d'une aussi bonne institution si la charité des fidèles n'achevait ce que le gouvernement a commencé.

Déjà quelques personnes de France et des colonies, pénétrées de l'importance de seconder en cette occasion les vues paternelles de Sa Majesté, se sont empressées de concourir aux frais du nouvel établissement.

Le Ministre m'invite à faire connaître les bases sur lesquelles il est entrepris et à appeler sur ses besoins les dons de tous ceux qui, par leurs moyens personnels, sont dans le cas de donner à cet égard d'honorables exemples.

Il est bien entendu que toutes les libéralités, de quelque part qu'elles viennent, doivent être essentiellement volontaires. L'administration n'aura d'ailleurs à s'en occuper que pour autoriser, lorsqu'il y aura lieu, l'acceptation des legs et donations, et faire honneur aux donateurs de leur générosité par la publicité des noms des bienfaiteurs et par les témoignages de la satisfaction du gouvernement.

Convaincu, ainsi que je le suis d'avance, du zèle avec lequel vous vous livrerez aux vues indiquées par cette lettre, je vous prie de m'instruire du résultat des soins que vous aurez bien voulu prendre pour l'accomplissement d'un objet aussi important au maintien de la religion, des mœurs et de l'ordre public en cette colonie.

Agréez, etc.

Signé DONZELOT.

Arch. de la direction de l'intérieur. Reg. 2, f° 22.

N° 3004. — *Ordonnance du gouverneur administrateur portant nomination des membres de première formation du bureau de commerce de Saint-Pierre, et mettant à la disposition du commerce un local pour l'établissement de ce bureau.*

19 juillet 1820.

Nota. La portion ou aile au nord du ci-devant collége, ayant issue sur la rue Toraille.

Voir l'ordonnance locale du 17 précédent, article 19, portant création des bureaux de commerce.

Voir également, même source que dessus, f° 24 v°, l'ordonnance locale portant nomination des membres de première formation du bureau de commerce de Fort-Royal.

Arch. de la direction de l'intérieur. Reg. 2, f° 23.

N° 3005. — *Ordre du jour du gouverneur administrateur relatif aux rations journalières de vin et de rhum à distribuer aux troupes durant l'hivernage* (1).

20 juillet 1820.

Étant nécessaire de prendre des mesures propres à conserver la santé des troupes pendant la saison de l'hivernage,

A compter du 1er août prochain, jusqu'au 30 novembre inclus, il sera distribué aux sous-officiers et soldats de toutes armes une ration journalière de vin, en remplacement de celle de rhum qu'ils reçoivent dans les autres saisons de l'année. Il leur sera délivré, en outre, pendant le même temps, trois centilitres de rhum par jour et par homme, pour tenir lieu de vinaigre. Ce rhum est destiné à être mêlé avec l'eau qui sert de boisson aux troupes, et un officier assistera toujours au mélange qui en sera fait.

Ces distributions cesseront au 1er décembre prochain, et la ration journalière de rhum reprendra son cours.

L'ordonnateur est chargé de l'exécution du présent ordre.

Signé DONZELOT.

Inspection. Reg. 7, n° 246.

N° 3006. — *Dépêche ministérielle prescrivant au gouverneur administrateur de faire faire, à l'occasion, la reconnaissance hydrographique, vers le banc de Terre-Neuve, de points dangereux non constatés sur les cartes.*

25 juillet 1820.

Nota. Ces dangers signalés par un rapport de M. de Bougainville, capitaine de frégate.

L'extrait en est encore joint à la dépêche.

Arch. du gouvernement. Dép. ministérielles, n° 11.

(1) Cet ordre du jour a été renouvelé textuellement le 13 juillet de l'année suivante.

N° 3007. — *Dépêche ministérielle au gouverneur administrateur approbative des dispositions prises à la Martinique pour y établir, au moyen d'une souscription volontaire, un bateau à vapeur à construire en France.*

20 juillet 1820.

Arch. du gouvernement. Dép. ministérielles, n° 211.

N° 3008. — *Rapport présenté au ministre de l'intérieur par le comité central de vaccine, sur les moyens de faire parvenir sans altération le fluide vaccin aux Antilles, à Cayenne, au Sénégal et à l'île Bourbon.*

26 juillet 1820.

Votre Excellence a chargé le comité central de vaccine établi auprès de son ministère de rechercher et de lui indiquer les moyens les plus efficaces pour faire parvenir le virus vaccin, sans altération, aux Antilles, à Cayenne, au Sénégal et à l'île Bourbon.

Le comité a l'honneur de vous soumettre le résultat de ses recherches sur cet objet important.

Il est d'expérience que l'inoculation du vaccin dans l'état liquide est presque toujours suivie de succès; par conséquent, le comité central place en première ligne l'envoi du vaccin liquide dans des tubes.

Mais comme il est d'observation constante que plus les liquides animaux placés hors de la sphère de la vie sont accumulés en grandes masses, plus aussi leur décomposition est rapide et assurée, il en résulte que le fluide vaccin doit être mis dans des tubes de la plus petite capacité possible. Ces tubes absolument cylindriques, sans renflement central, ne doivent pas avoir une cavité supérieure à la sixième partie d'une ligne. Lorsqu'ils sont remplis de fluide vaccin on en bouche les deux extrémités en les plaçant alternativement dans le foyer d'une bougie, et on a la certitude que l'occlusion est complète, lorsque chacune présente un petit boulet qui indique que le verre a été bien fondu.

Une précaution essentielle et préliminaire consiste dans le choix du fluide vaccin : de ce choix dépend tout le succès.

Les boutons dans lesquels on se propose de recueillir le fluide vaccin doivent être au huitième jour de la vaccination, lorsque l'aréole rouge qui bientôt doit les circonscrire n'est pas encore développée.

A cette époque, ce fluide jouit de toute son énergie; il n'a point encore subi le travail inflammatoire qui bientôt le dénature; car lorsqu'on le recueille dans cette période inflammatoire, rien n'est plus fréquent que le défaut de succès.

Un second moyen, moins certain que le précédent, est l'envoi des croûtes qui succèdent aux boutons vaccins, conservées entières. Ces croûtes, de couleur bois d'acajou, tombent ordinairement du dix-neuvième au vingt-cinquième jour de la vaccination : on peut les recueillir simplement dans du papier; et lorsqu'on veut en inoculer la matière, on en brise une dans un mortier de verre, on la triture, en ajoutant une très-petite quantité d'eau, et quand ce mélange a pris une consistance sirupeuse et une couleur légèrement grise, on l'inocule.

Les tubes et les croûtes doivent être préservés avec soin de la chaleur et de la lumière. On évite l'influence de ces deux agents en enveloppant les tubes ou les croûtes dans un papier noir des deux côtés, et en les plongeant, ainsi enveloppés, dans des boîtes de plomb pleines de charbon de bois pilé et bien sec, et fermées le plus exactement possible.

Ces boîtes doivent être placées dans l'endroit le plus frais du navire; si l'on pouvait même les attacher à une chaîne, de manière qu'elles baignassent constamment dans la mer, la conservation du virus qu'elles renferment serait plus assurée.

Enfin un troisième moyen que le comité doit se borner à indiquer, tout en reconnaissant l'extrême difficulté de son emploi, serait l'embarquement sur le même bord d'un bon nombre d'individus non vaccinés. On en vaccinerait un le jour de la sortie du port; au bout de neuf jours sa matière servirait pour un autre, et l'on prolongerait ainsi la chaîne dont on aurait calculé le nombre des anneaux d'après la longueur du voyage, de manière qu'en débarquant on eût de la matière vivante bonne à être inoculée de bras en bras.

Tels sont, Monseigneur, les seuls moyens que le comité central connaisse pour faire pénétrer la vaccine dans les possessions françaises d'outre-mer. Nous désirons vivement que leur emploi soit couronné de succès, et nous sommes persuadés que, si les précautions que nous avons indiquées sont exactement suivies, on entretiendra la vaccine aussi aisément dans les îles que sur le continent.

Nous sommes, etc.

Signé CHAUSSIER, *président;* HUSSON, *secrétaire.*

Annales maritimes, 1822, 2e partie, t. I., p. 416.

N° 3009. — *Ordonnance du Roi qui accorde une prime sur les cotons des deux Amériques importés en France par navires français* (1).

26 juillet 1820.

Louis, etc.

Sur le rapport de notre Ministre secrétaire d'État au département des finances,

Notre conseil entendu,

Nous avons ordonné et ordonnons ce qui suit :

Art. 1er. A dater du 15 octobre prochain, et jusqu'au 31 mars 1821 inclusivement, il sera accordé sur les cotons des deux Amériques, chargés soit dans nos colonies, soit dans des ports étrangers ou colonies étrangères situées hors d'Europe, et autres que ceux et celles de l'Union, par des navires français qui les importeront en France, une prime de dix francs par 100 kilogrammes. Cette prime sera payée au moment de la déclaration de ces cotons pour la consommation.

Art. 2. La même prime sera payée pour les cotons qui seront introduits en France, avant le 15 octobre, par des bâtiments français qui auront supporté dans les ports des États-Unis le droit de tonnage établi par l'acte du congrès, en date du 15 mai dernier.

Art. 3. Notre Ministre des finances est chargé de l'exécution de la présente ordonnance, qui sera insérée au *Bulletin des lois*

Donné à Paris, le 26 juillet 1820.

Signé LOUIS.

Et plus bas :

ROY.

Annales maritimes, 1820, p. 370.

N° 3010. — *Promulgation à la Guyane française de la loi du* 3 *septembre* 1807 *sur le taux de l'intérêt de l'argent.*

1er août 1820.

Feuille de la Guyane, 1820, n° 223.

---

(1) Par autre ordonnance royale du 3 février 1821, la jouissance de cette prime a été prorogée jusqu'au 1er juillet de la même année.

Une autre ordonnance du 20 juin 1821 l'a encore prorogée, avec exception pour les cotons du cru de nos colonies.

N° 3011. — *Dépêche ministérielle au gouverneur administrateur, portant envoi du marché passé pour la fourniture de la machine à feu à installer sur le bateau à vapeur destiné pour la Martinique.*

2 août 1820.

Nota. Cette machine, de la force de vingt chevaux, construite sur son système à double pression, du prix de 43,000 francs, y compris chaudière en fonte, portière et grille de fourneau, registre et cheminée en tôle, et autres accessoires; plus 3,000 francs pour frais de voyage de Paris à Bordeaux de l'ouvrier ingénieur, et les frais de transport; le bateau devant avoir environ 75 pieds de long sur 16 pieds de large et 9 pieds de hauteur.

Arch. du gouvernement. Dép. ministérielles, n° 213.

N° 3012. — *Homologation par le gouverneur administrateur d'une délibération de la paroisse du Mouillage portant création d'une commission paroissiale permanente.*

29 août 1820.

Le Gouverneur administrateur, etc.,

Vu la délibération de la paroisse du Mouillage en date du 16 de ce mois,

A homologué et homologue ladite délibération pour ressortir son plein et entier effet, et autorise en conséquence l'exécution des dispositions qui y sont comprises, adoptées par les habitants de cette paroisse, comme suit:

1° Le banc de l'œuvre, sous la dénomination de commission paroissiale, sera dorénavant composé du curé, du commissaire commandant, du marguillier en fonctions, de son adjoint, des marguilliers sortis d'exercice, soit qu'ils aient exercé personnellement ou aient satisfait à la taxe en exemption de la charge, et de six propriétaires de biens-fonds dans la paroisse, les plus fort imposés suivant le rôle des contributions publiques;

2° Cette commission, par addition aux pouvoirs déposés au banc de l'œuvre, aura, tant pour la nomination des marguilliers que l'emploi des fonds et les dispositions quelconques relatives au culte, le droit de suppléer au vide des assemblées de paroisse pour quelqu'objet que ce puisse être, lorsque d'ailleurs la paroisse convoquée aux formes d'usage n'aura pu être réunie en assemblée compétente ;

3° Les six propriétaires adjoints pour composer la commission devront être indiqués par le chef du bureau du domaine, d'après le relevé des rôles, et avertis de leur nomination par le commissaire commandant ;

4° Au cas d'empêchement d'aucun desdits propriétaires il y sera suppléé, dans la même forme, par celui le plus fort imposé après lui.

5° Cette commission sera compétente à délibérer lorsqu'elle sera réunie au nombre de sept membres au moins ;

6° Néanmoins, et dans tous les cas qui s'étendent au delà des pouvoirs départis dans la délibération du 17 août 1812, les décisions de cette commission devront être préalablement soumises à la sanction du gouvernement.

Il est entendu que dans tous les cas de réunion de la commission elle ne devra être convoquée que sur la demande du curé ou des marguilliers, avec l'approbation du commissaire commandant la paroisse, qui en fixera avec eux l'heure et le lieu.

Seront les présentes enregistrées à la direction de l'intérieur et sur les registres de la paroisse du Mouillage.

Donné au Fort-Royal, le 29 août 1820.

Signé DONZELOT.

Et plus bas :

GUILLAUME,

Secrétaire.

Arch. de la direction de l'intérieur. Reg. 2, f° 62 v°.

N° 3013. — *Décision du gouverneur administrateur accordant diverses exemptions de droits à l'entreprise des glacières et la dispensant de construire une glacière à Fort-Royal.*

30 août 1820.

Le Gouverneur et administrateur, etc.,

Vu le privilége accordé en date du 19 février 1818 au sieur Tudor, pour l'approvisionnement de la glace dans les villes de Saint-Pierre et du Fort-Royal, notamment l'article 3 du privilége par lequel l'entrepreneur est tenu de construire une glacière au Fort-Royal ;

Vu la pétition présentée par le sieur Stéphen Cabot au nom

du propriétaire et tendant à obtenir des encouragements propres à soutenir l'entreprise;

Vu le tableau, joint à cette pétition, d'envoi et de consommation de glace au Fort-Royal, pendant le mois d'avril dernier, d'où il conste que l'approvisionnement de ladite ville a été et doit rester onéreux à l'entreprise;

Voulant faciliter un établissement non-seulement d'agrément, mais encore d'utilité publique bien reconnue par le fréquent usage qui en est fait dans la pratique de la médecine,

Décide:

Art. 1er. L'entrepreneur sera dispensé jusqu'à nouvel ordre de construire une glacière au Fort-Royal.

Art. 2. Les bâtiments chargés entièrement de glace seront exempts du droit de tonnage et d'ancrage.

Art. 3. Les objets destinés pour l'établissement, ainsi que les viandes conservées dans la glace qui arriveront par les bâtiments dont il s'agit à l'article précédent, seront exempts de droits.

Art. 4. L'entrepreneur pourra ouvrir une souscription pour le débit de la glace au Fort-Royal, à l'instar de celle qui a été ouverte à Saint-Pierre.

Art. 5. L'entrepreneur reste obligé à remplir les clauses et conditions de son privilége qui n'ont point été modifiées.

Art. 6. L'ordonnateur de la colonie est chargé de l'exécution de la présente décision, qui sera enregistrée aux bureaux de la direction de l'intérieur, des douanes et partout où besoin sera.

Donné au Fort-Royal, le 30 août 1820.

Signé DONZELOT.

Inspection. Reg. 7, n° 303.

N° 3014. — *Instructions adressées par le directeur de l'intérieur aux commis à la police des paroisses rurales sur l'exercice de leurs fonctions.*

1er septembre 1820.

Par ordre de M. le lieutenant général, gouverneur et administrateur pour le Roi,

Les commis à la police sont sous les ordres de l'administration coloniale et du ministère public.

Ces deux autorités, émanées de M. le gouverneur, sont pleinement représentées dans chaque paroisse de l'île par le commissaire commandant. Les commis à la police sont donc sous la dépendance immédiate du commissaire commandant de chaque paroisse, et ils seront tenus d'exécuter tous les ordres qu'ils en recevront pour le service de l'administration de la justice et de la police; ils auront le soin de lui rendre le compte le plus exact de tout ce qui se passera de relatif à leurs fonctions dans l'étendue de leur paroisse.

Ils rendront le même compte à l'inspecteur de police des campagnes chargé immédiatement de vérifier sur les lieux la manière dont ils remplissent leurs devoirs.

Lorsqu'ils recevront des ordres de l'ordonnateur de la colonie ou de la direction de l'intérieur, du procureur général et du procureur du Roi, qui ne leur auraient pas été transmis par le commissaire commandant, ce qui peut arriver dans de certaines occasions, ils exécuteront ponctuellement ces ordres; mais ils auront soin d'en instruire le commissaire commandant, soit avant, soit après l'exécution desdits ordres.

La police sur les esclaves est la partie essentielle de leurs fonctions; en conséquence, ils seront vigilants à empêcher les jeux et les attroupements.

Ils s'assureront que les esclaves voyageant sont munis d'un billet de leur maître, et que les objets dont ils sont porteurs sont légitimement entre leurs mains.

Ils arrêteront tout esclave qui ne sera pas en règle, et mettront la plus grande surveillance à ce qu'aucun marron ne puisse leur échapper; ils auront soin d'avertir, autant que faire se pourra, les maîtres des esclaves arrêtés, afin que, dans le cas où leur élargissement ne pourrait compromettre la sûreté publique ou particulière, ces esclaves puissent retourner à leurs maîtres aux moindres frais possibles.

Ils ne pourront jamais se permettre de transférer un nègre arrêté par eux dans une autre paroisse ou dans la geôle, qu'ils n'y soient autorisés par le commissaire commandant.

Ils mettront la plus exacte régularité à la tenue de leur registre pour les déclarations de marronnage, qu'ils devront, chacune, exactement numéroter.

Leur surveillance à l'égard des marchands forains et colporteurs est encore un devoir auquel ils ne sauraient apporter trop d'exactitude.

Les marchands graissiers qui trafiquent le dimanche dans les paroisses ne sont pas sujets au droit imposé sur les colporteurs.

Nul ne peut tenir cabaret hors l'enceinte du bourg, et aucun cabaretier ne peut faire ce métier qu'au préalable il n'en ait obtenu la permission de M. le gouverneur. Les commis à la police sont responsables de cet ordre du gouvernement.

La police sur les bouchers et boulangers est aussi une partie importante de leurs fonctions, et ils ne peuvent la négliger sans manquer à leur devoir.

Pour tout ce qui n'est pas énoncé dans les instructions, les commis à la police devront s'adresser au commissaire commandant et exécuteront ponctuellement ses ordres.

Fort-Royal, le 1er septembre 1820.

Le Directeur de l'intérieur,

SORIN.

Direction de l'intérieur. Ord. et déc. Reg. 2, f° 41.

N° 3015. — *Ordre du jour du gouverneur administrateur qui appelle les milices à concourir au service de la place du Fort-Royal, et leur accorde des rations.*

11 septembre 1820.

La saison de l'hyvernage rendant le service de la police du Fort-Royal trop pénible pour la garnison, les milices y concourront en occupant, trois jours par semaine, les postes du Carénage et du pont Cartouche.

M. le commandant de la place s'entendra avec M. le commissaire commandant de la paroisse pour le nombre d'hommes à fournir par la milice et pour la détermination des jours de la semaine où ces hommes seront de garde.

Les sous-officiers et miliciens recevront une ration complète et l'adjudant de la paroisse deux rations, par chaque jour de service.

. . . .

Fort-Royal, le 11 septembre 1820.

Pour le Gouverneur :

Le Commandant militaire de la colonie,

Signé BARRÉ.

Inspection. Reg. 7, n° 322.

N° 3016. — *Dépêche ministérielle annonçant au gouverneur*

administrateur l'envoi de riz de montagne de Manille pour le naturaliser et propager à la Martinique.

13 septembre 1820.

Arch. du gouvernement. Dép. ministérielles, n° 261.

N° 3017. — *Ordonnance du gouverneur administrateur portant création d'une commission permanente dans chaque paroisse, pour la réception des travaux d'art exécutés sur les routes royales.*

27 septembre 1820.

Le Gouverneur, etc.,

Ayant à établir le mode d'organisation de la commission qui, dans chaque paroisse, devra procéder à la reconnaissance et à la réception des travaux d'art ou autres exécutés annuellement à l'entreprise sur les routes royales;

A ordonné et ordonne ce qui suit:

Art. 1er. Les travaux exécutés sur les routes à la charge du gouvernement, soit pour les ponts, ponceaux, ponts môles, gués pavés, cassis, soit tous autres travaux, lorsqu'ils seront terminés par les entrepreneurs, seront examinés par une commission composée des membres ci-après, qui reconnaîtra si toutes les conditions prescrites et stipulées dans les plans, devis et marchés ont été remplies avec exactitude, et qui procédera ensuite, s'il y a lieu, à leur réception définitive. Il en sera dressé des procès-verbaux, lesquels devront indiquer que les travaux ont été exécutés selon les plans, devis, conditions et marchés. Et dans le cas où ces travaux n'auraient pas été exécutés conformément à ces documents et stipulations, les procès-verbaux devront en faire mention et motiver par tous les développements nécessaires la non-réception desdits travaux, soit en totalité, soit en partie, et donner l'avis de la commission sur ce qu'il conviendrait d'enjoindre aux entrepreneurs. Expédition en due forme des procès-verbaux sera immédiatement adressée par le contrôleur au directeur du génie, qui nous les transmettra avec son rapport et ses propositions dans le cas où les travaux n'auraient point été reçus.

Art. 2. La commission sera composée comme suit, savoir:

Du directeur du génie, et en son absence, de l'officier du génie qui recevra des ordres pour le remplacer;

Du commissaire commandant la paroisse sur laquelle les travaux auraient été exécutés, et en son absence, du lieutenant commandant.

De deux habitants membres du comité des chemins de la paroisse, qui seront désignés à cet effet par le commissaire commandant la paroisse;

Du contrôleur et du sous-contrôleur de la marine, lesquels seront chargés de la rédaction des procès-verbaux.

Art. 3. Lorsque des travaux devront être reconnus et reçus, le directeur du génie préviendra à l'avance les membres qui devront composer la commission et il indiquera le jour de la convocation.

Art. 4. L'ordonnateur de la colonie, le directeur du génie et MM. les commissaires commandant les paroisses sont chargés, chacun en ce qui le concerne, de l'exécution de la présente ordonnance, qui sera enregistrée au contrôle.

Donné au Fort-Royal, le 27 septembre 1820.

Signé DONZELOT.

Et plus bas:

GUILLAUME,

Secrétaire.

Inspection. Reg. 7, n° 367.

N° 3018. — *Circulaire ministérielle réglant, en matière de sauvetage, le rang de l'inspecteur des douanes, le nombre des vacations à allouer aux divers agents employés, et les frais de route hors banlieue.*

30 septembre 1820.

Monsieur, il m'a été soumis diverses questions de bris et naufrages, qui se rattachent au personnel des deux administrations de la marine et de la douane.

Ces questions ont pour objet:

1° L'assimilation du grade du sous-inspecteur des douanes lorsque celui-ci opère en lieu et place de l'inspecteur;

2° Le nombre des vacations à allouer aux agents de la marine et de la douane;

3° La fixation des frais de route quand ils se transportent hors de la banlieue de leur résidence.

Les lois et règlements en matière de bris et naufrages établissent des principes généraux, d'où l'on peut tirer seulement des inductions, mais non des solutions positives ; de là des interprétations différentes, des discussions sans cesse renaissantes entre la marine et la douane ; enfin un défaut absolu d'uniformité dans le mode d'opérer.

Il m'a donc paru important de remédier à cet état de choses, et après m'être concerté à cet effet avec M. le directeur général des douanes, nous sommes convenus des dispositions réglementaires ci-après :

1° Le sous-inspecteur des douanes opérant en matière de sauvetage, à la place de l'inspecteur, sera traité, pour ses vacations et frais de route, sur le même pied que le commis principal de la marine ;

2° Le nombre des vacations sera déterminé, pour les agents des deux administrations, par celui des journées employées jusqu'à l'entrée en magasin des objets sauvés, sauf les vacations qui pourraient être allouées pour les opérations ultérieures de bénéficiment et de vente tant au receveur qu'à l'agent de la marine avec lequel il procède ;

3° Les frais de route, lorsque les agents de la marine et de la douane opéreront hors de la banlieue de leur résidence, c'est-à-dire à plus d'une lieue de 2,000 toises, étendue fixée par la circulaire du ministre de la marine du 4 septembre 1809, seront calculés d'après la distance de ce point à celui de l'échouement ou de l'emmagasinement, suivant le cas de sauvetage ou de vente, sans qu'on ait égard aux courses intermédiaires ;

4° Toutes les opérations de sauvetage qui se feront en deçà de la lieue de poste à partir de la résidence ne comporteront aucune indemnité, soit de frais de route, soit de vacations en faveur des agents de la marine et de la douane.

M. de Saint-Cricq m'annonce qu'il donne des instructions en ce sens aux agents de son administration, et que, pour mieux en assurer l'exécution, il prescrit en même temps de soumettre les états d'indemnités produits par les préposés et leurs chefs à leur directeur respectif, qui les fera parvenir au principal fonctionnaire de la marine.

Je pense que ces dispositions, qui rentrent complétement dans l'esprit des règlements, aplaniront les difficultés que rencontrait souvent l'administration dans l'allocation des indemnités à porter en dépense aux liquidations des bris et naufrages.

Vous voudrez bien, après avoir fait enregistrer la présente dépêche au contrôle, en donner communication aux commissaires des classes dépendant de votre arrondissement, et veiller soigneusement, ainsi que M. le contrôleur, à l'exécution des dispositions qu'elle renferme.

Au surplus, comme chaque sauvetage doit être l'objet d'une liquidation particulière, en vertu de laquelle se régularisent le payement des dépenses et le dépôt du produit net dans la caisse des gens de mer, je vous recommande de me faire parvenir une expédition de chacune de ces liquidations, pour que je puisse juger du montant et de la régularisation des allocations qui y seront portées.

Recevez, etc.

Le Ministre de la marine et des colonies,

Signé Baron PORTAL.

Inspection. Reg. 9, n° 388.

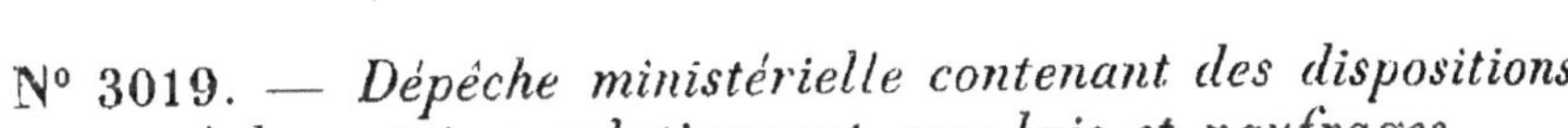

N° 3019. — *Dépêche ministérielle contenant des dispositions réglementaires relativement aux bris et naufrages.*

30 septembre 1820.

Annales maritimes, 1835, 1re partie, p. 18.

N° 3020. — *Circulaire ministérielle portant en principe que la qualité de sauveteur rend tous les marins habiles à recevoir l'indemnité allouée par les règlements sur le sauvetage.*

30 septembre 1820.

Monsieur, la liquidation d'un sauvetage opéré par des marins, les uns isolément employés, les autres montant des embarcations de l'État, a donné lieu à la question de savoir si ces derniers, comme salariés par l'État, avaient droit à une gratification.

Cette question ne m'a paru faire la matière d'aucun doute. Les marins, pour être salariés par l'État, n'en sont pas moins sauveteurs, et je ne vois pas de raison pour les priver d'une gratification qui est le fruit d'un service extraordinaire.

L'on ne trouve pas, il est vrai, dans les ordonnances et règlements, la solution de la question; mais c'est que le droit du marin est naturellement le même que celui de tout autre sauveteur, et que cette dernière qualité lui appartient, sans acception de la première, dès qu'il concourt à un sauvetage. L'ordonnance de 1681 et les règlements postérieurs n'ont point fait de distinction entre le marin isolé et le marin embarqué sur un bâtiment de l'État; et, en principe de jurisprudence, on ne doit pas distinguer là où la loi ne distingue point.

D'ailleurs, en raisonnant par analogie, le marin embarqué sur un bâtiment de l'État n'a-t-il pas droit aux prises, sans cesser pour cela de toucher ses salaires? Et lorsque le gouvernement lui fait une concession si importante sans aucune restriction, viendra-t-il, pour les cas de naufrage, établir un calcul d'intérêt avec le marin et lui enlever par forme de compensation la gratification qu'il a gagnée?

Un pareil système ne serait ni de la dignité ni de la justice du gouvernement. Et d'après toutes ces considérations, j'ai décidé en principe que la qualité de sauveteur rend tous les marins, sans exception, habiles à recevoir l'indemnité allouée par les règlements.

Vous voudrez bien faire enregistrer la présente au contrôle et la notifier aux commissaires des classes de votre arrondissement.

Recevez, etc.

Le Ministre de la marine et des colonies,

Signé Baron PORTAL.

Inspection. Reg. 9, n° 387.

N° 3021. — *Dépêche ministérielle qui supprime comme vicieuse et insignifiante une subvention de 5 pour 100 imposée aux adjudicataires des objets sauvetés, en sus du prix de vente.*

30 septembre 1820.

Inspection. Reg. 9, n° 389.

N° 3022. — *Dépêche ministérielle qui dénie aux commissaires des classes tous droits à indemnité en matière de sauvetage, les réduit aux vacations allouées par l'arrêté du 23 pluviôse an* IX, *et, s'il y a lieu, aux frais de route.*

30 septembre 1820.

Inspection. Reg. 9, n° 389.

N° 3023. — *Dépêche ministérielle adressée au gouverneur administrateur concernant les dispositions relatives à la compagnie de gendarmerie à pied et à cheval demandée pour la Martinique.* (Extrait.)

12 octobre 1820.

Cette dépêche s'occupe notamment :

1° De la dépense de première formation; elle s'élève, le personnel de la compagnie porté à 77 hommes, à la somme de 28,148f 00

2° De la dépense annuelle, solde et dépenses assimilées à la solde; elle s'élève à la somme de. 161,956 11

3° Des dépenses actuelles du service de la police à la Martinique; celles-ci, que la dépêche semble entendre effacer du budget, s'élevant à la somme de.......................... 104,985 60

Il y aurait, outre les frais de première formation, excédant de dépense annuelle de....... 56,970 51

Nota. Une autre dépêche, celle du 7 octobre 1824, n° 335, s'explique davantage au sujet des dépenses de police. C'était dans le but d'en supprimer une partie qu'une compagnie de gendarmerie était demandée. Le Ministre admet comme utile la conservation des chasseurs de montagne, comme auxiliaires de la gendarmerie; mais les autres agents connus sous les dénominations d'archers, de commissaires et de commis à la police, de brigades d'ordonnances, lui semblent devoir être supprimés. En conséquence, il demande un état d'économies opérées tant sur le personnel de la police que sur les autres parties du service.

Au surplus, c'est en 1821 qu'une compagnie de gendarmerie a été envoyée de France à la Martinique. Sa force, appert procès-verbal d'organisation et de revue, était de : officiers, 3; sous-officiers et gendarmes à cheval, 29; *idem* à pied, 27; total, 59 hommes.

Son service, autant que les difficultés locales le permirent, se régla d'après les dispositions de l'ordonnance royale du 29 octobre 1820.

Arch. du gouvernement. Dép. ministérielles, n° 293.

N° 3024. — *Circulaire du Ministre de la guerre contenant*

diverses dispositions relatives au recrutement des troupes des colonies. (Extrait.)

14 octobre 1820.

Le recrutement des troupes des colonies est ouvert : il sera volontaire et aura lieu au moyen d'hommes du contingent des classes de 1818 et 1819, non incorporés, et de soldats faisant déjà partie des légions d'infanterie.

Les remplaçants des classes de 1818 et 1819 qui désireront servir dans les troupes des colonies devront faire leurs déclarations devant MM. les sous-intendants militaires ; elles ne seront reçues qu'autant que chacun de ces remplaçants consentira à souscrire un rengagement, de manière à servir dans les colonies au moins pendant six ans, à compter du 1er janvier 1820.

Les soldats des légions qui demanderont à passer dans les troupes des colonies devront pareillement contracter des rengagements, de manière que leur temps de service dans les colonies soit au moins de six ans, à compter du 1er janvier 1820.

Les remplaçants et les soldats incorporés ne seront reçus à contracter de rengagement qu'autant qu'ils n'auraient pas dépassé l'âge de trente ans.

Les rengagements seront reçus, pour les troupes des colonies en général, sans spécification de bataillon.

Journal militaire, 1820, 2e semestre, p. 194.

N° 3025. — *Ordre du gouverneur administrateur qui affecte une somme de 8,000 francs au nivellement et à la confection des chemins conduisant de Fort-Royal à la résidence de Bellevue.*

20 octobre 1820.

Nota. Pour ces travaux être donnés à l'entreprise à des militaires de la garnison.

Arch. du gouvernement. Ord. et déc., n° 551.

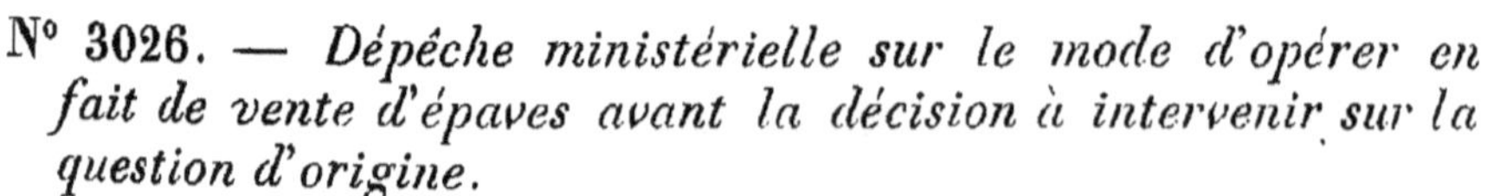

N° 3026. — *Dépêche ministérielle sur le mode d'opérer en fait de vente d'épaves avant la décision à intervenir sur la question d'origine.*

21 octobre 1820.

Annales maritimes, 1835, 1re partie, p. 20.

N° 3027. — *Ordonnance du gouverneur administrateur concernant la formation des dénombrements et recensements ainsi que les déclarations relatives aux maisons pour l'année* 1821.

25 octobre 1820.

NOTA. Reproduction textuelle de celle du 1er décembre 1818.

Journal de la Mart. — Enregistré à la cour royale, 16 novembre 1820.

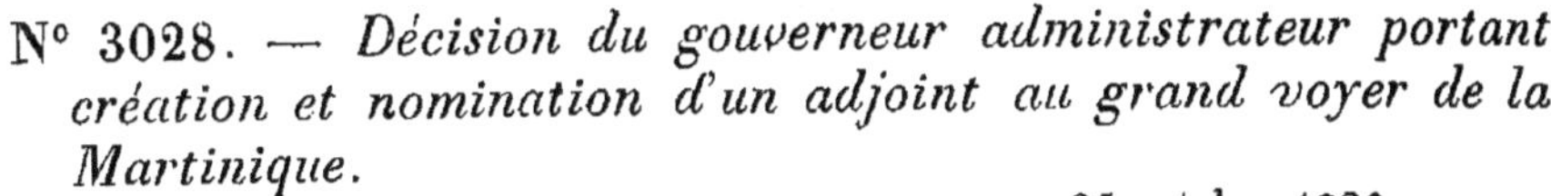

N° 3028. — *Décision du gouverneur administrateur portant création et nomination d'un adjoint au grand voyer de la Martinique.*

25 octobre 1820.

MOTIF. Le grand voyer avait représenté qu'il était souvent obligé d'ajourner l'expédition de plusieurs affaires par la difficulté de pouvoir se rendre assez promptement sur tous les points de la colonie où il est demandé.

Arch. de la direction de l'intérieur. Reg. 2, f° 57.

N° 3029. — *Ordonnance du gouverneur administrateur portant règlement des impositions de la Martinique pour l'année* 1821.

26 octobre 1820.

NOTA. 1. Les motifs qui ont déterminé les dispositions établies pour l'année 1820 permettent d'autant moins d'y apporter des modifications que l'inexactitude des contribuables en ce qui concerne les contributions directes a ajouté aux embarras du service (préambule).

En conséquence les impositions de l'année précédente sont renouvelées.

Journal de la Mart. et arch. du gouvernement. — Enregistré à la cour royale, 16 novembre 1820.

N° 3030. — *Ordonnance royale portant règlement sur le service de la gendarmerie royale.* (Extrait.)

29 octobre 1820.

Réunissant les dispositions des lois, ordonnances et instructions sur le service de la gendarmerie, et déterminant les devoirs de ce corps et ses rapports avec les différentes autorités (préambule).

Nota. 1. En voir le texte au *Bulletin des lois*, VII, CDXIX, n° 9881, dans la collection de Duvergier, t. 23, 1820, p. 198, et même au *Bulletin officiel* colonial, 1829, p. 2.

2. Par dépêche ministérielle du 8 juin 1827 cette ordonnance a été envoyée à la Martinique avec ordre de la reviser pour la mettre en harmonie avec les institutions et les localités de la colonie.

Ces modifications nécessaires n'ont eu lieu qu'en 1829, époque de la promulgation. (Voir arrêté réglementaire et modificatif au *Bulletin officiel*, 1829, pages 92 et 93, et une dépêche ministérielle du 8 juin 1827, archives du gouvernement, n° 219, relative à ces modifications alors en projet.)

Direction de l'intérieur. — Dép. Reg. 1, f° 98.

N° 3031. — *Ordonnance du gouverneur administrateur établissant l'éclairage de la ville de Fort-Royal à compter de janvier* 1821, *et créant une taxe additionnelle pour pourvoir à ses dépenses.*

6 novembre 1820.

Le Gouverneur et administrateur, etc.,

Vu les sollicitations réitérées qui nous ont été adressées à l'effet d'établir des réverbères pour l'éclairage de la ville du Fort-Royal;

Considérant que, malgré l'attention que nous avons donnée aux motifs qui nous ont été exposés à cet égard, notre sollicitude pour les intérêts des propriétaires nous a cependant déterminés à suspendre d'y faire droit, non-seulement jusqu'à l'époque où il serait possible de diminuer les charges qui devaient résulter pour eux de cet établissement, mais encore jusqu'après l'écoulement des exercices 1819 et 1820, sur lesquels la contribution locale des quais est imputée;

Attendu qu'aujourd'hui l'exercice 1821 va se trouver soulagé de cette contribution, et que nos vues d'économie en faveur de ladite ville ont été parfaitement remplies par le marché que nous avons accordé, le 25 mars dernier, au sieur Chalet aîné, qui, moyennant un bail de neuf années, fait tous les premiers frais d'établissement en réverbères et accessoires, se chargeant de l'entretien, et lesdits réverbères et accessoires, en fin de bail, devenant la propriété de la ville, qui n'a plus à sa charge que la dépense de l'éclairage;

Après avoir convoqué et consulté à cet effet une assemblée des principaux propriétaires et négociants, aux termes de l'article 18 de l'arrêté du gouvernement du 6 prairial an x (26 mai 1802), à laquelle convocation ont été appelés le commissaire commandant de la paroisse, le directeur de l'intérieur, le sous-commissaire de la marine chef du bureau des fonds et le contrôleur colonial, sous la présidence de l'ordonnateur de la colonie, qui nous a adressé le procès-verbal de cette séance, à la date du 25 avril dernier, par lequel la commission a reconnu l'utilité et la nécessité de l'établissement et a proposé à l'unanimité, après avoir établi l'aperçu de la dépense présumée à la somme de *seize mille francs*, les moyens d'y satisfaire par des fonds spéciaux qui seraient versés dans la caisse municipale et uniquement affectés à cette destination;

Considérant que l'impôt proposé pour la dépense de l'éclairage de la ville du Fort-Royal a été, par la commission précitée, basé, avec réduction, sur le droit établi à Saint-Pierre, pour le même objet, sur les maisons et par tête de nègre payant droit dans ladite ville; qu'on a suivi le même mode, également avec réduction, pour la taxe additionnelle des cabarets du Fort-Royal;

Que la taxe sur les bouchers et les boulangers, pour subvenir aux frais de l'éclairage, était établie même à un taux beaucoup plus élevé par un arrêté colonial du 11 avril 1807, dont on ne fait que renouveler les dispositions;

Que celle proposée pour les marchands ou marchandes vendant en ville avec des paniers ou autrement est équitable en raison des préjudices qu'ils portent à ceux tenant boutique ou magasin;

Considérant enfin que si les fonds provenant desdits impôts et taxes sont insuffisants pour couvrir la dépense de l'éclairage, il est juste que les fonds généraux de la ville du Fort-Royal en comblent le déficit, pour ne pas surcharger les habitants;

A ces causes, après en avoir délibéré en conseil de gouvernement et d'administration, a ordonné et ordonne, pour être exécuté provisoirement, sauf l'approbation de Sa Majesté, ce qui suit:

Art. 1er. L'éclairage de la ville du Fort-Royal sera en activité le 1er janvier 1821.

Art. 2. A compter dudit jour 1er janvier 1821, et d'après les bases établies par la délibération du 15 avril dernier:

Il sera levé, au Fort-Royal, une taxe additionnelle de 1 pour 100 sur le droit que payent les maisons;

Il sera perçu 2 francs d'augmentation par tête de nègre payant droit dans ladite ville ;

Les droits de cabaret sont augmentés, dans ladite ville, de 100 francs pour chaque cabaretier, par an ;

Les bouchers de ladite ville de Fort-Royal payeront un droit annuel de 250 francs ;

Les boulangers de ladite ville payeront un droit annuel de pareille somme de 250 francs ;

Les marchands ou marchandes, vendant avec panier ou autrement par la ville, payeront un droit de 20 francs par an.

Art. 3. Les marchands ou marchandes vendant par la ville, les bouchers et boulangers de la ville du Fort-Royal ne pourront exercer qu'avec un permis signé de nous, conformément aux dispositions des articles 10, 11 et 12 de l'ordonnance des impositions de 1821, qui leur sont appliquées et auxquelles ils sont tenus de se conformer, sans que ces derniers soient dispensés des autres conditions d'usage et prescrites.

Art. 4. Les fonds provenant de ces taxes sont spécialement et exclusivement affectés à l'éclairage de la ville du Fort-Royal.

Art. 5. Ils seront directement versés dans la caisse du trésorier municipal, d'après les formes voulues par l'usage.

Art. 6. Si les fonds provenant de ces taxes étaient insuffisants pour les dépenses de l'éclairage, il y serait suppléé par les fonds généraux de la caisse municipale.

Art. 7. L'ordonnateur de la colonie est chargé de l'exécution de la présente ordonnance, qui sera enregistrée aux greffes de la cour royale et du tribunal de première instance du Fort-Royal, lue, publiée et affichée partout où besoin sera.

Donné au Fort-Royal, le 6 novembre 1820.

Signé DONZELOT.

Et plus bas :

GUILLAUME,

Secrétaire.

Enregistré à la cour royale, le 16 novembre 1820.

N° 3032. — *Dépêche ministérielle au gouverneur et administrateur, au sujet de la rétribution exigée à la Martinique pour la délivrance des patentes de santé.*

8 novembre 1820.

Nota. Cette rétribution paraît être fixée à 40 francs ; le

Ministre exprime le désir qu'elle soit réduite à un taux plus modéré.

Plus tard, par dépêche ministérielle du 27 mars 1823, n° 72, l'attention du gouverneur est encore attirée sur le taux de cette rétribution. Cette fois, les autorités sanitaires avaient exigé un quadruple.

Arch. du gouvernement. Dép. ministérielles, 1820, n° 312.

N° 3033. — *Dépêche ministérielle au gouverneur administrateur disposant que le procureur général et le magistrat présidant la cour recevront chacun un exemplaire du* Bulletin des lois.

8 novembre 1820.

Nota. Pour être, l'un, déposé au parquet, l'autre, au greffe de la cour royale.

Arch. du gouvernement. Dép. ministérielles, n° 311.

N° 3034. — *Statuts et règlements de l'entreprise par actions de l'établissement rural des Pitons.*

9 novembre 1820.

Voir :

1° L'homologation de ces statuts du 15 novembre suivant, même source, f° 54 ;

2° Un supplément à ces statuts, en date du même jour, 9 novembre 1820, même source, f° 57 v° ;

3° Un arrêté local du 16 novembre suivant, portant création d'une commission pour l'examen du projet de cet établissement, n° 3036 ;

4° Le rapport de cette commission à la date du 2 décembre 1820, arch. de la direction de l'intérieur, reg. 2, f°s 76 et 109.

Nota. Plus tard, le gouvernement a pris vingt actions, de 1,000 francs chacune, dans cette entreprise.

Arch. de la direction de l'intérieur. Reg. 2, f° 54.

N° 3035. — *Dépêche ministérielle relative à la francisation*

des bâtiments caboteurs provenant de l'étranger, et aux actes de nationalité à leur délivrer.

15 novembre 1820.

Monsieur, vous avez vu, par ma dépêche du 9 juin dernier, numérotée 164, qu'il n'y a aucune difficulté à ce que vous accordiez des papiers français aux bâtiments de toute dimension qui seraient construits à la Martinique.

Dans votre lettre du 31 mai 1819, n° 264, où vous m'aviez adressé une question à cet égard, vous avez demandé de plus, s'il serait permis de délivrer des actes de nationalité aux bateaux caboteurs construits dans nos autres possessions des Antilles et à l'étranger.

Tous les bâtiments construits dans les possessions françaises étant, ainsi que l'indique ma circulaire du 9 juin déjà citée, dans le cas d'être nationalisés par l'autorité administrative du lieu où ils ont été construits, je ne parlerai ici que des caboteurs provenant de l'étranger.

Il résulte des renseignements que vous m'avez transmis au sujet de la navigation locale, en réponse à la dépêche de M. le comte Molé, du 19 novembre 1818, que l'insuffisance des bateaux de construction française se fait sentir à la Martinique seulement après un coup de vent ou un ras de marée, et que, hors de ces événements, la colonie suffit, par ses propres moyens, aux remplacements nécessaires; ainsi il est à espérer qu'on sera rarement dans le cas de recourir à des achats de bâtiments caboteurs étrangers. Au reste ce cas arrivant, je vous autorise à faire tout ce qu'exigeraient à cet égard les besoins du commerce et de la navigation, à la charge d'en délibérer préalablement en conseil de gouvernement et d'administration et de m'en rendre compte.

Il est bien entendu que dans les actes de francisation qui seraient ainsi par vous délivrés, on stipulerait expressément qu'ils ne sont accordés que pour le cabotage, et que les bâtiments porteurs de tels titres ne pourraient être admis dans les ports de France au privilége colonial. M. le directeur général des douanes, de qui j'ai pris l'avis sur l'objet dont il s'agit, pense même qu'il conviendrait de réserver aux bâtiments caboteurs provenant de la métropole ou construits dans la colonie les expéditions qui se font des Antilles au Sénégal. Je vous prie de me donner votre opinion sur cette dernière proposition.

Je vous invite de plus à examiner si la faculté d'introduire des bâtiments étrangers destinés au cabotage ne devrait pas être limitée aux bâtiments du port de trente tonneaux au moins, et si, pour donner aux constructions locales des encouragements utiles, il ne conviendrait pas, d'une part, d'assujettir lesdits bâtiments à un droit d'entrée par tonneau, et d'autre part, d'accorder en faveur de ceux qui auraient été construits dans la colonie même, exemption ou modération des taxes de diverse nature actuellement imposées à la Martinique sur toutes les embarcations employées au cabotage. Veuillez me répondre, à cet égard, le plus tôt qu'il se pourra.

Recevez, etc.

Le Ministre de la marine et des colonies,

Signé Baron PORTAL.

Arch. de la douane. Dép. ministérielles.

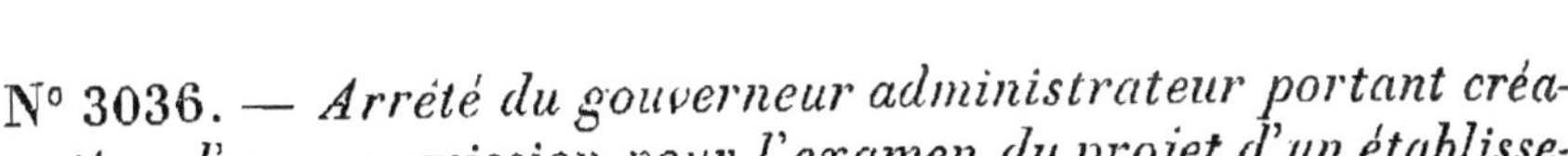

N° 3036. — *Arrêté du gouverneur administrateur portant création d'une commission pour l'examen du projet d'un établissement rural aux Pitons.*

16 novembre 1820.

Nous, etc.,

Les sieurs Morel et d'Arnauld nous ayant présenté le projet d'un établissement rural aux environs des Pitons du Fort-Royal, qui réunirait une hatte de bêtes à cornes, chevaux, etc., à diverses plantations, projet qui serait mis à exécution par le transport à la Martinique de quarante familles du Dauphiné, destinées audit établissement, et au moyen de la concession par le gouvernement des terres nécessaires;

Avons arrêté ce qui suit :

Art. 1er. Il sera formé une commission chargée d'examiner avec soin les divers points du projet dont il s'agit, et particulièrement la question de savoir si le gouvernement doit concéder les terrains demandés, en quelle quantité, en quel lieu, et sous quelles conditions et garanties. Elle s'occupera surtout de ce qui peut avoir rapport aux bois debout à conserver dans ces hauteurs pour y attirer les nuages et la pluie.

M. Morel pourra être appelé pour fournir des éclaircissements et explications.

Les observations auxquelles l'examen du projet aura donné lieu seront consignées dans un rapport qui nous sera adressé.

Art. 2. Sont nommés membres de ladite commission, dont

M. Sorin, directeur de l'intérieur, sera président, quatre habitants propriétaires sucriers.

Donné au Fort-Royal, le 16 novembre 1820.

Signé **DONZELOT**.

Arch. du domaine à Saint-Pierre. Ord. et déc.

N° 3037. — *Circulaire ministérielle concernant les liquidations de sauvetages ayant donné lieu à des frais extraordinaires.*

25 novembre 1820.

Monsieur, l'envoi que j'ai prescrit par ma circulaire du 30 septembre dernier d'une expédition de chaque liquidation de bris et naufrages, a fourni à quelques administrateurs l'occasion de me consulter sur la question de savoir si les expéditions de toutes les liquidations, même de celles qui n'auraient donné lieu à l'allocation d'aucuns frais de vacations et de route, devaient l'être immédiatement, ou s'il suffisait de les joindre aux pièces qui accompagnent les états semestriels en demande d'ordonnances.

Mon intention n'a pas été d'étendre la mesure aux liquidations des simples épaves, même des sauvetages qui, opérés dans le rayon de la banlieue, ne donnent lieu qu'à des frais ordinaires. Vous pourrez continuer à m'en adresser des expéditions avec les états en demande d'ordonnances.

Mais pour les liquidations des sauvetages opérés hors de la banlieue, et qui comportent des frais extraordinaires de vacations et de route, je désire que les expéditions m'en soient transmises immédiatement.

Je vous recommande donc de me faire l'envoi de celles-ci au fur et à mesure qu'elles auront été arrêtées.

Je vous recommande aussi de veiller, lors de la rédaction de ces liquidations, à ce que tous les articles de dépenses soient parfaitement motivés, de manière qu'ils présentent toujours les moyens de contrôler les sommes portées hors ligne, et qu'ils précisent en outre, pour les dépenses qui concernent le personnel, le taux de l'indemnité, et les décrets, règlements ou décisions en vertu desquels elles sont allouées.

Il est toutefois entendu que, dans le cas de réclamation, la remise des épaves ou de leurs produits ne devra pas être suspendue par les dispositions d'ordre ci-dessus prescrites, car l'intérêt principal ne peut rester subordonné à l'intérêt accessoire. Cette remise d'ailleurs ne compromet rien, parce que si elle se fait en nature, c'est sous la condition du dépôt des frais avancés par la caisse des invalides; et si elle se fait en produit, ce ne peut être qu'en produit net. Ainsi, dans l'une et l'autre hypothèse, les frais dont je n'aurais pas encore jugé la validité et qui me paraîtraient ultérieurement susceptibles de réduction, seraient l'objet du remboursement supplétif à faire aux propriétaires.

Vous voudrez bien donner des instructions en conséquence aux commissaires des classes, et faire enregistrer la présente au contrôle.

Le Ministre de la marine et des colonies,

Signé Baron PORTAL.

Annales maritimes, 1835, p. 23.

N° 3038. — *Ordre du gouverneur administrateur concernant les travailleurs militaires, les permissions qu'ils peuvent obtenir et les formalités comptables à remplir par suite.*

25 novembre 1820.

Attendu que des plaintes nous ont été portées sur la conduite de plusieurs militaires qui ont obtenu des permissions pour travailler ou aller chercher du travail à la campagne;

Voulant d'ailleurs fixer les payements à faire par les travailleurs tant à la masse des compagnies qu'à celle d'économie des corps,

Nous avons ordonné et ordonnons ce qui suit :

Art. 1er. Jusqu'à nouvel ordre, il est défendu à Messieurs les chefs des corps de donner des permissions à des militaires de leurs corps respectifs, soit pour travailler, soit pour aller chercher du travail à la campagne. Tous ceux qui en auraient obtenu seront rappelés immédiatement. Ne sont point compris dans cette disposition les militaires travailleurs employés par le directeur du génie.

Art. 2. MM. les chefs de corps pourront accorder des permissions de travailler à des militaires ouvriers d'art pour travailler seulement dans les places de leurs garnisons respectives, et dans le cas toutefois où ils ne seraient pas nécessaires aux travaux du gouvernement et au service des gardes.

Art. 3. Il sera accordé des permissions de travailler pour les travaux du gouvernement aux militaires qui en demanderaient. Néanmoins, il ne sera accordé de permissions que sur la demande du directeur du génie ou des officiers à ses ordres, soit pour être employés directement par la direction, soit par les entrepreneurs. MM. les chefs des corps obtempéreront à leurs demandes, et veilleront à ce que les travailleurs soient répartis, autant que possible, entre les compagnies en raison de leur force, afin que chacune puisse jouir également de la portion du produit des travailleurs à verser à la masse de chaque compagnie.

Art. 4. Les militaires qui auront obtenu des permissions de travailler ne payeront jusqu'à ce qu'il en soit autrement ordonné, pendant la durée de leurs permissions, que 20 francs par mois ; 10 francs seront versés à la masse de la compagnie pour être employés à l'ordinaire ou autres besoins à la charge du soldat, et 10 francs seront versés à la masse d'économie du corps pour ses divers besoins. Il est entendu que les travailleurs ne payeront que pour le nombre de mois et de jours que la permission aura couru.

Art. 5. Le premier de chaque mois les sergents-majors établiront, pour le mois précédent, l'état nominatif des travailleurs fournis par leurs compagnies respectives. Cet état indiquera le nombre de jours que la permission de travailler aura couru, la somme payée par eux, la moitié revenant à la masse de la compagnie, l'autre moitié à la masse d'économie du corps.

Ces états seront certifiés véritables par MM. les capitaines au bas de ces états ; le quartier-maître donnera le récépissé des sommes qu'il aura reçues pour la masse d'économie du corps.

Il fera en outre tous les mois un bordereau sommaire du versement de chaque compagnie pour la portion du produit des travailleurs revenant à la masse d'économie du corps. Il le certifiera, il y joindra les états remis par MM. les capitaines. Ces bordereaux seront vérifiés et arrêtés par mois par les membres du conseil d'administration et serviront de pièces de recettes dans la comptabilité de cette masse. Les fonds en provenant seront employés aux besoins généraux du corps. Toutes les dépenses seront appuyées d'une pièce légale. Toutes celles qui ne le seraient pas seront rejetées, ainsi que toutes celles qui seraient faites abusivement.

La comptabilité de cette masse sera vérifiée et arrêtée provisoirement tant en recette qu'en dépense par M. le commandant militaire toutes les fois qu'il le jugera convenable, et il fera sur le registre servant à inscrire d'une part les recettes et de l'autre les dépenses toutes les annotations qu'il jugera nécessaires.

Cette comptabilité sera vérifiée et arrêtée définitivement, chaque année, par l'inspecteur général.

Art. 6. Les permissions de travailleurs qui seront données aux militaires seront signées par les chefs de corps et visées par le commandant de la place, qui pourra en refuser le visa si le service des gardes l'exige, après avoir pris toutefois les ordres du commandant militaire.

Art. 7. Le présent ordre aura son exécution à dater du 1er novembre 1820 en ce qui concerne les sommes à payer par les travailleurs. Il sera mis à l'ordre du jour, et M. le commandant militaire est chargé d'en surveiller l'exécution.

Signé DONZELOT.

Arch. du gouvernement. Ord. et déc., n° 524.

N° 3039. — *Ordonnance du gouverneur administrateur qui prévoit les cas d'empêchement dans l'exercice des fonctions d'officiers de l'état civil des paroisses de la Martinique.*

26 novembre 1820.

Le Gouverneur, etc.,

Considérant les empêchements que les officiers de l'état civil peuvent éprouver à l'exercice de leurs fonctions, soit par maladie, absences ou autres causes;

Voulant remédier aux inconvénients qui sont dans le cas d'en résulter et dont il s'est déjà présenté plusieurs exemples,

A ordonné et ordonne ce qui suit :

Art. 1er. L'officier de l'état civil, qui, par des motifs quelconques, éprouverait un empêchement à l'exercice de ses fonctions, sera remplacé pendant la durée de l'empêchement par l'officier de l'état civil d'une des paroisses les plus voisines.

Ces remplacements auront lieu de la manière suivante :

Fort (Saint-Pierre) et Mouillage,
Macouba et Basse-Pointe,
Grand'Anse et Marigot,
Sainte-Marie et Trinité,
Lamentin et Trou-au-Chat,
Gros-Morne et Robert,
François et Vauclin,
Marin et Sainte-Anne,
Rivière-Pilote et Sainte-Luce,
Diamant et Anses-d'Arlets,
Rivière-Salée et Trois-Ilets,
Case-Pilote et Carbet,

Et réciproquement.

Indépendamment de ce qui précède, l'officier de l'état civil du Prêcheur sera remplacé au besoin par celui du Fort (Saint-Pierre);

Celui du Saint-Esprit le sera par celui du Trou-au-Chat.

Art. 3. Lorsque deux des paroisses annexées dans l'ordre ci-dessus se trouveront avoir le même officier civil, en cas d'empêchement de ce dernier, il en sera appelé un de toute autre paroisse environnante, à la réquisition du commissaire commandant de la paroisse où le remplacement sera nécessaire.

Art. 4. Dans les paroisses où il se trouve des vicaires, les plus anciens vicaires remplacent de droit les curés dans les fonctions d'officier de l'état civil.

Art. 5. Les frais de transport des officiers civils hors des paroisses de leur résidence seront établis par analogie, pour les distances, avec les cas de transport prévus lorsque ces officiers sont dans le cas de sortir de l'enceinte des villes et bourgs.

Art. 6. Le procureur général est chargé de surveiller l'exécution de la présente ordonnance, qui sera enregistrée au greffe de la cour royale et à ceux des tribunaux de première instance, et partout où besoin sera.

Donné au Fort-Royal, le 26 novembre 1820.

Signé DONZELOT.

Journal de la Mart., 1820, n° 102.

N° 3040. — *Décision du gouverneur administrateur qui attribue au maître de port, à Fort-Royal, un traitement annuel de* 1,200 *francs.*

27 novembre 1820.

Arch. du gouvernement. Ord. et déc.

N° 3041. — *Lettre du gouverneur administrateur à l'ordonnateur prescrivant une nouvelle visite chez les négociants entrepositaires de farines étrangères, suspects de les avoir indûment livrées à la consommation.*

30 novembre 1820.

Je désire, Monsieur l'Ordonnateur, qu'il soit fait une nouvelle visite chez les négociants de Saint-Pierre qui ont obtenu l'admission des farines étrangères à l'entrepôt avec faculté de les garder dans leurs magasins, afin de dresser état semblable à celui établi le 19 août, et qui montre les déficits qui peuvent se trouver dans lesdites farines étrangères par suite de ventes indûment faites pour la consommation. C'est lorsque l'état dont il s'agit me sera parvenu que je prononcerai sur les amendes qu'auront à supporter les négociants qui ont abusé de la permission qui leur a été accordée d'introduire des farines étrangères à condition de les réexporter.

Veuillez donner des ordres nécessaires à M. le Directeur des douanes.

Agréez, etc.

Signé DONZELOT.

P. S. L'état devra aussi comprendre les farines qui ont été admises à l'entrepôt dans le magasin des douanes, à charge de réexportation.

Signé DONZELOT.

Arch. de la direction de l'intérieur. Reg. 4, f° 16.

N° 3042. — *Circulaire ministérielle autorisant la suppression des tableaux analytiques des jugements rendus dans les colonies, dont l'envoi trimestriel était exigé par la circulaire du* 6 *messidor an* XIII.

6 décembre 1820.

Nota. Mais la même dépêche recommande d'envoyer, non plus chaque année, mais à la fin de chaque trimestre, les doubles minutes des arrêts et jugements.

Arch. de l'ordonnateur. Dép., 1820, n° 116.

N° 3043.— *Arrêté du gouverneur administrateur portant qu'un bateau baleinier sera construit pour être confié, à titre de prêt, à un particulier qui veut se livrer à la pêche de la baleine.*

11 décembre 1820.

Le Gouverneur, etc.,

Vu la demande qui nous a été présentée par le sieur Barbant, ancien maître d'équipage, domicilié à la Case-Pilote, lequel nous a exposé qu'il désirerait se livrer à la pêche de la baleine sur la côte de la Martinique, mais que manquant des fonds nécessaires pour commencer à exercer ce genre d'industrie, il aurait besoin de l'aide du gouvernement;

Vu le procès-verbal de la commission du port, en date du 20 de ce mois, constatant les dépenses à faire pour l'établissement d'un bateau baleinier de 22 pieds de longueur, 6 pieds 4 pouces de largeur et 2 pieds 3 pouces de creux au milieu, et pour l'approvisionnement de divers ustensiles dont le bateau doit être pourvu; duquel procès-verbal il résulte que le montant de ces dépenses est approximativement de la modique somme de 1,806 fr. 99 cent.;

Vu le devis estimatif à l'appui dudit procès-verbal et dressé le 17 novembre par M. le sous-ingénieur de la marine chargé des constructions, de la main-d'œuvre et des matières nécessaires pour la confection dudit bateau;

Considérant qu'il peut être utile d'encourager dans la colonie la pêche de baleine, qui y a été négligée jusqu'à présent et qui paraît néanmoins devoir être très-productive, par l'abondance des baleines qui fréquentent ces parages et attirent même les pêcheurs des États-Unis;

Arrête ce qui suit :

Art. 1er. Il sera établi dans le port du Fort-Royal, par les ouvriers de la marine, sous la direction de M. Larchevesque Thibaud, sous-ingénieur, et avec des matières tirées du magasin du roi, un bateau baleinier conforme au devis estimatif du 27 novembre et pourvu, d'ailleurs, des ustensiles mentionnés au procès-verbal de la commission du 1er décembre.

Art. 2. Ce bateau, dont la dépense a été évaluée approximativement 1,806 fr. 99 cent. sera remis dans les formes d'usage et sur inventaire à la disposition du sieur Barbant, pour s'en servir à faire la pêche de la baleine; au moyen de quoi ledit sieur se trouvera débiteur envers le trésor du montant de cette dépense, lequel montant lui est accordé à titre d'avance remboursable successivement sur le produit de ses pêches, et dans les proportions qui seront déterminées ultérieurement.

Art. 3. L'Ordonnateur de la colonie est chargé de l'exécution du présent arrêté, qui sera enregistré au contrôle.

Donné au Fort-Royal, le 11 décembre 1820.

Signé DONZELOT.

Inspection. Reg. 7, n° 493.

N° 3044. — *Décret de la sacrée congrégation de la propa-*

gande portant nomination d'un préfet des missions à la Martinique (1).

Sur le rapport du R. P. D. Charles-Marie Pédicinio, secrétaire, la sacrée congrégation a nommé sur son bon plaisir Jean-Baptiste Carrand préfet des missions en l'île Martinique, sujette à la domination du Roi très-chrétien en Amérique, à l'effet d'y exercer sous son autorité (de la propagande) tout ce qui appartient au régime desdites missions suivant ce qui est prescrit par les décrets de la sacrée congrégation, ainsi que les pouvoirs qui lui seront concédés; non ailleurs, ni autrement.

Donné à Rome, au palais de ladite congrégation, le 16 décembre 1820, gratis et sans aucune rétribution quelconque par le titre.

F. Card. FONTANA,
Préfet.

Arch. du gouvernement. Dép. ministérielles.

N° 3045. — *Décision du gouverneur administrateur portant souscription du gouvernement de la colonie pour* 20 *actions dans l'entreprise de l'établissement rural des Pitons, au prix de* 1,000 *livres coloniales chacune.*

16 décembre 1820.

Nota. Soit 11,111 fr. 11 cent.

Inspection. Ord. et déc., Reg. 7, n° 596.

N° 3046. — *Décision du gouverneur administrateur qui accorde une indemnité* en nature, par équivalent, *à un habitant dépossédé de sa terre par le passage d'une route royale.* (Extrait).

19 décembre 1820.

On a été obligé de faire passer le nouveau chemin de la paroisse du Trou-au-Chat à travers la propriété d'un nommé Maximin, homme de couleur libre, père de famille, indigent.

Un terrain et une case d'une valeur de 1,200 livres (666 fr.

---

(1) Annexé à la dépêche ministérielle de notification du 26 novembre 1821, n° 339.

66 cent.) sont achetés par le gouvernement et donnés en indemnité à Maximin.

Cette dépense sera acquittée par la caisse municipale et portée par elle au chapitre *secours*.

Arch. de la direction de l'intérieur. Reg. 2, f° 78.

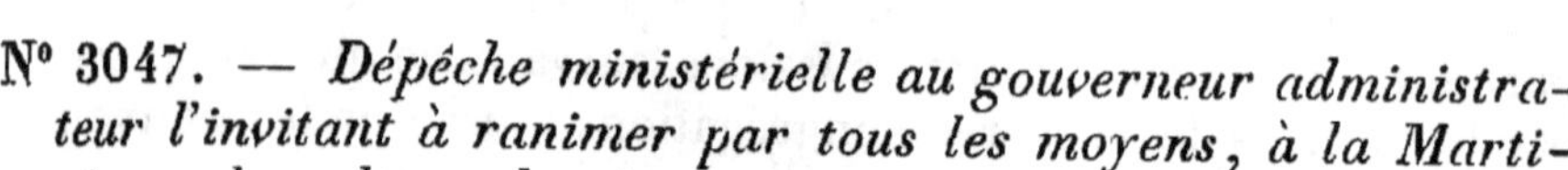

N° 3047. — *Dépêche ministérielle au gouverneur administrateur l'invitant à ranimer par tous les moyens, à la Martinique, la culture du citronnier.*

27 décembre 1820.

Nota. Les fruits de cet arbre intéressant la santé publique; son bois étant très-estimé dans le commerce.

Arch. du gouvernement. Dép. ministérielles, n° 349.

N° 3048. — *Notice sur la pêche de la baleine dans les mers des Antilles.*

Annales maritimes, 1820, 2e partie, p. 397.

N° 3049. — *Note sur le curcuma longa, ou safran des Indes, ses usages, sa culture et son commerce.*

Le genre du *curcuma* appartient à la famille des balisiers, et celle-ci fait partie de l'ordre second de la quatrième classe de la méthode naturelle de Jussieu.

On connaît deux espèces principales de *curcuma*, savoir, le *longa* et le *rotunda*. La première espèce étant presque la seule qui soit cultivée en grand, parce qu'elle est supérieure à l'autre en qualité, il ne sera question que d'elle dans cette note.

Le safran des Indes est connu dans la pharmacie sous la dénomination de *terra merita*; c'est une plante vivace qui perd ses tiges chaque année, et dont les racines charnues, permanentes, sont de nature tubéreuse. Ces racines plates, allongées, souvent ramifiées, et de la grosseur du pouce, occupent un espace de quatre à six pouces carrés, suivant leur âge, le climat et la nature du terrain dans lequel elles croissent. Les tiges s'élèvent à la hauteur de quatre à cinq pieds; elles sont formées d'un faisceau de feuilles engaînées les unes dans les autres, qui se terminent par des épis de fleurs blanchâtres dont la description botanique se trouve dans tous les auteurs qui traitent de cette science. Les feuilles et la tige du safran ressemblent beaucoup à celles des balisiers; mais elles s'en distinguent aisément par leur odeur, qui approche de celle du citron. On les emploie, vertes ou plutôt sèches, à faire une liqueur théiforme, agréable, et qui n'est pas sans utilité en hygiène.

Les racines du *curcuma* sont employées, en économie domestique, comme assaisonnement de mets; elles les aromatisent, et leur donnent, avec une odeur agréable, une saveur piquante qui facilite la digestion : aussi en fait-on un fréquent usage en cuisine sous les climats des tropiques et dans la zone torride. Elles entrent dans la composition de liqueurs estimées : la pharmacie en fait usage; la médecine en tire divers médicaments. Elles sont employées dans les arts et le commerce, qui en tire un profit considérable en les répandant dans les différentes parties du monde.

Le *curcuma* ne peut être cultivé en grand avec avantage que sous les zones chaudes, depuis le voisinage des tropiques jusque sous la ligne equinoxiale. Les sols argilo-sableux, riches en humus et profonds de huit à quinze pouces, les situations un peu ombragées et humides, sont les plus favorables à la culture et au produit de cette plante.

Rarement on la multiplie par ses graines, quoiqu'elle en donne abondamment dans son pays natal; on la propage ordinairement par ses racines charnues, divisées en plusieurs parties; le plus souvent même on ne se donne pas la peine de la cultiver, et l'on se contente de la récolter dans les lieux où la nature l'a répandue avec profusion.

La propagation au moyen de semences est cependant celle qui donne les produits les plus abondants et de qualité souvent supérieure.

Les graines du safran des Indes, recueillies lors de leur maturité, doivent être conservées dans leur capsule, en lieu sec et ombragé, jusqu'à l'époque des semis, c'est-à-dire, vers les deux tiers de la saison des pluies sous les zones équatoriales.

On prépare à la bêche, au hoyau, le plus souvent à la houe, suivant la mauvaise coutume des colonies, des planches de six pieds de large, séparées par des sentiers de dix-huit à vingt pouces. Quand elles sont débarrassées des racines traçantes, des mauvaises herbes, on y sème à la volée des graines de *curcuma* qui viennent d'être séparées de leur capsule et vannées. Ce semis doit être clair, de manière que les individus soient distants entre eux de six à huit pouces; plus rapprochés, il faudrait les éclaircir au premier sarclage.

Lorsque les safrans ont terminé leur végétation annuelle, ce qui arrive vers la fin de la saison sèche, et ce que l'on reconnaît au desséchement de leurs feuilles et de leurs tiges, on arrache les racines, on les laisse se ressuyer sur le sol pendant la moitié d'un beau jour; enfin, on les transporte sous des hangars aérés et ombragés, où se fait le triage des tubercules.

Ceux qui ont atteint la grosseur convenable sont mis à part et préparés par la dessiccation naturelle ou artificielle, pour être vendus; les plus petits sont conservés pour la reproduction.

Ceux-ci doivent être étendus les uns à côté des autres sur des tablettes, dans un lieu sec, peu aéré et abrité de l'extrême chaleur, pour y attendre l'époque favorable à leur plantation. Cette époque arrivée, on prépare le terrain par un labour; on le dresse à sa surface, et l'on y trace, à la distance d'un pied à quinze pouces, des lignes ou sillons parallèles de quatre pouces de profondeur. La plantation s'effectue dans le milieu des sillons, en échiquier et à un pouce et demi de profondeur; on recouvre ensuite d'environ un pouce d'engrais du règne végétal, de terreau de feuilles, par exemple, et non de fumier tiré du règne animal, qui détériorerait les qualités des récoltes.

Les soins qu'exigent les cultures du *curcuma* se réduisent à des sarclages pour détruire les mauvaises herbes, des serfouages et des binages pour ameublir la surface de la terre autour des racines, afin de la rendre susceptible de s'imprégner de l'humidité de l'air, de ses gaz fertilisants, et pour laisser échapper de son sein les fluides putrides qui s'y trouvent renfermés.

Il est surtout important, pour les produits de cette culture, de ne la pas établir plusieurs années de suite dans le même terrain, mais au contraire de lui faire succéder des cultures de végétaux qui diffèrent du *curcuma* le plus possible, par la conformation de leurs racines et les caractères de leur fructification. Ainsi, l'on devra faire suivre la récolte en safran d'une récolte de coton ou d'indigo; et celle-ci, de culture de patates, d'ignames et de manioc, etc. Ce principe est applicable tant aux végétaux herbacés qu'aux arbres, dont les générations se lassent dans le même terrain et n'y donnent que des récoltes de moins en moins productives.

En multipliant le nombre des cultures coloniales, on utilisera beaucoup de terrains considérés comme stériles ou de peu de valeur; on donnera du prix aux biens territoriaux, et, en faisant le bien des colons, on fera aussi celui du gouvernement.

Annales maritimes, 1820, 2e partie, vol. 2, p. 716.

N° 3050. — *Ordre du gouverneur administrateur pour l'achèvement des travaux commencés à l'îlet à Ramiers pour y établir les magasins à poudre et autres de l'artillerie.*

1er janvier 1821.

Inspection. Reg. 7.

N° 3051. — *Bordereau des états périodiques à envoyer par l'administration coloniale au ministère de la marine et des colonies.*

1er janvier 1821.

Nota. Y sont détaillés les envois que doivent faire, savoir :
1° Le bureau d'administration ;
2° Le bureau du personnel;
3° Le bureau des finances et approvisionnements;
4° Le bureau des fonds et invalides.

Bureau des approvisionnements. Ord. et déc., 1821.

N° 3052. — *Décision du gouverneur administrateur qui organise et règle le service d'un cure-môle et de trois gabares affectés au curage du canal d'enceinte du Fort-Royal.*

9 janvier 1821.

Le Gouverneur et administrateur, etc.,

Étant nécessaire d'équiper et de mettre en activité le cure-môle n° 1 et les trois gabares à clapets attachées à son service, pour le curage du canal à partir de son entrée au port du Carénage jusqu'au pont de l'hôpital ;

Sur le rapport de l'Ordonnateur,

A décidé et décide :

Art. 1er. Il sera attaché au service du cure-môle n° 1 et des trois gabares à clapets :

1 Maître d'équipage à 90 francs par mois et moitié en sus par mois 135f 00

1 Maître d'équipage de 2e classe à 81 francs par mois, *idem* 121 50

1 Second maître à 60 francs, *idem* 90 00

20 Nègres à 2 fr. 60 cent. par jour.

Art. 2. Le capitaine du port fera la distribution de cet équipage, suivant qu'il le jugera utile et convenable à l'avantage de ce service.

Art. 3. Les trois maîtres recevront chaque jour du magasin des vivres de la marine la ration ordinaire en nature, comme les autres maîtres du port.

Art. 4. Les vingt nègres recevront la ration ordinaire, mais les jours de travail seulement et tous les samedis, comme les nègres du roi, sur le billet du commissaire des chantiers et ateliers, qui en fera l'appel de même que des autres manœuvres du port. Il seront soumis aux mêmes heures de travail que ces derniers.

Art. 5. Chacune des trois gabares à clapets portera au haut de son mât un petit pavillon de couleur différente, bleu, jaune ou rouge.

Chaque gabare portera en outre un numéro de l'avant et un de l'arrière, l'un à tribord, l'autre à bâbord, en gros caractères, en blanc, en commençant par le numéro 1.

Il sera tracé sur chaque gabare un cordon blanc de 6 pouces (16 centimètres) à fleur du tirant d'eau qu'elle devra avoir étant complétement chargée.

Art. 6. Comme il importe de constater très-exactement le nombre de voyages que fera chaque gabare par jour et de s'assurer de la fidélité de leur chargement complet, chaque patron, en passant devant le magasin général, sera soumis à l'inspection d'un administrateur de la marine, qui tiendra registre des ouvrages de chaque gabare et délivrera au patron un billet à chaque voyage, en désignant le numéro de la gabare.

Ces billets de passe seront rendus tous les soirs, après la fin du travail, au magasin général, où le nombre des voyages de la journée sera définitivement arrêté, pour chaque gabarre, d'après leurs numéros; copie de l'arrêté journalier sera donnée aux patrons pour être par eux remis au capitaine de port.

Art. 7. Les gabares à clapets feront leur déchargement entre le morne aux Grives et la pointe des Sables; il est défendu aux patrons de le faire ailleurs sans ordre exprès du capitaine de port, sous peine de destitution.

Art. 8. L'ordonnateur est chargé de l'exécution de la présente décision, qui sera enregistrée au contrôle, et nous rendra compte, ainsi que le capitaine de port, chacun en ce qui le concerne, après quinze jours d'essai, du résultat de cette opération, en nous faisant connaître la dépense réelle que ce travail aura coûté, et en même temps les observations qu'ils auraient à nous adresser à ce sujet.

Donné au Fort-Royal, le 9 janvier 1821.

Signé DONZELOT.

Inspection. Reg. 7, n° 483 *bis*.

N° 3053. — *Dépêche ministérielle au gouverneur administrateur lui annonçant que les colons sont appelés à participer aux récompenses accordées par Sa Majesté aux agriculteurs français les plus distingués.*

10 janvier 1821.

Monsieur le Comte, je me suis concerté avec S. Exc. le Ministre secrétaire d'État de l'intérieur pour que MM. les habitants des colonies françaises soient admis à participer aux récompenses que Sa Majesté accorde aux cultivateurs du royaume qui se sont rendus le plus recommandables par leurs travaux et leurs succès en économie rurale.

Je vous invite en conséquence à faire désigner annuellement, par le comité consultatif, les trois habitants de la colonie qui se sont le plus distingués sous ce rapport. Vous voudrez bien m'adresser, avec votre avis, le procès-verbal de la délibération du comité, lequel devra contenir quelques détails sur les travaux agricoles des trois candidats, indiquer les principales branches d'économie rurale auxquelles chacun d'eux se sera plus particulièrement livré, les améliorations qu'il aura introduites, les succès qu'il aura obtenus, etc. Je transmettrai le tout à M. le Ministre de l'intérieur, qui voudra bien faire concourir les personnes désignées aux distributions de médailles et autres encouragements que Son Excellence sera dans le cas de proposer au roi.

Je ne doute pas que MM. les colons ne redoublent de soins et de zèle pour mériter ces honorables récompenses, et que l'agriculture coloniale ne retire d'un tel concours d'efforts des avantages réels.

Recevez, etc.

Le Ministre de la marine et des colonies,
Signé Baron PORTAL.

Arch. du gouvernement. Dép. ministérielles, n° 5.

N° 3054. — *Ordre du gouverneur administrateur pour le curage du canal d'enceinte de la ville du Fort-Royal* (1).

16 janvier 1821.

Le Gouverneur et administrateur, etc.,

Vu le rapport de M. Garin, directeur du génie, concernant le curage de la partie du canal du Fort-Royal qui s'étend du pont Fénelon au pont Blondel et à la rivière Levassor;

Vu le devis estimatif du montant de la dépense pour curer ce canal à un mètre au-dessus du niveau des basses eaux, fixé au plan de retraite des murs de quai dudit csnal, laquelle dépense s'élève approximativement à la somme de 20,000 francs;

Considérant qu'il est urgent, tant pour la salubrité que pour la navigation de curer ledit canal;

Ordonne ce qui suit :

Art. 1er. La partie du canal du Fort-Royal à partir du pont Fénelon au pont Blondel et à la rivière Levassor sera curée provisoirement à la profondeur d'un mètre au-dessous du niveau des basses eaux, lequel niveau est fixé au plan de retraite des murs de revêtement des quais.

Art. 2. Ces travaux seront donnés à l'entreprise, à raison de deux francs le mètre cube de vase transporté à un relais, y compris le déracinement des arbustes et mangliers.

Art. 3. Il est ouvert, pour lesdits travaux, au directeur du génie, un crédit de la somme de 20,000 francs, imputable sur le budget de la caisse royale, exercice 1821, chapitre IV, section x.

Art. 4. Lorsque cette partie du canal aura été curée comme il est dit ci-dessus, il sera passé un nouveau marché pour lui donner, au moyen de cuillers, la profondeur d'eau qui sera

---

(1) Une autre ordonnance locale du 11 août 1821 ordonne le curage de la partie du même canal comprise entre le pont Fénelon et le port du Carénage.

ultérieurement déterminée sur la proposition du directeur du génie.

Art. 5. L'ordonnateur de la colonie et le directeur du génie sont chargés, chacun en ce qui le concerne, de l'exécution du présent ordre, qui sera enregistré au contrôle.

Fort-Royal, le 16 janvier 1821.

Signé DONZELOT.

Inspection. Reg. 7, n° 494 *bis*.

N° 3055. — *Arrêté du gouverneur administrateur qui fixe à 4,000 francs par an le traitement du secrétaire du comité consultatif de la Martinique.* 20 janvier 1821.

Nota. Les frais de bureau du comité sont compris dans cette fixation.

Arch. de la direction de l'intérieur. Reg. 2, f° 140 v°.

N° 3056. — *Homologation par le gouverneur administrateur d'une délibération de la paroisse du Gros-Morne portant qu'il sera fait un emprunt de* 15,000 *livres coloniales, pour subvenir à la réédification de son église et aux réparations du presbytère.* 21 janvier 1821.

Arch. de la direction de l'intérieur. Reg. 3, f° 179.

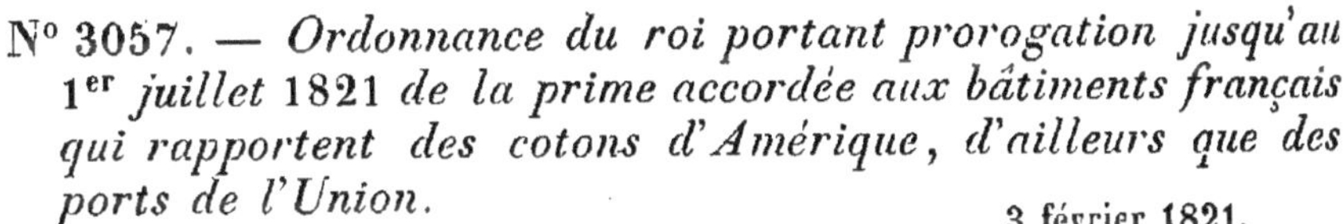

N° 3057. — *Ordonnance du roi portant prorogation jusqu'au* 1er *juillet* 1821 *de la prime accordée aux bâtiments français qui rapportent des cotons d'Amérique, d'ailleurs que des ports de l'Union.* 3 février 1821.

Annales maritimes, 1821, 1re partie, p. 175.

N° 3058. — *Ordre du gouverneur administrateur qui affecte un fonds de* 18,000 *francs à la construction d'un pont en bois, avec culées en maçonnerie, sur la rivière Lézarde, au gué Kerfili.* 3 février 1821.

Nota. Ce pont devant servir pour communiquer du bourg du

Lamentin avec les paroisses du Robert, de la Trinité et autres, et faciliter l'exploitation des habitations de la rive droite de cette rivière.

Arch. du gouvernement. Ord. et déc., n° 573.

N° 3059. — *Arrêté du gouverneur administrateur portant nomination d'une commission de propriétaires sucriers chargée d'examiner la question de l'utilité d'appliquer les machines à vapeur aux moulins à sucre.*

5 février 1821.

Nota. Il s'agissait d'examiner en détail les divers points d'un mémoire présenté à Paris au ministre de la marine par un sieur Macomb, et relatif à l'introduction dans les colonies de machines à vapeur appliquées aux moulins à sucre.

Arch. du gouvernement. Ord. et déc., n° 574.

N° 3060. — *Dépêche ministérielle au gouverneur administrateur portant envoi d'une note et de dessins relatifs à la fabrication et au perfectionnement des chaudières à sucre.*

7 février 1821.

Nota. Ce document ayant été soumis, conformément au vœu exprimé dans la dépêche, au comité consultatif et aux principaux planteurs, on y trouve annexés aujourd'hui une délibération du comité et un résumé des opinions de ceux des habitants qui ont été consultés.

Arch. du gouvernement. Dép. ministérielles, n° 22.

N° 3061. — *Ordonnance du gouverneur administrateur qui admet à la consommation des farines américaines précédemment à l'entrepôt, soit en douanes, soit chez les particuliers.*

15 février 1821.

Le Gouverneur, etc.,

Vu l'état de recensement, fait d'après nos ordres, des farines existantes dans les magasins des négociants des places de Saint-Pierre et du Fort-Royal, ainsi que chez les boulangers;

Vu l'état de situation des divers comestibles existant dans lesdites places au 10 de ce mois, d'où il résulte qu'il manque au complet, pour l'approvisionnement d'un mois, 1,844 barils de farine de froment;

Considérant qu'il est urgent d'assurer la subsistance en farines,

A ordnonné et ordonne ce qui suit :

Art. 1er. Toutes les farines américaines admises, depuis le 1er mars 1820 jusqu'à ce jour, à l'entrepôt à charge de réexportation, soit dans les magasins des négociants, soit dans ceux de la douane, et qui restent à réexporter, seront admises à la consommation, en, par les propriétaires, payant le droit de 10 pour 100 déterminé par le paragraphe 4 de l'article 17 de l'ordonnnance des impositions pour l'année 1821.

Art. 2. Ceux des propriétaires de farines américaines qui, ayant obtenu la permission de les déposer dans leurs magasins, à charge de réexportation, les ont livrées à la consommation sans autorisation préalable, seront tenus, pour cette contravention, à payer, sur toute la quantité de farine indûment mise par eux à la consommation, le double droit de 10 pour 100 de la valeur ci-dessus mentionnée, c'est-à-dire, 20 pour 100; le droit dont il s'agit devant être établi d'après les prix de base à la date de la présente ordonnance et ne préjudiciant pas d'ailleurs à celui de magasinage, qui pourrait être encore dû conformément au deuxième paragraphe de l'article 31 de ladite ordonnance d'impositions.

Au moyen de ce qui précède, toutes les décisions antérieures, relativement aux farines étrangères soustraites illégalement à l'entrepôt depuis le mois de mars 1820, se trouvent annulées.

Art. 3. Au moment de la promulgation de la présente ordonnance, il sera fait un nouveau recensement dans les magasins particuliers, contenant ou censés contenir des farines américaines admises à l'entrepôt, afin de reconnaître la quantité qui en aurait pu être retirée sans autorisation, depuis le dernier recensement, et la douane établira les liquidations des sommes dues au trésor, pour les farines dont s'agit, par chaque négociant, afin que le montant en soit payé immédiatement à la diligence du trésorier.

Art. 4. Le directeur des douanes nous adressera, aussitôt que possible, par l'intermédiaire de l'ordonnateur, un état de toutes les farines admises à l'entrepôt depuis le 1er mars 1820, avec distinction de celles réexportées, de celles livrées abusivement à la consommation, et enfin de celles dont l'admission est autorisée par la présente ordonnance.

Art. 5. Le 20 du courant, il sera fait, tant au Fort-Royal qu'à Saint-Pierre, un recensement général de toutes les farines qui se trouveront daus les magasins des négociants ou chez les boulangers. Dans chaque ville, deux capitaines du commerce français assisteront à cette vérification.

Art. 6. Attendu que la faculté de déposer dans des magasins particuliers des farines admises à l'entrepôt a donné lieu à de nombreux abus, il ne sera plus, désormais, accordé de permis d'introduction de farines destinées à la réexportation que sous la condition expresse de l'entrepôt dans les magasins de la douane.

Art. 7. L'ordonnateur est chargé de surveiller l'exécution de la présente ordonnance, qui sera enregistrée au contrôle.

Donné au Fort-Royal, le 15 février 1821.

Signé DONZELOT.

Journal de la Mart., 1821, n° 15.

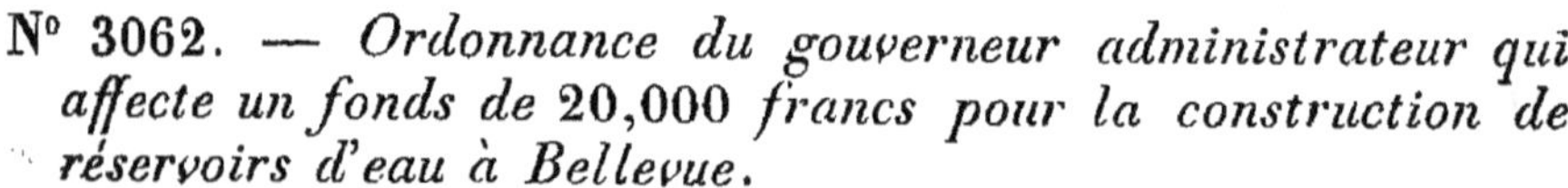

N° 3062. — *Ordonnance du gouverneur administrateur qui affecte un fonds de 20,000 francs pour la construction de réservoirs d'eau à Bellevue.*

25 février 1821.

Nota. Ces réservoirs devaient fournir de l'eau à la ville de Fort-Royal, et alimenter une aiguade pour la marine établie sur le quai de la rivière Levassor.

Arch. du gouvernement. Ord. et déc., n° 635.

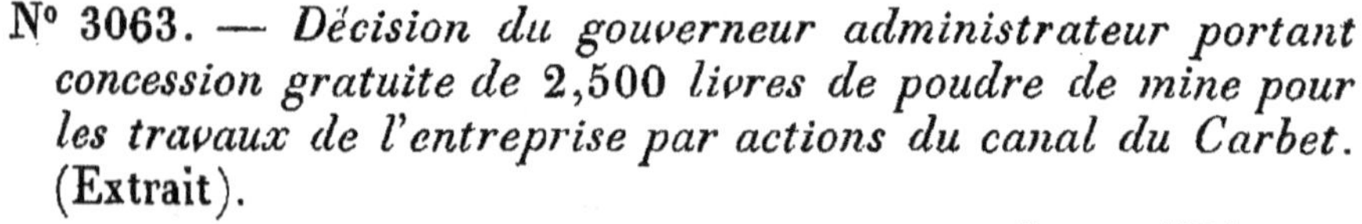

N° 3063. — *Décision du gouverneur administrateur portant concession gratuite de 2,500 livres de poudre de mine pour les travaux de l'entreprise par actions du canal du Carbet.* (Extrait).

3 mars 1821.

Ce canal était destiné à procurer de l'eau sur diverses habitations manufacturières réduites au seul secours des animaux, et en même temps à arroser un grand nombre de petites propriétés en cafés et vivres.

Bureau des approvisionnements. Ord. et déc., liasse 1821.

N° 3064. — *Dépêche ministérielle portant qu'en matière de*

sauvetage, les vacations *ne sont dues qu'à raison du grade, et non de la fonction momentanée, et que* l'indemnité *n'est due qu'aux travailleurs effectifs.*

3 mars 1821.

Monsieur, en m'adressant, avec votre lettre du 30 décembre dernier, une expédition de la liquidation du sauvetage du navire suédois *le Télémaque*, naufragé le 25 décembre précédent à la côte du cap Breton, vous me transmettez deux questions auxquelles ce sauvetage a donné lieu.

La première concerne le receveur principal de la douane.

Ce receveur s'est fait représenter par un vérificateur, et il prétend que ce dernier a droit aux frais de route et aux vacations sur le même pied que lui, c'est-à-dire par assimilation au grade de sous-commissaire.

Cette prétention n'est point fondée. Sans doute, le décret du 20 floréal an XIII, en assimilant le receveur des douanes au sous-commissaire, lui accorde la même indemnité; mais il est bien entendu que c'est dans le cas où il assiste en personne aux opérations; et comme le syndic des gens de mer, qui remplace le sous-commissaire, n'est pas traité de même, mais seulement d'après son propre grade, il doit en être ainsi à l'égard du vérificateur qui remplace le receveur. C'est le grade seul et non la fonction momentanée qui constitue le droit. Ce principe dérive évidemment des distinctions et des assimilations établies par le décret du 20 floréal an XIII.

Au reste, la même question vient d'être résolue conjointement avec M. le directeur général des douanes pour les sous-inspecteurs des douanes, qui voulaient être traités comme les inspecteurs. Vous avez vu, par ma circulaire du 20 septembre de l'année dernière, qu'il a été décidé que les sous-inspecteurs opérant dans les sauvetages au lieu et place des inspecteurs ne seraient traités que dans le grade de sous-inspecteurs, et qu'ils seraient assimilés aux commis principaux de marine.

Il y a ici analogie de position, et vous avez fort bien jugé qu'il y avait lieu de faire l'application du principe au vérificateur qui a suppléé le receveur, lors de la vente des effets du *Télémaque*.

La deuxième question se rapporte au nombre plus ou moins considérable de préposés que la douane dirige sur le lieu du naufrage, et qui peut excéder, dans certains cas, le nombre d'hommes nécessaires pour le sauvetage.

La douane prétend que tous ceux de ses préposés qu'elle a dirigés sur le lieu de naufrage doivent être indemnisés.

Il faut distinguer ici entre les préposés qui assistent aux sauvetages comme simples surveillants et ceux qui travaillent et concourent réellement aux opérations du sauvetage.

Pour les premiers, il est facultatif à la douane d'envoyer tel nombre qu'elle juge à propos, parce que agissant dans l'intérêt de son service elle a incontestablement le droit de prendre toutes les mesures qu'elle juge propres à prévenir ou empêcher la fraude; mais aussi, sous ce rapport, les préposés surveillants n'ont aucune indemnité à exiger des propriétaires des effets sauvés, pour un service qui ne sort pas des fonctions habituelles des agents de la douane, et qui, tout entier dans les convenances du fisc, n'a rien de commun avec le sauvetage lui-même.

Quant aux seconds, leur situation est différente; comme préposés travailleurs, ils agissent bien dans l'intérêt des propriétaires; mais, en même temps, le prix de leurs journées étant une dépense à la charge des effets sauvés, c'est à la marine, qui représente les intéressés absents, à limiter comme à augmenter le nombre des préposés travailleurs, suivant qu'elle le juge convenable d'après l'importance et les difficultés du sauvetage; il faut, toutefois, qu'elle s'entende, dès le commencement des opérations, avec le principal agent de la douane, pour régler et arrêter l'état des préposés travailleurs.

En cela, comme en toute autre chose, les chefs des deux administrations, placés au-dessus des prétentions et des tracasseries subalternes, doivent adopter de concert, autant que possible, des dispositions qui concilient les devoirs des fonctionnaires avec l'intérêt des naufragés, le premier et le plus respectable de tous.

Vous voudrez bien faire enregistrer la présente au contrôle, et donner des instructions en conséquence aux commissaires des classes dépendant du sous-arrondissement de Bayonne.

Recevez, etc.

Le Ministre de la marine et des colonies,

Signé Baron PORTAL.

Inspection. Reg. 9, n° 383 *bis*.

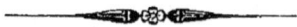

N° 3065. — *Ordre du jour du gouverneur administrateur pour le cérémonial à observer à l'occasion de l'inauguration du portrait du roi donné par Sa Majesté à la cour royale.*

7 mars 1821.

L'inauguration du portrait du roi donné par Sa Majesté à sa

cour royale de la Martinique aura lieu demain 8 du courant à Fort-Royal.

Il sera commandé des troupes de milice et de ligne pour former le cortége qui accompagnera le portrait du roi, du gouvernement au palais de justice.

Le cortége marchera dans l'ordre suivant :

Un détachement de dragons ouvrant la marche,

La compagnie d'artillerie,

Un détachement de cinquante sapeurs,

Les tambours et la musique du bataillon des milices et des troupes de ligne,

La compagnie de grenadiers de milice,

Les voltigeurs du 2e bataillon de la Martinique,

La compagnie de grenadiers,

Les gendarmes de la marine,

Le portrait du roi, qui sera porté par des sous-officiers de toutes armes,

Les diverses autorités,

La compagnie des chasseurs de la milice fermera la marche.

Toutes ces troupes seront réunies pour neuf heures et demie du matin, dans leur ordre de marche, dans la grande allée de l'esplanade du fort Saint-Louis.

A dix heures du matin, il sera envoyé au palais de justice la compagnie de voltigeurs du 2e bataillon pour escorter la cour royale jusqu'au gouvernement, pour y recevoir le portrait de Sa Majesté.

Le cortége se mettra ensuite en marche suivant l'ordre établi.

Lorsque le portrait du roi aura été placé au palais de justice et lorsque les discours auront été prononcés, l'inauguration sera commencée par des salves de 21 coups de canon tirées du fort Saint-Louis et de la frégate *la Gloire*.

La cérémonie étant terminée, le cortége se mettra de nouveau en marche dans le même ordre, pour retourner au gouvernement.

Les troupes se rendront ensuite sur la Savane, pour de là rejoindre leurs quartiers respectifs.

MM. les officiers des corps qui ne seront pas de service et MM. les officiers de l'administration sont invités à se rendre au gouvernement à neuf heures trois quarts.

Signé DONZELOT.

Inspection. Reg. 7, n° 582.

N° 3066. — *Dépêche ministérielle portant que les vacations dues pour sauvetage ne sont pas doublées lorsque les opérations ont été continuées pendant la nuit.* (Extrait.)

10 mars 1821.

M. le contrôleur pense qu'il doit y avoir double vacation lorsqu'il y a des travaux de nuit, par la raison qu'une augmentation de travaux et de peines doit produire augmentation de salaires ou d'indemnité.

Vous rejetez cette double allocation comme inconvenante, parce qu'il vous semble que les vacations ne doivent pas être assimilées à des salaires, mais simplement considérées comme une indemnité des dépenses occasionnées par le déplacement, et vous n'admettez pas que ces dépenses soient sensiblement augmentées par la nécessité de donner, pendant la nuit, des soins au sauvetage d'un navire; enfin, vous opposez à la prétention des administrateurs les articles 10 et 11 de l'arrêté du 17 floréal an IX, lesquels rendent applicables aux administrateurs de la marine qui assistent aux naufrages les indemnités de route et de vacations déterminées par l'arrêté du 29 pluviôse an IX; et d'après ce rapprochement vous concluez qu'un officier d'administration n'a pas plus de droit aux vacations extraordinaires de nuit, en matière de naufrages, que pour toute autre affaire de service qui l'aurait déplacé. Je partage entièrement votre opinion. La distinction que vous faites entre les vacations et les salaires est tout à fait juste, et je regrette que M. le contrôleur n'ait pas considéré la question du même point de vue.

....

Recevez, etc.

Le Ministre de la marine et des colonies,

Signé Baron PORTAL.

Inspection. Reg. 9, n° 383.

N° 3067. — *Circulaire du ministre de la guerre qui autorise indéfiniment les engagements volontaires en France pour les troupes des colonies.* (Extrait.)

23 mars 1821.

Messieurs, l'état qui m'a été fourni par S. Exc. le Ministre de la marine du nombre présumé d'hommes à fournir annuellement pour tenir au complet les troupes d'infanterie stationnées dans les colonies, m'a fait considérer comme nécessaire d'établir un moyen permanent de recrutement pour ces corps. Les engagements volontaires m'ont paru fournir ce moyen et présenter tout l'avantage désirable. En conséquence, et après avoir pris les ordres du roi, j'ai arrêté les dispositions suivantes :

Les engagements volontaires devant les officiers de l'état civil sont autorisés indéfiniment pour les colonies.

L'engagement sera de six ans et devra être reçu pour les troupes des colonies en général, sans distinction de corps.

Les hommes engagés recevront immédiatement des feuilles de route, et seront dirigés sur l'île d'Oleron.

Journal militaire, 1821, 1er sem., p. 129.

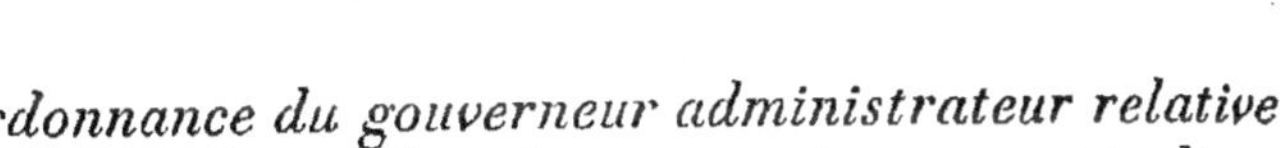

N° 3068. — *Ordonnance du gouverneur administrateur relative aux conditions sous lesquelles il est permis aux particuliers de construire des quais à leurs frais* (1).

24 mars 1821.

Le Gouverneur et administrateur, etc.,

Vu les demandes de divers particuliers ayant pour objet d'obtenir la permission de faire construire des quais, tant pour leur usage que pour celui du public dans les lieux de leur domicile et sur les points ou les localités permettent ces constructions ;

Voulant accueillir ces demandes, et encourager les projets d'utilité publique de cette nature par des dispositions qui soient également dans l'intérêt de ceux qui les présentent et dans celui du commerce et du service du roi,

A ordonné et ordonne ce qui suit :

Art. 1er. Les particuliers à qui il a été ou à qui il sera accordé à l'avenir des autorisations de construire des quais devront les laisser libres au public.

Art. 2. La largeur des quais dont la construction aura été ainsi autorisée devra être de quarante pieds (13 mètres) pour les bourgs.

Art. 3. L'ordonnateur de la colonie est chargé de l'exécution

---

(1) Approuvée, louée par dépêche ministérielle du 16 août 1821, n° 225 (arch. du gouvernement).

de la présente ordonnance, qui sera enregistrée aux greffes des tribunaux, à la direction de l'intérieur et au contrôle.

Donné au Fort-Royal, le 24 mars 1821.

Signé DONZELOT.

Et plus bas :

GUILLAUME,

Secrétaire.

Enregistré à la cour royale, 31 mars 1821. — Inspection. Reg. 7, n° 621.

NOTA. Voir modèles de ces permissions, archives de l'inspection, registre des ordres et décisions, vol. 7, n°s 622 et suivants,

---

N° 3069.— *Ordonnance du gouverneur administrateur portant concession à un particulier d'un terrain sis au bourg du Marin, sur les cinquante pas du roi, à la condition d'y construire un magasin et un quai* (1).

26 mars 1821.

Au nom du Roi,

Le gouverneur et administrateur pour le roi de la colonie de la Martinique ;

Vu la requête ci-jointe, en date du 23 mars 1819, présentée par les sieurs Imbert Ayme et Antoine Blanc, négociants au bourg du Marin, et tendant à obtenir la concession d'un terrain de cent pieds carrés sur les cinquante pas du roi, au bout de la rue du Carénage, pour y construire un magasin et un quai nécessaires à leur commerce ;

Vu le procès-verbal de visite du grand voyer, sous la date du 17 décembre 1819, duquel il conste :

Qu'il n'existe plus, sur le terrain propre du bourg, de terrain susceptible d'être concédé sur les cinquante pas du roi ;

Qu'il convient de laisser libre l'espace appelé place du Carénage pour placer au besoin les machines d'appareil propres à faire monter sur la plage les bâtiments à radouber ;

Vu les dispositions déjà adoptées pour les concessions de ce genre, d'après l'avis du commissaire commandant la paroisse du Marin et le plan du grand voyer de la colonie,

---

(1) Voir, même source, aux folios 89 v° et 90 r° et v°, trois concessions analogues à celle-ci.

A ordonné et ordonne ce qui suit :

Art. 1er. Un terrain de la contenance de cent pieds carrés est et demeure définitivement concédé aux sieurs Imbert Ayme et Antoine Blanc, à la charge par eux d'y construire le magasin et le quai qu'ils projettent dans l'intérêt de leur commerce, et d'y faire toutes autres constructions que les localités exigeront d'après le plan général adopté.

Art. 2. Ce terrain sera pris sur les cinquante pas du roi et sur les terres dépendant du fort, en établissant la façade de la concession d'après la ligne tracée par le grand voyer et désignée au plan qu'il a dressé du bord de mer au bourg du Marin.

Art 3. Il sera réservé un espace de trente pieds libre entre la division des terres du fort d'avec celles du bourg et les concessions, pour la communication entre la partie supérieure du terrain du fort et la place du Carénage.

Art. 4. Les constructions projetées s'exécuteront sous les yeux du commissaire commandant la paroisse, et leur étendue, comme la ligne qu'elles devront suivre, sera constatée par un procès-verbal dans lequel il interviendra ainsi que le grand voyer, et qui sera déposé au greffe du tribunal de première instance du Fort-Royal.

Art. 5. Les constructions dont s'agit devront avoir été commencées dans un an de ce jour, à peine de nullité.

Art. 6. Les concessionnaires devront d'ailleurs se conformer aux dispositions de l'ordonnance du 24 mars courant, relative aux quais à construire par des particuliers dans les lieux de leur domicile et sur les points où les localités permettent ces constructions.

Art. 7. L'ordonnateur de la colonie est chargé de l'exécution de la présente ordonnance, qui sera enregistrée au greffe du tribunal de première instance du Fort-Royal, à la direction de l'intérieur et au contrôle.

L'original ainsi que les pièces et le plan resteront déposés au secrétariat des archives du gouvernement, pour expédition en être délivrée.

Donné au Fort-Royal, le 26 mars 1821.

Signé DONZELOT.

Et plus bas :

GUILLAUME,

Secrétaire.

Arch. de la direction de l'intérieur. Reg. 2, f° 89.

N° 3070. — *Ordonnance du gouverneur administrateur relative à la visite de sûreté des bâtiments du commerce à leur arrivée et au départ.* (Extrait.)

30 mars 1821.

Art. 2. Les maîtres charpentiers restent *seuls*, à l'avenir, chargés, dans chaque port, d'assister à cette visite, conformément à l'article 2, titre V du règlement du 12 janvier 1717, suivant les formalités y établies.

NOTA. On avait prétendu joindre un calfat au maître charpentier, et le commerce s'en était plaint.

Enregistré à la cour royale, 31 mars 1821. — Inspection. Reg. 7.

N° 3071. — *Ordre du gouverneur administrateur pour la construction de trois magasins dans l'emplacement de l'arsenal de la marine au Fort-Royal.*

1er avril 1821.

NOTA. Au 19 septembre 1822 on avait épuisé, pour ces travaux, un premier fonds de.................. 146,000f 00
et à cette même date, n° 962, il est fait pour les continuer un deuxième fonds de............... 60,000 00

Total......... 206,000 00

Arch. du gouvernement. Ord. et déc., n° 619.

N° 3072. — *Décision du gouverneur administrateur portant établissement au fort Bourbon d'une cayenne où seront reçus les marins des bâtiments du roi en sortant des hôpitaux, pour achever leur convalescence.*

3 avril 1821.

Attendu que les marins des bâtiments du roi, en sortant des hôpitaux de la colonie, se trouvent souvent, par leur état de faiblesse, dans l'impossibilité de reprendre immédiatement leur service à bord, et qu'il est nécessaire de leur accorder quelques jours de convalescence pour rétablir entièrement leur santé;

Vu la proposition qui nous a été adressée par l'ordonnateur d'envoyer ces hommes en changement d'air, pendant quelques jours, à la campagne, avant de leur faire reprendre leur service à la mer;

Voulant contribuer de tout notre pouvoir au prompt rétablissement de la santé de ces hommes;

Décidons provisoirement ce qui suit :

Art. 1er. Il sera établi au fort Bourbon une cayenne de convalescence où les marins sortant des hôpitaux séjourneront pendant un laps de temps déterminé par les officiers de santé.

Art. 2. Il sera accordé à chaque homme pour sa ration journalière, provenant des magasins du roi, savoir :

Pain frais, 750 grammes; vin, 69 centilitres; viande fraîche, 250 grammes; huile pour légumes frais, 500 grammes par miriagramme de légumes ou 6 grammes par homme; vinaigre pour légumes frais, 47 centilitres par miriagramme de légumes ou 6 centilitres par homme; sel, 64 kilogrammes par 3,000 rations, ou environ 22 grammes par homme; rhum pour aciduler l'eau, 3 centilitres par homme; chandelles, 44 hectogrammes par 100 hommes ou 15 grammes par homme.

Ils recevront, en remplacement des légumes secs, du fromage, ainsi que du café et du sucre donnés dans la colonie pour la ration de mer, soixante centimes par homme et par jour.

La nommée Fanchine, femme de couleur libre, chargée de faire la cuisine à la cayenne, recevra une indemnité de quarante centimes par homme, pour fournitures d'ustensiles de cuisine, bois et charbon compris, et sera tenue de faire porter l'ordinaire des marins à leur caserne.

Elle supportera une retenue de 3 pour 100 en faveur des invalides sur les indemnités précitées.

Art. 3. Les demandes seront faites par bâtiment et par le commissaire des armements. Les deux indemnités susmentionnées en l'article 2 seront remboursées par le garde-magasin de la marine, comme cela se pratique pour les avances qu'il fait aux bâtiments pour légumes verts.

Art. 4. Lorsque des hommes sortant des hôpitaux auront été jugés par les officiers de santé dans le cas d'aller à la cayenne, il en sera fait mention par le commissaire des hôpitaux sur leur billet de sortie, et ils seront tenus de passer au bureau des armements pour y rececoir leur ordre de destination.

Art. 5. L'ordonnateur est chargé de l'exécution de la présente décision, qui sera enregistrée au contrôle.

Signé DONZELOT.

Arch. du gouvernement. Ord. et déc., n° 613.

N° 3073. — *Dépêche ministérielle notifiant une décision du ministre des finances du 2 mars précédent, qui n'assujettit les ventes des bris et naufrages qu'au droit fixe de un franc.*

7 avril 1821.

Annales maritimes, 1835, 1re partie, p. 24.

N° 3074. — *Dépêche ministérielle sur les précautions à prendre lors du payement des frais de magasinage en matière de bris et naufrages.*

14 avril 1821.

Annales maritimes, 1835, 1re partie, p. 25.

N° 3075. — *Ordonnance du gouverneur administrateur qui réduit de moitié le coût tarifé des actes de décès à l'égard des matelots morts, dans la colonie, hors des hôpitaux.*

15 avril 1821.

Le Gouverneur, etc.,

Vu les réclamations adressées à S. Exc. le Ministre de la marine à l'égard du prix des actes de décès porté au tarif en vigueur à la Martinique en ce qui concerne les matelots français morts dans cette colonie ;

Vu le rapport, à ce sujet, de M. le directeur de l'intérieur, duquel il résulte que le prix des actes est fixé comme il suit, savoir :

Pour rédaction et inscription au registre de tout acte de décès	27 livres ou	15 francs.
Pour expédition *idem*	9	5
Total	36	20

Considérant que ce coût est en effet hors de proportion avec les moyens des familles des matelots décédés, lesquels doivent en rembourser le montant aux capitaines qui se chargent de les prendre pour les leur transmettre, et qu'il paraît juste de réduire ce prix, pour les matelots seulement, à un taux plus modéré et qui, sans porter préjudice aux intérêts des officiers de l'état-civil qui se trouveront dans le cas de délivrer de ces actes, puisse faciliter aux familles les moyens de se les procurer sans trop de frais ;

Vu les conclusions du directeur de l'intérieur sur l'utilité de la réduction dont il s'agit;

Vu également l'avis de l'ordonnateur de la colonie et celui de M. le procureur général du roi pour cette réduction à la moitié du prix porté au tarif,

A ordonné et ordonne ce qui suit :

Art. 1er. Le coût des actes de décès des matelots français morts dans la colonie, hors des hôpitaux maritimes, ne sera, à l'avenir, que de la moitié du prix porté au tarif maintenant en vigueur à la Martinique, et sera établi comme ci-après, savoir :

Pour rédaction et inscription au registre de chaque acte, treize livres dix sols des colonies ou sept francs cinquante centimes, ci.................................. 13^l 10^s ou 7^f 50^c

Pour simple expédition de l'acte, quatre livres dix sous ou deux francs cinquante centimes, ci.......... 4^l 10^s ou 2^f 50^c

Art. 2. MM. les curés ou officiers de l'état civil des diverses paroisses ne pourront à l'avenir exiger, pour la confection, inscription et délivrance d'actes de décès de matelots français morts dans la colonie, au delà du prix établi dans l'article précédent.

Art. 3. M. l'ordonnateur est chargé de l'exécution de la présente ordonnance, qui sera enregistrée au greffe de la cour royale et des tribunaux de première instance et au contrôle.

Donné au Fort-Royal, le 15 avril 1821.

Signé DONZELOT.

Enregistré à la cour royale, 24 avril 1821. — *Journal de la Mart.*, 1821, n° 36.

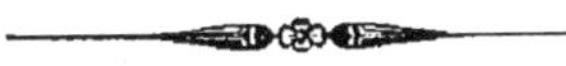

N° 3076. — *Ordonnance du gouverneur administrateur portant fixation du prix de journées des ouvriers et surveillants de la compagnie de sapeurs ouvriers.*

16 avril 1821.

Nota. Cette ordonnance est annulée et remplacée par celle du 18 juin suivant. En voir l'article 7.

Arch. du gouvernement. Ord. et déc.

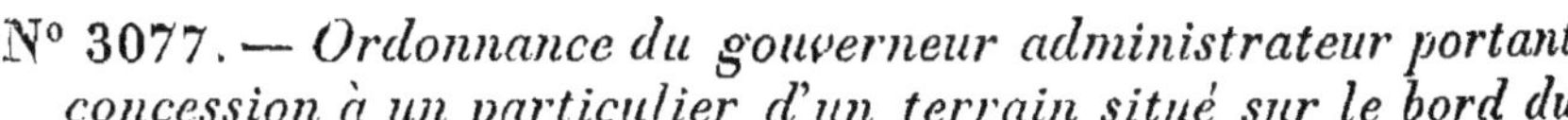

N° 3077. — *Ordonnance du gouverneur administrateur portant concession à un particulier d'un terrain situé sur le bord du*

canal d'enceinte au Fort-Royal, entre les ponts Fénelon et Blondel.

24 avril 1821.

Nota. Cette concession contient ceci de remarquable qu'à raison d'un projet de quai à construire entre les deux ponts, elle sera limitée par une ligne parallèle au mur dudit quai, tirée à la distance de cinq mètres (15 pieds 3 pouces) du bord de l'eau.

Une ordonnance locale du 20 juin 1821, portant une concession au même lieu, contient la même délimitation (même source, f° 98.)

Arch. de la direction de l'intérieur. Reg. 2, f° 92 v°.

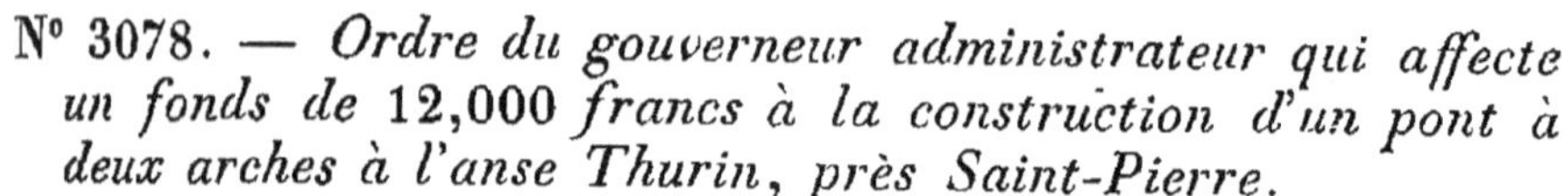

N° 3078. — *Ordre du gouverneur administrateur qui affecte un fonds de* 12,000 *francs à la construction d'un pont à deux arches à l'anse Thurin, près Saint-Pierre.*

29 avril 1821.

Arch. du gouvernement. Ord. et déc., n° 629.

N° 3079. — *Décision du gouverneur administrateur qui institue les huissiers du domaine percepteurs ambulants des contributions directes et les assujettit à un cautionnement.*

2 mai 1821.

Attendu que la rentrée des deniers publics éprouve depuis quelque temps des lenteurs et des difficultés qui finiraient par compromettre le service ;

Attendu qu'il est important pour la colonie d'adopter les moyens les plus prompts et les plus efficaces d'opérer ces perceptions ;

Considérant qu'il est dans l'intérêt des contribuables eux-mêmes de prendre des mesures pour éviter de nouvelles accumulations de l'arriéré, qui ne feraient qu'accroître l'embarras des payements ;

Considérant que les avantages de la perception ambulante par huissiers ont déjà été constatés dans des temps antérieurs ;

Après en avoir délibéré en conseil de gouvernement et d'administration,

A ordonné et ordonne, pour être exécuté provisoirement, sauf l'approbation de Sa Majesté, ce qui suit :

Art. 1er. Les huissiers du domaine, au Fort-Royal et à Saint-Pierre, seront chargés, tant en cette qualité qu'en celle de percepteurs ambulants (ainsi qu'il sera expliqué à l'article 3), du recouvrement des contributions directes, soit de l'exercice courant, soit des exercices antérieurs.

Art. 2. Les cautionnements à fournir par eux sont portés, savoir :

Celui de l'huissier du domaine, percepteur ambulant de l'arrondissement de Saint-Pierre, à vingt mille francs;

Celui de l'huissier percepteur ambulant du Fort-Royal, à douze mille francs.

Ces cautionnements seront acceptés par le trésorier et agréés par le contrôleur colonial, et il sera pris pour cet effet des inscriptions hypothécaires dans les formes prescrites par les lois.

Art. 3. Les rôles de l'impôt continueront à rester entre les mains du trésorier de la colonie ou de ses préposés, qui remettront au fur et à mesure les quittances aux huissiers percepteurs, lesquels auront à en rendre compte au trésorier toutes les fois qu'ils en seront requis par lui, lesdits huissiers, comme percepteurs ambulants, étant immédiatement sous ses ordres. Ils agiront en cette dernière qualité vis-à-vis des contribuables qui seront exacts à payer, et ensuite, comme contrainte, par toutes les voies de droit, même par corps, comme s'agissant de deniers royaux, à l'égard de ceux qui ne se seront pas acquittés aux termes prescrits.

Art. 4. Sur toutes les recettes effectives, il sera alloué auxdits huissiers percepteurs une commission de 2 et demi pour 100.

Art. 5. Leur traitement est en conséquence supprimé à compter du 1er mai courant.

Art. 6. L'ordonnateur de la colonie est chargé de tenir la main à l'exécution de la présente ordonnance.

Donné au Fort-Royal, le 2 mai 1821.

Signé DONZELOT.

Journal de la Mart., 1821, n° 43.

N° 1080. — *Dépêche ministérielle énonçant que la dépense du pain bénit offert à l'église aux jours de solennités religieuses ne saurait être supportée par le trésor royal, et portant défense d'autoriser aucun payement pour de semblables objets.*

11 mai 1821.

Arch. de l'ordonnateur. Dép. 1821, n° 38.

N° 3081. — *Ordonnance du gouverneur et administrateur pour l'achèvement du magasin du roi destiné à servir d'entrepôt des douanes à Saint-Pierre.*

21 mai 1821.

Arch. du gouvernement, 1821. Ord. et déc.

N° 3082. — *Dépêche ministérielle au gouverneur administrateur, au sujet de son ordonnance du* 17 *juillet* 1820 *portant établissement de bureaux de commerce à la Martinique.*

23 mai 1821.

Monsieur le Comte, j'ai examiné l'ordonnance que vous avez rendue, le 17 juillet dernier, pour l'établissement de bureaux de commerce au Fort-Royal et à Saint-Pierre.

Je crois qu'avant de statuer définitivement à cet égard il convient d'attendre les conseils de l'expérience. Ils permettront de se former une idée juste du mérite de la nouvelle institution.

Jusque-là, je recommande à votre attention particulière le choix des négociants qui seront chargés de représenter les intérêts du commerce de France.

Pour ce qui concerne les *attributions*, il y aurait à modifier ou à expliquer le paragraphe 5 de l'article 17, s'il avait pour objet ou pour effet d'investir les bureaux de commerce de la faculté exclusive de délivrer des *parères*.

Les avis à donner par lesdits bureaux (en vertu du paragraphe 7 du même article) sur l'admission à la consommation d'objets prohibés doivent être strictement et explicitement restreints à ce qui concerne l'admission des choses de première nécessité, dont l'introduction momentanée peut, d'après la circulaire ministérielle du 13 novembre 1784, être permise en certaines circonstances, selon des formes et conditions déterminées.

En somme, il faut pourvoir à ce que l'institution des bureaux de commerce ne fasse en rien double emploi avec celle du comité consultatif, et encore à ce qu'elle ne devienne pas un moyen d'étendre, par le fait, les limites prohibées par l'arrêt du 30 août 1784 tant que cet acte subsiste.

Dans votre lettre du 28 juillet 1820, n° 328, vous reconnaissez l'utilité de l'article 7 de l'arrêté du 30 août 1784 qui autorise les négociants et capitaines du commerce de France existant dans la colonie à nommer entre eux des commissaires chargés de signaler les négligences et abus qu'ils apercevraient. Ces dispositions ne peuvent, en effet, être trop fidèlement exécutées. Je vous prie d'y tenir la main en ce qui concerne la Martinique.

Recevez, etc.

Le Ministre de la marine et des colonies,
Signé Baron PORTAL.

Arch. du gouvernement. Dép. ministérielles, n° 123.

N° 3083. — *Dépêche ministérielle portant que le ministère public doit agir, au cas où des négriers étrangers relâcheraient aux colonies françaises, n'importe sous quels prétextes.*

23 mai 1821, n° 122.

Monsieur le Comte, les relâches qu'ont dernièrement faites à la Guadeloupe, par cause ou sous prétexte d'avaries, plusieurs bâtiments espagnols chargés de noirs de traite ont donné lieu de craindre qu'à la faveur de semblables motifs on ne cherchât à opérer des débarquements d'esclaves dans nos colonies.

S'il arrivait que des négriers étrangers se présentassent à la Martinique sous de pareils motifs, le ministère public devrait exercer immédiatement, soit d'office, soit d'après la recommandation spéciale que vous lui en adresseriez, les poursuites judiciaires auxquelles il y aurait lieu.

Indépendamment des diligences du ministère public, l'administration prendrait les mesures les plus sévères pour qu'aucun des noirs composant les cargaisons ne pût être mis à terre et pour que le nombre de ces noirs fût d'ailleurs légalement constaté à l'arrivée ainsi qu'au départ, s'il y a lieu à ce que le bâtiment soit autorisé à suivre sa route.

Vous ajouterez à ces mesures toutes celles que les circonstances et les lieux pourraient comporter, et vous m'en rendriez compte au plus tôt.

Recevez, etc.

Le Ministre de la marine et des colonies,
Signé Baron PORTAL.

Inspection. Reg. 10, n° 9.

N° 3084. — *Circulaire ministérielle autorisant le payement immédiat des gratifications dues pour sauvetage d'épaves de peu de valeur.*

25 mai 1821.

Messieurs, l'article 26 du règlement du 17 juillet 1816 porte que les gratifications à accorder aux marins ou riverains qui ont sauvé des objets à vue de terre et sans risques seront réglées par le ministre de la marine, d'après la proposition de l'administrateur supérieur de l'arrondissemunt ou sous-arrondissement.

Des représentations m'ont été faites sur le délai qu'entraîne l'exécution de cette formalité, et sur les conséquences fâcheuses qui peuvent en résulter pour cette partie du service, en faisant attendre trop longtemps aux sauveteurs la récompense promise. Elles m'ont paru fondées, et sur le compte que j'en ai rendu au Roi, Sa Majesté m'a autorisé à donner aux administrateurs en chef de la marine la faculté de régler et de faire payer de suite les gratifications pour épaves sauvées à vue de terre et sans risques, lorsqu'elles n'excéderont pas le quart de la valeur du sauvetage, et pourvu qu'en aucun cas elles ne s'élèvent pas en totalité à plus de 150 francs.

Cette mesure, en accélérant le payement des indemnités, aura le double avantage d'encourager les riverains et de donner plus de garantie aux propriétaires d'épaves.

Vous voudrez bien m'accuser réception de la présente, que vous ferez enregistrer au contrôle.

Le Ministre de la marine et des colonies,

Signé Baron PORTAL.

Annales maritimes, 1835, p. 26.

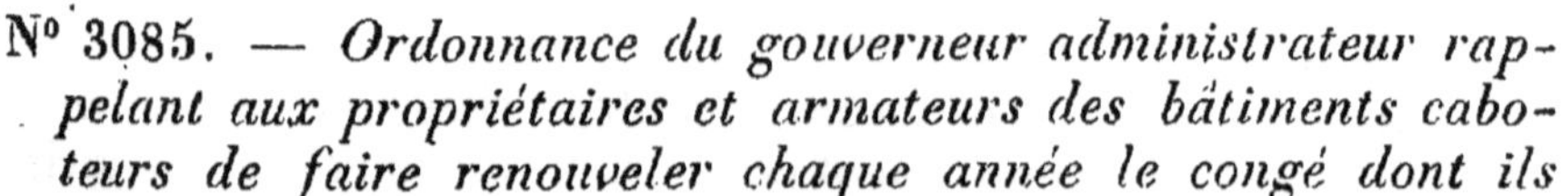

N° 3085. — *Ordonnance du gouverneur administrateur rappelant aux propriétaires et armateurs des bâtiments caboteurs de faire renouveler chaque année le congé dont ils doivent être pourvus.*

27 mai 1821.

Le Gouverneur et administrateur,

Vu l'article 5 du décret du 27 vendémiaire an II (18 octobre 1793), contenant les dispositions relatives à l'acte de navigation, article ainsi conçu :

« Les numéros et noms des propriétaires et des ports seront « insérés dans un congé que chacun de ces bâtiments (bateaux, « barques, alléges, canots et chaloupes) sera tenu de prendre « chaque année, sous peine de confiscation et de 100 livres « (aujourd'hui 100 francs) d'amende ; »

Considérant que plusieurs propriétaires de bâtiments caboteurs dans la colonie, et autres y domiciliés, négligent de satisfaire à l'obligation qui leur est imposée par cet article ;

Attendu que, par leurs fonctions, les commissaires aux armements et classes sont spécialement chargés de tenir la main à l'exécution des lois et règlements concernant la navigation.

A ordonné et ordonne ce qui suit :

Art. 1er. Il est rappelé aux propriétaires et armateurs des bâtiments caboteurs dans la colonie, et autres y domiciliés, l'obligation où ils sont de renouveler tous les ans le congé de leurs bâtiments.

Art. 2. Les commissaires aux armements et classes des ports de la colonie auront soin, sous leur responsabilité personnelle, de poursuivre la confiscation des bâtiments susdits dont le congé n'aura pas été renouvelé après un an de date, en outre de l'amende de 100 francs, mentionnée au décret précité.

Art. 3. L'ordonnateur de la colonie est chargé de veiller à l'exécution de la présente ordonnance, qui sera enregistrée au contrôle et affichée dans les bureaux des armements et dans ceux des douanes.

Donné au Fort-Royal, le 27 mai 1821.

Signé DONZELOT.

Journal de la Mart., 1821, n° 43.

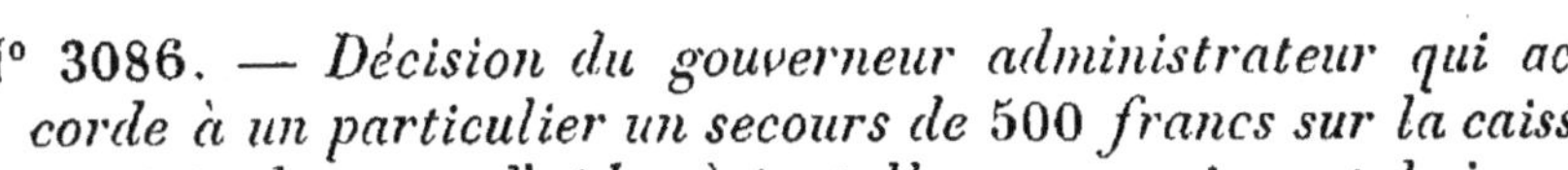

N° 3086. — *Décision du gouverneur administrateur qui accorde à un particulier un secours de 500 francs sur la caisse municipale, pour l'aider à installer un pensionnat de jeunes gens.*

29 mai 1821.

Nota. Ce particulier était ancien officier de marine, chevalier de la Légion d'honneur, et avait tout perdu par un récent naufrage.

Arch. de la direction de l'intérieur. Reg. 2, f° 96 v°.

N° 3087. — *Ordre du gouverneur administrateur renouvelant ceux des 25 novembre 1813 et 4 décembre 1815 relatifs au péage du bac de la pointe Simon au Fort-Royal.*

30 mai 1821.

NOTA. Celui de 1813 est à l'ancien code sous le n° 1461, celui de 1815, qui n'en est que la reproduction textuelle, est annexé à l'ordre de 1821.

Arch. du gouvernement. Ord. et déc. n° 661.

N° 3088. — *Ordonnance du Roi qui modifie les dispositions des précédentes lois ou ordonnances relatives aux hautes payes accordées aux sous-officiers et soldats de toutes armes* (1).

9 juin 1821.

LOUIS, etc.,

Vu l'article 22 de la loi du 10 mars 1818, portant qu'il sera accordé une haute paye aux sous-officiers et soldats qui contractent des engagements à l'expiration de leur temps de service;

Vu notre ordonnance du 3 décembre 1818, qui a réglé le tarif de cette haute paye, ainsi que le décret du 22 juillet 1802 (3 thermidor an X), relatif au temps de service après lequel est acquis, pour les caporaux, brigadiers et soldats, le droit de porter les chevrons;

Voulant améliorer le sort des soldats et particulièrement des sous-officiers qui contractent des rengagements, faire participer aux mêmes avantages ceux qui, par la durée de leurs services, ont acquis ou acquièrent successivement des droits à la haute paye, et graduer les récompenses d'une manière conforme aux principes consacrés par la loi du 10 mars 1818 pour la durée légale du service et celle des rengagements.

Nous avons ordonné et ordonnons ce qui suit :

Art 1er. Les chevrons attribués aux sous-officiers et soldats des corps de troupes de toutes armes, soit pour rengagement, soit pour ancienneté de service, seront désormais acquis, savoir :

Le demi-chevron, à six ans révolus de service;

Le simple chevron, à huit ans;

Le double chevron, à douze ans;

---

(1) Notifiée à la Martinique par dépêche ministérielle du 3 novembre 1821. (Arch. du gouvernement, n° 307.

Le triple chevron, à seize ans.

Art. 2. Une haute paye, graduée suivant les tarifs annexés à la présente ordonnance, est attachée au demi-chevron, au chevron, au double chevron et au triple chevron.

Art. 3. La portion de cette haute paye qui, d'après les mêmes tarifs, est payable à l'avance, sera acquise en faveur des sous-officiers, et soldats des corps qui se rengageront à l'avenir, quel que soit le nombre de leurs années de service, savoir : pour ceux qui se rengageront avant l'expiration de la présente année, à dater du 1er janvier prochain ; et pour ceux qui se rengageront ultérieurement, à partir du jour de leur rengagement.

Art. 4. Les sous-officiers et soldats qui ont contracté des rengagements antérieurement à la présente ordonnance ne pourront pas prétendre, pour ces rengagements, à celle des portions de ladite haute paye qui est payable à l'avance ; mais ils auront droit comme les nouveaux rengagés, à la portion payable avec la solde.

Art. 5. L'une et l'autre portion de ladite haute paye ne seront payées qu'à partir du 1er janvier 1822, époque jusqu'à laquelle les dispositions maintenant en vigueur sur les hautes payes continueront d'être exécutées.

Art. 6. Le décompte de la haute paye à laquelle pourront prétendre les sous-officiers et soldats qui se rengageront à l'avenir devra être fait, quant à la portion payable d'avance, sur la base déterminée par les tarifs pour la classe dans laquelle sera rangé, d'après l'article 1er, le nombre d'années de service déterminé pour chaque degré de rengagement.

Art. 7. Les changements à faire dans les chevrons en exécution du premier article de la présente ordonnance devront être opérés le 1er janvier 1822 pour tous les sous-officiers et soldats qui, à cette époque, compteront au moins six ans de service.

A l'avenir, les changements de classe auront également lieu le 1er janvier de chaque année, et, en ce qui concerne la portion de haute paye payable avec la solde, les militaires auxquels ils s'appliqueront ne pourront jouir qu'à partir de la même époque des avantages qui en devront résulter.

Art. 8. Nonobstant l'article 25 de l'instruction approuvée par nous le 3 décembre 1818, les sous-officiers et soldats d'infanterie pourront, à l'avenir, contracter des rengagements de deux ans.

Art. 9. Toutes les dispositions de ladite instruction du 3 décembre 1818 et de notre ordonnance de la même date sur les rengagements continueront d'être exécutées en tout ce qui n'est pas contraire à la présente.

Art. 10. Notre ministre secrétaire d'Etat de la guerre est chargé de l'exécution de la présente ordonnance.

TARIF.

Infanterie de ligne et légère.

	FUSILIERS.	CAPORAUX ET FOURRIERS.		SOUS-OFFICIERS.	
	Haute-paye acquittable	Haute-paye acquittable		HAUTE-PAYE acquittable	
	avec la solde.	avec la solde.	à titre d'avance.	avec la solde.	à titre d'avance.
	Fixation par jour.	Fixation par jour.	Fixation par an.	Fixation par jour.	Fixation par an.
Haute-paye de demi-chevron après six ans de service...	5c	5c	7f 30 à raison de 2 cent. par jour.	5c	21f 90 à raison de 6 cent. par jour.
Haute-paye d'un chevron après huit ans de service.........	7	7	10f 95 à raison de 3 cent. par jour.	7	29f 20 à raison de 8 cent. par jour.
Haute-paye de deux chevrons après douze ans de service...	10	10	14f 60 à raison de 4 cent. par jour.	10	36f 50 à raison de 10 cent par jour.
Haute-paye de trois chevrons après seize ans de service et au-dessus...............	10	10	14f 60 à raison de 4 cent. par jour.	10	36f 50 à raison de 10 cent par jour

TARIF.

Garde royale, Cavalerie de la ligne et armes spéciales.

	FUSILIERS ou cavaliers.	CAPORAUX OU BRIGADIERS et fourriers.		SOUS-OFFICIERS.	
	Haute-paye acquittable avec la solde.	Haute-paye acquittable		HAUTE-PAYE acquittable	
		avec la solde.	à titre d'avance.	avec la solde.	à titre d'avance.
	Fixation par jour.	Fixation par jour.	Fixation par an.	Fixation par jour.	Fixation par an.
Haute-paye de demi-chevron après six ans de service.....	8c	8c	14f 60 à raison de 4 cent. par jour.	8c	32f 85 à raison de 9 cent. par jour.
Haute-paye d'un chevron après huit ans de service.........	11	11	18f 25 à raison de 5 cent. par jour.	11	36f 50 à raison de 10 cent par jour.
Haute-paye de deux chevrons après douze ans de service...	13	13	21f 90 à raison de 6 cent. par jour.	13	40f 15 à raison de 11 cent par jour.
Haute-paye de trois chevrons après seize ans de service et au-dessus...............	13	13	21f 90 à raison de 6 cent. par jour.	13	40f 15 à raison de 11 cent par jour.

Donné à Paris, le 9 juin, l'an de grâce 1821.

Signé LOUIS.

Et par le Roi :

Le Ministre de la guerre,

DE LA TOUR-MAUBOURG.

N° 3089. — *Ordonnance du gouverneur administrateur qui fixe le supplément de paye à allouer aux ouvriers sapeurs lorsqu'ils sont employés aux travaux du gouvernement ou du génie.*

18 juin 1821.

Considérant qu'il est nécessaire de fixer les prix à la journée, ou à la tâche, à payer aux surveillants et ouvriers sapeurs, lorsqu'ils sont employés par le gouvernement, ou avec autorisation, par l'entreprise générale des travaux du génie;

Attendu que, d'après les règlements du 25 frimaire an II (15 décembre 1793), les ouvriers sapeurs travaillant doivent avoir, en sus de leur paye, les deux cinquièmes du prix de la journée des ouvriers civils, ou du prix de la nature d'ouvrages qu'ils exécutent, selon qu'ils sont employés à la journée ou à la tâche;

Considérant qu'il est juste de mettre en rapport avec le prix de la journée du sapeur travaillant dans la colonie les allocations à accorder aux caporaux et sous-officiers chefs et surveillants d'ateliers, et même aux officiers chargés, lorsqu'il y a lieu, de la surveillance d'un atelier de 25 sapeurs au moins, et, à la campagne, de celle des travaux d'art entrepris par des particuliers;

Vu notre arrêté du 29 mai 1818 portant fixation du prix des journées des ouvriers civils dans la colonie;

Sur la proposition du commandant du génie,

Avons ordonné et ordonnons ce qui suit:

Art. 1er. Les ouvriers d'art, manœuvres et terrassiers sapeurs employés par le gouvernement, ou, avec autorisation, par l'entreprise générale des travaux du génie, seront payés à la journée ainsi qu'il suit, savoir:

	TRAVAUX	
	du gouvernement.	de l'entreprise.
Ouvriers d'art de 1re classe	2f 50	3f 00
Idem de 2e classe	2 00	2 40
Idem de 3e classe	1 75	2 10
Manœuvres et terrassiers de 1re classe	1 10	2 00
Idem de 2e classe	1 00	1 50

Art. 2. Les caporaux chefs d'ateliers et les sous-officiers et officiers surveillant un atelier d'au moins 25 hommes recevront par journée, pour les travaux du gouvernement, savoir:

Les officiers, une journée d'ouvrier d'art de 2e classe. 2f 00
Les sous-officiers, *idem* de 3e classe................1 75
Et les caporaux, *idem* de manœuvre de 1re classe... 1 10

Art. 3. Lorsque les sapeurs travailleront à la tâche pour le gouvernement, le prix de leur travail sera calculé sur le nombre des journées d'ouvriers des diverses classes reconnues nécessaires, et d'après les prix de ces journées, ainsi qu'ils sont déterminés à l'article 1er.

Art. 4. Le payement des surveillants et ouvriers sapeurs aura lieu pour les travaux à la journée sur états mensuels dressés par l'officier du génie chargé des travaux de l'arrondissement et visés par le commandant du génie.

Les ouvrages à la tâche seront payés sur les toisés faits par l'officier du génie chargé de la direction des travaux, vérifiés et arrêtés par le directeur du génie.

Mais il sera toujours joint à l'appui, soit des états mensuels de journées, soit des toisés pour les travaux à la tâche achevés, des certificats définitifs qui seront délivrés par le directeur du génie. Ces certificats ont pour objet d'indiquer l'espèce des travaux, le chapitre, la section et l'exercice sur lesquels les mandats devront être expédiés.

Art. 5. Lorsque des travaux donnés à la tâche aux sapeurs seront d'une certaine durée, le directeur du génie, sur le certificat de l'officier du génie constatant l'avancement des travaux, pourra délivrer des certificats d'à-compte, d'après lesquels il sera fait, par l'administration, des mandats de payement. Et lorsque les travaux seront achevés, il délivrera un certificat définitif et de réception portant décompte ; à ce dernier certificat sera joint le toisé des travaux exécutés.

Art. 6. Les officiers chargés de diriger et de surveiller les travaux ordonnés par le gouvernement à la campagne, pour la construction des routes, ponts ou autres travaux d'art, recevront une indemnité par jour de 3 francs.

Les mandats seront délivrés par l'administration sur les certificats du directeur du génie, constatant le nombre des journées, la somme revenante et l'indication des travaux surveillés. L'officier chargé de diriger et de surveiller ceux de l'îlet à Ramiers sera compris dans cette catégorie.

Art. 7. Notre ordonnance du 16 avril 1821 concernant le mode de payement des travaux exécutés par les sapeurs, n'ayant pas prévu tous les cas, est annulée et remplacée par la présente.

Art. 8. L'ordonnateur de la colonie et le directeur du génie sont chargés, chacun en ce qui le concerne, de l'exécution de la présente ordonnance, qui sera enregistrée au contrôle.

Donné au Fort-Royal, le 18 juin 1821.

Signé DONZELOT.
Et plus bas :
GUILLAUME,
Secrétaire.

Inspection. Reg. 7, n° 814.

N° 3090. — *Ordonnance du Roi qui proroge la jouissance de la prime accordée sur les cotons des deux Amériques importés en France par navires français* (1).

20 juin 1821.

Louis, etc.,

Vu nos ordonnances des 26 juillet 1820 et 3 février 1821 ;

Sur le rapport de notre Ministre secrétaire d'État des finances,

Notre conseil entendu,

Nous avons ordonné et ordonnons ce qui suit :

Art. 1er. Une prime de 10 francs par cent kilogrammes continuera jusqu'au 1er novembre prochain d'être accordée pour les cotons des deux Amériques qui auront été chargés par des navires français, hors d'Europe, dans les ports ou colonies autres que ceux ou celles de l'Union, et qui seront importés pour la consommation du royaume.

Art. 2. Ladite prime n'est point applicable aux cotons du cru de nos colonies, non plus qu'à ceux de toute autre provenance qui jouiraient, en vertu de nos précédentes ordonnances, du privilége colonial.

Art. 3. Notre Ministre secrétaire d'État des finances est chargé de l'exécution de la présente ordonnance.

Donné à Paris, le 20 juin 1821.

Signé LOUIS.
Et par le Roi :
Le Ministre des finances,
ROY.

Enregistrée à la cour royale, 15 octobre 1821. — *Journal de la Mart.*, 1821, n° 83.

---

(1) Une autre ordonnance royale du 26 octobre même année, enregistrée à la cour royale, le 25 mars 1822, proroge cette jouissance jusqu'au 1er avril 1822. — Une autre, du 21 novembre suivant, aussi enregistrée à la cour royale,

N° 3091. — *Ordre du jour du gouverneur administrateur pour le cérémonial à observer le jour de la Fête-Dieu.*

22 juin 1821.

Dimanche 23 du courant, jour de la célébration de la grande Fête-Dieu, les troupes de milice et de la garnison au Fort-Royal et à Saint-Pierre (celles du fort Bourbon exceptées) prendront les armes pour assister à la procession du saint sacrement.

Les compagnies d'artillerie et de grenadiers, tant des milices que des 1er et 2e bataillons de la Martinique, escorteront le saint sacrement; celles des voltigeurs ou chasseurs précéderont et fermeront la marche de la procession.

Les compagnies du centre des 1er et 2e bataillons de la Martinique borderont la haie dans les rues où elle passera :

Les bâtiments du Roi seront pavoisés.

Il sera tiré du fort Saint-Louis, au Fort-Royal, et de la batterie Villaret, à Saint-Pierre, une salve de 21 coups de canon, au moment où la bénédiction se donnera au bord de la mer.

Les bâtiments du Roi commandant la rade au Fort-Royal et à Saint-Pierre feront également une salve de 21 coups de canon au même moment.

MM. les commandants d'armes, dans les deux places, ordonneront les dispositions locales d'usage pour le placement des troupes, leur bon ordre et l'heure à laquelle elles devront être rendues sur le terrain; ils s'entendront pour ce dernier point avec MM. les marguilliers en fonctions.

Eu égard aux fatigues de la cérémonie pour les troupes, il sera distribué aux sous-officiers et soldats d'artillerie et d'infanterie de ligne une demi-livre de viande fraîche et un demi-litre de vin pour chaque homme.

MM. les officiers d'état-major, de la marine, d'artillerie, du génie et d'administration sont invités à assister à la procession.

Au Fort-Royal, le 22 juin 1821.

Signé DONZELOT.

Inspection. Reg. 7, n° 836.

---

déclare que cette prime sera accordée pour toute importation effectuée par des navires qui partiront de France avant le 1er avril, l'an prochain, quelle que soit l'époque de leur retour. — Enfin, par une autre ordonnance royale du 1er mai 1822, ce dernier terme est prorogé jusqu'au 1er septembre suivant.

N° 3092. — *Dépêche ministérielle portant qu'à l'avenir il ne sera fait aucune abréviation, soit sur les rôles d'équipages des navires du commerce, soit sur ceux des bâtiments du roi.*

22 juin 1821.

Nota. Décision prise à l'occasion d'une abréviation incorrecte du mot *débarqué* portée en marge du nominatif d'un rôle d'équipage, et qui avait fait, un instant, considérer un officier de marine comme *déserteur*. Différentes mesures avaient déjà été prises contre lui lorsqu'il vint expliquer et prouver l'erreur.

Inspection. Reg. 8.

N° 3093. — *Ordonnance du gouverneur administrateur pour la sûreté des bâtiments du commerce français durant l'hivernage.*

25 juin 1821.

Nota. Cette ordonnance n'est que la reproduction de celle du 25 juin 1818.

Journal de la Mart., 1821, n° 51.

N° 3094. — *Dépêche ministérielle au gouverneur administrateur portant envoi d'un ouvrage sur les greffes et de documents sur la culture du poivrier.*

29 juin 1821.

Nota. 1. L'ouvrage est intitulé *Monographie des greffes ou description technique des diverses sortes de greffes employées pour la multiplication des végétaux; par M. Thouin, professeur de culture au muséum d'histoire naturelle de Paris.*

2. Les documents consistent en une note sur la culture du poivrier, transmise par le Ministre à ce naturaliste, et dans les observations par lui données en réponse.

3. Ces deux pièces seules sont restées jointes à la dépêche.

Arch. du gouvernement. Dép. ministérielles, n° 153.

N° 3095. — *Ordonnance du gouverneur administrateur portant règlement de la solde, des allocations y assimilées et des retenues mensuelles pour masses de la gendarmerie de la Martinique.*

1er juillet 1821.

Le Gouverneur, etc.,

Considérant qu'il est nécessaire de statuer sur la solde et les dépenses y assimilées à allouer aux officiers, sous-officiers et gendarmes de la compagnie de la Martinique, comme aussi sur les retenues mensuelles que les traitements des sous-officiers et gendarmes devront éprouver, tant pour la masse de compagnie que pour celle de secours ;

A ordonné, et ordonne pour être exécuté provisoirement, sauf l'approbation de Sa Majesté, ce qui suit :

Art. 1er. La solde et les allocations y assimilées des officiers, sous-officiers et gendarmes de la compagnie de la Martinique sont réglées par le tarif qui suit :

		TRAITEMENT		TOTAL pour APPOINTEMENTS, y compris le supplément colonial	INDEMNITÉS		FRAIS de TOURNÉES.	TOTAL GÉNÉRAL.
		sur le pied D'EUROPE.	SUPPLÉMENT colonial		de LOGEMENT.	de FOURRAGE.		
Officiers.								
	Capitaine	3,000f	2,250f	5,250f	432f	1,460f	600f	7,742f
	Lieutenant	2,000	2,000	4,000	288	730	500	5,518
Sous-officiers et Gendarmes								
à cheval.	Maréchal des logis	1,400	1,400	2,800	"	365	"	3,165
à cheval.	Brigadiers	1,300	1,300	2,600	"	365	"	2,965
à cheval.	Gendarmes	1,080	1,080	2,160	"	365	"	2,525
à pied.	Maréchal des logis	700	900	1,600	"	"	"	1,600
à pied.	Brigadiers	600	800	1,400	"	"	"	1,400
à pied.	Gendarmes	500	700	1,200	"	"	"	1,200

Art. 2. Les retenues mensuelles à opérer sur les appointements des sous-officiers et gendarmes, pour masse de campagnie, et pour celle de secours, sont déterminées par le tableau suivant :

Sous-officiers et Gendarmes		TRAITEMENT		RETENUES PAR MOIS pour les masses.		TOTAL des DEUX retenues	RESTE NET	
		par AN.	par MOIS.	de compagnie.	de secours.		par MOIS.	par AN.
à cheval	Maréchal des logis	2,800^{f}	233^{f} 33^{c} 3	70	2^{f} 50	72^{f} 50	160^{f} 83^{c} 3	1,930^{f}
	Brigadiers.......	2,600	216 66 6	60	2 50	62 50	154 66 6	1,850
	Gendarmes......	2,160	180 00 0	50	2 50	52 50	127 50 0	1,530
à pied.	Maréchal des logis	1,600	133 33 3	30	2 50	32 50	100 83 3	1,210
	Brigadiers.......	1,400	116 66 6	25	2 50	27 50	89 16 6	1,070
	Gendarmes......	1,200	100 00 0	20	2 50	22 50	77 50 0	930

Art. 3. Le payement des officiers, sous-officiers et gendarmes de la compagnie de la Martinique et les retenues à faire pour les masses auront lieu conformément aux dispositions précédentes, à compter du lendemain du débarquement de ladite compagnie.

Art. 4. L'ordonnateur de la colonie est chargé de l'exécution de la présente ordannance.

Signé DONZELOT.

Et plus bas :

GUILLAUME,

Secrétaire.

Bureau des revues. Ord. et déc.

N° 3096. — *Décision du gouverneur administrateur contenant tarif du prix de confection des effets d'habillement des troupes pour les bataillons de la Martinique.*

2 juillet 1821.

Nous, etc.,

Vu les lettres des conseils d'administration des bataillons de la Martinique, relatives aux réclamations qui leur ont été présentées par les chefs ouvriers de leurs corps respectifs, sur l'impossibilité où ils sont de continuer à se charger de la confection des effets d'habillement des troupes au taux du tarif actuel, attendu le haut prix des matières employées à la confection et celui des journées d'ouvriers;

Vu le tarif proposé par ces conseils pour substituer à celui actuel;

Vu également les observations de MM. le commandant militaire, l'ordonnateur et le commissaire de marine préposé aux revues, ainsi que leur avis sur lesdites réclamations;

Vu enfin les divers tarifs qu'ils ont présentés à adopter à la place de celui proposé par les bataillons de la Martinique;

Considérant : 1° qu'il résulte des observations mentionnées ci-dessus que l'expérience a, en effet, démontré que les maîtres ouvriers des corps ne peuvent, sans y perdre, continuer aux prix du tarif actuel la confection des effets d'habillement des troupes, d'après l'augmentation des prix des matières et des journées d'ouvriers en ce pays, et qu'en conséquence il paraît juste d'augmenter de même les prix de confection portés audit tarif, en raison du surhaussement éprouvé dans ceux desdites matières et journées d'ouvriers;

2° Qu'il arrive souvent que, pour cause de maladie, les corps ne trouvent plus dans leur sein le nombre d'ouvriers nécessaire pour les travaux indispensables, et qu'alors ils sont obligés d'avoir recours à ceux des villes;

3° Que le tarif proposé par l'ordonnateur, pour substituer au tarif actuel, est celui qu'il convient d'adopter, attendu que les prix y paraissent convenablement établis et de manière à ce que les intérêts des chefs ouvriers ne puissent être lésés, non plus que ceux du gouvernement;

En conséquence, et sauf l'approbation de S. Exc. le Ministre de la marine et des colonies, nous avons décidé et décidons provisoirement ce qui suit :

Art. 1er. Les prix accordés aux chefs ouvriers des bataillons de la Martinique, pour la confection des effets d'habillement des troupes et la fourniture des objets y relatifs, seront désormais fixés comme il est établi au tarif ci-après, lequel sera mis en vigueur à dater du 1er avril 1821 :

Tarif du prix de confection des effets d'habillement des troupes pour les bataillons de la Martinique.

NOMENCLATURE DES ARTICLES.		PRIX pour chaque ARTICLE.	OBSERVATIONS.
Habits...	de tambour-major...	20f 00	
	de tambours.........	13 00	
	de sous-officier et soldats..............	4 40	
Capotes........................		2 62	
Vestes..........................		2 00	
Bonnets de police.............		1 05	
Pantalon en toile blanche.......		1 75	

Art. 2. L'ordonnateur est chargé de veiller à ce que les conseils d'administration se conforment à la présente décision, qui sera enregistrée au contrôle, au bureau des revues et inscrite au registre des délibérations des conseils d'administration des bataillons de la Martinique.

Signé DONZELOT.

Inspection. Reg. 7, n° 851.

N° 3097. — *Ordonnance du gouverneur administrateur portant que les marchandises étrangères prohibées et saisies ne pourront être vendues que pour réexportation et sous l'acquit des droits.*

6 juillet 1821.

Le Gouverneur, etc.,

Considérant que le principal objet des saisies en matières de douanes, comme celui de toutes les mesures répressives de la contrebande, est de soustraire le commerce de la métropole à la concurrence des marchandises étrangères, dont l'exclusion a été jugée nécessaire, et que le gouvernement manquerait ce but essentiel s'il autorisait la vente pour la consommation des marchandises de cette nature saisies par les douanes et dont le produit leur est abandonné pour encouragement;

Considérant d'ailleurs que cette autorisation aurait pour effet de donner aux fraudeurs, comme l'expérience nous l'a déjà prouvé, la facilité de débiter continuellement de telles marchandises, sous le prétexte qu'elles proviendraient des saisies faites par les douanes;

Vu les différents rapports, à cet égard, du directeur des douanes et de l'ordonnateur de la colonie,

A ordonné et ordonne, pour être exécuté provisoirement, sauf l'approbation de Sa Majesté, ce qui suit:

Art. 1er. L'article 2 de l'ordonnance du 19 octobre 1819 est rapporté en ce qui concerne la vente des marchandises étrangères prohibées saisies par les douanes; et ces marchandises ne pouvant à l'avenir être vendues que pour la réexportation, sous l'acquit des droits déterminés par l'ordonnance des impositions de chaque année, pour les objets auxquels il serait accordé des permis de débarquement et l'entrée à l'entrepôt avec autorisation de vendre pour l'exportation, il est entendu que celles de ces marchandises qui seraient de nature à être admises par notre autorisation spéciale, en raison de leur utilité pour les besoins de la colonie, acquitteront les droits relatifs déterminés par ladite ordonnance desimpositions.

Art. 2. Les dispositions de l'article précédent sont applicables aux marchandises étrangères confisquées qui sont déjà dans les magasins des douanes.

Art. 3. L'ordonnateur de la colonie est chargé de l'exécution de la présente ordonnance, qui sera enregistrée aux greffes de la cour royale et des tribunaux de première instance, ainsi qu'au contrôle.

Donné au Fort-Royal, le 6 juillet 1821.

Signé DONZELOT.

Et plus bas:

GUILLAUME,

Secrétaire.

Enregistré à la cour royale, 7 juillet 1821. — Greffe de la cour royale. Reg. 18.

N° 3098. — *Décision du roi relative aux épaulettes des officiers.*

10 juillet 1821.

Art. 1er. A compter du 1er janvier 1822, les marques distinctives des officiers de l'armée de terre, depuis le grade de sous-lieutenant jusques et y compris celui de capitaine, seront, savoir :

Pour les capitaines, deux épaulettes ;

Pour les lieutenants, une épaulette placée à gauche et une contre-épaulette placée à droite ;

Pour les sous-lieutenants, une épaulette placée à droite et une contre-épaulette placée à gauche.

Art. 2. Les adjudants-majors, les officiers comptables et les porte-drapeaux porteront les épaulettes et les contre-épaulettes de leurs grades telles qu'elles sont déterminées par l'article précédent, avec cette différence, toutefois, que celles des adjudants-majors seront en or, dans les corps dont les insignes sont en argent, et en argent dans les corps dont les insignes sont en or.

Art. 3. Dans les corps où il existe des grades subdivisés, les épaulettes de l'officier en second seront distinguées par une raie en soie ponceau de cinq millimètres de large, qui sera appliquée sur le tissu et règnera dans toute la longueur du corps de l'épaulette ou de la contre-épaulette.

Art. 4. Les épaulettes des lieutenants et des sous-lieutenants seront de même poids, de même forme et de même dimension que celles des capitaines, mais celles des sous-lieutenants seront distinguées par la raie ponceau prescrite par l'article 3.

Art. 5. Pour les officiers de la maison militaire du roi, de la garde royale et du corps royal d'état-major, les épaulettes des trois grades de capitaine, lieutenant et sous-lieutenant seront à petites torsades ; pour tous les autres officiers de l'armée elles seront à petites franges dites à graines.

Art. 6. Pour tous les officiers, sauf les exceptions indiquées ci-dessus, les épaulettes seront en totalité en fil d'or ou d'argent selon l'arme.

Art. 7. Les capitaines brevetés dans la garde royale, du grade de chef de bataillon, continueront à porter l'épaulette et la contre-épaulette de ce grade.

Inspection. Reg. 8, n° 128.

N° 3099. — *Décision du gouverneur administrateur portant que*

la goëlette de Sa Majesté le Cerf *sera convertie en ponton pour le service du port du Fort-Royal.*

10 juillet 1821.

. . . .

Art. 1er . . . .

Ce ponton sera à poste fixe, tenu par quatre amarres, et ne pourra être déplacé que dans le cas unique où il serait reconnu qu'un bâtiment qui devrait abattre en carène ne pourrait l'aborder; et, pour cet effet, on conservera son gouvernail dans le magasin, afin d'y être adapté au besoin : il pourra d'ailleurs servir au logement des équipages et à l'entrepôt de tous les objets et ustensiles des bâtiments du roi qui abattront sur lui ou se tiendront le long de son bord.

. . . .

Art. 3. Il sera tenu compte au service *métropole* de la somme de cinq mille francs, prix d'estimation de la coque de ladite goëlette, compris ses organeaux, ferrures, son cabestan et autres objets non mobiliers reconnus utiles pour sa nouvelle destination.

. . . .

Art. 5. L'ordonnateur de la colonie est chargé de l'exécution de la présente décision.

Donné au Fort-Royal (Martinique), le 10 juillet 1821.

Signé DONZELOT.

Arch. de l'inspection. Reg. 7, n° 884.

N° 4000. — *Ordre du gouverneur administrateur modificatif de celui du* 3 *février précédent, et qui affecte un nouveau fonds de* 27,000 *francs à la construction du pont de la rivière Lézarde, au gué de Kerfili.*

12 juillet 1821.

Nota. Après les travaux commencés, le lit de la rivière s'étant élargi, on s'est trouvé obligé de construire le pont entièrement en maçonnerie, avec deux culées, une pile et deux arches, radier, murs en ailes et contreforts derrière les culées.

Arch. du gouvernement. Ord. et déc., n° 694.

N° 4001. — *Ordonnance du gouverneur administrateur portant*

une nouvelle fixation des remises à allouer aux huissiers du domaine percepteurs ambulants sur les recettes effectives.

26 juillet 1821.

Vu les représentations qui nous ont été faites par le trésorier de la colonie, au sujet des réclamations qui lui ont été présentées par les huissiers du domaine percepteurs ambulants des contributions, relativement à la modicité de la remise de 2 et demi pour 100 qui leur a été allouée sur toutes les recettes effectives, en remplacement du traitement dont ils avaient joui jusqu'alors, par notre ordonnance en date du 2 mai dernier, relative à leur institution de percepteurs ambulants et à la nature du service auquel ils sont astreints en ladite qualité ;

Vu la proposition du trésorier de porter à 4 pour 100 la remise dont il s'agit, et ses observations à cet égard ;

Considérant que l'expérience a, en effet, démontré que la remise de 2 et demi pour 100, accordée aux huissiers du domaine percepteurs ambulants, est réellement trop modique, et qu'ils ne peuvent, au moyen de cette remise, pourvoir à toutes les dépenses qu'exige leur service ; qu'il en résulte des retards dans la poursuite et la rentrée des contributions préjudiciables aux intérêts du trésor, et qu'en conséquence il y a lieu de modifier les dispositions de notre ordonnance précitée en date du 2 mai dernier, pour ce qui concerne la remise allouée aux huissiers du domaine percepteurs ambulants ;

Vu l'avis de l'ordonnateur sur la proposition du trésorier et ses conclusions dans le sens de cette proposition, et attendu l'urgence ;

Nous avons ordonné et ordonnons, pour être exécuté provisoirement, sauf l'approbation de Sa Majesté, ce qui suit :

Art. 1er. La remise de 2 et demi pour 100 sur toutes les recettes effectives, allouée aux huissiers du domaine percepteurs ambulants par l'article 4 de notre ordonnance, en date du 2 mai dernier, d'institution desdits huissiers en qualité de percepteurs ambulants, etc., sera portée à 4 pour 100. Cette disposition aura son effet à dater du 1er dudit mois de mai dernier.

Au moyen de cette augmentation d'allocation, les huissiers du domaine percepteurs ambulants seront tenus, sous la direction du trésorier, de s'adjoindre le nombre d'agents nécessaire et de pourvoir enfin à tout ce qui pourra tendre à les mettre à même d'assurer la prompte rentrée des contributions.

Art. 2. L'ordonnateur de la colonie est chargé de l'exécution de la présente ordonnance, qui sera enregistrée au contrôle colonial et à la direction de l'intérieur.

Donné au Fort-Royal, le 26 juillet 1821.

Signé DONZELOT.

Et plus bas :

GUILLAUME,

Secrétaire.

Inspection. Reg. 7, n° 897.

N° 4002. — *Ordonnance du roi qui fixe le mode d'exécution de la loi du* 17 *juillet* 1819 *sur les servitudes imposées à la propriété pour la défense de l'État.*

1er août 1821.

Annales maritimes, 1821, 1re partie, p. 473.

N° 4003. — *Dépêche ministérielle rappelant diverses dispositions relatives à la législation militaire sur la désertion et la soustraction d'effets appartenant au gouvernement.*

Paris, le 2 août 1821.

Monsieur le Comte, dans une circonstance récente, quelques militaires faisant partie des troupes employées aux colonies, accusés de désertion à l'intérieur et de soustraction d'effets appartenant au gouvernement, ayant été traduits devant un conseil de guerre, ont été condamnés pour ces faits à cinq ans de travaux forcés.

Le conseil de guerre qui a eu à prononcer la peine a fait application d'un décret du 3 floréal an II, qui porte :

« Art. 1er. Tout militaire qui distraira, sous quelque prétexte « que ce soit, des effets d'habillement, d'équipement, d'arme- « ment ou de campement fournis par la république, encourra « la peine de cinq ans de fer prononcée par la loi du 12 mai « 1793. »

Appliquant ce décret à un militaire absous sur le fait de la désertion et convaincu seulement de soustraction d'effets militaires, le même conseil de guerre a également prononcé la peine de cinq ans de fer.

Cette manière de procéder n'était point conforme à la jurisprudence actuelle.

En effet, le décret du 3 floréal an II se trouve implicitement rapporté par un arrêté du 19 vendémiaire an XII et par l'ordonnance royale du 21 février 1816.

L'arrêté du 19 vendémiaire an XII dit (article 72, titre IX) :
« La désertion à l'intérieur sera punie de la peine des travaux « publics.

« La durée de la peine des travaux publics sera toujours de « trois ans; elle sera augmentée de deux ans pour chacune des « circonstances suivantes :

« 1° Si la désertion n'a pas été individuelle ;

« 2°..

« 3°..

« 4° S'il (le coupable) a emporté des effets fournis par l'État « ou par le corps. »

Il est évident que, d'après ces dispositions, les hommes reconnus coupables de désertion individuelle à l'intérieur et de soustraction d'effets d'habillement appartenant au gouvernement doivent être condamnés à cinq ans de travaux publics seulement.

Cette jurisprudence a été consacrée par les arrêts de la cour de cassation en date des 26 février et 1er août 1818.

Mais, par suite de cette jurisprudence, il ne se trouvait plus dans le code pénal militaire aucune disposition relative au délit isolé de soustraction d'effets fournis par le gouvernement, et, pour remplir cette lacune, la cour de cassation a décidé, par les arrêts cités plus haut, qu'il y avait lieu à appliquer les dispositions des articles 408 et 406 du code pénal (section des abus de confiance), qui condamnent à la prison (de 2 mois à 2 ans) et à l'amende quiconque aura détourné, au préjudice du propriétaire, des effets, deniers, etc., qui ne lui auraient été remis qu'à titre de dépôt, ou pour un travail salarié, à la charge de les rendre ou représenter, etc.

Vous voudrez bien pourvoir à ce qu'on se conforme, dans la colonie que vous administrez, aux dispositions que je viens de vous rappeler, et vous tiendrez la main à leur exécution.

Je vous prie de m'accuser réception de la présente dépêche.

Recevez, etc.

Le Ministre secrétaire d'État
de la marine et des colonies,
Signé Baron PORTAL.

P. S. Vous pourrez consulter utilement sur les points de

législation traités dans la présente dépêche plusieurs lettres de Son Excellence le garde des sceaux qui sont insérées dans les *Annales maritimes et coloniales* du mois de juillet, n° 7.

Arch. de l'ordonnateur. Dépêche, 1821, n° 81.

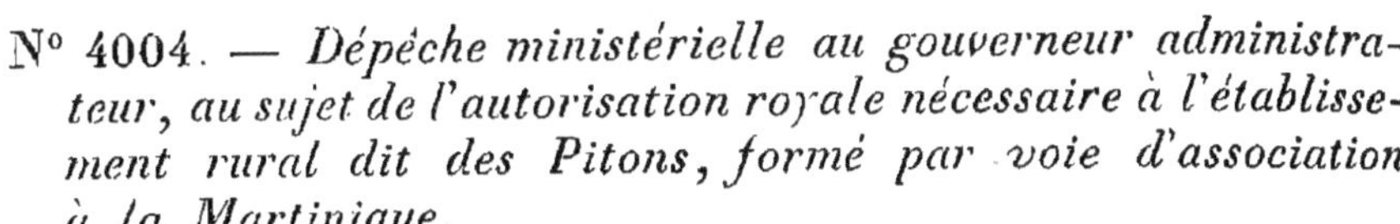

N° 4004. — *Dépêche ministérielle au gouverneur administrateur, au sujet de l'autorisation royale nécessaire à l'établissement rural dit des Pitons, formé par voie d'association à la Martinique.*

6 août 1821.

Monsieur le Comte, vous m'avez informé, par dépêche du 3 février dernier, de la suite qui a été donnée à la Martinique à un projet d'établissement rural au sujet duquel je vous avais écrit le 19 juillet 1820.

Il résulte tant des détails contenus dans votre lettre que des pièces qui y étaient jointes :

1° Qu'une société d'actionnaires s'est constituée, sous votre approbation, pour former un établissement de hatte ou ménagerie, sur un terrain situé dans les hauteurs du Fort-Royal et appartenant à M. Deslandes ;

2° Que le fonds capital de l'association a été fixé à 231,000 livres coloniales, ou 128,333 fr. 33 cent., divisé en 231 actions établies sous la forme d'un titre au porteur ;

3° Que déjà 125 de ces actions ont été prises par 51 actionnaires, au nombre desquels sont M. Deslandes, qui a souscrit pour 42 actions, valeur de sa terre, et vous-même, qui en avez retenu 20 pour le compte de la caisse municipale de la colonie ;

4° Que la société, aux termes de ses statuts et règlements, homologués par vous le 15 novembre 1820, doit être administrée par des mandataires révocables, les uns gratuits, les autres salariés. L'association dont il s'agit a tous les caractères de la société anonyme, telle qu'elle est définie par le code de commerce, livre Ier, titre III, section 1re, articles 29 et suivants.

Je sais que le code de commerce n'a point encore été publié à la Martinique ; mais comme on doit se rapprocher, dans les colonies, autant qu'il est possible, du droit commun des Français, il est nécessaire que ladite association reçoive l'autorisation spéciale du roi. Les formes d'après lesquelles cette autorisation est accordée ont été déterminées en ce qui concerne l'intérieur de la France par des instructions du ministre secrétaire d'État de l'intérieur des 22 octobre 1817 et 11 juillet 1818, dont vous trouverez ici des exemplaires (1); elles sont de nature à être suivies à l'égard des sociétés anonymes qui s'établiraient aux colonies, avec cette modification que les dispositions attribuées par lesdites instructions au ministre de l'intérieur seront remplies dans nos possessions d'outre-mer par les soins du département de la marine.

Vous aurez à me faire parvenir une demande formelle et régulière d'autorisation signée des actionnaires et une copie des statuts et règlements arrêtés définitivement après révision. Ces pièces seront soumises au roi, en son conseil d'État, pour y être statué sur l'admission ou le rejet de la demande; et, en cas d'admission, je présenterai à l'approbation de Sa Majesté un projet d'ordonnance portant création de la société anonyme pour l'établissement rural des Pitons du Fort-Royal, à la Martinique, conformément à l'acte d'association et aux statuts et règlements par elle adoptés.

En attendant que les formalités soient remplies, la société continuera d'exister provisoirement, sous votre autorisation, et d'opérer en sa qualité. Je ne puis, au surplus, qu'approuver le but et les bases de sa création. L'application aux cultures coloniales du système des associations me paraît susceptible d'avoir d'heureux résultats. Il doit favoriser l'accroissement de la production en mettant un grand nombre de petits capitalistes à portée de prendre part à des opérations agricoles qui exigent des déboursés considérables. Sous ce rapport, comme sous celui de l'objet même de l'établissement (la création d'une ménagerie), l'entreprise mérite d'être aidée et encouragée.

Recevez, etc.

Le Ministre de la marine et des colonies,
Signé Baron PORTAL.

Arch. du gouvernement. Dép. ministérielle, n° 213.

N° 4005. — *Ordonnance du roi portant formation d'un régiment d'artillerie et création de deux régiments d'infanterie de marine.*

7 août 1821.

Arch. de l'artillerie, et *Annales marit.*, 1822, 1re partie, p. 603.

---

(1) Celles du 11 juillet 1818 seulement sont encore annexées à la dépêche.

N° 4006. — *Avis officiel du gouverneur aux capitaines des navires du commerce ajoutant quelques prescriptions d'hygiène aux dispositions de l'ordonnance locale du 22 septembre 1818 relative à la santé des matelots.*

7 août 1821.

Au moment où commence l'hivernage, M. le gouverneur et administrateur pour le roi ordonne de remettre sous les yeux de MM. les capitaines des navires du commerce les mesures de précaution indiquées par MM. les officiers de santé en chef, pour prévenir, autant que possible, les maladies auxquelles les marins peuvent être exposés.

Ces précautions sont :

1° Empêcher, à moins d'une absolue nécessité, les marins de descendre à terre, et surtout d'y coucher ;

2° Ne les jamais faire travailler à l'ardeur du soleil, ni à la pluie quand elle est forte ;

3° Les obliger à changer de linge et de hardes quand ils ont été mouillés, et veiller surtout à ce qu'ils ne dorment point dans cet état ;

4° Ne leur permettre jamais de coucher sur le pont pendant la nuit ;

5° Leur donner pour boisson ordinaire une limonade punchée ;

6° Former des tentes sur toute la longueur des bâtiments pour les mettre à l'abri de l'ardeur du soleil et de l'humidité ;

7° Tenir les bâtiments dans la plus grande propreté ; fermer les panneaux et autres ouvertures pendant les grandes pluies ; les tenir toujours ouverts quand il fait sec ; et lorsque, malgré ces précautions, il règne une grande humidité dans la cale et autres lieux, y faire du feu dans une baille maçonnée qu'on promène à volonté ;

8° Enfin, et c'est l'objet de l'ordonnance du 22 septembre 1818, enjoindre aux capitaines de surveiller scrupuleusement leurs hommes et de les envoyer à l'hôpital aux premiers symptômes de maladie. La plus redoutable s'annonce par un violent mal de tête qui se manifeste tout à coup et généralement après minuit, vers les deux ou trois heures du matin.

M. le gouverneur rappelle aussi à MM. les capitaines les dispositions de l'ordonnance du 22 septembre 1818, rapportée ci-après, qui leur impose l'obligation de faire porter à l'hôpital ceux de leurs gens d'équipage qui seront atteints de maladies dès l'instant où elles se déclareront, sous peine de cent francs d'amende.

Journal de la Mart., 1821, n° 63.

N° 4007. — *Arrêté du gouverneur administrateur qui autorise l'établissement d'une société médicale de l'île de la Martinique, séant à Saint-Pierre* (1).

14 août 1821.

Nous, etc.,

Vu le désir qui nous a été témoigné par MM. les médecins, chirurgiens et pharmaciens des villes de Saint-Pierre et du Fort-Royal de former, à l'imitation des sociétés de médecine de Paris et des grandes villes de France, une institution destinée à contribuer aux progrès de la médecine et des sciences qui s'y rattachent immédiatement ;

Considérant l'avantage qui résultera en effet d'un centre de réunion qui leur permettra d'ouvrir des discussions sur différents objets de clinique et de salubrité publique, signaler dès leur invasion les maladies épidémiques, s'éclairer réciproquement, et cimenter en même temps par des liaisons d'amitié et d'estime un établissement utile aux arts qu'ils exercent et intéressant surtout pour les Antilles ;

Voulant concourir autant qu'il est en notre pouvoir à encourager des vues d'émulation aussi louables, en leur assurant de la part du gouvernement la protection spéciale qui leur est due,

Avons arrêté et arrêtons ce qui suit :

Art. 1er. La société académique de médecine formée provisoirement sous la présidence de M. Gaubert, médecin du roi, est autorisée à se réunir et à se constituer définitivement sous le titre de *Société médicale d'émulation de l'île Martinique, séant à Saint-Pierre.*

Art. 2. Les règlements et statuts concernant l'organisation de ladite société et la régularisation de ses travaux sont approuvés tels qu'ils sont établis au projet annexé au présent arrêté.

Art. 3. L'élection définitive des membres du bureau aura lieu à la première réunion de la société conformément aux dispositions des titres III et IV desdits règlements et statuts.

Art. 4. Le tout sera déposé au secrétariat des archives du gouvernement, pour expédition en être délivrée.

Donné au Fort-Royal, le 14 août 1821.

Signé DONZELOT.

Direction de l'intérieur. Ord. et déc. Reg. 2, f° 114.

---

(1) Cette société est formée par MM. les médecins, chirurgiens et pharmaciens de toute l'île qui ont désiré en être membres en vertu de leurs titres. Le nombre des membres titulaires et correspondants n'est pas encore déterminé. Elle tient

N° 4008. — *Arrêté du gouverneur administrateur portant révocation du privilége accordé au sieur Tudor pour l'importation et la vente de la glace à la Martinique.*

....

Attendu que le sieur Tudor a dérogé à toutes les conditions que lui imposait ledit privilége.

....

....

A arrêté et arrête ce qui suit :

Art. 1er. Le privilége accordé au sieur Tudor le 19 février 1818 est révoqué.

....

Art. 3. L'administration coloniale est autorisée à conclure un nouveau marché avec qui de droit pour le privilége exclusif de vendre de la glace à la Martinique, les droits indivis de la colonie et ceux du sieur Tudor, chacun pour la moitié de la valeur de l'établissement, restant réservés dans leur état actuel jusqu'à décision ultérieure de nous.

....

Donné au Fort-Royal, le 14 août 1821.

Signé DONZELOT.

Inspection. Reg. 7, n° 949.

N° 4009. — *Ordonnance du roi qui règle le mode d'avancement des officiers et sous-officiers faisant partie des troupes employées aux colonies.*

15 août 1821.

Louis, etc.,

Sur la représentation qui nous a été faite que l'application de l'article 262 de l'ordonnance du 2 août 1818 aux troupes employées aux colonies entraînait de graves inconvénients pour le service, et nuisait à l'avancement des officiers qui font partie de ces troupes ;

Voulant donner à ces officiers une marque particulière de

---

ses séances tous les premiers et quinze de chaque mois, à l'hôpital ; elle y donne, ces jours-là, des consultations gratuites. Son bureau se compose de cinq membres : un président honoraire, un président titulaire, un vice-président, un secrétaire archiviste, un trésorier. (*Almanach de la Martinique* pour 1826.

notre bienveillance, en les faisant jouir de tous les avantages auxquels les militaires peuvent prétendre, lorsqu'ils ont satisfait aux conditions que la loi exige pour obtenir de l'avancement;

Sur le rapport de notre ministre secrétaire d'État de la guerre,

Nous avons ordonné et ordonnons ce qui suit :

Art. 1er. Les emplois vacants, jusqu'au grade de capitaine inclusivement, par mort, démission ou promotion à des grades supérieurs, dans les troupes de terre employées aux colonies, sont tous réservés à l'avancement des officiers et sous-officiers servant dans ces troupes qui auront les quatre ans de grade exigés par la loi du 10 mars 1818, nonobstant les dispositions de l'article 262 de l'ordonnance du 2 août même année, relatif aux officiers en non-activité.

Par compensation, les emplois qui ne seront pas occupés d'après ce mode, faute de sujets réunissant les qualités voulues par la loi, seront donnés aux officiers en non-activité.

Art. 2. Il continuera d'être pourvu, par l'envoi d'autres officiers tirés de l'armée de terre, au remplacement de ceux qui cesseront d'être à la solde de la marine par la remise qui en serait faite au département de la guerre, attendu que les vacances qui s'opèrent de cette manière ne peuvent jamais donner lieu à avancement.

Art. 3. Les chefs de bataillon dans les troupes des colonies étant chefs de corps, les emplois de ce grade qui viendront à vaquer seront conférés, comme ceux de colonel, à notre choix, soit à des officiers en activité ou en disponibilité réunissant les conditions voulues par l'ordonnance du 2 août 1818 pour être employés comme chefs de bataillon, soit à des capitaines de troupes des colonies ayant au moins quatre ans de grade, qui seront reconnus en état de commander un corps.

Nonobstant cette disposition particulière, les capitaines et chefs de bataillon employés aux colonies continueront à être classés à leur rang parmi les officiers de l'arme de leur grade, afin de les faire participer, lorsqu'ils y auront droit par la durée de leurs services, à l'avancement que la loi du 10 mars réserve à l'ancienneté.

Dans le cas où les chefs de bataillon dans les troupes des colonies, par l'effet d'une nouvelle organisation, cesseraient d'être chefs de corps, les emplois de ce grade seraient conférés de la manière qu'il est prescrit par l'article 4 de l'ordonnance du 2 août 1818.

Art. 4. Nos ministres secrétaires d'État au département de

la guerre et de la marine sont chargés, chacun en ce qui le concerne, de l'exécution de la présente ordonnance.

Donné à Paris, le 15 août 1821.

Signé LOUIS.

Et par le Roi :

Le Ministre de la guerre,

Annales maritimes, 1821, p. 426. DE LA TOUR MAUBOURG.

N° 4010. — *Privilége accordé à un particulier pour l'importation et la vente de la glace à la Martinique*. (Extrait.)

Vu notre arrêté du 14 de ce mois portant révocation du privilége accordé le 19 février 1818, au sieur Tudor, pour l'importation et la distribution de la glace en cette colonie;

Vu, etc.,

Nous, en vertu des pouvoirs qui nous sont départis par Sa Majesté, avons accordé et accordons audit sieur Silas Maréan le privilége exclusif et franc de tous droits de l'importation et de la vente de la glace dans cette colonie, aux conditions et clauses ci-après, auxquelles il promet de se conformer, sous les peines qui y sont énoncées.

. . . .

Art. 5. Le privilége actuel est fixé au terme de dix années à compter du 1er septembre 1821.

Art. 6. Les bâtiments chargés entièrement de glace seront exempts du droit de tonnage et ancrage; et les bâtiments ainsi chargés qui auront des objets susceptibles de vente, dans ceux nécessaires à l'arrimage de la glace, payeront seulement les droits d'entrée ordinaires sur ces objets.

Art. 7. Les objets destinés pour l'établissement ainsi que les viandes fraîches conservées dans la glace qui arriveront par les bâtiments dont il s'agit à l'article précédent, seront exempts de tous droits.

. . . .

Art. 11. Sera le présent privilége enregistré au secrétariat des archives du gouvernement, à celui de l'ordonnateur de la colonie, au contrôle et à la direction de l'intérieur.

Donné au Fort-Royal, le 17 août 1821.

Signé DONZELOT.

Et plus bas :

GUILLAUME,

Arch. des douanes. Ord. et déc., liasse 1. *Secrétaire*.

N° 4011. — *Ordonnance du commandant et administrateur de la Guyane française (M. de Laussat) portant promulgation dans cette colonie du code de procédure civile, avec les* modifications jugées convenables. (Extrait.) (1).

18 août 1821.

Cette publication a lieu en exécution des ordres du roi, conformément aux intentions manifestées par Sa Majesté, non toutefois sans apporter les modifications que les localités paraîtraient exiger.

N° 4012. — *Dépêche ministérielle au gouverneur administrateur répondant à la question de savoir si les dispositions du titre IV (des Vétérans) de la loi du* 10 *mars* 1818 *atteignent les militaires libérés aux colonies.* (Extrait.)

23 août 1821.

Les dispositions dont il s'agit ne s'opposent point à ce que les militaires libérés qui ont des moyens d'existence dans la colonie demandent l'autorisation de s'y établir. Lorsque ce cas se présentera, vous ferez délivrer d'abord aux hommes dont il s'agit des congés provisoires, ainsi que vous y êtes autorisé par ma dépêche du 13 novembre 1820, n° 315. Vous m'adresserez, en double expédition, un état indiquant exactement les nom, prénoms, âge, lieu de naissance et services de chacun de ces militaires, et je vous transmettrai, suivant qu'il y aura lieu, des congés définitifs destinés à être échangés contre les congés provisoires que vous aurez délivrés. Les titres définitifs de libération devront être signés par vous, après avoir été revêtus des formalités prescrites par l'article 30 de l'instruction du 3 décembre 1818.

Recevez, etc.

Le Ministre de la marine et des colonies,
Signé Baron PORTAL.

Arch. du gouvernement. Dép. ministérielle, n° 229.

N° 4013. — *Note ministérielle sur les dispositions à exécuter*

---

(1) Préface dudit code, déposé à la bibliothèque du gouvernement à la Martinique.

envers les bâtiments du commerce venant des côtes d'Afrique, ou suspectés d'avoir été employés à une opération de traite des noirs.

31 août 1821.

Aussitôt après la remise des papiers de bord, l'employé supérieur du service des douanes transmettra à l'administration maritime une note indiquant le nom, le tonnage et la force de l'équipage du bâtiment, la nature de sa cargaison, l'époque et le lieu de son départ, les lieux où il aurait touché, la durée de son séjour dans lesdits lieux et celle de sa traversée totale.

L'administration de la marine fera faire d'abord une visite exacte du navire; elle procédera ensuite à l'interrogatoire du capitaine et de l'équipage, à qui il sera fait des questions précises et détaillées sur les opérations et le voyage du navire, depuis son départ jusqu'à son arrivée dans la colonie. Toute contradiction dans les réponses, soit entre elles, soit avec les indications données dans la note transmise par les douanes, devra être exactement relevée et ensuite opposée dans de nouveaux interrogatoires à tout ou partie de l'équipage, ainsi que le cas pourra y échoir. Les interrogatoires seront immédiatement envoyés à M. le gouverneur et administrateur de la colonie, qui les fera passer, avec tous les autres documents relatifs à la même affaire, au ministère public, à l'effet de faire exercer les poursuites auxquelles il y aurait lieu.

Le ministère public peut et doit d'ailleurs, en pareilles affaires, agir, au besoin, d'office, et provoquer tous interrogatoires et diriger toutes poursuites, à la charge d'en informer M. le gouverneur et administrateur.

Si l'affaire a été l'objet d'un jugement de première instance, M. le gouverneur et administrateur chargera, conformément à l'arrêté du gouvernement du 12 vendémiaire an XI, le contrôleur colonial d'interjeter, dans tous les cas, appel devant la commission spéciale. Si le jugement d'appel libère les prévenus de l'accusation, une déclaration de pourvoi en cassation sera faite, sans aucun retard, par le contrôleur colonial, et signifiée à qui de droit. Cette déclaration sera transmise au département de la marine par les premières occasions, avec toutes les pièces de la procédure.

M. le gouverneur et administrateur rendra compte, d'ailleurs, successivement au ministère de la marine des diligences, soit administratives, soit judiciaires, qui auront été effectuées et de leur résultat.

Paris, le 31 août 1821.

Le Ministre de la marine et des colonies,
Signé Baron PORTAL.

Inspection. Reg. 8, n° 171.

N° 4014. — *Ordonnance du gouverneur administrateur portant concession à une dame* Isnard *de cent carrés de terre au quartier du Champ-Flore, banlieue de Saint-Pierre.*

6 septembre 1821.

Nota. Cette concession n'est remarquable que par les réserves y exprimées :

« Art. 4. Ladite concession est sous toutes réserves des droits du Roi, de ceux d'autrui, et *de toutes dispositions que l'utilité publique pourrait rendre nécessaires.* »

Une autre concession, en date du 31 août 1823, faite au sieur Cornette de Saint-Cyr, de terres au Morne-Rouge, près Saint-Pierre, offre une clause pareille.

Les anciennes concessions que nous avons pu retrouver ne contiennent rien de semblable ou d'analogue.

Inspection. Reg. 8, n° 16.

N° 4015. — *Ordonnance du gouverneur administrateur portant tarif de la solde d'hôpital pour la compagnie de gendarmerie de la Martinique.* (Extrait.)

9 septembre 1821.

. . . .

Art. 1er. La solde pour journée d'hôpital des officiers, sous-officiers et gendarmes de la compagnie de gendarmerie royale de la Martinique est réglée suivant le tarif ci-après :

Tarif de la solde d'hôpital de la compagnie de gendarmerie royale de la Martinique.

	Par jour.
Capitaine	11f 08c 3
Lieutenant	8 11 1

Brigade à cheval.	Maréchal des logis..........	4f 75c 7
	Brigadier..................	4 56 2
	Gendarmes..................	4 16 0
Brigade à pied..	Maréchal des logis.........	1 92 9
	Brigadier..................	1 73 4
	Gendarmes..................	1 55 6

Donné au Fort-Royal, le 9 septembre 1821.

Signé DONZELOT.

Et plus bas:

GUILLAUME,

Secrétaire.

Arch. du bureau des revues. Ord. et déc., 1821.

N° 4016. — *Dépêche ministérielle au gouverneur administrateur portant envoi d'une liste de plantes cultivées à l'île Saint-Vincent et qu'il paraîtrait avantageux de naturaliser à la Martinique.*

17 septembre 1821.

Nota. 1. Le gouverneur devra se procurer les plantes et graines désignées, soit par échange, soit à prix d'argent, et en faire trois parts, une pour la Martinique, une pour la Guadeloupe et une pour la Guyane.

2. La liste est encore jointe à la dépêche.

Arch. du gouvernement. Dép. ministér., n° 256.

N° 4017. — *Ordre du gouverneur administrateur qui affecte une somme de* 15,000 *francs à l'acquittement des dépenses de construction des réservoirs d'eau près de Bellevue, à Fort-Royal.*

20 septembre 1821.

Nota. Déjà un crédit de 20,000 francs y avait été absorbé.

Inspection. Reg. 8, n° 29.

N° 4018. — *Lettre du ministre de la marine et des colonies aux consuls de France en pays étrangers, sur le service qu'ils ont à remplir comme suppléant les administrateurs de la marine et comme comptables chargés des trois caisses:* Prises, Gens de mer *et* Invalides.

21 septembre 1821.

Nota. Notifiée au gouverneur de la Martinique par dépêche ministérielle du 26 octobre 1821.

Annales maritimes, 1821, p. 508. — Arch. de l'ordonnateur, 1821, n° 105.

N° 4019. — *Dépêche ministérielle au contrôleur colonial, relative aux vérifications inopinées des diverses caisses.*

28 septembre 1821, n° 694.

Monsieur, les contrôleurs coloniaux ont, de même que les contrôleurs des ports, le droit et le devoir de procéder à la vérification inopinée des diverses caisses confiées aux comptables.

Votre collègue à la Guadeloupe me transmet les procès-verbaux des vérifications qu'il fait ainsi de temps à autre.

Je n'en reçois point de vous.

Je ne saurais en inférer que vous commettez l'omission grave de ne faire aucune vérification de cette sorte.

Mais il est convenable que vous m'en transmettiez les procès-verbaux, comme M. Liot a soin de le faire.

Veuillez bien y pourvoir à l'avenir et m'accuser réception de la présente dépêche, qui doit être communiquée à M. le gouverneur.

Recevez, etc.

Le Ministre de la marine et des colonies,

Signé Baron PORTAL.

Inspection. Reg. 8, n° 575.

N° 4020. — *Circulaire ministérielle contenant diverses dispositions relatives au remboursement à faire aux militaires renvoyés des colonies en France, pour cause quelconque, de leurs fonds de masse de linge et chaussure.*

3 octobre 1821.

Monsieur le Comte, il est arrivé plusieurs fois que des sous-officiers et soldats ayant été renvoyés des colonies en France, avec des congés de convalescence, n'ont point reçu, avant leur départ, les fonds qu'ils avaient à la masse de linge et chaussure.

Sans doute, en retenant ces fonds dans la caisse du corps, les conseils d'administration considéraient que les militaires dont il s'agit n'étaient point congédiés du service et étaient susceptibles de rentrer au corps après leur guérison.

Cependant ces militaires, à leur débarquement en France, sont souvent dirigés sur d'autres corps, ou reçoivent même leurs congés définitifs à raison soit de leur maladie, soit de l'ancienneté de leur service. Ils réclament alors le remboursement de leurs fonds de masse de linge et chaussure, et ne peuvent les recevoir qu'après de longs délais, s'il faut faire venir ces fonds d'outre-mer.

Afin de prévenir cet inconvénient, je vous invite à donner les ordres nécessaires pour que, toutes les fois que des sous-officiers et soldats employés aux colonies seront renvoyés en France pour une cause quelconque, les fonds de masse de linge et chaussure qui leur appartiennent soient remis au conseil d'administration du bataillon de dépôt des colonies stationné à l'île d'Oleron. La remise sera effectuée, soit en numéraire, soit en traites du caissier général du trésor public, soit enfin en un récépissé du trésorier de la colonie, dont le montant sera remboursé ici sur les fonds de la dotation. Le corps adressera, chaque fois, au conseil d'administration à l'île d'Oleron la liste nominative des hommes à qui appartiennent les fonds remis et la somme revenant à chacun d'eux. Vous m'enverrez une ampliation de la même liste, afin que je sois à portée de répondre aux réclamations qui me parviendraient.

Recevez, etc.

Le Ministre de la marine,

Signé Baron PORTAL.

Arch. de l'ordonnateur. Dép., 1821, n° 106.

N° 4021. — *Ordre du gouverneur administrateur affectant un premier fonds de 30,000 francs à la construction d'une caserne en maçonnerie, voûtée, à l'épreuve de la bombe, à l'îlet à Ramiers.*

5 octobre 1821.

NOTA. Les établissements qui y subsistaient déjà avaient été entièrement détruits par le coup de vent de 1817, et le baraquement construit avec les débris pour loger la garnison était hors de service.

Arch. du gouvernement. Ord. et déc., n° 769.

N° 4022. — *Ordonnance du gouverneur administrateur portant homologation d'un procès-verbal déterminant la ligne de passage des eaux d'un canal projeté dans les hauteurs du Carbet et du Mouillage* (1).

14 octobre 1821.

Nous, etc.,

Vu la requête en date du 2 juillet 1821 présentée par les sieurs Blondel, Valéry Garrou, de Praille, J. Carre et de la Vallée, habitants propriétaires de la paroisse du Mouillage, et dont les deux premiers possèdent des manufactures à sucre;

Vu le plan figuratif, joint à ladite requête, du terrain sur lequel lesdits habitants demandent à prendre les eaux pour les faire arriver sur leurs terres ou dans leurs manufactures, et du chemin qu'ils se proposent de faire parcourir aux canaux à établir à cet effet;

Vu notre renvoi de ladite requête au sieur la Bruguière, arpenteur et voyer de la ville de Saint-Pierre;

Vu le procès-verbal à la date du 28 septembre 1821, dressé par lui en conséquence sur les lieux, en présence du commandant de la paroisse et de deux habitants experts, l'un choisi par les habitants qui demandent le passage des eaux, l'autre nommé d'office par M. le président du tribunal de Saint-Pierre pour le sieur Charles Beuze, sur les terres duquel les eaux doivent passer, et à son refus d'en désigner un, ledit procès-verbal contenant les dits et contredits des parties intéressées;

Vu l'avis, mentionné audit procès-verbal, du commandant de la paroisse et des deux habitants experts, pour déterminer l'emplacement qu'il aura été jugé le plus convenable d'assigner au passage des canaux;

Vu en outre l'avantage résultant pour le service du Roi de porter, au moyen de cette opération, les eaux à la batterie Sainte-Marthe;

---

(1) Voir le procès-verbal, greffe de Saint-Pierre. Reg. Ord. et déc., f° 4 v°.

Vu encore sur le tout l'avis de l'officier du génie chargé du service à Saint-Pierre, et considérant qu'il s'agit à la fois d'un objet d'utilité publique et particulière ;

Avons homologué et homologons ledit procès-verbal joint aux présentes pour avoir force de loi, conformément aux dispositions de l'ordonnance coloniale, du 5 janvier 1788 ;

En conséquence, avons ordonné et ordonnons ce qui suit :

Art. 1er. Le passage demandé pour les eaux sera établi tel qu'il est indiqué dans le procès-verbal et le plan précité.

Art. 2. Il sera nommé d'accord par les parties, ou d'office par le président du tribunal de première instance de Saint-Pierre, des arbitres pour juger des dommages causés par l'établissement des canaux, et l'indemnité qui doit en résulter conformément aux articles 4 et 5 de l'ordonnance précitée.

Art. 3. Si quelque habitant possédant déjà une manufacture réclame contre la destination des eaux, sous prétexte qu'il en résulte une diminution préjudiciable à ses établissements, il sera, d'après l'article 9 de l'ordonnance précitée, dressé procès-verbal par le voyer de la quantité d'eau nécessaire à la manufacture du réclamant, de manière à ne disposer que de l'excédant.

Art. 4. La présente ordonnance sera enregistrée au greffe du tribunal de première instance et à la direction de l'intérieur.

L'original ainsi que les pièces et plans annexés resteront au secrétariat des archives du gouvernement pour expédition en être délivrée.

Donné au Fort-Royal, le 14 octobre 1821.

Signé DONZELOT.

Et plus bas :

GUILLAUME,

Secrétaire.

Greffe de Saint-Pierre. Reg. ord. et déc., f° 3.

N° 4023. — *Décision du gouverneur administrateur qui détermine les fournitures de bureau à livrer à la société médicale d'émulation.*

17 octobre 1821.

Inspection. Reg. 8.

N° 4024. — *Ordonnance du gouverneur administrateur portant que des contraintes seront exercées contre les proprié-*

taires riverains de la rue de communication d'entre les rues de Lucy et Toraille, à Saint-Pierre, en retard de s'acquitter de leur quote-part dans la dépense de pavage de ladite rue.

23 octobre 1821.

Inspection. Reg. 8, n° 74, et *Journal de la Mart.*, 1821, n° 87.

N° 4025. — *Ordonnance du gouverneur administrateur portant fixation des frais de bureau alloués à la compagnie de gendarmerie royale de la Martinique.* (Extrait.)

24 octobre 1821.

Le Gouverneur, etc.,

. . . .

Considérant que la compagnie de gendarmerie royale de la Martinique peut être assimilée aux compagnies de cette arme dans l'intérieur, s'administrant elles-mêmes, et que dès lors les dispositions des arrêtés des 12 thermidor an IX, 6 fructidor an XI, et 16 germinal an XII, qui accordent pour frais de bureau à ces compagnies 300 francs par an, peuvent lui être appliquées avec l'augmentation du supplément colonial de moitié,

A ordonné ce qui suit :

. . . .

Art. 2. A partir du 1er juin 1821, ladite compagnie jouira d'une indemnité de *quatre cent cinquante francs* par an, y compris le supplément colonial de moitié, pour subvenir aux dépenses de fournitures de frais de bureau ; cette indemnité, payable comme la solde, sera comprise dans les revues trimestrielles.

Fort-Royal, le 19 octobre 1821.

Signé DONZELOT.

Inspection. Reg. 8, n° 64.

N° 4026. — *Dépêche ministérielle portant qu'en matière de sauvetage les frais de route sont dus toutes les fois que la banlieue est franchie, et ce, à compter du point de départ.*

26 octobre 1821.

Inspection. Reg., n° 390.

N° 4027. — *Ordonnance du gouverneur administrateur concernant la formation des dénombrements et recensements ainsi que les déclarations relatives aux maisons pour l'année 1822.*

28 octobre 1821.

NOTA. Reproduction textuelle de celle du 1er décembre 1818.

Journal de la Mart., 1821, n° 97.

N° 4028. — *Ordonnance du Roi qui détermine les fonctions et le traitement des préfets apostoliques* (1).

31 octobre 1821.

LOUIS, etc.,

Sur le rapport de notre Ministre secrétaire d'État de la marine et des colonies,

Nous avons ordonné et ordonnons ce qui suit :

Art. 1er. Le culte catholique sera exercé dans chacune de nos colonies de la Martinique et de la Guadeloupe et dépendances sous la direction et la surveillance d'un préfet apostolique, qui ne pourra remplir simultanément les fonctions de curé.

Art. 2. Il est alloué aux préfets apostoliques dans l'une et l'autre île :

Un traitement annuel de douze mille francs ;

Un supplément annuel pour frais de bureau et de tournées de trois mille francs ;

Un logement en nature ;

Et une indemnité de huit mille francs pour frais d'établissement, achat et entretien d'ameublement, laquelle sera payable au moment de l'entrée en fonctions.

Art. 3. Il y aura dans les mêmes colonies un vice-préfet apostolique, lequel sera en même temps curé d'une des principales paroisses et ne recevra d'autres émoluments que ceux de sa cure.

---

(1) Notifiée à la Martinique par dépêche ministérielle du 26 novembre 1821, n° 339. Arch. du gouvernement. On remarque dans cette dépêche qu'il avait été demandé, à la Martinique comme à la Guadeloupe, que les fonctions de préfet apostolique fussent inamovibles, mais qu'il n'a pas été possible d'accueillir cette demande, ne fût-ce que pour ce motif que le préfet apostolique est révocable par le saint siége.

Art. 4. M. l'abbé Carrand est nommé préfet apostolique à la Martinique;

M. l'abbé Graff est nommé préfet apostolique à la Guadeloupe et dépendances.

Il sera pourvu ultérieurement à la nomination des vice-préfets apostoliques de la Martinique et de la Guadeloupe.

Art. 5. Notre Ministre secrétaire d'État de la marine et des colonies est chargé de l'exécution de la présente ordonnance.

Donné à Paris, le 31 octobre 1821.

Signé LOUIS.
Et, par le Roi :
Baron PORTAL.

Inspection. Reg. 8., n° 321. — Enregistré à la cour royale le 23 février 1822.

N° 4029. — *Circulaire ministérielle prescrivant de mentionner l'origine des blessures et infirmités des militaires renvoyés des colonies en France avec des congés provisoires de réforme.*

2 novembre 1821.

Monsieur le Comte, Son Excellence le Ministre de la guerre a remarqué que, dans les congés provisoires de réforme délivrés dans les colonies à des militaires en activité, qui, après leur rentrée en France, sont proposés pour le service sédentaire, il n'était pas fait mention de l'origine de leurs blessures et infirmités.

Cette omission peut être un obstacle à leur admission à la retraite lorsqu'ils en sont reconnus susceptibles. Il importe, en conséquence, que vous prescriviez aux conseils d'administration des corps sous vos ordres d'indiquer, dans les congés qui seront délivrés aux hommes jugés hors d'état de servir activement, si leurs blessures ont été reçues dans un service commandé et si leurs infirmités sont l'effet des fatigues de leur activité ou du climat des colonies. Lorsque, à défaut de renseignements positifs, ces indications ne pourront être fournies, il en sera fait mention expresse sur le congé.

Recevez, etc.

Le Ministre de la marine et des colonies,

Signé Baron PORTAL.

Arch. de l'Ordonnat. Dép. 1821, n° 114.

N° 4030. — *Décision ministérielle déterminant la composition du service de santé à la Martinique.* (Extrait)

2 novembre 1821.

1 Premier médecin en chef de la marine, médecin du roi, à Fort-Royal ;
1 Médecin de 1re classe, médecin du roi, à Saint-Pierre ;
1 2e Chirurgien en chef, chirurgien du roi, au Fort-Royal ;
1 Chirurgien de 1re classe, chirurgien du roi, à Saint-Pierre ;
1 Chirurgien de 1re classe au Fort-Royal ;
1 Pharmacien de 1re classe, pharmacien du roi, *idem ;*
1 Pharmacien de 2e classe, à Saint-Pierre ;
2 Chirurgiens de 2e classe, *idem ;*
2 Chirurgiens de 3e classe, *idem ;*
2 Pharmaciens de 3e classe, *idem.*

13

Est maintenue, d'ailleurs, l'autorisation donnée par une lettre ministérielle du 17 août 1817 d'admettre des officiers de santé auxiliaires au nombre qui sera reconnu être nécessaire, au fur et à mesure des besoins, et il est admis que ces auxiliaires soient payés comme chirurgiens de 2e ou de 3e classe, suivant leur mérite.

Inspection. Reg. 8.

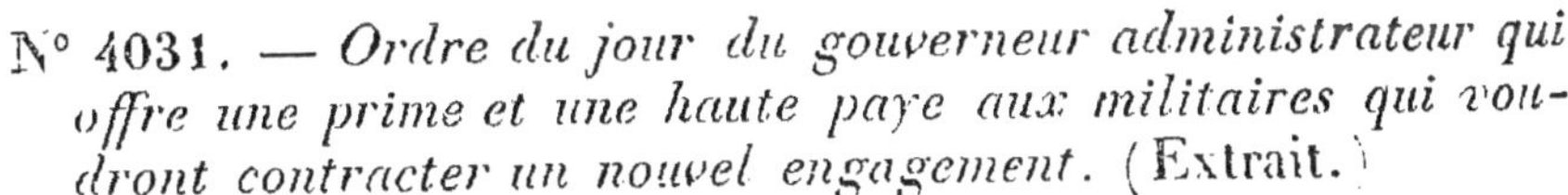

N° 4031. — *Ordre du jour du gouverneur administrateur qui offre une prime et une haute paye aux militaires qui voudront contracter un nouvel engagement.* (Extrait.)

6 novembre 1821.

. . . .

Les militaires qui, à la fin de l'année 1821, seront libérés du service de l'armée active, par suite de la revue d'inspection générale, et qui désireront contracter un acte de rengagement soit pour le corps ou tout autre stationné dans la colonie, recevront une prime de trente francs, si le nouvel engagement est pour trois ans, et de quarante francs s'il est pour quatre ans.

Les militaires qui contracteront un nouvel engagement recevront en outre par jour la haute paye (ou demi-chevron) fixée par l'ordonnance du roi du 9 juin 1821.

Les membres des conseils d'administration dresseront l'état nominatif des hommes qui seront dans le cas d'être libérés du service de l'armée active, feront connaître ceux qui auront l'intention de contracter un nouvel engagement, avec désignation du corps, et ceux qui désireront rester dans la colonie pour y jouir de leur congé de libération.

Ces états seront transmis à M. le commandant militaire pour les examiner, les viser et les soumettre à notre approbation.

Au Fort-Royal, le 6 novembre 1821.

Signé DONZELOT.

Inspection. Reg. 8., n° 97.

N° 4032. — *Circulaire ministérielle aux procureurs généraux des colonies pour leur recommander d'agir d'office en matière de contravention aux dispositions prohibitives de la traite des noirs.*

6 novembre 1821, n° 1.

Monsieur le Procureur général, il paraîtrait que dans plusieurs de nos colonies le ministère public a cru qu'en matière de contravention aux dispositions prohibitives de la traite des noirs il ne pouvait ou ne devait intervenir et exercer des poursuites qu'après avoir reçu le résultat des recherches que le gouverneur et administrateur aurait ordonnées.

C'est une erreur : en matière de traite des noirs, comme pour tout autre délit correctionnel, le ministère public peut et doit, au besoin, agir d'office dans l'intérêt de la loi, toutes les fois que le cas y échoit.

Je vous recommande d'observer cette règle de conduite et de veiller à ce que MM. les procureurs du roi de votre ressort s'y conforment exactement.

J'adresse copie de la présente à M. le gouverneur et administrateur de la colonie.

Recevez, etc.

Le Ministre de la marine et des colonies,

Signé Baron PORTAL.

Inspection. Reg. 8, n° 291.

N° 4033. — *Depêche ministérielle au Gouverneur administrateur relative au classement et à l'avancement des officiers envoyés de France pour servir dans les troupes en garnison aux colonies.*

7 novembre 1821.

Monsieur le Comte, il a été fait des représentations à mon département sur ce que des officiers, employés dans les corps de l'armée de terre tenant garnison aux colonies, ont vu leur rang successivement reculé dans leurs bataillons respectifs par l'envoi de France d'officiers plus anciens qui ont été classés dès leur arrivée. Cet inconvénient, conséquence nécessaire du placement des officiers disponibles, subsiste dans toute l'armée; néanmoins le ministre de la guerre, à qui il a été également signalé, a jugé que, dans l'intérêt du service comme dans celui de la justice, il pouvait être atténué jusqu'à un certain point, et dès le 8 février 1821 le roi a pris, sur la proposition de S. Exc., une décision insérée au *Journal militaire* de cette année, n° 2, page 41, par laquelle il a été établi que :

« Les officiers qui arriveront, dans l'intervalle d'une inspec-
« tion à l'autre, dans un corps d'infanterie ou de cavalerie, soit
« qu'ils sortent d'un autre corps ou qu'ils passent de la non-
« activité à l'activité, ne pourront concourir à l'avancement
« qu'après qu'ils auront été classés par l'inspecteur général. »

Il suit de cette décision qu'un officier placé nouvellement dans un corps ne peut priver ceux qui sont en possession de leurs emplois depuis un an ou plus d'aucun des avantages auxquels leur ancienneté ou les propositions de l'inspecteur général leur donnent droit; à l'inspection suivante, cet officier reprend son ancienneté et les prérogatives qui y sont attachées.

Vous voudrez bien vous conformer à ces dispositions dans les mémoires de propositions que vous aurez à m'adresser à l'avenir, ainsi que dans le travail d'inspection générale que vous devez m'envoyer chaque année conformément à ma dépêche du 24 août dernier, n° 239.

Recevez, etc.

Le Ministre de la marine et des colonies,

Signé Baron PORTAL.

Arch. du gouvernement. Dép. ministér., n° 319.

N° 4034. — *Circulaire ministérielle portant envoi du modèle de l'état nominatif des personnes décédées dans les hôpitaux des colonies à adresser chaque trimestre au ministre de la marine.*

7 novembre 1821, n° 318.

Monsieur le Comte, ayant remarqué que les extraits mortuaires des personnes décédées dans les hôpitaux des colonies n'étaient point rédigés partout d'une manière uniforme, et que dans quelques colonies ces actes ne présentaient point tous les détails nécessaires, j'ai jugé convenable d'en faire rédiger des modèles. J'ai l'honneur de vous en remettre ici 500 exemplaires.

J'y joins 70 exemplaires de l'état nominatif qui doit accompagner les extraits mortuaires de chaque trimestre, lors de l'envoi qui en est fait à mon département en conséquence des dispositions depuis longtemps prescrites à cet égard.

Je vous prie, dans l'intérêt des familles, de veiller à ce que toutes les indications contenues dans les modèles que je vous adresse soient remplies avec beaucoup de soin. Je vous recommande d'ailleurs de mettre la plus grande exactitude à me faire passer par duplicata les documents dont il s'agit à l'expiration de chaque trimestre, afin de retarder le moins possible la transmission par mon département (pour l'exécution de l'article 80 du code civil) aux autorités locales en France, ou à M. le Ministre des affaires étrangères, des actes de décès des personnes mortes dans les hôpitaux de la colonie, qui avaient leur dernier domicile ou qui étaient nées soit en France, soit en pays étrangers.

Vous m'indiquerez à l'avance, lorsqu'il y aura lieu, le nombre d'imprimés d'extraits mortuaires et d'états nominatifs dont vous aurez besoin. S'il vous paraissait préférable de faire imprimer ces pièces dans la colonie, vous auriez soin que l'on se conformât strictement aux modèles ci-joints, non-seulement pour la rédaction, mais encore pour le format.

Recevez, etc.

Le Ministre de la marine et des colonies,

Signé Baron PORTAL.

Inspection. Reg. 8, n° 293.

ÉTAT NOMINATIF.

MINISTÈRE
DE LA MARINE
ET DES COLONIES.

DIRECTION
DES COLONIES.

BUREAU
DU PERSONNEL.

COLONIE
d

HOPITAL
d

ANNÉE 18 .

° TRIMESTRE.

NOTA. Les extraits mortuaires des personnes décédées, au nombre de... sont joints au présent état.

ÉTAT nominatif des personnes décédées pendant le ... trimestre de l'an 18..., ledit état extrait du registre des décès.

FOLIO du registre des décès.	NUMÉROS d'ordre du registre des décès.	NOMS.	PRÉNOMS.	QUALITÉS, GRADES, emplois ou professions. (A)	LIEUX de NAISSANCE.	DATES D'ENTRÉE à l'hôpital.	DATES des DÉCÈS.	RENSEIGNEMENTS sur les SUCCESSIONS.

(A) Si le décédé était militaire on aura soin d'indiquer ici le corps et la compagnie dans lesquels il servait.

Je soussigné (1)
certifie le présent état véritable et conforme au registre des décès de l'hôpital.

A le 18

Vu par l'Ordonnateur : Vu et vérifié au contrôle :

VU :

Le (2)

(1) Dans les lieux où les hôpitaux sont à l'entreprise, cet état sera certifié par l'entrepreneur. Dans les lieux où les hôpitaux sont régis directement au compte de l'État, c'est l'officier d'administration préposé à ce détail qui certifiera.

(2) Ici signera le Gouverneur et administrateur pour le roi ou le commandant et administrateur pour le roi.

N° 4035. — *Dépêche ministérielle au gouverneur administrateur portant transmission d'une note de l'inspecteur général des travaux maritimes sur le perfectionnement des moulins à eau.*

8 novembre 1821.

NOTA. Le perfectionnement dont il s'agit consiste uniquement dans l'addition d'une arête d'un demi-pouce de hauteur, perpendiculairement à la surface d'une palette d'une roue à aube. Cette addition augmente son action en faisant tourner au profit de la machine une portion de l'eau qui frappe obliquement cette arête et qui autrement serait perdue.

Arch. du gouvernement. Dép. ministér., n° 322.

N° 4036. — *Dépêche ministérielle au gouverneur administrateur au sujet de denrées coloniales étrangères introduites à la Martinique et exportées en France comme produits du sol de la colonie.*

10 novembre 1821.

Monsieur le Comte, j'ai l'honneur de vous adresser ici extrait de deux lettres de M. le conseiller d'État, directeur général des douanes, du 23 juillet et du 3 octobre 1821, desquelles il résulte que des introductions de denrées coloniales étrangères auraient eu lieu à la Martinique et que les mêmes denrées ont été ensuite expédiées pour France comme denrées du cru de l'île.

Je vous invite à prendre et à me transmettre, sans aucun retard, les renseignements les plus précis au sujet de chacune des expéditions signalées par M. de Saint-Cricq, et spécialement sur l'assertion relatée dans sa lettre du 3 octobre, et d'après laquelle le sucre brut étranger serait, moyennant une rétribution de quatre francs soixante-huit centimes par quintal métrique, confondu sans difficulté dans les acquits-à-caution avec le sucre de même qualité qui provient de la colonie.

Vous auriez à prendre des mesures efficaces pour faire cesser une telle perception, si vous reconnaissiez qu'elle eût effectivement lieu, et vous examineriez jusqu'à quel point ceux qui l'ont tolérée ou permise se trouveraient dans le cas d'être punis.

Quant aux introductions à la Martinique de denrées coloniales espagnoles en général, si les abus qui ont été commis à cet égard provenaient d'une fausse interprétation de l'article 25 de votre ordonnance du 20 octobre 1820, lequel assimile aux navires français, quant aux droits de douane, les bâtiments espagnols qui importent des objets du sol des possessions espagnoles d'Amérique, vous auriez à modifier l'énoncé de cette disposition, de manière à ce qu'il soit bien entendu que les denrées espagnoles dont elle autorise implicitement l'entrée ne peuvent être autres que des denrées étrangères aux productions du sol de nos colonies des Antilles ; qu'elles doivent, jusqu'à leur exportation, être tenues en entrepôt réel, et qu'elles seront, en cas d'expédition pour France, portées dans les acquits-à-caution comme produits étrangers.

Je vous prie de me rendre compte au plus tôt de ce que vous aurez eu lieu de faire sur l'objet de la présente dépêche.

Recevez, etc.

Le Ministre de la marine et des colonies,

Signé Baron PORTAL.

Arch. du gouvernement. Dép. ministér., n° 323.

N° 4037. — *Circulaire ministérielle portant instructions sur le règlement du droit de tiers des sauveteurs sur les objets recueillis en pleine mer ou tirés de son fond.*

16 novembre 1821.

Monsieur, deux questions m'ont été soumises sur le mode de payement du tiers brut revenant aux sauveteurs qui ont recueilli, avec risques et périls, des objets naufragés dont l'origine est inconnue.

La première est de savoir si l'ordonnance de 1681, en prescrivant la remise du tiers du produit brut, a entendu affranchir les sauveteurs non-seulement des frais de sauvetage, mais encore des droits de douane, dans la supposition que les objets sauvés seraient d'origine étrangère.

Cette question se trouve résolue par les termes mêmes de l'article 27 de l'ordonnance, qui veut que la troisième partie des effets naufragés, trouvés en pleine mer ou tirés de son fond, soit délivrée incessamment et *sans frais*, en espèces ou en deniers, à ceux qui les auront sauvés.

Il n'est fait ici nulle mention de droits, et la disposition ne parle explicitement que des frais; d'où il faut conclure que l'intention du législateur a été d'affranchir le tiers du sauveteur seulement des dépenses relatives au sauvetage, telles que celles de garde, de loyers de magasins, de vente et de partage. Cette interprétation est d'autant plus juste qu'en supposant le délivrance en nature du tiers des objets sauvés la part du sauveteur serait naturellement affranchie de ces frais, mais nullement des droits d'entrée, si les objets sauvés étaient d'origine étrangère. Or les choses doivent être égales dans l'une et l'autre hypothèse, c'est-à-dire dans le cas du partage des fonds comme dans celui de la remise en nature. Mais nul doute que l'ordonnance n'ait entendu exempter le tiers des sauveteurs que des frais proprement dits.

Je n'ai pas besoin de vous faire remarquer que le tiers accordé aux sauveteurs leur tient lieu de toute indemnité pour frais de *sauvement*, et qu'en conséquence il n'y a pas à leur rembourser ces frais indépendamment de la gratification.

La deuxième question porte sur le payement aux sauveteurs lorsqu'il y a doute sur l'origine des objets sauvés.

D'une part, l'ordonnance de 1681 veut que ce payement se fasse sans retard; de l'autre, l'administration ne peut l'effectuer avant de connaître la décision de la commission centrale séante à Paris sur l'origine des objets sauvés, et cette décision, nécessairement, est longtemps à parvenir.

Le moyen qui m'a paru propre à concilier les deux intérêts, c'est de payer les sauveteurs, sous la déduction du tiers du droit le plus élevé qui pourrait être imposé aux objets sauvés, et de tenir en réserve cette portion du droit jusqu'à ce que la décision de la commission centrale soit connue. De deux choses l'une, ou les objets sauvés auront été déclarés d'origine étrangère, et alors le fonds réservé servirait à acquitter les droits, ou ils auront été reconnus d'origine française, et il restera à compter supplétivement aux sauveteurs de la portion mise en réserve.

Vous voudrez bien donner des instructions en ce sens dans les divers quartiers dépendant de votre arrondissement et faire enregistrer cette dépêche au contrôle.

Recevez, etc.

Le Ministre de la marine et des colonies,
Signé Baron PORTAL.

Inspection. Reg. 9, n° 391.

N° 4038. — *Ordonnance du roi qui permet que les candidats*

aux bourses gratuites des colléges royaux et communaux puissent être présentés jusqu'à l'âge de 12 ans.

16 novembre 1821.

Nota. Modifiant ainsi celle du 27 février précédent (*Bulletin des lois*, n° 442) sur l'instruction publique, qui voulait que ces bourses ne pussent être accordées qu'à des élèves âgés de moins de dix ans accomplis.

Cette ordonnance a été notifiée à la Martinique par dépêche ministérielle du 25 septembre 1822.

Arch. de l'ordonnateur. Dépêches, 1822, et *Bulletin des lois*, n° 491.

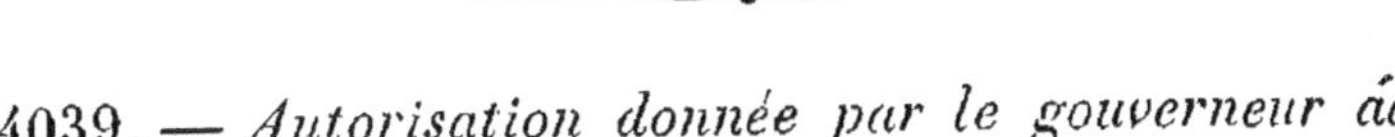

N° 4039. — *Autorisation donnée par le gouverneur administrateur à un particulier de mettre une maison en loterie.* (Extrait.)

18 novembre 1821.

Sous la surveillance du tribunal de 1re instance, sous l'observation de toutes formes prescrites et sous condition de verser à la caisse des pauvres, conformément à l'article 5 du règlement du 25 avril 1811, 5 pour 100 du montant de ladite loterie, constaté par procès-verbal d'estimation de la maison qui en doit être l'objet.

Nota. Une autorisation semblable a été accordée à un autre particulier, le 13 avril 1824. (Mêmes archives. Registre 3, f° 132.)

Direction de l'intérieur. Ord. et déc. Reg. 2, f° 122.

N° 4040. —*Décision du roi qui rend applicables au corps royal d'artillerie de la marine les dispositions de l'ordonnance du 9 juin 1821 relatives aux hautes payes.*

21 novembre 1821.

Nota. Notifiée à la Martinique par dépêche ministérielle du 31 janvier 1822, n° 33, arch. du gouvernement.

Arch. du gouvernement. Dép. ministérielle.

N° 4041. — *Ordonnance du roi qui rend exécutoire aux co-*

lonies la loi du 14 *juillet* 1819 *relative à l'abolition du droit d'aubaine et de détraction.*

21 novembre 1821.

Louis, etc.,

Sur le rapport de notre ministre secrétaire d'État de la marine et des colonies;

Notre conseil d'État entendu,

Nous avons ordonné et ordonnons ce qui suit :

Art. 1er. A dater de la publication de la présente ordonnance les dispositions de la loi du 14 juillet 1819 relative à l'abolition du droit d'aubaine et de détraction seront exécutées dans les colonies françaises.

Toutefois, conformément à ce qui a été prescrit par l'édit du mois de juin 1783 en pareille matière, il est interdit aux étrangers et à leurs ayants cause d'exporter desdites colonies les objets servant à l'exploitation des habitations et les esclaves (même ceux non employés à la culture) qui leur y seraient échus par héritage.

Art. 2. Notre ministre secrétaire d'État de la marine et des colonies est chargé de l'exécution de la présente ordonnance.

Donné à Paris, le 21 novembre 1821.

Signé LOUIS.

Et par le Roi :

Le Ministre de la marine et des colonies,

Signé Baron PORTAL.

Journal de la Mart., 1822, n° 25. — Enregistré à la cour royale, 25 mars 1822.

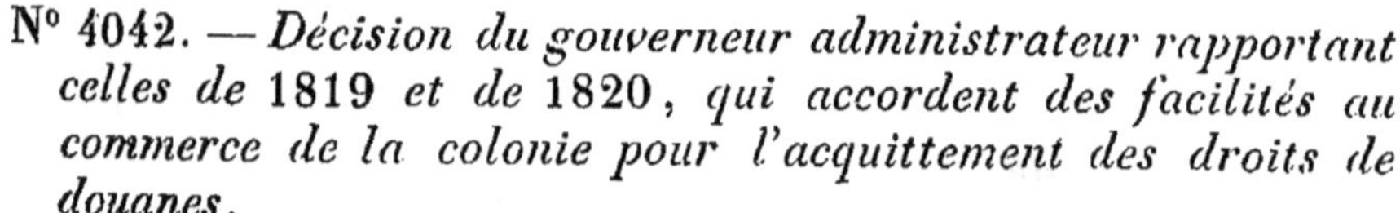

N° 4042. — *Décision du gouverneur administrateur rapportant celles de* 1819 *et de* 1820, *qui accordent des facilités au commerce de la colonie pour l'acquittement des droits de douanes.*

23 novembre 1821.

Nous, etc.,

Vu nos décisions des 29 juin 1819 et 10 juin 1820 accordant des facilités au commerce pour le payement des droits de douanes;

Attendu qu'aux termes de l'article 6 de la décision du 10 juin 1820 elle devait cesser d'avoir son effet au 1er janvier 1821, à moins qu'elle ne fût renouvelée; mais que néanmoins, à cette époque, nous avions cru devoir en maintenir pendant quelque temps encore les dispositions, eu égard à la gêne du commerce qui réclamait la continuation de ces facilités dont jusqu'alors il n'avait pas abusé et que la situation de la caisse permettait d'accorder;

Attendu que, depuis plusieurs mois, les négociants, bien loin de mettre la même exactitude à acquitter à l'échéance les billets souscrits par eux et admis par le contrôleur en garantie de droits de douanes, ont en général apporté la plus grande négligence à remplir leurs obligations à cet égard, ainsi qu'il nous en a été rendu compte par le contrôleur et le trésorier de la colonie;

Considérant qu'un tel état de choses, s'il se prolongeait, compromettrait gravement les intérêts du service,

Avons décidé et décidons ce qui suit :

Art. 1er. Notre décision du 10 juin 1820 est définitivement rapportée. En conséquence il ne pourra plus être reçu par le contrôleur de la colonie de billets en garantie de droits de douanes.

Art. 2. Ces droits seront à l'avenir acquittés en numéraire, au moment de l'expédition des bâtiments.

Art. 3. L'ordonnateur de la colonie est chargé de tenir la main à l'exécution de la présente décision, qui sera enregistrée au contrôle et communiquée au trésorier.

Fort-Royal, le 23 novembre 1821.

Signé DONZELOT.

Inspection. Reg. 8, n° 120.

N° 4043. — *Ordonnance du gouverneur administrateur qui permet la location de tous agrès et apparaux subsistant au magasin général et à l'arsenal pour le radoub des navires de commerce français ou étrangers.*

28 novembre 1821.

Le Gouverneur, etc.,

Désirant procurer aux bâtiments de commerce français les facilités et l'économie nécessaires dans les radoubs qu'ils sont dans le cas de faire dans le port du Carénage, au Fort-Royal, et les en faire jouir promptement, par l'établissement d'un ponton, en attendant la construction ordonnée d'une cale d'abatage à terre dans ledit port,

A ordonné et ordonne ce qui suit :

Art. 1er. A compter de ce jour, le magasin général de la marine et les différentes directions de l'arsenal de la marine du

Fort-Royal fourniront aux bâtiments du commerce français, en radoub dans le port du Carénage, tous agrès, apparaux, cabestans, radeaux, pontons ou cales pour abattre en carène, et enfin tous objets nécessaires auxdits radoubs, en tant que la situation des magasins et les besoins des bâtiments du roi le permettront.

Art. 2. Les armateurs, consignataires, les capitaines, maîtres ou patrons sont libres cependant de se servir des agrès et apparaux qu'ils préféreraient louer des particuliers ou de ceux de leur bord.

Art. 3. Ils payeront pour l'entretien, l'usure et la détérioration des agrès et apparaux et autres objets qui leur seront délivrés des magasins les droits portés sur le tarif ci-après.

Art. 4. Il pourra leur être délivré, pour les mêmes radoubs, suivant leurs besoins et la situation des magasins, tous autres objets, même de consommation, non compris dans le tarif, dont ils payeront la valeur d'après le prix des marchés passés par le gouvernement.

Art. 5. Lesdits armateurs, consignataires, capitaines ou patrons auront la faculté de choisir, pour diriger et conduire leurs ouvrages dans le port du Carénage, les maîtres auxquels ils auront le plus de confiance; ils seront tenus seulement de payer une rétribution de 4 francs par jour s'ils choisissaient de préférence les maîtres entretenus ou soldés du port sous les ordres de la direction des constructions, et que le service permette de les leur accorder.

Les ouvriers de tout art et de toute classe seront à leur choix et à leur solde.

Art. 6. Tous les abatages en carène seront exécutés sous la police du maître de port et sous l'inspection et surveillance du capitaine de port conformément aux ordonnances.

Aucun bâtiment ne pourra virer ou abattre sur d'autre bâtiment du roi que sur le ponton.

Art. 7. Les objets portés sur le tarif seront délivrés, d'après l'ordre du commissaire de la marine chargé des approvisionnements, sur le billet de demande de l'armateur, consignataire, capitaine ou patron, visé par le capitaine de port, enregistré au contrôle du magasin général.

Le droit sur le tarif courra du jour de la livraison à celui compris de la remise en magasin.

Art. 8. Le décompte du montant des droits dus sera établi au bas du billet de demande par le garde-magasin, visé par le commissaire aux approvisionnements et vérifié au contrôle, à l'exception de la journée des maîtres, qui recevront directement leur payement de l'armateur, consignataire ou capitaine.

Art. 9. Les armateurs, consignataires ou capitaines payeront au trésorier le montant du décompte établi sur le même billet de demande, qui sera souscrit par ampliation par ledit armateur, capitaine ou patron, et servira de titre de recette au trésorier, qui lui en donnera son récépissé.

Art. 10. Les journées d'abatage, celles du loyer du cabestan et du radeau, etc., seront constatées et portées sur le décompte, d'après les certificats des différents chefs de service d'où les objets proviendront. Ils resteront déposés au magasin général.

Art. 11. Les objets délivrés du port y seront pris et remis aux frais des armateurs, consignataires ou capitaines.

Art. 12. Les chefs des différents services veilleront, chacun en ce qui le concerne, à la conservation des objets délivrés pour les radoubs et à ce qu'ils soient rendus exactement au port aussitôt les ouvrages finis.

Art. 13. Les armateurs, consignataires, capitaines ou patrons seront et demeureront responsables des objets à eux délivrés, et payeront la valeur de ceux qu'ils ne rendraient pas, d'après l'estimation qui en aura été faite lors de la délivrance desdits objets. Les avaries qui proviendront de leur négligence seront aussi réparées à leurs frais par la direction des constructions.

Art. 14. Les bâtiments étrangers pourront obtenir, d'après les formes établies par la présente ordonnance, les objets portés sur le tarif, pour leur radoub, lorsque le service le permettra; mais ils payeront moitié en sus du droit porté sur ce tarif pour chaque article.

Art. 15. Le prix de la journée d'abatage, tant sur le ponton que sur la cale, lorsqu'elle sera construite, sera fixé comme suit:

Pour les bâtiments de	30 tonneaux et au-dessous.	2f 00
	31 à 50	2 50
	51 à 70	3 50
	71 à 100	5 00
	101 à 130	6 00
	131 à 200	12 00
	201 à 250	15 00

Le prix de la journée d'abatage sera double quand le ponton de carène servira en outre d'allége ou de magasin de dépôt aux bâtiments qui viendront s'y abattre.

Les bâtiments en réparation dans le port du Carénage pourront aussi se servir du ponton comme magasin, quand celui-ci ne sera pas occupé, et payeront alors les mêmes droits.

Art. 16. Le droit des apparaux nécessaires pour exécuter l'opération de l'abatage seront fixés par jour comme ci-après, quand ils seront délivrés des magasins de la marine :

Pour les bâtiments de	25 tonneaux et au-dessous.	2f 00
	26 à 30	3 00
	31 à 50	3 50
	51 à 70	5 00
	71 à 100	7 00
	101 à 150	10 00
	150 à 250	18 00

Art. 17. Il est expressément défendu de rien changer à l'installation du ponton, contre le bord duquel il ne sera permis à aucun bâtiment de commerce, autre que celui qui s'en sert, de s'amarrer : il devra y avoir 3 à 5 brasses de distance entre le ponton et le bâtiment qui se trouvera plus près au mouillage; il n'y aura que le défaut d'espace qui pourra modifier cette mesure.

Art. 18. Le service de propreté du ponton et le soin de le pomper seront à la charge du bâtiment qui l'occupera; il sera rendu au port propre et bien étanché.

Art. 19. Pour les bâtiments au-dessus de 250 tonneaux, la commission ordinaire du port décidera s'ils peuvent s'abattre sur le ponton sans compromettre sa solidité.

Dans le cas où l'opération exigerait que le ponton fût cintré, le prix de la journée d'abatage sera fixé par la commission.

Art. 20. Les bâtiments du commerce qui n'auront pas besoin du ponton pourront avoir recours au port pour se procurer des cabestans et des radeaux, qui leur seront loués, savoir :

Pour un fort cabestan volant............ 2 fr. par jour.

Pour un radeau de 25 à 30 pieds de long.. 2 *idem*.

Art. 21. Le capitaine du port du Fort-Royal ne délivrera des billets de sortie aux bâtiments français et étrangers qui auront été radoubés dans le port du Carénage, et auxquels il aura été délivré des objets soumis aux droits, que sur le vu du récépissé du trésorier de la colonie de l'acquit de ces droits.

Art. 22. La présente ordonnance sera enregistrée au contrôle de la marine, publiée et affichée partout où besoin sera.

Art. 23. L'ordonnateur de la colonie est chargé de tenir la main à l'exécution de la présente ordonnance.

Donné au Fort-Royal, le 28 novembre 1821.

Signé DONZELOT.

Journal de la Mart., 1821, n° 98.

N° 4044. — *Circulaire ministérielle aux commandants et intendants des ports concernant les hautes payes journalières de rengagements dans le corps royal d'artillerie de la marine* (1). (Extrait.)

1er décembre 1821.

DES RENGAGEMENTS.

1° Les rengagements seront désormais, dans le corps royal d'artillerie de la marine, de deux, de quatre, de six et de huit ans.

2° Pour cette année, et d'ici à ce que l'inspecteur général fasse sa tournée dans les ports, les sous-officiers et soldats qui voudront se rengager en feront la demande au conseil d'administration de leur corps, qui les agréera, s'ils sont encore capables de faire un bon service et s'ils ont une conduite irréprochable. Dans ce cas, ils seront conduits devant le commissaire préposé aux revues, qui, après s'être fait présenter un certificat de validité signé du chirurgien affecté au corps et visé par le conseil de santé, recevra le rengagement de ces militaires dans les formes prescrites par l'instruction du 3 décembre 1818 (page 451 du *Journal militaire*, 2e volume, année 1818).

A l'avenir les militaires qui seront dans l'intention de se rengager en feront la déclaration à l'inspecteur général, lequel, dans le cours de la revue, admettra ceux qui lui paraîtront susceptibles de continuer leur service; alors il sera remis au commissaire aux revues un état nominatif des sous-officiers, caporaux et soldats qui auront été jugés par l'inspecteur général avoir les qualités requises pour se rengager, et l'on se dispensera de produire le certificat du médecin, exigé seulement en l'absence de l'inspecteur.

---

(1) Notifiée à la Martinique par dépêche ministérielle du 31 janvier 1822, n° 33. Arch. du gouvernement.

3° Quelle que soit la date de rengagement, le nouveau service auquel s'obligera le rengagé ne courra jamais qu'à partir du jour où aura cessé le service auquel ce rengagé était tenu par la loi, soit comme appelé, soit comme engagé volontaire; il sera fait mention de cette disposition dans l'acte de rengagement.

4° Tout militaire qui aura reçu un congé absolu et une feuille de route pour retourner dans ses foyers ne sera plus admis à se rengager. Il sera tenu, s'il veut rentrer dans un corps de l'artillerie de la marine, de contracter un engagement devant l'officier de l'état civil.

5° Il sera donné lecture aux militaires qui se présenteront pour se rengager :

1° Des dispositions contenues dans les n°s 1, 2 et 3 qui précèdent; 2° de la décision royale du 21 novembre 1821 portant fixation des hautes payes, et il sera fait mention dans l'acte de rengagement tant de cette lecture que de la haute paye allouée au militaire rengagé.

Il sera également donné lecture des actes de rengagement aux militaires qui les auront contractés; lesdits actes seront signés par ces militaires, par deux témoins dénommés dans l'acte et par le commissaire aux revues qui les aura dressés. Si ces militaires ne savent pas signer, il en sera fait mention ainsi que de la lecture qui aura été faite.

6° Les registres destinés à l'inscription des actes de rengagement seront cotés, parafés, clos et arrêtés ainsi que le veulent les articles 41 et 43 du code civil.

Art. 41 du code civil : « Les registres seront cotés par « première et dernière et paraphés sur chaque feuille par le « président du tribunal de 1re instance ou par le juge qui le « remplacera. »

Art. 43 : « Les registres seront clos et arrêtés par l'officier de « l'état civil à la fin de chaque année, et dans le mois, l'un des « doubles sera déposé aux archives de la commune et l'autre « au greffe du tribunal de 1re instance. »

Les actes de rengagement seront inscrits sur les registres sans aucun blanc; les ratures et les renvois seront approuvés et signés de la même manière que le corps de l'acte; il n'y sera rien écrit en abréviation et aucune date ne sera mise en chiffres.

Celui des deux registres qui n'aura pas reçu la destination prescrite par l'article 44 du code restera déposé aux archives des revues : (article 44 du code : « les procurations et autres « pièces qui doivent demeurer annexées aux actes de l'état civil

« seront déposées, après qu'elles auront été parafées par la « personne qui les aura produites et par l'officier de l'état civil, « au greffe du tribunal de 1re instance avec le double des « registres dont le dépôt doit avoir lieu audit greffe) ; » l'autre sera remis au greffe du tribunal de 1re instance, « c'est-à-dire « que le commissaire aux revues représentant l'officier de l'état-« civil restera dépositaire du registre qui, dans tout autre cas « que celui du rengagement, est remis aux archives de la « commune, et qu'il déposera l'autre au greffe du tribunal « de 1re instance. »

7° La responsabilité que prononce l'article 51 du code civil devant s'appliquer à la tenue des registres de rengagement, les commissaires préposés aux revues seront civilement responsables des altérations qui seront faites à ces registres, sauf leur recours, s'il y a lieu, contre les auteurs de ces altérations, et sans préjudice de la poursuite personnelle contre qui de droit.

DE L'ALLOCATION DE LA HAUTE PAYE.

Haute paye journalière.

1° La portion de la haute paye qui est acquittable avec la solde, et que l'on peut appeler haute paye journalière, dépend uniquement de la durée du service déjà fourni, soit qu'il y ait soit qu'il n'y ait pas rengagement; tandis que la portion payable à l'avance est attachée au seul fait du rengagement. Ainsi, tout sous-officier ou soldat qui, à compter du 1er janvier 1822, aura six, huit, douze ou seize ans de service, jouira d'une haute paye de 8, 11 ou 13 centimes par jour et portera le demi-chevron, le chevron, le double ou le triple chevron.

2° Par suite de ce principe, si un ancien conscrit ou un homme enrôlé pour dix ans, en vertu de l'arrêté du 15 floréal an XI, veut, lorsqu'il aura fini son temps de service, se rengager pour quatre ans, il commencera au bout des deux années suivantes à porter deux chevrons et à en toucher la haute paye journalière, bien que son rengagement ne soit pas expiré. De même lorsqu'un homme engagé pour huit ans, d'après les dispositions de l'ordonnance du 21 février 1816, voudra se rengager pour six ans, il aura droit à la haute paye de deux chevrons au bout des quatre années suivantes, et dans le cas où il contracterait un nouveau rengagement à la fin de sa quatorzième année de service, la haute paye journalière, dont il aurait atteint le maximum depuis deux ans, n'éprouverait plus de variations.

3° Lorsqu'il s'agira de déterminer les droits à la haute paye des militaires de l'artillerie de la marine, les sous-officiers et soldats qui sont sous les drapeaux en vertu des lois antérieures à l'ordonnance de 1816 compteront leur service à partir du jour de leur première incorporation; celui des engagés volontaires sera calculé à dater du jour de leur engagement. Dans l'un et l'autre cas on n'admettra d'autre interruption que celle qui peut résulter des congés de semestre ou de convalescence.

Les sous-officiers et soldats ont droit, suivant leur ancienneté, aux divers degrés de la haute paye journalière à partir du 1er janvier qui suit le jour où ils ont terminé le temps de service auquel chaque degré est attaché.

4° Tout ce qui vient d'être dit s'applique à la haute paye journalière dont jouissent les sous-officiers, caporaux et soldats, et il est bon de ne pas perdre de vue que la haute paye acquittable à l'avance ne concerne que les sous-officiers, les fourriers et les caporaux.

Haute paye acquittable à l'avance.

5° La portion de haute paye acquittable à l'avance doit en principe être soldée au moment du rengagement ; il n'y a d'exception à cette règle que pour les rengagements contractés dans l'intervalle du temps écoulé depuis le 21 novembre 1821 (date de la décision royale) jusqu'au 1er janvier 1822. On se conformera dans ce cas aux dispositions de l'article 3 de la décision de Sa Majesté.

6° La portion de la haute paye acquittable à l'avance est payée pour toute la durée du rengagement contracté, et si pendant cette durée le caporal, le fourrier ou le sous-officier rengagé doit passer d'une classe de haute paye à une autre, il convient d'avoir égard à cette circonstance, de manière à ce que si, à six ans de service, il contractait un rengagement de huit années, l'avance à lui faire se composât, savoir : pour les deux premières années, de l'allocation indiquée au 1er article du tarif, pour les troisième, quatrième, cinquième et sixième années, de celle indiquée au second article, et enfin pour les septième et huitième années de l'allocation portée au troisième article.

Pour rendre cette explication plus claire, voici un exemple :

N.... sergent, ayant terminé sa sixième année de service le 31 décembre 1821, demande à contracter un rengagement de huit ans.

Il recevra pour les deux premières années........	65f 70
pour les quatre années suivantes....................	146 00
et pour les deux dernières années..................	80 30
Total..........	292 00

7° Il n'y aura lieu à aucun rappel de la portion acquittable à l'avance en faveur d'un caporal ou d'un fourrier qui dans l'intervalle d'un rengagement à un autre aurait été promu à un grade; pour cette portion de la haute paye qui est attachée au fait du rengagement on doit avoir égard uniquement, sous le rapport du grade, à la position où l'homme se trouve le jour où il se rengage.

8° D'après ce qui se pratique au département de la guerre dans les régiments d'artillerie, les caporaux, les fourriers et les sous-officiers seront, avant la fin de la huitième année et dès l'expiration de la sixième, admis à se rengager pour deux, quatre, six ou huit ans, qui ne courront qu'à partir de l'expiration de leur premier service, et, dans le décompte de l'avance, on joindra à la somme due pour le temps du rengagement celle qui revient suivant le tarif pour ce qui reste à faire des septième et huitième années. Cette exception a été adoptée pour égaliser l'avantage de la haute paye dans l'infanterie et dans les armes spéciales.

Les dispositions contenues dans la présente dépêche seront lues tant dans les chambrées qu'à la tête des troupes réunies en armes, et elles seront appliquées aux hommes portés sur le dernier travail du congédiement qui demanderont à rester sous les drapeaux.

Le Ministre de la marine et des colonies,

Signé Baron PORTAL.

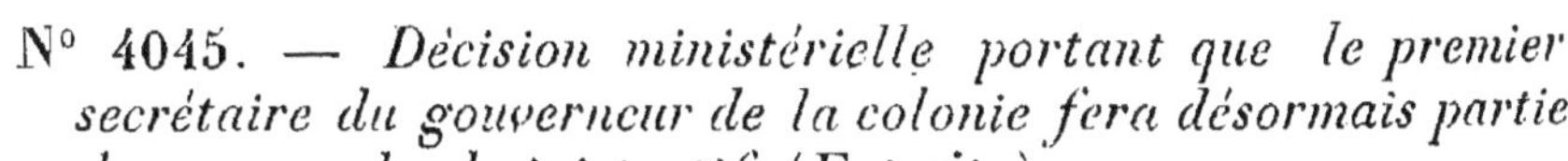

N° 4045. — *Décision ministérielle portant que le premier secrétaire du gouverneur de la colonie fera désormais partie du personnel administratif.* (Extrait.)

5 décembre 1821.

En conséquence, il est payé sur les fonds généraux et concourt avec les autres employés à l'avancement jusqu'au grade de sous-commissaire de marine exclusivement. S'il est choisi parmi les sujets étrangers au corps de l'administration, il pourra seulement être pourvu, dès qu'il y aura une vacance, du dernier grade de l'administration et ne montera aux grades supérieurs que d'après les règles ordinaires de l'avancement.

Arch. de l'ordonnateur. Dép., 1821, n° 140.

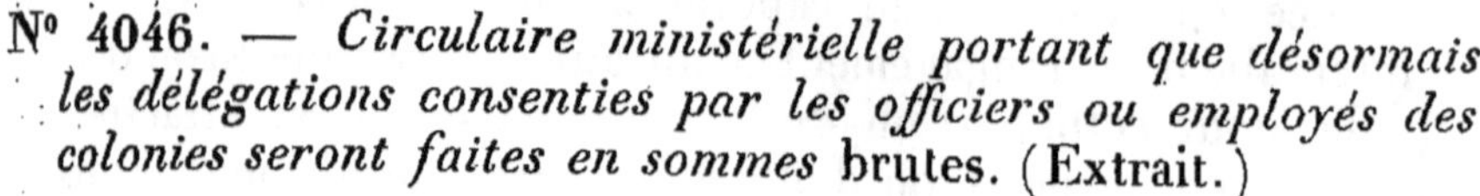

N° 4046. — *Circulaire ministérielle portant que désormais les délégations consenties par les officiers ou employés des colonies seront faites en sommes* brutes. (Extrait.)

12 décembre 1821.

De sorte que les retenues pour la caisse des invalides, soit de la marine, soit de la guerre, seront toujours exercées en France sur les sommes qui y seront payées aux délégataires.

Arch. de l'ordonnateur. Dép. 1821, n° 136.

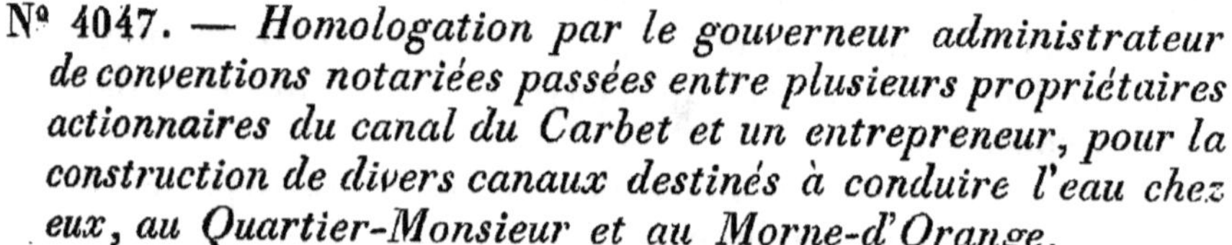

N° 4047. — *Homologation par le gouverneur administrateur de conventions notariées passées entre plusieurs propriétaires actionnaires du canal du Carbet et un entrepreneur, pour la construction de divers canaux destinés à conduire l'eau chez eux, au Quartier-Monsieur et au Morne-d'Orange.*

19 décembre 1821.

Nota. Voir l'acte de dépôt de ces conventions fait chez Bernard Feyssal, notaire à Saint-Pierre, le 8 précédent, et les conventions elles-mêmes, y annexées, même source. Reg. 3, f°s 103 et suivant.

Arch. de la direction de l'intérieur. Reg. 2, f° 124.

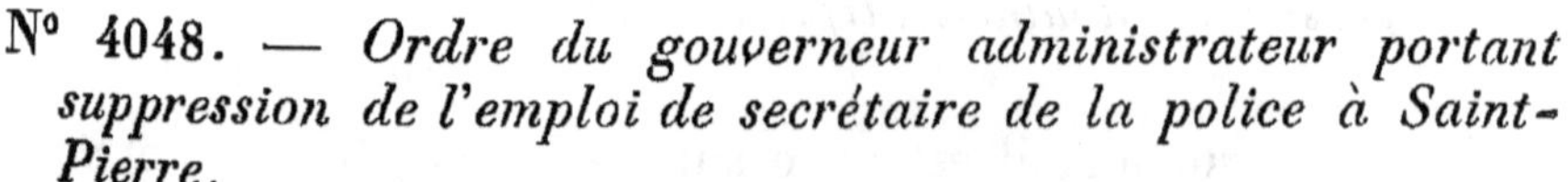

N° 4048. — *Ordre du gouverneur administrateur portant suppression de l'emploi de secrétaire de la police à Saint-Pierre.*

21 décembre 1821.

Arch. de l'ordonnateur. Ord. et déc., 1821, n° 94.

N° 4049. — *Ordonnance du gouverneur administrateur portant règlement des impositions de la Martinique pour l'année 1822.*

25 décembre 1821.

Nota. Les motifs qui ont déterminé les dispositions établies pour l'année 1821 existent encore, et leur urgence est plus que jamais démontrée. (Préambule.)

En conséquence les impositions de l'année sont renouvelées.

Journal de la Mart., et arch. du gouvernement. — Enregistrée à la cour royale, 26 décembre 1821.

N° 4050. — *Règlement du gouverneur administrateur pour la délivrance du luminaire aux corps de garde, batteries et autres postes.*

31 décembre 1821.

Le Gouverneur, etc.,

Attendu que la décision locale du 9 février 1815 n'a établi la délivrance du luminaire que pour les corps de garde, et qu'il existe différents établissements ou postes auxquels il en est fourni seulement par usage;

Voulant réunir dans un seul règlement le mode d'après lequel cette fourniture sera faite;

Sur la proposition de l'ordonnateur,

Avons arrêté le règlement suivant :

Art. 1er. A compter du 1er janvier 1822, le luminaire sera fourni aux corps de garde et batteries de la Martinique ainsi qu'il l'est en France à ceux de 2e et 3e classe. En conséquence, il sera délivré par jour et par chaque corps de garde (en comptant la chambre de l'officier pour un corps de garde) cent quatre-vingts grammes de chandelle, ou dix-huit décagrammes d'huile à brûler, si la chandelle devenait rare ou chère dans la colonie.

Art. 2. Attendu que les rondes de nuit, à Saint-Pierre, sont fréquentes et longues, il sera délivré pour cet objet, également comme pour un corps de garde, cent quatre-vingts grammes de chandelle par jour.

Art. 3 et 4. Contiennent la nomenclature des postes, établissements, gardiens et portiers qui devront recevoir des fournitures de chandelle ou d'huile à brûler.

Donné au Fort-Royal, le 31 décembre 1821.

Signé DONZELOT.

Inspection. Reg. 8, n° 273.

N° 4051. — *Mémoire sur la fièvre jaune, par le docteur* Repey, *chirurgien de la marine.*

Année 1821.

Annales maritimes, 1821, 2e partie, p. 122.

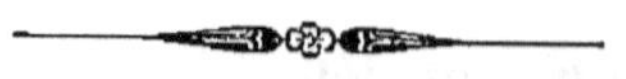

N° 4052. — *Dépêche ministérielle adressée au gouverneur administrateur, au sujet de l'indemnité de logement réclamée par des officiers en congé de convalescence.*

3 janvier 1822.

Monsieur le Comte, quelques officiers des bataillons de la Martinique qui étaient en France, en congé de convalescence, ont réclamé auprès de M. l'intendant de la marine à Rochefort l'indemnité de logement pour le temps pendant lequel ils ont séjourné dans ce port, en attendant leur embarquement.

D'après les règlements, un officier en congé pour cause de maladie n'a droit qu'à sa solde, sans les indemnités accessoires. La prolongation de son séjour dans un port, en attendant son départ, est une chance inhérente à la position de congé elle-même, et elle ne peut donner lieu à l'allocation d'indemnités qui ne sont dues que pour le temps de présence et de service effectif. J'ai fait part de ces observations à M. l'intendant de la marine à Rochefort. Je vous prie d'en donner connaissance à ceux de MM. les officiers des bataillons de la Martinique qu'elles concernent.

Recevez, etc.

Le Ministre de la marine et des colonies,

Signé Marquis DE CLERMONT-TONNERRE.

Arch. du gouvernement. Dép. ministér., n° 1.

N° 4053. — *Ordonnance du roi qui, en même temps qu'elle fixe à* 18,000 *francs le traitement du procureur du roi de la ville de Saint-Pierre, prescrit la perception, au profit du trésor de la colonie, des épices attribuées à cet officier.* (Extrait.)

7 janvier 1822.

. . . .

Art. 2. Le procureur du roi près le tribunal de Saint-Pierre jouira d'un traitement de dix-huit mille francs par an, lequel commencera à courir du jour de son arrivée à la Martinique et cessera avec l'exercice de ses fonctions.

. . . .

Art. 4. Au moyen de l'allocation énoncée en l'article 2, il est défendu au procureur du roi près le tribunal de Saint-Pierre de percevoir à son profit aucun des droits, connus sous le nom d'épices, attribués à l'office de procureur du roi. Ces droits seront, jusqu'à ce qu'il en soit autrement ordonné, perçus par le greffier du tribunal, qui en fera, mois par mois, le versement au trésor de la colonie, avec le concours de l'administration et du contrôle, suivant les formes qui seront déterminées à cet égard par le gouverneur et administrateur pour le roi.

. . . .

Donné à Paris, le 7 janvier 1822.

Signé LOUIS.

Et par le Roi :

Le Ministre de la marine et des colonies,

Signé Marquis DE CLERMONT-TONNERRE.

Inspection. Reg. 8, n° 401. — Enregistrée à la cour royale, 25 mars 1822.

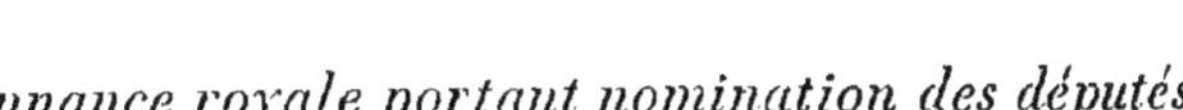

N° 4054. — *Ordonnance royale portant nomination des députés de la Martinique, de la Guadeloupe, etc.*

7 janvier 1822.

Annales maritimes.

N° 4055. — *Dépêche ministérielle au gouverneur sur l'illégalité des déportations extrajudiciaires par lui ordonnées.*

17 janvier 1822.

Monsieur le Comte, vous avez successivement informé mon prédécesseur que douze individus ont été bannis extrajudiciairement de la Martinique, d'après les formes que prescrit une décision royale du 13 août 1817, laquelle est relatée dans vos instructions générales du 4 septembre suivant.

Il n'y a point à revenir sur ce que vous avez cru nécessaire de faire à cet égard; mais vous ne devrez user désormais de la décision dont il s'agit que comme d'un moyen comminatoire.

L'intention du roi est qu'aux colonies l'on se tienne, autant qu'il est possible, dans les limites du droit commun, notamment en ce qui regarde la liberté individuelle (1).

Il est, d'ailleurs, à remarquer qu'en général la plupart des personnes qui ont été ainsi déportées par une mesure de haute police auraient pu, si on les eût traduites devant les tribunaux locaux, être atteintes par les lois en vigueur.

Je vous prie de vous conformer désormais aux dispositions de la présente dépêche et de m'en accuser la réception.

Recevez, etc.

Le Ministre de la marine et des colonies,

Signé Marquis DE CLERMONT-TONNERRE.

Arch. du gouvernement. Dép. ministér., n° 15.

N° 4056. — *Note sur un essai tenté à Bourbon pour l'amélioration des cotonniers par le moyen de la greffe.*

8 janvier 1822.

Annales maritimes, 1822, 2e partie, t. 2, p. 459.

N° 4057. — *Dépêche ministérielle au gouverneur administrateur sur la question de savoir quels encouragements seraient convenables pour favoriser à la Martinique l'accroissement de la culture du coton.*

8 février 1822.

NOTA. La Guadeloupe avait demandé en 1821 qu'on exemptât les cotons du droit de sortie et qu'on se bornât à imposer les nègres des cotonneries comme ceux des petites cultures; avant de statuer le ministre veut connaître les vœux de la Martinique à cet égard.

Arch. du gouvernement. Dép. ministér., n° 39.

---

(1) Le gouverneur précédent, dans une ordonnance du 15 octobre 1816, avait prononcé la peine de la déportation contre tout adjudicataire qui n'aurait pas fourni cautionnement dans le délai prescrit. (Voir dépêche ministérielle, 17 juillet 1817, n° 29. Arch. du gouvernement.)

N° 4058. — *Décision du gouverneur administrateur qui, rapportant celle du 9 janvier 1821, organise et règle de nouveau le service des cure-môles et gabares affectés au curage du canal d'enceinte et aux transports des vases.*

18 février 1822.

Nous, etc.,

Vu notre décision du 9 janvier 1821 sur l'équipement et la mise en activité du petit-cure môle et des trois gabares à clapet attachées à son service;

Vu la mise à l'eau du grand cure-môle et des trois gabares à clapet affectées à son service; vu qu'elles sont gréées et qu'il est urgent de les mettre en activité;

Considérant que ces deux cure-môles, quoique employés à des services différents, doivent être cependant traités de la même manière quant au payement de leurs journaliers;

Que, suivant les destinations qui leur seront données, les deux cure-môles emploieront des gabares à clapet ou des chalands construits à cet effet pour le transport des vases;

Que le lieu de déchargement de ces gabares ou chalands variera suivant les besoins du service, d'après les ordres que nous en donnerons;

Que les dispositions de notre décision du 9 janvier 1821 ne sont plus applicables au service à venir des cure-môles et gabares à clapet;

Que l'entretien, la conservation et l'inventaire de ces bâtiments, de leurs agrès et apparaux, exigent une surveillance particulière et journalière;

Sur le rapport de l'ordonnateur,

Avons décidé et décidons ce qui suit :

Art. 1er. Notre décision du 9 janvier 1821 est rapportée en son entier, sur l'équipement et la mise en activité du petit cure-môle.

Art. 2. Il sera attaché au service général des cure-môles, des gabares à clapet et des chalands, un surveillant qui sera pris parmi les chefs de timonerie ou maîtres d'équipages au service du roi.

Ce surveillant sera sous les ordres du capitaine de port pour suivre l'exécution des mouvements des cure-môles, gabares à clapet et chalands, et ceux de toute la partie active du service.

Les maîtres d'équipage des cure-môles, patrons et conducteurs des gabares à clapet et chalands dont il sera parlé dans les articles suivants, déféreront à ses ordres. Ce surveillant sera sous les ordres de l'ordonnateur pour la partie de l'inventaire desdits cure-môle, gabares à clapet et chalands, dont il lui sera remis par le magasin général une expédition; il suivra les mouvements de cet inventaire. Les maîtres d'équipages des cures-môles étant responsables eux-mêmes de leurs inventaires particuliers, seront à cet égard sous ses ordres.

A cet effet les demandes pour les besoins des cure-môles, soit pour des articles nouveaux, soit pour ceux en remplacement d'objets remis en magasin, seront faites par lui et visées par le capitaine de port.

Il surveillera, en sa qualité, la conservation de tous les bâtiments flottants de ce service, de leurs agrès et apparaux, et rendra compte des abus et déprédations qu'il découvrirait, à peine d'en être responsable.

Il veillera à ce que les cure-môles, gabares et chalands ne soient employés qu'au service auquel ces bâtiments sont destinés, à moins d'ordre contraire de nous.

Dans les tournées il s'assurera si les journaliers sont présents et signalera au commissaire de marine ceux qui se seraient absentés pendant les heures de travaux.

Il jouira de la solde de 90 francs par mois et moitié en sus, 135 francs par mois; il lui sera délivré une ration de vivres, par jour, du magasin de la marine, comme aux différents maîtres du port.

Art. 3. Il sera attaché au service des cure-môles :

Au grand cure-môle :

Un maître d'équipage de 2e classe, à 81 francs par mois et moitié en sus, ci.................................. 121f 50

Un second maître patron des gabares à clapet, à 60 francs par mois et moitié eu sus, ci............ 90 00

Le maître et le second maître recevront chaque jour la ration ordinaire du magasin des vivres de la marine;

Vingt-neuf nègres à 2 fr. 60 cent.

Au petit cure-môle :

Un second maître, à 60 francs par mois et moitié en sus, ci.. 90f 00

Une ration ordinaire de vivres lui sera délivrée chaque jour des magasins de la marine;

Vingt-trois nègres à 2 fr. 60 cent.

Le nombre des nègres employés au service des cure-môles,

gabares et chalands, pourra être diminué suivant le plus ou le moins d'importance des travaux, mais ne pourra jamais être augmenté.

Les nègres employés au service du grand cure-môle recevront en sus du prix de la journée une prime de 3 fr. 22 cent. pour chaque voyage de gabare à clapet et son débarquement. Il sera accordé aussi des primes en sus de la journée aux journaliers employés au service du petit cure-môle; cette prime sera fixée par voyage et déchargement d'après l'expérience, lorsque les chalands qui doivent être destinés à l'enlèvement des vases auront été mis à sa disposition.

Le montant de ces primes ne pourra excéder par jour 8 francs 50 centimes.

Le bureau des chantiers dressera un état desdites primes d'après le certificat des maîtres d'équipages des cure-môles constatant le nombre de voyages des gabares et chalands, certifié par le surveillant et visé par le capitaine de port.

Les maîtres d'équipage sont responsables de la fidélité de leurs certificats; il leur est ordonné de ne laisser partir pour le déchargement aucune gabare à clapet ou chaland sans s'être assurés qu'ils sont chargés au complet.

Le surveillant s'assurera aussi souvent que possible par lui-même de l'exactitude des chargements et du nombre des voyages des gabares et chalands.

Le montant de la prime à l'époque des payements sera remis au surveillant, qui en fera la répartition individuelle à chaque nègre qui aura été employé aux cure-môles.

Art. 4. Le capitaine de port prendra successivement nos ordres pour le lieu où le déchargement des gabares à clapet et des chalands devra s'effectuer.

Art. 5. D'après l'éloignement ou le rapprochement des cure-môles du lieu où le déchargement devra s'opérer, la prime sera, d'après l'expérience de deux jours, augmentée ou diminuée.

Art. 6. L'ordonnateur est chargé de l'exécution de la présente décision, qui sera enregistrée au contrôle.

Donné au Fort-Royal, le 18 février 1822.

Signé DONZELOT.

Bureau des approvisionnements. Ord. et déc., 1822.

N° 4059. — *Ordonnance du roi qui réduit à* 30 *francs, à partir*

de septembre 1822, *la prime de* 40 *francs précédemment accordée par quintal métrique de morue de pêche française importée directement des lieux de pêche aux colonies françaises.*

20 février 1822.

Nota. Voir les motifs de cette réduction dans une dépêche ministérielle notificative, du 24 mai 1822, existant aux archives de l'ordonnateur, collection des dépêches, 1822, n° 66. Ils se réduisent aux termes suivants :

Des fraudes étaient nées pour ainsi dire de l'appât d'une prime exagérée; des encombrements inutiles et ruineux en avaient aussi été la suite;

Enfin la prime réduite à 30 francs est encore un encouragement suffisant pour le commerce.

Bulletin des lois, n° 508, 7e série.

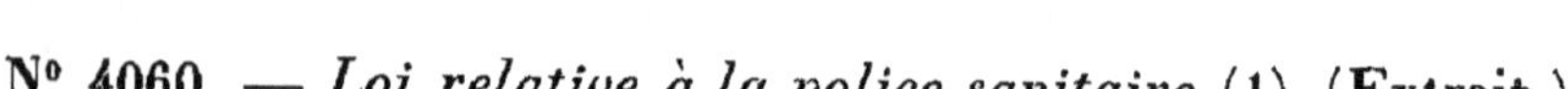

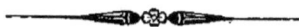

N° 4060. — *Loi relative à la police sanitaire* (1). (Extrait.)

3 mars 1822.

Art. 80. Le ministre de la marine pourvoira, en se conformant aux présentes règles, au service sanitaire dans les colonies françaises.

Bulletin des lois, n° 508, 7e série.

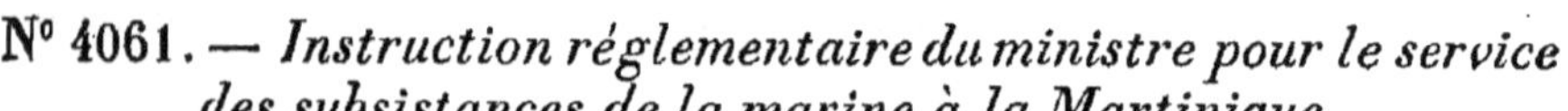

N° 4061. — *Instruction réglementaire du ministre pour le service des subsistances de la marine à la Martinique.*

15 mars 1822.

Art. 1er. Il est établi à la Martinique une direction des subsistances de la marine, dont les opérations sont soumises à l'ordonnateur et au gouverneur administrateur pour le roi de cette colonie.

Art. 2. Elle est chargée de la recette de tous les vivres de prolongation de campagne qui sont expédiés des ports de France pour le service des bâtiments de Sa Majesté en station, en

(1) L'exécution provisoire en est ordonnée à la Martinique par dépêche ministérielle du 7 octobre 1822.

mission ou en relâche à la Martinique, de la garde et de l'entretien de ces mêmes vivres, ainsi que de l'achat de toutes autres denrées qu'il est reconnu nécessaire de se procurer dans la colonie pour le même service, enfin de la livraison des uns et des autres aux bâtiments du roi, suivant les formes déterminées par les règlements.

Art. 3. Les employés de cette direction font partie intégrante de l'administration des subsistances de la marine de la métropole et portent l'uniforme spécifié par l'article 3 du règlement organique du 31 décembre 1817.

Ils sont désignés par l'administrateur et leur nomination est soumise à l'approbation du ministre secrétaire d'État de la marine et des colonies. Leurs appointements et tous frais quelconques du même service sont à la charge de la métropole, chapitre 9 du budget de la marine.

Art. 4. Le directeur des subsistances de la marine à la Martinique correspond avec l'administrateur de ce service en France et lui adresse les comptes et autres documents dont il est parlé ci-après.

Art. 5. Les vivres de prolongation de campagne sont adressés au gouverneur et administrateur de la colonie, qui donne l'ordre de procéder à leur emmagasinement.

Art. 6. A leur arrivée dans les magasins, les denrées provenant d'envois de France ou de remises des bâtiments du roi, ainsi que celles livrées par les fournisseurs, sont visitées, en présence des capitaines des bâtiments de transport, des commis chargés des vivres à bord des bâtiments du roi, des fournisseurs et du garde-magasin des subsistances, par une commission composée d'un commissaire de marine, du capitaine de port, d'un officier de marine employé sur l'un des bâtiments de la station, d'un officier de santé, du contrôleur de la marine et du directeur des subsistances. La commission se fait représenter les montres ou échantillons cachetés qui ont accompagné les envois, les confronte avec les denrées remises par les capitaines chargés du transport, signale l'identité ou la différence des uns avec les autres, examine si cette différence provient de substitutions, altérations et autres fraudes pendant le transport, si les manques ou déchets excèdent le taux ordinaire du commerce, et, en cas d'affirmative, émet son avis sur le recours à exercer contre les capitaines.

Il est dressé un procès-verbal de chaque visite, qui, après avoir été signé par toutes les personnes qui y ont assisté, est soumis au visa de l'ordonnateur de la colonie. En cas de contestations, celui-ci statue sur les points de difficulté, sauf le recours au gouverneur et administrateur pour le roi.

Une expédition de chaque procès-verbal est adressée par le directeur des subsistances à l'administrateur, indépendamment de celle qui, pour les envois provenant de France, est adressée à l'ordonnateur du port expéditeur par le gouverneur et administrateur pour le roi.

Art. 7. Le directeur des subsistances après avoir pris les ordres de l'ordonnateur, exécute les achats reconnus nécessaires pour son service. Ceux dont la valeur est au-dessus de 400 francs sont constatés par des marchés à prix fixes, débattus, rédigés et approuvés dans la même forme que le sont tous les marchés relatifs aux autres services, sauf que, pour les premiers, le directeur des subsistances remplace le commissaire aux approvisionnements. Ce directeur en transmet copie à l'administrateur des subsistances.

Art. 8. Les frais généraux du même service sont réglés par l'ordonnateur sur la proposition du directeur des subsistances et sous l'approbation du gouverneur et administateur pour le roi.

Sont exceptés les traitements et toutes allocations quelconques des employés entretenus, dont la fixation est réservée au ministre secrétaire d'État de la marine et des colonies. Quant aux employés non entretenus, à la nomination du gouverneur et administrateur, que les besoins du service pourraient exiger, leurs traitements ne pourraient, dans aucun cas, excéder ceux des entretenus du grade dont ils rempliraient les fonctions.

Art. 9. Les certificats des livraisons de denrées et ustensiles, ainsi que tous les états comptables des dépenses relatives au détail des magasins, sont expédiés et signés par le garde-magasin des subsistances, visés par le directeur des subsistances, vérifiés par le contrôleur de la colonie et arrêtés par l'ordonnateur.

Les états d'appointements et des autres dépenses concernant le personnel, sont certifiés par le directeur, vérifiés et arrêtés par le contrôleur et l'ordonnateur.

Art. 10. Les mandats de payement sur la caisse de la colonie sont également délivrés par le directeur des subsistances, vérifiés et arrêtés par le contrôleur et l'ordonnateur. Lesdits mandats et tous les états de dépenses sont en outre enregistrés au bureau de la comptabilité centrale des fonds.

Art. 11. Toutes les dispositions prescrites par l'instruction du 28 octobre 1819 pour le règlement et le remboursement à la caisse de la colonie des dépenses *Vivres* à la charge de la métropole sont maintenues. Il est donc bien entendu que la faculté de tirer des traites demeure, en ce qui concerne le service *Vivres,* non moins que tous les autres, exclusivement réservée au gouverneur et administrateur pour le roi.

Les dépenses du personnel et autres frais d'administration ne sont pas morcelés et appliqués proportionnellement aux bâtiments qui ont reçu des vivres pendant le trimestre. Il en doit être formé un état général et détaillé dont le montant est rapporté en masse, et à la colonne du chapitre 9, *Vivres,* sur le bordereau trimestriel des dépenses remboursables par la métropole.

Cet état est certifié par le directeur des subsistances, vérifié par le contrôleur de la colonie et visé tant par l'ordonnateur que par le gouverneur et administrateur pour le roi. Les états appréciatifs des fournitures faites aux bâtiments sont rédigés et signés selon le modèle n° 10 joint à l'instruction du 28 octobre 1819 précitée, sauf que le certificat et le visa du garde-magasin de la colonie et du commissaire chargé du détail des approvisionnements sont remplacés par ceux du garde-magasin spécial et du directeur des subsistances.

Art. 12. Indépendamment de ces pièces, dont l'envoi continue d'être fait au ministre par le gouverneur et administrateur pour le roi, le directeur de subsistances dresse dans les vingt premiers jours de chaque trimestre un bordereau général et détaillé, par sections et articles du chapitre 9, de toutes les dépenses en deniers effectuées pendant le trimestre écoulé. Ce bordereau est terminé par une comparaison du montant desdites dépenses avec celui des traites émises pour leur remboursement.

Art. 13. Le garde-magasin des subsistances est tenu de former également dans le délai ci-dessus le bordereau général de ses recettes et dépenses en denrées, et celui de ses recettes et dépenses en ustensiles pendant le trimestre écoulé. Ces bordereaux sont établis dans la même forme que ceux des gardes-magasins des ports de France, sauf que les livraisons aux bâtiments provenant des achats effectués dans la colonie ou des cessions faites au service *métropole* par les magasins de ladite colonie, et celles provenant des envois de France, étant constatées par des pièces distinctes pour établir le droit de la colonie au remboursement des premières, les dépenses pour fournitures aux bâtiments doivent être présentées pareillement en deux articles distincts dans le bordereau général trimestriel de magasin.

Les pièces justificatives des livraisons de la seconde espèce sont toujours jointes au bordereau. Le garde-magasin est dispensé de rapporter celles des livraisons de la première espèce, attendu l'envoi qui en est fait au ministère par le gouverneur et administrateur pour le roi, conformément à l'article 12 ci-dessus et à l'instruction du 28 octobre 1819.

Art. 14. Les bordereaux généraux trimestriels en deniers, denrées et ustensiles, sont certifiés par le directeur des subsistances, vérifiés par le contrôleur et visés tant par l'ordonnateur de la colonie que par le gouverneur et administrateur pour le roi; le premier en fait l'envoi à l'administrateur des subsistances de la marine, qui est chargé d'en opérer la vérification définitive et d'en soumettre le résultat au ministre.

Art. 15. Il est expressément recommandé au directeur des subsistances de recueillir, chaque mois, les états de mouvements et autres pièces constatant les consommations ordinaires et extraordinaires de vivres faites à bord des bâtiments de Sa Majesté présents dans la colonie et de veiller à ce qu'il n'existe aucune lacune dans cette justification. Il doit pareillement réclamer, à la fin de l'exercice, les inventaires des vivres et ustensiles restant à bord de chacun des bâtiments et profiter de toutes les occasions qui se présentent pour faire parvenir exactement ces différentes pièces aux directeurs des subsistances des ports de France où les bâtiments comptent et sous le couvert des administrateurs en chef desdits ports. Il en donne un récépissé aux commis aux revues, qui par ce moyen se trouvent dispensés, pendant le séjour de leurs bâtiments à la Martinique, de l'envoi qui leur est prescrit par l'article 12 de l'instruction du 4 avril 1820.

Art. 16. Le directeur des subsistances exerce une surveillance spéciale sur la conduite des commis et autres agents des vivres embarqués sur les bâtiments du roi stationnés ou de relâche dans la colonie. Il est enjoint auxdits commis de lui représenter leurs registres de comptabilité et de lui fournir tous les renseignements qu'il juge nécessaires sur la situation des vivres confiés à leurs soins. S'il y a lieu, pour quelque cause que ce soit, d'opérer le remplacement d'un de ces comptables, le directeur des subsistances y pourvoit provisoirement, en se conformant aux dispositions de l'article 2 de l'instruction du 4 avril 1820.

Art. 17. Le directeur des subsistances doit aussi apporter la plus grande attention à connaître les besoins en vivres des bâtiments composant la station. Il rédige l'état destiné à les indiquer, suivant le modèle adopté par la dépêche ministérielle du 11 février 1817, et il le fait parvenir, chaque mois, à l'administrateur des subsistances, en l'entretenant avec détail des ressources que présente la colonie pour couvrir lesdits besoins.

Art. 18. Il visite et inspecte les établissements des entrepreneurs chargés de la fabrication du pain frais et de la fourniture de la viande fraîche pour le service des bâtiments du roi, et tient sévèrement la main à ce que l'une et l'autre denrée réunissent les qualités requises par les marchés passés avec lesdits entrepreneurs.

Art. 19. La même surveillance lui est recommandée sur les magasins de la direction des subsistances, afin que les denrées qui y sont déposées reçoivent les soins et manutentions convenables pour assurer leur conservation et pour prévenir ou au moins diminuer les pertes et les déchets, et que les livraisons aux bâtiments s'y fassent avec l'ordre et la régularité exigés.

Art. 20. Le premier de chaque mois la commission préposée aux recettes des vivres procède à la visite et à l'examen de tous ceux qui se trouvent dans les magasins et émet son avis sur l'état et la qualité desdits vivres. Le directeur des subsistances envoie à l'administrateur une copie du procès-verbal de cette visite, en même temps que l'état mentionné dans l'article 17.

Art. 21. Si quelques parties de vivres exigent une prompte consommation et peuvent être employées à la nourriture des rationnaires de la colonie, le gouverneur et administrateur pour le roi, sur la proposition du directeur des subsistances, approuvée par l'ordonnateur, en autorise la cession au service spécial de ladite colonie, et le montant en est déduit d'après une estimation loyalement faite, sur celui des avances remboursables à la colonie par le chapitre 9, *Vivres*, de la métropole. Il est rendu compte par qui de droit de cette disposition au ministre, et le directeur des subsistances en informe l'administrateur, afin que ces denrées soient déduites des envois à faire pour le service spécial de la colonie.

Quant aux vivres qui sont reconnus par la commission ordinaire impropres au service des bâtiments du roi et à celui des rationnaires de la colonie, la vente en est faite dans la forme prescrite par les règlements, après que le gouverneur et administrateur pour le roi a autorisé cette disposition, et le produit en est versé dans la caisse de la colonie, qui en tient également compte au chapitre 9, *Vivres*.

Le Ministre de la marine et des colonies,

Signé Marquis DE CLERMONT-TONNERRE.

Inspection, Reg. 8, n° 535.

N° 4062. — *Dépêche ministérielle portant que la vente des embarcations étrangères provenant de sauvetage n'est point passible du droit de francisation de 20 francs par tonneau.*

22 mars 1822.

Annales maritimes, 1835, 1re partie, p. 30.

N° 4063. — *Dépêche ministérielle portant ordre d'établir une caisse à trois clefs pour le dépôt des fonds destinés aux dépenses publiques.* (Extrait.)

28 mars 1822.

Ces clefs devaient être confiées, savoir : l'une au gouverneur, l'autre au contrôleur et la dernière au comptable, qui devait conserver la libre disposition des fonds nécessaires au service courant.

Nota. Une autre dépêche du 18 mars 1825 recommande de présenter distinctement dans les états de situation à envoyer, conformément à la circulaire du 14 mai 1822, les espèces et valeurs renfermées dans la caisse à trois clefs et celles contenues dans la caisse du service courant.

Arch. de l'ordonnateur. Dép. 1822 et 1825, n° 23.

N° 4064. — *Dépêche ministérielle rappelant à l'exécution ponctuelle des articles 29 et 30 du règlement financier du 20 octobre 1818 qui prescrivent la vérification mensuelle des caisses du trésorier et de ses préposés.*

9 avril 1822.

Inspection. Reg. 8.

N° 4065. — *Décision du gouverneur administrateur sur l'assimilation et le traitement des troupes embarquées pour une expédition.* (Extrait.)

10 avril 1822.

En principe :

Les troupes embarquées pour l'expédition doivent être considérées comme garnison.

Les officiers ont droit au traitement de table et à l'indemnité de lit de bord; on ne peut leur allouer d'autres appointements que ceux coloniaux, puisqu'ils n'ont pas quitté les colonies.

Ils ne peuvent jouir non plus d'aucuns traitements accessoires, tels que ration de fourrage, frais de représentation, indemnité de logement et d'ameublement, etc.

Inspection. Reg. 8, n° 437.

N° 4066. — *Circulaire ministérielle portant, en principe, que la défense d'allouer aucunes vacations pour simple relèvement d'effets de bris jetés à la côte ne s'étend pas aux frais de route nécessaires.*

19 avril 1822.

Messieurs, l'article 5 du décret du 20 floréal an XIII, qui défend d'allouer des vacations lorsqu'il s'agit seulement du relèvement de quelques effets de bris jetés à la côte, a donné lieu à des doutes qui m'ont été soumis par quelques administrateurs, sur la question de savoir si cette prohibition devait s'étendre aux frais de route.

En me déférant cette question, les uns ont exprimé leur opinion pour l'affirmative; les autres ont pensé que les frais de route, en tant que le relèvement s'opère hors de la banlieue, étaient dus pour ce service comme ils sont alloués pour les autres cas de sauvetage.

Les premiers s'appuient de l'intention que leur paraît avoir manifestée le législateur de dégager de tous frais quelconques les opérations qui se rapportent à des épaves de peu d'importance.

Les derniers fondent leur avis sur ces considérations, que l'article premier du décret ayant désigné clairement les deux espèces d'indemnités, on ne peut supposer une omission dans l'article 5 qui n'exprime d'exclusion que relativement aux vacations, et que, d'ailleurs, il n'est pas naturel de penser que l'administrateur qui est obligé de se transporter hors de la banlieue puisse rester chargé de ses frais de voyage, quel que soit le plus ou le moins de valeur des objets sauvés.

Je n'hésite point à me ranger à cette dernière opinion.

En effet, il faut distinguer les frais de vacations de ceux que nécessite le déplacement des administrateurs qui se transportent hors de la banlieue de leur résidence.

Les premiers peuvent être considérés comme des honoraires, et, sous ce point de vue, leur suppression était sans inconvénient.

Mais, pour les frais de route, ils constituent l'administrateur dans des avances réelles, et on ne peut raisonnablement lui imposer la charge de protéger, à ses dépens, les intérêts de la caisse des invalides.

C'est ce qui explique pourquoi l'article 5, en supprimant l'indemnité pour frais de vacations, n'a point parlé de celle qui a pour objet le remboursement des frais de route. Ainsi il faut s'en tenir à cet égard aux termes précis de l'article.

Je n'ai pas besoin au surplus de recommander aux commissaires des classes de laisser autant que possible le soin de ces sortes de sauvetage aux syndics des gens de mer, afin de rendre moins onéreuse la dépense des frais de route.

Vous voudrez bien donner communication de la présente aux commissaires des classes dépendant de votre arrondissement, et la faire enregistrer au bureau du contrôle.

Recevez, etc.

Le Ministre de la marine et des colonies,
Signé Baron PORTAL.

Inspection. Reg. 9, n° 385.

N° 4067. — *Ordre du gouverneur administrateur qui affecte un fonds de* 15,000 *francs à la construction d'un corps de garde, d'une jetée et d'un chemin à rampes de communication pour la résidence de* Bellevue.

20 avril 1822.

Arch. du gouvernement. Ord. et déc., n° 860.

N° 4068. — *Décisions du ministre de la guerre sur l'habillement des sous-officiers de l'armée de ligne* (1).

30 avril 1822.

Le ministre de la guerre, voulant donner à tous les sous-officiers de l'armée de ligne une tenue analogue à leurs fonctions

(1) Ces décisions ont été notifiées à la Martinique par dépêche ministérielle du 26 juin 1823, portant qu'elles seront appliquées aux troupes de la marine, ainsi qu'à celles de l'armée de terre qui tiennent garnison aux colonies.

et à la considération dont ils doivent jouir dans les corps, a rendu en leur faveur, les 22 et 29 avril, les décisions suivantes :

1° A compter du 1er janvier 1823, l'habit des sous-officiers des corps de toutes armes de l'armée de ligne, y compris ceux des compagnies de sous-officiers, de fusiliers et de canonniers sédentaires et des compagnies de discipline, sera confectionné en drap teint en laine, de qualité semblable à celle du drap employé pour l'habillement des corps de la garde royale ;

2° Cette décision n'aura pas d'effet rétroactif, c'est-à-dire que les habits en service devront parcourir la durée de dix-huit mois qui leur est assignée, et que ce ne pourra être qu'à l'expiration de cette durée que les habits seront successivement remplacés par celui mentionné en l'article 1er ;

3° La durée de cet habit est fixée à deux ans, mais les sous-officiers conserveront l'habit remplacé, tant pour la tenue du matin et le service d'intérieur des casernes, afin de ménager d'autant l'habit neuf ;

4° L'habit en drap fin teint en laine sera fourni aux adjudants sous-officiers, aux sergents-majors et maréchaux des logis chefs, aux sergents et maréchaux des logis, aux fourriers, aux musiciens et chefs ouvriers des corps ayant le grade de sergent ou de maréchal des logis ;

5° Les draps fins seront fournis en nature aux corps d'après les ordres du ministre ; ils seront vérifiés et reçus par les corps suivant les formes prescrites par le cahier des charges des marchés généraux, et sur les échantillons types qui seront adressés à cet effet aux conseils d'administration ;

6° Pour l'exécution des dispositions prescrites par l'article précédent, les corps continueront à faire connaître dans les états de demande en remplacement, le nombre de sous-officiers et musiciens ayant droit chaque année au remplacement de l'habillement ; ils établiront dans ces états le décompte de la dépense, suivant les prix affectés aux draps employés pour la garde royale, et dont la publication se fait tous les ans par la voie du *Journal militaire ;*

7° Les capotes, pantalons et bonnets de police des sous-officiers continueront à être confectionnés en étoffes semblables à celles affectées à la troupe ;

8° A compter du 1er janvier 1823, la fourniture des gilets pour les sous-officiers des troupes à pied et les musiciens sera supprimée comme objet reconnu superflu. A compter de la même époque l'allocation de la toile à doublure et celle du prix de confection des gilets seront également supprimées pour les sous-officiers des troupes à cheval;

9° Le changement apporté dans la qualité du drap destiné à l'habillement des sous-officiers ne doit pas donner lieu à l'augmentation du prix de confection de l'habit, qui reste le même que celui fixé pour la troupe;

10° Les présentes dispositions ne modifient en rien celles prescrites relativement à l'habillement des tambours-majors.

Arch. de l'ordonnateur. Dép. 1823, n° 64.

N° 4069. — *Dépêche ministérielle au gouverneur administrateur portant règlement du nombre et du traitement des employés de la sous-direction du génie.* (Extrait.)

4 mai 1822.

3 gardes	1 de 1re classe, à 2,800 francs...... 2 de 2e classe, à 4,400	7,200^f^ 00
2 écrivains et dessinateurs, à 2,600		5,200 00
5	Ensemble.......	12,400 00

La nomination des gardes doit être proposée au ministre; celle des écrivains est confiée au gouverneur.

Arch. du gouvernement. Dép. ministér., n° 114.

N° 4070. — *Dépêche ministérielle sur la rédaction des patentes de santé délivrées aux navires expédiés de la Martinique, et sur celles des états de situation mensuels des hôpitaux.*

13 mai 1822.

Monsieur le Gouverneur,

M. le Ministre de l'intérieur a été informé que plusieurs bâtiments du commerce, arrivés au Havre et venant de la Martinique, étaient munis de *patentes* présentant la santé comme étant parfaitement bonne dans cette colonie, *le* 15 *décembre* 1821.

Sur la foi de ces *patentes*, la quarantaine imposée aux provenances de la Martinique allait être révoquée, lorsque des avis particuliers, confirmés depuis par les bulletins sanitaires joints à votre lettre du 19 janvier 1822 (n° 37), ont fait connaître à M. le Ministre de l'intérieur la continuation de la *fièvre jaune* dans cette île, pendant le cours et à la fin du mois de décembre.

L'une desdites patentes m'a été communiquée (j'en joins ici copie).

Elle a été délivrée au port de Saint-Pierre pour le navire *la Ville-de-Dieppe* par les officiers de santé en chef de l'hôpital maritime (MM. Hilaire Gaubert, médecin du roi, et Gardey, chirurgien du roi).

Elle porte la date du 15 décembre 1821, et il est effectivement déclaré « que dans la ville et les environs, il n'existe aucune maladie de nature... » Or, il résulte de celui des bulletins précités (accompagnant votre lettre du 19 janvier), qui concerne particulièrement l'hôpital maritime de Saint-Pierre, que trente et un malades ont été traités dans cet hôpital, pour la fièvre jaune, pendant le mois de décembre, et que dix-huit ont succombé.

Pendant le même mois, suivant le bulletin de l'hôpital du Fort-Royal, le nombre des malades, pour cause de fièvre jaune, dans cet hôpital, s'est élevé à cinquante-trois et celui des décédés à vingt.

La mention de l'absence de *toute maladie contagieuse*, présentée par MM. Gaubert et Gardey dans la patente de santé, ne peut donc s'expliquer que par l'opinion particulière qu'ont probablement ces officiers de santé de la *non-contagion de la fièvre jaune;* mais dans cette supposition à laquelle je dois m'arrêter, ils auraient à se reprocher d'avoir omis d'énoncer sous sa dénomination distincte, la présence de la *fièvre jaune*, à laquelle ils ne pouvaient ignorer que se rapportent les mesures de précaution prises en France contre les provenances des Antilles.

Toute opinion personnelle sur une question médicale doit tomber devant ce *fait* qui trace le devoir des officiers de santé appelés à délivrer des patentes aux navires expédiés des colonies; devoir rendu plus impérieux encore par la loi sur la police sanitaire sanctionnée le 3 mars 1822 et insérée au *Bulletin des lois* (n° 508, 7ᵉ série).

Ces explications suffiront, Monsieur le Gouverneur, pour appeler toute votre vigilance sur un objet aussi important.

Vous voudrez bien, en conséquence, après vous être fait rendre compte de l'état des choses, donner les ordres les plus formels pour que désormais les patentes de santé, rédigées dans le sens des mesures préservatives observées en France, présentent sans équivoque la situation sanitaire de la partie de la colonie à laquelle ces patentes s'appliqueront : c'est-à-dire que les officiers de santé doivent déclarer positivement si la fièvre jaune existe au moment où ils délivrent la patente, ou à quelle époque précise elle a cessé de régner.

Je vous invite à me faire part des ordres que vous aurez donnés.

Au surplus, Monsieur le Gouverneur, je vous charge de prescrire aussi à MM. les officiers de santé des hôpitaux de la colonie d'indiquer, à l'avenir, par observation, dans la récapitulation des décès qui termine les états de situation mensuels des hôpitaux, et à l'article de la fièvre jaune seulement, la date de l'entrée des malades atteints de cette fièvre et la date de leur décès.

Recevez, etc.

Le Ministre de la marine et des colonies,
Signé Marquis DE CLERMONT-TONNERRE.

P. S. Il est utile aussi, et je vous invite à y tenir la main, Monsieur le Gouverneur, que l'état de situation de chaque hôpital soit accompagné d'un rapport présentant le détail des faits principaux observés pendant le mois relativement à la situation sanitaire tant de l'hôpital que de la ville.

Arch. de l'ordonnateur. Dép., 1823, n° 64.

N° 4071. — *Dépêche ministérielle au gouverneur administrateur portant envoi de trente feuilles de papier préparé pour le rendre inattaquable aux insectes.*

31 mai 1822.

Monsieur le Comte, vous avez été informé par mon prédécesseur, le 6 novembre 1821, que, par suite de vos observations, la société d'encouragement pour l'industrie nationale avait chargé une commission, prise dans son sein, de faire des expériences tendantes à découvrir un moyen de préserver le papier de la piqûre des vers dans les colonies.

J'ai l'honneur de vous faire passer ici : 1° l'extrait d'une lettre qui m'a été adressée à ce sujet, le 12 avril dernier, par MM. Pelletier et Mérimée, membres de cette commission ; 2° trente feuilles de papier qui ont été imprégnées d'arsenic et de sublimé corrosif, pour les rendre inattaquables aux insectes ; 3° la copie d'une note indicative des expériences auxquelles ce papier doit être soumis pour s'assurer de l'efficacité du préservatif employé (1).

Je vous invite à faire exécuter ces expériences à la Martinique, et à m'en transmettre le résultat ainsi que les renseignements qui sont demandés sur les insectes destructeurs du papier.

Recevez, etc.

Le Ministre de la marine et des colonies,

Signé Marquis DE CLERMONT-TONNERRE.

Arch. du gouvernement. Dép. ministér., n° 133.

N° 4072. — *Décision du gouverneur administrateur qui accorde au directeur et au garde-magasin des subsistances une somme annuelle pour frais de bureau.*

18 juin 1822.

NOTA. Au directeur.......................... 600f 00

Au garde-magasin.......................... 300 00

Inspection. Reg. 8.

N° 4073. — *Décision du gouverneur administrateur qui arrête le cadre des employés non entretenus à attacher au service des subsistances de la marine.* (Extrait.)

18 juin 1822.

1 contre-maître distributeur à 150 francs par mois et la ration ;
2 tonneliers, à 4 fr. 60 cent. par jour ;
6 journaliers, à 2 fr. 60 cent. par jour ;
1 garçon de bureau, à 850 francs par an.

Inspection. Reg. 8.

(1) Rien n'indique nulle part que ces expériences aient été faites, et c'est un sujet de vif regret. Un moyen de conservation serait d'une immense utilité pour les colonies. C'est le cas de citer un fait : parmi les douze ou quinze registres du greffe de la cour royale, vermoulus, près de tomber en poussière, contenant ce qui nous reste des actes publics des temps passés, il en est un qui est resté intact, tant au dehors qu'au dedans, c'est celui des actes de la domination anglaise, en papier anglais.

NOTA. Depuis que nous avons écrit ce qui précède, nous avons appris du greffier actuel de la cour royale, M. Casavant, que l'expérience en question s'est faite. Le papier à éprouver, revêtu d'une suscription indicative, a été placé en 1822 dans le registre anglais dont nous venons de parler. C'est là qu'après plus de vingt ans d'oubli complet il a été découvert par M. Casavant, non pas entier, mais au contraire converti par les vers en menue dentelle.

N° 4074. — *Ordonnance du gouverneur administrateur qui détermine pour l'année la durée de l'hivernage pour les bâtiments du commerce français.*

21 juin 1822.

Nota. Elle n'est que la reproduction de l'ordre du 25 juin 1818.

Arch. du gouvernement. Ord. et déc., n° 884.

N° 4075. — *Ordonnance du gouverneur administrateur portant que la loi du* 4 *septembre* 1807, *qui détermine le sens et les effets de l'article* 2148 *du code civil sur l'inscription des créances hypothécaires, sera, sous diverses modifications, promulguée à la Martinique.*

24 juin 1822.

Nous, etc.

Considérant que le 4 septembre 1807 il a été promulgué en France une loi explicative de l'article 2148 du code civil, loi qui avait été rendue nécessaire par une fausse interprétation de la disposition de cet article relative à l'indication de l'époque d'exigibilité des créances hypothécaires ;

Que le défaut d'autorité de cette loi à la Martinique explique le peu d'attention donnée en général, dans la colonie, à cette indication essentielle, et a entraîné dans la formule des bordereaux un vice de rédaction qui rend au moins douteuse la validité d'un certain nombre d'inscriptions ;

Qu'il importe pour l'avenir de se mettre à cet égard dans une harmonie parfaite avec la métropole ; mais qu'il est nécessaire de prendre en considération l'intérêt des créanciers et de les rassurer sur le sort de leurs inscriptions ;

Vu les rapports qui nous ont été faits par les commissaires chargés d'examiner les registres des bureaux de la conservation ;

Après en avoir délibéré en conseil de gouvernement et d'administration,

Avons ordonné et ordonnons, pour être exécuté provisoirement, et sauf l'approbation de Sa Majesté, ce qui suit :

Art. 1er. La loi du 4 septembre 1807 sera enregistrée aux greffes de la cour royale et des tribunaux de première instance, pour être exécutoire à la Martinique, ainsi qu'il va être dit :

1° La faculté de rectifier les inscriptions dépourvues de l'indication de l'époque d'exigibilité aura lieu à dater du jour de la promulgation de la présente ordonnance ;

2° Attendu l'éloignement d'un grand nombre de créanciers, le délai pendant lequel cette rectification pourra être faite est fixé à un an, sans que, dans l'intervalle, il puisse être fait des poursuites en nullité des inscriptions existantes pour cause d'omission de l'époque d'exigibilité.

Art. 2. Il est enjoint aux conservateurs des hypothèques de n'enregistrer désormais aucune inscription sans que l'époque d'exigibilité y soit indiquée.

Art. 3. La présente ordonnance sera enregistrée, etc.

Donné au Fort-Royal, le 24 juin 1822.

DONZELOT.

Enregistré à la cour royale, le 4 juillet 1822. *Journal de la Mart.*, 1822, n° 57.

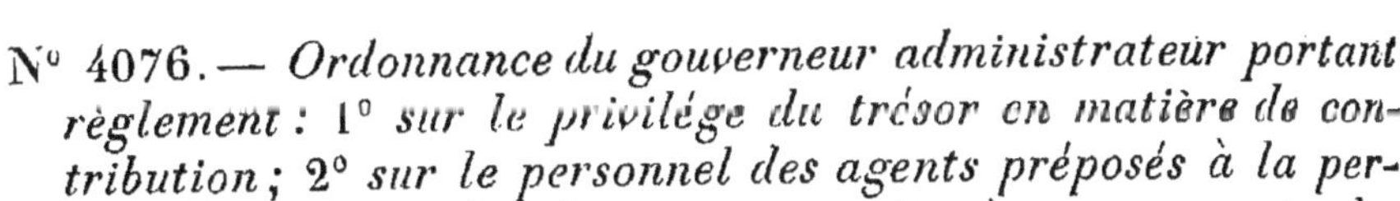

N° 4076. — *Ordonnance du gouverneur administrateur portant règlement : 1° sur le privilége du trésor en matière de contribution; 2° sur le personnel des agents préposés à la perception, et 3° sur les diverses poursuites à exercer contre les contribuables en retard.*

24 juin 1822.

Nous, etc.

Considérant qu'il est dû au trésor de fortes sommes, par l'effet de l'accumulation annuelle des contributions arriérées, et que le service serait gravement compromis s'il n'était pris au plus tôt des mesures propres à les faire rentrer;

Que si cet état de choses a été occasionné en grande partie par l'improspérité croissante de l'agriculture et du commerce, dans la colonie, depuis plusieurs années, il est dû en partie aussi à la négligence d'un grand nombre de contribuables et surtout au défaut de dispositions qui règlent le mode de poursuites à exercer contre les redevables, ainsi qu'à l'insuffisance du nombre des agents préposés à la perception;

Considérant que, bien que le privilége du trésor soit implicitement établi par le code civil et les lois ou ordonnances coloniales, il s'est rencontré quelques cas où les tribunaux ont montré de l'incertitude à l'égard de sa durée;

Considérant que l'article 2098 du code civil relatif audit privilége a voulu qu'il fût réglé par les lois spéciales sur la matière, lesquelles l'assurent pour le temps nécessaire, dans la métropole, à la perception des contributions; et que, suivant l'esprit de ces lois, quoique non enregistrées dans la colonie, ce privilége du trésor doit semblablement exister ici pendant tout le temps que les circonstances inhérentes aux localités rendent nécessaire pour opérer la rentrée des revenus publics;

Voulant prévenir toutes contestations relatives au privilége du trésor de la colonie, faciliter la perception des sommes qui lui sont dues et dégager les poursuites des formalités surabondantes qui constituent en frais ruineux les redevables, lorsqu'ils sont poursuivis par les voies ordinaires devant les tribunaux;

Après en avoir délibéré en conseil de gouvernement et d'administration,

Avons ordonné et ordonnons, pour être exécuté provisoirement, sauf l'approbation de Sa Majesté, ce qui suit :

Privilége du trésor.

Art. 1er. Le privilége du trésor, pour les sommes qui lui sont dues sur tous exercices restant à recouvrer, ou qui pourront lui être dues par la suite, pour quelque cause que ce soit, s'exerce avant tout autre.

Le trésor conserve toujours son privilége sur les meubles et esclaves, bien qu'ils aient déjà été saisis par des tiers, ou qu'on les prétende vendus sans en justifier par acte authentique, s'ils n'ont pas été enlevés et si les esclaves figurent toujours sur les dénombrements du saisi, ou si la déclaration de vente n'en a pas été faite au domaine, dont il devra être exhibé un certificat.

Agents préposés à la perception.

Art. 2. Les huissiers percepteurs, créés par notre ordonnance du 2 mai 1821, continueront à exercer les mêmes fonctions déterminées dans ladite ordonnance, et recevront sur leurs recouvrements les taxations de quatre pour cent qui leur ont été allouées par notre décision du 26 juillet dernier.

Art. 3. Il sera établi, en outre, pour faciliter et accélérer la perception des impôts, des porteurs de contrainte, sous la surveillance des huissiers percepteurs, qui recevront directement les ordres du trésorier ou de ses préposés.

Le nombre de ces porteurs de contrainte est fixé, savoir :
Pour Saint-Pierre, à quatre;
Pour le Fort-Royal, à deux;
Pour la Trinité, à un;
Pour le Marin, à un.

Ils recevront un salaire fixe de cinquante francs par mois et auront, en outre, droit aux frais généraux qu'occasionneront les poursuites, dans la proportion qui sera arrêtée par le Gouverneur et administrateur pour le roi, sur la proposition du trésorier.

Poursuites administratives.

Art. 4. Aussitôt l'émission des rôles, les contribuables en seront avertis par les feuilles publiques, et il leur sera fait, en outre, par les bureaux du domaine, un premier avertissement, lequel sera délivré sans frais par l'huissier du domaine ou par ses aides.

Art. 5. Le trésorier de la colonie sera chargé de faire donner un dernier avertissement, aussi sans frais, et portant que le contribuable va être poursuivi sous huitaine par voie de contrainte.

Art. 6. Si après ce dernier avertissement, le contribuable est encore en retard, la contrainte précitée lui sera notifiée, avec déclaration que si, dans huit jours, il ne s'acquitte pas, il sera poursuivi par voie de saisie et même par corps.

Les frais auxquels donnera lieu la contrainte sont fixés comme suit, savoir :

Pour les recouvrements :

De dix francs à deux cents, trois francs pour cent;

De deux cents francs à cinq cents, six francs sur les premiers deux cents francs et deux francs pour cent sur l'excédant;

De cinq cents francs et au-dessus, douze francs sur les premiers cinq cents francs et un franc pour cent sur l'excédant.

Ces frais seront payables au trésor en même temps que la cote due par les contribuables contraints.

Lorsque le gouvernement jugera nécessaire d'envoyer des garnisaires à domicile, ils seront payés par les contribuables contraints, a raison de cinq francs par jour. Les garnisaires seront fournis au trésorier et à ses préposés, ainsi qu'au contrôleur pour les poursuites qu'il aura à exercer, sur réquisitions adressées par ces fonctionnaires aux officiers de gendarmerie pour des gendarmes, aux commandants de place pour des militaires, et aux commissaires commandants les paroisses pour les gardes nationaux.

Dans le cas où il ne serait pas envoyé de garnisaires, le redevable payera entre les mains du trésorier, en remplacement de frais de garnisaires, trois francs par jour, à partir de celui où il aura reçu la contrainte jusqu'à celui du payement ou de la saisie.

Le produit de cette amende sera réuni à la masse des fonds destinés à subvenir aux frais qu'occasionneront les poursuites.

Poursuites judiciaires.

Art. 7. Ces poursuites se composent de deux actes principaux : la saisie, la vente.

Tous les actes relatifs à ces poursuites seront visés, sans frais, par le président du tribunal de première instance du ressort, qui ne pourra s'y refuser, à peine de répondre des valeurs qui en sont l'objet.

Vingt-quatre heures après l'expiration du délai fixé par la contrainte, la saisie aura lieu. Elle se fera par le ministère de l'huissier du domaine, assisté de deux gendarmes, ou, à leur défaut, de deux militaires des troupes de ligne ou de la garde nationale, sur la demande qu'en fera le trésorier ou tout autre fonctionnaire poursuivant, ainsi qu'il est expliqué à l'article 6. La forme de procéder à ladite saisie sera la même que dans les poursuites judiciaires.

Sont insaisissables :

1° Les lits, les vêtements et les provisions pour un mois, nécessaires au contribuable et à sa famille ;

2° Les livres de la profession du saisi ;

3° Les outils et métiers ;

4° Les armements et équipements militaires, suivant l'ordonnance et le grade du saisi.

Il ne sera établi qu'un seul gardien, sauf le cas de nécessité absolue d'en agir autrement, et alors il en sera référé au gouverneur et administrateur pour le roi. Ce gardien sera pris, comme les assistants, dans la gendarmerie ou parmi les militaires de la ligne ou de la garde nationale.

Les esclaves saisis seront conduits et détenus à la prison civile, où ils seront reçus par le concierge sur la simple représentation de la saisie par l'huissier.

Ils y seront nourris aux frais de la partie saisie ; lesquels frais entreront en taxe comme ceux des poursuites.

Lorsque la vente de ces esclaves devra avoir lieu, ils seront immédiatement livrés par le concierge sur la réquisition de l'huissier du domaine, visée par le trésorier ou ses préposés ou tout autre fonctionnaire poursuivant.

La vente aura lieu dix jours après la clôture du procès-verbal de saisie ; elle sera affichée, publiée au son de la caisse et signifiée, avant le jour de l'ouverture, à la partie saisie.

Elle sera faite par l'huissier du domaine en présence du saisi, ou lui dûment appelé, et en celle du gardien. L'huissier sera tenu de la discontinuer aussitôt que les produits en suffiront pour solder le montant des contributions dues et les frais.

Les frais auxquels donneront lieu les actes mentionnés au présent article consistent dans ceux ci-après :

1° Frais de saisie :

A l'huissier, pour l'exploit de saisie, cinq francs ;

Aux deux assistants, à deux francs, quatre francs ;

Au gardien, par jour, cinq francs ;

Aux gendarmes ou autres, pour conduite à la geôle des esclaves saisis, par conducteur, trois francs.

2° Frais de vente :

A l'huissier, pour signification de l'annonce de vente, deux francs ;

Au même, pour procès-verbal d'affiche et de publication, cinq francs ;

Au même, pour droit de vente, rédaction de procès-verbaux, etc., cinq francs pour cent sur le produit brut de la vente.

Contrainte par corps.

Art. 8. Lorsqu'un huissier s'étant présenté chez un redevable aura dressé procès-verbal de carence, celui-ci sera contraint par corps, s'il est notoire ou probable qu'il a par devers lui les moyens de s'acquitter et n'en veut pas user.

En ce cas, la contrainte par corps sera décernée par une ordonnance du président du tribunal mise au bas de la réquisition du fonctionnaire poursuivant.

Les frais résultant de l'ordonnance du président du tribunal sont réglés par le tarif. Quant à ceux revenant à l'huissier, ils seront de trente francs pour capture, emprisonnement, procès-verbal, y compris l'écrou, et les assistants recevront chacun cinq francs.

Poursuites indirectes.

Art. 9. Il pourra être fait des saisies-arrêts entre les mains du locataire, d'après la marche ci-après indiquée :

Le locataire sera assigné en déclaration, chez le trésorier, des sommes dues par lui au propriétaire. S'il se refusait au payement du prix du loyer aux termes de son bail avec ledit propriétaire, il sera poursuivi dans les mêmes formes que le débiteur principal, contre qui le trésor conservera toujours ses droits, et, dans ce cas, les frais de ses poursuites seront à la charge dudit locataire.

La saisie-arrêt sur les loyers de maison pour toutes créances dues au trésor aura privilége, du jour de la signification seulement, sur celles qui pourraient exister antérieurement.

Il pourra être fait également des saisies-arrêts entre les mains de tous autres débiteurs des redevables au trésor, en se conformant, en tant que lieu y aura, aux dispositions ci-dessus.

Le coût de l'assignation en déclaration est fixé à deux francs cinquante centimes, et payable par le contribuable en retard de payement.

Dispositions générales.

Art. 10. Il est défendu, sous peine de destitution, aux porteurs de contrainte de recevoir des contribuables tant le montant de leurs impositions que celui des frais; et le contribuable qui aurait payé directement en totalité ou en partie, entre leurs mains, serait exposé à payer deux fois.

Cette défense sera imprimée, comme avis aux contribuables, sur les avertissements et les contraintes.

Art. 11. Toutes les dispositions de la présente ordonnance, concernant le privilége du trésor et le mode des poursuites pour contributions, sont applicables à celles à exercer, aux diligences de qui il appartiendra, pour le recouvrement des sommes dues au trésor, à quelque titre que ce soit, sans excepter les soumissions et cautionnements consentis envers le gouvernement, ainsi que les obligations que le trésor serait dans le cas de recevoir, lorsqu'elles mentionneront que leur origine provient d'impositions, droits ou autres natures de recettes quelconques au profit du trésor.

Art. 12. Le trésorier, le contrôleur et tous autres fonctionnaires poursuivants sont responsables, chacun en ce qui le concerne, de la non-rentrée des sommes dues au trésor, pour le recouvrement desquelles ils ne justifieraient pas avoir fait les poursuites qu'il était en leur pouvoir d'exercer.

Art. 13. Il est entendu que la présente ordonnance ne porte aucunement atteinte à la validité des formalités suivies dans les poursuites qui auraient été commencées avant sa publication.

Art. 14. Il sera annexé à la présente ordonnance les modèles des actes à suivre pour l'exécution des diverses dispositions qu'elle prescrit.

Art. 15. L'ordonnateur de la colonie est chargé de tenir la main à l'exécution de la présente ordonnance.

Donné au Fort-Royal, le 24 juin 1822.

Signé DONZELOT.

Enregistrée à la cour royale, 6 juillet 1822. — *Journal de la Mart.*, 1822, n° 59, et arch. de la direction de l'intérieur, reg. 3, f° 2 (1).

N° 4077. — *Convention de navigation et de commerce conclue entre la France et les États-Unis d'Amérique.*

24 juin 1822.

Annales marit. 1823. 1re part., p. 559.

N° 4078. — *Arrêté du gouverneur administrateur relatif à la dépense des hamacs et à l'aunage des pantalons de toile à fournir aux troupes de la colonie.*

25 juin 1822.

Nous, etc.,

Vu l'arrêt colonial en date du 20 mai 1806, par lequel il est alloué aux troupes une somme de 15 francs par an par chaque sous-officier et soldat pour achat et entretien de hamac;

Vu la décision de M. l'intendant de la colonie en date du 29 décembre 1815, qui alloue pour le même objet la somme de 17 fr. 50 cent. par an par chaque sous-officier et soldat;

Vu la circulaire ministérielle du 28 décembre 1816, qui alloue la quantité de 1m55 toile de 1m04 largeur pour la confection de chaque pantalon de troupe;

Vu notre arrêté du 17 mai 1820, qui portait la quantité de toile à allouer pour cet objet à 1m70 toile de 1m04 largeur;

Considérant:

1° A l'égard des hamacs,

Qu'il a été démontré que la somme de 15 francs précédemment allouée par l'arrêté du 20 mai 1806 pour achat et entretien de hamacs était suffisante pour cet objet;

Qu'il n'est alloué à la Guadeloupe que cette même somme de 15 francs pour achat et entretien des hamacs, dont la durée

(1) Voir au même registre une suite de modèles des actes de contrainte à faire pour l'exécution des diverses dispositions prescrites par l'ordonnance.

est de dix-huit mois, et qu'il ne peut exister entre les prix courants des toiles, etc., à la Martinique et à la Guadeloupe une différence de 16 fr. 66 cent. pour cent.;

2° A l'égard des pantalons,

Que l'expérience a démontré que la quantité de toile allouée par la dépêche ministérielle du 28 décembre 1816, qui est de 1^m55 sur 1^m04 de largeur était suffisante pour la confection de chaque pantalon de troupe;

Qu'à la Guadeloupe l'usage a prouvé que de cette allocation résultait même une économie en faveur des corps,

Nous avons arrêté et arrêtons ce qui suit :

Art. 1er. Les dispositions de la décision de M. l'intendant de la colonie du 29 décembre 1815 et celles de notre arrêté du 17 mai 1820 sont rapportées.

Art. 2. A dater du 1er juillet prochain, il sera alloué, ainsi que cela avait lieu d'après l'arrêté du 20 mai 1806, aux corps composant la garnison de la Martinique une somme de 15 francs par chaque sous-officier et soldat, pour achat et entretien de hamacs; et la durée desdits hamacs est fixée définitivement à dix-huit mois; ce qui ne fera ressortir la dépense qu'à la somme de 10 francs par homme et par an.

Art. 3. A compter de la même époque, et conformément à la circulaire ministérielle du 28 décembre 1816, il sera alloué aux corps pour la confection de chaque pantalon de troupe la quantité d'un mètre cinquante-cinq centimètres de toile d'un mètre quatre centimètres.

Art. 4. L'ordonnateur de la colonie est chargé du présent arrêté, qui sera enregistré au contrôle.

Signé DONZELOT.

Bureau des approvisionnements. Ord. et déc., 1822.

N° 4079. — *Dépêche ministérielle au gouverneur administrateur annonçant qu'indépendamment de l'exemplaire du recueil des arrêts de la cour de cassation envoyé pour le parquet du procureur général il en sera fourni un second exemplaire pour l'usage de la cour.*

27 juin 1822.

Arch. du gouvernement. Dép. ministér., n° 157.

N° 4080. — *Décision du gouverneur administrateur qui apporte quelques modifications à celle du 9 novembre 1819 concernant les dépenses du personnel du jardin royal des plantes à Saint-Pierre.*

28 juin 1822.

Nous, etc.,

Vu le rapport en date du 26 juin courant de l'ordonnateur de la colonie, au sujet de douze nègres provenant de la capture faite par la corvette de Sa Majesté *la Sapho*, mis, en vertu de nos ordres, à la disposition du directeur du jardin royal des plantes pour rester attachés à cet établissement;

Considérant que par cette augmentation de bras le directeur du jardin des plantes se trouvera à même de faire face à tous les travaux de l'établissement, sans être dans le cas d'employer extraordinairement des ouvriers journaliers;

Que cette nouvelle disposition rend nécessaires des modifications à notre décision du 9 novembre 1819 relative aux dépenses du personnel de ce jardin;

D'après les propositions et conclusions de l'ordonnateur à ce sujet,

Nous avons décidé et décidons ce qui suit:

Art. 1er. L'allocation de 1,274 fr. 40 cent. par année payée au directeur du jardin royal des plantes, en vertu de l'article 5 de notre décision précitée du 9 novembre 1819, pour le payement des journaliers employés extraordinairement aux travaux de l'établissement, demeure supprimée à dater du 14 juin courant.

Art. 2. Il lui sera alloué, par année, à compter dudit jour, 14 juin inclus, l'abonnement pour chacun des douze nègres nouvellement attachés à l'établissement, sur le pied de 318 fr. 60 cent., comme il est fixé par l'article 3 de notre susdite décision à l'égard des huit nègres ou négresses déjà existants, ce qui fera pour les douze nègres d'accroît une somme de 3,823 fr. 20 cent. par année, et pour totalité des vingt nègres la somme de 6,372 francs.

Au moyen de cette somme, le directeur du jardin des plantes pourvoira à toutes les dépenses de nourriture et d'entretien desdits nègres, comme il est établi.

Art. 3. A l'égard des enfants qu'ils ont déjà ou qu'ils auraient par la suite, attendu que la somme de 318 fr. 60 cent. allouée pour chaque nègre est assez élevée pour donner au directeur du jardin royal les moyens d'en répartir une portion pour subvenir à la dépense d'entretien et de nourriture de ces enfants, il n'y a pas lieu à accorder la demi-ration de vivres qui a été réclamée pour chacun jusqu'à l'âge de 7 ans; mais dès l'instant qu'ils auront atteint l'âge de 8 ans accomplis, il sera payé successivement, pour chacun d'eux, au directeur du jardin royal l'abonnement de 318 fr. 60 cent. fixé par l'article 2 de la présente décision.

Art. 4. Les dispositions de notre décision du 9 novembre 1819 continueront d'être observées en ce qui n'y est point dérogé par la présente, qui sera enregistrée au contrôle et dont l'exécution est confiée à l'ordonnateur de la colonie.

Donné au Fort-Royal (Martinique), le 28 juin 1822.

Signé DONZELOT.

Bureau des classes à Saint-Pierre.

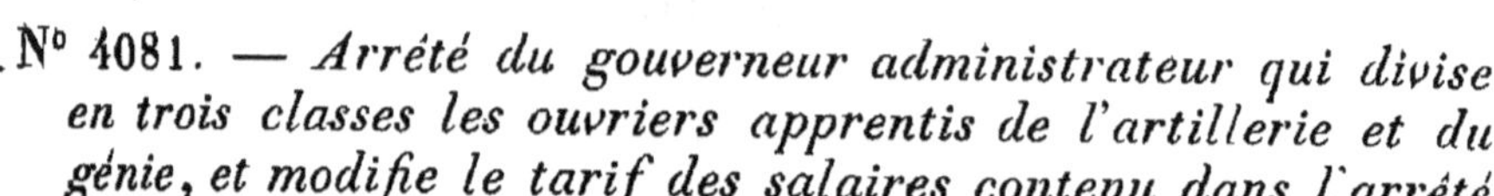

N° 4081. — *Arrêté du gouverneur administrateur qui divise en trois classes les ouvriers apprentis de l'artillerie et du génie, et modifie le tarif des salaires contenu dans l'arrêté du* 29 *mai* 1818.

28 juin 1822.

Nous, etc.,

Sur la proposition de l'ordonnateur de la colonie de modifier les dispositions de l'article 2 de notre arrêté du 29 mai 1818, en ce qui concerne la solde des apprentis externes employés aux travaux des directions du génie et de l'artillerie, qu'il lui paraît convenable de diviser en plusieurs classes, afin d'établir, par progression, pour récompenser le zèle et l'aptitude des apprentis, des soldes intermédiaires entre celle de 0 fr. 60 cent. qui leur était affectée par l'article précité et celle d'ouvrier de 4e classe fixée à 3 fr. 10 cent.;

Vu l'avis des directeurs du génie et de l'artillerie,

Avons arrêté et arrêtons ce qui suit :

Art. 1er. Il sera formé trois classes, par chacune desquelles l'apprenti sera tenu de passer successivement avant d'être admis à la paye d'ouvrier de 4e classe.

La solde affectée aux apprentis est fixée comme suit :

1re classe	1f 60
2e classe	1 00
3e classe	0 60

Art. 2. Le tarif général pour les ouvriers et apprentis de

toutes les classes employés par les directions du génie et de l'artillerie, soit blancs, soit gens de couleur, demeure fixé et établi comme suit, savoir :

Ouvriers de l'artillerie de marine et canonniers, Compagnie d'artillerie et de sapeurs,	maîtres	2f 50
	ouvriers ordinaires	1 50
	surveillants	1 75
	manœuvres	1 10
Troupes d'infanterie...	ouvriers de 1re classe	4 56
	idem de 2e classe	3 36
	idem de 3e classe	2 76
	manœuvres, de 1re classe	1 56
	manœuvres, de 2e classe	1 26
Marins	ouvriers d'arts de 1re classe	3 00
	idem de 2e classe	2 00
	manœuvres	1 80
Ouvriers externes, blancs ou gens de couleur,	chefs ouvriers	7 60
	ouvriers d'arts de 1re classe	5 60
	idem de 2e classe	4 60
	idem de 3e classe	3 60
	idem de 4e classe	3 10
	manœuvres de 1re classe	2 60
	idem de 2e classe	2 10
	apprentis de 1re classe	1 60
	idem de 2e classe	1 00
	idem de 3e classe	0 60

Lequel tarif sera suivi à dater du 1er juillet prochain.

Art. 3. L'ordonnateur est chargé de l'exécution du présent arrêté, qui sera enregistré au contrôle.

Donné au Fort-Royal, le 28 juin 1822.

Signé DONZELOT.

Inspection. Reg. 8, n° 633.

N° 4082. — *Ordonnance du gouverneur administrateur qui établit une prison dans l'enceinte du fort, à Saint-Pierre, pour y recevoir les militaires et les marins de l'État et du commerce.*

20 juin 1822.

Nous, etc.,

Considérant que la geôle de Saint-Pierre étant une prison civile se trouve sous l'inspection immédiate du procureur du roi, et qu'il est nécessaire de pourvoir à l'établissement, dans un autre lieu de la ville, d'une prison militaire qui soit sous la surveillance des autorités militaire et maritime afin d'y détenir les individus soumis à leur police,

Avons ordonné et ordonnons ce qui suit :

Art. 1er. Il sera établi, à compter du 1er juillet prochain, dans l'enceinte du fort, à Saint-Pierre, une prison pour y recevoir les militaires, les marins de l'État et du commerce et autres individus appartenant à la marine qui y seront envoyés, les premiers, d'ordre du commandant de la place, et les marins et autres individus, d'ordre de l'autorité maritime, ainsi que ceux qui seraient arrêtés par les patrouilles.

Art. 2. Il sera, en conséquence, fait au fort toutes les dispositions pour y établir cette prison, et un concierge, qui sera nommé par nous, aura la surveillance de tous les prisonniers qui y seront détenus; ce concierge sera logé dans l'enceinte du fort et jouira du traitement de six cents francs par an, sans ration.

Art. 3. Le concierge n'y recevra que les militaires et les marins et autres individus appartenant à la marine, sur l'ordre des autorités militaires et administratives.

Les détenus ne pourront sortir de prison que sur un ordre de l'autorité qui aura visé le billet d'entrée.

Art. 4. Le commandant de la place donnera des ordres pour la garde de police et de surveillance de ces prisons.

Art. 5. Les prisonniers seront nourris par le concierge, qui recevra chaque jour pour chaque militaire ou marin détenu les prix alloués par notre décision du 31 décembre 1818, dont ci-après le tableau :

		En livres coloniales.	En francs.
Journées de blancs et gens de couleur libres.	en santé.....	2l 05s	1f 25
	en maladie...	3 00	1 66 2/3
Journées de gens de couleur esclaves.	en santé.....	1 10	0 83 1/3
	en maladie...	2 05	1 25

Ces frais de nourriture seront payés par l'administration pour les marins de l'État et les militaires, sur un état dressé par l'administrateur de la marine ayant le détail des diverses dépenses (chapitre 7) à Saint-Pierre, et chargé dès lors de la police des prisons, lequel état sera vérifié par le contrôleur et certifié pour les détenus traités malades par le chirurgien aux rapports.

Les comptes présentés par le concierge pour recevoir le prix des journées des marins du commerce et de tous autres qui ne sont pas au compte du trésor devront toujours être visés par l'administrateur ayant la police des prisons.

Art. 6. La nourriture de chaque détenu se composera, par jour, pour les blancs et gens de couleur libres, d'une livre et demie (725 grammes) de pain de munition ou l'équivalent en petit pain, et de huit onces (245 grammes) de bœuf salé ou douze onces (368 grammes) de morue, et pour les esclaves d'un demi-pot de farine de manioc et de huit onces (245 grammes) de morue. Ces vivres devront être frais et de bonne qualité.

Art. 7. Le commandant de la place et le commissaire chargé de la police des prisons auront l'inspection de la prison et des détenus, chacun en ce qui le concerne.

Art. 8. Le concierge tiendra un registre sur lequel il enregistrera, jour par jour, l'entrée et la sortie des prisonniers.

Le registre sera arrêté à la fin de chaque mois par le commissaire chargé de la police des prisons.

Art. 9. Le chirurgien du roi à Saint-Pierre, chargé de la visite de la geôle, visitera aussi les militaires et marins détenus à la prison du fort et ordonnera, s'il le juge convenable, le transport à l'hôpital de ceux qui y sont malades.

Les journées d'hôpitaux seront payées par l'administration pour les marins de l'État et par les capitaines marchands pour les marins du commerce.

Art. 10. L'officier d'administration chargé de la police des prisons s'entendra avec le commandant de la place pour les consignes et la garde de cette prison, ainsi que pour les règlements de surveillance et de discipline intérieure.

Art. 11. L'ordonnateur est chargé de l'exécution de la présente ordonnance, qui sera enregistrée au contrôle.

Donné au Fort-Royal, le 30 juin 1822.

Signé DONZELOT.

Et plus bas :

GUILLAUME,

Secrétaire.

Inspection. Reg. 8, n° 659.

N° 4083. — *Ordonnance du gouverneur administrateur pour le curage du havre qui est à l'embouchure du canal de Fort-*

Royal, dans la rivière Levassor, et près de l'aiguade récemment construite pour le service de la marine.

10 juillet 1829.

Nota. Le marché en devra être passé au prix de 2,500 francs fixé par devis et soumissionné.

Arch. du gouvernement. Ord. et déc., n° 926.

N° 4084. — *Dépêche ministérielle portant que les extraits mortuaires des salariés militaires ou civils décédés dans les hôpitaux des colonies devront toujours faire mention de la nature de la maladie dont ils sont morts.* (Extrait.)

15 juillet 1822.

Les droits de leurs veuves à des pensions ou secours pouvant en recevoir des modifications.

Inspection. Reg. 9.

N° 4085. — *Ordre du jour du gouverneur administrateur portant que durant l'hivernage il sera distribué aux troupes une ration de vin et trois centilitres de rhum par jour et par homme.* (Extrait.)

24 juillet 1822.

Ce rhum étant destiné à être mêlé avec l'eau qui sert de boisson aux troupes.

Bureau des approvisionnements. Ord. et déc., 1822.

N° 4086. — *Extrait de la loi sur les douanes de cette date, en ce qui touche les primes d'exportation.*

25 juillet 1822.

Art. 5. La prime de sortie pour les tissus de pure laine ou mélangés sera graduée et appliquée ainsi qu'il suit :

Étoffes et bonneterie de pure laine.		surfines (tissées avec les laines passibles du droit de 60 fr.)	90f 50	par 100 kilogr. net.
		fines (*idem* de 45 francs)	67 50	
		communes (*idem* de 30 francs)	45 00	
Étoffes où la laine entre au moins pour moitié et qui sont mélangées	de coton	laine surfine (selon les distinctions ci-dessus)	70 00	
		laine fine (*idem*)	58 75	
		laine commune (*idem*)	47 50	
	de fil ou de soie	laine surfine (*idem*)	45 00	
		laine fine (*idem*)	33 75	
		laine commune (*idem*)	22 50	
Étoffes de coton brochées en laine et dont le kilogramme vaut au moins 14 francs comme tissu de pur coton.			50 00	

Sont exclus du bénéfice de la prime les tiretaines et autres tissus formés en tout ou en partie de plocs de vache, de poils ou de déchets de laine, et en général toutes les étoffes dont la valeur ne serait pas décuple de la prime demandée. Il sera fourni par les exportateurs des échantillons des tissus pour lesquels ils réclament la prime.

Art. 6. A l'avenir il ne sera accordé à l'exportation des sucres raffinés d'autre prime que la restitution des droits établis sur tous les sucres apportés par navires français.

Cette prime sera réglée d'après les proportions du produit que les raffineries obtiennent des diverses espèces de qualités de sucre.

La restitution des droits susdits n'aura lieu que sur la représentation des quittances du payement que les raffineurs justifieront avoir fait eux-mêmes à la douane (1).

Dispositions générales.

Art. 15. Le privilége colonial ne sera accordé aux productions du sol des colonies françaises que lorsqu'elles auront été rapportées directement, ainsi que le veulent les lois des 10 juillet 1791 et 21 avril 1818, et par des navires français de soixante tonneaux au moins.

(Coll. Duvergier, t. 24. p. 82.)

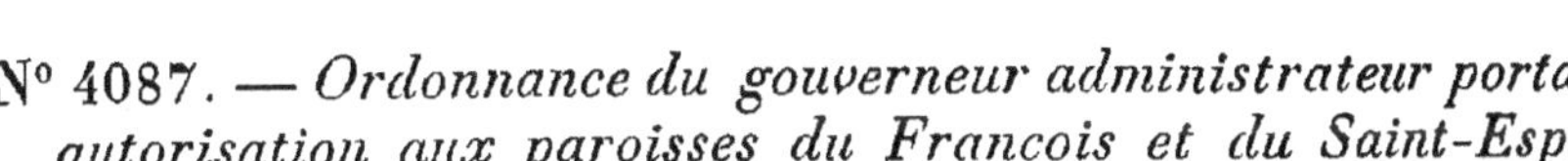

N° 4087. — *Ordonnance du gouverneur administrateur portant autorisation aux paroisses du François et du Saint-Esprit d'ouvrir, à leurs frais, un chemin vicinal du Simon au Saint-Esprit par le morne Baldara.*

30 juillet 1822.

Nota. Son entretien à la charge des mêmes paroisses selon états de répartition qui seront dressés.

La confection du chemin sera constatée par un procès-verbal, lequel sera transmis au gouverneur.

Arch. du gouvernement. Ord. et déc., n° 918.

N° 4088. — *Ordonnance du gouverneur administrateur concernant le recouvrement de l'arriéré de la contribution volon-*

(1) Voyez ordonnance du 15 janvier 1823.

taire en sucre déterminée en octobre 1819, *pour l'envoi d'un député en France.*

31 juillet 1822.

Nous, etc.,

Considérant que la contribution volontaire en sucre déterminée au mois d'octobre 1819, pour le voyage d'un député extraordinaire en France, n'a point été perçue entièrement, et qu'il reste encore à recouvrer sur cet objet un arriéré important;

Considérant qu'en principe de justice, à l'égard des colons qui ont livré leur contingent, il ne convient pas que ceux des contribuables qui ont négligé dans le temps de remplir ce devoir en demeurent aujourd'hui exemptés;

Considérant, néanmoins, que M. le comte de Cacqueray Valmenier a fait abandon de cet arriéré qui lui était destiné;

Considérant encore qu'à cette époque de détresse générale ces fonds ne peuvent recevoir une destination plus convenable que celle qui les consacrerait au soulagement des malheureux de la colonie;

Vu l'avis du comité consultatif de la colonie à cet égard, dans sa session de 1821,

Avons ordonné et ordonnons ce qui suit :

Art. 1er. L'arriéré de la contribution volontaire en sucre, arrêtée au mois d'octobre 1819, sera mis de suite en recouvrement au profit de la caisse municipale.

Art. 2. Il sera adressé, en conséquence, avec la présente ordonnance, aux commissaires commandants des paroisses, un état nominatif des redevables, qui seront invités à faire parvenir le plus tôt possible leur contingent à MM. Vernier, négociant au Fort-Royal, et Poncy, négociant à Saint-Pierre, chargés de les recevoir et de procéder aux ventes.

Art. 3. Les versements provenant de ces envois, étant destinés au soulagement de l'indigence, seront imputés au chapitre des secours publics du budget municipal.

Art. 4. Dans le délai de trois mois, après la publication des présentes, le recouvrement des arrérages qui se trouveraient encore dus sera poursuivi par toutes les voies de droit, comme s'agissant de deniers royaux.

Art. 5. L'ordonnateur de la colonie est chargé de tenir la main à l'exécution de la présente ordonnance.

Donné au Fort-Royal, le 31 juillet 1822.

Signé DONZELOT.

Et plus bas :

GUILLAUME, *Secrétaire.*

Arch. de la direction de l'intérieur. Reg. 3, f° 6 v°.

N° 4089. — *Décision du gouverneur administrateur portant ordre de réunir le terrain de Tivoli au jardin royal des plantes et autorisation d'acquérir des bâtiments construits sur ledit terrain.*

2 août 1822.

NOTA. Ce vaste terrain, propriété domaniale, loué longtemps à divers, est reconnu nécessaire pour l'agrandissement du jardin des plantes, et les bâtiments qui y subsistent sont estimés et payés 10,000 francs aux locataires et serviront à loger le directeur.

Arch. du gouvernement. Ord. et déc., n° 924.

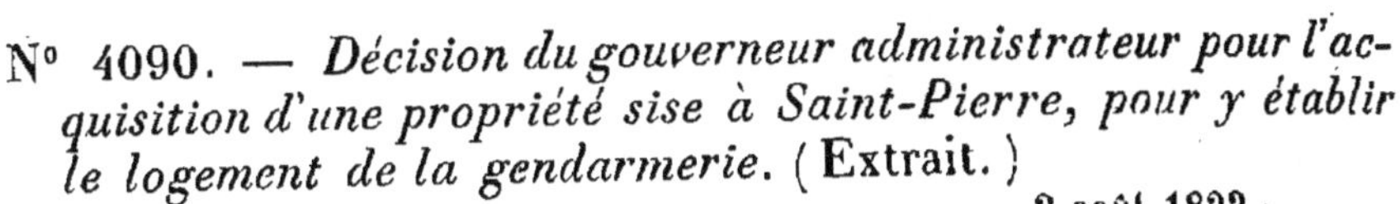

N° 4090. — *Décision du gouverneur administrateur pour l'acquisition d'une propriété sise à Saint-Pierre, pour y établir le logement de la gendarmerie.* (Extrait.)

2 août 1822.

Cette propriété, dite l'Enclos, située à Saint-Pierre, près et au-dessous du théâtre, sera acquise, par l'administration, du sieur Fabre, moyennant la somme de 55,555 fr. 55 centimes, prix inférieur à l'estimation.

Arch. de la direction de l'intérieur. Reg. 3, f° 8 v°.

N° 4091. — *Ordonnance du roi relative au régime et à la police sanitaire* (1).

7 août 1822.

Collect. de Duvergier, t. 24, p. 87.

N° 4092. — *Ordonnance du gouverneur administrateur portant création d'une cour prévôtale pour la répression des crimes d'empoisonnement.*

12 août 1822.

Nous, etc.,

Considérant que les crimes d'empoisonnement se multiplient à un degré tellement alarmant qu'il est urgent de prendre les mesures les plus promptes et les plus efficaces pour les réprimer;

---

(1) Rendue provisoirement applicable aux colonies, autant que le comporteront les localités, par dépêche ministérielle du 7 octobre 1822.

Que ce crime détestable menace même l'existence de la société ; qu'il devient nécessaire d'employer toute la force de l'autorité pour en extirper jusqu'à la racine, et que le gouvernement doit aux colons toute sa protection dans un moment où toutes les propriétés sont en proie à un fléau qui tend à les anéantir et qui se renouvelle de la manière la plus violente et la plus générale ;

Que les tribunaux ordinaires, étant astreints à des formes lentes et compliquées, peuvent rarement atteindre les scélérats qui se rendent coupables de ce crime, et, dans tous les cas, ne portent contre eux que des condamnations trop tardives, dont l'effet est perdu pour l'exemple ; qu'il est donc nécessaire de les poursuivre avec une célérité qui, en assurant leur punition, puisse frapper d'une terreur salutaire ceux qui seraient tentés de les imiter ;

Que la mesure la plus prompte et la plus efficace à employer pour parvenir à ce but est l'établissement d'une cour prévôtale ;

Après en avoir délibéré en conseil de gouvernement et d'administration,

Avons ordonné et ordonnons, pour être exécuté provisoirement et sauf l'approbation de Sa Majesté, ce qui suit :

TITRE Ier.

De la cour prévôtale.

Art. 1er. Les lois qui attribuent aux tribunaux ordinaires la connaissance du crime d'empoisonnement sont suspendues.

Art. 2. Pour la répression de ce crime, il sera établi une cour prévôtale, dont la juridiction s'étendra sur toute la colonie de la Martinique.

Cette cour se transportera dans le quartier et, autant que faire se pourra, sur le lieu même où le crime dénoncé aura été commis.

Art. 3. La cour prévôtale sera composée d'un prévôt, qui la présidera, du lieutenant de la gendarmerie, du commissaire commandant du quartier, du lieutenant-commissaire et de deux habitants notables du même quartier, qui seront nommés à chaque session par le prévôt, d'un procureur du roi et d'un greffier.

Art. 4. Le prévôt sera choisi parmi les officiers de l'armée de terre, âgé de trente ans accomplis, ayant le grade de lieutenant-colonel, chef de bataillon ou chef d'escadron, autant qu'il se pourra, ou au moins celui de capitaine. Il sera nommé par le gouverneur et administrateur pour le roi.

Art. 5. Le gouverneur nommera également le procureur du

roi et le greffier, sur la présentation du procureur général près la cour royale.

TITRE II.

De la compétence.

Art. 6. Toute personne, de quelque classe qu'elle soit, qui sera prévenue du crime d'empoisonnement, commis soit sur des individus, soit sur des animaux et bestiaux, sera justiciable de la cour prévôtale. Seront aussi justiciables de cette cour les complices des empoisonneurs, et seront considérés comme tels tous ceux qui auront fourni des poisons ou vénéfices.

Art. 7. La cour prévôtale jugera sans appel, et, suivant les cas, prononcera les peines capitales, afflictives et toutes autres portées par les ordonnances enregistrées dans la colonie.

Art. 8. Sont compris dans les dispositions de l'article 6 tous les individus qui sont maintenant détenus comme prévenus du crime d'empoisonnement.

TITRE III.

Du prévôt.

Art. 9. Le prévôt sera spécialement chargé de la recherche et de la poursuite de tous les crimes dont la connaissance est attribuée à la cour prévôtale.

Art. 10. Il pourra faire arrêter tout prévenu contre lequel il existerait des indices graves.

Art. 11. Après avoir entendu le prévenu, il pourra, sur les conclusions du procureur du roi, decerner tel décret qu'il avisera, suivant les circonstances et la qualité du prévenu; il pourra faire citer devant lui toutes les personnes qu'il jugera utile d'entendre.

Art. 12. Le prévôt peut requérir directement la gendarmerie et toute autre force publique.

TITRE IV.

De l'instruction et du jugement.

Art. 13. Tout habitant ou tout autre individu qui aura connaissance d'un empoisonnement commis, le dénoncera au commissaire commandant de la paroisse, ou à son lieutenant, qui fera passer immédiatement la dénonciation au prévôt, et, s'il y a des indices graves, il fera sur-le-champ arrêter les prévenus, qui seront détenus sous bonne et sûre garde; et, afin d'accélérer l'instruction, le commissaire commandant ou son lieutenant interrogera les prévenus, informera contre eux et contre tous autres auteurs, fauteurs ou participes du crime dénoncé, en la même forme et ainsi qu'il se pratique dans les tribunaux ordinaires, sans qu'il soit besoin du ministère d'huissier pour assigner les témoins, lesquels seront tenus de comparaître devant le commissaire commandant ou son lieutenant sur un simple ordre de lui, qu'il fera notifier de la manière qu'il jugera convenable. Il nommera pour faire les fonctions de greffier telle personne que bon lui semblera, en lui faisant préalablement prêter le serment de procéder en son âme et conscience à l'exercice de ses fonctions temporaires.

Art. 14. Il sera en outre dressé par le commissaire commandant ou son lieutenant procès-verbal de l'état des cadavres, des poisons, drogues, racines, ingrédients ou autres matières quelconques qui se trouveront sur les prévenus, dans leurs cases ou tout autre dépôt. Il se fera assister, à cet effet, du chirurgien aux rapports de la paroisse, ou, en son absence, d'un autre chirurgien du quartier ou du quartier voisin, lequel sera tenu de procéder à l'ouverture des cadavres et à la vérification des matières soupçonnées d'avoir été préparées pour l'empoisonnement; ce dont il sera dressé procès-verbal séparé par le chirurgien.

Art. 15. Lorsque les formalités mentionnées en l'article précédent auront été remplies, les informations, interrogatoires, procès-verbaux et toutes pièces de conviction, s'il en existe, seront envoyées au prévôt pour être le procès fait et parfait d'après lesdites pièces, qui seront aussi valables que si elles avaient été faites par le prévôt lui-même.

Art. 16. Le prévôt pourra, toutes les fois qu'il le jugera nécessaire, se transporter, assisté du greffier, sur les lieux où le crime aura été commis, à l'effet de remplir toutes les formalités dont est mention aux articles 13 et 14.

Art. 17. Les prévenus seront interrogés séparément. Les témoins seront aussi entendus séparément et hors la présence des prévenus. Toutes les formalités prescrites par l'ordonnance du mois d'août 1670 pour les informations et interrogatoires, ou par toute autre loi qui serait promulguée postérieurement dans la colonie, seront observées.

Art. 18. Toutes les pièces de l'instruction seront communiquées, par ordonnance du prévôt, au procureur du roi, qui requerra, par écrit, ce que de droit.

Art. 19. Si la procédure est réglée à l'extraordinaire, pour tenir lieu des récolements, confrontations des témoins et affrontations des accusés, le débat aura lieu entre les témoins et les accusés et entre ceux-ci; ils seront, en présence les uns des autres, entendus, interrogés, confrontés, affrontés devant la cour prévôtale assemblée; les accusés seront alors avertis qu'ils vont être jugés prévôtalement et en dernier ressort.

Il sera tenu note exacte des variations des accusés, de celles des témoins, et si les accusés et les témoins persistent dans les premières réponses, déclarations et dépositions, il en sera fait mention. Il sera donné lecture de ces notes à la cour prévôtale, à la clôture de chaque séance, en présence des accusés et des témoins, et elles ne seront définitivement pièce de la procédure qu'après cette lecture.

Le prévôt et le procureur du roi régleront l'ordre de ces débats et pourront faire retirer un ou plusieurs témoins ou accusés, pour les récoler et confronter séparément s'il y a lieu.

Art. 20. La procédure sera ensuite communiquée au procureur du roi, qui donnera ses conclusions par écrit. Elles seront remises cachetées pour être ouvertes en présence de la cour prévôtale assemblée, après le rapport du procès et de l'instruction. Le rapport sera fait par le lieutenant de la gendarmerie ou celui qui le remplacera dans l'ordre du service. La cour prévôtale prononcera sans désemparer.

Art. 21. Le crime d'empoisonnement sera puni de mort, conformément à l'ordonnance du roi du mois de février 1724 et aux lois du royaume. La tentative d'empoisonnement, accompagnée d'actes extérieurs ou de préparatifs tendant à la consommation sera punie de la même peine.

Néanmoins, si, avant de tenter l'exécution ou avant d'avoir été découvert, le coupable s'arrêtait, soit en supprimant les aliments et breuvages ou autres matières empoisonnées, soit en empêchant qu'on en fît usage, et qu'il n'y fût déterminé que par sa propre volonté et non par des circonstances fortuites, la peine pourra être commuée par la cour prévôtale, en connaissance de cause.

Lorsque la condamnation ne sera pas capitale, la cour prévôtale ne pourra infliger d'autres peines afflictives que celles qui ont été jusqu'à présent prononcées par les tribunaux de la colonie.

Art. 22. Tout condamné à mort par la cour prévôtale aura la tête tranchée.

Art. 23. Les jugements seront exécutés dans les vingt-quatre heures, autant que faire se pourra, et dans le lieu qui sera jugé convenable par la cour prévôtale.

Art. 24. Lorsque le prévenu n'aura pu être saisi, ou qu'après avoir été saisi il s'évadera, la procédure sera instruite sur dépositions et récolements, sans autres formalités, et le jugement rendu contre lui, sur les conclusions du procureur du roi, sera exécuté par effigie; néanmoins si le condamné est repris par la suite, il sera interrogé, confronté avec les témoins encore existants, conformément à ce qui est prescrit par l'article 19, et jugé de nouveau. Les dépositions des témoins qui auraient été récolés et qui seraient décédés depuis le jugement par contumace seront jointes au procès, lues à l'accusé, pour y avoir, en jugeant, tel égard que de raison.

Il en sera de même des interrogatoires des coaccusés qui auraient été récolés, condamnés et exécutés.

TITRE V.

Dispositions générales.

Art. 25. En cas d'empêchement légitime, les membres de la cour prévôtale seront remplacés, savoir :

Le prévôt, par l'officier commandant la gendarmerie ;

Le lieutenant de la gendarmerie, par l'officier qui doit le remplacer dans l'ordre du service ;

Le commissaire commandant de la paroisse où la cour prévôtale devra se réunir, par son lieutenant ;

Le lieutenant commissaire, par un habitant notable, soit du même quartier, soit du quartier voisin, lequel aura le grade de capitaine de la garde nationale ;

Le procureur du roi, par un des substituts du procureur du roi, près le tribunal de première instance dans le ressort duquel le crime aura été commis ;

Et le greffier, par un greffier *ad hoc*, qui sera nommé d'office par le prévôt.

Art. 26. La cour prévôtale ne peut juger qu'au nombre de six membres.

Art. 27. Leur décision se forme à la majorité, et en cas de partage, l'avis le plus favorable à l'accusé prévaudra.

Art. 28. Le prévôt, le procureur du roi et le greffier prêteront serment devant le gouverneur et administrateur pour le roi. Les autres membres qui ne seraient pas assermentés le prêteront entre les mains du prévôt à l'ouverture de chaque session. Il en sera fait mention dans le procès-verbal.

Art. 29. La convocation de la cour se fera, d'après l'ordonnance du prévôt, par lettres du procureur du roi adressées aux membres qui devront composer la cour et portées par un gendarme. Il lui sera remis, à cet effet, une feuille de service contenant les noms des personnes auxquelles les lettres seront adressées et la date des lettres. Les personnes qui les recevront donneront un reçu qu'elles dateront en marge de ladite feuille.

En cas de refus de la part des personnes à qui les lettres auront été adressées de les recevoir ou d'en donner reçu, il en sera dressé procès-verbal par le gendarme, et les refusants seront condamnés à une amende de 160 francs ou 270 livres coloniales.

Les personnes appelées pour composer la cour prévôtale qui ne se trouveraient pas aux jour, lieu et heure assignés, et celles qui, ayant assisté aux jugements, refuseraient de les signer, seront condamnées à une amende de 300 francs ou 540 livres coloniales.

Art. 30. Les fonctions d'huissier près la cour prévôtale seront remplies par des gendarmes.

Art. 31. Les assignations aux témoins seront données dans les formes prescrites par l'article 29, sauf l'exception portée en l'article 13. Lorsque les témoins seront esclaves, les lettres seront adressées à leurs maîtres.

Art. 32. Les personnes appelées comme témoins qui ne se rendront pas à l'assignation seront condamnées à l'amende de 100 francs ou 180 livres coloniales. Les maîtres sont responsables de la non-comparution de leurs esclaves, et comme tels condamnés à l'amende, s'il n'est pas prouvé que ceux-ci fussent marrons ou malades. Les témoins défaillants seront, en outre, contraignables par corps.

Art. 33. Les amendes seront prononcées par le prévôt, et le recouvrement se fera, sur son ordonnance, à la diligence du procureur du roi, pour les fonds être déposés dans la caisse royale et être spécialement affectés aux dépenses extraordinaires nécessitées par l'établissement de la cour prévôtale.

Ces amendes ne seront point encourues par ceux qui pourront justifier d'un empêchement valable. La vérité de l'excuse sera attestée ou par le commissaire commandant, ou par le médecin ou chirurgien du quartier.

Art. 34. Tout esclave condamné à une peine qui privera, à perpétuité, son maître de ses services, lui sera payé, conformément à l'ordonnance du 11 avril 1807.

Art. 35. La cour prévôtale n'existera qu'autant que les circonstances la rendront nécessaire. La suppression en sera prononcée par ordonnance du gouverneur et administrateur pour le roi.

Art. 36. L'ordonnance du roi du mois de février 1724 et les ordonnances coloniales des 4 octobre 1749 et 12 novembre 1757 concernant les crimes d'empoisonnement sont maintenues et seront exécutées dans tous les cas qui n'ont pas été prévus par la présente ordonnance.

Sera la présente ordonnance enregistrée au greffe de la cour royale et à ceux des tribunaux de première instance de la colonie, lue, publiée et affichée partout où besoin sera.

Donné au Fort-Royal, le 12 août 1822.

Signé DONZELOT.

Enregistré à la cour royale, 16 août 1822. — *Journal de la Mart.*, 1822, n° 72.

N° 4093. — *Extrait de la loi de finances du 17 août 1822 en ce qui y touche les pensions et secours qui peuvent être accordés aux veuves de militaires.*

17 août 1822.

TITRE II.

Dispositions relatives aux pensions.

Art. 8. Pourront obtenir, lorsqu'elles seront privées de moyens d'existence, une pension qui sera du quart du *maximum* de celle d'ancienneté attribuée à chaque grade militaire, ainsi qu'elle a été réglée par les articles 1er et 2 de l'ordonnance royale du 14 août 1814:

1° Les veuves des militaires morts, postérieurement à ladite ordonnance, en jouissance de la pension de retraite ou en possession de droit à cette pension, pourvu que leur mariage ait été contracté cinq ans avant la cessation d'activité de leurs maris, ou qu'elles aient un ou plusieurs enfants issus de leur mariage antérieur à cette cessation;

2° Les veuves des militaires morts postérieurement à ladite ordonnance après vingt années d'activité et qui auraient rendu à l'état des services éminents, reconnus tels par une décision spéciale du roi, pourvu que leur mariage ait précédé de cinq ans la mort de leur mari, ou qu'elles aient un ou plusieurs enfants issus de ce mariage.

Seront censées privées de moyens d'existence les veuves dont le revenu ne sera pas équivalent au double de la pension qu'elles seraient dans le cas d'obtenir.

Art. 9. Les enfants orphelins desdits militaires pourront, dans les mêmes cas, obtenir le secours annuel de pareille somme, déterminé par l'article 3 de ladite ordonnance, et en jouir jusqu'à vingt ans accomplis.

Donné à Paris, le 25 août 1822.

Signé LOUIS.

Et par le roi :

Le Ministre des finances.

J. DE VILLÈLE.

Annales maritimes, p. 566.

N° 4094. — *Extrait de la loi de finances du 17 août 1822 en ce qui touche les rentes et créances provenant des anciennes liquidations ou de l'arriéré* (1).

17 août 1822.

Les rentes et créances de toute nature provenant des anciennes liquidations ou de l'arriéré des divers ministères, pour tous les exercices antérieurs au 1er janvier 1816, dont l'inscription ou le payement n'aurait pas été réclamé avant le 1er avril 1823 pour les propriétaires domiciliés en Europe, *et avant le 1er janvier suivant pour ceux résidant dans les colonies*, seront éteintes et amorties définitivement au profit de l'État.

Enregistré à la cour royale, 24 décembre 1822. — *Bulletin des lois*, n° 549.

N° 4095. — *Ordonnance du gouverneur administrateur portant convocation des assemblées paroissiales pour procéder à la nomination de commissaires-vérificateurs de tous les comptes arriérés de chaque fabrique.*

18 août 1822.

Nous, etc.,

Attendu que le procureur général du roi nous a représenté que le désordre existant dans la comptabilité des paroisses de la colonie n'a fait que s'accroître par l'inexécution des règlements, et spécialement de l'ordonnance coloniale du 12 mars 1814,

(1) Cet extrait a été notifié à la Martinique par dépêche ministérielle du 18 octobre 1822, n° 285 (archives du gouvernement), avec ordre de faire publier dans les vingt-quatre heures de la réception.

destinée à ramener la régularité dans cette partie, et dont diverses circonstances ont fait perdre de vue les dispositions;

Considérant qu'il en résulte que la négligence de plusieurs marguilliers à suivre les formalités prescrites par les lois pour rendre leurs comptes, exiger ceux de leurs prédécesseurs, et faire rentrer les fonds qui leur sont dus par les paroissiens, s'est perpétuée et a aggravé un mal qu'il devient plus instant que jamais de réprimer;

Considérant encore les besoins des fabriques, qui sont généralement dépourvues de moyens, quoiqu'il soit dû à plusieurs des sommes considérables, et voulant prendre toutes les mesures nécessaires pour assurer à l'avenir l'exécution exacte des formes indiquées par les lois existantes sur cette matière;

Et, en attendant qu'il soit fait un règlement général qui comprendra les dispositions des ordonnances et celles à prescrire en tout ce qui a rapport à l'élection des marguilliers, à leurs fonctions, à leur comptabilité, aux droits curiaux et à l'entretien des églises, des ornements, vases sacrés et autres frais du culte de chaque paroisse, nous avons renouvelé, par la présente ordonnance, les dispositions de celle du 12 mars 1814 précitée;

En conséquence, avons ordonné et ordonnons ce qui suit:

Art. 1er. Le vingt-deux septembre de la présente année, il sera convoqué dans chaque paroisse une assemblée pour procéder à la nomination des commissaires pour la vérification et le règlement de tous les comptes arrêtés de chaque fabrique.

Art. 2. Ces commissaires se réuniront immédiatement pour procéder à ce travail avec les marguilliers en charge. Ils sommeront tous les marguilliers dont les comptes n'auront pas été réglés selon les formes ordonnées par les lois de leur présenter lesdits comptes; et, à cet effet, ils remonteront, dans cette vérification, jusqu'à l'époque du dernier compte rendu selon ces mêmes formes.

Art. 3. Si quelque marguillier, soit en charge, soit sorti de charge, négligeait ou refusait de se présenter à cette sommation des commissaires, ils en informeront aussitôt le procureur général, qui donnera ordre à son substitut près le tribunal du ressort de poursuivre ledit marguillier pour le faire condamner personnellement, et par corps, au payement de toutes les créances échues à la fabrique, et aux droits curiaux pendant son exercice et pendant celui de ses prédécesseurs.

Art. 4. Les commissaires vérificateurs dresseront un état de toutes les dettes passives et actives de la fabrique; cet état sera remis au marguillier en charge, et un double envoyé au procureur général.

Art. 5. Le marguillier en charge, d'après l'état qui lui sera remis par les commissaires, réclamera des habitants débiteurs le payement de ce qu'ils doivent, dans un mois, pour tout délai.

Art. 6. Faute par les débiteurs de se liquider dans le délai de trois mois après le date de la sommation du marguillier, le compte en sera rendu au procureur général, qui, de suite, adressera au procureur du roi du ressort l'état des débiteurs en retard, avec injonction de faire marcher les contraintes et de faire saisir les débiteurs, comme pour deniers royaux.

La date de la sommation du marguillier comptera de celle de l'avis qu'il aura fait afficher à la porte de l'église, pour prévenir qu'il aura envoyé aux débiteurs respectifs leurs comptes dans le délai de l'article 5.

Art. 7. Aussitôt que les créances seront rentrées, le marguillier en charge présidera à la liquidation des dettes de la fabrique, et il rendra compte au procureur général à l'époque où toutes les créances actives et passives seront liquidées.

Art. 8. L'ordre étant rétabli dans la comptabilité de toutes les fabriques, les marguilliers en charge auront soin, tous les ans, de faire rentrer dans les trois derniers mois de leur exercice toutes les sommes qui seront dues à la fabrique, soit à l'amiable, soit par les moyens que la loi leur donne, et il seront tenus de justifier à leurs successeurs des diligences qu'ils auront faites à cet effet, sous peine d'être personnellement et solidairement responsables du payement de ces créances.

Art. 9. Les dispositions prescrites par l'ordonnance du roi du 24 novembre 1781 et l'ordonnance coloniale du 11 mai 1726, pour ce à quoi il n'a pas été dérogé par celle de 1781, seront exécutées dans toute leur étendue : il est expressément enjoint aux marguilliers de s'y conformer strictement à l'avenir; au procureur général et ses substituts de tenir sévèrement la main à leur exécution.

Sera la présente ordonnance enregistrée, etc.

Donné au Fort-Royal.

Signé **DONZELOT**.

Et plus bas :

GUILLAUME,

Secrétaire.

Enregistré à la cour royale, 24 août 1822. — Inspection. Reg. 8, n° 768.

N° 4096. — *Ordre du gouverneur administrateur pour la rectification et le perfectionnement des rayons de route partant du bourg du Vauclin vers le Marin, le Saint-Esprit et le François.*

20 août 1822.

Arch. du gouvernement. Ord. et déc., n° 943.

N° 4097. — *Instructions du gouverneur administrateur aux commissaires commandants des paroisses sur l'exercice des fonctions de juges instructeurs qui leur sont attribuées par l'ordonnance du 12 août précédent portant création d'une cour prévôtale.*

27 août 1822.

Le fléau du poison qui, depuis quelque temps surtout, exerce ses ravages sur presque tous les points de la colonie, ayant déterminé l'établissement d'une cour prévôtale pour la recherche et la prompte punition d'un crime aussi odieux qu'il est préjudiciable à la prospérité de la colonie, il est essentiel que MM. les commissaires commandants se pénètrent de l'importance des fonctions qui leur sont confiées par l'ordonnance qui crée cette cour.

Ils doivent s'apercevoir qu'ils sont chargés seuls, ou selon la circonstance, concurremment avec le prévôt, des premières mesures, non-seulement pour faire constater le corps du délit, mais pour parvenir à la conviction des coupables.

L'expérience a démontré que, dans les premiers moments d'effroi qu'éprouvent les prévenus, lors de leur arrestation, il leur échappe des aveux importants qui non seulement constatent leur culpabilité, mais dévoilent en même temps et leurs complices et les motifs qui les ont portés à ces excès.

Ce premier moment de terreur passé, leurs propres réflexions ou les conseils de leurs complices les jettent dans un système de dénégation dont il n'est plus possible de les tirer : les nombreuses arrestations qui ont eu lieu jusqu'ici en ont constamment offert la preuve.

Tous ou presque tous les scélérats arrêtés et conduits à la geôle avaient fait des aveux à leurs maîtres ou aux économes, mais, recueillis d'une manière non légale, ces aveux ne pouvaient être admis en justice, et les mêmes hommes, interrogés dans la prison, niaient tout ce qu'ils avaient avoué dans le premier moment de leur arrestation. On attribuait aux prétendues violences exercées contre eux les aveux qui leur étaient échappés, et qui, n'ayant aucun caractère légal, ne pouvaient servir de fondement à une accusation juridique ; de là l'impuissance, dans cette espèce de délit, de parvenir à la conviction des coupables et, par conséquent, à un châtiment exemplaire.

Il est donc d'une grande importance, pour obtenir ce résultat, de constater d'une manière légale, aussitôt l'arrestation des prévenus du crime de poison, les dépositions qui peuvent être faites contre eux et les aveux que le premier cri de la conscience leur arrache.

C'est ce qui a déterminé l'attribution des fonctions de juges instructeurs aux commissaires commandants ; mais pour remplir parfaitement le but que l'on se propose, il faut que MM. les commissaires commandants soient bien convaincus que tout le succès de cette mesure dépend de l'activité et de l'intelligence qu'ils mettront dans son exécution.

Il leur est donc très-expressément recommandé d'apporter la plus grande diligence à se rendre sur le lieu du délit, aussitôt le premier avis qui leur sera adressé par l'habitant propriétaire ou tout autre individu.

Si le propriétaire n'avait pas, aux termes de l'ordonnance du 4 octobre 1749, fait constater le délit par l'ouverture du cadavre, ils feraient procéder sur-le-champ à cette opération indispensable par le chirurgien aux rapports, ou, à son défaut, par tout autre.

Dans le cas où le propriétaire aurait déjà fait constater le délit, ils se feront remettre le procès-verbal dressé par le chirurgien et s'occuperont aussitôt de l'interrogatoire du prévenu et de l'audition des témoins, qu'ils feront comparaître sur un simple ordre de leur part.

Cette information doit être faite selon les formes de l'ordonnance de 1670 et d'après le modèle n° 1, annexé à la présente instruction. Elle aura lieu dans les vingt-quatre heures de la dénonciation du délit, afin de ne pas donner aux prévenus le temps de revenir de leur premier effroi et de préparer leurs réponses, ni aux témoins de concerter leurs dépositions.

Une information faite ainsi inopinément sur le lieu même où s'est commis le crime doit avoir le meilleur résultat. C'est, nous le répétons, le point essentiel et sans lequel la mesure adoptée par le gouvernement manquerait absolument son but, qui est d'acquérir promptement des lumières que l'éloignement des lieux et l'ignorance de beaucoup de circonstances importantes ne permettent pas aux tribunaux ordinaires de se procurer, lorsqu'il s'est passé déjà un temps assez long entre l'époque du délit et la poursuite en justice.

Outre le modèle d'information, indiqué ci-dessus sous le n° 1, on joint aussi à cette instruction, sous le n° 2, un modèle d'interrogatoire. MM. les commissaires commandants sont invités à se pénétrer de toutes les annotations et toutes les observations qui sont faites sur ces modèles dans l'intention de leur faciliter la direction des informations et des interrogatoires.

Après avoir achevé ces informations et interrogatoires, ils s'empresseront de transmettre au prévôt, président de la cour prévôtale, les procès-verbaux et les pièces de conviction, ainsi qu'il est prescrit par l'article 15 de l'ordonnance de création de cette cour.

Ils nous rendront compte sommairement, chaque fois qu'ils se seront transportés sur une habitation où des crimes d'empoisonnement auront été commis, du résultat de leurs informations, et ils nous adresseront en même temps la liste nominative des prévenus de ces crimes et de leurs complices.

Pendant le temps que dureront les enquêtes, ils pourront, s'ils le jugent nécessaire, commander un poste de garde nationale, tant pour maintenir le bon ordre que pour faire les arrestations auxquelles les informations donneraient lieu, ou pour mander les témoins indiqués.

Dans le cas où l'emploi de la gendarmerie deviendrait nécessaire, soit pour rechercher des accusés ou complices en fuite, soit pour conduire en lieu de sûreté ceux arrêtés, MM. les commissaires commandants nous en rendront compte.

Nous leur recommandons de mettre le plus grand soin dans le choix des personnes qu'ils désigneront pour remplir les fonctions de greffier, lors des informations qu'ils auront à faire.

L'esprit public qui anime MM. les commissaires commandants, comme agents du gouvernement, et leur intérêt particulier comme habitants propriétaires, ne nous permettent pas de supposer qu'ils apportent dans l'exercice de cette partie essentielle de leurs fonctions une négligence qui les rendrait coupables, non-seulement envers le gouvernement, mais aussi envers leurs concitoyens, dont la fortune et l'existence sont continuellement menacées par ce fléau destructeur.

Nous nous reposons avec une entière confiance sur le dévouement, le zèle et l'activité qu'ils ont constamment montrés dans l'exercice de leurs fonctions, et nous sommes persuadés qu'ils s'empresseront d'en donner de nouvelles preuves dans cette affligeante circonstance.

Fait au Fort-Royal, le 27 août 1822.

Signé DONZELOT.

Direction de l'intérieur. Ord. et déc. Reg. 3, f° 16.

N° 1. — Modèle d'information.

Information faite d'office par nous (ici il faut mettre les prénoms, nom, qualités du commissaire commandant ou de son lieutenant, si c'est celui-ci qui fait l'information), en conséquence de la dénonciation à nous faite contre (ici on met les noms de l'accusé ou des accusés, s'ils sont connus, et l'on spécifie le crime dont ils sont prévenus. Si personne n'est désigné dans la dénonciation, il faudra mettre : « Contre les auteurs, fauteurs et complices du crime, » qui, dans tous les cas, sera spécifié).

A laquelle information avons procédé ainsi qu'il suit :

Du... jour du mois de.... 18..., étant (ici il faut désigner soit le bourg, soit l'habitation où l'information se fera), où nous nous sommes transporté, assisté du sieur (les prénoms et nom du greffier), que nous avons choisi pour notre greffier *ad hoc*, après avoir pris et reçu de lui le serment de procéder en son âme et conscience à l'exercice de ses fonctions;

Est comparu (les nom et prénoms du témoin), âgé de..... assigné à comparaître devant nous, en vertu de notre ordre (la date de l'ordre), lequel, après serment par lui fait de dire vérité, et qu'il nous a déclaré n'être parent, allié, serviteur ni domestique de l'accusé ou des accusés (si le témoin est domestique ou serviteur de l'accusé, et, s'il y a plusieurs accusés, de l'un d'eux, il faudra en faire mention; s'il est parent ou allié, il sera fait mention du degré de parenté; ainsi, dans le premier cas, et s'il n'y a qu'un accusé, il sera dit : « Et qu'il nous a déclaré n'être parent ni allié de l'accusé, mais être son domestique ou esclave ; » et, dans le second cas : « Et qu'il nous a déclaré n'être serviteur ni domestique de l'accusé, mais être son parent au degré de... »); après que lecture lui a été faite de la dénonciation à nous adressée,

Dépose sur les faits y contenus.

Lecture à lui faite de la déposition, le témoin a dit icelle contenir vérité, qu'il y persiste et a signé avec nous et le greffier *ad hoc* (ou bien lorsque le témoin ne sait pas signer) avons signé : « Avec le greffier *ad hoc*, le témoin ayant déclaré ne le savoir, de ce enquis. »

Instructions générales.

Chaque page de chaque déposition doit être signée par le témoin (s'il sait signer), celui qui fait l'information et le greffier.

En outre, chaque page du cahier de l'information doit être, à l'une des extrémités de la marge, cotée par première, deuxième, etc., et parafée par celui qui fait l'information.

Aucune interligne ne doit être faite, et le greffier doit faire approuver les ratures et signer les renvois par le témoin, s'il sait signer, et celui qui fait l'information. Il n'est pas nécessaire de constater, dans les renvois, que le témoin ne sait signer ; il suffit qu'il en ait été fait mention à la clôture de la déposition.

Il ne doit y avoir qu'un seul cahier d'information, contenant toutes les dépositions des témoins. Ainsi, lorsque le premier témoin aura été entendu, on continuera sur le même cahier, en disant pour chaque témoin : « Est aussi comparu, etc., » et l'on suivra pour la déposition de chacun d'eux la même forme que celle qui est indiquée dans le modèle de la première.

N° 2. — Modèle d'interrogatoire.

L'an... et le... jour du mois de... nous (les prénoms, nom et qualite du commissaire commandant ou de celui qui le remplace), nous étant transporté au bourg de..... ou sur l'habitation de..... avons fait amener devant nous le nommé B., prisonnier, arrêté en vertu de l'ordre décerné contre lui, lequel B., après serment par lui prêté de dire vérité, a été par nous interrogé ainsi qu'il suit :

Interrogé de son nom, âge, qualité et demeure,

A dit.....

L'avons ensuite interpellé de répondre aux questions suivantes :

Demande.....

Réponse.....

(Lorsque le commissaire commandant aura fait à l'accusé toutes les questions qu'il aura jugé nécessaires pour découvrir la vérité et qu'il aura consigné les réponses dans l'ordre des questions, s'il a été trouvé sur l'accusé ou dans sa case des ingrédients propres à empoisonner, il faudra lui demander si ce sont là des ingrédients dont il s'est servi pour empoisonner, et consigner sa réponse.)

Lui avons représenté une bouteille, un sac ou un linge contenant de l'arsenic ou tout autre ingrédient, et à lui enjoint de nous dire si ce n'est pas avec ces mêmes ingrédients qu'il a empoisonné A.

A dit.....

Et a été ladite bouteille, ou le sac, etc., enveloppé d'une bande de papier cachetée, laquelle a été parafée par nous et par l'accusé (si l'accusé ne sait pas signer il en sera fait mention.)

Manière d'exprimer les explications ou changements que l'accusé veut faire à son interrogatoire, après que lecture lui en a été faite.

Et en expliquant ou changeant, par l'accusé, ce qu'il a reconnu par sa réponse à tel article du présent interrogatoire.

A dit.....

(Si ce changement donne quelque lumière au commissaire commandant pour continuer l'interrogatoire sur d'autres faits, il devra encore interroger l'accusé.)

Clôture de l'interrogatoire.

Lecture faite du présent interrogatoire, l'accusé, après l'avoir entendue, a dit que ses réponses contiennent vérité, et y a persisté et a signé avec nous et notre greffier *ad hoc* au bas de chacune des pages des présentes, qui ont été par nous cotées et parafées.

(Si l'accusé ne sait pas signer, la clôture se fera comme suit.)

Après ces mots *et y a persisté:* « l'accusé ayant déclaré ne savoir signer, de ce enquis, nous avons signé avec le greffier au bas de chacune des pages des présentes, qui ont été par nous cotées et parafées. »

NOTA. Il doit y avoir un cahier séparé pour chaque interrogatoire.

Pour les interlignes, ratures et renvois, il faut se conformer à ce qui a été dit à ce sujet dans les instructions générales qui sont à la suite du modèle d'information.

N° 4098. — *Ordonnance du gouverneur administrateur portant règlement des traitements des membres permanents de la cour prévôtale et de la gendarmerie employée à son service.*

27 août 1822.

Nous, etc.,

Ayant à déterminer les traitements des membres permanents de la cour prévôtale instituée par notre ordonnance du 12 de ce mois pour la répression des crimes d'empoisonnement, et les allocations à payer aux gendarmes employés au service de ladite cour,

Avons ordonné et ordonnons, pour être exécuté provisoirement, et sauf l'approbation de Sa Majesté, ce qui suit:

Art. 1er. Les traitements des membres permanents de la cour prévôtale sont fixés comme suit, savoir:

Au prévôt président, par an.	8,000f 00
Au lieutenant de gendarmerie, un supplément par an de.	2,000 00
Au procureur du roi, par an.	6,000 00
Au greffier, par an.	4,000 00
Au sous-lieutenant de gendarmerie, faisant fonctions d'huissier audiencier, un supplément par an de (1).	400 00

Art. 2. Les gendarmes employés pour le service de la cour prévôtale recevront par jour, savoir:

Gendarmerie à cheval.

Maréchal des logis.	3f 50
Brigadier.	3 00
Gendarme.	2 50

(1) Dans la fixation des traitements et suppléments ci-dessus sont compris respectivement les frais de vacations, de déplacement et de greffe.

Gendarmerie à pied.

Maréchal des logis........................... 3f 00
Brigadier................................ 2 50
Gendarme................................. 2 00

Ils seront payés tous les mois sur état nominatif arrêté par l'officier de la gendarmerie, certifié par le procureur du roi et visé par le prévôt président.

Art. 3. Le commissaire général ordonnateur est chargé de tenir la main à l'exécution de la présente ordonnance, qui sera enregistrée au contrôle et au bureau des revues.

Donné au Fort-Royal, le 27 août 1822.

Signé DONZELOT.
Et plus bas :
GUILLAUME,
Secrétaire.

Inspection. Ord. et déc. Reg. 9, n° 10.

N° 4099. — *Décision du ministre de la guerre portant que tout militaire convalescent revenant des colonies et se retirant dans ses foyers recevra l'indemnité de route de son grade, sans qu'il lui en soit fait aucune imputation.*

31 août 1822.

Annales maritimes, 1re partie, 1822, p. 521.

N° 4100. — *Homologation par le gouverneur administrateur d'une délibération de la paroisse du Gros-Morne, relative à un impôt à établir pour subvenir à l'entretien du curé et aux réparations du presbytère et du cimetière.* (Extrait.)

1er septembre 1822.

Cet impôt consiste en une somme de neuf livres coloniales (cinq francs) à percevoir, pendant cinq ans, par un trésorier *ad hoc*, pour chaque négrillon envoyé au baptême par tous habitants ayant au moins quatre esclaves payant droit.

Arch. de la direction de l'intérieur. Reg. 3, f° 11.

N° 4101. — *Ordre du gouverneur administrateur qui affecte*

un fonds de 30,000 *francs à la construction d'un pont en pierre d'une seule arche sur la rivière du Fort, à Saint-Pierre, près l'habitation Pécoul.*

4 septembre 1822.

Arch. du gouvernement. Ord. et déc., n° 956.

N° 4102. — *Arrêt de la cour royale portant création d'une commission, prise dans son sein, chargée d'examiner le* Code de la Martinique *et d'en proposer la simplification.*

7 septembre 1822.

Ce jour, sept septembre mil huit cent vingt-deux, M. le président a dit :

Qu'il est de notoriété publique que le recueil de lois, ordonnances et arrêtés connu sous le titre de *Code de la Martinique* offre, tant par son étendue que par l'ordre purement chronologique suivi dans sa composition, des inconvénients auxquels il est urgent de porter remède; qu'une foule de dispositions abrogées, en tout ou en partie, luttent encore par leur présence, et souvent par le caractère de leur origine, contre les ordonnances en vigueur; que, d'un autre côté, ce recueil volumineux étant par son prix hors de la portée de la plupart des justiciables, en se bornant à conserver toute la législation existante, on remplira un double but, puisque la connaissance des lois locales pourra se propager avec plus de facilité; que ces considérations graves ont frappé M. le gouverneur de cette colonie, qui a pensé que ce travail aussi utile qu'important devait être confié au zèle et aux lumières de la cour royale, et par sa lettre de ce jour, déposée à l'instant sur le bureau, invite les magistrats de la cour à vouloir bien s'en occuper.

Sur quoi, la matière mise en délibération,

Considérant qu'il est aussi nécessaire pour les justiciables qu'utile pour la justice elle-même de simplifier et de réduire aux dimensions strictement indispensables le recueil des lois locales connu sous le titre de *Code de la Martinique*, qui, dans sa forme actuelle, présente une foule d'ordonnances abrogées ou inutiles et de dispositions qui se combattent, et que ce travail, fait avec soin et discernement, serait un bienfait pour la colonie entière;

La cour accepte avec empressement la mission qui lui est confiée par M. le gouverneur et administrateur pour le roi, et arrête que, par MM. de Perrinelle Dumay, Bence, Richard de Lucy, Carreau et Le Pelletier Duclary, conseillers titulaires, qu'elle nomme commissaires à cet effet, conjointement ou séparément, il sera immédiatement procédé au dépouillement, à la classification et à la rédaction du recueil dit *Code de la Martinique*, pour, le résultat du travail rapporté et mis sur le bureau, être statué par elle ce qu'il appartiendra.

La lettre de M. le gouverneur déposée aux minutes du greffe pour servir à ce que de droit.

Signé Comte DE GRENONVILLE.

Greffe de la cour royale. Reg. 18.

N° 4103. — *Instructions ministérielles sur le cumul de la solde ou pension de retraite avec un traitement d'activité.*

13 septembre 1822.

Monsieur, les dispositions relatives au cumul ont donné lieu, dans un des grands ports de France, à la question de savoir si, par la seule raison que les pensions de l'artillerie de la marine sont liquidées d'après les règlements généraux de l'armée de terre, la solde de retraite d'un militaire de ce corps rappelé au service devait être suspendue, conformément au principe adopté par les départements de la guerre et des finances, qui, nonobstant la faculté du cumul accordée par la loi du 15 mai 1818, dans les limites de 700 francs, suspendent la pension de tout militaire remis en activité, en maintenant à cet égard l'exclusion prononcée par l'article 9 de la loi du 8 floréal an XI relative aux soldes de retraite de l'armée.

Passant ensuite du cas spécial aux généralités, on m'a demandé une solution sur les demi-soldiers marins qui jouissent, quant à présent, du bénéfice de la loi du 15 mai 1818, en vertu de la circulaire de mon prédécesseur du 20 mars 1819, laquelle applique le principe du cumul, sauf les précautions ultérieures à prendre pour éviter une extension abusive et pour faire la plus juste répartition possible des dépenses de l'État, en n'admettant dorénavant sur les bâtiments et dans les arsenaux que des marins et ouvriers non pensionnés.

J'ai donné à ces deux questions l'attention qu'elles méritaient.

La première me paraissait déjà résolue naturellement par le

principe admis au département de la guerre; car puisque l'artillerie de la marine est traitée d'après les règlements de l'armée de terre, le département de la marine, qui n'a en ceci, à proprement parler, qu'un rôle passif, doit opérer l'application suivant le mode tracé par le ministère auquel il a emprunté les dispositions réglementaires de l'espèce.

Mais comme ce mode est basé sur le système consacré par les anciennes lois et confirmé par les lois de finances les plus explicites, notamment par celle du 25 mars 1817, qui déclare une pension incompatible avec un traitement d'activité dans le même service, j'ai reconnu que l'exclusion raisonnée qu'avait établie le département de la guerre devait faire aussi la doctrine générale du département de la marine et servir à résoudre la seconde question comme la première.

En effet, la solde de retraite ou pension militaire, n'est compatible avec un traitement civil d'activité que parce que les services civils ne peuvent y trouver leur récompense. Il est donc d'une exacte justice que si le cumul est permis par cette raison, il soit interdit par la raison inverse, entre la pension et le traitement d'activité militaire.

Quant à la demi-solde proprement dite, quoique considérée comme militaire, c'est une pension mixte, puisque tous les services, sans distinction, y sont admis; ainsi, par sa nature, elle ne peut être cumulée avec le service actif de la marine, qu'on a pris en considération pour la régler.

Dans un département où tous les services, tant en France qu'aux colonies, sont militaires, où il n'y a d'exception que pour les emplois de l'administration centrale et quelques autres que je vais indiquer, le cumul est rarement régulier et véritablement légal. En le tolérant, en l'autorisant même avec l'extension qu'on y a donnée jusqu'ici, on a introduit un abus réel qu'il importe de faire cesser; et voici en conséquence les dispositions qui devront être observées désormais :

Les militaires des troupes de la marine, les marins, les ouvriers, les gardiens, les agents militaires et civils des chiourmes et en général tous les pensionnaires de la marine ne rentreront désormais au service sur les bâtiments de l'État et dans les arsenaux maritimes que sous la condition expresse de renoncer aux demi-soldes ou pensions dont ils jouissent pour tout le temps de leur nouvelle activité dans le même service qui leur a valu cette récompense ou dans un service analogue.

Sont exceptés de cette disposition :

1° Les syndics des gens de mer, qui, d'après les principes organiques de leur institution, doivent être pris de préférence parmi les pensionnaires, et dont le traitement est d'ailleurs fixé en raison du droit qu'ils ont de le cumuler avec leur pension;

2° Les écrivains des ports, qui sont payés sur des frais d'abonnement et dont les services ne sont point considérés comme services publics; les préposés des trésoriers des invalides en Europe; les commis ou préposés des trésoriers coloniaux; les ouvriers qui passent au compte des entrepreneurs, et en général tout agent qui n'est pas soldé directement par l'État.

Il est bien entendu que les pensions, de quelque nature qu'elles soient, doivent continuer d'être payées lorsque les titulaires naviguent au commerce, quoique cette navigation soit admise pour compléter le temps nécessaire à l'obtention de la demi-solde: la tolérance du cumul dans ce cas est justifiée par la considération que les salaires ou les profits de ce service ne sont pas à la charge de l'État.

Il doit en être de même en faveur des pensionnaires qui se livrent à la pêche.

Au surplus, je n'entends pas que le licenciement des hommes rappelés au service et qui se trouvent en état de cumul s'opère immédiatement; mais on devra saisir toutes les occasions qui permettront leur licenciement successif, sauf la réadmission ultérieure au service, sans cumul, de ceux dont on reconnaîtrait l'utilité spéciale et personnelle.

En vous prescrivant ces dispositions, je crois à propos de vous faire remarquer que le cumul n'est pas toujours un avantage pour celles des parties intéressées dont les pensions sont susceptibles d'une fixation proportionnée à la durée des services, parce que ces pensions ne peuvent plus s'accroître pour les services postérieurs, lorsqu'elles ont été cumulées avec le traitement d'activité.

Je n'ai pas besoin de vous faire remarquer qu'aucune des dispositions de la présente n'est contraire au cumul des soldes de retraite avec les traitements purement civils, avantage que toutes les lois consacrent et qui ne peut conséquemment devenir l'objet d'aucun doute.

Vous voudrez bien donner des ordres dans le sens de cette dépêche, qui sera enregistrée au contrôle, et, en m'en accusant réception, vous m'enverrez la liste de tous les pensionnaires, sans exception, qui cumulent actuellement. Cette liste indiquera, avec les noms et prénoms des individus, le titre auquel ils ont obtenu leur pension et la qualité dans laquelle ils sont aujourd'hui attachés au service, le montant de leur pension et celui du traitement, la date de l'admission à cette pension et celle de leur réadmission au service. La cessation successive du cumul sera mentionnée sur les états de revue.

Recevez, etc.

Le Ministre de la marine et des colonies,
Signé Marquis DE CLERMONT-TONNERRE.

Inspection. Reg. 9, n° 167.

N° 4104. — *Ordonnance du gouverneur administrateur portant qu'à l'avenir l'adjudication des fermes de l'encan, du pesage, jaugeage, etc., sera faite par l'administration de la marine.*

21 septembre 1822.

Nous, etc.,

Vu l'ordonnance locale du 3 septembre 1816, qui met à ferme, à l'adjudication au plus offrant et dernier enchérisseur, par criées à la barre de chacun des deux tribunaux de première instance des villes du Fort-Royal et de Saint-Pierre, les places d'encanteur, de peseur, jaugeur, mesureur et étalonneur, sous cautionnement et à la charge par les adjudicataires de verser à la caisse royale de la colonie, par trimestre, le prix de leur ferme;

Considérant que les formalités indispensables des tribunaux pour ces adjudications entraînent des frais qui, pour plusieurs de ces adjudications, sont disproportionnés au prix de la ferme et à son produit, et en général peuvent nuire aux intérêts du gouvernement par la charge que les frais imposent aux adjudicataires;

Considérant que les adjudications passées par l'administration se font sans frais et, sous ce rapport, doivent procurer plus d'avantage au gouvernement et de même aux adjudicataires,

Avons ordonné et ordonnons ce qui suit:

Art. 1er. Les adjudications pour les fermes des places d'encanteur, de peseur, jaugeur et mesureur et d'étalonneur, dans les villes de l'arrondissement du Fort-Royal et de Saint-Pierre, seront faites à compter de ce jour par l'administration de la marine, d'après les formes voulues par les ordonnances.

Art. 2. Les adjudicataires tiendront un registre de leurs recettes des produits de leur ferme, qui sera coté et parafé par le juge du tribunal de première instance de leur arrondissement; ils se conformeront aux dispositions des ordonnances locales auxquelles il n'est pas dérogé, et notamment à celle du 3 septembre 1816.

Art. 3. Ils recevront du lieutenant général gouverneur et administrateur pour le roi une commission qui leur donnera le droit d'exercer leurs fonctions; cette commission sera enregistrée au greffe du tribunal de première instance de l'arrondissement.

Art. 4. L'Ordonnateur de la colonie est chargé de l'exécution de la présente ordonnance, qui sera enregistrée aux greffes de la cour royale et des tribunaux de première instance, au contrôle et partout où besoin sera.

Donné au Fort-Royal, le 21 septembre 1822.

Signé DONZELOT.

Inspection. Reg. 9, n° 23. — Enregistré à la cour royale, 23 septembre 1822.

N° 4105. — *Ordonnance du gouverneur administrateur sur la police des auberges, cabarets, cafés et autres lieux publics.*

22 septembre 1822.

Nous, etc.,

Attendu que la police des cabarets ou autres lieux publics du même genre et les maux de toute espèce qu'occasionne la vente illicite des liqueurs fortes appellent particulièrement la sollicitude du gouvernement;

Considérant que des abus multipliés, dont la preuve est acquise, démontrent la nécessité de rétablir une surveillance exacte et sévère dans une partie aussi essentielle au maintien de l'ordre public;

Et voulant que nul ne puisse prétexter cause d'ignorance des divers règlements établissant ladite police des cabarets et lieux publics, nous en avons réuni les principales dispositions en une seule et même ordonnance, au moyen de laquelle les cabaretiers et le public, d'une part, et les agents de la police, de l'autre, pourront facilement se conformer à des règles et à des devoirs dont ils auront immédiatement sous les yeux l'indication positive;

En conséquence, après en avoir délibéré en conseil du gouvernement et d'administration, nous avons ordonné et ordonnons, pour être exécuté provisoirement et sauf l'approbation de Sa Majesté, ce qui suit :

Art. 1er. Tous les cabaretiers, traiteurs, aubergistes et autres, vendant au détail vin, eau-de-vie et autres liqueurs, ainsi que les personnes tenant billards ou jeux permis, ou faisant profession de loger des marins, colporteurs ou individus non connus, soit qu'elles donnent à boire ou non, sont tenus de prendre un permis de nous, et de payer, par année, les sommes indiquées, soit pour la caisse royale, soit pour la caisse municipale, suivant la fixation périodiquement établie à cet égard par chaque ordonnance sur les impositions annuelles.

Le payement de ces droits est divisé par trimestre et exigible d'avance.

Art. 2. Sont considérées comme contrevenants au précédent article toutes personnes qui vendraient à boutiques ouvertes, ou feraient vendre par leurs esclaves, ou débiter clandestinement des liqueurs par mesure au-dessous d'un gallon, et elles seront en conséquence poursuivies à la diligence du procureur du roi, et condamnées (en outre de la confiscation des objets débités ainsi en contravention) à une amende égale, pour la première fois, au quart de la taxe annuelle à laquelle elles eussent été imposées si elles eussent pris un permis de nous, dont moitié au profit des agents de police ou autres indicateurs, et le surplus applicable à la caisse municipale; en cas de récidive, ladite amende sera double et augmentera progressivement, s'il y a lieu, en conséquence de la répétition des délits ou de leur gravité.

Les cabaretiers sont autorisés à surveiller eux-mêmes les contraventions qui leur sont préjudiciables et à les dénoncer au procureur du roi; ils pourront même, à l'instant où ils les découvriront, requérir les agents de la police de les constater sur-le-champ par un procès-verbal, sans qu'on puisse en inférer que cette formalité à l'appui de la dénonciation soit nécessaire, et sans préjudice de tous autres moyens qu'eux et les agents de police pourraient employer pour parvenir à atteindre les contrevenants; et dans tous les cas où les contraventions précitées auraient été découvertes par lesdits cabaretiers, la portion d'amende applicable aux agents de police sera prononcée au profit des premiers.

Lorsque les délinquants se trouveront insolvables, la peine de l'amende sera, pour les blancs et gens de couleur libres, convertie en celle de la prison à temps déterminé, suivant l'exigence des cas.

Les maîtres seront responsables du fait de leurs esclaves, lorsque le délit commis aura été autorisé par eux.

Les esclaves à la contravention desquels les maîtres n'auront point participé seront punis de vingt-neuf coups de fouet en place publique, ou d'une détention, pour temps déterminé, à la chaîne de police, suivant l'exigence des cas.

Les habitants sucriers qui fabriquent du tafia ou du rhum ont le droit de le débiter par toutes mesures, pourvu que ce soit dans leurs bâtiments ou manufactures, et non dans quelque autre lieu que ce soit de leurs terres, ni sur les chemins.

Art. 3. En outre des avantages donnés par ce qui précède aux cabaretiers dûment autorisés, ils peuvent nommer entre eux, s'ils le jugent convenable à leurs intérêts, en soumettant leur choix à l'approbation du gouvernement, un syndic chargé de surveiller les infractions qui sont également à leur préjudice et à celui du fisc.

Dans le cas où le syndic découvrirait des contraventions aux ordonnances sur la police des cabarets, il a le droit de requérir les agents de police pour saisir les délinquants, sauf à administrer devant qui de droit les preuves du délit.

Art. 4. Il est enjoint aux cabaretiers, traiteurs et aubergistes désignés à l'article 1er de faire enregistrer, sous peine d'amende de moitié du droit, le permis que nous leur aurons délivré à cet effet aux bureaux des fonds, du domaine et du contrôle colonial. Ils seront également tenus de déposer au bureau des fonds le permis au moment où ils cesseront d'exercer, sous peine d'être poursuivis comme s'ils avaient exercé, et de payer le trimestre qui aura commencé à courir, faute par eux d'avoir déclaré leur intention de cesser (ce qui devra avoir lieu huit jours avant l'échéance du terme courant alors). Le montant de ce nouveau trimestre sera perçu d'eux, en forme d'amende, au profit de la caisse municipale, le cabaret restant fermé.

Les commissaires, commis et autres agents de police dans les villes et bourgs seront tenus de remettre, à la fin de chaque trimestre, au bureau du domaine de leur arrondissement l'état des cabaretiers et aubergistes, avec désignation des mouvements survenus pendant le trimestre.

Art. 5. Le nombre des permis ou autorisations pour tenir cabaret ou maison publique sera limité à vingt pour la ville du Fort-Royal, quarante pour celle de Saint-Pierre, six pour la Trinité, et dans les autres bourgs à proportion.

Ceux qui se trouveront porteurs de permissions ou qui en obtiendront seront tenus d'exploiter par eux-mêmes leurs cabarets ou auberges, sans qu'ils puissent céder leurs permissions.

Art. 6. Les cabarets et maisons publiques sont spécialement sous la surveillance des procureurs du roi.

Dans les campagnes, les commissaires commandants et les agents de police sous leurs ordres ont cette surveillance.

Art. 7. Les aubergistes, cabaretiers, traiteurs ou autres, soumis à prendre des permis, sont tenus d'avoir une enseigne ou écriteau au-dessus de leurs portes, sur lequel ils feront inscrire en gros caractères blancs, sur un fond noir, les mots : *Auberge*, *Cabaret*, *Café*, *etc.*, avec une fleur de lis au bas, pour attester qu'ils ont une permission du gouvernement, à peine d'une amende de vingt francs à cinquante francs applicable à la caisse municipale.

Art. 8. Les procureurs du roi, dans les villes, et, dans les campagnes, les commissaires commandants et les agents de police sous leurs ordres, tiendront la main à ce que les poids et mesures des aubergistes, cabaretiers et autres soient justes et conformes aux ordonnances. Il leur est enjoint de faire mesurer et étalonner lesdits poids et mesures par les jaugeurs jurés, et de faire faire de temps à autre, par lesdits jaugeurs, des visites pour voir si l'on n'y a point contrevenu; ce dont ils dresseront leurs procès-verbaux, pour les délinquants être poursuivis conformément aux ordonnances sur cette matière.

Art. 9. Défenses expresses sont faites aux aubergistes, cabaretiers, d'altérer et falsifier les boissons et liqueurs, ou d'en vendre d'altérées ou de falsifiées, à peine d'une amende de cent francs à deux cent cinquante francs, et de déchéance, s'il y a lieu, en outre des poursuites extraordinaires, suivant l'exigence des cas.

S'il y a récidive, l'amende sera au moins du double de la première prononcée, et pourra s'élever jusqu'à cinq cents francs.

Art. 10. Tous cabaretiers, aubergistes ou autres devront se présenter chez le commissaire, commis ou autres agents de la police du lieu où ils résident, afin de faire enregistrer, sur un registre qu'il est enjoint auxdits agents de la police de tenir à cet effet, leurs noms, prénoms, surnoms et demeures.

Ils devront sur-le-champ déclarer au procureur du roi ceux qui viendraient à mourir chez eux sans tester.

Ils devront également déclarer au procureur du roi les étrangers ou autres personnes qu'ils seront dans le cas de loger, dans les vingt-quatre heures de leur séjour chez eux.

Les mêmes déclarations seront faites, par les cabaretiers des bourgs, au commissaire commandant de la paroisse, ou au commis de police sous ses ordres; celui qui les recevra les transmettra au procureur du roi du ressort.

Les cabaretiers, aubergistes ou autres, qui seront convaincus d'avoir fait des déclarations infidèles des gens logeant chez eux, seront condamnés à une amende de cinquante à deux cents francs, au profit de la caisse municipale.

Au cas de récidive, l'amende sera, comme à l'article précédent, au moins du double de la première prononcée, et pourra s'élever jusqu'à quatre cents francs. Ils encourront, en outre, la déchéance de leur permission, le tout sans préjudice des poursuites spéciales auxquelles ils seraient exposés si les déclarations avaient eu pour objet de recéler des malfaiteurs ou gens dangereux.

Sous les mêmes peines, il leur est défendu de loger aucun matelot quelconque, sans en donner avis le même jour à la police, qui en instruira le bureau des classes, et si le matelot qui se présente ainsi pour loger chez eux se trouve dépourvu de permission, ils commenceront par s'assurer de sa personne, en attendant que le bureau des classes en dispose.

Sous les mêmes peines encore, et sans préjudice des poursuites des maîtres, dans le cas où ils auraient donné asile à des nègres marrons, il leur est défendu de loger des esclaves, excepté ceux voyageant avec permis de leurs maîtres.

Lorsqu'ils seront dans le cas de donner à boire ou à manger à des esclaves, ce ne pourra être que dans la boutique au rez-de-chaussée, ou dans la rue devant leur porte, et non ailleurs, à peine de vingt-quatre heures de prison et des frais d'emprisonnement contre tout cabaretier chez lequel un nègre se serait trouvé pris de boisson, ou chez lequel il aurait occasionné quelque désordre.

Art. 11. Leur défendons de recevoir chez eux des sous-officiers, soldats, ouvriers maritimes ou matelots des bâtiments du roi et du commerce français, sous quelque prétexte que ce soit, à peine d'une amende de vingt à cent cinquante francs, applicable, un tiers à la caisse municipale, un tiers au cantinier du lieu, et l'autre tiers aux agents de police ou autres, par lesquels la contravention aura été constatée; de cinquante francs à deux cents francs, s'ils leur ont distribué ou vendu des boissons quelconques, et de cent à trois cents francs, si cette vente ou distribution a été en tafia.

Lesdites amendes seront du double, en cas de récidive, dans les progressions indiquées par les deux articles précédents, en outre de la déchéance de la permission de tenir cabaret, selon l'exigence des cas.

Il en sera de même quant à la déchéance, si les soldats ou matelots arrêtés se trouvent être des déserteurs; et la plus forte des trois amendes ci-dessus sera celle prononcée et doublée en cas de récidive, sauf également la progression du *minimum* au *maximum*, selon l'exigence des cas. La déchéance aussi sera prononcée, s'il y a lieu, même dès la première fois.

En ces cas, moitié des amendes sera appliquée à la caisse municipale, un quart au cantinier et un quart aux agents de police ou autres.

La peine de la déchéance et de la plus forte amende sera aussi celle prononcée contre ceux d'entre les cabaretiers, aubergistes et autres qui achèteront des effets quelconques des soldats ou matelots.

Mais en ces cas, les amendes seront appliquées moitié à la caisse municipale et moitié aux agents de police et autres indicateurs.

Il est défendu au cantinier du lieu de loger ou de donner à boire et à manger, ou de vendre des liqueurs et spiritueux à toutes autres personnes que les sous-officiers, soldats, ouvriers maritimes, matelots des bâtiments du roi et du commerce français, sous peine, en cas de contravention, de payer les amendes prononcées dans le présent article. Le syndic des aubergistes et cabaretiers aura la même faculté de surveillance sur la cantine que le cantinier a sur les cabarets.

Art. 12. Défendons, en outre, aux cabaretiers, aubergistes et autres, de même qu'au cantinier, d'admettre personne chez eux pendant les offices divins, les jours de fête et dimanches, et de tenir leurs maisons ouvertes ou de donner à boire à huis clos, à quelque personne que ce soit, après neuf heures du soir, à peine de cinquante à cent cinquante francs d'amende, au profit de la caisse municipale, et du double en cas de récidive, dans les progressions précitées, en outre de la déchéance de permission, si lieu y a.

Art. 13. Leur défendons encore de laisser jouer à aucun jeu prohibé dans leurs cabarets, soit blancs ou gens de couleur libres, à peine de cinquante à deux cent cinquante francs d'amende pour la première fois et du double en cas de récidive, avec déchéance de permission, si lieu y a; le tout comme au précédent article.

Leur défendons également de permettre aucun jeu quelconque aux esclaves de la ville et de la campagne, à peine de cent à deux cent cinquante francs d'amende pour la première fois et du double en cas de récidive, ainsi que de la déchéance, selon l'exigence du cas; le tout au profit de la caisse municipale, et en suivant pour l'exécution les indications précitées.

Leur enjoignons de ne rien acheter d'eux soit en argent, soit en échange de boissons et liqueurs, sans permission écrite de leurs maîtres, à peine d'être déchus de la permission de tenir cabaret et d'être poursuivis comme recéleurs.

Art. 14. Il est ordonné à tous les agents de la police, sous peine de destitution, de surveiller avec la plus grande exactitude celle des cabarets; et afin que cette surveillance ait toute son activité pour l'exécution des dispositions de l'article 10 de la présente ordonnance, cette police est en outre spécialement confiée à la gendarmerie, tant à l'égard des soldats, ouvriers maritimes et matelots des bâtiments du roi ou du commerce français que sous tous les autres rapports.

Art. 15. Par suite de l'article précédent, les brigades de gendarmerie établies au Fort-Royal et à Saint-Pierre inspecteront surtout avec soin les cabarets et autres lieux publics où pourraient se rendre des sous-officiers, soldats, ouvriers maritimes ou matelots des bâtiments du roi ou du commerce français en contravention à l'article 10.

En conséquence, toutes les fois que les gendarmes rencontreront, à quelque heure que ce soit, dans lesdits cabarets, des soldats, des ouvriers maritimes ou des matelots, ils dresseront procès-verbal pour constater la contravention. Ils indiqueront dans ledit procès-verbal le nom du cabaretier et l'heure à laquelle ils auront trouvé les individus ci-dessus désignés à boire dans l'intérieur de la maison du cabaretier.

Les procès-verbaux seront transmis par les maréchaux de logis ou par les brigadiers aux officiers de gendarmerie, qui les feront parvenir aux procureurs du roi chargés de faire les poursuites contre les délinquants.

Dispositions générales.

Les diverses dispositions répressives établies par la présente ordonnance sont sans préjudice de celle de l'emprisonnement, du bannissement ou autres peines rigoureuses, lorsque les infractions sont accompagnées de circonstances graves qui donnent lieu de requérir l'application de ces peines, conformément aux lois coloniales sur cette matière et indépendamment de l'amende et de la suppression du droit de tenir cabaret.

Toutes les amendes prononcées emporteront la contrainte par corps.

Dans le cas où la peine ne sera que d'une amende de vingt francs et d'un emprisonnement de vingt-quatre heures, les juges de police prononceront en dernier ressort.

Toutes dispositions des anciennes ordonnances qui se trouveraient modifiées par la présente sont et demeurent annulées; toutes celles auxquelles elles ne dérogent point sont maintenues.

Sera la présente ordonnance enregistrée aux greffes de la cour royale et des tribunaux de première instance, lue, publiée et affichée partout où besoin sera.

Donné au Fort-Royal, le 22 septembre 1822.

Signé DONZELOT.

Journal de la Mart., 1822, n° 89.

N° 4106. — *Règlement provisoire du gouverneur administrateur portant que les épices attribuées à l'office du procureur du roi, à Saint-Pierre, seront désormais perçues au profit de la caisse royale.*

24 septembre 1822.

Nous, etc.,

Vu l'ordonnance du roi du 7 janvier 1822, qui nomme un procureur du roi près le tribunal de première instance, à Saint-Pierre, fixe ses appointements à la somme de dix-huit mille francs par an, ordonne que les épices qui étaient attribuées précédemment à cet office seront versées mois par mois au trésor de la colonie, avec le concours de l'administration et du contrôle, et nous prescrit de déterminer les formes d'après lesquelles ces versements devront avoir lieu,

Avons arrêté et arrêtons ce qui suit :

Art. 1er. Les épices qui étaient attribuées à l'office du procureur du roi, à Saint-Pierre, seront versées au trésor royal, à compter du 12 avril 1822, jour de l'entrée en fonctions de M. Dumas de Champvallier, nommé procureur du roi par l'ordonnance de Sa Majesté du 7 janvier 1822.

Art. 2. Quoique le traitement de dix-huit mille francs, accordé par la même ordonnance à M. Dumas de Champvallier, doive lui être payé à compter du 28 mars dernier, jour de son arrivée dans la colonie, n'étant entré en fonctions que le 12 avril suivant, nous allouons au substitut qui les a remplies les épices dudit office, dudit jour 23 mars au 11 avril suivant compris, qu'il a dû cesser lesdites fonctions.

Art. 3. Le sous-commissaire de la marine chargé en chef du

service à Saint-Pierre et le contrôleur colonial ou son représentant se transporteront, après l'enregistrement du présent arrêt, au greffe du tribunal de première instance de Saint-Pierre, chez le greffier de ce tribunal, chez le curateur des biens vacants, chez l'encanteur, chez le voyer et chez l'administrateur de la bourse commune des huissiers, et feront en leur présence et avec eux le dépouillement des registres et procès-verbaux, d'après lesquels le redevable dressera l'état des épices qui, du 12 avril 1822 au 31 août suivant, doivent être versées au trésor.

Art. 4. Chaque redevable arrêtera, certifiera et signera son état de dépouillement en triple expédition, qui seront visées par le sous-commissaire de la marine chargé du service, vérifiées par le contrôleur colonial, enregistrées au bureau des fonds et ordonnancées par l'ordonnateur, pour charger le trésorier en recette du montant de l'état.

L'une de ces expéditions sera déposée au contrôle, l'autre restera à l'appui de la comptabilité du trésorier, et la troisième, acquittée par ce dernier, sera remise comme pièce de décharge au redevable qui a fait le versement.

Art. 5. Dans les huit premiers jours du mois après celui qui est expiré, la même vérification aura lieu chez les divers redevables, et ainsi de suite de mois en mois, pour qu'il n'y ait jamais d'arriéré dans les versements.

Art. 6. En exécution de l'ordonnance locale du 3 septembre 1816, qui a eu son effet à compter du 1er octobre suivant, laquelle prescrit au greffier de la cour royale et à ceux des deux tribunaux de première instance des deux arrondissements du Fort-Royal et de Saint-Pierre de verser le montant de leur recette à la caisse royale, et en exécution de l'ordonnance du roi du 7 janvier dernier et de notre présent règlement, qui ordonnent le versement à la caisse royale, à compter du 12 avril dernier, des épices précédemment attribuées au procureur du roi, chacun desdits greffiers donnera, comme il a été dit aux articles 3 et 4, un état de tous les arrêts, jugements, procès-verbaux et de tous autres actes quelconques qui ont été faits depuis le 1er octobre 1816 jusqu'à ce jour, dont les expéditions n'ont pas été levées, pour connaître ce qui est dû aux différents greffes depuis le 1er octobre 1816, et aux épices du procureur du roi depuis le 12 avril dernier.

Attendu que les greffiers ne peuvent délivrer ces expéditions qu'autant que les parties à qui elles appartiennent ou leurs avoués versent entre leurs mains les épices dues aux juges et au procureur du roi, les parties ou avoués qui doivent lever ces expéditions seront poursuivis en payement d'icelles par qui de droit, conformément aux dispositions des articles 11 et 12 de notre ordonnance du 27 juin de la présente année.

Art. 7. Le montant des épices qui étaient allouées au procureur du roi, à Saint-Pierre, dont les douze notaires de cet arrondissement doivent compte au trésor, depuis le 12 avril 1822 au 31 août suivant, sera établi par des états, en triple expédition, détaillés et arrêtés par chacun d'eux, qu'ils adresseront au sous-commissaire de la marine chargé du service à Saint-Pierre, en se conformant aux dispositions des articles 3, 4 et 5 du présent règlement, tant pour l'arriéré que pour le courant.

Ces états seront visés seulement par l'officier d'administration chargé du service à Saint-Pierre et par le contrôleur, qui se conformeront, pour le versement à faire opérer au trésor, à ce qui est prescrit par l'article 4 du présent règlement.

Les parties redevables des honoraires du procureur du roi, depuis le 12 avril dernier au 31 août suivant, d'après les états qui en seront remis par chacun desdits notaires, seront poursuivies ainsi qu'il est dit par l'article 6 ; le seront de même les parties qui seraient redevables depuis le 1er septembre, ou qui le deviendraient par la suite.

Art. 8. Les fonctionnaires redevables seront responsables de l'exactitude des états et déclarations qu'ils auront certifiés, lesquels demeureront soumis à une nouvelle vérification.

Art. 9. L'ordonnateur de la colonie tiendra la main à l'exécution du présent règlement, qui sera enregistré au greffe du tribunal de première instance, à Saint-Pierre, et au contrôle colonial.

Donné au Fort-Royal (Martinique), sous le sceau de nos armes et le contre-seing du secrétaire archiviste du gouvernement, le 24 septembre 1822.

Signé DONZELOT.

Et plus bas :

GUILLAUME,

Secrétaire.

Enregistré au greffe du tribunal de première instance, séant à Saint-Pierre, le 30 septembre 1822.

JACQUIN, *greffier en chef.*

Enregistré au contrôle colonial, n° 42, vol. 9.

A. VALENTON.

Direction de l'intérieur. Ord. et déc. Reg. 3, f° 39.

N° 4107. — *Ordonnance du roi ayant pour objet de faciliter la réexportation à l'étranger des produits du sol et des manufactures de France importés dans les colonies françaises d'Amérique.*

25 septembre 1822.

Louis, etc.,

Voulant faciliter la réexportation à l'étranger des produits du sol et des manufactures de France importés dans nos colonies d'Amérique, en évitant de soumettre ces produits aux formes de l'entrepôt, qui entraîneraient des frais supérieurs au droit actuel d'entrée,

Nous avons ordonné et ordonnons ce qui suit :

Art. 1er. Les produits du sol et des manufactures de France introduits par bâtiments français dans nos colonies de la Martinique, de la Guadeloupe et de Cayenne, et qui en seront réexportés à l'étranger, obtiendront, à leur sortie, sous quelque pavillon qu'ils soient expédiés, le remboursement des droits qu'ils auront acquittés à l'entrée, sur la représentation de la quittance desdits droits.

Art. 2. Il ne pourra, dans aucun cas, être perçu de droits à la sortie de ces produits.

Art. 3. Notre ministre secrétaire d'État de la marine et des colonies est chargé de l'exécution de la présente ordonnance.

Donné à Paris, le 25 septembre 1822.

Signé LOUIS.

Et par le Roi :

Le Ministre de la marine et des colonies,

Le Marquis DE CLERMONT-TONNERRE.

Annales marit., 1822, p. 558.

N° 4108. — *Ordonnance du gouverneur administrateur qui, eu égard aux besoins urgents du pays, permet l'exportation à l'étranger de* 1,000 *barriques de sucre brut.*

27 septembre 1822.

Nous, etc.,

Vu les diverses demandes qui nous ont été adressées au nom

des habitants par M. les commissaires commandants des paroisses à l'effet d'obtenir la faculté d'exporter à l'étranger une certaine quantité de sucre brut destiné à payer les approvisionnements en morue, bois, merrains et autres objets de première nécessité que les Américains fournissent, et qu'un grand nombre d'habitants ne peuvent se procurer aujourd'hui, n'ayant plus ni rhum ni sirop à donner en échange, et manquant même de numéraire à cause de la non-vente de leurs sucres;

Considérant que les magasins des habitations et ceux du commerce sont encombrés de sucre dont la vente est impossible, même au plus bas prix, et qu'il est à craindre que cet encombrement augmente encore par l'arrivage des bâtiments français qui peuvent être attendus, parce que la récolte, singulièrement retardée par les mauvais temps, reste à faire en partie; que les sirops et rhums, en très-petite quantité, sont loin de suffire pour acquitter le prix des objets ci-dessus mentionnés, nécessaires à la colonie, et dont elle est exposée à manquer;

Considérant que la situation de la colonie, dans la saison de l'hivernage où nous nous trouvons encore, réclame l'adoption d'une mesure propre à favoriser l'approvisionnement en denrées et marchandises de première nécessité;

Après en avoir délibéré en conseil de gouvernement et d'administration,

Avons ordonné et ordonnons, pour être exécuté provisoirement, et sauf l'approbation de Sa Majesté, ce qui suit:

Art. 1er. A partir de la promulgation de la présente ordonnance, il pourra être exporté du sucre brut à l'étranger, jusqu'à la concurrence de mille barriques ou un million de livres, poids de marc, pour servir au payement des cargaisons de morue, bois, merrains et autres denrées ou marchandises dont l'introduction est permise, et ce aux conditions exprimées ci-après.

Art. 2. Les permis d'exportation de sucre brut seront délivrés par nous sur pétitions accompagnées d'un bordereau certifié par la douane, indiquant la quantité et la valeur: 1° des objets composant la cargaison d'importation, d'après le registre des entrées; 2° du sucre brut dont l'exportation sera demandée (l'évaluation devant en être faite aux prix de base établis chaque trimestre), ainsi que des sirops, tafias et autres marchandises diverses destinées à former avec ledit sucre la cargaison de retour.

Art. 3. L'exportation du sucre brut n'étant autorisée temporairement que dans la vue de faciliter le payement des objets nécessaires à la colonie ci-dessus désignés, ne pourra avoir lieu, par chaque bâtiment étranger, que jusqu'à concurrence de la valeur de la cargaison d'entrée en objets de cette nature, déduction faite des droits d'entrée et de sortie.

Il est bien entendu que si la valeur de la cargaison de sortie en sucre brut et autres denrées ou marchandises permises se trouvait inférieure à celle de la cargaison d'entrée, tous droits déduits de part et d'autre, ainsi que le montant des dépenses dûment constatées pour réparation seulement du navire, la différence censée exportée en numéraire serait soumise aux droits de 12 pour 100, dit d'excédant.

Art. 4. Les bâtiments français armés soit en France, soit dans la colonie, seront admis à concourir à l'exportation des mille barriques de sucre brut, et, par les capitaine, armateur ou consignataire s'engageant sous caution, à faire dans le délai de quatre mois une importation en morue, bois, merrains et autres denrées ou marchandises permises, pour une valeur au moins équivalente à celle des sucres bruts, rhums, sirops et autres marchandises diverses dont l'exportation aura eu lieu à l'avance.

Ladite exportation devra être faite par le navire exportateur; et si elle n'est pas effectuée dans le délai ci-dessus, sans qu'il y ait eu empêchement par force majeure légalement constaté, le soumissionnaire et sa caution seront poursuivis à la diligence du directeur des douanes, ainsi que cela se pratique pour les acquits-à-caution non rapportés, et payeront en outre une amende égale au dixième de la valeur des sucres bruts exportés. Moitié de ladite amende sera versée au trésor, l'autre moitié appartiendra à la douane.

Art. 5. Les sucres bruts dont l'exportation à l'étranger aura été accordée ne pourront être embarqués qu'après vérification de la qualité et du poids. La qualité sera reconnue au moment de l'embarquement par un vérificateur de la douane, assisté du contrôleur aux visites et, autant que faire se pourra, de deux capitaines du commerce français.

Toute fausse déclaration de poids, de qualité et de valeur du sucre brut donnera lieu à la saisie dudit sucre; il en sera de même de l'embarquement sans permis de la douane.

Art. 6. Le droit spécial d'exportation des sucres bruts à l'étranger est fixé à 4 pour 100 par bâtiments français et 6 pour 100 par bâtiments étrangers, sans préjudice des droits coloniaux à la charge du vendeur établis par l'ordonnance d'impositions.

Art. 7. Le commissaire général ordonnateur est chargé de

surveiller l'exécution de la présente ordonnance, qui sera enregistrée, etc.

Donné au Fort-Royal, le 27 septembre 1822.

Signé DONZELOT.

Enregistré à la cour royale, 8 octobre 1822. — *Journal de la Mart.*, 1822, n° 84.

N° 4109. — *Dépêche ministérielle au gouverneur administrateur ordonnant une vérification inopinée de la caisse et des écritures du trésorier et en traçant les formes célères.*

1er octobre 1822.

Monsieur le Comte, mon intention est qu'à la réception de ma dépêche vous fassiez faire par l'administrateur en chef de la colonie, assisté du contrôleur, une vérification inopinée et approfondie de la caisse et des écritures du trésorier : il en sera dressé procès-verbal.

Vous ordonnerez qu'une vérification semblable soit faite au même moment chez les préposés du comptable. Le procès-verbal vous en sera transmis sur-le-champ et vous en ferez rapprocher les résultats de ceux qu'on aura recueillis au chef-lieu.

Dans le cas où il y aurait à faire, sur quelque point, des observations relatives aux écritures, aux monnaies ou valeurs de l'encaisse, en un mot, à la situation dans ses détails ou dans son ensemble, elles seraient consignées aux procès-verbaux avec assez de développement pour faire juger, sans incertitude, les faits qui auraient provoqué la censure.

Dans le cas aussi où la caisse courante renfermerait une encaisse surabondante, tout ce qui ne serait pas jugé nécessaire au service devrait immédiatement rentrer dans la caisse à trois clés.

Vous me transmettrez, aussi promptement qu'il vous sera possible, le procès-verbal dressé au chef-lieu et les procès-verbaux de vérification partielle. Vous y joindrez une situation d'espèces et valeurs, d'après la nouvelle forme qui vous a été indiquée par la quatrième direction, et le tout sera accompagné de votre avis personnel sur le service financier de la colonie.

Je recommande à votre zèle les dispositions de la présente.

Le Directeur des ports et arsenaux,

Signé JURIEN.

Arch. du gouvernement. Dép. ministér., n° 270.

N° 4110. — *Dépêche ministérielle au gouverneur administrateur sur l'organisation du régime sanitaire dans les colonies françaises* (Extrait.) (1).

7 octobre 1822.

Vous ferez provisoirement exécuter à la Martinique, autant que le comporteront les localités, la loi du 3 mars et l'ordonnance royale du 7 août; vous prendrez à cet égard les mesures les plus efficaces, et dans les modifications que la différence des lieux vous paraîtra motiver, vous n'admettrez aucune tolérance qui puisse compromettre en rien la santé publique.

Après ces premières dispositions, vous chargerez le conseil de santé de vous proposer, sous la forme réglementaire, les mesures définitives à adopter pour l'exécution, dans la colonie, du vœu de la loi et de l'ordonnance royale. Le projet de règlement préparé par le conseil de santé sera ensuite examiné et délibéré en conseil de gouvernement et d'administration, où vous appellerez des habitants, des négociants, le commandant de la station et quelques capitaines des navires du commerce français. Vous m'enverrez tous ces travaux avec un projet tel qu'il vous paraîtra y avoir lieu de l'adopter, et vous l'accompagnerez d'un rapport où sera consigné votre avis personnel sur les principales modifications dont les règles observées en France vous auront paru susceptibles.

Je vous recommande de porter l'attention la plus sérieuse dans ces matières. Vous avez à donner une direction vigilante et forte aux agents du service sanitaire et aux fonctionnaires qui en ont la surveillance.

L'indifférence devient un crime dès qu'elle compromet la vie des hommes, et dans de si chers intérêts le zèle le plus actif, la sollicitude la plus inquiète, sont au contraire des devoirs rigoureux. Ceux que vous avez à remplir ici n'ont pas besoin de vous être rappelés; vous en concevrez toute l'étendue, et vous les remplirez avec le dévouement qui vous distingue.

Recevez, etc.

Pour le Ministre de la marine et des colonies :
Le Directeur des ports et arsenaux,
Signé JURIEN.

Arch. du gouvernement. Dép. ministér., n° 272.

---

(1) Sont joints à cette dépêche, à titre de renseignement :
1° Deux projets de règlement relatifs au régime sanitaire dans les colonies ;
2° Une note de l'inspecteur général du service de santé de la marine, au sujet de la nouvelle législation.

N° 4111. — *Décision du gouverneur administrateur accordant aux sous-officiers et soldats qui se réengageront dans la colonie une haute paye acquittable à l'avance.*

9 octobre 1822.

Nous, etc.,

Considérant qu'il est d'un grand intérêt d'encourager les rengagements des soldats acclimatés dans la colonie ;

Considérant que si l'ordonnance royale du 9 juin 1821 sur les hautes payes aux sous-officiers et soldats de l'armée de terre n'en a accordé aucune acquittable à titre d'avance aux militaires non gradés, S. Exc. le Ministre de la marine et des colonies, en nous adressant ladite ordonnance, nous a autorisé à examiner si, dans l'application à en faire aux corps composant la garnison de la colonie, il serait nécessaire d'ajouter quelques avantages à ceux déjà offerts,

Avons décidé et décidons ce qui suit :

Art. 1er. Les soldats de toutes armes, dans la colonie, lorsqu'ils contracteront un rengagement de deux, trois ou quatre ans, recevront une haute paye acquittable à l'avance, en une seule fois et pour toute la durée du rengagement, calculée sur le pied de cinq francs par an.

Art. 2. Le commissaire général ordonnateur est chargé de tenir la main à l'exécution de la présente décision, qui sera enregistrée au contrôle.

Fort-Royal, le 9 octobre 1822.

Signé DONZELOT.

Inspection. Reg. 9, n° 46.

N° 4112. — *Décision du gouverneur administrateur qui accorde un troisième pantalon de toile blanche aux sous-officiers et soldats de la garnison.*

12 octobre 1822.

Arch. de l'ordonnateur. Ord. et déc., 1822, n° 60.

N° 4113. — *Ordonnance du roi sur les justifications à rapporter par les veuves et enfants des militaires qui réclameront une pension ou un secours en vertu de la loi du 17 août 1822.*

16 octobre 1822.

Louis, etc.,

Vu les articles 8 et 9 de la loi des finances du 17 août 1822, qui accordent, sous certaines conditions, des pensions ou secours aux veuves ou orphelins des militaires décédés postérieurement au 14 août 1814, en jouissance de la pension de retraite ou en possession de droits à cette pension;

Sur le rapport de notre ministre secrétaire d'État de la guerre,

De l'avis de notre ministre secrétaire d'État des finances,

Notre conseil d'État entendu,

Nous avons ordonné et ordonnons ce qui suit:

Art. 1er. Les veuves de militaires qui croiront avoir droit à la pension accordée par l'article 8 de la loi du 17 août 1822 justifieront de la manière suivante de la condition légale relative à la privation de moyens d'existence.

La veuve se présentera devant le juge de paix du canton où est situé son domicile légal; elle fera devant lui la déclaration de ses revenus à l'époque du décès de son mari, et joindra, à l'appui de sa déclaration, les extraits d'inventaires et autres documents authentiques qui peuvent servir à la vérifier.

Cette déclaration sera par elle affirmée sous la foi du serment, sous peine, en cas de fausse déclaration, de voir rayer la pension inscrite et d'être poursuivie en restitution des arrérages indûment perçus; le tout sans préjudice des peines plus graves prononcées par les lois.

Le juge de paix dressera procès-verbal de la déclaration et du serment, et y annexera les pièces à l'appui.

Art. 2. Les tuteurs des orphelins justifieront, de la même manière et sous les mêmes peines, des revenus de leurs pupilles à l'époque où se sont ouverts leurs droits à la pension, soit par le décès du père, soit par le décès ou l'incapacité légale de la mère.

Art. 3. Outre le procès-verbal du juge de paix et les pièces à l'appui, les demandes de pensions seront accompagnées des autres pièces indiquées dans les tableaux annexés à la présente ordonnance.

Art. 4. Les demandes de pensions et les pièces exigées par les articles précédents seront remises ou adressées par la veuve ou par le tuteur au sous-intendant militaire chargé du département où les réclamants ont leur domicile légal.

Le tout sera transmis à notre ministre secrétaire d'État de la guerre, avec les documents ou renseignements administratifs qui auront été demandés pour leur instruction.

Art. 5. Nos ministres secrétaires d'État au département de la guerre et des finances sont chargés, chacun en ce qui le concerne, de l'exécution de la présente ordonnance, qui sera insérée au *Bulletin des lois*.

Donné à Paris, le 16 octobre 1822.

Signé LOUIS.

Et par le Roi :

Le Maréchal, Ministre de la guerre,
DE BELLUNE.

Annales maritimes, 1822, p. 587.

Tableaux mentionnés en l'article 3.

1er TABLEAU.

Pièces à produire par les veuves et orphelins de militaires morts en jouissance de la pension de retraite.

OBSERVATIONS GÉNÉRALES. — Dans le cas où les pièces produites présenteraient des différences, soit dans l'orthographe des noms, soit dans l'ordre ou le nombre des prénoms, soit dans l'indication des dates et lieux de naissance, ces différences devront être expliquées dans un acte d'individualité fait, sur l'attestation de trois témoins au moins, devant une autorité administrative ou judiciaire, ou devant le sous-intendant.

A produire par les veuves :

A. Pétition apostillée par l'autorité civile, ou demande faite par cette autorité.

B. Acte de décès du militaire sur les droits duquel se fonde la demande.

C. Certificat du payeur, énonçant la quotité de la pension de retraite, l'époque du dernier payement de cette pension et le numéro de son inscription au trésor.

Si la pension s'est éteinte avant l'époque où l'inscription au trésor a été ordonnée par les lois, le certificat constatant la quotité et l'époque du dernier payement de cette pension sera délivré par le sous-intendant militaire chargé des archives du service des pensions militaires au compte du département de la guerre.

D. Acte de mariage.

E. Certificat du sous-intendant militaire constatant, d'après les déclarations qu'il aura reçues ou les documents qu'il aura consultés, l'époque de la cessation de l'activité du mari et l'absence de toute cause susceptible, aux termes de la législation en vigueur, d'emporter la perte du droit à la pension.

F. Certificat de non-divorce, délivré par l'autorité civile.

G. Procès-verbal du juge de paix constatant la déclaration des revenus, affirmée sous serment.

H. Acte de naissance de la veuve.

J. Actes de naissance des enfants existants (1).

K. Certificat de vie desdits enfants (2).

(1 et 2) Ces pièces ne sont nécessaires que dans le cas où le mariage n'aurait pas été antérieur de cinq années à la cessation d'activité du mari.

A produire par les orphelins :

Les pièces indiquées dans la nomenclature précédente, sous les timbres A, B, C, D, E, G, J et K.

La pièce H sera remplacée, sous le même timbre, par l'acte de décès de la mère.

NOTA. Dans le cas où la réclamation des enfants est motivée, non sur le décès de la mère, mais sur son incapacité à jouir de la pension, la pièce H doit consister en un certificat de l'autorité civile constatant la cause de cette incapacité.

2e TABLEAU.

Pièces à produire par les veuves et orphelins de militaires morts en possession des droits à la pension.

A produire par les veuves :

Les pièces indiquées dans la partie correspondante du premier tableau, sous les timbres A, B, D, E, F, G, H, J et K.

Les deux dernières ne seront nécessaires que dans le cas indiqué audit tableau.

La pièce C sera remplacée par une pièce justifiant que le militaire est mort en possession de droits à la pension de retraite.

A produire par les orphelins :

Les mêmes pièces que ci-dessus, à l'exception de celles indiquées sous les timbres F et H.

La pièce H sera remplacée comme il est dit au premier tableau.

3e TABLEAU.

Pièces à produire par les veuves et orphelins militaires, lorsque la pension est réclamée pour cause de services éminents.

A produire par les veuves :

Les pièces indiquées dans la partie correspondante du premier tableau sous les timbres A, B, D, E, F, G, H, J et K.

La pièce E devra constater, outre l'époque de la cessation de l'activité du mari, la durée de ses services effectifs.

La pièce C sera remplacée, sous le même timbre, par des certificats authentiques constatant le fait ou les faits sur lesquels repose la présomption de services éminents.

A produire par les orphelins :

Les mêmes pièces que ci-dessus, à l'exception de celles indiquées sous les timbres F et H.

La pièce H sera remplacée comme il est dit au premier tableau.

N° 4114. — *Ordre du jour du gouverneur administrateur, à la suite des événements de la nuit du* 12 *au* 13 *octobre* 1822, *dits* révolte du Carbet (1).

18 octobre 1822.

Le gouverneur et administrateur se fait un devoir de témoi-

---

(1) NOTA. 1° Les nègres de quelques habitations des hauteurs du Carbet s'étaient

gner son entière satisfaction aux gardes nationales de Saint-Pierre ainsi que du Carbet et du Prêcheur, dragons et infanterie, qui ont été mobilisées pour poursuivre les nègres esclaves révoltés dans la nuit du 12 au 13 sur les hauteurs du Carbet, et assassins de leurs maîtres.

Nous la témoignons particulièrement à la compagnie de canonniers pompiers, qui, malgré un service pénible et fatigant de quinze heures, a demandé à le continuer au lieu de prendre du repos.

Nous nous empressons d'exprimer aussi toute notre satisfaction aux dragons et aux cinq compagnies de gardes nationales du Fort-Royal, qui ont montré tant d'ardeur et d'empressement à courir sur le point où les crimes ont été commis afin de contribuer à la poursuite et à l'arrestation des révoltés et assassins. Toutes les compagnies des deux bataillons ont rivalisé de zèle et d'activité pour atteindre les coupables et méritent les plus grands éloges. Nous comptons sur leur persévérance pour l'arrestation de ceux, en petit nombre, de ces criminels qui resteront encore à capturer.

Nous invitons MM. les commandants de la Guigneraye et de Percin à nous faire connaître les officiers et gardes nationaux qui ont eu l'occasion de se distinguer plus particulièrement.

Il a été promis, d'après nos ordres, cent gourdes simples par tête de révoltés qui ont pris part à la rébellion et aux assassinats.

Nous offrons ici cent cinquante gourdes simples à celui ou ceux qui arrêteront ou feront arrêter les esclaves dénommés ci-après, savoir: *Narcisse*, à Mme Levignau, *Jean-Louis* et *Jean*, à M. Fizel, et *Banguio*, à M. Ganat.

Le présent sera mis à l'ordre des compagnies; nous ne pouvons le terminer sans assurer MM. de Percin et de Laguigneraye de notre satisfaction particulière pour l'activité qu'ils ont déployée dans la poursuite des révoltés et assassins qui ont osé porter une main sacrilége sur leurs maîtres.

Fort-Royal, 18 octobre 1822.

Signé DONZELOT.

Inspection. Reg. 9, n° 71.

---

insurgés, avaient assassiné deux de leurs maîtres et blessé sept autres personnes, dont deux de couleur libres.

2° Une ordonnance locale du 1er novembre suivant accorde des secours à diverses personnes victimes de l'attentat. (Mêmes archives.)

N° 4115. — *Décision du gouverneur administrateur qui règle les frais, personnel et matériel, du pilotage établi au port de Saint-Pierre.*

21 octobre 1822.

Nous, etc.,

Vu la dépense annuelle du service du pilote du port à Saint-Pierre, s'élevant à la somme de 13,563 francs ;

Vu la pétition du sieur Linemary, dit Lagarde, premier pilote du port à Saint-Pierre, et sa soumission à la date du 5 de ce mois, par laquelle il s'oblige, sous sa responsabilité et sous cautionnement, de faire son service moyennant des allocations qui procurent au trésor une économie de 3,063 francs par an ;

Vu le rapport de l'ordonnateur à ce sujet,

Avons décidé et décidons ce qui suit :

Art. 1er. Le sieur Linemary, dit Lagarde, premier pilote du port à Saint-Pierre, continuera à jouir du traitement annuel de trois mille francs, ci.	3,000f 00
Il lui sera alloué la somme annuelle de douze cents francs pour les salaires du second pilote.	1,200 00
Il lui sera payé annuellement, pour la solde de six canotiers, à raison de quarante francs l'un par mois, la somme de deux mille huit cent quatre-vingts francs par an, ci.	2,880 00
Plus, pour l'entretien de deux canots pour son service, la somme de cinq cents francs par an.	500 00
	7,580 00

Total de la somme annuelle accordée au sieur Linemary, dit Lagarde, premier pilote de Saint-Pierre, pour son service, s'élevant à la somme de sept mille cinq cent quatre-vingts francs.

Le sieur Linemary, dit Lagarde, recevra le payement de l'allocation de la somme susmentionnée de sept mille cinq cent quatre-vingts francs par douzième, de mois en mois, sur mandat expédié au chapitre premier, caisse royale.

Art. 2. Il lui sera délivré des magasins de la marine à Saint-Pierre sept rations de vivres par jour pour le second pilote et les canotiers.

Art. 3. Le sieur Linemary, dit Lagarde, aura le choix de son second pilote, mais il demeurera responsable par lui et sa caution des faits de ce second pilote en ce qui concerne le service ; il devra néanmoins le présenter à l'acceptation du capitaine de port.

Art. 4. Les deux canots pour le service du pilote, actuellement existants à Saint-Pierre, qui ont été fournis par le port, seront évalués à dire d'experts contradictoires et de tiers-expert au besoin, en présence d'une commission nommée par l'ordonnateur de la colonie, et le sieur Linemary, dit Lagarde, en versera le montant au trésor, lesdits canots devant rester à ses risques et périls et être entretenus et même remplacés au besoin par lui et à ses frais, ainsi que les agrès, apparaux, voiles, etc.

Art. 5. La présente décision aura son effet à compter du 1er novembre prochain, après que les sieurs Crevel et Cie, négociants à Saint-Pierre, se seront rendus cautions pour le sieur Linemary, dit Lagarde, et au bas de sa soumission, tant de la teneur de ladite soumission du 5 septembre dernier que des conditions de notre décision de ce jour.

Art. 6. L'ordonnateur de la colonie est chargé de l'exécution de la présente décision, dont copie sera envoyée par nous au capitaine de port à Saint-Pierre, pour qu'il ait à s'y conformer en ce qui le concerne; elle sera enregistrée au bureau des revues et au contrôle colonial.

Donné au Fort-Royal, le 21 octobre 1822.

Signé DONZELOT.

Inspection. Reg. 9, n° 69.

N° 4116. — *Décision du gouverneur administrateur qui met en régie jusqu'à la fin de l'année les places d'encanteur de Fort-Royal et de Saint-Pierre.*

23 octobre 1822.

Nous, etc.,

Attendu que les événements qui ont eu lieu dans le courant de ce mois à la Martinique n'ont pas permis de s'occuper de statuer sur le mode des fermages des encans de Saint-Pierre et du Fort-Royal, qui échoient aujourd'hui;

Considérant qu'il est des ventes qui ne peuvent être faites que par le ministère des encanteurs publics et que, pour ne pas préjudicier aux intérêts du commerce, il est nécessaire de prendre une mesure qui lève les difficultés résultant, pour lesdites ventes, de ne plus avoir d'encanteurs;

Vu notre décision du 19 février 1819, par laquelle il avait été établi que la moitié des droits accordés à l'encanteur du Fort-Royal, dans toutes les ventes faites par lui, serait versée dans la caisse royale, tous les mois et à la diligence du contrôleur colonial, et l'autre moitié lui serait allouée pour lui tenir lieu de vacations, frais de magasin et autres,

Avons ordonné et ordonnons ce qui suit :

Art. 1er. A compter de demain 24 du courant jusqu'au 31 décembre prochain inclus, le sieur Gérard, encanteur à Saint-Pierre, et le sieur Coquelin, encanteur au Fort-Royal, pourront continuer les fonctions qui leur sont attribuées par leur adjudication du 4 octobre 1819.

Art. 2. Ils seront tenus de verser dans la caisse royale, tous les mois, la moitié des émoluments et droits accordés à ces emplois, d'après l'état arrêté par le chef du bureau des fonds, en présence du contrôleur colonial, qui prendra les mesures qu'on jugera convenable tant pour assurer ces perceptions que pour la caution à faire fournir auxdits encanteurs pendant l'exercice de leurs fonctions, lesquelles cesseront à la fin de l'année courante, comme il vient d'être dit plus haut.

Art. 3. L'autre moitié desdits droits et émoluments sera allouée auxdits encanteurs pour leur tenir lieu de vacations, frais de magasin et tous autres.

Art. 4. Les registres de ventes seront paraphés par le contrôleur, et les encanteurs seront obligés d'y inscrire régulièrement toutes les espèces de ventes qu'ils auront effectuées, sous peine de mille francs d'amende au profit du trésor, et en outre de la restitution des droits dont aurait été privée la caisse par l'omission d'enregistrement desdites ventes.

Art. 5. L'ordonnateur de la colonie est chargé de surveiller l'exécution de la présente décision, qui sera enregistrée au contrôle et aux greffes, etc.

Donné au Fort-Royal, le 23 octobre 1822.

Signé DONZELOT.

Et plus bas :

GUILLAUME,

Secrétaire.

Greffe de la cour royale. Reg. 18. — Enregistré à la cour royale, 9 novembre 1822.

N° 4117. — *Décision du gouverneur administrateur qui autorise la transcription, aux frais du gouvernement, des registres*

dits d'enregistrement *du dépôt public du greffe de la cour royale* (1).

24 octobre 1822.

Vu la délibération de la cour royale, en date du 4 septembre 1822, d'après laquelle il résulte d'une visite ordonnée par elle des registres et papiers qui composent le dépôt public du greffe que, sur quatre-vingts registres rongés des vers et surtout des poux de bois, il s'en trouve quatorze, dits registres des enregistrements, et une vingtaine des causes civiles, des affaires criminelles et des arrêts sur rapports, qu'il est possible de renouveler en tout ou en partie par la transcription (2);

Considérant qu'il est de l'intérêt général de renouveler tout ce qu'il sera possible de transcrire des registres des enregistrements, où se trouvent les titres des familles, les ordonnances et les règlements à dater de 1712 jusqu'à l'époque actuelle; que quant aux registres dits des causes civiles, la cour trouve le moyen d'y suppléer par les plumitifs conservés au greffe en bon état; que d'ailleurs l'utilité de leur transcription ne compenserait point la dépense qu'elle occasionnerait;

Sur la demande qui nous a été faite par M. le procureur général,

Nous avons décidé et décidons ce qui suit:

Art. 1er. Les registres des enregistrements seulement, susdésignés seront transcrits aux frais du gouvernement par les soins du greffier de la cour royale et sous la surveillance de commissaires nommés par le président de la cour.

Art. 2. Il sera accordé à cet effet au greffier de la cour royale deux employés qui seront payés à raison de *deux cents francs* l'un, par mois, par le chapitre 7, dépenses imprévues, caisse royale; ce payement sera effectué sur état nominatif certifié par le greffier et visé par MM. les commissaires chargés de la surveillance de ce travail.

---

(1) Il est permis de douter, à voir l'état actuel de vétusté des registres d'enregistrement dont il s'agit, que la transcription autorisée ait eu lieu, ou bien il faut en conclure que vingt ou trente ans suffisent, aux colonies, pour l'anéantissement successif des dépôts publics.

(2) Par la même délibération, la cour, considérant l'urgence d'éloigner des archives du greffe une cause aussi active de destruction, avait ordonné le brûlement de tous les registres non susceptibles d'être conservés, et invité le procureur général à se retirer par devers le gouverneur à l'effet d'en obtenir les fonds nécessaires aux frais de la transcription demandée.

Art. 3. Il nous sera rendu compte, dans trois mois à dater de ce jour, de l'avancement de cette transcription, de la dépense qu'elle aura occasionnée et enfin de celle à laquelle elle pourra encore donner lieu jusqu'à son entier achèvement.

Art. 4. L'ordonnateur de la colonie est chargé de l'exécution de la présente décision, qui sera enregistrée au contrôle colonial.

Signé DONZELOT.

Arch. du gouvernement. Ord. et déc., n° 983.

N° 4118. — *Ordonnance du roi portant que désormais le corps des officiers de vaisseau sera désigné sous le titre de* corps royal de la marine.

25 octobre 1822.

Annales maritimes, t. 15, 1822, p. 600.

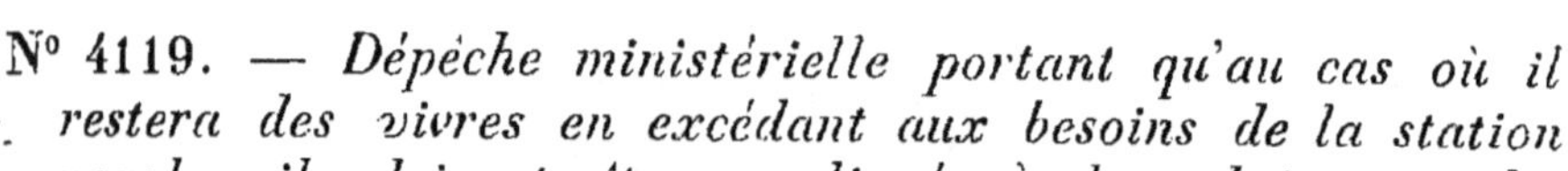

N° 4119. — *Dépêche ministérielle portant qu'au cas où il restera des vivres en excédant aux besoins de la station navale, ils doivent être appliqués à la subsistance des rationnaires.*

29 octobre 1822.

Nota. Une dépêche du 6 précédent avait ordonné de faire revenir ces excédants à Rochefort.

Arch. de l'ordonnateur. Dép., 1822, n° 137.

N° 4120. — *Ordonnance du gouverneur administrateur concernant la formation des dénombrements et recensements ainsi que les déclarations relatives aux maisons pour l'année* 1823.

31 octobre 1822.

Nota. Cette ordonnance renouvelle les dispositions des ordonnances des années précédentes sur le même sujet, sauf l'addition d'un article ainsi conçu :

Art. 9. Par suite encore des mêmes dispositions, dans toutes mutations de propriété d'esclaves, les notaires chargés d'en passer les actes seront tenus, sous leur responsabilité, de se faire représenter la feuille de dénombrement et de n'indiquer les noms et âges de ces esclaves que d'après cette feuille. Ils auront soin de vérifier la conformité de toute autre circonstance qu'indiquerait ladite feuille à l'égard de chaque sujet dénommé.

Journal de la Mart., 1822, n° 94.

N° 4121. — *Ordonnance du Roi portant organisation d'un corps royal d'artillerie et d'un corps d'infanterie de la marine destinés au service des ports de France et des colonies.* (Extrait.)

13 novembre 1822.

Art. 2. Le corps royal d'artillerie sera composé :

D'un régiment d'artillerie,

De cinq compagnies d'ouvriers,

De cinq compagnies d'apprentis canonniers,

Et du nombre d'officiers et employés militaires nécessaires, soit au service des forges et fonderies, soit à celui des directions établies dans les ports et dans les colonies.

Art. 3. Le régiment d'artillerie sera composé d'un état-major et de vingt-quatre compagnies.

Sa force totale sera de :

Officiers........................	117
Sous-officiers et soldats.........	1,950
Total..........	2,067 hommes.

Art. 15 et 25. Les compagnies d'ouvriers et d'apprentis canonniers sont réparties entre les cinq ports de Brest, Toulon, Rochefort, Lorient et Cherbourg.

Art. 33. Il y aura dans chacune des directions de la Martinique et de la Guadeloupe :

1 Directeur, lieutenant-colonel ou chef de bataillon;

1 Adjudant, capitaine en premier ou en second;

1 Capitaine en second ou un lieutenant en premier;

1 Garde d'artillerie de 2e ou de 3e classe;

1 Maître artificier;

1 Maître armurier.

Art. 38. Les deux régiments d'infanterie de marine seront composés, chacun, d'un état-major et de trois bataillons, et désignés par les numéros 1 et 2.

Chaque bataillon aura huit compagnies, dont une de grenadiers, une de voltigeurs et six de fusiliers.

La force de chaque régiment sera de :

Officiers	89
Sous-officiers et soldats	2,594
Total	2,683 hommes.

Arch. de l'artillerie et *Annales marit.*, 1822, page 606.

N° 4122. — *Arrêt définitif de la cour royale dans l'affaire dite* révolte du Carbet.

16 novembre 1822.

Nota. Sur un nombre de 45 accusés, tous esclaves :
19 sont condamnés à la peine de mort ;
10 à celle des galères perpétuelles ;
6 à celle du fouet ;
8 à celle d'assister à l'exécution.

Cet arrêt a été exécuté le 19 suivant.

Greffe de la cour royale.

N° 4123. — *Ordre du gouverneur administrateur pour la construction d'un bureau ambulant des douanes sur la place Bertin, à Saint-Pierre.*

24 novembre 1822.

Nota. Son objet étant d'établir une surveillance immédiate et permanente sur toute la rade.

Cette barraque devra avoir 6 pieds carrés sur 7 de hauteur. La dépense est évaluée à 600 francs.

Arch. du gouvernement. Ord. et déc., n° 1007.

N° 4124. — *Ordonnance du gouverneur et administrateur concernant l'ancien et le nouveau cimetière de la paroisse du Mouillage (Saint-Pierre).*

29 novembre 1822.

Nous, etc.,

Vu les ordonnances du gouvernement du 4 juillet 1816 et du 8 juillet 1819, ainsi que la délibération du comité paroissial du Mouillage, à Saint-Pierre, du 25 octobre 1816, relatives tant à l'ancien qu'au nouveau cimetière de cette paroisse ;

Vu le rapport qui nous a été fait de l'état des lieux par l'officier du génie chargé du service ;

Attendu que le nouveau cimetière est terminé, sauf quelques petits travaux qui seront promptement exécutés ; qu'il a été livré à la paroisse et mis à la disposition du curé et des marguilliers ; que M. le préfet apostolique l'a consacré, et qu'en conséquence il s'y fait des inhumations journalières, de même que dans le cimetière ancien ;

Considérant l'inconvenance et les inconvénients de ce dernier ordre de choses qui ne saurait être toléré plus longtemps,

Avons ordonné et ordonnons ce qui suit :

Art. 1er. Toute inhumation est désormais interdite dans l'ancien cimetière, qui, conformément à la délibération paroissiale précitée, devra être pavé de larges pierres, planté d'arbres et entouré d'une grille en fer sur un mur à hauteur d'appui.

Art. 2. Le comité paroissial devra, sous le délai d'un mois au plus tard, faire dresser le devis des dépenses relatives à l'ancien cimetière, pour qu'il lui soit délivré par le trésorier de la colonie, entre les mains des marguilliers, une somme suffisante sur le produit de la contribution paroissiale restant entre ses mains.

Art. 3. Les marguilliers préposeront immédiatement un homme sûr à la garde du nouveau cimetière, pour veiller à l'ouverture et clôture des portes, soit de l'entrée, soit de la chapelle, et en écarter les bestiaux et tout ce qui peut y être contraire à la décence comme à la propreté.

Ils tiendront la main au sarclage des grandes herbes ou des halliers, de manière à ce que, dans tous les temps, on puisse y circuler et s'en servir, sans être exposé au danger des serpents ou autres animaux venimeux.

Art. 4. L'officier du génie chargé du service fera enlever les débris de l'ancienne chapelle ; il emploiera les terrassiers qui sont sous ses ordres à niveler la rampe du boulevard au sud, à enlever les fondations des anciens murs de canaux qui encombrent l'intérieur, à planter des arbustes à fleurs en arrière du mur qui fait face à la place d'armes et des arbres convenables ou de forts arbustes à droite et à gauche de la rampe d'entrée, et à former sur le terrain les allées désignées sur le plan.

Art. 5. Il ne sera vendu, cédé, ni donné pour quelque cause que ce soit, sans l'autorisation du gouvernement, aucune portion de terrain dans l'intérieur des carrés de la partie inférieure du cimetière neuf, entre les murs de l'ouest et les rampes et murs de prolongement de la chapelle.

Les marguilliers pourront néanmoins, avec l'avis et du consentement de la commission paroissiale, concéder les banquettes placées entre les allées et les murs de clôture et de terrassement, et permettre que l'on applique des pierres sépulcrales contre les murs.

Il en sera de même pour le terrain des deux terrasses latérales de la chapelle et pour les caveaux, un desquels sera, toutefois, réservé pour les ecclésiastiques qui décéderaient dans la paroisse.

Art. 6. L'ordonnateur de la colonie est chargé de l'exécution de la présente ordonnance.

Fort-Royal, le 29 novembre 1822.

Signé DONZELOT.

Journal de la Mart., 1822, n° 97.

N° 4125. — *Arrêté du gouverneur administrateur concernant les souscriptions à ouvrir dans les paroisses de la colonie en faveur des victimes des événements du Carbet.*

6 décembre 1822.

Nous, etc.,

Considérant que la position digne d'intérêt des familles qui ont été particulièrement victimes de la révolte et des assassinats des hauteurs du Carbet a suggéré à plusieurs habitants notables l'idée généreuse de venir au secours de ces malheureuses familles, au moyen d'une souscription générale faite dans toute la colonie, et dont le produit leur serait destiné;

Voulant favoriser l'accomplissement d'un vœu aussi louable, et régulariser par les dispositions nécessaires le recouvrement et la distribution des deniers qui proviendront de ladite souscription,

Avons arrêté et arrêtons ce qui suit:

Art. 1er. Dans chaque paroisse de la colonie, il sera, par les soins du commissaire commandant, présenté aux divers habitants une feuille destinée à l'inscription des offrandes qu'ils seront disposés à faire pour les victimes des événements du Carbet.

Art. 2. Toutes ces feuilles, après avoir circulé le temps convenable, nous seront renvoyées par les soins des commissaires commandants des paroisses pour être transmises à la commission dont il est parlé ci-après.

Art. 3. Il sera nommé par nous une commission composée d'habitants notables, laquelle sera chargée tant des recouvrements du produit des souscriptions que de la distribution à en faire entre les habitants des hauteurs du Carbet qui ont le plus souffert, en ayant égard aux pertes qu'ils ont respectivement essuyées, à leurs charges, aux ressources qui peuvent leur rester, ainsi qu'à toutes autres circonstances susceptibles d'être prises en considération.

La répartition qui sera faite sera soumise à notre approbation.

Donné au Fort-Royal, le 6 décembre 1822.

Signé DONZELOT.

Journal de la Mart., 1822, n° 102.

N° 4126. — *Dépêche ministérielle au gouverneur administrateur relative aux règles nouvelles établies à l'effet de simplifier les formalités exigées pour le payement des traites relatives au service d'outre-mer.*

6 décembre 1822.

Le commerce m'a soumis, Monsieur, d'instantes représentations sur la complication des formalités exigées pour le payement des traites relatives au service d'outre-mer; et j'ai su moi-même que cet état de choses ayant motivé des demandes en augmentation de commission de la part des maisons de banque de la capitale, le contre-coup qui naturellement s'en est fait sentir sur les places de l'extérieur empêchait ces sortes de traites d'y atteindre le rang qu'elles doivent occuper parmi les effets négociables.

J'ai trop à cœur tout ce qui intéresse le crédit public et ce qui peut améliorer le service financier de mon département en particulier; je fais trop de cas enfin des vœux du commerce maritime, pour n'avoir pas examiné avec une sérieuse attention l'inconvénient dont il m'était rendu compte.

Il fallait en conférer avec le ministre des finances, je l'ai fait.

Mais, animés des mêmes dispositions, nous ne pouvions que nous entendre facilement sur ce point.

Je vous informe donc que nous avons, de concert, pris des mesures au moyen desquelles les traites émises pour le compte de la marine sur le payeur principal des ministères, en acquit des dépenses d'outre-mer, seront encaissées avec autant de simplicité, et sans plus d'entraves ni d'embarras, que les traites du commerce.

Le procédé sera exactement le même.

En effet, ces traites, présentées à la marine pour le visa d'acceptation, seront remises aussitôt après aux porteurs.

Et pour en recevoir ensuite le montant, il suffira de les envoyer au trésor le jour de l'échéance.

Ce nouveau mode recevra son exécution à partir du 1er janvier prochain.

Veuillez porter cette amélioration à la connaissance du commerce par toutes les voies que vous jugerez utiles et convenables.

Recevez, etc.

Le Ministre de la marine et des colonies,

Signé Le marquis DE CLERMONT-TONNERRE.

Arch. du gouvernement. Dép. ministér.

N° 4127. — *Ordonnance du roi en faveur des veuves des marins, ouvriers et autres non entretenus, employés sur les bâtiments du roi ou dans les arsenaux, et qui meurent dans les naufrages ou par suite d'accidents d'un service requis et commandé.*

11 décembre 1822.

Louis, etc.,

Sur le rapport de notre ministre secrétaire d'État de la marine et des colonies;

Vu la loi du 13 mai 1791 et le règlement y annexé;

Vu l'article 27 de l'arrêté du 11 fructidor an XI (27 août 1803),

Vu les articles 1 et 2 de notre ordonnance du 21 février 1816;

Ayant reconnu que, par le règlement annexé à la loi du 13 mai 1791, sur la fixation des demi-soldes et pensions des marins, ouvriers et autres agents non entretenus de la marine et de leurs veuves, il n'est rien statué quant aux veuves des hommes qui périssent dans les naufrages à bord de nos bâtiments ou par suite d'accidents résultant d'un service requis et commandé;

Voulant donner un égal appui et secours aux veuves des hommes qui ont trouvé la mort dans l'exercice de leurs fonctions par suite de leur dévouement ou de la fidèle exécution des ordres qu'ils ont reçus pour notre service,

Nous avons ordonné et ordonnons ce qui suit:

Art. 1er. Les veuves des marins, ouvriers et autres entretenus, employés sur nos bâtiments et dans nos arsenaux, morts par suite d'accidents résultant d'un service requis et commandé, soit à terre, soit à la mer, ou qui auraient péri dans un naufrage, obtiendront immédiatement et sans condition d'âge, quel que fût celui de leurs maris et le temps de leur service, la moitié de la pension ou demi-solde simple dont ces derniers auraient été susceptibles à raison de leur paye au service de l'État, s'ils eussent rempli les conditions d'âge et de service exigées par le règlement.

Il leur sera, en outre, accordé le traitement de deux ou trois francs par mois, suivant ladite paye, pour chacun de leurs enfants au-dessous de dix ans.

Art. 2. Les dispositions de la présente ordonnance seront appliquées aux veuves qui, se trouvant dans l'un des cas ci-dessus indiqués, n'ont pas encore obtenu de pension.

Art. 3. Notre ministre secrétaire d'État de la marine et des colonies est chargé de l'exécution de la présente ordonnance.

Donné à Paris, le 11 décembre 1822.

Signé LOUIS

Et par le Roi :

Le Ministre de la marine et des colonies,

Signé Le marquis DE CLERMONT TONNERRE.

Annales maritimes, 1823, p. 200.

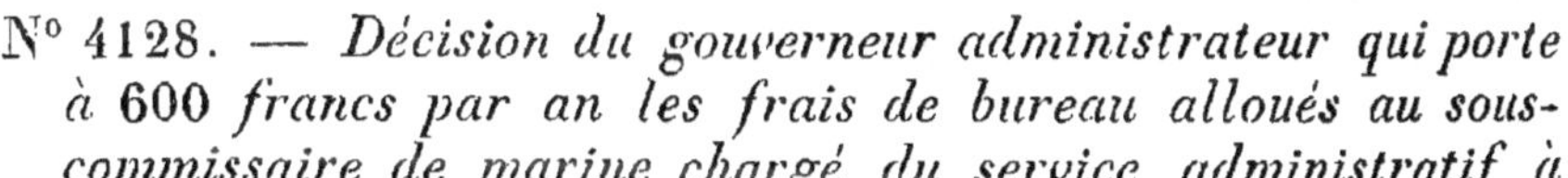

N° 4128. — *Décision du gouverneur administrateur qui porte à 600 francs par an les frais de bureau alloués au sous-commissaire de marine chargé du service administratif à Saint-Pierre.*

21 décembre 1822.

Arch. de l'ordonnateur., 1822, n° 55.

N° 4129. — *Ordonnance du roi concernant les formalités à remplir par les créanciers de l'arriéré antérieur à* 1816. (Extrait.)

25 décembre 1822.

Pour éviter la déchéance prononcée par l'article 5 de la loi du 17 août 1822, à défaut de déclaration dans les délais qu'elle a fixés.

Arch. de la direction de l'intérieur. Reg. 3, f° 37, et *Journal officiel*, 1823, n° 25.

N° 4130. — *Décision du gouverneur administrateur qui accorde un secours aux capitaines et officiers de seize navires du commerce français, jetés et brisés à la côte, en rade de Saint-Pierre, par le coup de vent du 19 décembre 1822.*

27 décembre 1822.

Nous, etc.,

Attendu que, par suite du coup de vent qui a eu lieu le 19 de ce mois, seize bâtiments des ports de France ont été jetés et brisés à la côte, en rade de Saint-Pierre;

Attendu qu'il résulte de ce malheureux événement que les capitaines, seconds et lieutenants desdits bâtiments ont perdu dans le naufrage presque tout ce qu'ils possédaient;

Vu les diverses demandes de secours qui nous ont été adressées par un grand nombre d'entre eux;

Attendu que, jusqu'à ce que l'on ait terminé les opérations fort longues du sauvetage, on ne peut être fixé sur la position dans laquelle sont placés non-seulement les officiers, mais encore les maîtres et matelots desdits bâtiments, en ce qui concerne la dépense qu'ils occasionneront et le remboursement à en faire;

Considérant néanmoins qu'il est urgent de venir au secours de ceux de ces officiers qui ont des besoins;

Considérant que les ordonnances n'ont pas prévu le cas où il serait nécessaire d'allouer des secours et qu'il n'a été statué que pour les frais de rapatriement et de subsistance, et que la ration accordée à chaque marin indistinctement ne peut suffire à des officiers à terre dans une colonie, où ils doivent même pourvoir au remplacement de leurs vêtements perdus,

Décidons ce qui suit:

Art. 1er. Il sera payé sur le budget des dépenses générales, exercice 1822, chapitre 7, à titre de secours remboursables par qui de droit et ainsi qu'il appartiendra, à chaque capitaine et officier provenant des bâtiments français naufragés à Saint-Pierre, une somme égale à un mois de leurs appointements fixés sur les rôles.

Art. 2. Le commissaire aux classes à Saint-Pierre établira l'état nominatif des capitaines et officiers qui devront recevoir ce secours, ainsi que le montant de la somme à payer, sur un mandat auquel sera jointe copie de la présente décision.

Art. 3. Il aura soin de faire connaître à MM. les membres du tribunal de première instance, représentant ici le tribunal de commerce, les sommes qui auront été payées aux capitaines et officiers des bâtiments dont le sauvetage est géré par ces derniers, de manière à ce que lesdits membres puissent faire comprendre dans la liquidation, s'il y a lieu, lesdites sommes pour en opérer le remboursemente au trésor.

Art. 4. L'Ordonnateur est chargé de l'exécution de la présente décision, qui sera enregistrée au contrôle.

Donné au Fort-Royal, le 27 décembre 1822.

Signé DONZELOT.

Inspection. Reg. 9, n° 251.

N° 4131. — *Décision du gouverneur administrateur qui porte à deux francs par cheval et par jour l'indemnité de fourrage à payer à chaque sous-officier et gendarme monté.*

28 décembre 1822.

Nous, etc.,

Considérant que l'indemnité d'un franc par jour et par cheval, accordée par notre ordonnance du 1er juillet 1821 aux sous-officiers et gendarmes montés de la compagnie de gendarmerie royale de la Martinique, est insuffisante pour la nourriture des chevaux et qu'elle est devenue à charge à ces cavaliers, ainsi que nous l'avons reconnu lors de notre revue d'inspection de ladite compagnie,

Avons décidé et décidons ce qui suit :

Art. 1er. L'indemnité de ration de fourrage est fixée à deux francs par jour et par cheval; cette indemnité sera payée sur ce taux à dater du 1er juillet 1822.

Art. 2. Le commissaire général ordonnateur est chargé de l'exécution de la présente décision, qui sera enregistrée au contrôle.

Fait au Fort-Royal, le 28 décembre 1822.

Signé DONZELOT.

Bureau des revues. Ord. et déc., 1822.

N° 4132. — *Décision du gouverneur administrateur relative au payement de l'indemnité de première mise d'habillement des militaires sortant de la ligne et incorporés dans la compagnie de gendarmerie royale.* (Extrait.)

28 décembre 1822.

Ce payement sera fait désormais, conformément à l'article 2 de l'ordonnance royale du 5 avril 1820, avec un quart de supplément en sus.

Bureau des revues. Ord. et déc., 1822, et arch. de la gendarmerie.

N° 4133. — *Ordonnance du gouverneur administrateur portant nouvelle organisation du personnel du service des douanes.*

28 décembre 1822.

Nous, etc.,

Vu le rapport du commissaire général ordonnateur, sur les propositions faites par l'inspecteur chargé des fonctions intérimaires de la direction des douanes, sur la composition du personnel des bureaux des douanes de la colonie,

Avons ordonné et ordonnons ce qui suit :

Art. 1er. L'emploi d'inspecteur à Saint-Pierre et ceux de brigadiers et de préposés des douanes dans toute l'étendue de l'île sont supprimés à compter du 31 décembre 1822 inclus.

Art. 2. A dater du 1er janvier 1823, le personnel des douanes est provisoirement fixé suivant le tableau approuvé par nous et annexé à la présente (1), et comprenant, par bureau, les grades, les noms des officiers et employés, les appointements et les allocations, dont le montant s'élève pour l'année à la somme de cent quarante mille trois cent quatre-vingts francs.

Art. 3. Quant au supplément de traitement éventuel qui peut être alloué au directeur jusqu'à la concurrence de neuf mille francs, selon que le service des douanes s'est fait avec ordre et exactitude, la première moitié ne sera payée que sur une décision que nous prendrons trimestriellement, et la seconde, sur laquelle S. Exc. le ministre secrétaire d'État de la marine et des colonies s'est réservé de prononcer, ne sera acquittée qu'en vertu des ordres qui nous seront transmis.

Art. 4. Le commissaire général ordonnateur de la colonie est chargé de l'exécution de la présente ordonnance, qui sera enregistrée au contrôle, ainsi que le tableau y annexé.

Donné au Fort-Royal, le 28 décembre 1822.

Signé DONZELOT.

Et plus bas:

GUILLAUME,

Secrétaire.

Inspection. Reg. 9, n° 210.

N° 4134. — *Décision du gouverneur administrateur concernant l'emploi des fonds de secours et de remonte alloués, d'après*

---

(1) Voir le tableau énoncé en l'art. 2, Arch. de l'inspection, reg. des ord. et déc., vol. 9, n° 210.

les ordonnances et dispositions ministérielles, à la gendarmerie royale de la Martinique (1).

31 décembre 1822.

Nous, etc.,

Vu l'ordonnance du roi en date du 10 octobre 1821, qui prescrit que la solde des sous-officiers et gendarmes ne sera plus passible des retenues annuelles affectées aux fonds de secours, et qui établit dans chaque compagnie de gendarmerie un abonnement de remonte et de secours à payer par le trésor;

Vu la lettre, en date du 13 février 1822, de S. Exc. le ministre secrétaire d'État de la marine et des colonies, par laquelle il nous ordonne de mettre ladite ordonnance à exécution, en ce qui concerne la compagnie de gendarmerie royale de la Martinique;

Considérant que la masse de secours retenue sur la solde des sous-officiers et gendarmes tant à cheval qu'à pied leur a été répartie à l'époque du 30 juin 1822, époque de notre revue d'inspection générale et de la vérification de la comptabilité, qui a été arrêtée au 1er juillet même année;

Considérant que ladite masse a supporté tous les frais de l'administration pendant les six premiers mois,

Avons décidé et décidons ce qui suit:

Art. 1er. La retenue sur la solde des sous-officiers et gendarmes en faveur des fonds de secours étant supprimée par ladite ordonnance royale et remplacée par un abonnement annuel, la compagnie de gendarmerie de la Martinique recevra, à dater du 1er juillet 1822, l'abonnement réglé par l'ordonnance de Sa Majesté pour la compagnie de la Seine, savoir:

Cinquante-cinq francs pour l'arme à cheval et trente-cinq francs pour l'arme à pied, et ce par an et par homme au complet de chaque brigade.

Art. 2. Cet abonnement sera divisé:

1° En fonds de secours ordinaires, composé d'une somme annuelle de vingt francs par homme au complet, et dont portion, jusqu'à la concurrence du tiers du produit, sera affectée aux dépenses administratives de la compagnie;

2° En fonds d'entretien et de remonte, dont l'emploi n'aura lieu, en vertu de l'autorisation qui nous a été donnée par

(1) Cette décision est prise conformément aux instructions contenues dans une dépêche ministérielle du 13 février précédent, basée elle-même sur l'exécution nécessaire de l'ordonnance du roi du 10 octobre 1821.

S. Exc. le Ministre de la marine et des colonies, que sur nos décisions spéciales, d'après les demandes du conseil d'administration et les propositions du commandant de la compagnie.

Art. 3. Le commissaire général ordonnateur est chargé de l'exécution de la présente décision, qui sera enregistrée au contrôle.

Donné au Fort-Royal, le 31 décembre 1822.

Signé DONZELOT.

Arch. du gouvernement. Ord. et déc., n° 1036.

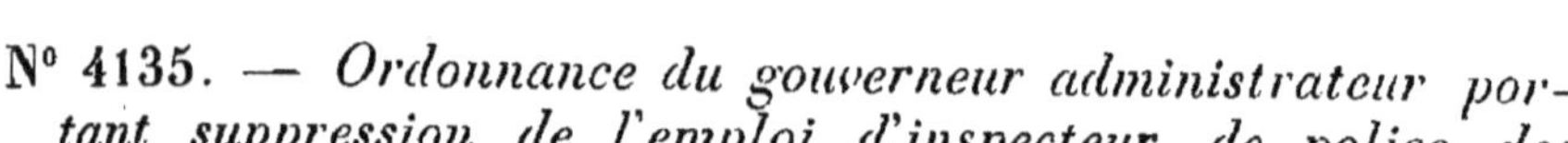

N° 4135. — *Ordonnance du gouverneur administrateur portant suppression de l'emploi d'inspecteur de police des campagnes.*

31 décembre 1822.

Arch. du gouvernement. Ord. et déc.

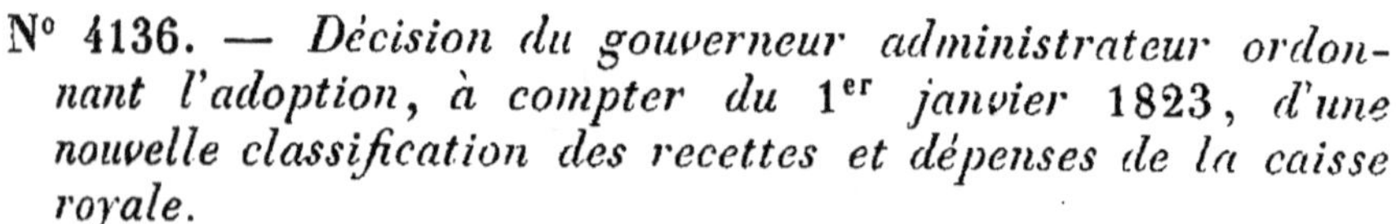

N° 4136. — *Décision du gouverneur administrateur ordonnant l'adoption, à compter du 1er janvier 1823, d'une nouvelle classification des recettes et dépenses de la caisse royale.*

31 décembre 1822.

NOTA. Conformément à une dépêche ministérielle du 28 juin 1822 portant envoi du budget de 1823, indicatif de cette nouvelle classification.

Bureau des approvisionnements. Ord. et déc.

N° 4137. — *Note sur la bière en usage à Terre-Neuve et obtenue de la décoction d'un sapin de ce pays, de l'espèce nommée* Spruce.

Année 1822.

Annales maritimes, 1823, 2e partie, t. 2, p. 235.

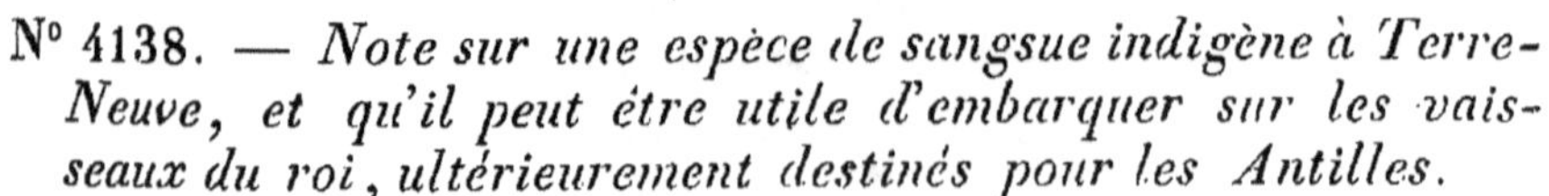

N° 4138. — *Note sur une espèce de sangsue indigène à Terre-Neuve, et qu'il peut être utile d'embarquer sur les vaisseaux du roi, ultérieurement destinés pour les Antilles.*

Année 1822.

Annales maritimes, 1822, 2e partie, t. 2, p. 561.

N° 4139. — *Mémoire sur la fièvre jaune observée aux Antilles et sur les vaisseaux du roi, considérée principalement sous le rapport de sa transmission, par M. Keraudren, inspecteur général du service de santé de la marine.*

Année 1822.

Annales maritimes, 2e partie, t. 1, p. 417.

N° 4140. — *Décision du gouverneur administrateur portant que les sept brigades à pied de la gendarmerie sont supprimées et incorporées dans les brigades à cheval.*

1er janvier 1823.

Nous, etc.,

Considérant que la répartition des brigades de la compagnie de gendarmerie royale de la Martinique en brigades à cheval et à pied est nuisible au service, en ce que lorsque les gendarmes à cheval sont malades les chevaux restent sans cavaliers, et que cet inconvénient se fait encore plus sentir lorsqu'ils meurent dans les hôpitaux des maladies dont ils sont atteints;

Considérant en outre que, pour avoir les chevaux constamment montés et des cavaliers pour les soigner et panser, les brigades à pied doivent être supprimées, considérées et instruites comme les brigades à cheval,

Avons ordonné et ordonnons provisoirement, sauf l'approbation de Sa Majesté, ce qui suit:

Art. 1er. Les sept brigades de gendarmerie à pied sont supprimées. Elles sont incorporées dans les brigades à cheval à dater du 1er janvier 1823. Cette incorporation sera constatée par un procès-verbal du commissaire aux revues.

Art. 2. Les sabres et gibernes de gendarmerie à pied seront versés à l'arsenal de l'artillerie. Les gibernes appartenant aux gendarmes seront estimées, et le montant revenant à chaque homme lui sera payé et versé à sa masse. Il sera en conséquence dressé par le commissaire aux revues un procès-verbal d'estimation. Les baudriers et porte-gibernes resteront à la compagnie pour être adaptés à des gibernes de cavalerie.

Art. 3. Le commissaire ordonnateur est chargé, etc.

Donné au Fort-Royal, le 1er janvier 1823.

Signé DONZELOT.

Arch. de la gendarmerie.

N° 4141. — *Circulaire ministérielle prescrivant de comparer, avant tout envoi au ministre, l'état nominatif qui doit accompagner les extraits mortuaires des militaires décédés dans les hôpitaux des colonies avec les registres matricules des corps.*

22 janvier 1823.

MOTIF. Afin de reconnaître les erreurs qui pourraient avoir été commises et de permettre de rectifier, suivant qu'il y aura lieu, les actes de décès et les registres des hôpitaux.

Arch. de l'ordonnateur. Dép., 1823, n° 183.

N° 4142. — *Arrêté du gouverneur administrateur portant création d'un comité de dégrèvement.*

23 janvier 1823.

Nous, etc.,

Considérant qu'il est nécessaire de statuer sur les diverses demandes en dégrèvement pour cause d'indigence faites dans le cours de l'année dernière, et d'après lesquelles nous avons autorisé le trésorier à suspendre les poursuites en attendant décision;

Considérant en outre qu'il existe un très-grand nombre d'anciennes quittances d'impositions arriérées au nom d'individus qu'on n'a encore pu retrouver, ou dont la position et les ressources ne sont pas suffisamment connues, et qu'il convient d'adopter une mesure au moyen de laquelle les non-valeurs soient promptement déterminées et les recouvrements possibles effectués,

Avons arrêté et arrêtons ce qui suit :

Art. 1er. Il sera établi au Fort-Royal et à Saint-Pierre, et dans les autres paroisses de la colonie, des comités chargés de donner leur avis sur les demandes en dégrèvement pour cause d'indigence.

Dans les deux villes, ces comités seront composés comme suit, savoir :

Au Fort-Royal.

Le commissaire commandant de la paroisse, président ;

Deux membres du bureau de bienfaisance ;

Deux propriétaires des plus fort taxés sur les rôles, non membres dudit bureau ;

Le chef du bureau du domaine;
Le préposé du trésorier
Et le contrôleur.

A Saint-Pierre.

Les commissaires commandant les deux paroisses, le plus ancien présidant;
Deux membres de chaque bureau de bienfaisance;
Deux propriétaires des plus fort taxés sur les rôles, dans chaque paroisse, non membres desdits bureaux;
Le chef du bureau du domaine;
Le trésorier
Et le sous-contrôleur.

Dans les autres paroisses de la colonie, le bureau de bienfaisance, s'il y en a un, se formera en comité spécial, auquel seront appelés deux propriétaires résidants des plus fort taxés sur les rôles.

S'il n'y a pas de bureau de bienfaisance, le comité sera composé du commissaire commandant, du curé et de trois propriétaires résidants des plus fort taxés sur les rôles; et, à défaut de curé, le commissaire commandant pourra se faire assister de l'officier de l'état civil ou du notaire du lieu.

Enfin, dans les paroisses n'ayant pas plus de cent esclaves payant la capitation des villes et bourgs, ce comité pourra n'être que de trois membres.

Dans les bourgs et campagnes, les préposés du domaine et du trésor assisteront aux séances des comités, lorsque leur service le leur permettra, sans que leur absence pour cause d'empêchement puisse arrêter les opérations desdits comités.

Art. 2. Les demandes en dégrèvement pour cause d'indigence qui ont été faites dans le cours de l'année dernière, par des habitants des paroisses du Fort-Royal et de Saint-Pierre, et à l'égard desquelles il reste à prononcer, seront soumises aux comités établis dans ces villes, lesquels donneront leur avis sur chacune d'elles.

Quant aux demandes semblables faites par des contribuables des autres paroisses de la colonie, il en sera dressé des états par paroisse, par le bureau du domaine, sur les pétitions des réclamants, qui lui seront communiquées par le trésorier ou ses préposés, chez lesquels elles ont été renvoyées pour faire suspendre les poursuites jusqu'à décision. Le directeur de l'intérieur transmettra aux commissaires commandants lesdits états, sur lesquels les comités énonceront leur avis motivé, en regard du nom de chaque contribuable.

C'est d'après les renseignements et avis donnés par les comités que nous statuerons en connaissance de cause sur les demandes en dégrèvement.

Art. 3. Nous recommandons, en tant que de besoin, aux comités de mettre dans le travail qui leur est confié la plus scrupuleuse exactitude, de graduer en raison de l'indigence réelle des réclamants les propositions de dégrèvements partiels, et surtout de n'indiquer comme susceptibles d'obtenir une exemption totale que les contribuables qui seraient positivement dans un état d'indigence absolue.

Art. 4. Les comités des villes du Fort-Royal et de Saint-Pierre sont aussi chargés d'examiner toutes les quittances d'impositions arriérées au nom de contribuables que l'administration n'a pu retrouver ou dont les moyens ne sont pas suffisamment connus.

Au fur et à mesure de l'examen desdites quittances, il sera dressé un état de celles relatives à des individus sur lesquels le comité pourra donner un avis positif et motivé, état qui indiquera, suivant qu'il y aura lieu, l'existence et la position de chaque contribuable, s'il est absent de la colonie et par qui il est représenté, ou mort, et quels sont ses ayants cause, enfin s'il paraît convenable de passer en non-valeur la quittance dudit contribuable, ou bien d'en poursuivre le recouvrement partiel ou intégral.

Quant aux quittances à l'égard desquelles le comité n'aura pu émettre aucune opinion, à défaut de renseignements suffisants, le trésorier en fera ultérieurement dresser des états partiels, qui seront transmis aux commissaires commandants des paroisses et aux procureurs du roi des arrondissements, pour faire faire les perquisitions qui pourraient conduire à la découverte des redevables ou de leurs représentants ou ayants cause.

Art. 5. Le commissaire général ordonnateur est chargé de tenir la main à l'exécution du présent arrêté, qui sera enregistré au contrôle.

Donné au Fort-Royal, le 23 janvier 1823.

Signé DONZELOT.

Et plus bas :

GUILLAUME,

Secrétaire.

Inspection. Reg. 9, n° 529.

N° 4143. — *Règlement ministériel sur l'uniforme des officiers de santé de la marine.*

1er février 1823.

Annales maritimes, 1823, 1re partie, p. 335.

N° 4144. — *Instructions du procureur général sur le mode d'exécution de l'ordonnance locale du* 18 *août* 1822 *relative à la comptabilité des fabriques.*

2 février 1823.

Le désordre toujours croissant dans la comptabilité de la plupart des paroisses de cette colonie avait rendu nécessaire l'ordonnance du 18 août 1822.

Le 22 du mois de septembre dernier, une assemblée convoquée pour chaque paroisse devait procéder à la nomination de commissaires pour vérifier et régler tous les comptes arriérés; l'état des dettes tant actives que passives des fabriques devait être dressé et envoyé, comme le prescrit l'article 4, au procureur général.

Mais l'ordonnance du 18 août n'a reçu qu'une exécution partielle et imparfaite. Beaucoup de paroisses sont en retard; plusieurs de celles qui ont fourni des états n'ont pas suivi les formes nécessaires.

Nous croyons donc, dans l'intérêt de l'ordre public et des redevables eux-mêmes, devoir inviter MM. les commissaires civils et marguilliers en charge, dans les paroisses qui n'ont pas satisfait au vœu de l'ordonnance sur la comptabilité des fabriques, à provoquer dans le plus bref délai l'assemblée voulue par l'article 1er. Nous leur recommandons en outre de se conformer à la présente instruction, qui évitera des interprétations contradictoires de la lettre de ladite ordonnance.

1° Les commissaires, nommés comme en l'article 1er, se feront représenter, conjointement avec le marguillier en charge, si la chose n'est déjà faite, tous les comptes qui n'auront pas été définitivement apurés par le payement des reliquats; ils examineront si toutes les diligences voulues ont été faites contre les débiteurs en retard et se feront rendre compte par les marguilliers qui n'ont pas justifié de leur gestion; ils se conformeront pour cela aux articles 2 et 3 de l'ordonnance.

2° Ils dresseront et signeront un procès-verbal constatant l'état de tous les comptes qu'ils auront vérifiés et y annexeront un tableau de toutes les dettes actives et passives de la fabrique, en ayant soin de classer ensemble tout ce qui sera dû par le même individu à divers titres. Lorsque le débiteur primitif sera décédé, le nom de ses héritiers, leur nombre et leur domicile seront désignés avec exactitude. Un double du procès-verbal et du tableau, signé du commissaire et du marguillier en charge, sera transmis par ce dernier au procureur général.

3° Le marguillier en charge se conformera avec soin à l'article 5 de l'ordonnance, et, pour constater la date de la sommation aux débiteurs, il devra faire afficher à la porte de l'église paroissiale un avis général, et pourra le faire publier au prône pendant trois dimanches consécutifs (articles 5 et 6).

4° Faute par les débiteurs d'avoir payé dans les trois mois à partir de l'affiche, ils y seront contraints d'après le vœu de l'article 6. Le marguillier en charge aura soin, en rendant compte au procureur général de l'inutilité de ses diligences, de relater la date de l'affiche à la principale porte de l'église.

5° Le but de l'ordonnance étant de faire connaître la situation de toutes les fabriques de la colonie, les paroisses mêmes dont la comptabilité est parfaitement en règle devront envoyer au procureur général un procès-verbal signé de commissaires nommés comme en l'article 1er, constatant qu'il n'y a point d'arriéré, ni à l'actif ni au passif, et que les comptes sont conformes à la loi.

Les marguilliers en charge sont responsables de l'exécution de l'ordonnance du 18 août dernier, d'après l'article 9 de ladite ordonnance, et les articles 11, 12 et 14 de celle du 24 novembre 1781. Nous leur recommandons de nous envoyer dans le plus court délai l'état des dettes de leurs fabriques respectives, et nous engageons les débiteurs en retard à se libérer promptement entre les mains desdits marguilliers et à ne pas attendre que des poursuites, toujours coûteuses et auxquelles ils ne pourront échapper, soient dirigées contre eux.

Fait à Saint-Pierre, le 2 février 1823.

Le Procureur général p. i.,
Signé RICHARD DE LUCY.

Journal officiel, 1823, n° 10.

N° 4145. — *Ordonnance du roi qui détermine une nouvelle*

composition des rations en usage dans le département de la marine (1).

5 février 1823.

Louis, etc.,

Considérant que depuis le décret du 13 janvier 1806, relatif à la composition des rations en usage dans le département de la marine, quelques-unes de ces rations ont subi diverses modifications provisoires qu'il est nécessaire de régulariser;

Voulant d'ailleurs donner aux marins embarqués sur nos bâtiments un témoignage de notre bienveillance, en améliorant encore essentiellement leur ration et en leur procurant une nourriture plus favorable à leur santé;

Sur le rapport de notre ministre secrétaire d'État de la marine et des colonies,

Nous avons ordonné et ordonnons ce qui suit:

Art. 1er. A partir du 1er avril 1823, les diverses espèces de rations qui se consomment dans le service de la marine seront composées conformément au règlement ci-joint.

Art. 2. Les quantités de bois et de charbon de terre à embarquer pour la cuisson des aliments des marins seront délivrées dans les proportions indiquées par le même règlement.

Art. 3. Les suppléments ou allocations extraordinaires qui pourront avoir lieu à bord de nos bâtiments à la mer, pour préserver les équipages de l'influence des changements de climats, ou pour toute autre cause, ne pourront excéder les quantités fixées par le susdit règlement.

Art. 4. Les dispositions prescrites par le décret du 13 janvier 1806 et les décisions postérieures continueront à être exécutées jusqu'au 31 mars 1823 inclusivement (2).

---

(1) Voir la circulaire ministérielle d'envoi aux ports, du 10 mars 1823, explicative. Voir aussi le règlement, approuvé par le roi, joint à l'ordonnance et daté du même jour. Archives du gouvernement, dépêche ministérielle n° 39, ou *Annales maritimes*, 1823, pages 299 et 310, et enfin la lettre ministérielle d'envoi aux colonies, du 28 mars 1823, au présent code, n° 4157.

(2) On verra dans la circulaire ministérielle d'envoi (10 mars 1823), qui accompagne l'envoi de cette ordonnance et du règlement y annexé, qu'une seule espèce de ration, quelquefois en usage dans le département de la marine, n'a été comprise ni dans le décret du 13 janvier 1806 ni dans le présent règlement: c'est celle qui se délivre [illegible] troupes de marine détachées sur les batteries. Comme le ministre prescrit de [illegible] conformer, lorsque le cas se présentera, au règlement

Art. 5. Notre ministre secrétaire d'État de la marine et des colonies est chargé de l'exécution de la présente ordonnance.

Donné à Paris, le 5 février 1823.

Signé LOUIS.

Et par le roi :

Le Ministre de la marine et des colonies,
Signé Marquis DE CLERMONT-TONNERRE.

Annales maritimes, 1823, p. 297.

N° 4146. — *Lettre du Ministre relative aux congés de convalescence réclamés par les officiers et employés des colonies.*

19 février 1823.

Il m'a été adressé de quelques colonies de justes observations sur les inconvénients qui résultent, pour le service, de ce que les cadres d'officiers et employés civils et militaires restent quelquefois un assez longtemps incomplets par suite de décès, de maladie, de congés, etc.

Lorsque des emplois seront vacants et que vous m'aurez fait parvenir des mémoires de proposition en règle, je pourvoirai à ce que les remplacements soient effectués dans le plus bref délai possible.

Mais une autre cause des inconvénients qui m'ont été signalés se trouve dans la trop grande facilité avec laquelle on accorde, en général dans les colonies, des congés de convalescence portant autorisation de repasser en France. Cet abus, outre qu'il est nuisible au bon ordre du service, fait naître d'inutiles dépenses de passage; il importe de le faire cesser.

Les officiers et employés qui passent des colonies en France pour cause de santé y reçoivent d'ailleurs, d'après l'arrêté du gouvernement du 27 thermidor au VII (14 août 1799), qui est encore en vigueur, la totalité de leur traitement sur le pied d'Europe, tandis que les officiers et employés appartenant au service

---

du département de la guerre, pour la composition de la ration des troupes en campagne, on ne croit pas inutile de la donner ici.

RATION DE TROUPES EN CAMPAGNE, PAR HOMME :

Pain frais	750	grammes.
Viande fraîche	250	*idem.*
Légumes secs	60	*idem.*
Sel	1/60	de kilogr.
Bois	0 st. 004.	

de la France continentale n'ont droit, en congé de convalescence, qu'à une demi-solde. Il est juste, sans doute, que des salariés du gouvernement qui ont contracté aux colonies de ces maladies qui tiennent au climat, et dont la guérison exige, avec des soins tout particuliers, un traitement long et coûteux, soient mis à portée de pourvoir à ces dépenses pendant leur séjour en France; mais rien ne justifierait une pareille faveur pour des officiers qui, atteints de maladies légères ou étant convalescents, peuvent obtenir leur guérison dans la colonie même où ils sont employés. Ces derniers, lorsque pour leurs convenances personnelles ils désirent revenir en France, se trouvent dans le cas de ceux qui réclament des congés pour affaires particulières, congés qui sont toujours sans solde et qui ne doivent être accordés que fort rarement et dans la limite des besoins du service.

Je vous recommande très-expressément de ne délivrer, à l'avenir, de congé de convalescence pour France que lorsqu'il aura été bien et dûment constaté, non pas par un seul médecin ou chirurgien, mais par le conseil de santé de la colonie, que les officiers ou employés qui les réclament ont absolument besoin de venir en France pour se rétablir. L'indispensable nécessité du changement de climat devra être exprimée dans les certificats du conseil de santé annexés aux congés provisoires que vous accorderez.

Vous voudrez bien m'accuser réception de la présente dépêche et tenir rigoureusement la main à l'exécution des dispositions qu'elle vous prescrit.

Recevez, etc.

Le Ministre de la marine et des colonies,
Signé Marquis DE CLERMONT-TONNERRE.

Annales maritimes, 1823, p. 555.

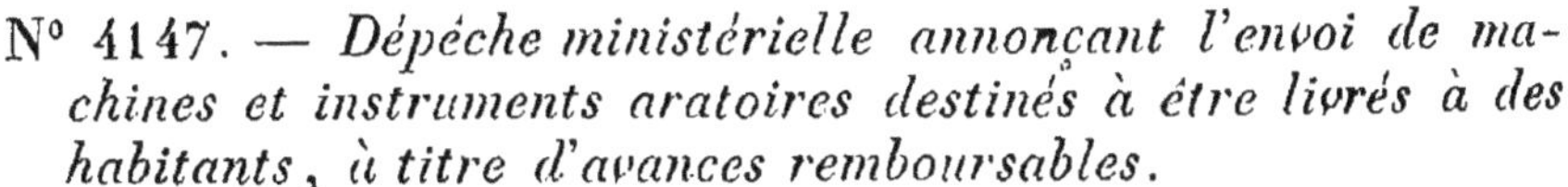

N° 4147. — *Dépêche ministérielle annonçant l'envoi de machines et instruments aratoires destinés à être livrés à des habitants, à titre d'avances remboursables.*

19 février 1823.

Monsieur le Comte, je vous fais expédier plusieurs machines et instruments aratoires qui ont été construits à Paris par les soins de M. le directeur du Conservatoire des arts et métiers, et dont la note ci-jointe indique l'espèce, le nombre et la valeur.

La dépense occasionnée par cet envoi ne sera point à la charge de la colonie ; j'ai pu y affecter d'autres fonds.

Les machines et instruments dont il s'agit étant destinés à servir de modèles, vous voudrez bien, lorsqu'ils vous seront parvenus, les faire soumettre à des expériences dont un procès-verbal circonstancié me sera renvoyé. Vous y joindrez votre avis sur les perfectionnements dont lesdits modèles paraîtraient susceptibles.

Dans le cas où des habitants voudraient acquérir quelques-uns de ces objets, je vous autorise à les leur délivrer, à la condition, par eux, d'en rembourser la valeur dans le délai d'une année. Les sommes qui seront recouvrées à l'expiration de ce terme seront employées à de nouveaux achats de machines ou d'instruments semblables ou de toute autre espèce, auxquels on donnera successivement pareille destination.

Vous apprécierez facilement l'avantage de cette disposition, dont le but est d'introduire et de propager dans la colonie les divers procédés qui peuvent diminuer les travaux de la culture et améliorer les produits. Je ne doute pas que les colons n'y voient aussi une nouvelle preuve de la constante sollicitude du gouvernement pour leur prospérité.

Je vous prie de vouloir bien m'accuser réception des objets que je vous annonce aussitôt qu'ils vous seront parvenus, et de m'indiquer ultérieurement l'emploi que vous en aurez fait.

Recevez, etc.

Le Ministre de la marine et des colonies,

Signé Marquis DE CLERMONT-TONNERRE.

NOTA. Nature et prix des objets annoncés par la dépêche qui précède :

1 Moulin à égrener le coton	1,400f 00
1 Moulin à café	1,000 00
1 Râpe mécanique pour le manioc	1,100 00
1 Presse *idem*	1,500 00
1 Araire léger	225 00
1 Sarcloir à attelage	150 00
5 Éperons à planter	25 00
1 Charrue de Garneron	250 00
1 Herse à deux rangs de dents	125 00
1 Moulin à manége	1,000 00

Arch. de l'ordonnateur. Dép., 1823, n° 32.

N° 4148. — *Dépêche ministérielle annonçant au gouverneur administrateur l'envoi de graines et plants du manioc non vénéneux de Bourbon, pour être naturalisé et propagé à la Martinique.*

19 février 1823.

NOTA. 1. Où il peut devenir, est-il dit, de la plus grande utilité.

2. Ce manioc a, sur celui des Antilles, l'avantage d'être rendu comestible sans qu'il soit besoin d'en extraire l'eau.

Arch. du gouvernement. Dép. ministér., n° 47.

N° 4149. — *Arrêté du gouverneur administrateur interprétatif de l'ordonnance du roi du* 15 *octobre* 1786, *relative aux procureurs et aux économes gérants* (1).

24 février 1823.

Nous, etc.,

Vu la dépêche ministérielle en date du 23 octobre 1822, ayant sous son pli le rapport d'une commission spéciale chargée par S. Exc. le ministre de la marine et des colonies d'examiner diverses questions relatives à l'exécution de l'ordonnance royale du 15 octobre 1786, concernant les procureurs et économes gérants des habitations situées dans les îles du Vent, savoir :

1° Le code civil a-t-il ou non détruit le privilége accordé aux géreurs sortants par l'ordonnance du roi du 15 octobre 1786, en ce qui concerne la faculté d'être payés sur les premiers produits de l'habitation de ce qui peut leur être dû par le propriétaire, après règlement de compte d'après les formes établies par ladite ordonnance ?

2° Lorsque des habitations sont comprises dans des successions non appréhendées et administrées par de simples curateurs et lorsque les gérants sont remplacés et qu'après avoir rendu leur compte de gestion il se trouve leur être dû par les successions, quelles mesures sont à employer pour faire payer, en ce cas, le géreur sortant ?

3° Lorsqu'un colon propriétaire, ou un gérant, invoque ladite

---

(1) La jurisprudence de cet arrêté a été consacrée par arrêts de la cour royale de la Martinique des 11 mars 1826 et 11 août 183..

ordonnance, pour les comptes de ce dernier être examinés, arrêtés et jugés par sentence arbitrale, et lorsqu'il est fait appel à la cour spéciale, quelle est l'autorité chargée de mettre à exécution l'arrêt rendu par elle, pour le cas de la deuxième question?

4° Enfin, lorsqu'il résulte de l'exécution-saisie des incidents entre les parties, la connaissance doit-elle en être portée audit tribunal, ou à la cour spéciale qui en a rendu l'arrêt?

Vu l'avis de la susdite commission, lequel a été adopté par S. Exc. M. le marquis de Clermont-Tonnerre, pair de France, etc;

Vu l'ordonnance royale du 15 octobre 1786;

Vu enfin le code civil et les lois sur la procédure;

Considérant que les colonies sont régies par des lois et des règlements particuliers; que l'article 78 de la charte renferme une disposition formelle à cet égard; que le code civil est une loi générale dont la publication dans les colonies n'a pu porter atteinte à la législation spéciale établie pour chacune d'elles et nécessaire à leur conservation; que le privilége résultant de l'article 10 du titre IV de l'ordonnance du 15 octobre 1786 est fondé sur le véritable intérêt des colonies; que le code civil lui-même reconnaît implicitement ce privilége, puisque l'article 2102, n° 3, comprend parmi les frais privilégiés ceux qui ont eu lieu pour la conservation de la chose;

Considérant qu'une succession coloniale, non appréhendée, mais administrée par un curateur nommé judiciairement sur la demande des ayants droit, ne peut être réputée vacante; que le régisseur sortant d'une habitation dépendant de cette succession conserve tous les droits qui lui sont attribués par l'article 10 susmentionné contre le propriétaire ou son représentant; que le gouverneur toutefois ne doit prononcer la peine, aux termes du même article, qu'après avoir vérifié la demande et s'être assuré si le retard du payement procède du fait de celui dont on se plaint;

Qu'il est d'autant plus juste de conserver au régisseur sortant toute la garantie de son payement que, dans le cas où il serait reconnu débiteur, la contrainte, aux termes de l'article 13, est immédiatement exercée contre lui, sans que le gouverneur ait à en examiner le mérite;

Considérant que les commissaires arbitres, chargés par la susdite ordonnance de 1786 d'arrêter les comptes des régisseurs sortants, n'ont été institués que pour cette opération, et sont évidemment dans la classe des juges d'exception;

Que le tribunal spécial qui, d'après le titre V, doit prononcer sur l'appel des sentences arbitrales appartient à la même classe;

Qu'il est de principe que les juges d'exception ne peuvent connaître de l'exécution de leurs jugements;

Qu'en conséquence toutes les fois qu'il s'agit de l'exécution soit de la sentence arbitrale, soit de l'arrêt intervenu sur appel, la justice ordinaire est seule compétente pour en connaître,

Avons arrêté et arrêtons ce qui suit:

Art. 1er. Il n'est rien innové par le code civil aux droits accordés aux géreurs sortants, par l'article 10 du titre IV de l'ordonnance royale du 15 octobre 1786, d'être payés sur les premiers deniers de l'habitation, et ce par privilége.

Art. 2. Pour contraindre le propriétaire ou son représentant à payer le régisseur sortant, ledit article 10 n'impose pas au gouverneur l'obligation indispensable d'ordonner qu'il sera mis aux arrêts ou détenu au fort; outre le choix de l'une ou l'autre peine, le gouverneur peut, selon les circonstances, n'en prononcer aucune; la décision qu'il doit prendre est abandonnée à sa prudence.

Dans tous les cas, dès que le régisseur sortant a un titre exécutoire, la voie de saisie-exécution lui est ouverte sur les biens de son débiteur.

Art. 3. C'est aux tribunaux ordinaires seuls qu'il appartient de connaître de l'exécution de la sentence arbitrale qui fixe l'arrêté de compte, et de celle de l'arrêt qui a statué sur l'appel de cette sentence.

Lorsqu'il s'élève des contestations entre les parties au sujet de la saisie-exécution, elles doivent être portées au tribunal du lieu où l'exécution se poursuit.

Le présent arrêté interprétatif de l'ordonnance royale du 15 octobre 1786 sera enregistré, etc.

Fait au Fort-Royal, le 25 février 1823.

Signé DONZELOT.

Et plus bas:

GUILLAUME,

Secrétaire.

Enregistré à la cour royale, le 28 février 1823. — Inspection. Reg. 9, n° 328.

N° 4150. — *Ordonnance du gouverneur administrateur qui,*

à raison de la disette imminente de vivres, accorde une faveur temporaire à l'introduction des farineux.

Nous, etc., 24 février 1823.

Considérant que le coup de vent du 19 décembre dernier a ravagé les plantations de vivres ; que la disette de subsistances commence à se faire sentir d'une manière inquiétante, et qu'il est urgent d'adopter une mesure qui assure, autant que faire se peut, aux habitants de la colonie les moyens de nourrir leurs ateliers convenablement et avec économie;

Vu les divers rapports qui nous ont été adressés à ce sujet par les commissaires commandants des paroisses;

Après en avoir délibéré en conseil de gouvernement et d'administration;

Avons ordonné et ordonnons, pour être exécuté provisoirement et sauf l'approbation de Sa Majesté, ce qui suit :

Art. 1er. A dater de la publication de la présente ordonnance, jusqu'au 1er décembre 1823 exclusivement, la farine de seigle, le maïs et la farine de maïs, le riz et les légumes seront admis dans la colonie aux conditions ci-après, savoir :

1° Si lesdites denrées sont importées de la métropole par bâtiments français, elles seront exemptes de tous droits;

2° Si elles proviennent de ports étrangers et qu'elles soient introduites par bâtiments français, elles seront soumises aux droits d'entrée de un pour cent de la valeur, sur le maïs, la farine de maïs, le riz et les légumes, et trois pour cent sur la farine de seigle ;

3° Enfin les importations semblables par bâtiments étrangers supporteront les droits d'entrée de deux pour cent sur le maïs, la farine de maïs, le riz et les légumes, et six pour cent sur la farine de seigle.

Art. 2. Le commissaire général ordonnateur est chargé de l'exécution de la présente ordonnance, qui sera enregistrée tant aux greffes de la cour royale et des tribunaux de première instance qu'au contrôle.

Donné au Fort-Royal, le 24 février 1823.

Signé DONZELOT.

Et plus bas :

GUILLAUME,

Secrétaire.

Enregistrée à la cour royale, le 26 février 1823. — *Journal officiel*, 1823, n° 17.

N° 4151. — *Circulaire ministérielle au gouverneur administrateur portant instructions et envoi de modèles pour la confection d'un travail annuel de statistique.*

25 février 1823.

Monsieur, les administrateurs des colonies françaises ont été invités plusieurs fois, depuis 1816, à transmettre au Ministre de la marine des notions exactes sur la statistique de ces établissements. Les demandes du département n'ont eu pour effet, jusqu'ici, que de lui procurer un petit nombre de mémoires qui sont loin de contenir les renseignements désirables. J'ai jugé convenable, en conséquence, de faire préparer un travail qui pût éclairer les administrateurs coloniaux sur la nature des informations dont le besoin se fait le plus fortement sentir, et j'ai voulu qu'il fût établi sur un plan dont l'exécution aux colonies pût être facile et, d'ailleurs, uniforme.

J'ai l'honneur de vous adresser ici 20 exemplaires de ce travail; il est divisé en deux parties distinctes.

La première forme un seul cahier de 26 pages et contient, sous le titre d'*État sommaire*, une série de renseignements de statistique classés d'après des divisions méthodiques.

La seconde se compose de 23 feuilles, dont chacune porte, en titre, le numéro et la désignation de chacune des divisions de l'état sommaire et contient l'indication, sous des numéros de renvoi correspondant audit état, des développements que doivent recevoir les renseignements.

La première partie ou l'état sommaire, contenant l'énonciation des faits et des matières sur lesquels doivent être fournis les renseignements, sera complétée aux colonies par une simple apposition de chiffres, et devra être transmise annuellement au département de la marine.

Les développements, dont la seconde partie présente l'indication, devront également être envoyés tous les ans avec l'état sommaire. Ils seront distribués en cahiers séparés, et chaque cahier recevra le numéro et le titre qui sont inscrits sur le modèle. L'ordre des nombres de renvoi sera d'ailleurs observé, et ces nombres eux-mêmes seront exactement relatés.

Parmi les matières dont l'exposition sera l'objet des cahiers de développements, il se trouve un certain nombre de faits généraux, invariables de leur nature. Il en est d'autres qui ne sont susceptibles d'être modifiés que par des révolutions physiques extraordinaires, ou par des transactions politiques et des actes organiques d'administration.

Une partie des faits mentionnés dans les divisions numérotées de 1 à 7 se trouve notamment dans ce cas. Ces faits devront être décrits avec exactitude; et comme leur exposition, dans celui des années subséquentes n'offrirait qu'une répétition, on se bornera, en ce qui les concerne, à renvoyer à la description la plus récente qui en aura été faite, sauf les cas où il y aurait à rectifier des erreurs ou à faire connaître des changements quelconques survenus pour l'une des causes indiquées plus haut. Cette observation, au surplus, n'est applicable qu'aux cahiers de développements.

Les expositions de l'état sommaire se trouvent présentées sous une forme trop brève pour qu'il y ait quelque inconvénient à les répéter même d'année en année. Cet état devra donc être toujours complétement rempli.

Je crois convenable de faire exécuter d'abord pour l'année 1821 le travail dont il s'agit. Cette année commence une série de dix ans, période de temps d'après laquelle sont ordinairement établis les calculs, les comparaisons et les résultats, en ce qui concerne la statistique. Je vous prie, en conséquence, de donner des ordres pour que l'on s'occupe immédiatement de la confection des états sommaires, ainsi que de la rédaction des développements pour 1820 et ensuite pour 1822. Je pense que les uns et les autres pourront m'être adressés avant la fin de l'année. A dater de 1824, les documents devront être envoyés au ministre dans le 1er trimestre de chaque année pour l'année précédente.

Vous apprécierez les motifs de l'intérêt que met le gouvernement à obtenir des notions positives sur la situation de nos colonies, sur leurs ressources et sur leurs besoins. Vous veillerez en conséquence à ce que les soins nécessaires soient pris pour qu'il ne lui soit envoyé que des renseignements sur l'exactitude desquels il puisse compter. Il ne vous échappera pas d'ailleurs que ce travail est propre à procurer la suppression de quelques-uns des documents périodiques que vous avez actuellement à me transmettre.

Je recevrai avec intérêt la communication des vues que vous auriez pour le perfectionnement de la méthode que j'ai adoptée. Mais cette communication doit m'être faite séparément, et mon intention est que, jusqu'à ce qu'il en ait été autrement ordonné, on ne s'écarte, en aucune manière, des modèles que je vous adresse ici.

Recevez, etc.

Le Ministre de la marine et des colonies,
Signé Marquis DE CLERMONT-TONNERRE.

Arch. de la direction de l'intérieur. Reg. 4, f° 18.

N° 4152. — *Mise en activité du bateau à vapeur* le Comte Donzelot, *établi pour les communications entre les villes de Saint-Pierre et de Fort-Royal.*

1er mars 1823.

Note due à M. Cazeneuve.

N° 4153. — *Circulaire du Ministre aux commandants et administrateurs généraux de la marine, contenant instructions sur l'exécution du nouveau règlement du 5 février précédent, relatif aux rations des marins.*

10 mars 1823.

Annales maritimes, 1823, p. 310.

N° 4154. — *Circulaire ministérielle relative au mode d'évaluation des cessions, faites à des particuliers ou à des navires du commerce, d'objets existants soit dans les magasins de la marine, soit à bord des bâtiments du roi.*

25 mars 1823.

Monsieur, l'appréciation de quelques cessions faites par la marine soit à des particuliers, soit à des navires du commerce, a donné lieu à diverses réclamations.

Afin d'en prévenir de nouvelles et de lever toute incertitude sur la question de savoir dans quels cas ces cessions seront ou non passibles de l'augmentation du *quart en sus* sur les prix des marchés des ports, j'ai arrêté les dispositions suivantes :

1° Toutes les cessions que les conseils d'administration de la marine pourront autoriser seront appréciées d'après les prix des marchés en vigueur, augmentés du *quart en sus ;* et toute personne qui formera une demande de ce genre devra déclarer, à l'avance, qu'elle se soumet à cette condition.

Des cessions ne seront autorisées que lorsque la situation des magasins du port le permettra, et lorsque les objets demandés seront destinés au service des bâtiments de commerce français ou étrangers en état d'armement effectif.

2° Les prix des objets fournis des magasins du roi ne seront pas assujettis à l'augmentation du quart, lorsque les cessions seront faites à des bâtiments de guerre des puissances étrangères qui relâcheront, pour une cause quelconque, dans les ports de France ou dans nos colonies.

3° L'augmentation du quart ne sera pas non plus applicable :

1° Aux cessions qui seront faites dans les ports pour le service des ministères et des administrations publiques ;

2° A celles qui pourront être faites à la mer par des bâtiments du roi à des navires du commerce français ou étrangers qui se trouveraient avoir un besoin urgent de vivres ou d'autres objets quelconques d'armement ;

3° Les commandants des bâtiments du roi devront s'assurer, autant que possible, de l'exactitude des faits allégués par les capitaines des navires, relativement aux pertes qu'ils auront faites et aux secours dont ils auront besoin ;

4° A l'égard des cessions que les bâtiments du roi en station à Terre-Neuve, ou qui y seraient de passage, pourraient faire aux navires français, sur les demandes de leurs capitaines, les prix des objets cédés ne seront pas passibles de l'augmentation du *quart*, parce qu'il ne peut être question que d'objets d'une nécessité indispensable pour assurer le retour des navires en France ou leur sûreté sur le lieu de la pêche ;

5° Les récépissés des objets cédés devront porter l'obligation du remboursement de leur valeur d'après l'estimation qui en sera faite par l'administration de la marine ;

6° Toute cession à faire dans les ports pour des cas imprévus ne pourra avoir lieu qu'autant qu'elle aura été autorisée par le ministre.

Je vous prie de donner connaissance de ces dispositions aux administrateurs placés sous vos ordres, et de tenir la main à ce qu'elles soient ponctuellement exécutées.

Cette dépêche devra être enregistrée au contrôle de la marine.

Recevez, etc.

Le Ministre de la marine et des colonies,
Signé Marquis DE CLERMONT-TONNERRE.

Inspection. Reg. 9, n° 525.

N° 4155. — *Dépêche ministérielle portant instructions sur l'exécution d'une circulaire du même jour relative au mode d'évaluation des cessions faites à des particuliers ou à des navires du commerce d'objets existant soit dans les magasins de la colonie, soit à bord des bâtiments du roi.*

25 mars 1823.

Monsieur, il arrive assez fréquemment que des cessions de munitions navales sont faites à des armateurs ou à des capitaines des navires du commerce dans les ports et dans les colonies par les autorités maritimes ou coloniales, et à la mer par des bâtiments du roi.

Il existait quelque incertitude sur la question de savoir dans quels cas ces cessions devaient être ou non passibles de l'augmentation du quart *en sus* sur les prix des marchés, et dans plusieurs circonstances l'appréciation qui en a été faite a donné lieu à des réclamations.

Afin de lever à cet égard toute difficulté, je viens d'adresser dans les ports de France les instructions dont vous trouverez ci-joint copie.

Elles vous mettront à même de prononcer sur la nature des remboursements à réclamer des capitaines des navires du commerce, lorsque par l'effet des circonstances ils solliciteront la cession d'objets quelconques existant soit dans les magasins de la colonie, soit à bord des bâtiments du roi.

Dans les ports de France, toute cession faite à des navires du commerce doit être évaluée aux prix des marchés forcés d'un quart, parce que les capitaines ou les correspondants des armateurs peuvent trouver, sur les lieux, des ressources suffisantes sans recourir à la marine royale. Mais il peut n'en être pas de même dans les colonies : aussi je vous autorise à appliquer les dispositions les plus favorables des instructions ci-jointes aux bâtiments qui, par suite d'événements de mer, auraient éprouvé des avaries telles que les moyens ordinaires du commerce ne pussent pas suffire pour y remédier.

Mais je n'ai pas besoin de vous rappeler que des cessions quelconques ne devront être faites qu'autant que la nécessité vous en sera parfaitement démontrée, et qu'elles ne pourront nuire, en aucune manière, au service de la colonie ou des bâtiments de Sa Majesté.

Quant aux prix de base des objets cédés, ce seront ceux des marchés passés dans la colonie pour son approvisionnement ordinaire, ou ceux qu'indiqueront les factures d'envois de la métropole, augmentés du fret et des assurances d'après le taux ordinaire du commerce; c'est sur le total que sera forcé le quart, lorsqu'il y aura lieu de l'exiger.

Je vous prie de vouloir bien faire enregistrer cette dépêche au contrôle de la colonie et de m'en accuser réception.

Recevez, etc.

Le Ministre de la marine et des colonies,

Signé Marquis DE CLERMONT-TONNERRE.

Inspection. Reg. 9, n° 524.

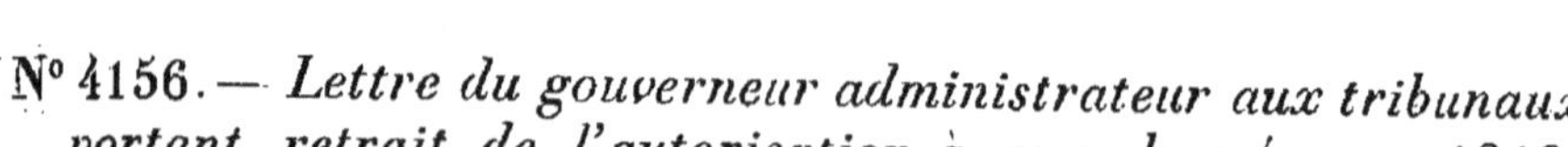

N° 4156. — *Lettre du gouverneur administrateur aux tribunaux portant retrait de l'autorisation à eux donnée, en* 1819, *d'étendre les délais de l'article* 1244 *du code civil.*

28 mars 1823.

Messieurs, l'état de crise dans lequel se trouva le commerce colonial à la suite du retrait des mocos me détermina, en juin 1819, à vous autoriser à accorder aux débiteurs des délais un peu plus étendus que ne le comportait l'exécution littérale de l'article 1244 du code civil. Cet adoucissement apporté temporairement à une loi rigoureuse semblait nécessaire, à raison des circonstances, pour empêcher la ruine de la plupart des maisons de commerce, même les mieux fondées, et par contre-coup l'ébranlement de toutes les fortunes.

La mesure était d'ailleurs justifiée par les dispositions analogues que le gouvernement colonial avait prises dans des circonstances semblables.

Enfin j'avais la confiance que la faculté discrétionnaire concédée aux tribunaux ne serait exercée par eux qu'avec toute la prudence et la réserve convenable; et à cet égard mon attente n'a point été trompée.

Quoi qu'il en soit, la mesure dont il s'agit n'a dû être et n'a en effet été prise que pour un temps; un paragraphe de la lettre citée est ainsi conçu :

« Les circonstances qui ont dicté cette lettre vous démontrent
« assez que ses dispositions en faveur des débiteurs devront
« cesser avec leur urgence; et il est bien entendu qu'aussitôt

« que les choses rentreront dans l'ordre accoutumé il n'y aura « plus lieu à se départir de la juste sévérité de la loi. »

On ne saurait malheureusement dire que la prospérité de la colonie se soit accrue pendant les années dernières; mais il est pourtant vrai qu'on a vu s'opérer en 1822 une révolution salutaire dans le mode des transactions commerciales : les longs crédits ont disparu, les ventes se font à courts termes, les billets à courtes échéances, les denrées coloniales se placent presque généralement au comptant, quoique à bas prix.

Dans ce nouvel état de choses, il ne manque qu'un retour parfait aux principes pour rétablir le crédit sur des bases solides; il faut rendre au créancier tous les droits que la loi lui assure pour le recouvrement de ce qui lui est dû.

D'après ces considérations, Messieurs, j'ai jugé devoir rapporter ma lettre du 18 juin 1819. Vous voudrez donc bien, à dater de ce jour, cesser d'y avoir égard et vous conformer strictement aux lois en matière de dettes, et notamment à l'article 1244 du code civil et à l'article 1er, titre VI, de l'ordonnance de 1669.

La présente lettre sera enregistrée au greffe du tribunal.

Recevez, etc.

Signé DONZELOT.

Greffe de Saint-Pierre. Ord. et déc., 1823, n° 47.

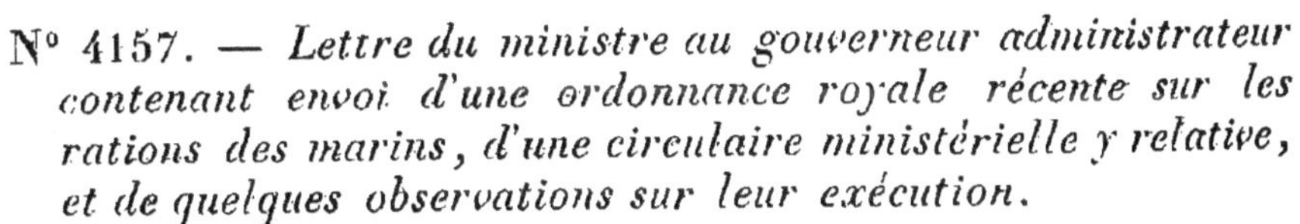

N° 4157. — *Lettre du ministre au gouverneur administrateur contenant envoi d'une ordonnance royale récente sur les rations des marins, d'une circulaire ministérielle y relative, et de quelques observations sur leur exécution.*

28 mars 1823.

Monsieur le Comte, j'ai l'honneur de vous adresser quelques exemplaires d'une ordonnance et d'un règlement, sous la date du 5 février dernier, qui déterminent une nouvelle composition des rations en usage dans le département de la marine. L'application en sera faite, à dater du 1er avril prochain, aux bâtiments qui se trouvent en France, parce que Sa Majesté a voulu rapprocher le plus qu'il était possible la jouissance des améliorations introduites dans le régime alimentaire des marins. Ceux qui remplissent maintenant des missions jouiront du même bienfait à leur retour dans les ports du royaume; et quant à ceux dont le service doit se prolonger dans les parages de nos établissements d'outre-mer, il sera pris des mesures pour que les envois de vivres de prolongation de campagne qui leur seront destinés soient composés aussi conformément au nouveau règlement.

Il sera nécessaire, lorsque la répartition de ces vivres aura lieu, que vous vous concertiez avec MM. les commandants des bâtiments qui les recevront, pour fixer l'époque précise à laquelle les distributions devront commencer à bord d'après les nouvelles bases et pour que les états de consommation et registres de comptabilité fassent mention de ce changement. Cette mesure est indispensable pour la reddition et l'apurement des comptes, et je vous prie de ne pas la perdre de vue. Vous ferez remettre à ces mêmes bâtiments trois exemplaires du nouveau règlement, l'un pour le commandant, le second pour le commis aux revues et le troisième pour le commis comptable des vivres.

Vous remarquerez que ce règlement fixe, d'une manière uniforme pour tous les lieux, les quantités de café et de sucre dont le déjeuner chaud du marin devra être composé, ainsi que celles d'eau-de-vie, de tafia ou de rhum, de sucre et de vinaigre qui pourront être mêlés à l'eau des charniers pour former la boisson habituelle dans l'intervalle des repas. Je vous invite à veiller scrupuleusement à ce que les fournitures qui vous seront demandées pour faire face à ces distributions n'excèdent pas les proportions déterminées.

La faculté de faire délivrer dans les relâches en pays étrangers, ou dans les colonies françaises, de la viande fraîche en place de salaison est maintenue; mais ces livraisons devront être renfermées dans la limite actuellement en usage, et vous remarquerez que, dans aucun cas, l'allocation en argent pour achat de légumes verts ne pourra pas excéder 26 millimes par ration de viande fraîche.

J'ai ordonné des épreuves dans les ports tant sur les moyens divers qui peuvent être employés à bord pour dessaler convenablement le lard et le bœuf salés que sur les quantités d'eau nécessaires pour leur cuisson avec les légumes, et sur le moment où il convient de placer lesdits légumes dans la chaudière; je vous communiquerai le résultat de ces expériences, et je vous prie, en attendant, d'appeler sur cet objet l'attention particulière de MM. les commandants des bâtiments à bord desquels vous ferez mettre en vigueur le nouveau règlement, le soin de cette préparation, l'une des plus importantes améliorations apportées dans la nourriture du marin, ne devant pas être abandonné à la volonté des coqs de bord.

Je vous invite aussi à m'accuser réception de la présente circulaire et des imprimés y joints.

Recevez, etc.

Le Ministre de la marine et des colonies,

Signé Marquis DE CLERMONT-TONNERRE.

Inspection. Reg. 9, n° 644.

N° 4158. — *Dépêche ministérielle concernant le pouvoir discrétionnaire confié au gouverneur en matière de presse et de censure.*

Paris, le 5 avril 1823.

Monsieur le Comte, vous m'avez signalé et transmis deux écrits qui ont été envoyés de France à la Martinique, l'un intitulé : *Testament politique de feu M. le comte de........ sur les colonies françaises,* l'autre : *le Baptême du tropique, prospectus.* Ces écrits vous paraissent avec raison n'être répandus aux colonies que pour y troubler le repos public et vous désireriez que le gouvernement du roi pût prendre des mesures propres à garantir la Martinique des dangereuses productions de cette nature.

Vous connaissez la législation de la métropole sur la presse; elle ne met dans les mains du gouvernement que des moyens insuffisants pour empêcher la sortie de ces sortes de pamphlets; mais le pouvoir discrétionnaire qui vous est confié pour tout ce qui tient à la haute police vous met à portée d'arrêter et même de punir leur distribution.

Ce pouvoir s'exerce notamment à l'égard du service intérieur et extérieur des postes aux lettres; d'après les détails qui furent donnés à l'un de mes prédécesseurs en réponse à sa circulaire du 23 août 1816 sur ce service, il paraît être fait régulièrement à la Martinique. S'il en était autrement, vous auriez à y pourvoir, et à le diriger de manière à empêcher la mise en circulation des écrits propres à compromettre la tranquilité de la colonie.

Cette recommandation est applicable aux journaux périodiques et même à tous documents manuscrits dont la publicité serait reconnue dangereuse; vos précautions peuvent en ce genre n'avoir aucune limite dès qu'il s'agit de l'intérêt général.

Je sais que pour introduire des écrits incendiaires dans les colonies d'autres voies sont employées, et que des capitaines de navires marchands ou des passagers s'en chargent quelquefois directement; les agents des douanes et ceux qui sont préposés à la police, soit administrative, soit militaire, peuvent alors concourir utilement aux mesures préventives. Je ne doute pas que vous n'ayez déjà fait usage de ces moyens; si pour les rendre efficaces vous jugiez à propos d'accorder aux saisissants quelques récompenses pécuniaires, je vous en donne ici l'autorisation.

Je me repose au reste avec une entière confiance sur vos soins attentifs pour empêcher qu'on n'abuse en quoi que ce soit des mesures que vous prescrirez d'après ce qui précède.

Je recevrai de vous avec intérêt l'indication de ces mesures, avec des détails sur leur résultat.

Recevez, etc.

Le Ministre de la marine et des colonies,

Signé Marquis DE CLERMONT-TONNERRE.

Arch. du gouvernement. Dép. ministér., n° 79.

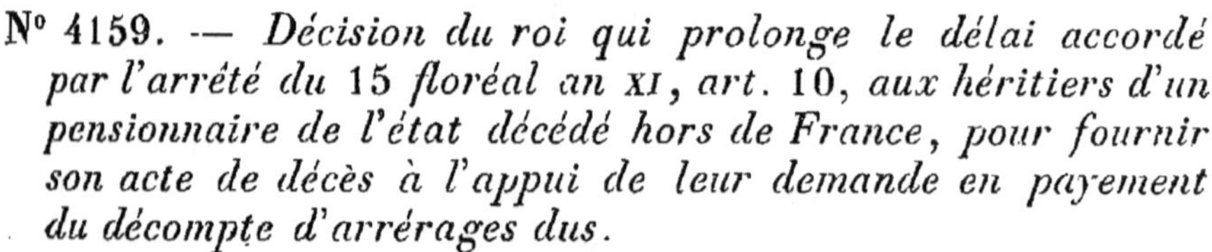

N° 4159. — *Décision du roi qui prolonge le délai accordé par l'arrêté du 15 floréal an XI, art. 10, aux héritiers d'un pensionnaire de l'état décédé hors de France, pour fournir son acte de décès à l'appui de leur demande en payement du décompte d'arrérages dus.*

9 avril 1823.

Voir circulaire ministérielle du 18 avril 1823, n° 4161.

Inspection. Reg. 11, n° 506.

N° 4160. — *Arrêté du gouverneur administrateur ordonnant d'urgence la confection d'un chemin dans les hauteurs de la ville de Saint-Pierre, avec embranchement vers le Fonds-Saint-Denis, le Canari-Cassé et le Champ-Flore.*

12 avril 1823.

Inspection. Reg. 11, n° 453.

Nº 4161. — *Circulaire ministérielle sur la prolongation, dans certains cas, du délai ordinaire accordé pour la production, en temps utile, des actes de décès des pensionnaires de la marine.*

18 avril 1823.

Monsieur le Comte, aux termes de l'article 10 de l'arrêté du 15 floréal an XI, rappelé par la circulaire du 31 juillet 1819, les héritiers et ayants cause d'un pensionnaire sont tenus, pour recevoir le décompte final des arrérages, de fournir l'acte de décès du titulaire dans le délai de six mois.

Des réclamations se sont élevées sur la brièveté de ce délai, auquel les héritiers peuvent aisément se soumettre lorsqu'ils demeurent en France et que les pensionnaires y résidaient aussi, mais qui est insuffisant lorsque ces derniers et leurs familles se sont trouvés séparés ou par les mers ou par les pays situés au delà de nos limites continentales. On a d'ailleurs, en demandant une extension, excipé des dispositions du code civil et du code de commerce, qui accordent, outre les délais fixés en règle ordinaire, des prolongations proportionnées à l'éloignement.

Ces considérations m'ont paru de nature à être mises sous les yeux de Sa Majesté, qui, par décision du 9 de ce mois, a bien voulu régler des additions au délai de six mois que l'arrêté du 15 floréal an XI fixait en termes généraux pour la production des actes des pensionnaires de la marine; ces additions sont ainsi déterminées, savoir :

Quatre mois pour les héritiers des pensionnaires décédés hors de France, sur le continent d'Europe, ou en mer sur les bâtiments destinés, soit pour les ports situés en deçà des îles Canaries, soit pour les échelles du Levant;

Huit mois pour les héritiers des pensionnaires morts dans les colonies occidentales françaises ou étrangères, ou sur les bâtiments allant à cette destination ;

Dix-huit mois pour les héritiers des pensionnaires morts dans les colonies orientales françaises ou étrangères, ou sur les bâtiments qui les y portent.

Ces prolongations pour les héritiers qui demeurent en France sont réciproquement applicables à ceux qui se trouveraient en pays étrangers ou dans les colonies, tandis que les pensionnaires décéderaient sur le territoire européen du royaume.

Cette décision du roi porte, au surplus, une disposition expresse d'après laquelle, et conformément aux principes généraux, la nouvelle mesure ne peut recevoir d'effet rétroactif. En conséquence, les prolongations ci-dessus indiquées ne pourront être appliquées qu'aux héritiers qui, à la date du 9 avril 1823, se trouvant encore dans le délai ordinaire de six mois, auraient, par ce fait, le droit de profiter du bénéfice de la décision pour la production ultérieure des actes mortuaires.

Indépendamment de la date du décès du pensionnaire, il devra être fait mention, sur les états de revue, du lieu de sa mort et de l'époque de la production faite au commissaire des classes par les héritiers de l'extrait mortuaire, qui ne devra être reçu qu'autant qu'il sera parfaitement en règle.

Veuillez bien donner des ordres nécessaires pour l'exécution des dispositions prescrites par la présente, qui sera enregistrée au contrôle, et dont vous m'accuserez réception.

Recevez, etc.

Le Ministre de la marine et des colonies,

Signé Marquis DE CLERMONT-TONNERRE.

Journal officiel, 1823, n° 58.

N° 4162. — *Circulaire ministérielle indicative des règles générales et spéciales propres à assurer le maintien de l'ordre dans la comptabilité du service* gens de mer.

20 avril 1823.

Monsieur, diverses circonstances m'ont donné lieu de reconnaître que la comptabilité du service *gens de mer* laissait en général beaucoup à désirer sous le rapport de la régularité, et qu'en se relâchant trop aisément des formes conservatrices on s'exposait, sinon à des abus, contre lesquels le personnel des administrateurs et des comptables offre sans doute des garanties rassurantes, du moins à des réclamations de la part des intéressés, qui souvent étaient en droit de se plaindre de ce qu'on disposait avec trop peu de formalité des dépôts faits pour leur compte.

Il est urgent de replacer cette partie du service sous l'empire des règles générales qui assurent le maintien de l'ordre; et à cet effet trois choses sont absolument nécessaires :

1° Le dépôt chez les trésoriers d'une expédition de toutes les remises et contre-remises sans exception;

2° L'acquittement personnel des mandats de payement par les titulaires, et, lorsque ceux-ci ne savent pas signer, l'attestation de deux témoins *domiciliés et connus*, qui certifient le payement fait en leur présence à la caisse, en même temps que l'identité individuelle;

3° La vérification des comptes sur pièces, et non plus sur simple bordereau sommaire des remises, ainsi qu'elle s'est pratiquée jusqu'ici.

L'obligation de fournir aux trésoriers une copie de chaque état de remise était expressément imposée par la circulaire du 27 janvier 1815. J'ai vu qu'on s'en était affranchi, ou que, du moins, une grande partie des quartiers avait cessé de s'y soumettre; et cependant il importait d'autant plus d'exécuter cette disposition, que la présence des états nominatifs au bureau des classes et chez le comptable à la fois était destinée à prévenir réciproquement les erreurs qui pouvaient se commettre de part ou d'autre; à fournir aussi le moyen de faire, des deux côtés, l'apostille journalière des payements; enfin à donner la facilité d'établir d'avance, contradictoirement, les états de versement des sommes non réclamées.

J'ai compris toutefois que le surcroît d'écritures qui en résultait pour les commissaires des classes eût amené successivement ces administrateurs à se dispenser de faire pour les comptables une expédition des remises; et, disposé à admettre ces considérations, autant que le bon ordre n'en souffrirait pas, j'ai reconnu qu'un nouveau mode pouvait satisfaire à tout. En effet, les commissaires étant en outre assujettis à transcrire les états de remises sur leurs registres, ces états leur deviennent inutiles lorsque l'enregistrement est terminé. Je consens donc à ce qu'ils les remettent aux trésoriers, au lieu de la copie que la circulaire de 1815 leur prescrivait d'en faire : par ce moyen, les mêmes éléments de comptabilité et de vérification continueront d'exister respectivement chez l'ordonnateur des recettes et des dépenses et chez le comptable qui effectue les opérations.

Passant au second point, je vous fais remarquer que l'acquit personnel des parties, ou, à défaut, la certification de deux témoins domiciliés, est une mesure prescrite par l'article 6, titre IX de l'ordonnance du 31 octobre 1784 sur les classes. En en rappelant l'exécution, non-seulement je rétablis un principe d'ordre, mais encore je dégage les commissaires des classes de la responsabilité d'un *vu payer* qu'ils apposaient souvent de confiance, et qui par là même dégénérait en une formule stérile, où l'on ne trouvait pas de garantie parce que l'on n'y trouvait pas de vérité. Ainsi, supprimer le *vu payer*, c'est effacer des pièces comptables une mention inexacte qui en compromet la validité. Vous voudrez bien donner des ordres pour que cette vaine formalité soit désormais remplacée par celle de l'acquit, ou de l'attestation de témoins, qui peut seule y suppléer régulièrement.

Quant à la vérification des pièces, c'est le complément des autres dispositions. Elle doit être faite chaque année, d'abord au bureau des classes du quartier, ensuite au contrôle du port principal; mais pour que la vérification du contrôle puisse être réelle, et pour que les payements individuels puissent être annotés d'après les pièces de dépense, il faut que les états de remises, qui doivent être présentés au contrôle, y soient transcrits en détail sur les registres, avant d'être adressés aux différents bureaux des classes de l'arrondissement. Quoique, d'après les instructions précédentes, cet enregistrement ne puisse pas être considéré comme une innovation, j'ai pourtant des raisons de croire que, dans la plupart des contrôles, on se contente de l'enregistrement sommaire des remises destinées aux quartiers autres que le chef-lieu; cette forme serait tout à fait insuffisante pour la vérification que je prescris : il est donc indispensable d'y substituer l'enregistrement nominatif dans les ports où il n'est pas actuellement pratiqué.

Après vous avoir fait connaître les moyens par lesquels je veux assurer la régularité des opérations du service *gens de mer*, j'ai encore à vous indiquer ici une mesure nécessaire pour établir dans l'ensemble de cette comptabilité une concordance qui y a manqué jusqu'ici. Les remises faites de Paris dans les ports, des ports à Paris et d'un port à l'autre, en faisant dépense dans les quartiers qui les adressent, font nécessairement recette dans les quartiers qui les reçoivent, et devraient par conséquent se balancer avec une parfaite exactitude. Cependant il n'en est pas ainsi, parce que les remises expédiées sur la fin de l'année, et trop tard pour être parvenues à leur destination le 31 décembre, figurent en dépense sur une gestion, et ne peuvent figurer pour la recette correspondante que sur la gestion qui suit. Ce défaut d'accord fait chaque année la matière des observations de la cour des comptes, à qui l'on ne peut donner que des explications générales, en raison de l'innombrable quantité des articles qui concourent à former la différence, et qui même y concourent dans les deux sens inverses de l'addition et de la déduction. Il faut donc remédier à un état de choses qui présente, dans le compte général, l'apparence d'un désordre; et le seul moyen d'y pourvoir est de suspendre le mouvement des remises de port à port aux approches de la fin de l'année, pendant un espace de temps qui suffise à la régularisation des écritures dans les quartiers correspondants, sans que la suspension soit pourtant assez longue pour donner lieu à des plaintes de la part des intéressés. Afin de satisfaire à l'une et à l'autre convenance, j'ai réglé que toutes les contre-remises réclamées par delà le 30 novembre de chaque année seraient ajournées au mois de janvier suivant. En conséquence, à partir du 30 novembre, tous les quartiers cesseront de s'adresser des remises; et pour assurer d'autant mieux l'arrivée au terme fixé, dans les différents quartiers du royaume, des dernières qui seront jusque-là parvenues au chef-lieu de l'un des arrondissements, le contrôle de ce chef-lieu en fera l'enregistrement immédiat, en employant momentanément tous les moyens dont il pourra disposer. Lorsque cet enregistrement sera fait, le port transmettra les remises dans les quartiers sans perdre un moment. Quant aux remises de l'arriéré, qui exigent un décomptage individuel pour la réduction du capital et l'application des arrérages, on se bornera d'abord à la simple transcription des états, tels qu'ils sont adressés de Paris, afin que la transmission en soit moins retardée, et les calculs du décomptage se feront à loisir, après l'envoi. Il pourra bien arriver que ce travail, fait ainsi des deux côtés, produise quelques différences fractionnaires de centimes dans les sommes partielles entre le contrôle et les quartiers; mais comme elles se balanceront en plus et en moins, puisque les résultats auxquels il faut arriver forcément sont arrêtés d'avance, cette légère disparité n'est d'aucune conséquence, et elle ne peut d'ailleurs affecter qu'un petit nombre de remises.

Que si, malgré l'accélération du travail au contrôle, les dernières remises ne pouvaient parvenir dans les quartiers qu'à une époque du mois de décembre qui ne laissât pas aux commissaires des classes le temps d'en terminer la transcription avant le 31, ces administrateurs pourvoiraient d'abord à ce que les trésoriers fissent écriture, et, à cet effet, ils expédieraient aux comptables les mandats de recette, en même temps qu'ils feraient un simple enregistrement sommaire qui serait ultérieurement complété par l'enregistrement de détail.

Toutes les opérations terminées dans les ports, les comptes seront adressés à Paris, avec les pièces justificatives de la dépense, pour le tout être transmis à la cour des comptes, qui, jusqu'à présent, n'a jugé la comptabilité *gens de mer* que sur simple bordereau, et que je désire mettre à portée de connaître le détail des payements. Quant à la recette, elle n'en connaîtra que le total par remise, parce qu'on ne peut dessaisir les ports des états qu'ils sont obligés de suivre, ni songer à en faire de nouvelles expéditions qui seraient beaucoup trop volumineuses, surtout pour les remises de l'arriéré. Mais, du moins, pourra-t-on lui fournir, sur ce montant des remises, une justification plus satisfaisante que le simple énoncé du compte ; et cette justification, c'est le mandat de recette, qui n'est plus nécessaire au trésorier du moment qu'il a passé enregistrement. Ce mandat de recette sera, en conséquence, joint aux pièces justificatives des payements.

Les dispositions de la présente dépêche auront leur effet à partir de l'année courante, et vous voudrez bien les faire exécuter, chacun pour ce qui le concerne, par le contrôleur, ainsi que par les commissaires des classes de votre arrondissement. Vous préviendrez les administrateurs et les comptables que toute transgression ou négligence des formes que je prescris demeure sous leur responsabilité, et vous ferez enregistrer la présente au contrôle.

Au surplus, pour être en état de mieux apprécier les améliorations dont la comptabilité *gens de mer* serait encore susceptible, j'ai résolu de faire venir à Paris les pièces de la gestion 1822, et de les faire examiner dans mes bureaux. Je désire que vous vous mettiez immédiatement en mesure de satisfaire à cette disposition particulière, et que vous me fassiez la transmission de ces pièces avec le compte de la même gestion.

Recevez, etc.

Le Ministre de la marine et des colonies,
Signé Marquis DE CLERMONT-TONNERRE.

Et plus bas :

Le Directeur des fonds et invalides,
Signé BOURSAINT.

Bureau des classes. Ord. et déc., 1823, et *Annales marit.*, 1823, 1re partie, p. 356.

N° 4163. — *Décision du gouverneur administrateur qui met à la disposition du génie une somme de 40,000 francs pour la réparation et la mise en état de défense des batteries de côte défendant l'entrée de la rade de Fort-Royal, la baie de Saint-Pierre et les ports de l'île.*

23 avril 1823.

Bureau des approvisionnements. Ord. et déc., 1823.

N° 4164. — *Ordonnance du Gouverneur administrateur qui, à raison des besoins urgents de la colonie, permet l'introduction des farines étrangères, jusqu'à concurrence de* 5,500 *barils.*

24 avril 1823.

Nous, etc.,

Considérant que, d'après les recensements faits dans la colonie, l'approvisionnement en farines de froment est insuffisante; que, d'ailleurs, il n'y a pas lieu de compter sur de prochaines importations de farine française;

Après en avoir délibéré en conseil du gouvernement et d'administration,

Avons ordonné et ordonnons, pour être exécuté provisoirement et sauf l'approbation de Sa Majesté, ce qui suit:

Art. 1er. A dater du 26 du présent mois, la farine de froment étrangère sera admise à la consommation, dans les ports de la colonie, jusqu'à la concurrence de quatre mille barils, moyennant l'acquit du droit de 12 pour 100.

Art. 2. La farine étrangère existant aujourd'hui tant à l'entrepôt qu'à bord des bâtiments dans les ports de la colonie, et dont la quantité est d'environ quinze cents barils, sera également admise en acquittant le même droit de 12 pour 100.

Art. 3. Le commissaire général ordonnateur est chargé de l'exécution de la présente ordonnance, qui sera enregistrée au contrôle.

Donné au Fort-Royal, le 24 avril 1823.

Signé DONZELOT.

Et plus bas:

GUILLAUME,

Secrétaire.

Inspection. Reg. 9, n° 420.

N° 4165. — *Ordonnance du roi qui rend applicables aux indemnités dont jouissent les employés réformés les dispositions de l'ordonnance du 27 août 1817, qui déclare les pensions sur fonds de retenues incessibles et insaisissables.*

30 avril 1823.

Annales maritimes, 1823, 1re partie, page 361. — *Bulletin des lois*, 7e série, n° 606, tome XVI, page 419.

N° 4166. — *Extrait de l'ordonnance locale sur les impositions de* 1823, *en ce qui touche le droit d'excédant imposé aux bâtiments étrangers.*

12 mai 1823.

Art. 36. Les bâtiments étrangers qui introduiront dans la colonie les marchandises dont l'entrée est permise, et qui ne prendront pas en retour des sirops, tafias et autres objets dont la sortie est autorisée, pour les trois quarts de la valeur de leurs cargaisons, payeront un droit de 12 pour 100 sur la différence entre les trois quarts et le montant réel de l'exportation en denrées et marchandises.

L'autre quart, non imposé, est accordé auxdits bâtiments étrangers pour acquitter leurs droits, frais et autres dépenses.

Art. 37. Ne sont pas compris dans la précédente disposition les caboteurs étrangers de cinquante tonneaux et au-dessous.

Nota. Ces dispositions paraissent nouvelles en 1823 ; elles se trouvent textuellement reproduites dans les ordonnances financières rendues de cette époque à 1827 inclus.

Journal officiel et Arch. du gouvernement.

N° 4167.— *Ordonnance du gouverneur administrateur portant règlement des impositions de la Martinique pour l'année* 1823.

12 mai 1823.

Nota. Pénétré de la situation de la colonie, le roi, dans sa sollicitude paternelle, a daigné lui accorder un dégrèvement de 150,000 francs applicable à la capitation, aux droits sur les loyers des maisons et aux droits de sortie sur les denrées coloniales en remplacement de la capitation des esclaves attachés aux grandes cultures. (Préambule.) (1)

---

(1). Voir la dépêche ministérielle du 28 juin 1822, annonçant ce dégrèvement.

En conséquence les droits ci-dessus indiqués sont réduits pour l'année 1823, et les autres droits sont maintenus au taux fixé pour l'anné précédente.

Enregistré à la cour royale, 21 mai 1823. — *Journal officiel* et arch. du gouvernement.

N° 4168. — *Circulaire ministérielle au gouverneur administrateur prescrivant la publication de divers procédés pour la destruction des pucerons et autres insectes nuisibles aux arbres.*

15 mai 1823.

Nota. Ces procédés sont tous indiqués dans une lettre de M. Thouin, professeur de culture au muséum d'histoire naturelle, 5 avril 1823, annexée à la dépêche.

Arch. du gouvernement. Dép. ministér., n° 125.

N° 4169. — *Arrété du gouverneur et administrateur déterminant le supplément de traitement à allouer aux prêtres desservant à la fois plusieurs paroisses.*

21 mai 1823.

Nous, etc.,

Vu la lettre adressée à M. le préfet apostolique par plusieurs prêtres exerçant les fonctions pastorales dans la colonie, concernant les traitements qui leur sont alloués lorsqu'ils desservent plusieurs paroisses,

Vu la lettre au même sujet qui nous a été écrite par M. le préfet apostolique;

De l'avis du comité consultatif, et après en avoir délibéré en conseil de gouvernement et d'administration;

Avons arrêté et arrêtons, pour être exécuté provisoirement et sauf l'approbation de Sa Majesté, ce qui suit:

Art. 1er. Les prêtres desservant deux ou un plus grand nombre de paroisses dans la colonie recevront, en outre du traitement de deux mille francs pour la première, mille francs pour chacune des autres sans distinction; ce à compter du 1er janvier de la présente année.

Art. 2. Le commissaire général ordonnateur est chargé de

l'exécution du présent arrêté, qui sera enregistré au contrôle.

Donné au Fort-Royal, le 21 mai 1823.

Signé DONZELOT.

Et plus bas :

GUILLAUME,

Secrétaire.

Inspection. Reg. 9, n° 466.

N° 4170. — *Arrêté du gouverneur administrateur portant diverses dispositions relatives à l'enlèvement des carcasses de bâtiments qui embarrassent le port de la ville de Saint-Pierre.*

23 mai 1823.

Nous, etc.,

Considérant que la plage de Saint-Pierre est encore couverte de carcasses de bâtiments naufragés dans le coup de vent du 19 décembre dernier, et que ces navires échoués embarrassent le port ;

Considérant que l'achat de ceux desdits navires qui ont trouvé des acquéreurs emporte nécessairement l'obligation pour ces particuliers de procéder sans retard à la démolition et à l'enlèvement des matériaux, et que s'ils négligent de le faire, c'est au gouvernement de les y contraindre dans l'intérêt public ; que relativement aux navires abandonnés, dont la vente n'a pas pu avoir lieu, ce soin doit retomber à la charge du gouvernement, en se conformant à ce qui est prescrit par les ordonnances et règlements,

Avons arrêté et arrêtons ce qui suit :

Art. 1er. Les bâtiments échoués sur la plage de Saint-Pierre, qui ont été achetés par divers et qui n'ont pas encore été dépecés et enlevés, devront l'être dans le délai de cinquante jours, à dater du présent ; et, faute par les propriétaires de se conformer exactement à cet ordre, lesdits bâtiments seront démolis à leurs frais, et les poursuites pour le remboursement des dépenses occasionnées par ces travaux auront lieu comme pour la rentrée de deniers royaux.

Ces propriétaires délinquants seront en outre condamnés à une amende de six cents francs au profit de la caisse municipale.

Art. 2. Ceux desdits bâtiments qui ont été abandonnés pourront être adjugés aux particuliers qui en demanderaient, à charge par eux d'en débarrasser entièrement la plage dans le délai ci-dessus; lequel pourrait néanmoins être prolongé en faveur des personnes qui formeraient la demande de plus d'un bâtiment.

Quant à ceux pour lesquels il ne sera fait aucune offre, la démolition en aura lieu aux frais du gouvernement, par les soins de l'administration et sous la surveillance du capitaine de port. Les bois, fer, cuivre et autres matériaux provenant de ces démolitions seront vendus aux enchères, pour le montant être versé au trésor; les matériaux qui seraient utiles pour le service du roi seront versés en nature au magasin de la marine, où ils seront reçus sur inventaire apprécié.

Art. 3. Tous les navires en démolition seront fortement amarrés à terre par les soins des adjudicataires ou soumissionnaires, afin que les carcasses ne puissent pas glisser dans le mouillage. Le capitaine de port tiendra strictement la main à l'exécution de cette mesure de précaution. Il veillera également à ce qu'il ne soit mis aucune négligence dans la démolition des navires; il donnera aux intéressés les avertissements convenables; et si, à l'expiration du délai accordé, lesdits navires ne sont pas entièrement dépecés et les matériaux enlevés, il en informera le procureur du roi, pour que les délinquants soient immédiatement poursuivis.

Art. 4. Il est entendu que, pour les navires qui seraient susceptibles d'être relevés et mis à flot, il sera accordé tout le temps nécessaire pour cette opération.

Le commissaire général ordonnateur est chargé de l'exécution du présent arrêté, etc.

Donné au Fort-Royal, le 23 mai 1823.

Signé DONZELOT.

Et plus bas:

GUILLAUME,

Secrétaire.

Enregistré à la cour royale, 24 mai 1823. — *Journal officiel*, 1823, n° 42.

N° 4171. — *Arrêté du gouverneur administrateur qui ordonne l'établissement de sémaphores sur divers points de la colonie.*

24 mai 1823.

Nous, etc.,

Les circonstances exigeant qu'il soit établi des sémaphores sur divers points de la colonie pour observer et signaler les mouvements maritimes qui pourraient avoir lieu autour de l'île, et les transmettre promptement;

Étant nécessaire d'assurer ce service par la nomination des agents qui doivent concourir à son exécution et de fixer leurs traitement et solde,

Avons arrêté et arrêtons ce qui suit:

Art. 1er. Le personnel des sémaphores est fixé ainsi qu'il suit:

Un inspecteur,

Un premier guetteur et un second guetteur pour chaque sémaphore;

Il sera accordé un nègre au sémaphore du morne Constant, en raison de son isolement et de son éloignement.

Art. 2. Les agents du service des sémaphores jouiront des traitement et solde ci-après:

Inspecteur et premier guetteur au fort Saint-Louis, par mois.		120f 00
	Aux sémaphores d'origine.	
Morne Constant.	1re classe. — Le 1er guetteur, par mois..	100f 00
	Idem. — Le 2e guetteur, *idem*..........	75 00
	Idem. — Un nègre, *idem*...............	30 00
La Tartane......	2e classe. — Le 1er guetteur, par mois..	80 00
	Idem. — Le 2e guetteur, *idem*..........	60 00
Cap Enragé.....	3e classe. — Le 1er guetteur, par mois...	70 00
	Idem. — Le 2e guetteur, *idem*..........	50 00
	Aux sémaphores intermédiaires répétiteurs.	
Le premier guetteur, par mois........................		60 00
Le deuxième guetteur, par mois.......................		40 00

Il sera établi des sémaphores intermédiaires sur le morne Vert-pré, au fort Bourbon, au morne Tartenson et au fort Saint-Louis.

Art. 3. Si les besoins du service exigeaient une augmentation de sémaphores, l'ordre de leur établissement ferait connaître dans quelle classe devraient être portés ceux que nous nommerions d'origine et ceux qui seraient seulement intermédiaires.

Art. 4. Il sera délivré des magasins de la marine (service colonie) une ration en nature, pareille à celle de la troupe, à l'inspecteur des sémaphores et à chaque guetteur; ils pourront les recevoir pour quinze jours et même pour un mois.

Le nègre du morne Constant recevra une ration par jour, pareille à celle qui est distribuée aux nègres du roi.

Art. 5. Il sera délivré à chaque guetteur, des magasins du roi, un hamac, un fusil, un sabre, une giberne et un certain nombre de cartouches, dont ils répondront.

Chaque sémaphore sera muni d'une lunette d'approche. Tous les objets délivrés le seront à charge d'inventaire, sous la responsabilité du premier guetteur.

Art. 6. Le commissaire général ordonnateur de la colonie est chargé de l'exécution du présent arrêté, qui sera enregistré au contrôle.

Donné au Fort-Royal, le 24 mai 1823.

Signé DONZELOT.

Et plus bas :

GUILLAUME,

Secrétaire.

Inspection. Reg. 9, n° 539.

N° 4172. — *Circulaire ministérielle au gouverneur administrateur, explicative des préférences à accorder pour la distribution des bourses gratuites dans les colléges royaux attribuées aux colonies.*

26 mai 1823.

Monsieur le Comte, lorsque le roi a accordé aux colonies de la Martinique, de la Guadeloupe, de Bourbon et de Cayenne des places gratuites dans nos colléges royaux de France, Sa Majesté a eu pour but de donner une preuve de bienveillance et d'intérêt aux familles des créoles propriétaires et domiciliés dans ces établissements, et de les attacher ainsi à la métropole par un lien de plus.

L'intention du roi a été en même temps que l'avantage qui résulte pour les familles de la concession des bourses tournât au profit de la culture et concourût à l'honorer et à l'encourager.

Il en résulte que les places dont il s'agit doivent être données de préférence aux fils des colons agriculteurs, et que les colons qui ne sont pourvus d'aucun emploi public salarié doivent encore être préférés en pareil cas à ceux qui recevraient un traitement de l'État.

Le motif de cette dernière préférence n'a pas besoin d'être expliqué, vous le concevez aisément, et vous savez d'ailleurs que les personnes attachées au service du roi sont aptes à participer, par les soins du département de l'intérieur, aux places fondées dans nos colléges royaux pour les enfants des fonctionnaires publics qui ont acquis des titres à la bienveillance du gouvernement.

Il doit donc être bien entendu qu'en cas de vacance d'une des bourses de la colonie vous ne devrez me présenter des fils de propriétaires occupant des fonctions publiques salariées qu'autant qu'il y aurait défaut absolu de candidats appartenant à des propriétaires non attachés au service ; vous m'en donnerez l'assurance positive toutes les fois qu'il y aura une présentation de cette nature.

J'ai demandé à M. le ministre de l'intérieur, pour être transmis aux administrations coloniales respectives, les bulletins des études des boursiers ; j'espère être mis à portée de reconnaître que ces jeunes élèves justifient par des progrès et par une bonne conduite la faveur dont ils ont été l'objet.

Recevez, etc.

Le Ministre de la marine et des colonies,

Signé DE CLERMONT-TONNERRE.

Arch. de la direction de l'intérieur. Reg. 4, f° 19 v°.

N° 4173. — *Décision du roi portant fixation du traitement personnel et des frais de service et remises du trésorier de la Martinique.* (Extrait.)

28 mai 1823.

Traitement personnel........................	10,000f 00
Frais de service..............................	23,000 00
Ensemble..........	33,000 00

Le trésorier ne peut prétendre à aucune taxation sur le montant des recettes et des dépenses de la caisse royale, mais il percevra les remises qui lui sont attribuées pour la gestion de la caisse des invalides et des fonds municipaux.

Il devra pourvoir à tous ses frais de commis, ainsi qu'à toutes les dépenses matérielles de ses bureaux, y compris le logement et les impressions.

Son cautionnement est fixé à 70,000 francs, qu'il doit verser en numéraire à la caisse des dépôts et consignations, à Paris.

Il prête serment devant la cour des comptes.

Nota. Précédemment à cette décision le trésorier de la Martinique avait :

Pour traitement personnel..................	10,000f 00
Pour frais de service......................	35,000 00
	45,000 00

Inspection. Reg. 9, n° 630.

N° 4174. — *Lettre du Ministre de la marine aux archevêques et évêques de France, pour les prier de favoriser et d'exciter, dans leurs diocèses, la vocation des prêtres qui peuvent exercer le saint ministère aux colonies.*

10 juin 1823.

Monseigneur, la religion, nécessaire dans les pays les mieux constitués, l'est encore plus, s'il est possible, dans les pays d'esclavage, dans ces sociétés imparfaites, toujours faciles à ébranler, et dont tant de principes et d'exemples désorganisateurs, exposés au grand jour, rendent aujourd'hui l'existence si précaire. En inspirant aux maîtres la modération, aux esclaves la patience, à tous également la conviction d'une autre vie et le sentiment de la suprême équité, elle corrige des hommes que leur situation tend à dépraver, réunit des classes que leurs intérêts tendent à diviser, et devient ainsi le germe des bonnes mœurs, le garant de la concorde et l'auxiliaire à la fois le plus puissant et le plus respectable de l'autorité publique. Pénétré de ces vérités, je me suis appliqué, depuis mon entrée au ministère, à répandre dans nos colonies le bienfait de la religion; mais la rareté des prêtres contrarie toutes mes vues; sur quatre-vingt-huit paroisses, nous en avons trente qui manquent de curés, et ce malheur est d'autant plus grand que, par des difficultés nées de l'éloignement des églises, du défaut de communication et de la discipline des ateliers, les paroisses qui sont pourvues ne peuvent rien pour celles qui ne le sont pas. Ainsi, dans ces pays peu avancés, une paroisse privée de prêtre est une paroisse privée de religion, et telle est la situation du tiers de notre territoire colonial. Le séminaire du Saint-Esprit, rétabli, entretenu par la marine, est encore loin de suffire à toutes les nécessités du culte, malgré les efforts d'un chef dont le zèle égale la piété. J'ai recours à votre intervention,

Monseigneur, pour changer cet état de choses, qui afflige le cœur du roi, qui excite les plaintes des colonies et qui compromet les plus grands intérêts. Je sais combien la France elle-même éprouve de besoins en ce genre ; mais la détresse des colonies l'emporte sur toute autre ; elle a des conséquences plus graves. En un mot, pour la France, il s'agit d'améliorer, pour les colonies, il s'agit de vivre : ce n'est pas seulement un objet d'ordre, c'est un objet de conservation, qui touche de très-près à la politique et à la prospérité du royaume. Je vous prie donc instamment, Monseigneur, de pourvoir dans votre diocèse à ce que l'on favorise, à ce que l'on excite même la vocation des prêtres qui peuvent exercer dignement le saint ministère aux colonies. Les nombreuses ordinations qui viennent d'être faites en France offrent des sujets dont on peut mettre à profit la jeunesse et la ferveur ; les séminaires peuvent en offrir aussi : aucun moyen ne doit être négligé pour procurer à nos colonies les pasteurs qui leur manquent. Je vous prie, Monseigneur, de me désigner les prêtres qui auront fixé votre choix, afin que je puisse les mettre en relation avec M. l'abbé Bertout, supérieur du séminaire du Saint-Esprit, chargé de tous les préliminaires du départ. Ces ecclésiastiques recevront, avec un trousseau de 600 francs, des frais de route calculés à raison de 3 francs par myriamètre, et payé du lieu de résidence au port d'embarquement ; ils seront transportés dans les colonies sur les vaisseaux du roi, et jouiront à l'arrivée d'un traitement de 1,800 à 3,000 francs, suivant l'importance des paroisses.

J'ose espérer, Monseigneur, que vous voudrez bien accueillir l'appel que je fais à votre sollicitude éclairée. Je vous devrai de la reconnaissance si vous consentez à joindre vos efforts aux miens pour réaliser une amélioration qui intéresse en même temps la religion et l'État.

Recevez, etc.

Le Ministre de la marine et des colonies,

Signé Marquis DE CLERMONT-TONNERRE.

Annales marit., 1823, p. 557.

N° 4175. — *Dépêche ministérielle au gouverneur administrateur portant envoi d'un supplément au catalogue des plantes*

cultivées aux jardins botanique et de naturalisation de l'île Bourbon.

12 juin 1823.

NOTA. 1. Le ministre recommande au gouverneur l'exact envoi, en ce qui le concerne, de semblables documents tant au ministère de la marine qu'aux autres colonies françaises.

2. Le supplément est joint à la dépêche.

Arch. du gouvernement. Dép. ministér., n° 159.

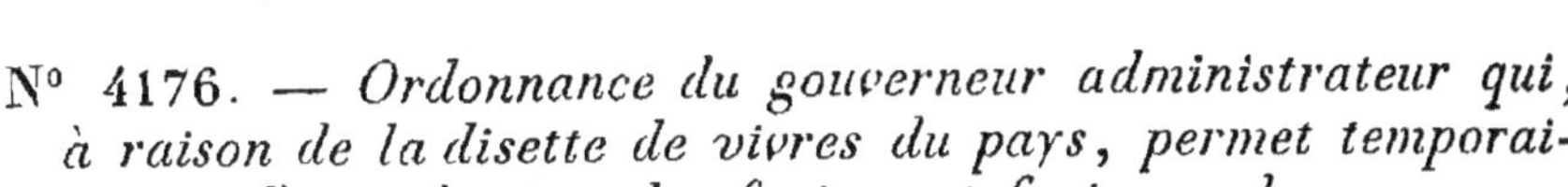

N° 4176. — *Ordonnance du gouverneur administrateur qui, à raison de la disette de vivres du pays, permet temporairement l'introduction des farines et farineux de provenance étrangère.*

13 juin 1823.

Nous, etc.

Considérant qu'il y a disette presque absolue de vivres du pays, par suite de l'intempérie des saisons depuis plusieurs mois, et notamment des désastres occasionnés par le coup de vent du 19 décembre dernier; que la farine est extrêmement rare et chère, et que, dans les circonstances présentes, il n'y a du tout lieu de compter sur des envois suffisants en cette denrée par le commerce de la métropole ;

Considérant que l'hivernage approche, qu'il est nécessaire d'assurer, autant que possible, l'approvisionnement en comestibles pour cette saison et jusqu'à ce que les vivres plantés puissent offrir quelques ressources ;

Vu l'urgence, et après en avoir délibéré en conseil de gouvernement et d'administration,

Avons ordonné et ordonnons, pour être exécuté provisoirement, et sauf l'approbation de Sa Majesté, ce qui suit :

Art. 1er. A dater de ce jour jusqu'au 1er décembre prochain exclusivement, la farine de froment étrangère sera admise dans la colonie, en payant les droits ci-après, savoir :

Par bâtiments étrangers, 6 pour 100 ;

Par bâtiments français au cabotage, 3 pour 100 ;

Et par bâtiments français au long cours, venant des États-Unis, 2 pour 100.

Art. 2. Seront admis, pendant le même temps, le maïs en grains, la farine de maïs, celle de seigle, le biscuit, le riz et les légumes secs, moyennant les droits de 2 pour 100 par bâtiments étrangers, et 1 pour 100 par bâtiments français.

Art. 3. Les farines ou autres comestibles ci-dessus désignés, qui seront importés dans la colonie en vertu de la présente ordonnance, ne seront point soumis au droit de 12 pour 100 dit d'excédant.

Art. 4. Le commissaire général ordonnateur est chargé de l'exécution de la présente ordonnance, qui sera enregistrée tant au greffe de la cour royale qu'à ceux des tribunaux de première instance, imprimée et publiée partout où besoin sera.

Donné au Fort-Royal, le 13 juin 1823.

Signé DONZELOT.

Et plus bas :

GUILLAUME,

Secrétaire.

Journal officiel. 1823, n° 50. — Enregistré à la cour royale, 23 juin 1823.

N° 4177. — *Décision du gouverneur administrateur portant approbation d'une souscription des négociants de Saint-Pierre ayant pour objet de remettre en bon état la place Bertin, dévastée par un ras de marée.*

17 juin 1823.

Ces négociants, dans leur demande, exposent que depuis le ras de marée de 1818 la place Bertin a besoin d'être nivelée, que quatorze des arbres et tous les bancs qui la garnissaient, emportés, doivent être remplacés, et ils offrent de le faire à leurs frais et dépens.

A quoi le gouverneur répond : Vu et approuvé en tout ce qui ne touchera pas aux murs de tranchée existant.

Signé DONZELOT.

Arch. de la direction de l'intérieur. Reg. 4, f° 21.

N° 4178. — *Dépêche ministérielle au gouverneur administrateur pour la publication de divers documents relatifs à l'amélioration des cotonniers par le moyen de la greffe.*

18 juin 1823.

Nota. A savoir : un mémoire de M. Leschenault de la Tour au

sujet d'une tentative exécutée à Bourbon, sous la direction de ce naturaliste, pour améliorer la culture du cotonnier par le moyen de la greffe, et un rapport auquel l'examen de ce mémoire a donné lieu de la part de M. Thouin, professeur de culture au jardin du roi.

Ces documents sont encore annexés à la dépêche.

Arch. du gouvernement. Dép. ministér., nº 1108.

Nº 4179. — *Ordonnance du gouverneur administrateur qui détermine pour l'année la durée de l'hivernage pour les bâtiments du commerce français.*

21 juin 1823.

Nota. Elle n'est que la reproduction de celle du 25 juin 1818.

Arch. du gouvernement. Ord. et déc., nº 1108. — Enregistrée au greffe de la cour royale, le 23 suivant.

Nº 4180. — *Ordonnance du roi qui prescrit la publication de la convention de navigation et de commerce conclue entre la France et les États-Unis d'Amérique le 24 juin 1822 et ratifiée à Paris le 6 novembre suivant.*

23 juin 1823.

Annales marit., 1823, 1re partie, p. 559.

Nº 4181. — *Circulaire du gouverneur administrateur aux commandants de paroisses, sur les règles à suivre par les comités de dégrèvement.*

Fort-Royal, le 25 juin 1823.

Je vous adresse, Monsieur le Commissaire commandant, une ampliation de l'arrêté que j'ai rendu concernant les dégrèvements d'impositions.

Il institue des comités chargés de donner des renseignements positifs sur les moyens des contribuables en retard de payement qui ont demandé à être dégrévés, et de proposer en leur faveur les dégrèvements auxquels ils peuvent avoir droit.

Le comité reconnaîtra, je n'en doute pas, la nécessité de ne faire ces propositions qu'avec la plus grande réserve. Dans la position peu heureuse où est la colonie, l'humanité, tout autant que la justice, réclame des principes sévères en matière de perception d'impôt ; car si l'on dégrève ceux qui pourraient encore payer, on augmente pour beaucoup d'autres le fardeau déjà accablant.

Il faut encore considérer qu'il y a un impôt, celui sur les denrées à la sortie, qui de sa nature ne comporte pas de dégrèvement, et que le producteur qui ne peut se dispenser de le supporter intégralement est souvent fort gêné. Ce serait donc manquer essentiellement à la justice distributive que d'exempter légèrement les contribuables pour capitations, maisons, etc., de payer ce qu'ils doivent au trésor. On n'y manquerait pas moins en négligeant de graduer les dégrèvements proposés, en raison de l'insuffisance relative des moyens des contribuables.

Le comité ne devra pas perdre de vue ces considérations. Il se rappellera enfin qu'il n'y a lieu à dégrèvement qu'à l'égard des indigents véritables, attendu que les contribuables qui, sans être dans l'indigence, éprouvent une gêne momentanée, obtiennent, d'après mon autorisation, en payant un à-compte au trésor, un délai pour acquitter le solde.

Il est à désirer que M. le curé assiste au comité comme membre du bureau de charité et comme devant plus particulièrement connaître la situation des réclamants.

Le dépouillement de toutes les quittances d'impositions arriérées dont les comités auront en outre à s'occuper sera une opération assez pénible, mais elle est indispensable pour régler la comptabilité et pour mettre l'administration à même de connaître au juste les non-valeurs, sans doute très-considérables, qui se trouvent dans cette masse de fonds en apparence à recouvrer. Je compte que MM. les membres du comité, appréciant l'utilité de ce travail, s'y livreront avec le zèle qu'inspire l'amour du bien public et qu'on doit attendre d'une semblable réunion.

Les séances du comité de Saint-Pierre auront lieu dans une des salles du trésor.

Lorsque le trésorier et le chef du bureau du domaine se seront entendus pour le classement de toutes les demandes en dégrèvement faites jusqu'à ce jour, vous serez prévenu par le trésorier lorsque tout sera prêt, et vous voudrez bien alors convoquer les membres du comité pour qu'il s'occupe du travail important confié à ses soins et qu'il est urgent de terminer ; mais comme il ne devra être formé à Saint-Pierre qu'un seul comité des deux paroisses, vous vous entendrez avec votre collègue pour le jour qui sera fixé pour sa réunion, afin que tous les membres s'y trouvent.

Recevez, etc.

Signé DONZELOT.

Arch. de la direction de l'intérieur. Reg. 3, f° 58 v°.

N° 4182. — *Dépêche ministérielle au gouverneur administrateur au sujet de l'emploi de la solde accordée aux troupes, dans les colonies, par l'ordonnance royale du 22 septembre* 1819.

26 juin 1823.

Monsieur le Comte, j'ai comparé les différents rapports qui m'ont été adressés des colonies sur le meilleur emploi à donner à la solde de station que l'ordonnance du 22 septembre 1819 a accordée au soldat employé dans ces établissements.

La répartition de cette solde a été provisoirement fixée ainsi qu'il suit, savoir :

	A LA MARTINIQUE, à la GUADELOUPE et à BOURBON.	A CAYENNE et au SÉNÉGAL.
Masse de linge et chaussure	0f 15	0f 15
Masse d'ordinaire	0 20	0 25
Deniers de poche	0 10	0 05
	0 45	0 45

Cette différence provient de ce que, à Cayenne et au Sénégal, on a laissé comme en France les frais de blanchissage à la charge de l'ordinaire, tandis qu'à la Martinique, à la Guadeloupe et sans doute aussi à Bourbon le soldat se blanchit lui-même et achète le savon sur ses deniers de poche.

Il m'a été représenté que la mesure adoptée à la Martinique et à la Guadeloupe est plus économique, qu'elle contribue à entretenir le soldat plus propre, en ce qu'elle lui permet de changer de linge plus souvent, et qu'elle sert ainsi à entretenir sa santé. Ces observations m'ont paru justes, et j'ai remarqué que l'augmentation des deniers de poche était ici sans inconvénient, puisque l'on mettait à la charge de ces fonds une dépense à peu près équivalente au surcroît d'allocation.

Par ces motifs, j'ai décidé que dans les colonies le soldat serait chargé de pourvoir lui-même à son blanchissage au moyen de ses deniers de poche, et que la solde serait distribuée ainsi qu'il suit, savoir :

Masse de linge et chaussure	0f 15
Masse d'ordinaire	0 20
Deniers de poche	0 10
Total	0 45

Vous voudrez bien donner des ordres pour l'exécution de cette décision, et vous tiendrez la main à ce que les chefs de corps et les commandants des compagnies surveillent avec le plus grand soin le meilleur emploi de chacune des portions de la solde du soldat dans les proportions fixées ci-dessus.

La présente dépêche devra être enregistrée au contrôle.

Recevez, etc.

Le Ministre de la marine et des colonies,

Signé Marquis DE CLERMONT-TONNERRE.

Arch. du gouvernement. Dép. ministér., n° 190, et inspection, reg. 9, n° 652.

N° 4183. — *Ordonnance du gouverneur administrateur portant révision du tarif de solde de la compagnie de gendarmerie.*

1er juillet 1823.

Nous, etc.,

Vu la dépêche, en date du 19 février 1823, de S. Exc. le ministre de la marine et des colonies, par laquelle il nous a ordonné de reviser le tarif de la solde et des allocations allouées à la gendarmerie de la Martinique par notre ordonnance provisoire du 1er juillet 1821, afin d'obtenir les réductions qui seront possibles ;

Vu l'avis du comité consultatif ;

Après en avoir délibéré définitivement au conseil de gouvernement et d'administration,

Avons ordonné et ordonnons, pour être exécuté provisoirement et sauf l'approbation de Sa Majesté, ce qui suit :

Art. 1er. A dater du 1er juillet 1823, la solde et les alloc
y assimilées des officiers, sous-officiers et gendarmes de la
pagnie de la Martinique, sont fixées suivant le tarif ci-a
savoir :

		SOLDE PAR AN.		TOTAL.	INDEMNITÉ de fourrages.	FRAIS de tournées.	TOTAL par GRADE.	SOLDE d'hôpital, par jour et par grade.
		D'EUROPE.	SUPPLÉMENT colonial.					
Officiers.	Capitaines....	3,020f00	2,265f00	5,285f00	1,460f 00	600f 00	7,345f00	11f08 3
	Lieutenants ..	2,401 00	2,401 00	4,802 00	730 00	600 00	6,132 00	8 11 6
Sous-officiers et gendarmes.	Maréchal des logis.......	1,380 00	1,035 00	2,415 00	"	"	2,415 00	3 75 7
	Brigadier.....	1,246 66 2/3	935 00	2,181 66 2/3	"	"	2,181 66 2/3	3 56 2
	Gendarme....	953 33 1/3	953 33 1/3	1,906 66 2/3	"	"	1,906 66 2/3	3 16

Art. 2. La retenue mensuelle à opérer sur la solde des officiers et gendarmes pour la masse d'entretien est fixée comme il suit :

Maréchal des logis, par mois....................	70f 00
Brigadier, *idem*.............................	60 00
Gendarme, *idem*.............................	50 00

Art. 3. La retenue sur la solde des sous-officiers et gendarmes pour la masse de secours ayant été supprimée par ordonnance du roi du 10 octobre 1821 et remplacée par un abonnement annuel, ledit abonnement continuera d'être fixé suivant notre décision du 31 décembre 1822, savoir :

55 francs pour l'arme à cheval, par an et par homme au complet de chaque brigade.

Cette somme sera divisée :

1° 20 francs en fonds de secours ordinaires, dont le tiers du produit sera affecté aux dépenses administratives de la compagnie ;

2° 35 francs en fonds d'entretien et de remonte, dont l'emploi n'aura lieu, en vertu de l'autorisation qui nous a été donnée par S. Exc. le Ministre de la marine et des colonies, que sur nos décisions spéciales, d'après les demandes du conseil d'administration et les propositions du commandant de la compagnie.

Art. 4. L'indemnité de fourrage continuera à être payée à raison de 2 francs par ration, conformément à notre décision du 28 décembre 1822, tant aux officiers que pour l'effectif des chevaux attachés à ladite compagnie.

Art. 5. Notre ordonnance du 1er juillet 1821 concernant la solde et les allocations de la compagnie de gendarmerie royale de la Martinique est rapportée au moyen de la présente.

Art. 6. Le commissaire ordonnateur est chargé de l'exécution de la présente ordonnance.

Donné au Fort-Royal, le 1er juillet 1823.

Signé DONZELOT.

Arch. de la gendarmerie.

N° 4184. — *Arrêté du gouverneur administrateur qui accorde une somme de cinquante francs par mois à la chapelle de l'hôpital du Fort-Royal pour les dépenses du service divin.* (Extrait.)

3 juillet 1823.

Ladite somme payable aux mains de la supérieure des sœurs hospitalières.

NOTA. Cet arrêté a été renouvelé le 28 mai 1824.

Voir arch. de l'ordonnateur, 1824, n° 31. -- Inspection, Reg. 9.

N° 4185. — *Dépêche ministérielle rappelant le gouverneur administrateur aux prescriptions d'une circulaire du 25 février précédent, relative aux documents statistiques à envoyer dans le courant du premier trimestre de chaque année.*

4 juillet 1823.

NOTA. A cette circulaire étaient joints les modèles des tableaux.

Arch. du gouvernement. Dép. ministér., n° 195.

N° 4186. — *Rapport sur une expédition de Bourbon à Moka pour en rapporter des semences et des plants de caféier, destinés au renouvellement de l'espèce dans les colonies françaises.*

4 juillet 1823.

Annales marit., 1832, 2e partie, t. 2, p. 568.

N° 4187. — *Arrêté du gouverneur administrateur portant création d'un office de juge suppléant au tribunal de première instance de Saint-Pierre.*

6 juillet 1823.

Nous, etc.,

Vu la demande qui nous a été présentée par le président du tribunal de première instance de Saint-Pierre, lequel nous a exposé que son grand âge et ses infirmités lui font éprouver le besoin d'avoir un lieutenant de juge pour le seconder dans ses travaux;

Vu l'édit du roi du mois d'avril de l'an 1778 portant que dans chaque siége il y aurait un lieutenant de sénéchal, et l'ordonnance du roi du 22 novembre 1819, article 1er, qui abolit dans cette colonie les anciennes dénominations des tribunaux sans rien innover, quant à présent, à leur organisation;

Après avoir consulté la cour royale et vu la liste de trois candidats, qu'elle nous a présentés pour l'emploi de juge suppléant audit tribunal,

Avons arrêté et arrêtons ce qui suit:

Art. 1er. Il sera rétabli, temporairement, un office de juge suppléant au tribunal de première instance de Saint-Pierre.

Art. 2. Attribuons audit juge suppléant, en cas d'absence, d'empêchement ou de récusation du magistrat titulaire, la connaissance de tous procès civils ou criminels et des matières du ressort du tribunal de simple police, ainsi que toutes les fonctions judiciaires de la compétence du président du tribunal de première instance.

Art. 3. Conformément à l'arrêt en règlement du 26 du mois de janvier de l'an 1723, et jusqu'à ce qu'il en soit autrement ordonné, le procureur du roi et son substitut ne tiendront le siége qu'à défaut du président et du juge suppléant.

Art. 4. Le juge suppléant assistera, autant que faire se pourra, aux audiences, et sera tenu le président titulaire de prendre son avis consultatif. (Règlement du 22 mai 1724, article 2.)

Art. 5. En cas de vacance de l'office de président, les fonctions en seront exercées de droit par le juge suppléant, jusqu'à ce qu'il y ait été pourvu. (Dépêche ministérielle du 7 juillet 1781.)

Art. 6...

Art. 7...

Art. 8. Le présent arrêté sera enregistré au greffe des tribunaux..

Donné au Fort-Royal, le 6 juillet 1823.

Signé DONZELOT.

Et plus bas:

GUILLAUME,

Secrétaire.

Greffe de la cour royale. Reg. 18. — Enregistré à la cour royale, 7 juillet 1823.

N° 4188. — *Règlement du gouverneur administrateur sur les cessions à des particuliers, à des navires du commerce français ou étrangers, ou à d'autres services, d'objets existant dans les magasins de la colonie ou à bord des bâtiments du roi.*

19 juillet 1823.

Nous, etc.,

Vu la dépêche ministérielle du 25 mars dernier et la circulaire à la même date y jointe,

Avons arrêté et arrêtons ce qui suit :

Art. 1er. Toute demande en cessions de munitions navales et autres objets des magasins du roi, dits de *précaution*, et de ceux du service *colonies*, sera adressée au chef de l'administration de la marine, qui nous la transmettra pour être soumise à notre décision, avec son avis, tant sur le mérite de ladite demande que sur la possibilité d'y avoir égard d'après la situation des magasins et les besoins du service du roi; il indiquera aussi à quelles conditions la cession pourrait être faite aux termes du présent règlement.

Art. 2. Toute personne qui formera telle demande déclarera qu'elle se soumet aux conditions des articles du présent règlement, qui lui sont applicables, et les objets cédés ne lui seront livrés qu'après qu'elle en aura versé la valeur au trésor.

Art. 3. Les sessions faites par les magasins du roi, provenant d'achats effectués par la colonie, seront appréciées d'après les prix des marchés en vigueur augmentés d'un quart en sus.

Art. 4. Les munitions navales et autres objets provenant d'envoi de France seront cédés sur prix de facture augmenté premièrement du fret et des assurances, d'après le taux ordinaire du commerce, et le total forcé du quart en sus.

A défaut de facture appréciée, il sera fait estimation desdites munitions et desdits objets par la commission ordinaire du port, dont le procès-verbal visé par l'ordonnateur sera soumis à notre approbation, et le montant du prix ainsi déterminé sera seulement augmenté du quart en sus.

Art. 5. L'augmentation du quart en sus n'aura pas lieu :

1° Pour les bâtiments du commerce français et étranger entrant dans les ports du Fort-Royal ou de Saint-Pierre par suite d'avaries majeures légalement constatées ;

2° Pour les sessions faites à des bâtiments de guerre de puissances étrangères qui relâcheraient pour une cause quelconque dans les ports de la colonie.

Art. 6. Les cessions qui seront faites dans la colonie pour le service des divers ministères et des administrations publiques, ainsi que celles qui pourraient avoir lieu à la mer par des bâtiments du roi, armés au compte de la colonie, à des navires du commerce français ou étranger qui se trouveraient avoir un besoin urgent de vivres et autres objets, ne seront point augmentées non plus du quart en sus.

Mais les capitaines des bâtiments du roi devront s'assurer autant que possible de l'exactitude des faits allégués par les capitaines du commerce qui réclameraient ces cessions.

Art. 7. Dans le cas où il y aurait pour un même objet concurrence de demandes entre le service du commerce français et celui d'un ou plusieurs particuliers, la préférence sera accordée au commerce français.

Art. 8. Toutes demandes faites par des *particuliers* et non pour des bâtiments devront être appuyées d'un certificat des membres du bureau de commerce, constatant que les objets dont on sollicite la délivrance n'existent pas dans les magasins du commerce.

Art. 9. Le commissaire général de la marine ordonnateur est chargé de tenir la main à l'exécution du présent règlement, qui sera enregistré au contrôle.

Donné au Fort-Royal (Martinique), le 19 juillet 1823, sous le sceau de nos armes et le contre-seing du secrétaire archiviste du gouvernement.

Signé DONZELOT.

Par S. Exc. le gouverneur et administrateur pour le roi :

Le Secrétaire archiviste du gouvernement,

Signé GUILLAUME.

Inspection. Reg. 9, n° 580.

N° 4189. — *Circulaire ministérielle contenant diverses dispositions relatives aux renvois de militaires en France et aux congés.*

24 juillet 1823

Monsieur le Comte, les militaires de toutes armes qui tiennent garnison aux colonies sont en général renvoyés en France avec beaucoup trop de facilité. Je dois appeler votre attention sur cet abus, qui est préjudiciable au service du roi et aux intérêts du trésor.

Des chefs de corps ont souvent demandé et quelquefois obtenu de MM. les gouverneurs ou commandants pour le roi le renvoi d'hommes difficiles à discipliner ou d'une faible capacité, qu'ils notaient comme mauvais sujets incorrigibles ou comme impropres au service.

Des congés de réforme ont été accordés pour des causes fort légères.

Enfin il a été délivré des congés d'ancienneté, sans que les droits à les obtenir, qu'avaient fait valoir les militaires qui les ont reçus, aient été suffisamment reconnus.

Les chefs de corps doivent user des moyens de discipline qui sont à leur disposition, pour ramener à leur devoir les hommes qui s'en écartent; ils doivent surveiller l'instruction de tous, et particulièrement de ceux qui sont le moins avancés. C'est surtout dans les armes savantes qu'ils doivent s'appliquer à faire profiter les jeunes soldats de l'instruction et de l'expérience des anciens. Le talent d'un officier est de savoir tirer parti des hommes dont la direction lui est confiée. Se borner à demander le renvoi de ceux qui servent mal dénote incapacité ou faiblesse de la part du chef. J'aurais mauvaise opinion de ceux qui en agiraient ainsi; vous voudrez bien le dire aux chefs de corps sous vos ordres.

Des congés de réforme ne doivent être accordés que pour des causes graves et bien constatées. Avant d'en délivrer, il doit être reconnu que les hommes qui les réclament ne peuvent plus continuer leurs services, non-seulement aux colonies, mais encore en Europe. Ceux auxquels le climat des colonies serait évidemment contraire, qui ne pourraient y être d'aucune utilité, mais qui n'auraient point d'infirmités qui les rendissent absolument impropres à tout service, doivent simplement être renvoyés en France pour être rendus au département de la guerre; mais vous ne prendrez ce parti que d'après l'avis motivé du conseil de santé de la colonie, et après en avoir vous-même reconnu la nécessité. Ce cas doit se présenter rarement.

Quant aux congés d'ancienneté, c'est le relevé des services qui doit guider pour leur délivrance; et, lorsqu'il y a doute sur la durée effective et la nature des services, vous devez préalablement m'en référer.

Au surplus, vous ne devez jamais délivrer, pour les troupes de l'armée de terre, que des congés provisoires, qui sont soumis en France à un nouvel examen. Pour l'artillerie de marine, il conviendra que dorénavant vous vous absteniez de délivrer aucun congé d'ancienneté ou de réforme; les hommes que vous reconnaîtriez avoir droit à l'un ou l'autre de ces congés seront renvoyés en France, avec les pièces établissant d'une manière régulière leur situation et les motifs de leur départ de la colonie. Ils seront, à leur arrivée en France, dirigés sur leurs corps respectifs, où l'on statuera définitivement à leur égard.

Vous voudrez bien tenir rigoureusement la main à l'exécution des dispositions qui font l'objet de la présente dépêche.

Recevez, etc.

Le Ministre de la marine et des colonies,

Signé Marquis DE CLERMONT-TONNERRE.

Arch. du gouvernement. Dép. ministér., n° 270.

N° 4190. — *Arrêté du gouverneur administrateur portant tarif des sommes à payer à l'exécuteur des hautes œuvres par chaque exécution.*

1er août 1823.

Nous, etc.,

Sur le rapport du commissaire général ordonnateur,

Décidons qu'il sera payé, sur la caisse royale, à l'exécuteur des hautes œuvres, savoir :

Pour le condamné à la peine capitale............. 15f 00

Pour le condamné au fouet et à la marque......... 5 00

Pour le condamné au fouet seulement.............. 2 50

Le commissaire général ordonnateur est chargé de l'exécution de la présente décision, qui sera enregistrée au contrôle.

Au Fort-Royal, le 1er août 1823.

Signé DONZELOT.

Inspection. Reg. 9, n° 623.

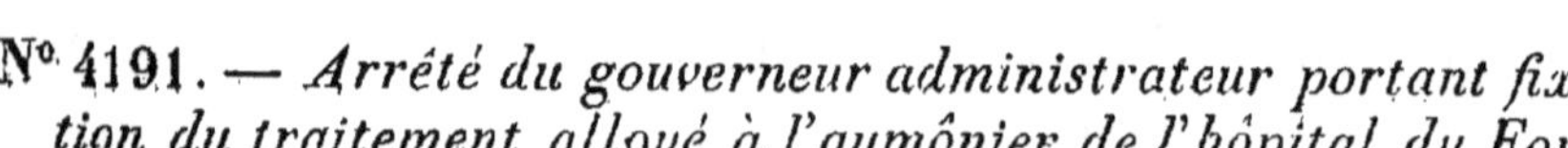

N° 4191. — *Arrêté du gouverneur administrateur portant fixation du traitement alloué à l'aumônier de l'hôpital du Fort-Royal.*

1er août 1823.

Nous, etc.,

Vu la lettre en date du 15 avril 1823, par laquelle M. le préfet apostolique demande qu'il soit statué sur le traitement à allouer à l'aumônier de l'hôpital de Fort-Royal;

Sur le rapport de M. le commissaire général de la marine

ordonnateur, en date du 2 mai suivant et considérant qu'il n'est point attaché de casuel à l'aumônerie,

Avons arrêté et arrêtons, sauf l'approbation de S. Exc. le Ministre de la marine et des colonies, ce qui suit :

Art. 1er. A compter du 1er avril 1823, l'aumônier de l'hôpital du Fort-Royal recevra un traitement de trois mille francs par an, avec lequel il sera tenu de pourvoir à son logement.

Art. 2. Le commissaire général de la marine ordonnateur est chargé de l'exécution du présent arrêté, qui sera enregistré au contrôle.

Donné au Fort-Royal, le 1er août 1823.

Signé DONZELOT.

Et plus bas :

GUILLAUME,

Secrétaire.

Inspection. Reg. 9, n° 620.

N° 4192. — *Dépêche ministérielle au gouverneur administrateur portant, comme règle invariable, qu'aucuns travaux dont la dépense doit excéder 2,000 francs ne peuvent être entrepris sans autorisation du ministre.*

7 août 1823.

Monsieur le Comte, par une dépêche du 10 janvier 1817, mon prédécesseur a tracé les dispositions que doivent suivre les administrations coloniales au sujet des travaux publics à exécuter dans ces établissements.

D'après ces dispositions, aucuns travaux dont la dépense doit excéder 2,000 francs ne peuvent être entrepris qu'après que l'autorisation en aura été donnée par le ministre de la marine, sur le vu des plans et devis desdits travaux. Il y a toutefois exception pour les cas imprévus qui pourraient exiger l'exécution immédiate de certains ouvrages urgents; mais l'urgence doit alors être justifiée et dûment constatée.

Mon intention formelle est que cette règle soit rigoureusement suivie. Je vous recommande donc expressément de vous y conformer avec la plus grande exactitude, et je vous prie de me donner l'assurance que vous avez pourvu à ce que MM. les officiers du génie vous fournissent en temps utile les plans et devis qu'il m'importe de connaître avant d'accorder mon autorisation.

Recevez, etc.,

Le Ministre de la marine et des colonies,
Signé Marquis DE CLERMONT-TONNERRE

Arch. du gouvernement. Dép. ministér., n° 228.

N° 4193. — *Circulaire ministérielle portant complément des instructions du 20 avril précédent sur la comptabilité de la caisse des gens de mer.*

8 août 1823.

A MM. les Intendants, Commissaires généraux et principaux dans les ports de France,
Et à MM. les Administrateurs des colonies.

Monsieur, ma circulaire du 20 avril dernier, relative à la comptabilité de la caisse des gens de mer, ayant été le sujet de différentes questions et observations que plusieurs ports m'ont soumises, je vais, pour compléter les instructions contenues dans cette circulaire, donner ici les solutions qui m'ont été demandées.

Je rappelle d'abord les trois dispositions fondamentales de la dépêche, savoir :

Dépôt chez les trésoriers d'une expédition de toutes les remises ;
Acquittement personnel des mandats de payement, ou, lorsque les parties ne savent point signer, attestation de deux témoins connus ;

Production des pièces à l'appui des comptes.

Sur le premier point, je vois qu'il ne s'est pas élevé de difficultés, et que déjà la mesure prescrite s'exécutait assez généralement avant que j'eusse renouvelé l'ordre d'y tenir la main. Mais je remarque que, pour s'en affranchir, certains ports chefs-lieux donnent le motif de la présence du contrôle, comme offrant une suffisante garantie d'exactitude ; et je ne puis adopter cet avis. En effet, si le comptable est plus assuré, dans les chefs-lieux que dans les quartiers, de la régularité des écritures qui ont passé par la double filière des classes et du contrôle, il n'en reste pas moins responsable de ses opérations. C'en est assez pour l'autoriser à ne s'en rapporter qu'à lui-même, et il n'y a pas de raison pour le priver de la faculté qu'ont les autres de se vérifier. D'ailleurs, au chef-lieu comme dans les quartiers, c'est nécessairement le bureau des classes qui fournit l'expédition des états au trésorier : ainsi, sous ce rapport, le contrôle n'est pas assujetti à un surcroît de travail.

Quant aux remises expédiées par un des détails du port pour être payées *en totalité* dans un autre port, des contrôleurs ont demandé qu'elles ne fussent soumises qu'à un enregistrement sommaire.

Ici, il faut distinguer :

S'il s'agit de remises destinées à un autre *arrondissement* ou *sous-arrondissement*, il est certain que ni le trésorier, ni les classes, ni le contrôle, n'ont besoin d'un enregistrement nominatif.

Mais si les remises sont pour un autre *quartier* du même sous-arrondissement, l'enregistrement individuel, encore inutile chez le commissaire des classes et le comptable, est nécessaire chez le contrôleur, pour la vérification qu'il doit faire ultérieurement du compte et des pièces.

On a fait aussi remarquer que les diverses obligations imposées par la circulaire du 20 avril, venant ajouter au travail dont les contrôles sont déjà chargés celui qui résulte de la centralisation de toutes les remises, il devient indispensable de les soulager de la partie d'écritures qui peut être laissée aux bureaux expéditeurs, et de faire faire, en conséquence, par ceux-ci une double expédition des remises qu'ils adressent.

Cette réclamation des contrôleurs est juste, parce que, si les commissaires des classes et les chefs de détails ont moins de moyens à leur disposition, ils n'ont aussi à opérer que pour des remises isolées, tandis que le contrôle opère sur l'ensemble des remises de l'arrondissement. Vous voudrez donc bien donner des ordres pour qu'il soit expédié un double état de chaque remise.

Les commissaires des classes ont accueilli comme une disposition aussi favorable pour eux que pour les parties celle qui remplace le *vu payer* par la certification de deux témoins, à défaut de l'acquit personnel. Cependant quelques ports, même en reconnaissant cette amélioration incontestable, opposent des difficultés d'exécution, notamment pour les marins des communes rurales, qui, dit-on, auront peine à trouver dans la ville deux personnes dont ils soient bien connus, et qui se verront obligés de conduire avec eux, à leurs frais, des habitants de leurs paroisses, peut-être aussi inconnus qu'eux-mêmes, ou d'acheter l'attestation des témoins admissibles.

Mais si l'inconvénient des *vu payer* est évident, s'il est également vrai que l'ordonnateur de la dépense ne puisse en être le certificateur, sans une irrégularité choquante, et si enfin on n'a rien d'équivalent à mettre à la place de la formalité requise, il faut bien que les considérations de bon ordre aient la préférence sur des difficultés individuelles que l'on a certainement exagérées. Au reste, lorsque plusieurs marins participent à un même payement, ou se trouvent ensemble à la caisse, rien n'empêche qu'ils se certifient entre eux ; et ce mode, qui diminue les embarras, offre en même temps l'avantage d'une garantie réciproque.

Je mentionne ici, pour la prévenir dans d'autres ports, l'objection qui s'est élevée dans un quartier contre la validité de la certification des témoins, en ce qui concerne les payements d'une certaine quotité (au-dessus de 150 francs). On a cru que cette certification pouvait être en opposition avec l'article 1341 du code civil; mais cet article n'est relatif qu'aux passations d'actes et à l'invocation de la *preuve testimoniale* contre leur contenu : il n'a donc aucun rapport aux faits de l'espèce, où il s'agit de *signatures pour quittance*.

Indépendamment des questions qu'a fait naître l'ordre de produire les pièces, cette mesure et l'envoi qui m'a été fait des pièces de 1822 ont mis au jour les diverses irrégularités qui avaient passé en habitude ; mais comme la plupart de ces irrégularités sont désormais rectifiées par la circulaire du 20 avril, je n'en parlerai ici qu'en termes sommaires.

Des mandats de dépense se trouvent acquittés par d'autres signataires que les parties au nom desquelles ils étaient expédiés, sans qu'aucune indication fasse connaître à quel titre ces tiers sont intervenus; d'autres sont sans acquit ni *vu payer*; enfin il y en a sur lesquels le *visa*, soit de l'administrateur en chef, soit du contrôleur, n'a point été apposé. Il faudra que, dorénavant, ces omissions et substitutions disparaissent des mandats.

Dans l'expédition de ces pièces, on fait aussi figurer cumulativement des sommes dues sur plusieurs remises.

Et pour les payements sur l'arriéré, on cumule encore le capital et les arrérages.

En principe général, les mandats ne doivent s'appliquer qu'à une seule remise; autrement il y a confusion, et les vérifications deviennent d'une difficulté excessive. Tout ce qui peut être permis en réunion d'articles, c'est de porter sur le même mandat, afin d'abréger d'autant les expéditions, deux ou trois parties prenantes qui se présentent ensemble pour recevoir sur la *même remise:* mais on doit toujours éviter de confondre ce qui constitue les divisions du compte.

En ce qui concerne particulièrement les remises de l'arriéré, il faut, par la même raison, que le capital et les arrérages restent distincts, puisque ce sont deux chapitres différents. Mais il ne faut pas non plus, comme on l'a fait dans quelques comptes, subdiviser ces arrérages, qui ne doivent former qu'un seul chapitre, en autant de chapitres relatifs aux capitaux; c'est compliquer inutilement une nomenclature déjà très-chargée.

On veillera attentivement à ce que les mandats, non-seulement dans leur ensemble, mais encore dans leurs applications respectives, présentent une parfaite concordance avec les comptes. Cet accord ne s'est pas toujours rencontré parmi les pièces de 1822.

Enfin, une remarque de peu d'importance, mais qui est un complément d'ordre, c'est que les mandats de recette qui portent au bas la formule du récépissé comptable doivent être exactement remplis.

Voilà pour les irrégularités remarquées.

Voici maintenant pour ce qui touche aux questions faites sur la jonction des pièces justificatives.

On a demandé s'il était de rigueur de rapporter des actes en forme, principalement pour les payements faits à des héritiers.

Nul doute à cet égard, en observant cependant que les extraits mortuaires, notoriétés, procurations et autres actes, une fois produits, peuvent servir pour tous les payements ultérieurs, au moyen d'une annotation de renvois qui relatera le premier mandat à l'appui duquel ils auront été rattachés.

L'obligation d'envoyer les pièces a fait naître une observation; c'est qu'on ne pourra plus les consulter ou les représenter aux parties, en cas de payements contestés.

Cette remarque est fondée; et je sens bien que, malgré toutes les précautions dont on cherche à s'entourer, il pourra survenir quelquefois encore des réclamations qui feront désirer des éclaircissements qu'on ne saurait obtenir sans les pièces. Il y a donc à concilier ici deux nécessités, et à cet effet, je me propose de demander à la cour des comptes la remise des pièces après le jugement, afin que je puisse les faire rétablir dans les quartiers.

La vérification à faire au contrôle avant l'envoi des comptes annuels à Paris a donné lieu à la proposition de faire cette vérification par mois, tant pour éviter l'encombrement que pour exercer une action plus suivie.

Ce mode aurait sans doute les avantages qu'on indique ; mais il aurait aussi le grave inconvénient de multiplier les déplacements de pièces, par la nécessité de renvoyer chaque mois ces éléments des comptes du contrôle dans les quartiers, d'où ils seraient encore adressés au chef-lieu à la fin de l'année ; ce qui, avec la transmission à Paris et le renvoi de Paris dans les chefs-lieux, puis de là dans les quartiers, mettrait six fois les pièces en circulation et finirait par les exposer. Les contrôleurs s'en tiendront donc à la vérification annuelle, en disposant leurs moyens de manière à l'accélérer le plus qu'il sera possible.

Un fait qui ressort généralement de la correspondance, c'est que les opérations consommées avant la circulaire du 20 avril n'offriront pas la régularité que le nouveau mode avait pour objet d'introduire dans la comptabilité de tout 1823. Quoique je regrette beaucoup d'être forcé par cette circonstance de différer jusqu'à la gestion 1824 la production des pièces à la cour des comptes, je reconnais cependant que ce délai est indispensable, parce qu'une entière régularisation du passé présente des obstacles insurmontables. Mais du moins faudra-t-il, dans les opérations qui restent à faire, s'attacher soigneusement à suivre les nouvelles formes, afin de préparer l'habitude de la régularité pour le compte de 1824, qui devra être soumis à la cour des comptes sans aucune trace de négligence.

Telles sont les dispositions complémentaires que j'avais à prescrire.

Il ne me reste plus qu'à répondre à la demande de plusieurs contrôleurs qui représentent que, malgré la coopération des bureaux des classes, ils resteraient toujours chargés d'un travail très-considérable, et qui sollicitent en conséquence une augmentation de personnel.

J'ai donné des ordres pour que la première direction me proposât les moyens de pourvoir au travail qu'exige la comptabilité *gens de mer*, et de mettre les contrôleurs en état de suivre cette partie de leur service concurremment avec les autres détails de leurs attributions.

Je vous ferai ultérieurement connaître la décision que j'aurai prise.

Recevez, etc.

Le Ministre de la marine et des colonies,
Signé Marquis DE CLERMONT-TONNERRE.

Arch. du bureau des classes et arch. du gouvernement. Dép. ministér., n° 115.

N° 4194. — *Ordre du ministre de la marine aux bâtiments du roi de concourir, à l'occasion, à la répression de la traite des noirs.*

12 août 1823.

Le Ministre de la marine et des colonies,

Afin d'assurer, d'une manière encore plus ponctuelle, l'exécution de la loi du 15 avril 1818, ainsi que celle des ordonnances du roi, en date des 8 janvier 1817 et 24 juin 1818, portant abolition et prohibition de la traite des noirs, lesquelles sont ainsi conçues :

« Art. 1er. Tout bâtiment qui tenterait d'introduire dans une de nos colonies des noirs de traite, soit française, soit étrangère, sera confisqué, et le capitaine, s'il est Français, interdit de tout commandement.

« Sera également confisquée, en pareil cas, toute la partie de la cargaison qui ne consisterait pas en esclaves. A l'égard des noirs, ils seront employés dans la colonie aux travaux d'utilité publique.

« Art. 2. Les contraventions prévues par l'article précédent seront jugées dans la même forme que les contraventions aux lois et règlements concernant le commerce étranger.

« Quant aux produits de confiscations prononcées en conformité du même article, ils seront acquis et appliqués de la même manière que le sont les produits des confiscations prononcées en matière de contraventions aux lois sur le commerce étranger. (Ordonnance du roi du 8 juillet 1817.)

« Art 1er. Toute part quelconque qui serait prise par des sujets et des navires français, en quelque lieu, sous quelque condition et prétexte que ce soit, et par des individus étrangers, dans les pays soumis à la domination française, au trafic connu sous le nom de *la traite des noirs*, sera punie par la confiscation du navire et de la cargaison, et par l'interdiction du capitaine, s'il est Français.

« Art. 2. Ces affaires seront instruites devant les tribunaux qui connaissent des contraventions en matière de douanes, et jugées par eux. (Loi du 15 avril 1818.)

« Art. 1er. Il sera entretenu constamment sur les côtes de nos établissements d'Afrique une croisière de notre marine, à l'effet de visiter tous bâtiments français qui se présenteraient dans les parages de nos possessions sur lesdites côtes, et d'empêcher toutes contraventions à notre ordonnance du 8 janvier 1817 et à la loi du 15 avril 1818. (Ordonnance du 24 juin 1818.) »

Ordonne ce qui suit :

Art. 1er. Tout bâtiment du roi, sortant des ports de France, et quelle que soit sa destination, doit concourir, lorsque l'occasion s'en présente, à la répression de la traite des noirs.

Art. 2. Les commandants des bâtiments de Sa Majesté feront visiter tous les navires français qu'ils supposeront être employés à la traite, et ils saisiront ceux que leur chargement ou les dispositions de leur aménagement feront reconnaître comme destinés à faire ce trafic.

Art. 3. Les commandants des bâtiments du roi doivent, lorsqu'ils naviguent dans les eaux de nos possessions d'Afrique, empêcher, dans l'étendue de ces possessions, tout embarquement de noirs de traite pour l'extérieur, quel que pût être le pavillon dont se couvrirait le navire qui tenterait d'effectuer l'embarquement ; en cas de contravention, ces officiers saisiraient le navire, et en rendraient compte au commandant du Sénégal et au commandant de la station extérieure d'Afrique.

Art. 4. Les navires étrangers qui seraient mouillés ou qui navigueraient près des côtes appartenant à la France doivent être, comme les navires français, l'objet de la surveillance des commandants des bâtiments du roi ; mais ceux-ci s'abstiendront de visiter tout navire étranger qui se trouverait en mer, c'est-à-dire hors de vue de la côte (trois lieues au large).

Art. 5. Les navires français saisis près de nos possessions d'Afrique, en conséquence des dispositions qui précèdent, devront être conduits à Saint-Louis du Sénégal, ou à l'île de Gorée, et remis à la disposition du commandant de l'établissement colonial.

Les navires négriers couverts du pavillon français, et arrêtés dans d'autres parages que ceux de l'Afrique, seront conduits dans la colonie française la plus voisine, et spécialement à Cayenne, s'il est possible.

Dans l'un et l'autre cas, un procès-verbal, constatant les motifs et les circonstances de l'arrestation, sera dressé par le commandant du bâtiment capteur.

Art. 6. Il ne sera laissé sur le navire saisi que le capitaine, le second, le subrécargue et les hommes nécessaires, soit pour la procédure, soit pour prendre soin des noirs pendant la traversée.

Le commandant du bâtiment capteur prendra à son bord le reste de l'équipage du navire négrier et le remplacera par un nombre égal, ou même plus considérable, de marins de son propre équipage, suivant qu'il le jugera convenable. L'officier chargé de conduire à sa destination le navire capturé prendra constamment les mesures nécessaires pour contenir les hommes embarqués sur ce navire et pour conserver la santé des noirs.

Art. 7. Le commandant du bâtiment capteur continuera de remplir la mission qui lui aura été donnée, et les marins pris sur le navire négrier remplaceront à son bord, jusqu'à son désarmement, les hommes de son équipage dont il aura dû se priver pour l'expédition de la prise.

Art. 8. S'il arrivait qu'un navire français employé à la traite fût forcé, par des circonstances quelconques, à relâcher dans un port où se trouverait un bâtiment du roi, le commandant de ce bâtiment arrêterait le navire; il constaterait, par un procès-verbal, l'existence des noirs à bord, et il l'expédierait ainsi qu'il est prescrit par les articles 3 et 4 du présent ordre.

Art. 9. Tout navire rencontré en mer ou dans un port étranger par un bâtiment du roi, et qui, sans avoir de noirs à bord, serait soupçonné d'avoir fait la traite, ou d'être destiné à s'y livrer, devra être arrêté et visité.

Le commandant interrogera le capitaine, les officiers et l'équipage, et si la contravention à la loi ou l'intention de l'enfreindre demeure bien constatée, le commandant fera conduire le navire, soit dans un de nos établissements coloniaux le plus voisin, ou dans un port de France, si la distance à parcourir est moindre.

Il est toutefois bien entendu qu'un navire négrier capturé ne devra être conduit en France que lorsqu'il n'aura point de noirs à bord; s'il y en a, la seule destination à lui assigner doit être une colonie française, et toujours Cayenne de préférence.

Art. 10. Les papiers à bord, les procès-verbaux, les interrogatoires et toutes les autres pièces utiles à l'instruction de la procédure d'un navire arrêté, devront être adressés au ministre, si le navire est conduit en France, ou au gouverneur de la colonie, s'il est dirigé sur une des colonies françaises.

Art. 11. Lorsque les bâtiments de Sa Majesté relâcheront dans les ports de nos colonies ou dans les ports étrangers de l'Afrique et de l'Amérique, les commandants s'appliqueront à se procurer des informations exactes sur les navires français qui seraient suspectés de se livrer à la traite de noirs; et ils transmettront les informations qu'ils auront recueillies au ministre et aux chefs des colonies françaises, afin que ces armements deviennent l'objet d'une surveillance particulière.

Art. 12. Les officiers du corps royal de la marine doivent se bien pénétrer de toute l'importance que comporte le présent ordre. Sa Majesté a déclaré qu'elle déploierait sa sévérité contre tous ceux qui, appelés à réprimer la traite des noirs, pourraient être justement accusés d'avoir négligé un devoir que la loi, les ordres du roi, la volonté souvent manifestée de Sa Majesté et l'humanité, prescrivent de remplir avec autant de zèle que d'exactitude.

Art. 13. Le présent ordre de service sera enregistré au bureau de la majorité et au contrôle de la marine, et il devra être annexé aux documents généraux remis à tous les commandants des bâtiments du roi.

Fait à Paris, le 12 août 1823.

Signé Marquis DE CLERMONT-TONNERRE.

Annales maritimes, 1823, p. 592.

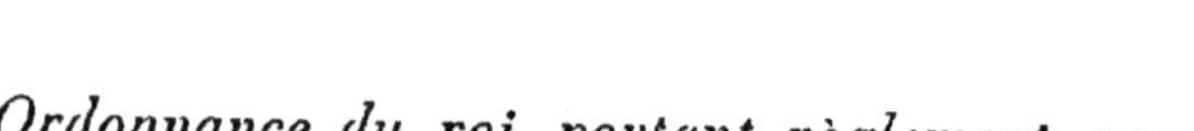

N° 4195. — *Ordonnance du roi portant règlement pour le nombre, la durée des fonctions et la réélection des membres et suppléants des comités consultatifs.*

13 août 1823.

Louis, etc.,

Vu notre ordonnance du 22 novembre 1819 sur l'établissement des comités consultatifs dans nos colonies de la Martinique, de la Guadeloupe, de la Guyane française et de Bourbon;

Sur le rapport de notre ministre secrétaire d'État de la marine et des colonies,

Nous avons ordonné et ordonnons ce qui suit :

Art. 1er Les membres et les suppléants actuels des comités consultatifs exerceront leurs fonctions jusqu'au 1er janvier 1825.

Art. 2. A dater du 1er janvier 1825, les membres et les suppléants seront nommés pour cinq années, et les comités renouvelés en entier de cinq ans en cinq ans.

Les membres et suppléants en exercice pourront être indéfiniment réélus.

Art. 3. Le nombre des suppléants sera porté de cinq à neuf pour les comités de la Martinique, de la Guadeloupe et de Bourbon; il sera porté de deux à quatre pour la colonie de la Guyane française.

Art. 4. Les nominations aux nouvelles places de suppléants seront faites conformément à ce qui a été réglé par notre ordonnance du 22 novembre 1819.

Le même mode continuera d'être suivi pour les nominations aux places de membres titulaires et de membres suppléants, soit lors des renouvellements, soit en cas de vacance, par mort, démission ou autrement.

Art. 5. Les députés actuels des colonies près notre ministre secrétaire d'État de la marine exerceront leurs fonctions jusqu'au 1er janvier 1826.

Art. 6. A dater du 1er janvier 1826, tous les députés seront nommés pour cinq années et renouvelés de cinq ans en cinq ans. Ils pourront être indéfiniment réélus.

Art. 7. Il sera pourvu aux vacances qui surviendront, soit dans les comités, soit parmi les députés ; toutefois les membres des comités, les suppléants et les députés qui auront été nommés dans l'intervalle des cinq ans d'exercice seront compris dans le renouvellement quinquennal.

Art. 8. Notre ordonnance du 22 novembre 1819 est maintenue en ce qui n'est pas contraire aux dispositions qui précèdent.

Art. 9. Notre ministre secrétaire d'État de la marine et des colonies est chargé de l'exécution de la présente ordonnance.

Donné à Paris, le 13 août 1823.

Signé LOUIS.

Et par le Roi :

Le Ministre de la marine et des colonies,
Signé Marquis DE CLERMONT-TONNERRE.

Enregistrée à la cour royale, 20 novembre 1823. — *Journal officiel*, 1823, nº 93.

N° 4196. — *Ordonnance du roi relative aux mesures à prendre contre tout capitaine de navire impliqué dans une poursuite de délit en matière de traite des noirs.*

13 août 1823.

Louis, etc.,

Vu notre ordonnance du 8 janvier 1817 et la loi du 15 avril 1818 portant que les capitaines de commerce qui se seraient livrés au trafic connu sous le nom de *traite des noirs* seront interdits de tout commandement;

Sur le rapport de notre ministre secrétaire d'État de la marine et des colonies ;

Notre conseil entendu,

Nous avons ordonné et ordonnons ce qui suit:

Art. 1er. Lorsque la commission instituée par notre ordonnance du 22 décembre 1819 aura reconnu qu'il y a lieu de saisir les tribunaux de la poursuite d'un délit en matière de traite des noirs, et qu'un capitaine de navire voyageant au long cours sera impliqué dans cette poursuite, notre ministre privera immédiatement ledit capitaine de la faculté de s'embarquer pour toute destination d'outre-mer, et maintiendra l'interdiction jusqu'au jugement à intervenir (1).

Les empêchements d'embarquer qui, jusqu'à ce jour, ont été provisoirement prononcés par notre ministre secrétaire d'État de la marine et des colonies, dans les cas spécifiés au paragraphe précédent, sont maintenus.

Art. 2. Lorsqu'il aura été définitivement statué sur les poursuites, il sera pourvu par notre ministre secrétaire d'État de la marine et des colonies, conformément aux dispositions des jugements et arrêts, soit à la levée de l'empêchement, soit à l'interdiction définitive du capitaine.

Art. 3. Notre ministre secrétaire d'État de la marine et des colonies est chargé de l'exécution de la présente ordonnance, qui sera insérée au *Bulletin des lois*.

Donné en notre château des Tuileries, le 13 août de l'an de grâce 1823, et de notre règne le vingt-neuvième.

Signé LOUIS.

Et plus bas:

Marquis DE CLERMONT-TONNERRE.

Annales maritimes, 1823, p. 590.

N° 4197. — *Ordonnance du gouverneur administrateur qui accorde un nouveau délai pour la rectification des inscriptions hypothécaires.*

27 août 1823.

Nous, etc.,

Considérant que, par suite de la nature des localités et de

(1) Une dépêche ministérielle du 11 décembre 1823 offre une liste de vingt-cinq capitaines de navires qui, par jugements définitifs, ont été privés de tout commandement, conformément aux dispositions prohibitives de la traite des noirs.

l'absence d'un grand nombre de créanciers, le délai d'un an accordé par notre ordonnance du 24 juin 1822, pour la rectification des inscriptions hypothécaires dépourvues de l'indication de l'époque d'exigibilité, n'a pas été suffisant pour atteindre le but que nous nous étions proposé, et que plusieurs créanciers qui n'ont pu, malgré leur diligence, se présenter dans le délai fatal, réclament de nous un nouveau sursis qui puisse leur permettre de conserver leur rang et peut-être leur créance elle-même;

Vu l'article 1er de notre ordonnance du 24 juin 1822,

Avons arrêté et arrêtons ce qui suit:

Art. 1er. Il est accordé un nouveau délai de six mois, à partir du 24 juin dernier, pendant lequel toutes les inscriptions dépourvues de l'indication de l'époque d'exigibilité pourront être rectifiées dans la forme établie, sans que dans l'intervalle il puisse être fait de poursuites en nullité des inscriptions existantes pour cause d'omission de cette formalité.

Art. 2. A l'expiration de ce délai, qui sera de rigueur, toutes les inscriptions rectifiées en vertu de notre ordonnance du 24 juin 1822 et du présent arrêté seront parafées par des commissaires nommés par nous à cet effet.

Art. 3. Le présent arrêté sera enregistré, etc.

Donné au Fort-Royal, le 27 août 1823.

Signé DONZELOT.

Et plus bas:

GUILLAUME, *Secrétaire.*

Enregistré à la cour royale, le 30 août 1823. — Greffe de la cour royale, n° 18.

N° 4198. — *Circulaire ministérielle qui étend les dispositions de celle du 20 avril précédent aux payements à faire par la caisse des invalides à des marins qui ne savent pas écrire.*

Paris, le 29 août 1823.

Monsieur, il m'a été proposé d'étendre aux payements de pensions, aux remboursements sur les sommes non réclamées et aux autres dépenses de la caisse des invalides qui en seraient susceptibles, la disposition d'après laquelle, suivant ma circulaire du 20 avril dernier, les marins qui ne savent pas écrire et qui ont à recevoir des produits déposés dans la caisse des gens de mer doivent se faire assister de deux témoins connus et domiciliés, pour certifier à la fois l'identité du réclamant et le payement opéré en leur présence.

Cette proposition m'a paru devoir être accueillie. En conséquence, vous voudrez bien faire connaître, tant aux commissaires des classes qu'aux trésoriers des invalides de votre arrondissement, que la mesure adoptée pour la caisse des gens de mer devra s'appliquer également aux différents services dont ils sont chargés, et m'accuser réception de la présente, que vous ferez enregistrer au contrôle.

Recevez, etc.

Le Ministre de la marine et des colonies,

Signé Marquis DE CLERMONT-TONNERRE.

Inspection. Reg. 10, n° 10.

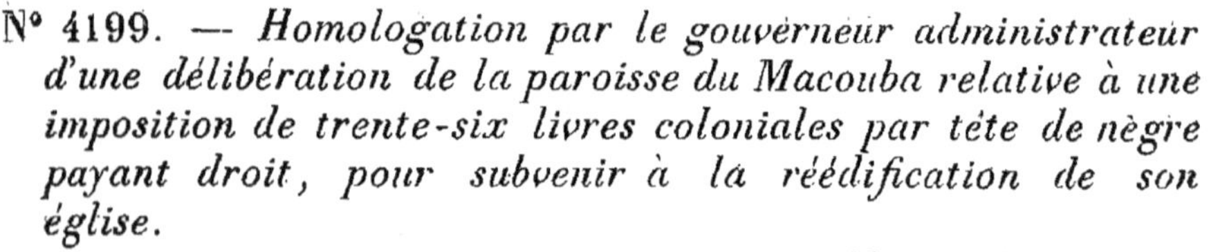

N° 4199. — *Homologation par le gouverneur administrateur d'une délibération de la paroisse du Macouba relative à une imposition de trente-six livres coloniales par tête de nègre payant droit, pour subvenir à la réédification de son église.*

29 août 1823.

NOTA. Détruite par l'ouragan de 1813.

Arch. de la direction de l'intérieur. Reg. 3, f° 63.

N° 4200. — *Ordonnance du gouverneur administrateur sur le mode et les règles à suivre pour la répartition du produit de tout bâtiment négrier et de la cargaison autre que les noirs de traite.*

10 septembre 1823.

Nous, etc.,

Attendu qu'aux termes de l'ordonnance royale du 8 janvier 1817 et de la loi du 15 avril 1818, relatives aux contraventions en matière de traite, les noirs confisqués doivent être employés dans les colonies à des travaux d'utilité publique, tandis que le bâtiment saisi et sa cargaison, autre que lesdits noirs, appartiennent aux saisissants et doivent être répartis de la même manière que les produits de toutes autres confiscations pour contravention aux lois sur le commerce étranger;

Vu la dépêche ministérielle du 22 mai dernier, par laquelle il nous est prescrit de rappeler ces dispositions dans une ordonnance locale;

Après en avoir délibéré en conseil de gouvernement et d'administration,

Avons ordonné et ordonnons, pour être exécuté provisoirement et sauf l'approbation de Sa Majesté, ce qui suit :

Art. 1er. La répartition du produit d'un bâtiment négrier confisqué ne comprend que la valeur du bâtiment et de la cargaison autre que les noirs existant à bord lors de sa capture.

Art. 2. Si le navire négrier confisqué provient de prise en mer, ou en rade, par le seul fait du bâtiment du roi, le produit en appartient à ce bâtiment.

Art. 3. Si la saisie a eu lieu dans les rades ou ports, ou sur les côtes de la colonie, par l'intervention unique et spontanée, soit des préposés des douanes, soit de la gendarmerie, ces préposés, ou la gendarmerie, ont droit au produit de la confiscation

Art. 4. Lorsqu'un ou plusieurs bâtiments du roi auront coopéré avec la douane à la saisie d'un bâtiment négrier, ou que ladite saisie aura été faite avec la coopération de la gendarmerie ou des autres troupes, le produit en sera réparti comme celui provenant de toute autre confiscation.

Art. 5. Mais si la saisie dans les rades et ports, ou sur les côtes, n'a été faite que par suite d'ordres spéciaux de l'administration, le produit appartient au domaine.

Il en est de même si des négriers français sont conduits et confisqués dans la colonie, après avoir été arrêtés par des bâtiments étrangers ou par intervention de gouvernements étrangers.

Art. 6. Il est bien entendu que la vente des objets confisqués ne doit être opérée qu'autant que la confiscation est définitive, soit par l'issue des arrêts d'appel et de cassation, soit par l'expiration, sans diligences de la part de la partie condamnée, des délais dans lesquels elle a pu se pourvoir.

Pourront, néanmoins, les objets susceptibles de détérioration être vendus par autorisation du tribunal, avant la confiscation définitive, pour le prix de vente rester provisoirement en dépôt au trésor.

Art. 7. Le commissaire général ordonnateur est chargé de tenir la main à l'exécution de la présente ordonnance, qui sera enregistrée tant aux greffes de la cour royale et des tribunaux de première instance qu'au contrôle colonial.

Donné au Fort-Royal, le 10 septembre 1823.

Signé DONZELOT.

Et plus bas:

GUILLAUME, *Secrétaire.*

Enregistré à la cour royale, 16 septembre 1823. — Inspection. Reg. 9, n° 665.

N° 4201. — *Dépêche ministérielle qui rappelle à l'observation des formes indiquées par celle du* 5 *octobre* 1819 *pour la réception du numéraire envoyé par le trésor royal aux colonies.* (Extrait.)

12 septembre 1823.

(Après avoir reproduit les dispositions de la dépêche du 5 octobre 1819, le ministre ajoute):

Il est aussi arrivé qu'on a cru pouvoir se dispenser de renvoyer, jointes au procès-verbaux de déficit, les étiquettes des sacs qui présentaient des différences, et on se fondait sur ce que les signatures des confectionnaires de ces sacs n'étant pas apposées sur les étiquettes, celles-ci ne pouvaient servir à faire connaître par qui lesdits sacs avaient été fermés. Cette objection n'est pas fondée. En effet, quand bien même que les étiquettes ne porteraient pas de signatures, il serait possible que la simple inspection de l'écriture suffît aux agents du trésor pour faire découvrir les auteurs desdites étiquettes, et conséquemment les confectionnaires des sacs. Je recommande donc que, sans égard au motif ci-dessus allégué, et conformément aux instructions du 5 novembre 1819, les procès-verbaux constatant des déficits de fonds soient toujours accompagnés des étiquettes des sacs, lors même qu'elles ne porteraient ni le nom, ni la signature de ceux qui les auraient écrites.

Recevez, etc.

Le Ministre de la marine et des colonies,

Signé Marquis DE CLERMONT-TONNERRE.

Inspection. Reg. 10, n° 14.

N° 4202. — *Dépêche ministérielle au gouverneur administrateur portant envoi d'un rapport de l'Académie royale de médecine contre les remèdes connus sous les noms de* purgatif *et* vomi-purgatif *le Roy*. (Extrait.)

18 septembre 1823.

Il devra être donné la plus grande publicité à ce rapport; l'usage du spécifique dont il s'agit devra être prohibé dans les hôpitaux et autres établissements publics de la colonie; tous les moyens jugés convenables seront employés pour que la vente et la distribution en soient arrêtées.

Arch. de la direction de l'intérieur, Reg. 4, f° 24.

N° 4203. — *Ordonnance du gouverneur administrateur relative à l'établissement d'un presbytère et d'un clocher pour le service de la paroisse du Mouillage, à Saint-Pierre.*

19 septembre 1823.

Nota. Approuvée par dépêche ministérielle du 5 mai 1824, n° 134.

Enregistré à la cour royale, le 22 septembre 1823. — Greffe de la cour royale. Reg. 18. — Arch. du gouvernement.

N° 4204. — *Ordonnance du gouverneur administrateur portant concession à la paroisse du Mouillage, à Saint-Pierre, de la maison conventuelle des ci-devant religieuses dominicaines, appelée ensuite le Collége, pour y établir son presbytère.*

19 septembre 1823.

Nota. Voir : 1° Le contrat passé, au sujet de cette concession, entre le gouvernement et les marguilliers, le 10 octobre 1823, devant Bally, notaire à Saint-Pierre (arch. de la direction de l'intérieur, reg. 3, f° 72);

2° La délibération de paroisse qui est ensuite (même source, f°s 73 et 74) : ces deux actes homologués par le gouverneur administrateur

3° La décision royale approbative, du 21 avril 1824 (arch. de la direct. de l'intérieur, reg. 3, f° 143), et la lettre ministérielle d'envoi, du 5 mai suivant (n° 134, arch. du gouvernement);

Et 4° la délibération de paroisse en date du 4 octobre 1823, homologuée le 10, relative aux travaux de réparations à faire à la propriété concédée (arch. de la direct. de l'intérieur, reg. 3, f°s 77 et suivants).

Enregistré à la cour royale, le 22 septembre 1823. — Arch. de la direct. de l'intérieur. Reg. 3, f° 67.

N° 4205. — *Arrêté du gouverneur administrateur portant que les gendarmes maritimes attachés au service des bureaux de l'administration prendront la dénomination de brigade d'ordonnance.*

20 septembre 1823.

Nous, etc.,

Avons arrêté et arrêtons ce qui suit:

Art. 1er. Les gendarmes maritimes faisant le service d'ordonnance près du secrétariat du gouvernement et des bureaux des principaux chefs de l'administration formeront désormais une brigade d'ordonnance.

Art. 2. A partir du 1er octobre prochain leur nombre sera réduit à neuf, dont un brigadier, deux sous-brigadiers et six gardes d'ordonnance.

Art. 3. Leur traitement annuel sera, savoir:

Pour le brigadier, deux mille francs;

Pour le sous-brigadier, dix-huit cent cinquante francs. Et pour les gardes d'ordonnance, quinze cent cinquante francs.

Ces traitements comprennent les indemnités pour habillement et petit équipement.

Art. 4. Leur uniforme restera le même, à cela près que les revers seront supprimés et que l'habit boutonnera droit sur la poitrine. La doublure sera bleue ainsi que le collet et les parements.

Leur armement sera toujours composé d'un sabre d'infanterie et d'un mousqueton à baïonnette.

Il n'est d'ailleurs rien innové relativement au service qu'ils ont à faire.

Art. 5. Le commissaire général ordonnateur est chargé de l'exécution du présent arrêté, qui sera enregistré au contrôle.

Au Fort-Royal, le 20 septembre 1823.

Signé DONZELOT.

Arch. de l'ord. Ord. et déc., 1823.

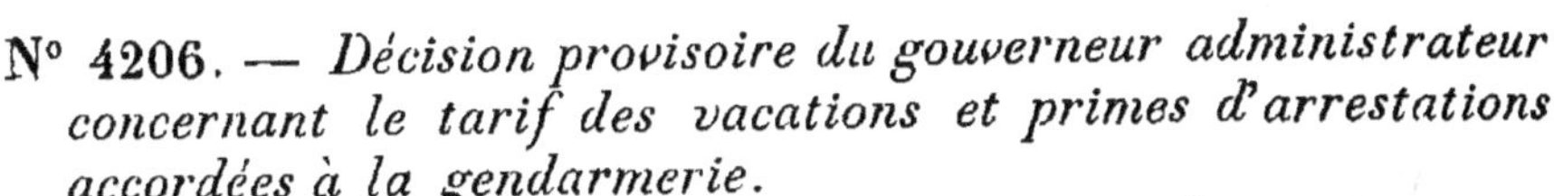

N° 4206. — *Décision provisoire du gouverneur administrateur concernant le tarif des vacations et primes d'arrestations accordées à la gendarmerie.*

23 septembre 1823.

Nous, etc.,

Attendu que le tarif des vacations et des arrestations doit être examiné et revisé, et en attendant que ce tarif soit arrêté définitivement,

Avons décidé et décidons ce qui suit :

Art. 1er. Les vacations qui sont dues aux officiers, sous-officiers et gendarmes, à dater du 1er janvier 1823, seront payées sur le pied du tarif que nous avons arrêté le 27 février 1819.

Art. 2. Le commissaire général ordonnateur est chargé de l'exécution de la présente, qui sera enregistrée au contrôle.

Fait au Fort-Royal (Martinique), le 23 septembre 1823.

Signé DONZELOT.

Arch. du gouvernement. Ord. et déc., n° 1167.

N° 4207. — *Ordonnance du roi portant règlement sur les indemnités et les avances payables en route aux militaires isolés.*

24 septembre 1823.

Nota. Voir aux *Annales maritimes*, 1824, 1re partie, page 179 un extrait de cette ordonnance en ce qui concerne la marine et les colonies.

N° 4208. — *Arrêté du gouverneur administrateur déterminant le mode de liquidation des produits des greffes, restés*

depuis octobre 1816 *aux mains des greffiers, et amélio-rant, à compter de ladite époque, le traitement de ces officiers.* (Extrait.)

28 septembre 1823.

Une ordonnance locale du 3 septembre 1816 a rendu, pour l'avenir, les greffiers comptables des produits des greffes envers le trésor, et a en même temps fixé leurs traitements comme suit:

Greffier de la cour royale.................... 4,320f 00
Idem de 1re instance de Fort-Royal........... 7,200 00
Idem de Saint-Pierre........................ 10,000 00

Les greffiers ont réclamé contre l'insuffisance de ces traitements.

Rapport au ministre et attente d'une décision ministérielle.

Pendant ce temps se forme l'arriéré.

Une dépêche ministérielle du 18 juin 1823 prescrit la liquidation et donne des instructions.

L'arrêté ci-dessus intitulé ordonne le règlement en question et en détermine les bases.

La plus essentielle est celle-ci : Que dans le règlement établi pour chaque année arriérée les traitements seront calculés comme ci-après, savoir :

	TRAITEMENT		TOTAL du TRAITEMENT maximum.
	FIXE.	ÉVENTUEL.	
Greffier de la cour royale.........	5,000f 00	2,000f 00	7,000f 00
—— du tribunal de 1re instance de Fort-Royal....................	8,000 00	4,000 00	12,000 00
—— de Saint-Pierre.............	12,000 00	8,000 00	20,000 00

Que la portion fixe sera toujours payée, quel qu'ait été le produit des greffes; et qu'enfin la portion éventuelle ne le sera qu'autant que la recette annuelle des droits aura atteint la somme respectivement fixée pour le maximum de chaque traitement; qu'en cas où elle y serait inférieure, l'éventuel sera réduit d'une somme égale à la différence.

Arch. de la direction de l'intérieur. Reg. 3, f° 70.

N° 4209. — *Ordre du commandant militaire relatif à la forme et au contenu obligé des billets d'entrée à l'hôpital délivrés aux sous-officiers et soldats, et aux règles à observer à la sortie de ces militaires.*

28 septembre 1823.

Les dispositions de l'article 178 de l'ordonnance du 13 mai 1818 n'ont point été observées jusqu'à ce jour par les corps, et il en est résulté des abus graves. Pour les prévenir, M. le commissaire chargé des hôpitaux est prié de ne permettre désormais la réception d'aucun billet d'entrée de sous-officiers et soldats, s'il ne porte l'inscription du nombre, de l'espèce et de la qualité des effets que le militaire emporte ou qu'il laisse.

Lorsque ces dispositions ne seront point remplies par les corps, le billet sera renvoyé au commandant de la place pour être soumis au commandant militaire.

A dater du 1er octobre prochain, les militaires mis *exeat* sortiront après le repas du soir, et non le matin comme cela se pratique encore; en conséquence, un fourrier de chaque corps se rendra tous les jours, à cinq heures et demie, à l'hôpital pour y recevoir et conduire aux casernes les militaires sortant de l'hôpital, lesquels seront réunis par les soins du sergent de planton et par lui remis aux fourriers. Ce sous-officier signalera au commandant de la place, au rapport du lendemain, la négligence qu'il aura remarquée de la part des fourriers à remplir cette obligation, et il en sera rendu compte au commandant militaire, s'il y a lieu.

Il sera remis, par les soins de messieurs les commandants des places du Fort-Royal et de Saint-Pierre, à messieurs les commissaires chargés du service des hôpitaux, une expédition du présent ordre du jour.

Le Commandant militaire,
Signé Colonel BARRÉ.

Arch. de l'hôpital. Ord. et déc., 1823.

N° 4210. — *Ordonnance du roi portant nomination d'un nouveau procureur général à la Martinique, et réglant ses traitement et allocations.* (Extrait.)

1er octobre 1823.

Son traitement est fixé à 20,000 francs.

Il sera logé aux frais du roi.

Une indemnité, à régler dans la colonie, lui sera payée pour frais de secrétaire et de bureau.

Au moyen de ces allocations il ne pourra percevoir à son profit aucun des droits connus sous le nom de droits de sceau ou autres, précédemment attribués à l'office de procureur général à la Martinique. Ces droits seront, jusqu'à ce qu'il en soit autrement ordonné, perçus par le greffier de la cour, qui en fera, mois par mois, le versement au trésor de la colonie, avec le concours de l'administration et du contrôle, aux formes qui seront déterminées par le gouverneur administrateur.

Nota. Un arrêté local du 18 mars 1824 fixe les frais de secrétaire et de secrétariat du procureur général à 5,000 francs par an.

Inspection. Reg. 10. — Enregistré à la cour royale le 1er octobre 1823.

N° 4211. — *Dépêche ministérielle annonçant l'envoi d'ornements d'église pour la chapelle de l'hôpital de Fort-Royal.*

2 octobre 1823.

Nota. La dépense s'en élève à la somme de 5,500 francs

Arch. de l'hôpital. Dép., 1823.

N° 4212. — *Homologation, par le gouverneur administrateur, d'une délibération de la paroisse du Mouillage relative aux prix des concessions de terrains pour sépultures dans son cimetière.*

4 octobre 1823.

EXTRAIT DE LA DÉLIBÉRATION.

Et quant aux concessions de terrains pour les sépultures particulières, arrête qu'elles auront lieu dans les formes voulues par l'ordonnance du 29 novembre 1822, et aux prix suivants :

Concessions à perpétuité.

Pour chaque caveau........................ 5,000f 00

Pour chaque mètre courant du terrain affecté à cet objet................................ 1,500 00

Concessions pour dix années.

Pour chaque caveau........................ 2,500 00

Pour chaque mètre courant de terrain......... 750 00

Concessions pour cinq années.

Pour chaque caveau........................... 1,660f 00
Pour chaque mètre courant de terrain......... 500 00

Arch. de la direction de l'intérieur. Reg. 3, fos 78, 79.

N° 4213. — *Ordonnance du gouverneur administrateur concernant la formation des dénombrements et recensements, ainsi que les déclarations relatives aux maisons pour l'année* 1824.

22 octobre 1823.

Nota. Cette ordonnance renouvelle les dispositions des ordonnances des années précédentes sur le même sujet, sauf la division de l'article 15 en deux articles ainsi conçus :

Art. 15. Tout propriétaire ou locataire de maison qui se sera rendu coupable d'une fraude manifeste dans ses déclarations sera poursuivi administrativement, à la diligence du domaine, pour la réintégration au trésor des sommes soustraites par fausses déclarations. Il sera tenu à payer, en outre, d'après les mêmes poursuites, une amende de la somme de trois cents francs, laquelle sera versée à la caisse municipale et imputée au chapitre *Secours*.

Art. 16. Les poursuites des propriétaires envers les locataires pour le payement de leur loyer ne seront admises devant les tribunaux que sur la représentation : 1° de la copie certifiée par le chef du bureau du domaine de l'arrondissement de la déclaration du loyer; 2° de la quittance des impositions de l'année expirée et celle de l'année courante, lorsque l'affaire sera portée en première instance après le premier semestre de la dernière année; et si, de l'exhibition au tribunal desdites pièces, il résulte qu'il y a eu fraude en déclaration, le propriétaire sera condamné aux peines énoncées en l'article précédent. En conséquence, expédition du jugement sera transmise, par le greffier, au chef du bureau du domaine pour en poursuivre l'exécution.

Donné au Fort-Royal, le 22 octobre 1823.

Signé DONZELOT.

Et plus bas :

GUILLAUME,

Secrétaire.

Journal officiel, 1823, n° 93. — Enregistré à la cour royale, le 24 octobre 1824.

N° 4214. — *Règlement général du gouverneur administrateur sur les bris, naufrages et échouements, comprenant toutes les mesures ou opérations qui en sont la suite* (1).

24 octobre 1823.

Nous, etc.,

Considérant que l'article 1er de l'ordonnance royale du 22 novembre 1819, qui abolit dans les colonies françaises les anciennes dénominations des tribunaux et supprime notamment celle des amirautés, n'a rien changé quant à la compétence et à la législation desdits tribunaux, si ce n'est en certains points spécifiés;

Qu'un de ces points réservés est la compétence des anciennes amirautés en ce qui touche les naufrages et les prises, compétence que le législateur n'a pas entendu attribuer aux tribunaux de première instance faisant fonctions de tribunaux du commerce;

Que la volonté d'innover résulte clairement et de l'état actuel de la législation à cet égard dans la France continentale et des expressions formelles de l'article 3 de l'ordonnance du 22 novembre 1819 précitée, qui ordonne dans toutes les colonies françaises l'exécution de l'article 1er de l'arrêté du 14 ventôse an XI (5 mars 1803) relatif aux attributions des officiers d'administration de la marine, en ce qui concerne les naufrages et les prises;

Considérant que l'arrêté consulaire du 14 ventôse an XI veut que l'arrêté du 17 floréal an IX, qui fixe les attributions des officiers d'administration de la marine, quant aux naufrages et aux prises, ait son exécution dans les colonies françaises comme dans les ports de France, et que le motif de cette décision a été que les tribunaux ordinaires ne cumulassent plus des fonctions administratives et judiciaires, principe déjà généralement adopté;

Attendu qu'il résulte de ce qui précède que l'arrêté du 17 floréal an IX est aujourd'hui la seule loi de la matière, mais que, incomplet dans ses dispositions et peu clair dans ses termes, il a besoin, pour être entendu et appliqué, du secours de plusieurs lois et arrêtés promulgués dans la France continentale, mais qui n'ont pas été enregistrés dans cette colonie;

---

(1) Les articles 5, 6, 7, 8, 9, 10, 11 et 12 de ce règlement ont été publiés à nouveau par avis officiel de l'ordonnateur inséré au *Journal officiel* le 31 août 1827, n° 70.

Voulant faire cesser à cet égard toute indécision et fixer d'une manière claire et irrévocable les attributions de l'administration de la marine, des douanes et des tribnnaux, en ce qui concerne les bris, naufrages et échouements;

Nous avons réuni en un seul règlement toutes les dispositions éparses relatives à la matière;

En conséquence, après en avoir délibéré en conseil de gouvernement et d'administration,

Avons arrêté et arrêtons, pour être exécuté provisoirement, sauf l'approbation de Sa Majesté, ce qui suit :

DISPOSITIONS PRÉLIMINAIRES.

Art. 1er. Les vaisseaux, leurs équipages et leurs chargements jetés sur les côtes par la tempête ou par tout autre cause, et généralement tout ce qui sera échappé du naufrage, sont mis sous la sauvegarde et la protection du roi et confiés à la foi publique. (Ordonnance de 1681, livre IV, titre IX, art. 1er.)

Art. 2. Il est enjoint à tous les sujets du roi de faire leurs efforts pour secourir les personnes qu'ils verront en danger de naufrage. Ceux qui auront attenté à leurs vie et biens seront punis de mort. (Ordonnance de 1681, art. 2.)

Art. 3. Tout individu qui aurait tiré du fond de la mer ou trouvé des effets provenant de bris et naufrages doit les mettre en sûreté et, vingt-quatre heures après, au plus tard, en faire sa déclaration à l'autorité compétente, à peine d'être poursuivi comme recéleur. (Ordonnance de 1681, art. 19, 20.)

Art. 4. Défenses sont faites à tous individus de prendre connaissance des bris et échouements, de s'en attribuer aucun droit à cause de ses terres et de troubler l'autorité compétente dans ses fonctions, et à tous soldats et militaires de courir aux naufrages, à peine de mort. (Ordonnance de 1681, art. 30.)

TITRE Ier.

ATTRIBUTIONS DE L'ADMINISTRATION DE LA MARINE.

CHAPITRE Ier.

Dispositions d'ordre public.

Art. 5. Tout individu témoin du naufrage, du bris ou de l'échouement d'un navire sur les côtes, quelles qu'en soient la nation et la qualité, en informera sur-le-champ, dans les campagnes le commissaire civil du lieu, et dans les villes le commissaire de la marine chargé du service, à peine d'être poursuivi, s'il y a lieu, comme complice de tout pillage des effets naufragés. (Arrêté du 27 thermidor, an VII; arrêté du 17 floréal, an IX, art. 1er.)

Art. 6. Les commissaires civils avertis d'un naufrage par cette voie ou par toute autre en donneront, sur-le-champ, connaissance au chef de l'administration de la marine de l'arrondissement.

Il sera alloué par privilége une récompense de cinq francs par lieue y compris l'aller et le retour, à celui qui sera porteur de l'avis. (Déclaration du roi du 10 janvier 1770, art. 1er; ordonnance de 1681, titre IX, art. 3; ordonnance du 22 novembre 1819, art. 3; décret du 9 août 1791, art. 5; arrêté du 17 floréal an IX, art. 1 et 2.)

Art. 7. L'officier d'administration de la marine prévenu du naufrage en donnera avis, dans les villes, au commandant de place, au magistrat chargé en chef de la police, au capitaine de port et au principal officier des douanes, qui se rendront sur les lieux et concourront, chacun en ce qui le concerne, au maintien de l'ordre et aux secours que réclameront les navires et les équipages. (Arrêté du 27 thermidor an VII, art. 2 et décret du 9 août 1791, art. 3.)

Les commandants de place et officiers commandant les garnisons donneront main-forte, lorsqu'ils en seront requis, à l'administration de la marine et aux intéressés, et enverront, pour maintenir l'ordre, des soldats dont ils seront civilement responsables. (Art. 31, titre IX, ordonnance de 1681.)

S'il ne s'agit que de main-forte, le service des soldats est gratuit; mais lorsqu'ils seront employés à sauver les effets, ils doivent être payés comme les autres travailleurs. (Art. 31, ordonnance de 1681; Valin, tome II, page 651; dépêche ministérielle du 30 septembre 1820.)

Dans tous les cas les autorités locales averties légalement, ou même par la clameur publique, donneront immédiatement les secours en leur pouvoir, feront travailler au sauvetage en attendant l'arrivée de l'autorité compétente et empêcheront le pillage, à peine de répondre en leurs noms de toutes pertes et dommages provenant de leur négligence. (Déclaration du 10 janvier 1770, art. 3; ordonnance de 1681, art. 4; arrêté de floréal, art. 2; règlement du 17 juillet 1816, art. 24.)

Art. 8. L'officier d'administration de la marine, sur les premiers avis qu'il recevra, se transportera sur le lieu, y donnera les ordres, requerra la force armée, formera, s'il le juge nécessaire, une garde composée de gens de bonne volonté (Décret du 9 août 1791, art. 5.)

Il fera travailler incessamment à sauver les effets, se saisira des chartes-parties et autres papiers des vaisseaux échoués, recevra les déclarations des capitaines, pilotes et autres personnes de l'équipage, dressera procès-verbal de l'état du navire, fera inventaire des marchandises sauvées, les fera transporter et mettre en magasin ou lieu de sûreté, à peine d'être en son nom responsable de toutes les suites. (Décret du 9 août 1791, art. 5; ordonnance de 1681, titre IX, art. 6.)

Avant l'arrivée du commissaire de la marine ou de son représentant, les ordres seront donnés par le capitaine de port et à son défaut par le chef de la police ou le commissaire civil. (Arrêté du 27 termidor an VII; décret du 9 août 1791; arrêté de floréal an IX, art. 2.)

Art. 9. Pour que l'intervention administrative soit légale, il n'est pas nécessaire que le bâtiment soit en état de bris et de démolition. Il suffit que le navire soit à la côte pour que l'administration intervienne dans l'intérêt des absents, et subsidiairement dans l'intérêt de l'ordre et de la tranquillité publique. (Dépêche ministérielle du 30 juin 1820.)

Art. 10. Le commissaire de la marine ou, en son absence, le chef de la police, dressera procès-verbal de tous les délits qui se commettraient ou se seraient commis avant son arrivée (déclaration de 1770, art. 3) et le transmettra au procureur du roi. Les coupables seront arrêtés sur-le-champ et livrés aux tribunaux. (Arrêté du 27 thermidor an VII; décret du 9 août 1791, art. 10.)

Art. 11. Il sera enjoint par les autorités constituées à tout individu de se retirer du lieu de l'échouement et de ne s'immiscer en aucune manière dans les opérations du sauvetage, à moins qu'il n'y soit expressément autorisé, à peine de punition exemplaire. (Arrêté du 27 thermidor an VII; déclaration de 1770, art. 3; ordonnance de 1681, art. 8.)

Pourront toutefois, dans tous les cas, les intéressés au naufrage, s'ils sont présents, être consultés sur les mesures à prendre. (Valin, page 597, tome II.)

Art. 12. Défenses sont faites aux particuliers employés au sauvetage, et à tous autres, de porter dans leurs maisons, ni ailleurs qu'aux lieux désignés, et de recéler aucune portion des biens et marchandises naufragés; comme aussi de rompre les coffres, ouvrir les ballots et couper les cordages et mâtures, sous peine de restitution du quadruple et de punition corporelle. (Ordonnance de 1681, art. 5.)

Art. 13. Tous charretiers, mariniers et nègres de journée seront tenus de se transporter au lieu du naufrage et échouement à la première sommation verbale qui leur sera faite par une des autorités ci-dessus désignées, ou par les intéressés au naufrage, à peine d'une amende de trois cents francs contre les blancs et libres, et de punition corporelle contre les esclaves. (Déclaration de 1770, art. 6; ordonnance de 1681, titre IX, art. 7.)

CHAPITRE II.

Du sauvetage et des opérations qui en sont la suite.

Art. 14. Le sauvetage appartient de droit à l'administration de la marine; il peut, toutefois, être revendiqué par les armateurs et propriétaires ou leurs représentants. (Dépêche ministérielle du 21 septembre 1821; ordonnance de 1681, art. 6; loi du 9 août 1791, art. 5; ordonnance du 22 novembre 1819, art. 3.)

SECTION Ire.

Du sauvetage fait par l'administration de la marine.

Art. 15. Le trésorier des invalides fera l'avance des frais du sauvetage et de tous autres indispensables, et en sera payé par privilége et préférence sur les ventes des effets sauvés. (Déclaration de 1770, art. 4; arrêté de floréal, an XII.)

Art. 16. Aussitôt que l'administration aura connaissance du nom du navire, de la nation, des lieux de départ et de destination, de la nature du chargement, elle sera tenue de les faire insérer, sans frais, dans trois gazettes consécutives. (Déclaration de 1770, article 5; dépêche ministérielle du 15 janvier 1820.)

Art. 17. Il sera nommé par l'officier d'administration ou son représentant un gardien bon et solvable des effets sauvés du naufrage ou échouement. Le droit de gardiennage est fixé à 8 francs par jour. (Déclaration de 1770, art. 7.)

Art. 18. Les marchandises, effets, agrès et apparaux sauvés seront déposés dans un lieu désigné à cet effet par l'administration de la marine, et autant que faire se pourra dans un des magasins du gouvernement. (Déclaration de 1770, art. 8.) Le magasin aura deux clefs, dont l'une sera remise à l'officier d'administration et l'autre au chef du service des douanes, après que la nature et la qualité desdits objets auront été constatées par le procès-verbal de sauvetage. (Règlement du 17 juillet 1816, art. 26.)

Art. 19. Les travailleurs seront employés par journée ; il en sera tenu un rôle par l'officier d'administration, et défenses sont faites à aucun autre individu de s'immiscer au travail. (Déclaration de 1770, art. 9; ordonnance de 1681, titre IX, art. 18 et 30.)

Art. 20. Il sera pareillement tenu par le même officier un état des voitures qui auront été requises et des voyages qui qui seront faits pour porter les effets sauvés dans les magasins, et il sera délivré par le gardien récépissé détaillé des effets, à mesure qu'ils lui parviendront. (Déclaration de 1770, art. 10; ordonnance de 1681, titre IX, art. 9.)

Le gardien tiendra, en outre, état ou contrôle de ce qui sera apporté par chaque voiturier. (Ordonnance de 1681, titre IX, art. 10.)

Art. 21. Après le transport fait au magasin des marchandises sauvées, il sera procédé, par l'administration, à leur reconnaissance, description et vérification, tant sur les procès-verbaux faits au lieu de l'échouement que sur les reçus du gardien et sur le contrôle qui aura été dressé par ledit gardien; après quoi les salaires des ouvriers seront arrêtés sur le vu des états quittancés du gardien. (Déclaration de 1770, art. 11 ; ordonnance de 1681, art. 11 ; décret du 9 août 1791, art. 6.)

Art. 22. Les procès-verbaux de reconnaissance seront faits en présence du capitaine, et, à son défaut, du plus apparent de l'équipage, ou lui dûment appelé, et signés de lui et du gardien, lequel s'en chargera au pied du procès-verbal.

Pourra ledit capitaine ou son représentant assister à toutes les opérations de l'administration de la marine. (Déclaration de 1770, art. 12; ordonnance de 1681, titre IX, art. 12.)

Art. 23. Les chartes-parties, connaissements et autres écrits en langues étrangères trouvés parmi les effets seront, à la diligence du contrôleur de la marine, traduits sans aucuns frais et communiqués aux consuls des nations, qui en donneront avis aux personnes intéressées et aux magistrats des lieux y désignés. (Ordonnance de 1681, titre IX, art. 23.)

Art. 24. Si les marchandises et effets déposés se trouvent gâtés, le gardien sera tenu, avec l'autorisation de l'administration de la marine, de les faire remettre en état, autant que faire se pourra. (Ordonnance de 1681, art. 14.)

Art. 25. S'il ne se présente aucune réclamation, il sera

procédé, par l'administration de la marine, sur la réquisition du contrôleur, dans le mois après que les effets auront été sauvés, ou même plus tôt si le cas le requiert, à la vente des marchandises qui ne sont pas susceptibles d'être conservées et à celle des plus périssables, sur le produit desquelles seront payés les salaires des ouvriers. (Déclaration de 1770, art. 13; ordonnance de 1681, titre IX, art. 13; décret du 9 août 1791, art. 6.)

Les effets vendus seront livrés sans frais aux adjudicataires, sur la seule remise qui leur sera faite de l'extrait en forme du procès-verbal de vente. (Déclaration de 1770, art. 22.)

Art. 26. Les deniers provenant de la vente des marchandises gâtées ou périssables seront versés à la caisse des gens de mer, sauf réclamation par qui il appartiendra. (Règlement du 17 juillet 1816, art. 26; ordonnance de 1681, art. 15; arrêté de floréal an IX, art. 3; loi du 13 mai 1791, chap. 5; décret du 30 mai 1792, art. 17; ordre du roi du 22 mai 1816, art. 5, n° 5, etc.)

Ils y resteront déposés un an et un jour; après lequel délai, ils seront versés dans la caisse des invalides. (Règlement du 17 juillet 1816, art. 34, 38 et 52.)

Art. 27. Il est défendu aux officiers de l'administration de la marine de se rendre directement ou indirectement adjudicataires des effets vendus à leur diligence, à peine de restitution du quadruple et de privation de leurs charges. (Ordonnance de 1681, titre IX, art. 16.)

Art. 28. Pourra l'officier d'administration ordonner que la remise des effets sauvés soit faite aux réclamants propriétaires, assureurs ou correspondants, après l'examen des preuves de propriété et avec le consentement du contrôleur : à défaut de ce consentement, il renverra la réclamation au tribunal. (Décret du 9 août 1791, art. 8; dépêche ministérielle du 17 juin 1820.)

Art. 29. Les propriétaires seront tenus de justifier de leurs droits par connaissements, polices de chargement, factures et autres semblables pièces, les assureurs par délaissement signifié ou transport de connaissements, et les commissionnaires, de leur qualité, par un pouvoir suffisant. (Ordonnance de 1681, titre IX, art. 25; Valin, tome II, page 609.)

Sera considéré comme pouvoir suffisant, à défaut d'une procuration spéciale, toute lettre missive établissant la qualité du correspondant ou consignataire, sans même que le cas de naufrage y soit prévu.

L'endossement au connaissement vaudra procuration.

Pourra l'administration, au besoin, exiger que les signatures apposées sur les pièces produites soient légalisées.

Toutes les pièces justificatives des réclamations demeureront déposées au bureau des classes, soit en original, soit en copie dûment certifiée. (Dépêche ministérielle du 17 juin 1820.)

Art. 30. L'armateur, reconnu pour tel, représente de droit les propriétaires du vaisseau, non le capitaine ou maître, si ce n'est au cas où le navire puisse être relevé de son échouement et mis en état de continuer son voyage. Mais, en fait de naufrage, sa qualité ayant cessé, il ne peut avoir droit de réclamer qu'en vertu d'une procuration de chaque intéressé ou de l'armateur. (Valin, tome II, page 622.)

Art. 31. Lorsque le navire et la cargaison sont assurés et qu'il en est fait abandon immédiat pour compte des assureurs, l'administration agira dans l'intérêt des assureurs, s'ils sont absents ; dans le cas contraire, les assureurs pourvoiront eux-mêmes au sauvetage. (Valin, tome II, pages 609 et 610.)

Art. 32. L'officier de l'administration n'assistera à la délivrance ou livraison des effets réclamés ou adjugés, et ne dressera aucun procès-verbal de recensement ou de récolement s'il n'en est expressément requis par les réclamateurs ou adjudicataires. (Déclaration de 1770, art. 23.)

Art. 33. Les vaisseaux échoués et les marchandises et autres effets provenant des bris et naufrages pourront être réclamés dans l'an et jour de la publication qui en aura été faite, et ils seront rendus en nature, ou le produit de la vente qui en aura été faite, aux propriétaires ou à leurs commissionnaires, en payant les frais faits pour les sauver. (Ordonnance de 1681, titre IX, art. 24.)

Art. 34. La répartition des frais de sauvetage doit avoir lieu au marc le franc de la valeur des effets sauvés. L'encombrement ou le volume des objets ne peut être pris pour règle.

Toutefois, cette disposition ne s'applique pas au sauvetage des objets isolés, ni lorsque le prix est fait à la pièce. (Dépêche ministérielle du 30 juin 1820, art. 404 du code de commerce.)

Art. 35. Lorsqu'il n'y a pas de vente, l'estimation doit être faite par experts assermentés, dont la désignation appartient au tribunal de commerce ou à celui qui en tient lieu. (Dépêche ministérielle du 30 juin 1820, art. 414 du code de commerce.)

Art. 36. La répartition des frais généraux et communs de sauvetage sera faite par le commissaire aux classes. (Même dépêche.)

Art. 37. Si les effets et marchandises échoués ou trouvés sur le rivage ne sont point réclamés dans l'an et jour, les frais de sauvetage et tous les autres seront prélevés sur les deniers de la vente qui sera faite desdites marchandises par l'administration de la marine, en présence du contrôleur, et le surplus du produit de la vente sera versé dans la caisse des invalides. (Déclaration de 1770, art. 24; ordonnance de 1681, art. 26; règlement du 23 août 1739.)

Art. 38. Si toutefois, hors le cas d'un naufrage connu, les effets ont été sauvés en pleine mer avec risques et périls, ou tirés de son fond, le tiers brut du produit de la vente sera délivré sans frais à ceux qui les auront sauvés. Il sera, à l'égard des deux autres tiers, procédé comme ci-dessus. (Ordonnance de 1681, titre IX, article 27; règlement du 17 juillet 1816, art. 26.) Dans aucun cas, le tiers brut accordé aux sauveteurs n'est exempté des droits d'entrée auxquels l'objet sauvé est soumis par les règlements. (Dépêche ministérielle du 16 novembre 1821.) Ceci est indépendant du tarif des gratifications à payer par l'administration de la marine dans les ports de Sa Majesté, pour les sauvetages faits en rade par des embarcations du port ou des vaisseaux, hors le cas de naufrage, lequel tarif est en date du 22 février 1816.

Art. 39. Quant aux objets sauvés à vue de terre dans un naufrage actuel et sans risques, il est accordé aux sauveteurs pour leurs peines et soins, sur le produit de la vente, une gratification réglée par le gouverneur et administrateur pour le roi, sur la proposition du chef de l'administration de la marine. (Règlement du 17 juillet 1816, art. 26.)

Art. 40. Après l'an et jour de non-réclamation, les bois de construction et autres objets propres au service peuvent être acquis par l'administration de la marine, qui les prend sur estimation, en en payant immédiatement la valeur, sinon ils sont vendus comme les autres objets. (Règlement du 17 juillet 1816; circulaire du 3 août 1799 des régisseurs aux directeurs des douanes.)

Art. 41. Il sera envoyé au commencement de chaque année, au secrétaire d'État ayant le département de la marine, un état, certifié du chef de l'administration, du produit des effets sauvés des échouements, bris et naufrages, qui n'auront pas été réclamés dans l'an et jour. (Déclaration de 1770, art. 27; ordonnance de 1681.)

Art. 42. Le contrôleur de la marine surveillera toutes les parties de ce service. (Arrêté de floréal an IX, art. 5.)

Art. 43. Il est accordé au trésorier des invalides quinze centimes par cent francs pour toute indemnité des frais de travail et de la responsabilité que nécessite le dépôt dans sa caisse des sommes provenant des naufrages ; mais ce droit de dépôt ne sera perçu par lui que lors de la remise des fonds à qui de droit. (Arrêté de floréal an IX, art. 7.)

Art. 44. Le secrétaire ou l'employé qui fera les fonctions de greffier près l'officier d'administration chargé du dépôt des pièces délivrera *gratis* les expéditions qui lui seront demandées et qui seront visées par l'administrateur. Il ne lui sera accordé d'indemnités ou vacations que dans le cas de déplacement, et au taux déterminé par le tarif. (Arrêté de floréal an IX, art. 10.)

Art. 45. L'officier d'administration et le chef des douanes ne pourront également réclamer de vacations que dans le cas où ils seraient obligés de sortir de la banlieue de leur résidence, c'est-à-dire, à plus d'une lieue de 2,000 toises, et alors il leur sera alloué des frais de voyage conformément audit tarif, mais sans avoir égard aux courses intermédiaires. Une fois la banlieue franchie, les frais de route sont alloués à partir du lieu de résidence. (Dépêche ministérielle du 26 octobre 1821 ; arrêté de floréal, art. 11 ; règlement du 17 juillet 1816 ; décret du 10 mai 1805, art. 4 ; arrêté du 29 pluviôse an IX ; dépêche ministérielle du 30 septembre 1820.) Dans aucun cas il ne leur sera alloué de doubles vacations pour les travaux de nuit. (Dépêche ministérielle du 10 mars 1821.)

Lesdits frais et autres relatifs au sauvetage seront payés par les trésoriers qui auront reçu le dépôt, sur mandats tirés par les commissaires des classes, conformément au règlement du 17 juillet 1816.

Art. 46. Le relèvement et la vente de quelques effets, débris ou pièces de bois jetés à la côte, ne pourront donner lieu à aucune vacation. Cette prohibition ne s'applique pas aux frais de route. (Dépêche ministérielle du 19 avril 1822 ; décret du 10 mai 1805, art. 5.)

Art. 47. Chacune des administrations de la marine et des douanes ne pourra envoyer qu'un seul chef sur le lieu du naufrage et échouement. (Décret du 10 mai 1805, art. 3.)

Art. 48. Dans le cas de l'article 49, les vacations et frais de route dus jusqu'au moment où les propriétaires ou leurs fondés de pouvoirs revendiquent le sauvetage seront payés par eux aux officiers des deux administrations. (Décret du 10 mai 1805, art. 6.)

SECTION II.

Du cas où le sauvetage est réclamé par les intéressés.

Art. 49. Si lors ou depuis le bris ou l'échouement, que le navire et les marchandises soient assurés ou non, les armateurs, propriétaires, subrécargues ou les commissionnaires auxquels les marchandises auront été adressées par les connaissements, se présentent et réclament pour y mettre ordre par eux-mêmes, l'officier de l'administration de la marine sera tenu de se retirer et de leur laisser la liberté d'y pourvoir; l'assuré s'occupera du sauvetage sans nuire ni préjudicier au délaissement qu'il pourra faire en temps et lieu, ni au rembousement de ses frais, dont il sera cru sur son affirmation, jusqu'à concurrence de la valeur des effets recouvrés. (Déclaration de 1770, art. 17; arrêté de floréal an IX, art. 1er; ordonnance de 1681, titre IX, art. 17; règlement du 17 juillet 1816, art. 24; ordonnance de 1681, titre VI, des assurances, art. 45; code de commerce, art. 381.)

L'administration sera également tenue de se retirer dans le cas où le navire serait étranger et qu'il y aurait dans les traités quelque convention à cet égard. (Arrêté de floréal an IX, art. 1er.)

Art. 50. Sil n'est réclamé par les propriétaires ou leurs représentants qu'une partie des marchandises, l'administration fera travailler indistinctement au sauvetage de tous les effets, sans que les propriétaires puissent s'immiscer audit sauvetage, sauf à eux à demander et à faire ordonner la remise de leurs marchandises, après qu'elles ont été mises en lieu de sûreté. (Déclaration de 1770, art. 18.)

Art. 51. Lesdits propriétaires, commissionnaires ou porteurs de connaissements ne seront tenus, audit cas, que de payer leur contingent des frais de sauvetage et de transport. (Déclaration de 1770, art. 19 et 20.)

SECTION III.

Dispositions communes aux deux sections précédentes.

Art. 52. Dans le cas de l'article 49, que l'officier d'administration doive se retirer ou non, il est néanmoins tenu de s'informer de la cause du naufrage et échouement, de la nation du capitaine et des matelots, de l'état et port du vaisseau, de la qualité des marchandises, à qui elles appartiennent, de dresser procès-verbal du tout, et au cas que l'échouement parût volontaire, que les vaisseaux fussent ennemis ou pirates, ou que les marchandises fussent de contrebande, ils devront s'assurer provisoirement des hommes, vaisseaux et marchandises, et transmettre extrait de leur procès-verbal à l'autorité compétente pour poursuivre et faire statuer. (Ordonnance de 1681, titre IX, art. 18; Valin, tome II, page 611.)

Art. 53. Le consignataire et l'armateur peuvent donc réclamer ou décliner, à leur gré, l'intervention active de l'administration dans le sauvetage; mais comme, dans l'intérêt de l'ordre et du trésor, il importe que l'opération du sauvetage soit faite avec le plus grand soin, l'administration de la marine, même déclinée, suivra de l'œil tout ce qui se rapporte au naufrage des navires dont les consignataires ont demandé et obtenu la direction. (Dépêche ministérielle du 21 septembre 1821.)

TITRE II.

ATTRIBUTIONS DES DOUANES.

Art. 54. Les marchandises provenant des bris et naufrages sont soumises à la législation des douanes, comme si elles étaient importées librement. (Avis du conseil d'État du 8 juillet 1806.)

Art. 55. Le chef des douanes de l'arrondissement, prévenu comme en l'article 7, ou de toute autre manière, se rendra au lieu du naufrage, surveillera le débarquement des effets, et, s'il s'agit de marchandises étrangères, les préposés des douanes les garderont de concert avec les agents de l'administration de la marine. (Loi du 22 août 1791, titre VII, art. 1er; circulaire du 28 janvier 1793; circulaire du directeur général du 17 avril 1802.)

Art. 56. Les préposés des douanes surveilleront le transport des marchandises en magasin, assisteront aux procès-verbaux de reconnaissance et de description des effets sauvés et signeront ces actes, dont il leur sera délivré des expéditions. (22 août 1791, titre VII, art. 2; circulaire du directeur général du 17 avril 1802.)

Art. 57. Dans le cas de l'article 3, expédition de la déclaration devra être immédiatement transmise par l'administration de la marine au chef des douanes de l'arrondissement, pour la sûreté des droits. (Circulaire du directeur général du 17 avril 1802.)

Art. 58. Lorsque les marchandises devront être vendues, celui qui sera chargé d'en poursuivre la vente fera signifier au chef des douanes de l'arrondissement le jour de cette vente. Les préposés des douanes seront présents à ladite vente et veilleront à l'exécution des règlements. (22 août 1791, art. 4.)

Art. 59. Les marchandises prohibées à l'entrée ne seront vendues ou remises à ceux qui les auront réclamées qu'à la charge du renvoi à l'étranger aux formes ordinaires.

Dans le cas néanmoins où les marchandises prohibées sauvées du naufrage seraient tellement avariées qu'elles ne pourraient pas être exportées sans le risque d'une perte totale, les propriétaires ou adjudicataires desdites marchandises auront la faculté de les faire vendre publiquement, à la charge de payer, sur le produit de ladite vente, le droit de 15 pour 100 qui devra être versé dans la caisse des invalides. (22 août 1791, art. 6.)

Art. 60. Ceux qui seront trouvés par les préposés des douanes saisis de marchandises naufragées, enlevées sans être porteurs d'une permission, seront par eux arrêtés et conduits en prison. Les préposés remettront leur procès-verbal dans les vingt-quatre heures au procureur du roi; les marchandises enlevées seront ralliées au dépôt général. (22 août 1791, art. 7.)

Art. 61. Les délits commis par les sauveteurs ne pourront compromettre les justes droits des propriétaires ou des assureurs. (Circulaire du directeur général du 9 juillet 1817.)

En cas de contravention, la récompense due au sauveteur sera confisquée au profit des saisissants, sans préjudice des autres peines individuelles prononcées par les règlements. (Dépêche ministérielle du 9 février 1818.)

Art. 62. Si le naufrage ou le bris ne peut être considéré comme un événement fortuit, et qu'il paraisse au contraire que le navire a été échoué à dessein pour faciliter l'introduction de marchandises prohibées, le produit de la saisie du navire et de sa cargaison sera adjugé au profit de l'État. (Décret du 30 novembre 1811.)

Art. 63. Les employés des douanes qui auront assisté et coopéré au sauvetage jouiront d'une indemnité égale à celle fixée pour les officiers de l'administration de la marine. (Décret du 10 mai 1805.)

Art. 64. Dans le cas de l'article 49, les préposés des douanes n'en surveilleront pas moins le sauvetage, et les articles 58, 59, 60, 61 et 62 devront dans tous les cas être observés.

TITRE III.

ATTRIBUTIONS DES TRIBUNAUX CIVILS FAISANT FONCTIONS DE TRIBUNAUX DE COMMERCE.

Art. 65. Tous maîtres et capitaines de navires brisés, échoués ou naufragés, seront tenus de faire leur rapport au greffe, en présence du président du tribunal, dans les vingt-quatre heures de leur débarquement. (Ordonnance de 1681, titre X, art. 4; code de commerce, art. 243.)

Dans les lieux où il n'y a point de tribunal, le rapport est fait devant le commissaire civil et réitéré au greffe dans le plus court délai. Pourront, toutefois, les maîtres et capitaines, en déposant au greffe l'expédition du procès-verbal dressé par l'administration de la marine, conformément aux articles 8 et 52, être dispensés de faire le rapport exigé par le présent article, pourvu que ledit dépôt soit effectué dans les trois jours au plus tard, à partir des naufrages et échouements. (Valin, tome II, page 595; code de commerce, art. 245 et 246.)

Art. 66. La vérification des rapports sera faite par la déposition des gens de l'équipage et des passagers, sans préjudice des autres preuves. (Ordonnance de 1681, art. 7; code de commerce art. 247.)

Art. 67. Le tribunal ne pourra contraindre les maîtres de vérifier leurs rapports; mais les rapports non vérifiés ne serviront point à la décharge desdits maîtres, et ne feront point foi en justice, excepté dans le cas où le capitaine naufragé s'est sauvé seul dans le lieu où il a fait son rapport.

La preuve des faits contraire est réservée aux parties. (Ordonnance de 1681; code de commerce, art 247.)

Art. 68. La demande en nomination d'experts, pour constater l'innavigabilité du navire ou pour toute autre cause, sera portée au tribunal de commerce, et toutes les opérations qui en sont la suite seront faites devant ledit tribunal. (Déclaration de 1770, art. 16; code de commerce, art. 389 et 390.)

Art. 69. Les experts seront nommés d'office par le tribunal, et il sera, par lui, fait droit sur toutes les réquisitions que les parties intéressées auront pu faire avant ou après le rapport des experts. (Déclaration de 1770, art. 16.)

Art. 70. En cas que le navire ait été jugé, sur l'avis de trois experts à ce commis, hors d'état d'être rétabli, le tribunal pourra ordonner que la coque dudit navire sera vendue, même sans attendre le délai d'un mois porté en l'article 25. (Déclaration de 1770, art. 14.)

Art. 71. Laissons à la prudence du tribunal de faire et ordonner, suivant les cas, ce qui lui paraîtra nécessaire ou même utile pour la conservation du navire naufragé. (Déclaration de 1770, art. 15.)

Art. 72. Dans le cas de l'article 28, lorsqu'il y a contestation sur la remise des marchandises réclamées, elle sera ordonnée par le tribunal, sur la requête du propriétaire et les conclusions du procureur du roi. L'ordonnance sera remise au gardien pour sa décharge, et il fera la délivrance sans frais. (Déclaration de 1770, art. 21.)

Art. 73. Dans le cas de l'article 84 ci-après, s'il s'élève des difficultés entre les intéressés auxdites entreprises, ou à l'occasion du partage des effets tirés du fond de la mer, etc., elles seront jugées par le tribunal dans le ressort duquel le naufrage aura eu lieu, dont les sentences seront exécutoires par provision. (Déclaration de 1735, art. 5.)

Art. 74. Dans le cas des articles 28 et 29, si les connaissements, factures ou autres pièces constatant la propriété ont péri ou sont perdues, et qu'il y ait contestation, le tribunal pourra ordonner la preuve testimoniale. (Jousse, sur l'art. 25; ordonnance de 1681; code civil, art. 1348.)

Art. 75. En cas de contestation ou refus d'exécuter le règlement fait pour le salaire des ouvriers dont il est fait mention en l'article 21, il sera porté par la partie la plus diligente au tribunal de commerce, qui procédera de nouveau au règlement contesté. (Décret du 9 août 1791, art. 7.)

Art. 76. Les règlements d'avaries et les autres demandes et actions civiles des intéressés au navire et aux marchandises seront de la compétence du tribunal de commerce ou du tribunal civil qui en tient lieu. (Décret du 9 août 1791, art. 8.)

Art. 77. Le produit des ventes faites sur requête des parties intéressées, lorsque le sauvetage leur aura été abandonné ou que les marchandises leur auront été remises, pourra être versé entre leurs mains, sur ordonnance du tribunal et moyennant bonne et solvable caution. Sont réservés les droits et usages des nations étrangères, lorsqu'ils auront été légalement constatés. (Décret du 30 mai 1792.)

Art. 78. Les frais de vente seront retenus préalablement, d'après la taxe qui aura été faite par le président du tribunal, au pied du bordereau de l'encanteur.

Art. 79. Le tribunal connaîtra de tous les crimes et délits commis dans les rades et ports et sur les côtes, de ceux commis en mer et dans les ports étrangers, sur navires français et dans les colonies françaises, et de toute accusation de baraterie et de faux, soit principale, soit incidente à des affaires poursuivies au tribunal de commerce. (Décret du 9 août 1791, art. 12; ordonnance de 1681, art. 10, titre II.)

Art. 80. Il est enjoint à tous ceux qui trouveront sur la grève des corps noyés de les mettre hors de la portée du flot et d'en donner incontinent avis au procureur du roi, auquel ils feront rapport des choses trouvées sur le cadavre. Il leur est défendu expressément de le dépouiller ou enfouir dans les sables, à peine de punition corporelle. (Ordonnance de 1681, art. 32, titre IX; décret du 9 août 1791, art. 11.)

Art. 81. Aussitôt l'avis reçu, il sera, à la diligence du procureur du roi, dressé procès-verbal de l'état du cadavre et des choses trouvées avec le corps. (Ordonnance de 1681, titre IX, art. 33.)

Art. 82. S'il se trouve sur le cadavre argent monnayé, bagues ou autres choses de prix, le tout sera déposé au greffe pendant l'instruction, si lieu il y a, et ensuite transmis à l'officier de l'administration de la marine, pour être procédé comme il est dit aux articles 33 et 37 du titre Ier (Ordonnance de 1681, art. 36.)

Les vêtements, quelle que soit leur valeur, sont abandonnés à ceux qui auront transporté les cadavres au cimetière. (Ordonnance de 1681, art. 35, 36.)

DISPOSITIONS GÉNÉRALES.

Art. 83. Lorsque le naufrage arrivera en pleine mer, ou à la portée des côtes, sans qu'il en reste aucun vestige permanent sur la surface des eaux, les propriétaires et intéressés aux bâtiments et marchandises, ou leurs représentants, seront tenus de faire dans deux mois, à partir du jour de la nouvelle du naufrage, leur déclaration au chef de l'administration de la marine qu'ils entendent entreprendre le relèvement du fond de la mer et le sauvetage des bâtiments, marchandises et effet submergés, et d'y faire travailler dans les quatre mois suivants, et faute de ce faire dans ledit délai, les propriétaires ou leurs représentants seront déchus de tout droit. (Déclaration du roi du 15 juin 1735.)

Art. 84. Après l'expiration dudit délai, il sera loisible à toute personne, avec l'autorisation du gouverneur et administrateur de la colonie, dûment enregistrée au contrôle, de procéder par toute voie légale au relèvement et sauvetage des bâtiments et effets naufragés, lesquels, ainsi tirés du fond de la mer, leur appartiendront en toute propriété, à l'exception d'un dixième, qui sera versé dans la caisse du roi, à la diligence du chef de l'administration de la marine. (Déclaration de 1735, art. 3, 4 et 5.)

Art. 85. Les ancres tirées du fond de la mer, qui ne seront

point réclamées dans deux mois après la déclaration qui en aura été faite, appartiendront entièrement à ceux qui les auront pêchées. (Ordonnance de 1681, art. 28.)

Art. 86. En cas de naufrage, le produit des débris, agrès et apparaux, et le fret sur les marchandises sauvées, mais non le produit des marchandises, étant spécialememt affectés aux gages des équipages et aux frais de leur retour, les gens de mer seront traités pour leurs frais de retour conformément aux dispositions de l'arrêté du 5 germinal an XII, et de la lettre ministérielle du 25 avril 1820, tant qu'il y aura des fonds provenant desdits navires, ce qui sera vérifié par les officiers qui auront fait procéder au sauvetage et réglé le compte du produit des effets sauvés. (Arrêté du 5 germinal an XII, art. 7; lettres ministérielles du 12 mai 1817 et du 25 avril 1820; dépêche ministérielle du 21 septembre 1821; code de commerce, art. 259.)

Art. 87. Lorsqu'il y aura perte entière du navire et des marchandises, les matelots ne peuvent prétendre aucun loyer, mais ils ne sont pas tenus à restitution de ce qui leur a été avancé. (Code de commerce, art. 258.)

Art. 88. Les matelots engagés au fret sont payés de leurs loyers seulement sur le fret, à proportion de celui que reçoit le capitaine. (Code de commerce, art. 260.)

Art. 89. De quelque manière que les matelots soient loués, ils sont payés des journées employées par eux à sauver les débris et les effets naufragés. (Code de commerce, art. 261.)

Art. 90. Si lors de la vente il ne s'est présenté aucun acquéreur pour le corps du navire, et que le propriétaire ou son représentant en fasse abandon total et définitif, l'administration de la marine sera tenue d'accepter cet abandon et de faire procéder à la démolition, dont les frais seront avancés par la caisse des invalides. (Circulaire du directeur général des douanes du 29 juillet 1813.)

Art. 91. L'ordonnateur de la colonie et le procureur général du roi sont chargés, chacun en ce qui le concerne, de l'exécution du présent règlement, qui sera enregistré, etc.

Donné au Fort-Royal, le 24 octobre 1823.

Signé DONZELOT.

Et plus bas:

GUILLAUME,

Secrétaire.

Enregistré à la cour royale, le 19 novembre 1823.

N° 4215. — *Règlement du gouverneur administrateur sur l'exercice de la pharmacie dans la colonie* (1).

25 octobre 1823.

De toutes les parties de la police, celle qui doit veiller à la conservation des hommes est sans doute la plus intéressante; aussi le gouvernement s'est-il souvent occupé d'établir ou de faire revivre des règles salutaires à l'aide desquelles l'exercice de diverses professions qui concourent à la santé publique ne fût confié qu'à des mains éprouvées, se trouvât renfermé dans les limites positives et soumis à une rigoureuse surveillance.

Mais les désordres de la révolution, les diverses occupations étrangères et les usurpations progressives d'une coupable industrie, en renversant toutes les barrières, ont condamné les principes à l'oubli, et prouvé, par l'accumulation des abus nouveaux, l'insuffisance des anciennes lois répressives.

Voulant remédier à tant de maux et rassurer la colonie sur les conséquences de l'exercice illégal ou frauduleux de la médecine, de la chirurgie et de la pharmacie, nous nous proposons de fixer sur des bases nouvelles la législation qui les concerne, et, attendu que de nombreux rapports et les faits indiqués par plusieurs procédures prouvent qu'il est urgent de statuer d'abord sur l'exercice de la pharmacie;

Vu les ordonnances du roi du mois de février 1724 et du 30 avril 1764;

Vu les ordonnances du 30 août 1785, 1er novembre 1809 et la loi du 21 germinal an XII;

Après en avoir délibéré en conseil de gouvernement et d'administration,

Avons ordonné et ordonnons, pour être exécuté provisoirement, sauf l'approbation de Sa Majesté, ce qui suit:

CHAPITRE Ier.

Du nombre des pharmaciens, de leur examen et de leur réception.

Art. 1er. Il y aura dans toute la colonie dix-sept pharmaciens répartis comme suit, savoir:

---

(1) Voir diverses observations faites sur les articles 3 et 10 de ce règlement, dans une dépêche ministérielle du 24 juin 1824, n° 192, et un projet d'ordonnance préparé par une commission de l'académie royale de médecine sur la vente des substances vénéneuses; ledit projet, encore joint à la dépêche, envoyé par le ministre à titre de renseignement.

Six à Saint-Pierre,
Trois au Fort-Royal,
Deux au Lamentin,
Un au Marin,
Un à la Trinité,
Un à la Grand'Anse,
Un au Gros-Morne,
Un au Vauclin,
Un au Saint-Esprit ou à la Rivière-Salée.

Art. 2. Il est expressément défendu aux médecins, chirurgiens et officiers de santé exerçant dans la colonie de tenir pharmacie ouverte, ou de vendre des médicaments à leurs malades; leur permettons seulement, dans les campagnes et dans les cas urgents, de fournir des remèdes aux malades qu'ils sont appelés à secourir, lorsqu'il ne se trouvera pas dans le quartier une officine de pharmacie.

Art. 3. La profession de droguiste est abolie.

En conséquence, ne pourront composer, vendre ni distribuer les drogues ou médicaments de quelque nature qu'ils puissent être, même les poudres, infusions, élixirs, remèdes secrets ou spécifiques quelconques, soit en gros, soit en détail, que les pharmaciens régulièrement reçus, patentés et immatriculés dans les formes ci-après établies.

La présente défense ne s'applique pas aux capitaines ou négociants qui importeront ou recevront directement des médicaments; voulons qu'ils puissent continuer à en vendre en gros, soit aux pharmaciens commissionnés, soit aux habitants propriétaires, après en avoir fait leur déclaration au médecin du roi de l'arrondissement, à l'exemption des substances désignées en l'article 22 ci-après, lesquelles ne pourront être vendues qu'aux seuls pharmaciens, à peine de saisie desdites marchandises et d'une amende de cinquante à cinq cents francs, suivant les circonstances.

N'entendons prohiber les demandes de médicaments, autres toutefois que l'arsenic, dont il sera parlé ci-après, que pourraient faire dans la métropole les propriétaires pour l'usage de leurs familles et de leurs habitations; mais leur défendons formellement d'en vendre à qui que ce soit, sous peine d'être poursuivis et condamnés à une amende qui sera déterminée par le tribunal.

Art. 4. Tous ceux qui exercent actuellement la pharmacie et vendent des drogues, à quelque titre que ce soit, dans les villes ou à la campagne, seront tenus de se faire connaître, dans le mois à dater de la promulgation de la présente, au procureur du roi de l'arrondissement où ils sont placés, et de déposer en son parquet leurs diplômes, commissions ou autres titres quelconques, dont il leur sera donné reçu, pour être lesdits titres remis par le ministère public au médecin du roi de l'arrondissement, qui les examinera et visera.

Art. 5. Seront tous les pharmaciens qui n'ont pas dix années d'exercice, ou qui n'ont pas été régulièrement reçus, soumis à un nouvel examen dans la forme qui va être réglée.

Art. 6. Les titres dûment inspectés et les examens faits, il sera délivré de nouvelles commissions ou patentes à ceux qui seront jugés dignes de les obtenir, et toutes les anciennes demeureront annulées.

Art. 7. Le ministère public est chargé de la recherche de tous les individus, exerçant la pharmacie ou vendant des drogues, qui n'auraient pas obéi à l'article 4 ci-dessus, contre lesquels il pourra être prononcé, en outre de la privation de leur état, une amende de cinq cents à deux mille francs, suivant la gravité du cas.

Art. 8. Il est ordonné aux commissaires commandants des paroisses dans le ressort desquels il se trouverait des pharmaciens ou droguistes qui n'auraient pas obéi aux dispositions qui précèdent d'en informer immédiatement le procureur du roi, et provisoirement de fermer l'officine ou pharmacie du délinquant.

Art. 9. Nul ne pourra être reçu pharmacien s'il n'est âgé de vingt-cinq ans révolus, s'il n'a travaillé au moins trois ans dans un laboratoire et s'il n'a fait les études nécessaires.

Il saura correctement la langue française et assez de latin pour pouvoir lire et comprendre les formules ou ordonnances qui lui parviendraient dans cette langue.

Art. 10. Personne, à l'avenir, ne pourra s'établir pharmacien à la Martinique, eût-il été reçu en France, qu'il ne soit pourvu d'une commission du gouvernement de la colonie, et qu'il n'ait été reçu audit état par le tribunal de première instance de l'arrondissement où il doit exercer, devant lequel il prêtera serment.

Nul ne pourra obtenir de commission qu'après avoir subi devant ledit tribunal un examen approfondi, en présence du médecin du roi, du chirurgien et du pharmacien du roi, interrogateurs.

Art. 11. Avant de se présenter à l'examen, le candidat justifiera de ses connaissances générales par un certificat d'études.

Art. 12. L'examen roulera sur toutes les parties de l'art du pharmacien, en trois séances.

Dans la première, on s'occupera des trois règnes de l'histoire naturelle, des éléments de physique et de chimie.

L'objet de la seconde sera la pharmacie théorique.

Et celui de la troisième la pharmacie pratique.

On pourra, en désignant au candidat une préparation quelconque, exiger qu'il la compose et décompose devant les examinateurs, ou, si les appareils lui manquent, qu'il s'explique d'une manièrce détaillée, soit verbalement, soit par écrit.

Art. 13. Il sera, par le greffier, dressé procès-verbal de l'examen, ainsi que de l'avis des interrogateurs, pour, ledit procès-verbal rapporté au secrétariat du gouvernement, être délivré, s'il y a lieu, au postulant, une commission de pharmacien.

Art. 14. Il est alloué, pour chaque séance, quinze francs au médecin du Roi, et dix francs à chacun des examinateurs.

CHAPITRE II.

Police des pharmacies.

Art. 15. Tout pharmacien devra habiter la maison où il tient son officine; il ne laissera jamais ce lieu sans une garde sûre.

Art. 16. Les drogues, substances et préparations de toute nature seront rangées avec ordre et propreté, et étiquetées en français.

Art. 17. Nul, s'il n'est blanc, ne pourra distribuer des drogues aux acheteurs, même en présence des pharmaciens, à peine, contre ces derniers, d'une amende de cent francs à deux mille francs, suivant les circonstances, et seront les pharmaciens responsables civilement des faits de leurs employés.

Art. 18. Sous aucun prétexte, les remèdes ne seront livrés dans des cornets ou flacons non étiquetés; ils seront au contraire enveloppés avec soin, et l'on inscrira sur l'enveloppe le poids et la qualité de la substance, ainsi que le nom du pharmacien.

Art. 19. Les poisons, simples ou préparés, qui n'entrent dans aucune composition médicinale, sont et demeurent totalement exclus des pharmacies et du commerce, sous peine d'être, les dispositaires et distributeurs, réputés complices des empoisonneurs, poursuivis et punis comme tels.

Art. 20. L'arsenic n'est admis dans le commerce qu'avec les restrictions ci-après spécifiées. Il est défendu aux pharmaciens en général de le vendre ni distribuer, non plus que ses diverses combinaisons.

Art. 21. Toutes les autres substances vénéneuses et même nuisibles seront tenues dans un lieu sûr et écarté, dont la clef demeurera en la possession du pharmacien titulaire, qui seul pourra les vendre et distribuer.

Art. 22. Et ne pourront les pharmaciens vendre toutes lesdites substances réputées poisons ou évidemment dangereuses, telles que l'orpiment, le réalgar, le vert-de-gris, le vitriol bleu, le sublimé corrosif, les cantharides et autres de même nature, qu'à des médecins, chirurgiens ou aux chefs de famille propriétaires, blancs ou gens de couleur libres ou bien connus, dont les noms, qualités et demeures seront inscrits sur un registre spécial coté et parafé par le président du tribunal. Il y sera fait mention en outre de la date de l'achat, de la nature et de la quantité des drogues, ainsi que l'emploi qu'on se propose d'en faire. Les acheteurs signeront ces énonciations, sinon il sera fait mention de l'empêchement, et le pharmacien signera pour eux.

Art. 23. Seront tenus les pharmaciens d'arrêter à la fin de l'année, sur le susdit registre, ce qui leur restera des minéraux et substances ci-dessus désignés, afin de faciliter les vérifications.

Art. 24. Ils ne pourront former aucune combinaison de ces substances pour les particuliers, que sur l'ordonnance du médecin ou chirurgien, légalement commissionné.

Art. 25. Enjoignons aux procureurs du roi, commissaires commandants des paroisses et aux commis de police de visiter les registres au moins tous les trois mois et de constater les irrégularités qu'ils pourront y rencontrer.

Art. 26. En cas de contravention aux articles qui précèdent, le pharmacien sera condamné à une amende de trois cents francs à trois mille francs, pour la première fois, et à fermer son officine pour la récidive.

Art. 27. Faisons défenses expresses à tout pharmacien de vendre à aucun esclave des drogues quelconques, sans permis de leurs maîtres, à peine de cent francs d'amende au profit du dénonciateur, et si ce sont des poisons dont la distribution est réglée par les articles 19 et suivant, seront, les vendeurs, poursuivis à l'extraordinaire à la diligence du ministère public, et la moindre peine qui pourra être prononcée contre eux sera le bannissement perpétuel.

Art. 28. Il est encore défendu aux pharmaciens de vendre ni débiter aucun remède composé que sur ordonnance du médecin, de donner des consultations et d'empiéter sur les fonctions des officiers de santé, à peine d'une amende de trois cents francs à trois mille francs.

Art. 29. Les sieurs médecin, chirurgien et pharmacien du roi, assisté du commis à la police, feront deux fois par an une visite régulière chez tous les pharmaciens de la ville et de la campagne, conformément à l'article 14 de l'ordonnance du roi du 30 avril 1764, et à l'article 6 de l'ordonnance du 30 août 1785, et plus souvent, si besoin est, dans les villes.

S'ils ne peuvent se transporter dans les campagnes, ils délégueront deux médecins ou chirurgiens pour présider auxdites visites, lesquels seront assistés du commissaire commandant de la paroisse.

Il sera dressé, dans tous les cas, procès-verbal de l'état de la pharmacie et des médicaments, pour être remis au procureur du roi.

Seront lesdits médecin, chirurgien et pharmacien du roi et ceux qui les remplaceront dans les campagnes autorisés à faire brûler à la porte de la boutique ou magasin les drogues qu'ils y trouveront gâtées et hors d'usage, et sera le pharmacien condamné à une amende de cinquante à mille francs, interdit et même destitué, suivant l'exigence des cas.

CHAPITRE III.

Dispositions particulières relatives à l'arsenic.

Art. 30. Il n'y aura dans toute la colonie que deux dépôts d'arsenic et de ses combinaisons.

A cet effet, dans un mois, à partir de la publication du présent règlement, tous pharmaciens, médecins, chirurgiens, négociants et marchands qui pourraient avoir chez eux une quantité quelconque de ce minéral, en feront la déclaration chez le procureur du roi, et le dépôt chez deux pharmaciens désignés par nous au Fort-Royal et à Saint-Pierre, lesquels en fourniront reçu.

Le dépôt sera accompagné d'un bordereau indiquant le poids et la valeur de la quantité remise, à peine contre les délinquants d'une amende de deux mille francs, qui sera prononcée à la requête du ministère public.

Art. 31. Ne pourront les dépositaires vendre ou livrer une quantité quelconque d'arsenic qu'à des propriétaires bien connus, qui leur en feront la demande par écrit, et au bas de ladite demande, qui demeurera au pouvoir du pharmacien, il sera fait mention de la quantité livrée, qui, sous aucun prétexte et dans aucun cas, ne pourra dépasser huit onces. En outre, lesdits dépositaires tiendront un registre spécial, comme il est dit en l'article 22, sur lequel seront faites toutes les mentions prescrites ci-dessus, et dans la même forme.

Art. 32. L'arsenic ne pourra être livré que dans des flacons bouchés avec soin et cachetés du cachet du pharmacien dépositaire.

Art. 33. Dans aucun cas l'arsenic ne sera livré par les dépositaires à des esclaves même porteurs de lettres ou autorisation de leurs maîtres; le tout à peine contre le pharmacien d'une amende de cinq cents francs à trois mille francs, et même de destitution et de poursuites extraordinaires, suivant les circonstances.

A quoi le ministère public et les commissaires commandants sont chargés de surveiller et tenir la main.

Art. 34. A l'expiration de chaque année, les pharmaciens dépositaires régleront avec ceux qui leur auront remis de l'arsenic, et feront entre eux une distribution proportionnelle du produit de la vente de cette substance, jusqu'au parfait et entier payement.

Art. 35. Sont applicables à la garde et à la distribution de l'arsenic les articles 17, 18, 21, 23, 24, 25 et 26 du chapitre précédent.

Art. 36. Nul autre que les pharmaciens dépositaires n'est admis à faire des demandes d'arsenic dans la métropole, sous peine de saisie et d'amende à arbitrer suivant les cas, sur la poursuite du ministère public.

Art. 37. Invitons les propriétaires et pères de famille à ne se servir de cette substance que dans les cas absolument indispensables, et même alors d'en faire usage avec modération et précaution, de ne jamais confier un poison aussi dangereux à des mains suspectes, et de le tenir soigneusement enfermé sous clef et dans un lieu qui ne puisse être soupçonné ni atteint.

CHAPITRE IV.

Dispositions générales.

Art. 38. Tout individu qui, au mépris du présent règlement, ouvrirait une officine de pharmacie, sera poursuivi, à la requête du ministère public; ses marchandises seront saisies, et il sera condamné à une amende envers le roi de deux à cinq mille francs, suivant l'importance du cas.

Art. 39. Il est expressément défendu à tous les gens de couleur libres ou esclaves d'exercer d'une manière quelconque la pharmacie, de vendre ou distribuer aucune drogue ou remède secret, à peine de poursuites extraordinaires, et confirmons à cet égard les dispositions des précédentes ordonnances.

Art. 40. Tout colporteur qui distribuerait des drogues sera banni de la colonie; et si c'est de l'arsenic, il sera poursuivi comme complice des empoisonneurs et jugé par la cour prévôtale.

Art. 41. L'ordonnateur de la colonie, le procureur général du roi et les commissaires commandants des paroisses sont, chacun en ce qui le concerne, chargés de l'exécution du présent règlement.

Donné au Fort-Royal, le 25 octobre 1823.

Signé DONZELOT.
Et plus bas :
GUILLAUME,
Secrétaire.

Enregistré à la cour royale, 11 novembre 1823. — *Journal officiel*, 1823, n° 104.

N° 4216. — *Ordre ministériel sur l'autorité des gouverneurs ou commandants des colonies pour l'embarquement des militaires convalescents, et sur les règles à suivre en cette partie du service.*

28 octobre 1823.

Le ministre de la marine et des colonies ayant été informé que le commandant d'un bâtiment du roi, récemment expédié d'une de nos colonies, a cru devoir ne point accéder à la demande qui lui avait été faite par le chef de cette colonie de ramener en France des militaires convalescents, ordonne ce qui suit :

1° Les commandants des bâtiments du roi en station ou en relâche aux colonies devront, au moment d'effectuer directement leur retour en France, recevoir à bord les militaires convalescents appartenant au service du roi qui leur seront remis par les gouverneurs ou commandants de ces établissements ;

2° Les gouverneurs et commandants devront ne faire embarquer que des convalescents, dont l'état ne présenterait aucun danger pour la santé des équipages. Les officiers de santé des colonies et ceux de bord seront chargés de se concerter à ce sujet ;

3° Les convalescents seront, de préférence, mis à bord des gabares, corvettes de charge et même des frégates, *quand elles seront armées sur le pied de paix.*

Mais, dans aucun cas, il ne pourra en être embarqué ni sur les vaisseaux de ligne, ou à plusieurs batteries, ni à bord des frégates *armées sur le pied de guerre.*

4° L'envoi des convalescents en France s'effectuera dans les colonies aussi souvent que cela sera nécessaire, pour éviter d'en placer un trop grand nombre à la fois sur le même bâtiment;

5° Le nombre des convalescents à embarquer sera réglé sur les capacités du bâtiment, la nature et la durée de sa navigation, le nombre des autres passagers existant à bord et la force de l'équipage. Il ne devra jamais excéder la douzième partie de l'équipage;

6° Une expédition du présent ordre sera adressée aux commandants de la marine, dans les ports du royaume, aux gouverneurs et commandants des colonies et aux commandants des stations des Antilles, de la Guyane et de Gorée.

Les commandants de la marine en remettront copie aux commandants des bâtiments du roi qui seront expédiés pour nos établissements coloniaux; et les gouverneurs, ainsi que les commandants des colonies, en donneront, au besoin, une copie certifiée par eux à ceux des commandants des bâtiments du roi qui n'en auraient pas eu connaissance.

Fait à Paris, le 28 octobre 1823.

Signé Marquis DE CLERMONT-TONNERRE.

Inspection. Reg. 10, n° 124.

N° 4217. — *Ordonnance du roi déterminant le mode à suivre pour la tenue et la vérification des registres et actes judiciaires dans les greffes des cours et tribunaux* (1).

5 novembre 1823.

LOUIS, etc.,

Sur le rapport de notre garde des sceaux ministre secrétaire d'Etat au département de la justice;

(1) Cette ordonnance a été promulguée à la Martinique par acte local du 16 décembre 1826, signé du comte de Bouillé, gouverneur. (Voir même registre.

Considérant que, dans les greffes de plusieurs tribunaux de notre royaume, les registres et actes judiciaires ne sont pas tenus avec la régularité requise ;

Que, d'un autre côté, la vérification de ces registres et actes a été fréquemment négligée, nonobstant les dispositions des lois existantes ;

Que cet état de choses expose nos sujets à de graves dommages ;

Voulant pourvoir à la stricte exécution des lois sur cette matière ;

Vu : 1° les articles 138, 139 et 140 du code de procédure civile relatifs à la rédaction et à la signature des jugements, et les articles 18, 433, 470, 1016 et 1020 du même code, qui rendent les règles établies par les articles précités communes aux jugements des juges de paix, des tribunaux de commerce, aux arrêts des cours et aux sentences arbitrales ;

2° Les articles 36, 37 et 74 du règlement du 30 mars 1808, relatifs à la rédaction et signature des minutes des jugements dans les cours, et dont, par l'article 73, les dispositions sont étendues aux tribunaux de première instance ;

3° Les articles 76, 77, 95, 96, 164, 176, 196, 211, 234 et 370 du code d'instruction criminelle, concernant la rédaction et la signature des informations, mandats, ordonnances, jugements et arrêts en matière de simple police, de police correctionnelle et en matière criminelle ;

Notre conseil d'État entendu, avons ordonné et ordonnons ce qui suit :

Art. 1er. Nos procureurs généraux près de nos cours royales feront, dans les cinq premiers jours de chaque mois, le récolement des minutes sur les répertoires, et constateront par un procès-verbal l'état matériel et de situation des feuilles d'audience et de toutes autres minutes d'actes reçus et passés dans les greffes de la cour durant le mois précédent.

Art. 2. Nos procureurs près les tribunaux de première instance vérifieront et constateront avec les mêmes formalités et dans le même temps l'état matériel et de situation des feuilles d'audience et de toutes autres minutes d'actes reçus et passés dans les greffes desdits tribunaux.

Art. 3. Les juges de paix dresseront chaque mois, dans le même délai et avec les mêmes formalités, procès-verbal de l'état de leurs registres.

Ce procès-verbal sera transmis dans les cinq jours suivants

à notre procureur près le tribunal de première instance de l'arrondissement.

Notre dit procureur pourra, en outre, quand il le jugera nécessaire, procéder à cette vérification par lui-même ou par un de ses substituts.

Art. 4. Nos procureurs près les tribunaux de première instance feront, dans le même délai et dans les mêmes formes, par eux-mêmes ou leurs substituts, la vérification des feuilles d'audience, minutes et actes des greffes des tribunaux de police établis dans les lieux de leur résidence.

A l'égard de ceux desdits tribunaux établis dans le ressort, mais hors du lieu où siége le tribunal de première instance, nosdits procureurs pourront déléguer celui des juges de paix qui ne sera pas de service près ledit tribunal.

Ce juge de paix fera la vérification dans le délai et dans les formes ci-dessus prescrites, et sera tenu de leur envoyer, dans le même délai, son procès-verbal, sauf à nosdits procureurs à faire ladite vérification par eux-mêmes ou par leurs substituts quand bon leur semblera.

Art. 5. Ces procès-verbaux, ensemble ceux de nosdits procureurs près les tribunaux de première instance, seront par lesdits officiers, dans la huitaine suivante, transmis avec un rapport sommaire à notre procureur général près la cour royale du ressort.

Art. 6. Les présidents des tribunaux de commerce constateront pareillement chaque mois, dans le même temps et dans les mêmes formes, l'état matériel et de situation des feuilles d'audience et de toutes autres minutes de jugements et actes reçus et passés dans le greffe de leur juridiction.

Ils enverront dans les cinq jours suivants leur procès-verbal à notre procureur général près la cour royale du ressort, lequel pourra vérifier, lorsqu'il le trouvera convenable, soit par lui-même, soit par l'un de ses substituts délégué à cet effet, l'état des registres, feuilles d'audience, minutes des jugements et actes desdits greffes.

Art. 7. Nos procureurs généraux rendront compte à notre garde des sceaux ministre secrétaire d'État au département de la justice du résultat desdites vérifications, des mesures qu'ils auront requises pour faire rectifier les irrégularités, s'il en avait été commis, et des poursuites qu'ils auront dirigées pour faire prononcer contre les greffiers contrevenants les peines portées par les lois, sans préjudice de la destitution desdits greffiers, s'il y a lieu.

Ce compte sera adressé par nosdits procureurs à notre garde des sceaux dans la seconde quinzaine du mois qui suivra celui pour lequel la vérification aura été faite.

Art. 8. Notre garde des sceaux ministre secrétaire d'État au département de la justice est chargé de l'exécution de la présente ordonnance, qui sera insérée au *Bulletin des lois*.

Donné à Paris, le 5 novembre 1823.

Signé LOUIS.

Et plus bas :

Le Ministre de la justice,

Comte DE PEYRONNET.

Greffe de la cour royale. Reg. 19, f° 41. — Enregistré à la cour royale, 16 décembre 1826.

N° 4218. — *Lettre du gouverneur administrateur à l'ordonnateur, transmissive d'une note des conditions auxquelles un négociant de Saint-Pierre offre de rouvrir la salle de spectacle de la même ville.*

11 novembre 1823.

Nota. A la suite de cette lettre d'envoi est copiée la note transmise, avec les observations, à mi-marge, du gouverneur.

Arch. de la direction de l'intérieur. Reg. 4, f° 23.

N° 4219. — *Ordonnance du gouverneur administrateur réglant le mode d'acquittement des dépenses des bureaux de commerce.*

12 novembre 1823.

Nous, etc.,

Considérant que les dépenses des bureaux de commerce doivent être à la charge du commerce, et qu'il est nécessaire de régler le mode suivant lequel elles seront acquittées (1);

Après en avoir délibéré en conseil de gouvernement et d'administration,

---

(1) L'ordonnance de création, juillet 1820, ne s'était pas suffisamment expliquée à cet égard ; il s'en suivit, pour le bureau de Saint-Pierre, un arriéré ; voir l'ordonnanance locale du 26 septembre 1822, n° 968, arch. du gouvernement, qui, pour combler ce déficit, lui a prêté une somme de 3,000 francs pour les frais de secrétariat, à titre d'avance remboursable en 1823.

Avons ordonné et ordonnons, pour être exécuté provisoirement et sauf l'approbation de Sa Majesté, ce qui suit :

Art. 1er. Conformément à l'article 17 de l'ordonnance du 17 juillet 1820 portant établissement des bureaux de commerce, il sera tenu, dans chacun de ces bureaux, un registre où seront insérés les noms de tous les négociants et marchands des places de Saint-Pierre et du Fort-Royal.

Les négociants seulement, établis dans les bourgs de la Trinité, du Marin et du Lamentin, seront enregistrés au bureau du Fort-Royal.

Ledit enregistrement aura lieu par classes de négociants et de marchands ; savoir :

Négociants de...... { 1re classe.
2e classe.

Marchands de...... { 1re classe.
2e classe.

Art. 2. Tout négociant ou marchand qui aura négligé de se faire enregistrer dans le délai déterminé par l'avis du bureau de commerce, inséré dans les gazettes, sera inscrit d'office par ledit bureau dans la classe à laquelle il sera reconnu appartenir.

Art. 3. Chaque année, dans le mois de juin, il sera établi par les bureaux, pour être affiché le 1er juillet dans leur secrétariat, un rôle des négociants et marchands, divisés en classes comme il est dit ci-dessus. Le commerce en sera prévenu par la voie des feuilles publiques, et les négociants et marchands qui se croiraient mal classés auront, pendant un mois, la faculté de réclamer.

Art. 4. Ledit rôle, rectifié d'après les réclamations que le bureau jugera fondées, servira à déterminer la taxe proportionnelle qu'auront à payer les négociants et marchands pour les dépenses dudit bureau, pendant le cours de l'année suivante.

A cet effet, les bureaux de commerce arrêteront chaque année le budget de leurs dépenses et le soumettront, en juillet, à notre approbation.

Le rôle qui sera ensuite établi pour la taxe proportionnelle à payer par les négociants ou marchands, selon leur classe, sera soumis à notre homologation pour être rendu exécutoire.

Art. 5. Les taxations devront être versées par les redevables entre les mains du trésorier choisi par le bureau, dans les deux mois qui suivront l'époque de l'avertissement inséré dans les feuilles publiques.

Les retardataires payeront double taxe et seront poursuivis à la diligence du trésorier, qui est autorisé à employer à cet effet l'huissier du domaine.

Art. 6. Attendu que les bureaux de commerce ont des dépenses arriérées et celles de l'année courante à acquitter, ils établiront dans les formes indiquées ci-dessus, pour l'exercice 1823, et le plus tôt que faire se pourra, le budget et le rôle des taxations destinées à y faire face jusqu'au 31 décembre de ladite année.

Ils formeront en outre, séparément, pour l'année 1824, le budget et le rôle des taxations pour couvrir les dépenses de cet exercice.

Art. 7. Dans le premier trimestre de chaque année, les bureaux arrêteront le compte des recettes et des dépenses de l'année précédente ; ce compte sera soumis à notre approbation.

Art. 8. Les budgets, les rôles et les comptes seront établis en francs.

Art. 9. Le commissaire général ordonnateur est chargé de l'exécution de la présente ordonnance, qui sera enregistrée, etc.

Donné au Fort-Royal, le 12 novembre 1823.

Signé DONZELOT.
Et plus bas :
GUILLAUME,
Secrétaire.

Inspection. 1823, n° 100.— Enregistré à la cour royale, 12 novembre 1823.

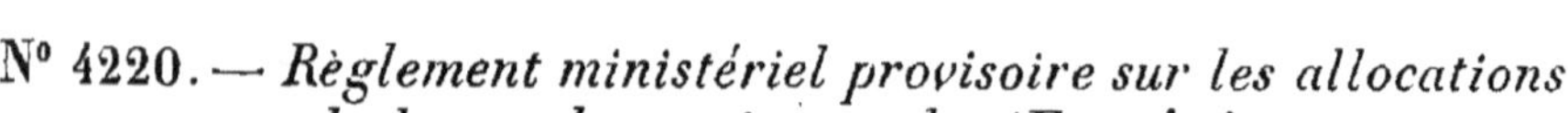

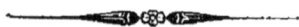

N° 4220. — *Règlement ministériel provisoire sur les allocations de la gendarmerie royale.* (Extrait.)

21 novembre 1823.

Militaires passant, avec ou sans avancement, aux colonies.

Art. 12. Les militaires qui passent, avec avancement ou sans avancement, aux colonies, pour y faire le service de l'arme de la gendarmerie, reçoivent la solde et les indemnités sur les fonds de la guerre, suivant les grades dans lesquels ils doivent être employés, du jour de leur mise en route pour les ports, et jusqu'à celui exclu de leur embarquement.

Les avances de solde pour le temps de la traversée sont allouées d'après ces mêmes grades et selon les règles déterminées pour les militaires de la ligne.

Les indemnités auxquelles la gendarmerie destinée pour les colonies a droit, pendant le temps de station en France, sont spécifiées aux articles 78 et 150.

DISPOSITIONS PARTICULIÈRES.

Militaires quittant le service des colonies.

Art. 13. Les militaires de la gendarmerie des colonies qui sont renvoyés en France à la disposition du ministre de la guerre reçoivent, par les soins des compagnies de gendarmerie maritime, la solde de présence de leur grade, jusqu'à la notification de la décision ministérielle pour leur nouvelle destination. Les hommes exclus du service dans les colonies n'ont droit à aucune solde.

. . . .

Droit de la gendarmerie maritime aux indemnités de découcher.

Art. 64. Les sous-officiers et gendarmes des compagnies des ports et arsenaux reçoivent les mêmes indemnités de découcher sur les fonds de la guerre, pour les déplacements et service extraordinaire hors de leur quartier.

. . . .

La gendarmerie destinée pour les colonies reçoit l'indemnité jusqu'au jour de l'embarquement.

Art. 78. L'indemnité de déplacement est due aux officiers, sous-officiers et gendarmes destinés pour les colonies, pour le temps de leur séjour forcé dans les ports où ils attendent leur embarquement, à compter du jour de leur mise en route après leur nomination et jusqu'au jour exclu de leur embarquement.

. . . .

Capture de déserteurs et de condamnés appartenant aux services de la guerre et de la marine.

Art. 174. L'arrestation, par la gendarmerie, des militaires déserteurs des troupes de terre et de mer et des marins, et la capture des condamnés au boulet ou aux travaux publics et des forçats évadés des bagnes donnent droit à des gratifications fixées par des règlements particuliers et payables sur les fonds du ministère de la guerre ou de la marine, suivant la position respective des individus arrêtés.

Des gratifications sont également accordées aux sous-officiers et gendarmes pour la reprise des prisonniers de guerre étrangers, déserteurs des dépôts de l'intérieur.

Annales maritimes, 1824, p. 200.

N° 4221. — *Dépêche ministérielle portant qu'à l'avenir les bâtiments du roi seront approvisionnés de médicaments, de manière à satisfaire aux besoins de ceux qu'ils rencontreraient aux colonies et à y éviter des achats de drogues toujours onéreux.*

25 novembre 1823.

Monsieur, des bâtiments du roi, en station ou en mission dans les colonies, ont eu besoin d'y faire des remplacements de médicaments, et les prix auxquels ils ont été payés ont rendu cette dépense fort considérable. J'ai fait vérifier qu'il existe une énorme différence entre les prix d'achat dans les colonies et ceux des marchés passés en France.

Pour éviter autant que possible un tel inconvénient, j'ai décidé qu'à l'avenir le coffre de médicaments des bâtiments destinés pour les colonies sera formé au grand complet; qu'en outre il sera délivré à ces bâtiments à titre *d'augmentation de campagne*, un assortiment de drogues basé sur la force du bâtiment et la durée présumée de la campagne (1).

Au moyen de cet excédant d'approvisionnement, ces bâtiments pourront satisfaire aux demandes qui leur seront faites par ceux qu'ils rencontreraient dans les colonies et qui éprouveraient des besoins de ce genre.

Lorsque ces bâtiments seront sur le point d'effectuer leur retour en France, les capitaines vous remettront un état des quantités de drogues et médicaments dont ils peuvent encore disposer; la demande alors en sera faite par l'administration de la colonie, qui en fera recette pour le compte de la *métropole*.

Ces médicaments formeront un approvisionnement de précaution et seront délivrés, lorsqu'il y aura lieu, aux bâtiments qui auront besoin de recompléter leurs coffres.

Il pourrait arriver que cet approvisionnement fût employé pour d'autres services, si après avoir rempli les demandes à faire par les bâtiments il y avait à craindre la détérioration des médicaments qui resteraient encore en magasin. Dans ce cas vous en ferez opérer le remboursement aux prix que les articles délivrés auraient dans la colonie, soit par un marché en vigueur, soit d'après le cours du commerce.

---

(1) Voir le tarif ou état des remèdes, linges, ustensiles, etc., nécessaires pour la formation des coffres de médicaments, placé à la suite de l'arrêté du directoire du 29 septembre 1799 (7 vendémiaire an VIII). Collection de Duvergier, vol. XI, page 390.

Vous voudrez bien, Monsieur, recommander l'exécution des dispositions que renferme cette dépêche.

Recevez, etc.

Le Ministre de la marine et des colonies,
Signé Marquis DE CLERMONT-TONNERRE.

Inspection. Reg. 10, n° 176.

N° 4222. — *Ordonnance du roi portant règlement sur la vérification annuelle des registres de l'état civil* (1).

26 novembre 1823.

Louis, etc.,

Ayant reconnu que, pour prévenir les irrégularités qui pourraient être commises dans les actes de l'état civil, il serait utile de soumettre à des règles fixes la vérification prescrite par l'article 53 du code, et d'établir un mode uniforme de rédaction pour les procès-verbaux qui doivent la constater;

Vu les articles 43, 44, 50, 53 et 63 du code civil et l'article 2 du règlement du 20 juillet 1807;

Sur le rapport de notre garde des sceaux ministre et secrétaire d'État au département de la justice;

Notre conseil d'État entendu,

Nous avons ordonné et ordonnons ce qui suit :

Art. 1er. La vérification des registres de l'état civil, prescrite par l'article 53 du code, sera faite par nos procureurs près les tribunaux de première instance dans les quatre premiers mois de chaque année.

Le procès-verbal destiné à constater cette vérification sera rédigé conformément au modèle annexé à la présente ordonnance.

Ce procès-verbal sera divisé par cantons, et subdivisé par communes et par nature de registres.

Il désignera les actes défectueux par le numéro correspondant du registre dont ils feront partie, et indiquera les contraventions en énonçant les articles du code civil dont les dispositions auront été violées.

Art. 2. Les procès-verbaux de vérification seront adressés, dans la première quinzaine du mois de mai, à nos procureurs

---

(1) Promulguée à la Martinique par ordonnance locale du 19 février 1824. (Arch. du gouvernement, n° 1255.)

généraux, qui les transmettront, avec leurs observations, à notre garde des sceaux, dans la première quinzaine du mois suivant.

Art. 3. Aussitôt que cette vérification aura été terminée, nos procureurs adresseront aux officiers de l'état civil de leur arrondissement des instructions sur les contraventions qui auront été commises dans les actes de l'année précédente et sur les moyens de les éviter.

Ils enverront copie de ces instructions à nos procureurs généraux.

Art. 4. Afin que la vérification puisse être achevée dans le délai ci-dessus fixé, nos procureurs près les tribunaux de première instance veilleront à ce que les registres soient déposés au greffe dans le mois de janvier de chaque année, conformément aux articles 43, 44 et 63 du code civil. Ils avertiront, et, en cas de retard, ils poursuivront devant le tribunal, les maires qui n'auraient pas déposé les registres de leur commune.

Ils apporteront le même soin pour le dépôt annuel de la table alphabétique des actes, prescrite par l'article 2 du règlement du 20 juillet 1807.

Art. 5. Nos procureurs pourront, lorsqu'ils le jugeront nécessaire, se transporter sur les lieux et vérifier les registres de l'année courante.

Ils pourront, dans le même cas, déléguer le juge de paix du canton dans lequel sera située la commune dont les registres devront être vérifiés.

Art. 6. Notre garde des sceaux ministre secrétaire d'État au département de la justice est chargé de l'exécution de la présente ordonnance.

Donné à Paris, le 26 novembre 1823.

Signé LOUIS.

Et par le Roi :

Le Ministre de la justice,

Comte DE PEYRONNET.

Modèle annexé.

(Cour royale d..... — Département d..... — Arrondissement d.....)

Procès-verbal de vérification annuelle (ou accidentelle) des registres de l'état civil.

L'an 18.., le..... Nous, Procureur du roi près le tribunal

de première instance siégeant à..... agissant en exécution de l'article 53 du code civil et de l'ordonnance du roi en date du 26 novembre 1823 (1), et après avoir fait transporter du greffe dans notre parquet, sous notre récépissé, les registres de l'état civil des communes de l'arrondissement pour l'année 18.., nous avons procédé à la vérification des actes inscrits auxdits registres, et, en conséquence de cette opération, reconnu et constaté les contraventions dont le détail suit :

(Canton d..... — Commune d.....)

REGISTRE DES NAISSANCES.

Indiquer :

1° S'ils sont tenus conformément aux articles 40 et 52 du code civil, et s'ils ne sont pas inscrits sur des registres timbrés, ainsi qu'il est prescrit par les lois des 13 brumaire an VII (3 novembre 1798) et 28 avril 1816;

2° Le numéro de l'acte où se trouverait quelque contravention;

3° Si l'inscription des actes a été faite sur une feuille volante et autrement que sur les registres à ce destinés; s'il s'y trouve des indices de faux ou d'altération (art. 52, code civil);

4° Si l'inscription des actes ne s'est pas faite sur deux registres, ou ne s'y est pas faite d'une manière uniforme (art. 40, code civil);

5° Si l'on a laissé des blancs ou des intervalles sur les registres; si les renvois et les ratures n'ont pas été approuvés et signés de la même manière que le corps de l'acte; si l'on s'est servi d'abréviations de dates en chiffres (art. 41 et 42, code civil);

6° Si l'on a omis de parafer et d'annexer les pièces produites, d'en faire mention à la marge (art. 44, 49, 98, 99 et 101, code civil), de faire les tables (loi du 20 septembre 1792 et décret du 20 juillet 1807);

7° Si l'on a omis d'énoncer l'année, le jour et l'heure où les actes ont été reçus; les prénoms, noms, âge, profession et domicile de tous ceux qui y sont dénommés (art. 34 et 57, code civil);

---

(1) S'il s'agit d'une vérification accidentelle, faite par suite d'un transport dans une commune, on mettra :

« Nous sommes transporté au secrétariat de la mairie de la commune de.... à l'effet de vérifier si les actes inscrits aux registres de l'état civil depuis le.... jusqu'à ce jour, ont été rédigés conformément à la loi et aux instructions que nous avons données pour son exécution; et les registres nous ayant été représentés, etc. »

8° Si la déclaration a été faite tardivement, ou par des personnes non préposées ou non autorisées; si l'on a omis de présenter l'enfant, d'indiquer son sexe; si l'acte renferme des énonciations proscrites et illégales (art. 35, 36, 55 et 57, code civil);

9° Si l'acte a été rédigé tardivement, en l'absence du nombre de témoins requis ou devant des témoins incapables par leur âge ou par leur sexe, ou non choisis par les parties intéressées (art. 37 et 56, code civil);

10° S'il n'a pas été fait de lecture et de mention de lecture de l'acte; s'il n'a pas été signé, ou fait mention que tels n'ont pu signer (art. 38 et 39, code civil);

11° S'il n'a pas été dressé procès-verbal de remise d'un enfant trouvé et de ses vêtements et effets; si l'on n'a pas énoncé les circonstances du temps et du lieu où il a été trouvé, et indiqué l'autorité à laquelle il a été remis (art. 58, code civil);

12° Si l'on n'a pas inscrit sur les registres l'acte de naissance d'un enfant né sur mer ou à l'armée (art. 61, 62, 93, 98, code civil), ou l'arrêt qui aurait confirmé une adoption (art, 359, code civil);

REGISTRE DES PUBLICATIONS DE MARIAGE.

(Voyez ci-dessus pour les formalités matérielles et générales des actes).

Indiquer en outre, pour les formalités spéciales :

1° S'il n'y a pas eu d'affiches; si les publications étaient anticipées ou surannées, si elles ont été faites un autre jour que le dimanche et ailleurs qu'à la porte de la mairie; si le mariage a été célébré sur une seule publication, sans preuve qu'on ait obtenu de dispenses (art. 63, 64 et 65, code civil);

2° S'il n'a pas été fait mention des oppositions, des jugements ou actes de mainlevée, d'annexé des pièces requises (art. 66, 67, code civil.)

REGISTRES DES MARIAGES.

(Voyez ci-dessus pour les formalités matérielles et générales des actes.)

Indiquer en outre, pour les formalités spéciales, si l'on a omis de faire mention :

1° Des deux publications dans les divers domiciles, ou des dispenses de la deuxième publication (art. 76, 165, 166, 167, 168 et 169, code civil);

2° De la mainlevée d'opposition, ou de l'énonciation qu'il n'y a point eu d'opposition (art. 68, 69 et 76, code civil);

3° Des dispenses d'âge ou de parenté obtenues (144, 145, 163 et 164, code civil);

4° De la remise des actes de naissance des futurs, ou des actes de notoriété homologués, d'indiquer des lieux de naissance et domiciles des époux (art. 70, 71, 72, 74, 76 et 147, code civil);

5° Du consentement soit des ascendants soit du conseil de famille ou du tuteur *ad hoc;* soit, à défaut de consentement obtenu, des actes respectueux qui ont dû être faits (art. 73, 76, 148, 149, 150, 151, 152, 153, 154, 155, 158, 159, 160, code civil);

6° De la célébration publique du mariage à la mairie, ou dans une maison ouverte, le cas échéant, en présence de quatre témoins (art. 73, 75, 76, code civil);

7° De la lecture du chapitre VI du code civil, au titre *du mariage* (art. 75);

8° De la déclaration réciproque des futurs (art. 75 et 76, code civil);

9° Du prononcé de l'union par l'officier de l'état civil (art. 75 et 76, code civil);

10° De la déclaration de quel côté et à quel degré les témoins produits sont parents ou alliés des parties, pour le cas où ils ne sont pas étrangers (art. 76, code civil);

11° De la légitimation d'enfants naturels légalement reconnus, s'il y a lieu (art. 331, code civil);

12° Si l'on a omis de transcrire sur les registres un acte de célébration de mariage reçu à l'armée ou à l'étranger (art. 95, 98 et 171, code civil).

REGISTRE DES DÉCÈS.

(Voyez ci-dessus pour les formalités matérielles et générales des actes.)

Indiquer en outre, pour les formalités spéciales:

1° Si les déclarations ont été faites par d'autres personnes que celles qui sont chargées de les faire (art. 77, 78, 80, 82, 83, 84, 96, code civil);

2° Si l'état civil du défunt n'a pas été déclaré; si l'on n'a pas énoncé les nom et prénoms du conjoint, s'il y a lieu; le lieu de sa naissance, les noms des père et mère, la qualité des déclarants, leur degré de parenté (art. 79, code civil);

3° Si les actes contiennent quelques mentions illégales et proscrites, relatives au genre de mort (art. 85, code civil);

4° Si l'on a omis d'inscrire sur les registres les actes de décès envoyés d'ailleurs (art. 86, 87, 96 et 98, code civil).

Et, après avoir vérifié successivement lesdits registres et actes dans l'ordre ci-dessus établi, nous avons (1), par une lettre d'instruction par nous adressée à l'officier de l'état civil de la commune d... indiqué celles des irrégularités ci-dessus relevées qui peuvent et doivent être réparées tant par son fait que par celui des parties, déclarants et témoins, sans nuire à la substance des actes; avons aussi rappelé l'exécution des mesures propres à prévenir le retour des contraventions à la loi : de tout quoi nous avons rédigé et clos le présent procès-verbal.

Clos et arrêté au parquet, à....le....182.., et avons signé.

Approuvé :

Signé LOUIS.

Par le roi :

Le Garde des sceaux, Ministre et secrétaire d'État au département de la justice,

Signé Comte DE PEYRONNET.

N° 4223. — *Dépêche ministérielle prescrivant le versement immédiat, après la vente, des produits des bris et naufrages dans la caisse des gens de mer.*

29 novembre 1823.

Annales marit., 1837, 1re partie, p. 1105.

N° 4224. — *Dépêche ministérielle au gouverneur administrateur relative au recrutement des compagnies de gendarmerie employées dans les colonies.*

4 décembre 1823.

Monsieur le Comte, les administrateurs de quelques-unes

---

(1) Si le procureur du roi s'est transporté, l'on mettra :

« Nous avons, en faisant appeler près de nous l'officier de l'état civil et les personnes intéressées auxdits actes, tant comme parties que comme déclarants et témoins, fait réparer et régulariser, en leur présence, ceux des actes défectueux qui ont pu être régularisés par leur fait et sans nuire à la substance des actes. »

de nos colonies m'ont fait connaître qu'ils avaient cru devoir admettre provisoirement dans la gendarmerie, pour reporter les compagnies au complet, des militaires congédiés des autres corps de la garnison du pays. Ce mode de recrutement me paraît être avantageux pour le service, en ce qu'il introduit dans la gendarmerie des colonies des hommes acclimatés et dont la conduite a pu être appréciée par les autorités locales elles-mêmes; il est en outre plus économique que le recrutement opéré en France. J'ai décidé, après m'en être entendu avec le ministre de la guerre, que les incorporations qui ont eu lieu ainsi seraient régularisées, et que, pour l'avenir, le même mode de recrutement, qui est d'ailleurs conforme à la loi, serait employé de préférence. Je vous invite à le favoriser de tous vos moyens.

L'ordonnance réglementaire du 29 octobre 1820, dont je vous ai envoyé un exemplaire le 7 août dernier, indique par ses articles 9 à 13, les conditions d'admission dans la gendarmerie; vous aurez à vous y conformer exactement.

Lorsqu'un homme se présentera pour entrer dans la gendarmerie et que l'effectif de la compagnie se trouvera être au-dessous du complet qui a été déterminé, il formera sa demande auprès du capitaine; cet officier, après l'avoir examinée, vous la soumettra avec son avis, et vous ferez délivrer au candidat une commission provisoire si vous reconnaissez qu'il réunisse les conditions prescrites par l'ordonnance.

Un état nominatif et détaillé, conforme au modèle ci-joint, me sera adressé par vous pour toutes les incorporations qui ont eu lieu jusqu'à ce jour, et chaque année vous me transmettrez un état semblable pour toutes les incorporations qui auront été faites; je m'entendrai ensuite avec le ministre de la guerre pour qu'il soit expédié aux gendarmes provisoires des commissions définitives.

Une ordonnance du 5 avril 1820, insérée au *Journal militaire*, 1er semestre 1820, page 111, accorde aux militaires congédiés, ou sortant de la ligne, qui passent dans la gendarmerie, une première mise d'habillement, fixée à 150 francs pour l'arme à pied et à 300 francs pour l'arme à cheval. Cette fixation sera provisoirement maintenue dans les colonies. Si vous reconnaissiez qu'il fût absolument nécessaire de l'augmenter, vous m'adresseriez à cet égard des propositions motivées.

Relativement aux dépenses de première mise faites pour des gendarmes qui quitteraient l'arme avant d'y avoir servi deux ans, vous tiendrez la main à l'exécution des dispositions que je vous ai notifiées par ma dépêche du 5 juin 1822, n° 155.

Recevez, etc.

Le Ministre de la marine et des colonies,
Signé Marquis DE CLERMONT-TONNERRE.

Arch. du gouvernement. Dép. ministér., n° 384.

COLONIES FRANÇAISES.

ILE
de

GENDARMERIE COLONIALE.

ÉTAT des Gendarmes admis par M. le Gouverneur et administrateur pour le Roi et auxquels il a été délivré des commissions provisoires.

NOMS ET PRÉNOMS, DATES et lieux de naissance.	TAILLE.	DÉTAIL DES SERVICES.	DATES DES ADMISSIONS provisoires.	OBSERVATIONS.

Vérifié et certifié par le Commandant de la compagnie de gendarmerie de l'île de

A le

Vu :

Le Gouverneur et Administrateur pour le Roi,

N° 4225. — *Avis du comité consultatif de la Martinique relativement au service du bateau à vapeur de la colonie.*

5 décembre 1823.

EXTRAIT DU PROCÈS-VERBAL.

La dépense du bateau à vapeur s'accroissant tous les jours, sans laisser l'espoir d'être jamais couverte par les bénéfices, il est instant de la faire cesser le plus tôt possible par la vente de ce bâtiment ou par toute autre disposition qui puisse soulager promptement la colonie d'une charge aussi onéreuse.

Nota. Cet extrait est contenu dans une dépêche ministérielle du 2 juin 1824, par laquelle le ministre demande de nouveau, avec insistance, à connaître la situation de cette affaire.

Arch. du gouvernement. Dép. ministér., n° 163.

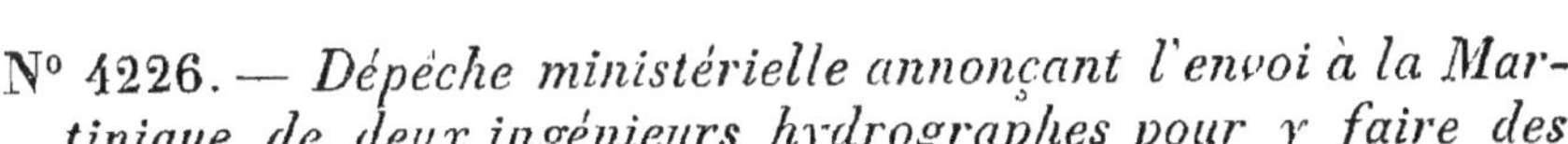

N° 4226. — *Dépêche ministérielle annonçant l'envoi à la Martinique de deux ingénieurs hydrographes pour y faire des relèvements.*

9 décembre 1823.

Nota. Une autre dépêche, du 11 janvier 1824, fixe le traitement de ces officiers, l'un ingénieur de 3e classe, l'autre simple élève, dans la colonie.

Il est alloué au premier 2,500 francs et au second 1,500 francs d'appointements.

Plus, un supplément colonial des trois quarts en sus pour l'ingénieur; d'une somme égale à ses appointements, pour l'élève.

Et enfin des vacations de leur grade sur le pied d'Europe, pendant le temps de leurs travaux de relèvement, savoir : sept francs par jour à l'un et quatre francs à l'autre.

Au moyen de ces diverses allocations ils n'auront droit à aucune indemnité ni au logement.

Inspection. Reg. 40.

N° 4227. — *Décision du gouverneur administrateur qui accorde des vacations aux sous-officiers et soldats du train des équi-*

pages mlitaires, lorsqu'un service de route les oblige à découcher.

Nous, etc., 10 décembre 1823.

Vu la réclamation du directeur d'artillerie tendant à obtenir une indemnité en faveur des sous-officiers et soldats du train des équipages militaires toutes les fois qu'ils sont chargés de transports qui les obligent à découcher;

Vu l'avis du commissaire aux revues, d'après lequel, en effet, il est impossible aux hommes du train de pouvoir se nourrir en route avec la simple ration de vivres;

Vu les conclusions de l'ordonnateur, qui propose d'allouer un franc vingt-cinq centimes par jour à chaque sous-officier et un franc à chaque soldat du train;

Attendu que notre décision du 27 février 1819, portant tarif des vacations, n'a pas prévu le cas de déplacement des hommes du train,

Avons décidé ce qui suit:

Art. 1er. A compter de ce jour il sera alloué, à titre de vacations, à chaque sous-officier un franc vingt-cinq centimes par jour, et un franc à chaque soldat du train, toutes les fois seulement qu'ils seront dans le cas de découcher.

Art. 2. Le payement de ces vacations s'effectuera par le chapitre V (diverses dépenses), sur la présentation de l'ordre du directeur d'artillerie, lequel aura été visé au départ et au retour par le commissaire de la marine préposé aux revues, et revêtu du *bon à expédier* de l'ordonnateur.

Le directeur d'artillerie spécifiera le nombre de jours que le militaire sera resté absent.

Art. 3. L'ordonnateur est chargé de l'exécution de la présente décision, qui sera enregistrée au contrôle.

Donné au Fort-Royal, le 10 décembre 1823.

Signé DONZELOT.

Inspection. Reg. 10, n° 91.

N° 4228. — *Arrêté du gouverneur administrateur déterminant les formalités à remplir en matière de saisies-arrêts ou oppositions ès mains du trésorier de la colonie.*

Nous, etc., 13 décembre 1823.

Vu le décret du 18 août 1807;

Considérant que de tout temps on a reconnu la nécessité d'établir des formes spéciales pour les saisies entre les mains des receveurs et administrateurs des deniers publics, afin de simplifier à la fois et la procédure et la comptabilité ;

Considérant que, sous l'ancienne législation comme sous la nouvelle, il a été pris des mesures pour atteindre ce double but, et voulant, pour le bien du service et celui des parties intéressées, réunir toutes les dispositions relatives à cet objet et tracer aux tribunaux de la colonie des règles sûres et précises à cet égard ;

Après en avoir délibéré en conseil de gouvernement et d'administration,

Avons arrêté et arrêtons, pour être exécuté provisoirement, sauf l'approbation de Sa Majesté, ce qui suit :

Art. 1er. Tout exploit de saisie-arrêt ou opposition entre les mains du trésorier, en cette qualité, exprimera clairement les noms et les qualifications de la partie saisie. Il contiendra, en outre, la désignation de l'objet saisi et mention de la somme pour laquelle la saisie est faite.

Il sera fourni avec copie de l'exploit, audit trésorier, copie ou extrait certifié du titre du saisissant.

Art. 2. A défaut par le saisissant de remplir les formalités ci-dessus, la saisie-arrêt ou opposition sera regardée comme non avenue.

Art. 3. La saisie n'aura effet que jusqu'à concurrence de la somme portée en l'exploit.

Art. 4. L'exploit sera fait, à peine de nullité, à la personne du trésorier, et sera visé par lui sur l'original, et, en cas de refus, par le procureur du roi, lequel en donnera de suite avis au chef de l'administration.

Art. 5. Le trésorier inscrira immédiatement la saisie-arrêt sur ses registres à l'immatricule du débiteur.

Il sera tenu de délivrer, sur la demande du saisissant, un certificat qui tiendra lieu, en ce qui le concerne, de tous autres actes et formalités prescrites à l'égard des tiers saisis.

S'il n'est rien dû au saisi le certificat l'énoncera.

Si la somme due au saisie est liquide, le certificat en déclarera le montant ; si elle n'est pas liquide, le certificat l'exprimera.

Art. 6. Dans le cas où il existerait des saisies-arrêts ou oppositions sur la même partie et sur les mêmes valeurs, le trésorier en fera mention dans le certificat et désignera les noms et élection de domicile des saisissants ainsi que les causes de leurs saisies.

Art. 7. S'il survient de nouvelles saisies-arrêts depuis la délivrance d'un certificat, le trésorier sera tenu, à réquisition, d'en fournir un extrait contenant les mentions ci-dessus exprimées.

Art. 8. Le trésorier, lorsqu'il aura été fait une saisie-arrêt ou opposition sur une partie prenante, ne pourra vider ses mains sans le consentement des personnes intéressées, ou sans autorisation de justice.

Art. 9. Le trésorier ne pourra refuser le certificat dont il est mention en l'article 5 ci-dessus, à peine de répondre en son nom personnel de tous dommages envers les parties.

Art. 10. Le présent arrêté sera enregistré, etc.

Donné au Fort-Royal, le 13 décembre 1823.

Signé DONZELOT.
Et plus bas :
GUILLAUME,
Secrétaire.

Inspection. Reg. 10, n° 588.—Enregistré à la cour royale, 20 décembre 1823.

N° 4229. — *Ordonnance du roi qui étend aux déserteurs des armées navales l'amnistie accordée à ceux de l'armée de terre par l'ordonnance du 3 décembre* 1823.

17 décembre 1823.

Nota. Cette ordonnance a été publiée dans la colonie par acte local du 10 mai 1824.

Arch. de la douane.

N° 4230. — *Extrait de l'ordonnance locale sur les impositions de* 1824, *en ce qui touche le privilége du trésor sur les maisons imposées et les esclaves capités.*

18 décembre 1823.

Art. 15. Les impositions directes étant acquises au trésor public le premier jour de l'année, les esclaves capités et les maisons imposées demeurent affectés par privilége au payement de la somme totale de l'impôt pour laquelle les propriétaires sont compris au rôle des contributions de l'année. En conséquence, dans le cas où les esclaves et maisons viendraient à être aliénés ou vendus, les acheteurs sont responsables du contingent non payé par les vendeurs (tant pour l'exercice courant que pour ceux qui pourraient être arriérés), et sujets à toute la rigueur des lois pour leur acquittement, nonobstant le droit primitif que le domaine conserve toujours sur le vendeur pour mieux assurer les recettes.

Art. 16. Par suite des dispositions de l'article précédent, et en cas de ventes judiciaires, le cahier des charges imposera la condition obligatoire à l'acquéreur de rapporter avant la mise en possession la quittance des impositions dues au trésor jusqu'au jour de l'adjudication.

Art. 17. Quant aux esclaves capités qui seront aussi vendus judiciairement, ils ne seront livrés à l'acquéreur que sur la présentation d'un certificat du trésorier, constatant qu'il n'est rien dû au trésor pour lesdits esclaves;

Art. 18. Pareils certificats seront exigés, savoir: 1° par les notaires royaux avant la délivrance des expéditions des actes de vente, soit d'esclaves, soit d'immeubles sujets à la capitation ou aux impositions.

2° Par les curateurs aux successions vacantes, pour être joints à la liquidation de toute succession où le gouvernement serait intéressé, soit pour impositions, soit pour toutes autres sommes dues au trésor;

3° Par les greffiers des tribunaux et par les chefs des bureaux du domaine, à l'enregistrement et au *visa* desquels les actes de vente sous seing privé seraient soumis;

4° Par les encanteurs, avant la remise aux adjudicataires d'esclaves mis en vente publique;

5° Pour l'élargissement de tous esclaves détenus dans les geôles, ainsi qu'il est prescrit par l'article 8 de notre ordonnance du 22 octobre dernier, à moins que lesdits esclaves aient été mis à la geôle pour cause de correction.

Art. 21. Tout payement fait par le trésor sera précédé d'une vérification pour constater si la partie prenante est contribuable, et si elle se trouve encore au nombre des redevables d'après les rôles; auquel cas les quittances du trésorier lui seront remises comme comptant.

Nota. Ces dispositions subsistent, mais moins étendues, aux ordonnances financières de 1818 à 1823, et se retrouvent, telles qu'elles sont ici transcrites, aux ordonnances de 1825 à 1827 inclus.

Arch. du gouvernement.

N° 4231. — *Ordonnance du gouverneur administrateur portant règlement des impositions de la Martinique pour l'année* 1824.

18 décembre 1823.

Nota. Par suite du dégrèvement de 150,000 francs accordé par le roi l'année précédente, l'assiette des contributions est maintenue en 1824 dans les limites fixées pour l'ordonnance locale du 12 mai dernier, qui établit le dégrèvement précité. (Préambule.)

Journal officiel et Arch. du gouvernement. — Enregistré à la cour royale, 27 décembre 1823.

N° 4232. — *Privilége de la direction des spectacles de la colonie accordé à un sieur Bizeau.*

20 décembre 1823.

Nota. Sous diverses conditions, dont les plus essentielles se rapportent à l'exploitation du théâtre de la ville de Saint-Pierre.

Inspection. Reg. 10, n° 89.

N° 4233. — *Dépêche ministérielle au gouverneur administrateur, au sujet de l'admission annuelle proposée d'un certain nombre d'orphelines de la Martinique dans les hospices de France.*

24 décembre 1823.

Monsieur le Comte, vous avez transmis au département de la marine, sous la date du 21 septembre 1819, un rapport concernant l'hospice des orphelins et enfants trouvés qui existe à la Martinique, et vous y avez joint copie d'une ordonnance par vous rendue le 20 octobre 1819 pour la réorganisation de cet établissement, ainsi que le procès-verbal d'une délibération du conseil de gouvernement et d'administration sur la matière.

Mon prédécesseur s'étant fait rendre compte de ces documents jugea que les dispositions de votre ordonnance méritaient d'être approuvées; mais avant de vous en informer, il crut devoir donner suite à une proposition consignée dans votre rapport et tendante à ce qu'un certain nombre de jeunes filles tirées de l'établissement de la Martinique fussent annuellement admises dans les hospices de France, où elles seraient entretenues aux frais de la colonie et d'où elles recevraient ultérieurement une destination plus convenable que celle qu'il est possible de leur donner dans l'île. M. le baron Portal adressa en conséquence au ministre secrétaire d'État de l'intérieur extrait de votre dépêche du 25 septembre 1819 en ce qui concernait cette proposition, et il en recommanda l'objet à l'attention particulière de M. le comte Siméon. Toutefois, aucune réponse n'ayant été faite au département de la marine, j'ai écrit le 23 octobre dernier au ministre secrétaire d'État de l'intérieur pour lui rappeler votre demande et pour l'appuyer de nouveau.

Il résulte des explications qui viennent de m'être données par le département de l'intérieur que MM. les préfets de la Seine-Inférieure et de la Gironde et le conseil général d'administration des hospices de Paris ont été invités à faire admettre des orphelines de la Martinique dans les établissements de charité dont la surveillance ou la haute administration leur est confiée; mais que ces administrateurs ont fait connaître que les localités s'opposaient à cette admission, puisqu'ils ne pouvaient même pas recevoir dans leurs hospices tous les enfants de leurs départements qui ont droit d'y être admis.

Je regrette beaucoup que vos vues à cet égard n'aient pu s'accomplir. Du reste, j'approuve entièrement les dispositions de votre ordonnance du 20 octobre 1819 sur l'organisation de l'hospice de la Martinique.

M. le commandant et administrateur pour le roi à la Guyane française ayant témoigné le désir qu'il lui fût envoyé de France des orphelines à l'établissement desquelles il espère pourvoir facilement, je vous invite à vous concerter avec lui afin de savoir s'il serait possible de placer à la Guyane quelques-unes des élèves de votre hospice. En cas d'affirmative, ce moyen remplirait en partie l'objet que vous vous proposiez dans l'envoi en France d'un certain nombre de ces jeunes personnes, puisque c'est surtout leur destination à la sortie de l'hospice qui embarrasse l'administration.

Quel que soit au surplus le résultat de vos communications avec M. le baron Milius, je vous serai obligé de m'en donner avis.

Recevez, etc.

Le Ministre de la marine et des colonies,

Signé Marquis DE CLERMONT-TONNERRE.

Arch. du gouvernement. Dép. ministér., n° 398.

N° 4234. — *Dépêche ministérielle annonçant au gouverneur administrateur des dispositions prises en faveur de six sœurs de la congrégation de Saint-Joseph se rendant à la Martinique.*

24 décembre 1823.

Nota. Elles doivent former dans la colonie deux maisons d'éducation, dont chacune sera dirigée par une supérieure et deux sœurs.

Le traitement de chaque supérieure sera de 800 francs, celui de chaque sœur de 600 francs, plus une ration de vivres par jour, en nature ou en argemt, à leur volonté.

Arch. du gouvernement. Dép. ministér., n° 406.

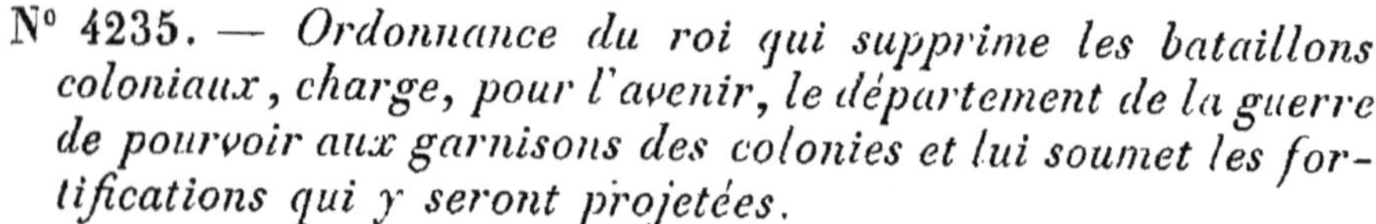

N° 4235. — *Ordonnance du roi qui supprime les bataillons coloniaux, charge, pour l'avenir, le département de la guerre de pourvoir aux garnisons des colonies et lui soumet les fortifications qui y seront projetées.*

30 décembre 1823.

Louis, etc.,

Sur le rapport de notre ministre secrétaire d'État de la marine et des colonies, concerté avec notre ministre secrétaire d'État de la guerre,

Nous avons ordonné et ordonnons ce qui suit :

Art. 1er. Les troupes d'infanterie destinées à former les garnisons des colonies seront fournies en entier par le département de la guerre.

Art. 2. Il ne sera plus formé de corps spéciaux pour les colonies, à l'exception du bataillon de cypahis entretenu dans l'Inde, des compagnies de gendarmerie et des compagnies de sapeurs ou ouvriers ; ces derniers corps se recruteront par enrôlements volontaires.

Art. 3. Les troupes envoyées aux colonies par le département de la guerre, autres que la gendarmerie et les sapeurs ou ouvriers, seront payées et entretenues sur les fonds de ce département, dans la partie qui correspond aux dépenses ordinaires de son budget. Les suppléments de solde alloués aux officiers et les fournitures spéciales de vivres qui se délivrent aux sous-officiers et soldats dans ces établissements seront à la charge du département de la marine.

Art. 4. Tous les projets relatifs aux fortifications des colonies seront soumis au comité du génie attaché au département de la guerre, dans la même forme que le sont ceux des places de guerre en France.

Art. 5. Nos ministres secrétaires d'État de la guerre et de la marine sont chargés, chacun en ce qui le concerne, de l'exécution de la présente ordonnance.

Donné à Paris, en notre château des Tuileries, le 30e jour du mois de décembre de l'an de grâce 1823, et de notre règne le vingt-neuvième.

Signé LOUIS.

Par le roi :

Le Ministre de la marine et des colonies,

Signé Marquis DE CLERMONT-TONNERRE.

Annales marit., 1823, p. 679.

N° 4236. — *Ordonnance du roi déclarant, en principe, que les contributions payées aux colonies ne servent pas pour l'exercice des droits électoraux en France.*

30 décembre 1823.

Louis, etc.,

Sur le rapport de notre ministre secrétaire d'État au département de l'intérieur ;

Vu la réclamation formée par le sieur de Bovis-Beauvoisin (Louis-Anne-Joseph), propriétaire à la Guadeloupe, ayant son domicile politique dans le département du Var, contre un arrêté rendu par le préfet dudit département, séant en conseil de préfecture, lequel prononce le refus d'inscrire sur le registre électoral les sommes que le réclamant justifie avoir payées à la Guadeloupe en acquittement de deux de ses contributions ;

Vu ledit arrêté en date du 11 avril 1822, lequel motive son refus sur des considérations tirées de la nature et du caractère des deux contributions dont il est justifié ;

Vu la loi sur les élections du 29 juin 1820, et particulièrement l'article 3 ainsi conçu :

« La liste des électeurs de chaque collége sera imprimée et « affichée un mois avant l'ouverture des colléges électoraux. « Cette liste contiendra la quotité et l'espèce des contributions

« de chaque électeur, avec l'indication des départements où elles « sont payées ; »

Considérant qu'il s'agit, dans l'espèce, des contributions acquittées à la Guadeloupe, et que le texte de la disposition légale ci-dessus rapportée n'autorise l'emploi, dans le cens électoral, que des contributions payées dans les départements du royaume ;

Considérant que la nature, l'assiette, la quotité et la limite des contributions perçues dans les colonies, quoique établies légalement, puisqu'elles le sont en vertu de l'article 73 de la Charte, ne sont pas réglées directement par la loi, et varient suivant les besoins et la volonté de l'administration ; ce qui est essentiellement contraire au caractère que doivent avoir les impôts pour constituer le cens électoral et conférer les droits politiques dont il est la base ;

Notre conseil d'État entendu, nous avons ordonné et ordonnons ce qui suit :

Art. 1er. La réclamation du sieur de Bovis-Beauvoisin est rejetée.

Art. 2. Notre ministre de l'intérieur est chargé de l'exécution de la présente ordonnance.

Collection de Duvergier, t. 24, p. 402.

N° 4237. — *Ordonnance du gouverneur administrateur portant création d'un sous-commissaire de police à Saint-Pierre.* (Extrait.)

31 décembre 1823.

Aux appointements annuels de 3,000 francs. Il est, pour son service, sous les ordres immédiats du procureur du roi et reçoit ses instructions du ministère public.

Direction de l'intérieur. Ord. et déc. Reg. 3, f° 101.

N° 4238. — *Circulaire du garde des sceaux sur l'exécution de l'ordonnance du* 26 *novembre* 1823 *relative à la vérification des registres de l'état civil.*

31 décembre 1823.

Monsieur le Procureur général, l'article 53 du code civil,

en imposant au procureur du roi près les tribunaux de première instance l'obligation de vérifier annuellement les registres de l'état civil, n'avait ni déterminé le mode suivant lequel cette vérification devait être faite, ni fixé le délai dans lequel elle devait être terminée; il était donc important de remplir cette lacune pour mieux atteindre le but de cette vérification, et de soumettre celle-ci à des règles uniformes, afin de mettre plus facilement un terme aux inconvénients que produit chaque jour la négligence d'un grand nombre de maires. C'est à quoi l'ordonnance du 26 novembre dernier a voulu pourvoir.

Désormais cette vérification devra être faite dans les quatre premiers mois de chaque année, et le procès-verbal destiné à la constater sera rédigé partout sur un même modèle. Les procureurs du roi et leurs substituts se conformeront à celui qui est annexé à l'ordonnance.

Ils indiqueront d'abord la cour royale du ressort, le département et l'arrondissement, le canton et la commune dont ils vérifieront les registres ; ils feront connaître si la vérification est annuelle ou accidentelle et la nature du registre, lorsque chaque espèce d'actes aura le sien. Ils constateront ensuite les *contraventions matérielles à la tenue des registres*, et ces contraventions sont faciles à reconnaître : les registres doivent être reliés, timbrés, cotés et parafés, et les maires seraient inexcusables si cette formalité n'était pas remplie, puisque les registres leur sont envoyés à la fin de chaque année par les préfectures, et qu'on leur en délivre de nouveaux, ou du moins des feuilles additionnelles qu'on ajoute aux registres, en cas d'insuffisance de ceux-ci.

Ils signaleront les contraventions générales et spéciales à la rédaction des actes, en désignant les actes défectueux par le numéro correspondant du registre dont ils feront partie et par l'indication des articles du code civil dont les dispositions auraient été violées. Ce procédé remplira bien mieux l'objet du procès-verbal que des locutions vagues, telles que *souvent*, *quelques-uns*, *plusieurs*, etc., qui n'ont pas la précision qu'il exige. Le modèle présente d'ailleurs le détail des principales contraventions et fait connaître l'ordre dans lequel il serait utile de les constater. Je ne doute pas qu'en s'y conformant on ne parvienne à l'exactitude nécessaire pour donner une idée complète de l'état des registres.

Si les registres et tous les actes qu'ils contiennent sont bien tenus et réguliers, on l'énoncera par ces mots : *point de contraventions*.

Lorsque les officiers de l'état civil ne porteront pas de naissances, de mariages ou de décès sur leurs registres, les procureurs du roi devront énoncer si ces officiers ont négligé d'en tenir ou d'en déposer une partie, ou bien s'ils veulent exprimer qu'il n'y a point eu de naissances, qu'il n'a été célébré aucun mariage, ou qu'on n'a eu à regretter la mort d'aucun habitant; ce fait est tellement extraordinaire qu'ils ne pourront se dispenser d'indiquer quelles mesures ils ont prises, indépendamment de l'inspection des registres, pour s'assurer de sa réalité.

Ils veilleront d'une manière toute spéciale à ce que les registres et les tables alphabétiques annuels soient déposés au greffe, par la voie administrative et sans frais pour le greffier, dans le mois de janvier de chaque année. En cas de retard, ils devront rappeler aux maires l'obligation où ils sont de faire ce dépôt, et leur accorder (circulaire du 20 avril 1820), s'il y a nécessité, un nouveau délai, mais qui ne pourra jamais excéder deux mois. A l'expiration de ce délai, ils poursuivront les retardataires devant le tribunal de première instance, conformément à l'article 50 du code civil, sans être obligés, dans ce cas, de recourir à l'autorisation prescrite par une circulaire du 10 septembre 1806.

C'est de l'exactitude des maires à effectuer le dépôt de leurs registres dans le délai prescrit que dépendra la possibilité de faire la vérification pour l'époque indiquée. Il convient donc que, dès le commencement de l'année, MM. les procureurs du roi adressent aux maires et aux juges de paix des invitations, et qu'ils se concertent avec MM. les préfets et sous-préfets pour que le dépôt des registres soit effectué dans le moindre délai possible.

Je ne me dissimule pas que la vérification détaillée et soignée des registres de l'état civil entraînera un surcroît de travail dans les lieux où il n'était pas d'usage de la faire avec scrupule. Je ne pourrai, toutefois, tolérer de négligence sur ce point. Le zèle et la bonne volonté trouveront dans la répartition du travail entre tous les officiers du parquet et les juges auditeurs, s'il y en a, comme aussi dans le bon emploi du temps, des ressources suffisantes pour remplir cette tâche aussi utile qu'elle est indispensable. Cette tâche s'allégera, d'ailleurs, par l'habitude et par les améliorations que l'on est en droit d'attendre de la mesure adoptée.

Les procès-verbaux de vérification seront adressés par les procureurs du roi, dans la première quinzaine du mois de mai, aux procureurs généraux, qui me les transmettront avec leurs observations dans la première quinzaine du mois de juin. Ainsi, les procureurs généraux n'auront pas à me faire un simple envoi des procès-verbaux de leurs substituts; ils devront m'adresser un rapport sur le résultat des vérifications partielles, afin d'éclairer et de faciliter ainsi, en ce qui les concerne, le travail général sur l'état civil.

Les procureurs du roi adresseront, par suite de leur vérification, des instructions aux maires de leur ressort; mais ils se borneront à en donner à ceux d'entre eux qui auront commis des irrégularités. Ces instructions devront être spéciales pour chaque maire, et porter sur les contraventions les plus graves et sur celles qu'ils ont commises le plus fréquemment. Copie en sera envoyée aux procureurs généraux.

Les procureurs du roi pourront se transporter sur les lieux et vérifier les registres de l'année courante, ou, dans ce cas, déléguer le juge de paix du canton dans lequel sera située la commune dont les registres seront à vérifier. Ils devront faire ou déléguer cette vérification accidentelle, lorsqu'ils sauront que les registres sont habituellement mal tenus, ou que (article 31 de la déclaration de 1736), par le décès ou la démission d'un maire, il deviendra nécessaire de constater l'état où il les aura laissés et les irrégularités qui s'y trouvent, afin qu'elles soient réparées au plus tôt, si elles sont susceptibles de l'être.

Telles sont les règles auxquelles Sa Majesté a jugé à propos d'assujettir la vérification des registres de l'état civil. Elles n'excluent point celles que le zèle et les lumières des officiers du ministère public pourront leur suggérer, pourvu qu'elles ne changent rien à l'uniformité de rédaction que l'ordonnance établit pour les procès-verbaux.

Vous voudrez bien m'accuser la réception de cette circulaire, en transmettre un exemplaire à chacun de vos substituts, leur rappeler que l'époque du dépôt des registres approche, et les inviter à remplir avec exactitude leurs obligations.

Recevez, etc

Le Garde des sceaux Ministre de la justice,

Comte DE PEYRONNET.

FIN DU VIIe VOLUME.

TABLE ALPHABÉTIQUE

ET ANALYTIQUE

DES MATIÈRES CONTENUES DANS LE TOME VIIe

DU CODE DE LA MARTINIQUE.

DATES DES ACTES.	TITRES ET ANALYSES DES ACTES.	PAGES.
	A	
	Abonnement.	
	Voir *Journal militaire.*	
	Acquisition de bâtiments, etc.	
	Voir *Gendarmerie, Jardin des plantes.*	
1819. 20 février..	Arrêté du gouverneur et administrateur portant que les maisons, terrains, etc., attenant à l'arsenal de la marine au Fort-Royal seront achetés pour le compte du gouvernement	21
	Acquits-à-caution.	
30 juin.....	Dépêche ministérielle sur le renvoi immédiat en France des acquits-à-caution des approvisionnements envoyés dans les colonies pour le service du roi................	47
	Actes de décès.	
15 avril....	Ordonnance du gouverneur administrateur qui réduit de moitié le coût tarifé des actes de décès à l'égard des matelots morts, dans la colonie, hors des hôpitaux......	253
	Voir *Délais.*	
	Actes de l'état civil.	
13 octobre.	Dépêche ministérielle au gouverneur admi-	

DATES DES ACTES.	TITRES ET ANALYSES DES ACTES.	PAGES.
	nistrateur, portant envoi de modèles de formules pour la rédaction des actes de l'état civil..............................	80
	Actes de nationalité.	
	Voir *Francisations.*	
	Actes de notaires.	
	Voir *Dépôt de Versailles.*	
	Actes judiciaires.	
	Voir *Greffes.*	
	Adjudants de place.	
	Voir *Indemnités accessoires.*	
	Adjudicataires.	
	Voir *Subventions.*	
	Administration coloniale.	
1819. 26 avril...	Lettre du gouverneur administrateur à l'ordonnateur, portant invitation de rappeler aux chefs de détails, commis et écrivains de l'administration, que la plus entière discrétion leur est ordonnée dans le service..............................	36
	Administration de la marine.	
7 avril....	* Dépêche ministérielle portant notification du tableau du personnel de l'administration de la marine et du contrôle, à la Martinique..............................	32
	Administrateurs de la marine.	
	Voir *Consuls.*	

DATES DES ACTES.	TITRES ET ANALYSES DES ACTES.	PAGES.
	Agrès et apparaux.	
	Voir *Radoub*.	
	Agriculteurs.	
	Voir *Colons*.	
	Agriculture.	
1819............	Mémoire sur la culture des terres propres aux diverses productions coloniales et plus particulièrement sur les instruments et les procédés employés dans la fabrication du sucre........................	136
1820. 5 janvier..	Dépêche ministérielle au gouverneur administrateur annonçant l'envoi de plantes et de graines expédiées de Rio-de-Janeiro, pour être transportées à la Martinique et à Cayenne..................................	139
19 janvier..	Dépêche ministérielle au gouverneur administrateur au sujet de l'introduction recommandée à la Martinique d'une plante alimentaire nommée *alstrœmeria*.......	141
29 mars....	Dépêche ministérielle au gouverneur administrateur portant envoi de graines d'indigo à essayer à la Martinique..............	158
1er juin....	Dépêche ministérielle au gouverneur administrateur annonçant l'envoi, en plantes, graines ou échantillons, de divers végétaux de l'Inde jugés susceptibles d'être introduits avec avantage à la Martinique......	175
13 septemb.	Dépêche ministérielle annonçant au gouverneur administrateur l'envoi de riz de montagne de Manille pour le naturaliser et propager à la Martinique............... Voir Arch. du gouvernement. Dép. ministér., n° 261.	210
27 décemb.	Dépêche ministérielle au gouverneur admi-	

DATES DES ACTES.	TITRES ET ANALYSES DES ACTES.	PAGES.
	réélection des membres et suppléants des comités consultatifs	479
	Aiguades.	
1819. 1er septemb.	Dépêche ministérielle au gouverneur administrateur sur la necessité d'établir au Fort-Royal une aiguade pour le service de la marine	68
	Allocation.	
	Voir *Gendarmerie.*	
	Alstrœmeria.	
	Voir *Agriculture.*	
	Amnistie.	
1823. 17 décemb.	Ordonnance du roi qui étend aux déserteurs des armées navales l'amnistie accordée à ceux de l'armée de terre par l'ordonnance du 3 décembre 1823	537
	Animaux.	
	Voir *Reptiles, Taxidermie.*	
	Anse Thurin.	
	Voir *Ponts.*	
	Appointements.	
	Voir *Corps de la marine.*	
	Approvisionnements.	
	Voir *Acquits-à-caution.*	

DATES DES ACTES.	TITRES ET ANALYSES DES ACTES.	PAGES.
	Arbre à pain.	
	Notice sur l'arbre à pain ou *rima*, par M. Lesson.	136
	Armateurs.	
	Voir *Hôpitaux*.	
	Armée de ligne.	
	Voir *Habillement des troupes*.	
	Arrêts.	
	Voir *Cour de cassation, Dépôt de Versailles*.	
	Arsenal de la marine.	
	Voir *Acquisition de bâtiments, etc.*	
	Arsenaux.	
	Voir *Magasins, Veuves de marins et ouvriers non entretenus*.	
	Artillerie de la marine.	
1821. 7 août	Ordonnance du roi portant formation d'un régiment d'artillerie et création de deux régiments d'infanterie de marine. Voir Arch. de l'artillerie et *Annales maritimes*, 1822, 1re partie, p. 603.	281
1822. 13 novemb.	* Ordonnance du roi portant organisation d'un corps royal d'artillerie et d'un corps d'infanterie de la marine destinés au service des ports de France et des colonies.	404
	Voir *Hautes payes*.	
	Assimilation.	
	Voir *Troupes*.	

DATES DES ACTES.	TITRES ET ANALYSES DES ACTES.	PAGES.
	Bataillons coloniaux.	
1823. 30 décemb.	Ordonnance du roi qui supprime les bataillons coloniaux, charge, pour l'avenir, le département de la guerre de pourvoir aux garnisons des colonies et lui soumet les fortifications qui y seront projetées...	541
	Bateaux baleiniers.	
	Voir *Pêche de la baleine.*	
	Bateaux à vapeur.	
1819. 3 février..	Dépêche ministérielle au gouverneur administrateur prescrivant l'examen de la question de l'introduction aux colonies occidentales de l'usage des bateaux à vapeur.	16
1820. 21 janvier..	Homologation par le gouverneur administrateur d'une délibération de l'assemblée des actionnaires du bateau à vapeur à établir à la Martinique, portant création d'un comité pour diriger et administrer l'entreprise........................	142
20 juillet...	Dépêche ministérielle au gouverneur administrateur approbative des dispositions prises à la Martinique pour y établir, au moyen d'une souscription volontaire, un bateau à vapeur à construire en France... Voir Arch. du gouvernement. Dép. ministér., n° 211.	203
2 août....	Dépêche ministérielle au gouverneur administrateur, portant envoi du marché passé pour la fourniture de la machine à feu à installer sur le bateau à vapeur destiné pour la Martinique.................	206
1823. 1er mars....	Mise en activité du bateau à vapeur *le Comte-Donzelot*, établi pour les communications entre les villes de Saint-Pierre et de Fort-Royal........................	432

DATES DES ACTES.	TITRES ET ANALYSES DES ACTES.	PAGES.
	Bâtiments naufragés.	
	Voir *Sauvetage.*	
	Bâtiments négriers.	
1823. 10 septemb.	Ordonnance du gouverneur administrateur sur le mode et les règles à suivre pour la répartition du produit de tout bâtiment négrier et de la cargaison autre que les noirs de traite........................	483
	Batteries.	
23 avril....	Décision du gouverneur administrateur qui met à la disposition du génie une somme de 40,000 francs pour la réparation et la mise en état de défense des batteries de côte défendant l'entrée de la rade de Fort-Royal, la baie de Saint-Pierre et les ports de l'île..............................	445
	Voir Bureau des approvisionnements. Ord. et déc., 1823.	
	Voir *Luminaire.*	
	Bière de Terre-Neuve.	
1822............	Note sur la bière en usage à Terre-Neuve et obtenue de la décoction d'un sapin de ce pays, de l'espèce nommée *Spruce*.......	415
	Voir *Annales maritimes*, 1823, 2e partie, t. II, p. 235.	
	Billets d'entrée à l'hôpital.	
	Voir *Hôpitaux.*	
	Bois et forêts.	
1819. 30 juin....	Dépêche ministérielle au gouverneur administrateur, au sujet des mesures à prendre pour la conservation des bois et forêts à	

DATES DES ACTES.	TITRES ET ANALYSES DES ACTES.	PAGES.
	la Martinique et pour la naturalisation du bois noir de l'Inde....................	48
	Boulangers.	
1819. 30 novemb.	Ordonnance du gouverneur administrateur qui nomme une commission pour examiner les nouvelles réclamations des boulangers du Fort-Royal et de Saint-Pierre.	126
19 juin	Ordonnance du gouverneur administrateur pour la fixation périodique du poids de pain et la réduction du nombre des boulangers..............................	185
	Boulevards.	
7 avril....	Ordre du gouverneur administrateur qui affecte un fonds de 5,000 francs à l'élargissement du boulevard pratiqué derrière les casernes, à Saint-Pierre............	32
	Voir Arch. du gouvernement. Ord. et déc., n° 240.	
	Bourses.	
1821. 16 novemb.	Ordonnance du roi qui permet que les candidats aux bourses gratuites des colléges royaux et communaux puissent être présentés jusqu'à l'âge de 12 ans...........	306
1823. 26 mai.....	Circulaire ministérielle au gouverneur administrateur, explicative des préférences à accorder pour la distribution des bourses gratuites dans les colléges royaux attribuées aux colonies..................	452
	Bris et naufrages.	
1820. 30 septemb.	Dépêche ministérielle contenant des dispositions réglementaires relativement aux bris et naufrages.......................	214
	Voir *Annales maritimes*, 1835, 1re partie, p. 18.	

DATES DES ACTES.	TITRES ET ANALYSES DES ACTES.	PAGES.
1821. 7 avril....	Dépêche ministérielle notifiant une décision du ministre des finances du 2 mars précédent, qui n'assujettit les ventes des bris et naufrages qu'au droit fixe de un franc. Voir *Annales maritimes*, 1835, 1re partie, p. 24.	253
14 avril....	Dépêche ministérielle sur les précautions à prendre lors du payement des frais de magasinage en matière de bris et naufrages. Voir *Annales maritimes*, 1835, 1re partie, p. 25.	253
1823. 24 octobre..	Règlement général du gouverneur administrateur sur les bris, naufrages et échouements, comprenant toutes les mesures ou opérations qui en sont la suite..........	493
1823. 29 novemb.	Dépêche ministérielle prescrivant le versement immédiat, après la vente, des produits des bris et naufrages dans la caisse des gens de mer...................... Voir *Annales marit.*, 1837, 1re partie, p. 1105.	531
	Bulletin des lois.	
1820. 8 novemb.	Dépêche ministérielle au gouverneur administrateur disposant que le procureur général et le magistrat présidant la cour recevront chacun un exemplaire du *Bulletin des lois*.........................	222
	Bureaux de commerce.	
1820. 17 juillet...	Ordonnance du gouverneur administrateur portant création de deux bureaux de commerce à la Martinique.............	195
19 juillet...	Ordonnance du gouverneur administrateur portant nomination des membres de première formation du bureau de commerce de Saint-Pierre, et mettant à la disposition du commerce un local pour l'établissement de ce bureau.......................	201

C

Cabarets.

Voir *Marins*.

Cabarets et cafés.

Voir *Polices des auberges*.

Cabrouets.

Voir *Impositions*.

Café.

Cafiers.

DATES DES ACTES.	TITRES ET ANALYSES DES ACTES.	PAGES.
	séum d'histoire naturelle, sur la greffe du cafier	126
1820. 25 avril....	Publication par le gouverneur administrateur d'une instruction sur la greffe du caféier	166
1823. 4 juillet...	Rapport sur une expédition de Bourbon à Moka pour en rapporter des semences et des plants de caféier, destinés au renouvellement de l'espèce dans les colonies françaises	464
	Voir *Annales maritimes*, 1832, 2e partie, t. 2, p. 568.	
	Caisse à trois clefs.	
	Voir *Dépôt des fonds*.	
	Caisse coloniale.	
	Voir *Caisse des gens de mer*.	
	Caisse des gens de mer.	
1820. 19 février..	Dépêche ministérielle portant modification au règlement du 16 mai 1816, relativement aux dépôts à effectuer aux colonies dans les caisses des gens de mer	150
8 avril....	Dépêche ministérielle portant modification aux règlements spéciaux des 16 mai 1816 et 17 juillet suivant, relativement aux versements trimestriels à faire par la caisse des gens de mer dans la caisse coloniale...	163
	Voir *Bris et naufrages*, *Comptabilité*.	
	Caisse des invalides.	
1823. 29 août....	Circulaire ministérielle qui étend les dispositions de celle du 20 avril précédent aux payements à faire par la caisse des invalides à des marins qui ne savent pas écrire.	482

DATES DES ACTES.	TITRES ET ANALYSES DES ACTES.	PAGES.
	étrangères, mais les assujettit à un droit de 10 francs par quintal à la sortie......	112
	Capitaines de commerce.	
	Voir *Coups de vent, Hôpitaux, Traite des noirs.*	
	Capitaines de port.	
	Voir *Constructions navales.*	
	Carcasses de bâtiments.	
1819. 15 décemb.	Dépêche ministérielle au gouverneur administrateur annonçant l'envoi de deux gabares du Roi pour le relèvement des carcasses coulées dans le port de Fort-Royal.	132
1823. 23 mai.....	Arrêté du gouverneur administrateur portant diverses dispositions relatives à l'enlèvement des carcasses de bâtiments qui embarrassent le port de la ville de Saint-Pierre	449
	Casernes.	
1821. 5 octobre..	Ordre du gouverneur administrateur affectant un premier fonds de 30,000 francs à la construction d'une caserne en maçonnerie, voûtée, à l'épreuve de la bombe, à l'îlet à Ramiers..........................	292
	Catalogues.	
	Voir *Plantes.*	
	Cautionnements.	
	Voir *Huissiers du domaine.*	

DATES DES ACTES.	TITRES ET ANALYSES DES ACTES.	PAGES.
	Cavalerie.	
	Voir *Solde*.	
	Cayenne.	
1811. 3 avril....	Décision du gouverneur administrateur portant établissement au fort Bourbon d'une cayenne où seront reçus les marins des bâtiments du roi en sortant des hôpitaux, pour achever leur convalescence........	251
	Censure.	
	Voir *Presse*.	
	Cérémonial.	
7 mars....	Ordre du jour du gouverneur administrateur pour le cérémonial à observer à l'occasion de l'inauguration du portrait du roi donné par Sa Majesté à la cour royale..................................	245
22 juin	Ordre du jour du gouverneur administrateur pour le cérémonial à observer le jour de la Fête-Dieu..........................	268
	Cessions.	
1823. 25 mars....	Circulaire ministérielle relative au mode d'évaluation des cessions, faites à des particuliers ou à des navires du commerce, d'objets existant soit dans les magasins de la marine, soit à bord des bâtiments du roi..................................	432
25 mars....	Dépêche ministérielle portant instructions sur l'exécution d'une circulaire du même jour relative au mode d'évaluation des cessions faites à des particuliers ou à des navires du commerce d'objets existant soit dans les magasins de la colonie, soit à bord des bâtiments du roi.............	434

DATES DES ACTES.	TITRES ET ANALYSES DES ACTES.	PAGES.
	la confection, par souscription, d'un nouveau chemin descendant des hauteurs du morne d'Orange vers la ville de Saint-Pierre...........................	50
1819 1er août....	Ordonnance du gouverneur administrateur portant création d'une commission chargée de la rédaction d'un projet de règlement général sur les chemins de la colonie..............................	61
1820. 27 janvier..	Circulaire du gouverneur administrateur aux commissaires commandants des paroisses sur les réparations et l'entretien des chemins publics..................	142
20 octobre.	Ordre du gouverneur administrateur qui affecte une somme de 8,000 francs au nivellement et à la confection des chemins conduisant du Fort-Royal à la résidence de Bellevue...........................	217
1823. 12 avril....	Arrêté du gouverneur administrateur ordonnant d'urgence la confection d'un chemin dans les hauteurs de la ville de Saint-Pierre, avec embranchement vers le Fonds-Saint-Denis, le Canari-Cassé et le Champ-Flore..........................	439
	Voir Inspection. Reg. 11, nº 453.	
	Voir *Résidence de Bellevue.*	
	Chemins vicinaux.	
1822. 30 juillet...	Ordonnance du gouverneur administrateur portant autorisation aux paroisses du François et du Saint-Esprit d'ouvrir, à leurs frais, un chemin vicinal du Simon au Saint-Esprit par le morne Baldara....	354
	Chirurgiens.	
1819. 4 août....	Ordonnance du Roi concernant les chirurgiens qui s'embarquent sur les navires du	

DATES DES ACTES.	TITRES ET ANALYSES DES ACTES.	PAGES.
	commerce et la visite des coffres de médicaments et des caisses d'instruments de chirurgie dont ces navires doivent être pourvus...........................	62
	Cimetières.	
1819. 8 juillet...	Ordonnance du gouverneur administrateur portant que le cimetière de la paroisse du Mouillage, à Saint-Pierre, sera transféré au haut de la rue de la Madeleine.	51
1822. 29 novemb.	Ordonnance du gouverneur et administrateur concernant l'ancien et le nouveau cimetière de la paroisse du Mouillage (Saint-Pierre........................	405
	Voir *Concessions de terrains, Impôts.*	
	Citronniers.	
	Voir *Agriculture.*	
	Clochers.	
	Voir *Presbytères.*	
	Cochenille.	
1819. 14 juillet...	Dépêche ministérielle au gouverneur administrateur, sur l'exploitation de la cochenille et la culture de la touloumane à tenter à la Martinique.....................	52
	Code civil.	
	Voir *Loi du 3 septembre 1807.*	
	Code de commerce.	
3 octobre.	Arrêté du Gouverneur administrateur portant création de deux commissions, l'une	

DATES DES ACTES.	TITRES ET ANALYSES DES ACTES.	PAGES.
	à Fort-Royal, l'autre à Saint-Pierre, chargées d'examiner sous quelles modifications le code de commerce pourrait être appliqué à la Martinique..................	76
	Code de la Martinique.	
1822. 7 septemb.	Arrêt de la cour royale portant création d'une commission, prise dans son sein, chargée d'examiner le *Code de la Martinique* et d'en proposer la simplification..	374
	Code de procédure civile.	
1821. 18 août....	* Ordonnance du commandant et administrateur de la Guyane française (M. de Laussat) portant promulgation dans cette colonie du code de procédure civile, avec les *modifications jugées convenables*....	287
	Coffres flottants.	
	Voir *Cure-môles*.	
	Colléges royaux.	
	Voir *Bourses*.	
	Colonies étrangères.	
	Voir *Entrepôt réel*.	
	Colons.	
10 janvier..	Dépêche ministérielle au gouverneur administrateur lui annonçant que les colons sont appelés à participer aux récompenses accordées par Sa Majesté aux agriculteurs français les plus distingués............	238
	Commandants de place.	
	Voir *Indemnités accessoires*.	

DATES DES ACTES.	TITRES ET ANALYSES DES ACTES.	PAGES.
	Comités consultatifs.	
1819. 22 novemb.	Ordonnance du Roi portant établissement dans les colonies françaises de comités consultatifs d'agriculture et de commerce.	119
1821. 20 janvier..	Arrêté du gouverneur administrateur qui fixe à 4,000 francs par an le traitement du secrétaire du comité consultatif de la Martinique.	240
	Comptabilité.	
4 avril....	Instruction ministérielle réglementaire sur la tenue et l'apurement de la comptabilité des vivres à bord des vaisseaux et autres bâtiments du Roi.	159
	Voir *Annales maritimes*, 1820, 1re partie, page 259.	
1822. 31 décemb.	Décision du gouverneur administrateur ordonnant l'adoption, à compter du 1er janvier 1823, d'une nouvelle classification des recettes et dépenses de la caisse royale...	415
1823. 2 février..	Instruction du procureur général sur le mode d'exécution de l'ordonnance locale du 18 août 1822 relative à la comptabilité des fabriques.	420
20 avril....	Circulaire ministérielle indicative des règles générales et spéciales propres à assurer le maintien de l'ordre dans la comptabilité du service *gens de mer*.	441
8 août....	Circulaire ministérielle portant complément des instructions du 20 avril précédent sur la comptabilité de la caisse des gens de mer.	471
	Voir *Jardin des plantes*.	
	Comptes arriérés.	
	Voir *Commissaires vérificateurs*.	

DATES DES ACTES.	TITRES ET ANALYSES DES ACTES.	PAGES.
	Comptes de dépenses.	
1819. 15 avril....	Nouvelle instruction ministérielle destinée à remplacer celle du 6 octobre 1817, sur les comptes des dépenses en matière et main-d'œuvre..........................	33
	Voir Arch. du gouvernement. Dép. ministér., n° 137, annexe.	
	Comptes d'opérations.	
	Voir *Inventaires.*	
	Concessions d'eau.	
1820. 28 mai.....	Arrêté du gouverneur administrateur portant concession à un particulier demeurant au haut de la rue Pesset, à Saint-Pierre, de deux pouces d'eau à prendre sur l'habitation domaniale du *Trouvaillant.*	173
	Concessions de terrains.	
1819. 31 janvier..	Décision du gouverneur administrateur portant concession à un particulier d'un terrain ou *basse* sis au Marin, à la condition d'y construire un quai.............	14
14 avril....	Homologation, par le gouverneur administrateur, d'une délibération de la paroisse des Trois-Ilets portant concession à prix d'argent, à des particuliers, de portions de terrain dans son cimetière...........	33
1821. 26 mars....	Ordonnance du gouverneur administrateur portant concession à un particulier d'un terrain sis au bourg du Marin, sur les cinquante pas du roi, à la condition d'y construire un magasin et un quai........	249
24 avril....	Ordonnance du gouverneur administrateur portant concession à un particulier d'un terrain situé sur le bord du canal d'enceinte au Fort-Royal, entre les ponts Fénélon et Blondel................................	254

DATES DES ACTES.	TITRES ET ANALYSES DES ACTES.	PAGES.
	Consommation.	
	Voir *Farines étrangères.*	
	Constructions civiles et hydrauliques.	
	Voir *Fortifications.*	
	Constructions navales.	
1820. 21 avril....	Ordonnance du gouverneur administrateur qui retire des attributions du capitaine de port, à Fort-Royal, les détails de la direction des constructions navales, pour les confier à un sous-ingénieur de la marine.	165
	Consuls.	
1821. 21 septemb.	Lettre du ministre de la marine et des colonies aux consuls de France en pays étrangers, sur le service qu'ils ont à remplir comme suppléant les administrateurs de la marine et comme comptables chargés des trois caisses : *Prises*, *Gens de mer* et *Invalides*..........................	291
	Contraintes.	
23 octobre..	Ordonnance du gouverneur administrateur portant que des contraintes seront exercées contre les propriétaires riverains de la rue de communication d'entre les rues de Lucy et Toraille, à Saint-Pierre, en retard de s'acquitter de leur quote-part dans la dépense de pavage de ladite rue. Voir Inspection. Reg. 8, n° 74, et *Journal de la Mart.*, 1821, n° 87.	294
	Contraventions.	
	Voir *Traite des noirs.*	

DATES DES ACTES.	TITRES ET ANALYSES DES ACTES.	PAGES.
	Contribuables.	
	Voir *Trésor royal.*	
	Contributions.	
	Voir *Droits électoraux, Trésor royal.*	
	Contrôle.	
	Voir *Administration de la marine.*	
	Contrôleur colonial.	
1819. 27 janvier..	Dépêche ministérielle adressée au contrôleur colonial et portant instructions sur les fonctions, droits et devoirs de sa place...	11
	Convalescence.	
	Voir *Cayenne.*	
	Convention de navigation.	
1822. 24 juin	Convention de navigation et de commerce conclue entre la France et les États-Unis d'Amérique...........................	346
	Voir *Annales maritimes*, 1823, 1re part., p. 559.	
1823. 23 juin	Ordonnance du roi qui prescrit la publication de la convention de navigation et de commerce conclue entre la France et les États-Unis d'Amérique le 24 juin 1822 et ratifiée à Paris le 6 novembre suivant..	458
	Voir *Annales marit.*, 1823, 1re partie, p. 559.	
	Conventions notariées.	
	Voir *Canaux.*	

DATES DES ACTES.	TITRES ET ANALYSES DES ACTES.	PAGES.
1820. 10 juin	Décision du gouverneur administrateur portant renouvellement de celle du 29 juin 1819, qui accorde des facilités au commerce pour l'acquittement des droits de douanes..............................	180
1821. 23 novemb.	Décision du gouverneur administrateur rapportant celles de 1819 et de 1820, qui accordent des facilités au commerce de la colonie pour l'acquittement des droits de douanes..............................	307
	Droits d'entrée.	
1819. 28 janvier..	Décision du gouverneur administrateur portant fixation de la quotité du droit à percevoir sur les salaisons provenant d'Amérique..............................	13
1820. 7 juin	Extrait de la loi sur les douanes, du 7 juin 1820, en ce qui touche les droits d'entrée des rhums et tabacs....................	178
	Droits d'excédant.	
	Voir *Impositions.*	
	Droits de sortie.	
1819. 25 mars....	Décision du gouverneur administrateur portant création d'une commission pour l'établissement des prix de base pour la perception des droits sur les denrées coloniales..............................	29
	Voir *Cannelles.*	
	Droits électoraux.	
1823. 30 décemb.	Ordonnance du roi déclarant, en principe, que les contributions payées aux colonies ne servent pas pour l'exercice des droits électoraux en France....................	542

DATES DES ACTES.	TITRES ET ANALYSES DES ACTES.	PAGES.
	E	
	Eaux thermales.	
	Voir *Malades.*	
	Ecclésiastiques.	
1820. 18 juillet...	Circulaire du gouverneur administrateur aux commissaires commandants des paroisses, sur les moyens d'augmenter le nombre des ecclésiastiques dans la colonie.	199
	Éclairages.	
1819. 6 octobre.	Dépêche ministérielle au gouverneur administrateur sur la question de savoir si le mode d'éclairage au gaz hydrogène pourrait être adopté aux colonies...........	78
1820. 4 mai......	* Marché passé entre l'administration et un entrepreneur pour l'éclairage des villes de Fort-Royal et de Saint-Pierre..........	172
6 novemb.	Ordonnance du gouverneur administrateur établissant l'éclairage de la ville de Fort-Royal à compter de janvier 1821, et créant une taxe additionnelle pour pourvoir à ses dépenses...........................	219
	Économes gérants.	
1823. 24 février..	Arrêté du gouverneur administrateur interprétatif de l'ordonnance du roi du 15 octobre 1786, relative aux procureurs et aux économes gérants.....................	426
	Économie rurale.	
1820. 1er mars....	Dépêche ministérielle au gouverneur administrateur portant envoi d'un mémoire et de livres sur l'économie rurale..........	153

DATES DES ACTES.	TITRES ET ANALYSES DES ACTES.	PAGES.
	Effets.	
	Voir *Tarifs.*	
	Effets naufragés.	
1820. 17 juin	Circulaire ministérielle portant examen et solution de questions sur les formalités à observer pour la remise des effets naufragés................................	182
	Églises.	
	Voir *Emprunts, Impositions.*	
	Embarcations étrangères.	
	Voir *Sauvetage.*	
	Embauchage.	
	Voir *Esclaves.*	
	Employés non entretenus.	
	Voir *Service des subsistances.*	
	Employés réformés.	
1823. 30 avril ...	Ordonnance du roi qui rend applicables aux indemnités dont jouissent les employés réformés les dispositions de l'ordonnance du 27 août 1817, qui déclare les pensions sur fonds de retenues incessibles et insaisissables................................	447
	Voir *Annales maritimes,* 1823, 1re partie, page 361. — *Bulletin des lois,* 7e série, n° 606, tome XVI, page 419.	
	Empoisonnements.	
	Voir *Cour prévôtale.*	

DATES DES ACTES.	TITRES ET ANALYSES DES ACTES.	PAGES.
	Emprunts.	
1821. 21 janvier..	Homologation par le gouverneur administrateur d'une délibération de la paroisse du Gros-Morne portant qu'il sera fait un emprunt de 15,000 livres coloniales, pour subvenir à la réédification de son église et aux réparations du presbytère.......... Voir Arch. de la direction de l'intérieur. Reg. 3, f° 179.	240
	Encan.	
1819. 19 février..	* Décision du gouverneur administrateur portant résiliation du bail à ferme de l'encan de Fort-Royal et nomination d'un encanteur d'office........................	21
1822. 21 septemb.	Ordonnance du gouverneur administrateur portant qu'à l'avenir l'adjudication des fermes de l'encan, du pesage, jaugeage, etc., sera faite par l'administration de la marine...............................	378
	Encanteurs.	
1819. 5 avril....	Décision du gouverneur administrateur portant nomination d'un particulier, par suite de démission du titulaire, à l'emploi d'encanteur d'office au Fort-Royal..........	31
1822. 23 octobre..	Décision du gouverneur administrateur qui met en régie jusqu'à la fin de l'année les places d'encanteur de Fort-Royal et de Saint-Pierre..........................	400
	Voir *Encan*.	
	Encouragements.	
	Voir *Agriculture*.	

DATES DES ACTES.	TITRES ET ANALYSES DES ACTES.	PAGES.
	Enfants trouvés.	
1820. 5 juin	Dépêche ministérielle au gouverneur administrateur au sujet de l'envoi qui pourrait être fait dans la colonie d'un certain nombre d'enfants trouvés.............	175
	Voir *Hospices*.	
	Engagements volontaires.	
1819. 1er septemb.	Circulaire du ministre de la guerre autorisant la reprise des engagements volontaires devant les officiers de l'état civil, pour les troupes des colonies...........	66
1820. 5 février ..	* Circulaire du Ministre de la guerre portant que jusqu'à nouvel ordre les engagements volontaires pour les troupes des colonies ne doivent plus être reçus que sur l'autorisation spéciale du Ministre............	147
1821. 23 mars....	* Circulaire du ministre de la guerre qui autorise indéfiniment les engagements volontaires en France pour les troupes des colonies..........................	247
	Entrepôts.	
21 mai.....	Ordonnance du gouverneur et administrateur pour l'achèvement du magasin du roi destiné à servir d'entrepôt des douanes à Saint-Pierre...................... Voir Arch. du gouvernement, 1821. Ord. et déc.	257
	Épaulettes.	
10 juillet...	Décision du roi relative aux épaulettes des officiers.............................	275
	Épaves.	
1820. 21 octobre.	Dépêche ministérielle sur le mode d'opérer	

DATES DES ACTES.	TITRES ET ANALYSES DES ACTES.	PAGES.
	en fait de vente d'épaves avant la décision à intervenir sur la question d'origine...	217
	Voir *Annales maritimes*, 1835, 1re partie, p. 20.	
	Voir *Sauvetage*.	
	Épices.	
	Voir *Procureur du roi*.	
	Équipages.	
1820. 1er janvier..	Arrêté du gouverneur administrateur sur les rafraîchissements à distribuer aux équipages des bâtiments du Roi durant leur séjour et lors de leur départ...........	137
	Esclaves.	
1819. 17 novemb.	Ordonnance du gouverneur administrateur pour la répression de l'embauchage et enlèvement d'esclaves.................	112
	Voir *Trésor*.	
	Établissements des Pitons.	
1820. 9 novemb.	Statuts et règlements de l'entreprise par actions de l'établissement rural des Pitons.	222
16 novemb.	Arrêté du gouverneur administrateur portant création d'une commission pour l'examen du projet d'un établissement rural aux Pitons.........................	224
16 décemb.	Décision du gouverneur administrateur portant souscription du gouvernement de la colonie pour 20 actions dans l'entreprise de l'établissement rural des Pitons, au prix de 1,000 livres coloniales chacune...	232
1821 6 aout....	Dépêche ministérielle au gouverneur administrateur, au sujet de l'autorisation royale	

DATES DES ACTES.	TITRES ET ANALYSES DES ACTES.	PAGES.
	nécessaire à l'établissement rural dit des Pitons, formé par voie d'association à la Martinique..........................	280
	Étampes à feu.	
1819. 5 mars....	Décision du gouverneur administrateur qui proroge jusqu'au 15 avril 1819 le délai accordé pour l'étampe à feu à appliquer sur les barriques de sucre	27
	État civil.	
18 août....	Ordonnance du Roi qui enjoint aux officiers de l'état civil de se procurer, dans le délai fixé, de nouveaux registres de l'état civil, lorsque des cours ou tribunaux auront ordonné, pour l'instruction des causes, l'apport au greffe des registres courants..	63
1823. 26 novemb.	Ordonnance du roi portant règlement sur la vérification annuelle des registres de l'état civil..........................	526
31 décemb.	Circulaire du garde des sceaux sur l'exécution de l'ordonnance du 26 novembre 1823 relative à la vérification des registres de l'état civil........................	543
	États de situation.	
	Voir *Patentes de santé.*	
	États des décès.	
	Voir *Hôpitaux.*	
	États périodiques.	
1821. 1er janvier..	Bordereau des états périodiques à envoyer par l'administration coloniale au ministère de la marine et des colonies...........	236

DATES DES ACTES.	TITRES ET ANALYSES DES ACTES.	PAGES.
	Exécuteur des hautes œuvres.	
	Voir *Tarifs*.	
	Exemptions de droits.	
	Voir *Glacières*.	
	Exploration hydrographique.	
1819. 27 octobre.	Dépêche ministérielle au gouverneur administrateur portant envoi de documents sur un projet d'exploration hydrographique de la côte orientale de la Martinique.....	98
	Exportation à l'étranger.	
	Voir *Sucre*.	
	Extraits mortuaires.	
	Voir *Hôpitaux*.	
	F	
	Fabrication du sucre.	
1820. 9 février..	Dépêche ministérielle annonçant au gouverneur administrateur la prochaine arrivée à la Martinique d'un chimiste chargé d'y faire connaître le procédé *Desrosne* pour la fabrication du sucre..................	147
	Fabriques des paroisses.	
	Voir *Commissaires vérificateurs*, *Comptabilité*.	
	Farines étrangères.	
1820. 30 novemb.	Lettre du gouverneur administrateur à l'or-	

1822	Mémoire sur la fièvre jaune observée aux Antilles et sur les vaisseaux du roi, considérée principalement sous le rapport de sa transmission, par M. Kéraudren, inspecteur général du service de santé de la marine. Voir *Annales maritimes*, 2e partie, t. 1, p. 417.	416
	Fonds de masse.	
	Voir *Troupes*.	
	Fonds de retenues.	
	Voir *Employés réformés*.	
	Fonds de secours et de remonte.	
	Voir *Gendarmerie*.	
	Fort Bourbon.	
	Voir *Cayenne*.	
	Fortifications.	
1820. 2 février	Dépêche ministérielle au gouverneur administrateur portant que le service des fortifications et celui des constructions civiles et hydrauliques seront réunis sous la direction des officiers du génie militaire.	146
	Voir *Bataillons coloniaux*.	
	Fort-Royal (ville du).	
	Voir *Canal d'enceinte*, *Éclairage*.	
	Fournitures de bureau.	
	Voir *Société médicale*.	

DATES DES ACTES.	TITRES ET ANALYSES DES ACTES.	PAGES.
	Fourrage.	
1819. 28 décemb.	Décision du gouverneur administrateur qui fixe à deux francs l'indemnité représentative de la ration de fourrage..........	132
1820. 18 février..	* Décision du gouverneur administrateur qui accorde à l'officier de santé du bataillon de la Martinique en garnison à Fort-Royal une ration de fourrage pour la nourriture de son cheval.............	150
	Voir *Gendarmerie.*	
	Frais de bureau.	
1822. 21 décemb.	Décision du gouverneur administrateur qui porte à 600 francs par an les frais de bureau alloués au sous-commissaire de marine chargé du service administratif à Saint-Pierre..........................	410
	Voir Arch. de l'ordonnateur, 1822, n° 55.	
	Voir *Gendarmerie, Service des subsistances.*	
	Frais de conduite.	
	Voir *Marins naufragés, Vacations.*	
	Frais de magasinage.	
	Voir *Bris et naufrages.*	
	Frais de procédure.	
	Voir *Grâces.*	
	Frais de route.	
	Voir *Sauvetage, Vacations.*	

DATES DES ACTES.	TITRES ET ANALYSES DES ACTES.	PAGES.
	Frais de service.	
	Voir *Trésoriers.*	
	Francisation.	
1820. 9 juin....	Dépêche ministérielle au gouverneur administrateur relative aux navires étrangers qui seraient dans le cas d'obtenir des francisations aux colonies................	179
15 novemb.	Dépêche ministérielle relative à la francisation des bâtiments caboteurs provenant de l'étranger, et aux actes de nationalité à leur délivrer.......................	222
	Voir *Sauvetage.*	
	Fret.	
1819. 26 mars....	Dépêche ministérielle portant autorisation d'acquitter le fret ou de faire chargement sur les navires du roi des objets d'histoire naturelle envoyés ou échangés entre le muséum et ses correspondants..........	30
	G	
	Gabares.	
	Voir *Cure-môles, Port.*	
	Galion (rivière du).	
	Voir *Bacs publics.*	
	Gardes du génie.	
	Voir *Hôpitaux.*	

DATES DES ACTES.	TITRES ET ANALYSES DES ACTES.	PAGES.
	Garnisons des colonies.	
	Voir *Bataillons coloniaux.*	
	Gaz hydrogène.	
	Voir *Éclairage.*	
	Gendarmes maritimes.	
1823. 20 septemb.	Arrêté du gouverneur administrateur portant que les gendarmes maritimes attachés au service des bureaux de l'administration prendront la dénomination de brigade d'ordonnance........................	487
	Gendarmerie.	
1820. 12 octobre.	* Dépêche ministérielle adressée au gouverneur administrateur concernant les dispositions relatives à la compagnie de gendarmerie à pied et à cheval demandée pour la Martinique...................	216
29 octobre.	* Ordonnance royale portant règlement sur le service de la gendarmerie royale......	218
1821. 24 octobre..	*Ordonnance du gouverneur administrateur portant fixation des frais de bureau alloués à la compagnie de gendarmerie royale de la Martinique.........................	295
1822. 2 août....	* Décision du gouverneur administrateur pour l'acquisition d'une propriété sise à Saint-Pierre, pour y établir le logement de la gendarmerie..................	355
28 décemb.	Décision du gouverneur administrateur qui porte à deux francs par cheval et par jour l'indemnité de fourrage à payer à chaque sous-officier et gendarme monté........	412
28 décemb.	* Décision du gouverneur administrateur relative au payement de l'indemnité de pre-	

DATES DES ACTES.	TITRES ET ANALYSES DES ACTES.	PAGES.
	nistrateur, portant envoi de notes sur la formation de viviers pour la naturalisation des goramis........................	44
1819. 16 septemb.	Décision du gouverneur administrateur portant qu'un vivier sera construit au jardin des plantes pour la multiplication des goramis importés dans la colonie.......	69
	Grâces.	
1820. 22 janvier..	* Lettre du Ministre de la justice au Ministre de la marine portant que la grâce accordée en matière pénale n'emporte jamais la remise des frais de la procédure........	146
30 mars....	Circulaire ministérielle portant que les administrateurs des colonies doivent s'interdire toute concession de grâces dont la distribution est réservée au Roi seul......	158
	Graines.	
	Voir *Agriculture*.	
	Gratifications.	
	Voir *Sauvetage*.	
	Greffes des cours et tribunaux.	
1822. 24 octobre..	Décision du gouverneur administrateur qui autorise la transcription, aux frais du gouvernement, des registres dits *d'enregistrement* du dépôt public du greffe de la cour royale..................................	401
1823. 5 novemb.	Ordonnance du roi déterminant le mode à suivre pour la tenue et la vérification des registres et actes judiciaires dans les greffes des cours et tribunaux..........	518

DATES DES ACTES.	TITRES ET ANALYSES DES ACTES.	PAGES.
	Hygiène.	
1821. 7 août....	Avis officiel du gouverneur aux capitaines des navires du commerce ajoutant quelques prescriptions d'hygiène aux dispositions de l'ordonnance locale du 22 septembre 1818 relative à la santé des matelots..............................	282
	I	
	Ichneumon.	
1819. 8 décemb.	* Dépêche ministérielle au gouverneur administrateur annonçant qu'il peut lui être adressé du Sénégal plusieurs couples de l'animal appelé *ichneumon* ou *rat de Pharaon*..........................	127
	Ilet à Ramiers.	
1821. 1er janvier..	Ordre du gouverneur administrateur pour l'achèvement des travaux commencés à l'îlet à Ramiers pour y établir les magasins à poudre et autres de l'artillerie........ Voir Inspection. Reg. 7.	236
	Voir *Casernes*.	
	Immeubles.	
	Voir *Inventaires*.	
	Impositions.	
1819. 1er mars...	Ordonnance du gouverneur administrateur portant règlement des impositions de la Martinique pour l'année 1819...........	23
1er mars...	Extrait de l'ordonnance locale sur les impositions de 1819, en ce qui touche la po-	

DATES DES ACTES.	TITRES ET ANALYSES DES ACTES.	PAGES.
	Imprimeurs.	
	Voir *Journal de la Martinique.*	
	Indemnité.	
1819. 15 décemb.	Décision du gouverneur administrateur qui accorde une somme de 1,319 fr. 78 cent. à un particulier pour l'indemniser des dommages causés à sa maison par l'explosion d'une mine..................	131
31 décemb.	Décision du gouverneur administrateur portant suppression de l'indemnité en argent substituée aux rations de vivres en nature accordées aux officiers militaires et aux officiers et employés civils de divers services..........................	133
1820. 19 décemb.	* Décision du gouverneur administrateur qui accorde une indemnité *en nature, par équivalent*, à un habitant dépossédé de sa terre par le passage d'une route royale..............................	232
	Voir *Employés réformés, Rations, Sauvetage, Traitement de table.*	
	Indemnités accessoires.	
14 juillet...	Tarif des traitements et indemnités accessoires à payer aux commandants et adjudants de place à la Martinique et à la Guadeloupe..........................	194
	Indemnité d'habillement.	
	Voir *Gendarmerie.*	
	Indemnité de logement.	
1822. 3 janvier..	Dépêche ministérielle adressée au gouverneur administrateur, au sujet de l'indem-	

	nité de logement réclamée par des officiers en congé de convalescence.............	319

Indemnité de fourrage.

Voir *Fourrage, Gendarmerie.*

Indemnité de route.

1822. 31 août....	Décision du ministre de la guerre portant que tout militaire convalescent revenant des colonies et se retirant dans ses foyers recevra l'indemnité de route de son grade, sans qu'il lui en soit fait aucune imputation............................... Voir *Annales maritimes*, 1re partie, 1822, p. 521.	373
1823. 24 septemb.	Ordonnance du roi portant règlement sur les indemnités et les avances payables en route aux militaires isolés..............	488

Indigos.

Voir *Agriculture, Cannelles.*

Infanterie de marine.

Voir *Artillerie de la marine, Solde.*

Ingénieurs hydrographes.

9 décemb.	Dépêche ministérielle annonçant l'envoi à la Martinique de deux ingénieurs hydrographes pour y faire des relèvements....	534

Inhumations.

1819. 19 mars....	Décision du gouverneur administrateur qui met à la charge des capitaines de navires marchands le prix de la chaux vive employée à l'inhumation des marins de leur	

DATES DES ACTES.	TITRES ET ANALYSES DES ACTES.	PAGES.
	Instruments de chirurgie.	
	Voir *Chirurgiens*.	
	Inventaires.	
1819. 9 mars....	Circulaire ministérielle apportant diverses modifications à l'instruction du 6 octobre 1817, en ce qui concerne l'inventaire estimatif.................................. Voir Arch. de l'ordonnateur et du gouvernement. Dép. 1819.	33
15 avril....	Circulaire ministérielle au gouverneur et administrateur, prescrivant l'envoi, chaque année, avant la fin de juillet, au plus tard, d'inventaires estimatifs et de comptes d'opérations pour l'année écoulée.......... Voir Arch. du gouvernement. Dép. ministér., n° 137.	27
15 avril....	Dépêche ministérielle au gouverneur administrateur prescrivant le dressement d'inventaires estimatifs des meubles, effets de toute nature et immeubles appartenant au roi dans la colonie........................	33
	Jardin des plantes.	
9 novemb.	Arrêté du gouverneur administrateur qui remet en vigueur l'arrêté colonial du 25 janvier 1806 relatif à la comptabilité du jardin des plantes......................	111
1822. 28 juin.....	Décision du gouverneur administrateur qui apporte quelques modifications à celle du 9 novembre 1819 concernant les dépenses du personnel du jardin royal des plantes à Saint-Pierre.........................	348
2 août....	Décision du gouverneur administrateur portant ordre de réunir le terrain de Tivoli au jardin royal des plantes et autorisation	

DATES DES ACTES.	TITRES ET ANALYSES DES ACTES.	PAGES.
	Livres.	
	Voir *Économie rurale.*	
	Livrets de solde.	
1819. 11 août....	* Dépêche ministérielle au gouverneur administrateur prescrivant l'exacte remise de livrets de solde aux salariés du gouvernement quittant la colonie................	63
	Loi du 4 septembre 1807.	
1822. 24 juin	Ordonnance du gouverneur administrateur portant que la loi du 4 septembre 1807, qui détermine le sens et les effets de l'article 2148 du code civil sur l'inscription des créances hypothécaires, sera, sous diverses modifications, promulguée à la Martinique..........................	339
	Loterie.	
1821. 18 novemb.	* Autorisation donnée par le gouverneur administrateur à un particulier de mettre une maison en loterie.................	306
	Luminaire.	
31 décemb.	Règlement du gouverneur administrateur pour la délivrance du luminaire aux corps de garde, batteries et autres postes......	318
	M	
	Machines à vapeur.	
5 février..	Arrêté du gouverneur administrateur portant nomination d'une commission de propriétaires sucriers chargée d'examiner	

DATES DES ACTES.	TITRES ET ANALYSES DES ACTES.	PAGES.
	et entretenus aux eaux thermales des Pitons	41
	Voir *Hôpitaux*.	
	Manioc de Bourbon.	
	Voir *Agriculture*.	
	Marchandises.	
	Voir *Tarifs*.	
	Marchandises étrangères.	
	Voir *Réexportations*.	
	Marchés.	
	Voir *Bateaux à vapeur, Hôpitaux*.	
	Marins.	
1819. 19 août. . . .	Ordre du gouverneur et administrateur pour la mise en geôle de tous marins trouvés aux cabarets après huit heures du soir, et réglant le taux et l'emploi des primes accordées pour leur arrestation	64
30 novemb.	Dépêche ministérielle relative aux frais de conduite et de rapatriement des marins des navires du commerce naufragés, et frais de recherche, geôlage, etc., faits contre les marins des mêmes bâtiments en général.	126
	Voir *Annales maritimes*, 1835, 1re partie, p. 7.	
1820. 25 avril. . . .	Dépêche ministérielle aux consuls de France en pays étrangers, sur la rédaction des ordres d'embarquement délivrés pour le	

DATES DES ACTES.	TITRES ET ANALYSES DES ACTES.	PAGES.
	Officiers et employés civils.	
	Voir *Indemnités*, *Solde*.	
	Officiers militaires.	
	Voir *Épaulette*, *Indemnités*, *Rations*, *Solde*.	
	Officiers de santé.	
	Voir *Uniforme*.	
	Officiers de vaisseau.	
1822. 25 octobre..	Ordonnance du roi portant que désormais le corps des officiers de vaisseau sera désigné sous le titre de *corps royal de la marine*.	403
	Voir *Annales maritimes*, t. 15, 1822, p. 600.	
	Ordres d'embarquement.	
	Voir *Marins*.	
	Organisation judiciaire.	
1819. 22 novemb.	Ordonnance du Roi concernant l'organisation judiciaire et les procédures en matière de commerce étranger, de traite des noirs et de naufrages et prises aux colonies	116
	Ornements d'église.	
1823. 2 octobre..	Dépêche ministérielle annonçant l'envoi d'ornements d'église pour la chapelle de l'hôpital de Fort-Royal	491
	Orphelins.	
	Voir *Hospices*.	

DATES DES ACTES.	TITRES ET ANALYSES DES ACTES.	PAG
	Outils.	
	Voir *Demandes d'objets.*	
	Ouvriers.	
	Voir *Cure-môles, Prix de journées.*	
	Ouvriers de l'artillerie et du génie.	
	Voir *Salaires.*	
	Ouvriers marins.	
	Voir *Salaires.*	
	P	
	Pain bénit.	
	Voir *Solennités religieuses.*	
	Pantalons de soldat.	
1820. 22 mai.....	Décision du gouverneur administrateur qui fixe à un mètre soixante-dix centimètres de longueur sur un mètre quatre centimètres de largeur la quantité de toile à allouer pour chaque pantalon de soldat. Voir Bureau des approvisionnements. Ord. et déc., 1820.	173
	Pantalons de toile.	
1822. 12 octobre.	Décision du gouverneur administrateur qui accorde un troisième pantalon de toile blanche aux sous-officiers et soldats de la garnison............................. Voir Arch. de l'ordonnateur. Ord. et déc., 1822, n° 60.	394

DATES DES ACTES.	TITRES ET ANALYSES DES ACTES.	PAGES.
	Papier préparé.	
	Voir *Insectes.*	
	Parquet.	
	Voir *Cour de cassation.*	
	Particuliers.	
	Voir *Cessions.*	
	Patate Paul.	
1819. 26 août....	Dépêche ministérielle au gouverneur administrateur, lui recommandant de naturaliser et de propager la patate *Paul* ou *jaune*, apportée de Bourbon à la Martinique..................................	66
	Patente de santé.	
1820. 8 novemb.	Dépêche ministérielle au gouverneur et administrateur, au sujet de la rétribution exigée à la Martinique pour la délivrance des patentes de santé....................	221
1822. 13 mai.....	Dépêche ministérielle sur la rédaction des patentes de santé délivrées aux navires expédiés de la Martinique, et sur celle des états de situation mensuels des hôpitaux..................................	335
	Pavage.	
	Voir *Contraintes, Lamentin (bourg du).*	
	Payements.	
	Voir *Caisse des invalides.*	

Date	Titre	Pages
	Péage.	
	Voir *Bacs*.	
	Pêche de la baleine.	
1820. 11 décemb.	Arrêté du gouverneur administrateur portant qu'un bateau baleinier sera construit pour être confié, à titre de prêt, à un particulier qui veut se livrer à la pêche de la baleine	230
	Notice sur la pêche de la baleine dans les mers des Antilles	233
	Voir *Annales maritimes*, 1820, 2e partie, p. 397.	
	Pensionnaires de l'État.	
	Voir *Délais*.	
	Pensionnat de jeunes gens.	
	Voir *Secours*.	
	Pensions.	
1819. 31 juillet...	Circulaire ministérielle contenant instructions sur les règles et formes comptables à suivre en matière de règlement et de payement des pensions, demi-soldes et secours de la marine	55
1820. 13 juillet...	Ordonnance du Roi qui impose aux veuves de militaires résidant en pays étrangers la retenue d'un tiers sur leurs pensions	182
	Voir *Annales maritimes*, 1820, 1re partie, p. 382.	
1822. 17 août....	Extrait de la loi de finances du 17 août 1822 en ce qui y touche les pensions et secours	

DATES DES ACTES.	TITRES ET ANALYSES DES ACTES.	PAGES.
	qui peuvent être accordés aux veuves de militaires	363
1822. 16 octobre..	Ordonnance du roi sur les justifications à rapporter par les veuves et enfants des militaires qui réclameront une pension ou un secours en vertu de la loi du 17 août 1822	394
	Voir *Employés réformés.*	
	Percepteurs ambulants.	
	Voir *Huissiers du domaine.*	
	Perception.	
	Voir *Trésor royal.*	
	Permissions.	
	Voir *Travailleurs militaires.*	
	Personnel administratif.	
	Voir *Secrétaire du gouverneur.*	
	Pesage.	
	Voir *Encan.*	
	Pharmacies.	
1823. 25 octobre..	Règlement du gouverneur administrateur sur l'exercice de la pharmacie dans la colonie	510
	Pilotage.	
1822. 21 octobre..	Décision du gouverneur administrateur qui règle les frais, personnel et matériel, du pilotage établi au port de Saint-Pierre...	399

DATES DES ACTES.	TITRES ET ANALYSES DES ACTES.	PAGES.
	Place Bertin.	
1823. 17 juin....	Décision du gouverneur administrateur portant approbation d'une souscription des négociants de Saint-Pierre ayant pour objet de remettre en bon état la place Bertin, dévastée par un ras de marée....	457
	Voir *Douanes.*	
	Plantes.	
12 juin....	Dépêche ministérielle au gouverneur administrateur portant envoi d'un supplément au catalogue des plantes cultivées aux jardins botanique et de naturalisation de l'île Bourbon........................	455
	Voir *Agriculture.*	
	Plantes exotiques.	
1819. 29 décemb.	Dépêche ministérielle au gouverneur administrateur portant envoi d'un catalogue de plantes exotiques cultivées à l'île Maurice.	132
	Poids du pain.	
	Voir *Boulangers.*	
	Poivrier.	
	Voir *Agriculture.*	
	Police.	
1821. 21 décemb.	Ordre du gouverneur administrateur portant suppression de l'emploi de secrétaire de la police à Saint-Pierre..............	317
	Voir Arch. de l'ordonnateur. Ord. et déc., 1821, n° 94.	

DATES DES ACTES.	TITRES ET ANALYSES DES ACTES.	PAGES.
1821. 3 février..	Ordre du gouverneur administrateur qui affecte un fonds de 18,000 francs à la construction d'un pont en bois, avec culées en maçonnerie, sur la rivière Lézarde, au gué Kerfili................	240
29 avril....	Ordre du gouverneur administrateur qui affecte un fonds de 12,000 francs à la construction d'un pont à deux arches à l'anse Thurin, près Saint-Pierre......... Voir Arch. du gouvernement. Ord. et déc., nº 629.	255
12 juillet...	Ordre du gouverneur administrateur modificatif de celui du 3 février précédent, et qui affecte un nouveau fonds de 27,000 francs à la construction du pont de la rivière Lézarde, au gué de Kerfili.......	276
1822. 4 septemb.	Ordre du gouverneur administrateur qui affecte un fonds de 30,000 francs à la construction d'un pont en pierre d'une seule arche sur la rivière du Fort, à Saint-Pierre, près l'habitation Pécoul......... Voir Arch. du gouvernement. Ord. et déc., nº 956.	374
	Pontons.	
1821. 10 juillet...	Décision du gouverneur administrateur portant que la goëlette de Sa Majesté *le Cerf* sera convertie en ponton pour le service du port de Fort-Royal................	275
	Ports.	
	Voir *Carcasses de bâtiments*, *Pontons*.	
	Portrait du Roi.	
	Voir *Cérémonial*.	

DATES DES ACTES.	TITRES ET ANALYSES DES ACTES.	PAGES.
	Postes.	
	Voir *Luminaire*.	
	Poudre de mine.	
	Voir *Canaux*.	
	Pouvoir discrétionnaire.	
	Voir *Presse*.	
	Préfets apostoliques.	
	Décret de la sacrée congrégation de la propagande portant nomination d'un préfet des missions à la Martinique...........	231
1821. 31 octobre..	Ordonnance du roi qui détermine les fonctions et le traitement des préfets apostoliques................................	296
	Presbytères.	
1823. 19 septemb.	Ordonnance du gouverneur administrateur relative à l'établissement d'un presbytère et d'un clocher pour le service de la paroisse du Mouillage, à Saint-Pierre......	486
	Voir *Concessions*, *Emprunts*, *Impôts*.	
	Presse.	
1823. 5 avril....	Dépêche ministérielle concernant le pouvoir discrétionnaire confié au gouverneur en matière de presse et de censure.........	438
	Prêtres.	
1820. 28 juin....	* Circulaire ministérielle portant recommandation de ne permettre l'exercice du saint ministère qu'aux prêtres munis de titres légaux.........................	190

DATES DES ACTES.	TITRES ET ANALYSES DES ACTES.	PAGES.
1823. 21 mai.....	Arrêté du gouverneur et administrateur déterminant le supplément de traitement à allouer aux prêtres desservant à la fois plusieurs paroisses....................	448
10 juin....	Lettre du ministre de la marine aux archevêques et évêques de France, pour les prier de favoriser et d'exciter, dans leurs diocèses, la vocation des prêtres qui peuvent exercer le saint ministère aux colonies...........................	454
	Primes.	
	Voir *Colons, Marins, Morue.*	
	Primes d'arrestation.	
	Voir *Gendarmerie.*	
	Primes d'exportation.	
1820. 7 juin....	Extrait de la loi sur les douanes, de cette date, en ce qui touche les primes d'exportation...........................	177
	Voir *Douanes.*	
	Prises.	
	Voir *Organisation judiciaire.*	
	Prisons.	
1822. 20 juin....	Ordonnance du gouverneur administrateur qui établit une prison dans l'enceinte du fort, à Saint-Pierre, pour y recevoir les militaires et les marins de l'État et du commerce...........................	350
	Privilége.	
	Voir *Glace, Théâtres, Trésor.*	

DATES DES ACTES.	TITRES ET ANALYSES DES ACTES.	PAGES.
1819. 2 mars....	Ordonnance du gouverneur administrateur portant règlement d'une contribution pour subvenir aux dépenses de construction d'un quai le long de la rade dite des *Flamands*, Fort-Royal...........................	25
1821. 24 mars....	Ordonnance du gouverneur administrateur relative aux conditions sous lesquelles il est permis aux particuliers de construire des quais à leurs frais..................	248
	Voir *Concessions de terrains.*	
	R	
	Rade de Saint-Pierre.	
	Voir *Hivernage.*	
	Rade des Flamands.	
	Voir *Quais.*	
	Radoub.	
28 novemb.	Ordonnance du gouverneur administrateur qui permet la location de tous agrès et apparaux subsistant au magasin général et à l'arsenal pour le radoub des navires de commerce français ou étrangers.........	308
	Rapatriement.	
	Voir *Marins naufragés.*	
	Ras de marée.	
	Voir *Place Bertin.*	

DATES DES ACTES.	TITRES ET ANALYSES DES ACTES.	PAGES.
	Rations.	
1819. 31 janvier..	Décision du gouverneur administrateur portant que les rations de vivres en nature accordées aux officiers militaires, d'administration et de santé, seront remplacées par une indemnité en argent à raison de 1 *franc* par ration....................... Voir Inspection. Reg. 5.	15
5 mars....	* Ordre du jour du gouverneur administrateur portant suppression des rations de vivres, *en nature*, accordées aux officiers des troupes, sans troupes, d'administration et de santé.......................	27
8 juin.....	Décision du gouverneur administrateur qui étend aux écrivains auxiliaires de la marine et à d'autres salariés la conversion en argent des rations accordées en nature...	43
1820. 20 juillet...	Ordre du jour du gouverneur administrateur relatif aux rations journalières de vin et de rhum à distribuer aux troupes durant l'hivernage..........................	202
1822. 24 juillet...	* Ordre du jour du gouverneur administrateur portant que durant l'hivernage il sera distribué aux troupes une ration de vin et trois centilitres de rhum par jour et par homme.......................	353
1823. 5 février..	Ordonnance du roi qui détermine une nouvelle composition des rations en usage dans le département de la marine.......	421
10 mars....	Circulaire du ministre aux commandants et administrateurs généraux de la marine, contenant instructions sur l'exécution du nouveau règlement du 5 février précédent, relatif aux rations des marins........... Voir *Annales maritimes*, 1823, p. 310.	432
28 mars....	Lettre du ministre au gouverneur administrateur contenant envoi d'une ordonnance	

DATES DES ACTES.	TITRES ET ANALYSES DES ACTES.	PAGES.
	royale récente sur les rations des marins, d'une circulaire ministérielle y relative, et de quelques observations sur leur exécution................................	436
	Voir *Miliciens, Milices.*	
	Rationnaires.	
	Voir *Vivres.*	
	Rats.	
1820. 8 mars....	* Dépêche ministérielle au gouverneur administrateur, au sujet des promesses de récompense par lesquelles les colonies devraient encourager la recherche d'un procédé efficace pour la destruction des rats................................	154
	Voir *Reptiles.*	
	Recensements.	
	Voir *Dénombrements.*	
	Récompenses.	
	Voir *Colons, Rats.*	
	Recrutement.	
	Voir *Gendarmerie, Troupes.*	
	Recueils périodiques.	
1819. 26 mai.....	Dépêche ministérielle annonçant l'abonnement au *Journal militaire*, pris au nom de chacun des conseils d'administration des corps ou détachements qui s'administrent eux-mêmes aux colonies........	41

DATES DES ACTES.	TITRES ET ANALYSES DES ACTES.	PAGES.
	Rhums et tafias.	
1819. 21 janvier..	Ordonnance du gouverneur et administrateur portant que les rhums et tafias des colonies étrangères ne seront plus admis à la Martinique qu'en entrepôt réel pour exportation à l'étranger................	10
	Voir *Droits d'entrée, Rations, Troupes.*	
	Rivière Levassor.	
1822. 10 juillet...	Ordonnance du gouverneur administrateur pour le curage du havre qui est à l'embouchure du canal de Fort-Royal, dans la rivière Levassor, et près de l'aiguade récemment construite pour le service de la marine..............................	352
	Riz.	
	Voir *Agriculture.*	
	Rôles d'équipages.	
1821. 22 juin	Dépêche ministérielle portant qu'à l'avenir il ne sera fait aucune abréviation, soit sur les rôles d'équipages des navires du commerce, soit sur ceux des bâtiments du roi............................	269
	Routes.	
1822. 20 août....	Ordre du gouverneur administrateur pour la rectification et le perfectionnement des rayons de route partant du bourg du Vauclin vers le Marin, le Saint-Esprit et le François.......................... Voir Arch. du gouvernement. Ord. et déc., n° 943.	367
	Voir *Travaux d'art.*	

DATES DES ACTES.	TITRES ET ANALYSES DES ACTES.	PAGES.
	S	
	Safran des Indes.	
	Voir *Curcuma longa.*	
	Saint ministère.	
	Voir *Prêtres.*	
	Saint-Pierre (ville de).	
1819. Avril....	Ordre du gouverneur administrateur pour la levée du plan de la ville de Saint-Pierre et de ses environs......................	38
	Voir *Boulevards, Chemins publics, Cimetières, Éclairage.*	
	Saisies.	
1er juin....	Arrêté du gouverneur administrateur déterminant le mode de répartition du produit des saisies entre les agents de la douane.	42
19 octobre.	Ordonnance du gouverneur administrateur portant règlement sur les transactions et sur le mode de répartition du produit des saisies en matière de douane...........	81
1820. 13 mars....	Ordonnance du gouverneur administrateur interprétative du règlement local du 19 octobre 1819, sur les répartitions des saisies en matière de douanes................	154
	Saisies-arrêts.	
1823. 13 décemb.	Arrêté du gouverneur administrateur déterminant les formalités à remplir en matière de saisies-arrêts ou oppositions ès mains du trésorier de la colonie..............	535

DATES DES ACTES.	TITRES ET ANALYSES DES ACTES.	PAGES.
1821. 25 mai.....	Circulaire ministérielle autorisant le payement immédiat des gratifications dues pour sauvetage d'épaves de peu de valeur.	259
26 octobre..	Dépêche ministérielle portant qu'en matière de sauvetage les frais de route sont dus toutes les fois que la banlieue est franchie, et ce à compter du point de départ..... Voir Inspection. Reg. n° 390.	295
1822. 22 mars....	Dépêche ministérielle portant que la vente des embarcations étrangères provenant de sauvetage n'est point passible du droit de francisation de 20 francs par tonneau.... Voir *Annales maritimes*, 1835, 1re partie, p. 30.	331
	Sauveteurs.	
1821. 16 novemb.	Circulaire ministérielle portant instructions sur le règlement du droit de tiers des sauveteurs sur les objets recueillis en pleine mer ou tirés de son fond..............	304
	Secours.	
29 mai.....	Décision du gouverneur administrateur qui accorde à un particulier un secours de 500 francs sur la caisse municipale, pour l'aider à installer un pensionnat de jeunes gens............................	260
	Voir *Coups de vent*, *Pensions*.	
	Secrétaires du Gouverneur.	
5 décemb.	* Décision ministérielle portant que le premier secrétaire du gouverneur de la colonie fera désormais partie du personnel administratif........................	316
	Sémaphores.	
1823. 24 mai.....	Arrêté du gouverneur administrateur qui	

DATES DES ACTES.	TITRES ET ANALYSES DES ACTES.	PAGES.
	des subsistances une somme annuelle pour frais de bureau..................	338
	Service divin.	
1823. 3 juillet...	*Arrêté du gouverneur administrateur qui accorde une somme de cinquante francs par mois à la chapelle de l'hôpital du Fort-Royal pour les dépenses du service divin..............................	463
	Service des gens de mer.	
	Voir *Comptabilité.*	
	Servitudes.	
1819...........	Loi relative aux servitudes imposées à la propriété pour le service de l'État........... Voir Collection de Duvergier, vol. 22, p. 285.	54
	Voir *Dépense de l'État.*	
	Société médicale.	
1821. 14 août....	Arrêté du gouverneur administrateur qui autorise l'établissement d'une société médicale de l'île de la Martinique, séant à Saint-Pierre...........................	238
17 octobre..	Décision du gouverneur administrateur qui détermine les fournitures de bureau à livrer à la société médicale d'émulation.. Voir Inspection. Reg. 8.	294
	Sœurs de Saint-Joseph.	
1823. 24 décemb.	Dépêche ministérielle annonçant au gouverneur administrateur des dispositions prises en faveur des six sœurs de la congrégation de Saint-Joseph se rendant à la Martinique............................	541

DATES DES ACTES.	TITRES ET ANALYSES DES ACTES.	PAGES.
	Solde.	
1819. 22 septemb.	Ordonnance du roi relative aux traitements à allouer aux officiers militaires, sous-officiers et soldats et aux officiers et employés civils dans les colonies...........	72
29 septemb.	* Circulaire ministérielle portant envoi de l'ordonnance royale du 22 septembre précédent, relative aux traitements des officiers militaires, sous-officiers et soldats et des employés civils dans les colonies.	74
15 décemb.	Dépêche ministérielle au gouverneur administrateur portant que le supplément de solde accordé par l'ordonnance royale du 10 novembre 1819 n'est point dû aux lieutenants et sous-lieutenants d'infanterie et de cavalerie de ligne en garnison aux colonies..................................	130
1820. 26 avril....	Dépêche ministérielle au gouverneur administrateur au sujet de l'emploi de la solde accordée aux troupes dans les colonies par l'ordonnance du 22 septembre 1819......	170
27 novemb.	Décision du gouverneur administrateur qui attribue au maître de port, à Fort-Royal, un traitement annuel de 1,200 francs.... Voir Arch. du gouvernement. Ord. et déc.	229
1821. 1er juillet...	Ordonnance du gouverneur administrateur portant règlement de la solde, des allocations y assimilées et des retenues mensuelles pour masse de la gendarmerie de la Martinique........................	269
1823. 26 juin....	Dépêche ministérielle au gouverneur administrateur au sujet de l'emploi de la solde accordée aux troupes, dans les colonies, par l'ordonnance royale du 22 septembre 1819..................................	460
	Voir *Gendarmerie*, *Tarifs*.	

DATES DES ACTES.	TITRES ET ANALYSES DES ACTES.	PAGES.
	Solde d'hôpital.	
	Voir *Tarifs.*	
	Solennités religieuses.	
1821. 11 mai.....	Dépêche ministérielle énonçant que la dépense du pain bénit offert à l'église aux jours de solennités religieuses ne saurait être supportée par le trésor royal, et portant défense d'autoriser aucun payement pour de semblables objets.............. Voir Arch. de l'ordonnateur. Dép. 1821, nº 38.	256
	Souscriptions.	
	Voir *Bateaux à vapeur, Place Bertin, Révolte du Carbet.*	
	Sous-officiers et soldats.	
	Voir *Armée de ligne, Hautes payes, Pantalons de toile.*	
	Soustraction d'effets.	
	Voir *Désertion.*	
	Spectacles.	
	Voir *Théâtres.*	
	Station navale.	
	Voir *Vivres.*	
	Statistique.	
1823. 25 février..	Circulaire ministérielle au gouverneur administrateur portant instructions et envoi	

DATES DES ACTES.	TITRES ET ANALYSES DES ACTES.	PAGES.
	de modèles pour la confection d'un travail annuel de statistique..................	430
1823. 4 juillet...	Dépêche ministérielle rappelant le gouverneur administrateur aux prescriptions d'une circulaire du 25 février précédent, relative aux documents statistiques à envoyer dans le courant du premier trimestre de chaque année................	464
	Subventions.	
1820. 30 septemb.	Dépêche ministérielle qui supprime comme vicieuse et insignifiante une subvention de 5 pour 100 imposée aux adjudicataires des objets sauvetés en sus du prix de vente...	215
	Voir Inspection. Reg. 9, n° 389.	
	Sucre.	
1819. 20 septemb.	Ordonnance du gouverneur administrateur qui, eu égard aux besoins de la colonie et à l'absence de numéraire, permet l'exportation à l'étranger de 3,000 barriques de sucre..............................	69
1822. 27 septemb.	Ordonnance du gouverneur administrateur qui, eu égard aux besoins urgents du pays, permet l'exportation à l'étranger de 1,000 barriques de sucre brut................	389
	Voir *Agriculture, Députés extraordinaires, Étampes à feu.*	
	Suppléments de paye.	
	Voir *Sapeurs ouvriers.*	
	Suppléments de traitements.	
	Voir *Prêtres.*	

DATES DES ACTES.	TITRES ET ANALYSES DES ACTES.	PAGES.
1823. 1er août....	Arrêté du gouverneur administrateur portant tarif des sommes à payer à l'exécuteur des hautes œuvres par chaque exécution.	469
	Voir *Vacations*.	
	Tarifs des douanes.	
1819............	* Ordonnance du Roi contenant des modifications au tarif des douanes...........	62
	Taux de l'intérêt.	
1820. 1er août....	Promulgation à la Guyane française de la loi du 3 septembre 1807 sur le taux de l'intérêt de l'argent.................... Voir *Feuille de la Guyane*, 1820, n° 223.	205
	Taxe additionnelle.	
	Voir *Éclairage*.	
	Taxidermie.	
1819............	Manuel complet de taxidermie, ou art d'empailler et de conserver les animaux, à l'usage des marins, par M. Lesson, et inséré tout entier aux *Annales maritimes*. Voir ce recueil, 1819, 2e partie, p. 47, 55, 208, 304, 597, 686, 807.	136
	Théâtres.	
5 janvier..	* Arrêté du gouverneur administrateur portant création d'une commission chargée de régler, d'administrer et de surveiller tout ce qui concerne le spectacle de Saint-Pierre.	1
20 octobre.	* Décision du gouverneur administrateur portant concession d'un nouveau privilége	

DATES DES ACTES.	TITRES ET ANALYSES DES ACTES.	PAGES.
	des théâtres de la Martinique en faveur du sieur Fanjaud........................	88
1823. 11 novemb.	Lettre du gouverneur administrateur à l'ordonnateur, transmissive d'une note des conditions auxquelles un négociant de Saint-Pierre offre de rouvrir la salle de spectacle de la même ville..............	521
1823. 20 décemb.	Privilége de la direction des spectacles de la colonie accordé à un sieur Bizeau......	539
	Tivoli.	
	Voir *Jardin des plantes.*	
	Touloumane.	
	Voir *Cochenille.*	
	Train des épuipages.	
1820. 23 mars....	Ordonnance du Roi qui approuve la formation à la Martinique d'une brigade du train et détermine le traitement dû aux hommes qui la composent..............	156
1823. 10 décemb.	Décision du gouverneur administrateur qui accorde des vacations aux sous-officiers et soldats du train des équipages militaires, lorsqu'un service de route les oblige à découcher....................	534
	Traites des noirs.	
1819. 22 décemb.	* Ordonnance du Roi qui établit une commission spéciale pour donner son avis sur les actions à intenter en matière de contravention aux lois prohibitives de la traite des noirs..........................	132
1821. 23 mai.....	Dépêche ministérielle portant que le ministère public doit agir, au cas où des	

DATES DES ACTES.	TITRES ET ANALYSES DES ACTES.	PAGES.
	Traites.	
1819. 13 janvier..	Dépêche ministérielle relative aux traites du trésor royal envoyées pour le service des colonies et aux moyens d'en rendre la négociation plus avantageuse.............	9
1822. 6 décemb.	Dépêche ministérielle au gouverneur administrateur relative aux règles nouvelles établies à l'effet de simplifier les formalités exigées pour le payement des traites relatives au service d'outre-mer............	408
	Travailleurs effectifs.	
	Voir *Sauvetage.*	
	Travailleurs militaires.	
1820. 25 novemb.	Ordre du gouverneur administrateur concernant les travailleurs militaires, les permissions qu'ils peuvent obtenir et les formalités comptables à remplir par suite.....	226
	Travaux.	
1823. 7 août....	Dépêche ministérielle au gouverneur administrateur portant, comme règle invariable, qu'aucuns travaux dont la dépense doit excéder 2,000 francs ne peuvent être entrepris sans autorisation du ministre...	470
	Travaux d'art.	
1820. 27 septemb.	Ordonnance du gouverneur administrateur portant création d'une commission permanente dans chaque paroisse, pour la réception des travaux d'art exécutés sur les routes royales......................	211
	Trésor.	
1822. 24 juin	Ordonnance du gouverneur administrateur	

DATES DES ACTES.	TITRES ET ANALYSES DES ACTES.	PAGES.
	à faire aux militaires renvoyés des colonies en France, pour cause quelconque, de leurs fonds de masse de linge et chaussures....................................	291
1821. 2 novemb.	Circulaire ministérielle prescrivant de mentionner l'origine des blessures et infirmités des militaires renvoyés des colonies en France avec des congés provisoires de réforme....................................	297
7 novemb.	Dépêche ministérielle au gouverneur administrateur relative au classement et à l'avancement des officiers envoyés de France pour servir dans les troupes en garnison aux colonies..........................	300
1822. 10 avril....	* Décision du gouverneur administrateur sur l'assimilation et le traitement des troupes embarquées pour une expédition.	331
25 juin....	Arrêté du gouverneur administrateur relatif à la dépense des hamacs et à l'aunage des pantalons de toile à fournir aux troupes de la colonie..........................	346
	Voir *Avances, Engagements volontaires, Hautes payes, Masse d'entretien, Rations, Solde, Tarifs, Viande fraîche.*	
	Trouvaillant.	
	Voir *Concessions d'eau.*	
	U	
	Uniforme.	
1823. 1er février..	Règlement ministériel sur l'uniforme des officiers de santé de la marine.......... Voir *Annales maritimes*, 1823, 1re partie, p. 335.	420
	Voir *Corps de la marine.*	

DATES DES ACTES.	TITRES ET ANALYSES DES ACTES.	PAGES.
	V	
	Vacations.	
1819. 27 février..	Décision du gouverneur administrateur portant tarif provisoire des vacations et frais de conduite à allouer aux officiers des divers services..........................	22
1822. 19 avril....	Circulaire ministérielle portant, en principe, que la défense d'allouer aucunes vacations pour simple relèvement d'effets de bris jetés à la côte ne s'étend pas aux frais de route nécessaires......................	332
	Voir *Gendarmerie, Sauvetage, Train des équipages.*	
	Vaccin.	
1819. 5 mai.....	* Dépêche ministérielle d'envoi au gouverneur d'une note de l'inspecteur général du service de santé, relative à la conservation du vaccin et à l'établissement de salles de vaccination aux colonies........	39
1820. 26 juillet...	Rapport présenté au ministre de l'intérieur par le comité central de vaccine, sur les moyens de faire parvenir sans altération le fluide vaccin aux Antilles, à Cayenne, au Sénégal et à l'île Bourbon...........	203
	Vaccination.	
1819. 15 décemb..	Ordonnance du gouverneur administrateur portant création de deux comités de vaccine à la Martinique..................	128
	Voir *Vaccin.*	
	Vautours de la Trinidad.	
	Voir *Serpents.*	

DATES DES ACTES.	TITRES ET ANALYSES DES ACTES.	PAGES.
	Végétaux.	
	Voir *Agriculture.*	
	Vérification de caisses.	
1821. 28 septemb.	Dépêche ministérielle au contrôleur colonial, relative aux vérifications inopinées des diverses caisses....................	291
1822. 9 avril....	Dépêche ministérielle rappelant à l'exécution ponctuelle des articles 29 et 30 du règlement financier du 20 octobre 1818 qui prescrivent la vérification mensuelle des caisses du trésorier et de ses préposés. Voir Inspection. Reg. 8.	331
1822. 1er octobre..	Dépêche ministérielle au gouverneur administrateur ordonnant une vérification inopinée de la caisse et des écritures du trésorier et en traçant les formes célères......	392
	Versements trimestriels.	
	Voir *Caisse des gens de mer.*	
	Veuves de marins et ouvriers non entretenus.	
11 décemb.	Ordonnance du roi en faveur des veuves des marins, ouvriers et autres non entretenus, employés sur les bâtiments du roi ou dans les arsenaux, et qui meurent dans les naufrages ou par suite d'accidents d'un service requis et commandé...............	409
	Veuves et enfants de militaires.	
	Voir *Pensions.*	
	Viande fraîche.	
1819. 24 novemb.	Décision du gouverneur administrateur portant qu'il sera délivré de la viande fraîche,	

DATES DES ACTES.	TITRES ET ANALYSES DES ACTES.	PAGES.
	pendant huit jours, aux équipages des bâtiments du Roi et aux troupes venant de France..............................	124
	Vin.	
	Voir *Rations.*	
	Visites de sûreté.	
1821. 30 mars....	* Ordonnance du gouverneur administrateur relative à la visite de sûreté des bâtiments du commerce à leur arrivée et au départ..	251
	Viviers.	
	Voir *Goramis.*	
	Vivres.	
1819. 27 juillet...	Dépêche ministérielle portant que la recette des vivres expédiés de France par bâtiments du commerce, pour le service du Roi, devra être faite en présence des capitaines, qui devront signer au procès-verbal..............................	54
1822. 29 octobre..	Dépêche ministérielle portant qu'au cas où il restera des vivres en excédant aux besoins de la station navale, ils doivent être appliqués à la subsistance des rationnaires....	403
	Voir *Comptabilité.*	
	Voirie.	
1820. 25 octobre.	Décision du gouverneur administrateur portant création et nomination d'un adjoint au grand voyer de la Martinique...	218
	Voir *Impositions.*	

www.ingramcontent.com/pod-product-compliance
Lightning Source LLC
Chambersburg PA
CBHW031536210326
41599CB00015B/1918

9782012642201